AF478841

NOTA DEL EDITOR

Barcelona Crea es una mirada a la vitalidad de una ciudad clave en el mundo de la creatividad. Un hervidero de talentos que, nombre a nombre, ha construido una marca internacional, un estilo y una tradición. Arquitectura, danza, artes escénicas, teatro, artes plásticas, literatura, artes visuales, cómic, moda, música —o, mejor dicho, músicas—, diseño industrial, gastronomía... son algunos de los campos que forman este libro. Una primera elección abierta a crecer en el futuro con otras disciplinas, que cada vez tienen más espacio compartido con el mundo de las artes.

Barcelona Crea. 300 Artistas 30 Centros de Creación es un diccionario vivo que revisa y pone de manifiesto quiénes están detrás de la creatividad de la ciudad. Un diccionario de 300 creadores, casi todos menores de sesenta años. Ambicioso y, naturalmente, limitado.

Una lista siempre es un ejercicio subjetivo. Los 300 creadores son representativos de la creación actual, pero no son los únicos. En el libro podrían estar muchos más nombres que también son parte de esta ciudad creativa. Para elegir los que finalmente aparecen nos hemos querido apoyar en el propio sector. El método de trabajo ha sido claro y creemos que es el que dota de un especial interés al libro: a partir de una primera lista de grandes nombres, se pidió a los propios creadores que pusieran sobre la mesa otros nombres de la siguiente generación, y a estos, a su vez, se les ha preguntado por la generación más joven. De este modo, paso a paso, y con el criterio de los propios creadores, se ha construido este diccionario.

El resultado está en sus manos: 300 creadores y 30 centros de creación: el entramado —apoyado por las instituciones o desde la iniciativa privada— imprescindible para que el tejido artístico de una ciudad como Barcelona fructifique.

NOTA DE L'EDITOR

Barcelona Crea és una mirada a la vitalitat d'una ciutat clau en el món de la creativitat. Un entramat de talents que, nom a nom, ha construït una marca internacional, un estilo i una tradició. Arquitectura, dansa, arts escèniques, teatre, arts plàstiques, literatura, arts visuals, còmic, moda, música —o, més aviat, mú-siques—, disseny industrial, gastronomia... són els camps que formen aquest llibre. Una primera tria oberta a créixer en el futur amb altres disciplines, que cada vegada tenen més espai compartit amb el món de les arts.

Barcelona Crea. 300 Artistes 30 Centres de Creació és un diccionari viu que revisa i situa al mapa a aquells que són darrera de la creativitat de la ciutat. Un diccionari de 300 creadors, gairebé tots menors de seixanta anys. Ambiciós i, naturalment, limitat.

Una llista sempre és un exercici subjectiu. Els 300 creadors són representatius de la creació actual, però no són els únics. Al llibre podrien ser-hi molts més noms que també són part d'aquesta ciutat creativa. Per triar els que finalment apareixen hem volgut comptar amb el propi sector. El mètode de treball ha estat clar i creiem que és el que dota d'un especial interès aquesta publicació: a partir d'una primera llista de grans noms, hem demanat als propis creadors que posessin damunt la taula altres noms de la pròxima generació, i a aquests els hem demanat qui són els que conformen la generació més jove. Així, pas a pas, i amb el criteri dels propis creadors, s'ha construït aquest diccionari.

El resultat és a les seves mans. 300 creadors i 30 centres de creació: l'entramat —amb el suport de les institucions o des de la iniciativa privada— imprescindible perquè el teixit artístic d'una ciutat com Barcelona fructifiqui.

MESSAGE FROM THE EDITOR

Barcelona Crea is a look at the vitality of this key city in the world of creation. A broiling pot of talented people who, one by one, have built up an international brand, a style and a tradition. Archite-cture, Dance, Dramatic Art, Theatre, Plastic Art, Literature, Visual Art, Comics, Fashion, Music, Industrial Design, Food...these are the fields covered by this book. An initial selection, which can be extended in the future to other genres, which share more and more space with the art world.

Barcelona Crea. 300 Artists, 30 Creation Centres is a living dictionary which reviews and displays the people behind the creativity of this city. A dictionary of three hundred creators, almost all of them aged under seventy. Ambitious, and of course limited.

A list is always a subjective exercise. These 300 creators are representative of modern creation, but they are not the only ones. Our book could include many more names which are also a part of this creative city. In order to choose the ones which finally appeared we opted for relying on the sector itself. We have used a clear work method, and we believe this makes this book particularly interesting: using an initial list of great names, we asked the creators themselves to propose other names from the next generation, who we in turn asked to suggest those from the youngest generation. In this way, little by little, and as judged by the creators themselves, this dictionary was built.

The end result is the book you are holding. 300 creators and 30 creation centres: the indispensible framework - supported by public institutions or private enterprise - for the artistic fabric of a city like Barcelona to bear fruit.

LA FÁBRICA

BCN CREA

300 ARTISTAS 30 CENTROS DE CREACIÓN | 300 ARTISTES 30 CENTRES DE CREACIÓ | 300 ARTISTS 30 CREATION CENTRES

LA FABRICA EDITORIAL  Ajuntament de Barcelona

O|M|C|

HEM SIMPLIFICAT la presentació dels 300 creadors fent ús de les lletres O, M i C, per a les quals:

O | significa «obra destacada», és a dir, una selecció parcial del total de l'obra de cadascun d'ells;

M | significa «mestres», i són tant els mestres decisius en la seva formació, com les seves principals influències o màxims referents; i,

C | significa «contemporanis», i són altres artistes o autors actuals el treball dels quals és seguit per cada creador amb interès o atenció.

Així mateix, la frase que apareix entre cometes, d'una mida de lletra més gran, defineix, en paraules del propi creador, la natura o essència de la seva obra.

O|M|C|

SE HA SIMPLIFICADO la presentación de los 300 creadores con las letras O, M y C, donde:

O | significa «obra destacada», es decir, una selección parcial del total de la obra de cada creador;

M | significa «maestros», y son tanto los maestros decisivos en su formación como sus principales influencias o referentes máximos; y,

C | significa «contemporáneos», y se trata de otros artistas o autores actuales cuyo trabajo es seguido por cada creador con interés o atención.

Asimismo, la frase que aparece entrecomillada y en un tamaño de letra más grande define, en palabras del propio creador, la naturaleza o esencia de su obra.

O|M|C|

WE HAVE SIMPLIFIED the presentation of the 300 creators using the letters O, M and C, where:

O | means "key works", i.e. a partial selection of the work of each creator;

M | means "maestros", referring to both key people in their training, and also their main influences or inspirations; and

C | means "contemporaries" – other artists or creators whose work is also of their interest or relevance.

Also, the words appearing between quotations marks and in a larger font are those used by the creators themselves to define the nature or essence of their work.

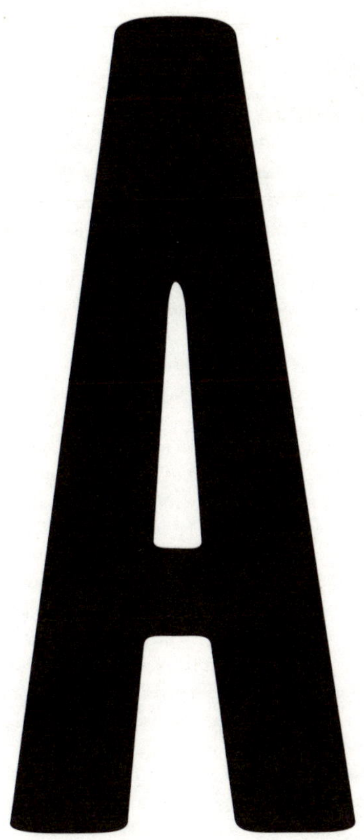

ABALLÍ SANMARTÍ, IGNASI
BARCELONA, 07.08.1958.

O | *Listados, Cartas de Color, Pinturas de Polvo, serie CMYK, Leer entre líneas.* **M** | *Georges Perec, Samuel Beckett, Thomas Bernhard.* **C** | *On Kawara, Christopher Williams, Michael Asher.*

ARTISTA PLÁSTICO. Considerado como uno de los grandes artistas conceptuales contemporáneos, su obra plantea a menudo una reflexión sobre los límites de lo artístico y su relación con lo cotidiano a partir de conceptos aparentemente opuestos como azar y control, efímero y permanente, presencia y ausencia, o imagen y texto, entre otros. Una parte de su obra está dividida en grupos organizados para explorar el devenir del tiempo y la memoria (Listados, Inventarios, Cartas de Colores, Calendarios), pues, como él dice, «clasificar y ordenar son dos estrategias para intentar comprender la complejidad de la realidad». Ha expuesto en los principales museos y centros de arte internacionales, como el MACBA, el MNCARS de Madrid, la Fundación Serralves de Oporto, la Ikon Gallery de Birmingham o la Pinacoteca de São Paulo, Brasil. Ha participado en las bienales de Sídney (1998), Venecia (2007) o la Sharjah Biennial en los Emiratos Árabes Unidos (2007). «En síntesis, mi trabajo consiste en explorar lo que el tiempo construye y cartografíar el mundo a través de las imágenes, las palabras y las cifras mediante las que lo codificamos».

ARTISTA PLÀSTIC. Considerat un dels grans artistes conceptuals contemporanis, la seva obra sovint planteja una reflexió sobre els límits d'allò artístic i la seva relació amb allò quotidià a partir de conceptes aparentment oposats com són: atzar i control, efímer i permanent, presència i absència, o imatge i text, entre d'altres. Una part de la seva obra està dividia en grups organitzats per explorar l'esdevenir del temps i la memòria (Llistats, Inventaris, Cartes de Colors, Calendaris), perquè, com diu ell mateix, «classificar i ordenar són dues estratègies per intentar comprendre la complexitat de la realitat». Ha exposat als principals museus i centres d'art internacionals, com el MACBA de Barcelona, el MNCARS de Madrid, la Fundació Serralves de Porto, l'Ikon Gallery de Birmingham o la Pinacoteca de São Paulo, al Brasil. Ha participat a les biennals de

Sydney (1998), Venècia (2007) o la Sharjah Biennial dels Emirats Àrabs Units (2007). «En síntesi, el meu treball consisteix a explorar allò que el temps construeix i cartografiar el món a través de les imatges, les paraules i les xifres mitjançant les quals el codifiquem».

PLASTIC ARTIST. Considered as one of the greatest contemporary concept artists, his work often presents a reflection on the limitations of artistic matters and their relationship with daily matters based on apparently opposite concepts such a lick and control, the ephemeral and the permanent, presence and absence, or image and text, such as others. One part of this work is divided into the groups organised to explore the progress of time and memories (Lists, Inventories, Colour Cards, Calendars), as, like he says, "classifying

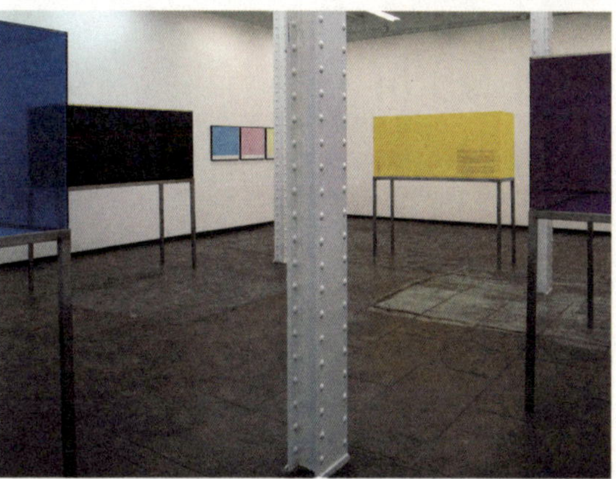

IGNASI ABALLÍ SANMARTÍ, *VITRINAS CMYK 2010.*
© CORTESÍA GALERÍA ESTRANY-DE LA MOTA.

and tidying are two strategies to try to understand the complexity of reality." His work has been exhibited in the major international museums and art centres such as MACBA in Barcelona, MNCARS in Madrid, the Serralves de Porto Foundation, the Ikon Gallery in Birmingham or the Pinacoteca de São Paulo in Brazil. He has been involved in biennials in Sydney (1998), Venice (2007) or the Sharjah Biennial in the United Arab Emirates (2007). "In short, my work consists of exploring what time builds up and mapping the world through images, words and figures which we use to code."

ABELLÁN, CARLES
SABADELL, BARCELONA, 27.06.1963.

M | *Ferran Adrià, Juli Soler.* **C** | *Nobu Matsuhisa, Joan Roca, Andoni Luis Aduriz.*

CHEF. A los veintiún años inicia sus estudios en la Escuela de Restauración y Hostelería de Barcelona y poco tiempo después continúa su formación en elBulli de Ferran Adrià, quien le encomienda la dirección del Talaia del Puerto Olímpico y, posteriormente, la cocina del hotel Hacienda Benazuza de Sanlúcar la Mayor, en Sevilla. En el año 2000 se lanza como propietario del restaurante Comerç 24, por el que ha sido galardonado con una estrella Michelin, y que más tarde da lugar a la fundación de Projectes 24, del que también forman parte el bar Tapas 24, Catering 24 y Bravo, el restaurante del Hotel W de Barcelona. «Una cocina en miniatura en formato tapa. Otro concepto que me ayuda a definirme es *glocal*: atento a lo que ocurre en el mundo global, pero trabajando aquí, en el ámbito local».

XEF. Als vint-i-un anys inicia els seus estudis a l'Escola de Restauració i Hosteleria de Barcelona i poc temps després continua la seva formació a elBulli de Ferran Adrià, que li encomana la direcció del Talaia del Port Olímpic i, posteriorment, la cuina de l'hotel Hacienda Benazuza de Sanlúcar la Mayor, a Sevilla. L'any 2000 es llança com a propietari del restaurant Comerç 24, pel qual ha estat guardonat amb una estrelldosa Michelin i que més tard dóna lloc a la fundació de Projectes 24, de la qual també formen part el bar Tapas 24, Catering 24 i Bravo, el restaurant de l'hotel W de Barcelona. «Una cuina en miniatura en format tapa. Un altre concepte que m'ajuda a definir-me és *glocal*: atent a allò que passa en el món global, però treballant aquí, en l'àmbit local».

CHEF. At the age of twenty-one he commenced his studies at the Barcelona School of Catering, and soon afterwards continued his training at Ferran Adrià's elBulli. Adrià placed him in charge of the Talaia del Port Olímpic and later the hotel kitchen at Hacienda Benazuza in Sanlúcar la Mayor, in Seville. In the year 2000 he struck out on his own as the owner of the restaurant Comerç 24, for which he has received a Michelin star. This project later resulted in the creation of Proyectes 24, which also includes the bar Tapas 24, Catering 24 and Bravo, the restaurant at Hotel W in Barcelona. "A miniature cuisine in tapas format. Another concept which I find helps to define myself is *glocal*: aware of what is happening globally, but working here, in a local context."

ADRIÀ, ALBERT
HOSPITALET DE LLOBREGAT, BARCELONA, 20.10.1969.

O | *elBulli 1983-1993, elBulli 1994-1997, Los postres de elBulli (1998), elBulli 1998-2002, elBulli 2003-2004, elBulli 2005, Natura (2008), Un día en elBulli (2008, documental), El Bulli, historia de un sueño (2009, documental).* **M |** *Antoni Escribà, Paco Torreblanca, Ferran Adrià, Juli Soler.*

REPOSTERO. En 1985 ingresa como aprendiz en elBulli y al cabo de dos años se centra en el mundo dulce. A partir de 1997 combina su labor al frente de la pastelería de la casa con la dirección de elBullitaller y edita, junto a su hermano Ferran y Juli Soler, la serie de obras *elBulli*. En 1998 publica su primer libro en solitario, *Los postres de elBulli*, al que se suma en 2008 *Natura*, libro en el que plasma veintitrés años de experiencia. Con la inauguración del bar Inopia en 2006, el bar de tapas Tickets y la coctelería 41° en 2011, el maestro repostero se ha especializado en el cóctel. «El continuo diálogo entre la tradición y la evolución y entre el producto y la técnica representan las bases ideológicas de mi cocina actual».

REBOSTER. El 1985 ingressa a elBulli com a aprenent, i al cap de dos anys se centra en el món dolç. A partir del 1997 combina la seva tasca al davant de la pastisseria de la casa amb la direcció d'elBullitaller i edita, al costat del seu germà Ferran i de Juli Soler, la sèrie d'obres *elBulli*. El 1998 publica el seu primer llibre en solitari, *Los postres de elBulli*, al qual, el 2008, s'hi suma *Natura*, llibre en què plasma vint-i-tres anys d'experiència. Amb la inauguració del bar Inopia el 2006, el bar de tapes Tickets i la cocteleria 41° el 2011, el mestre reboster s'ha especialitzat en còctels. «El diàleg constant entre la tradició i l'evolució i entre el producte i la tècnica representen les bases ideològiques de la meva cuina actual».

CONFECTIONER. In 1985 he started working as an apprentice at elBulli, and after two years he began to concentrate on desserts. After 1997 onwards he combined his work in charge of all house confectionary and desserts with managing elBullitaller and published, alongside his brother Ferran and Juli Soler, the series of works *elBulli*. In 1998 he published his first solo book, *Los postres de elBulli*, following in 2008 by *Natura*, a book covering his twenty-three years of experience. With the opening of the bar Inopia in 2006, the tapas bar Tickets and the cocktail bar 41° in 2011, this master confectioner has started to specialise in cocktails. "The ongoing dialogue between tradition and evolution and between product and technique are the ideological bases for my work today."

ADRIÀ, FERRAN
HOSPITALET DE LLOBREGAT, BARCELONA, 14.05.1962.

O | *elBulli 1983-1993 (con Juli Soler y Albert Adrià), elBulli 1993-1997 (ídem), elBulli 1998-2002 (ídem), elBulli 2003-04 (ídem), elBulli 2005 (ídem), Un día en elBulli (2007), Comer para pensar, pensar para comer (2009), Cómo funciona elBulli (2010).* **M |** *No hay referentes en el mundo de la gastronomía aparte de la nouvelle cuisine.* **C |** *Richard Hamilton, Vicente Todolí, Norman Foster, Philippe Starck, Harold McGee, Bruno Mantovani, Juan Diego Flórez, Guillermo del Toro.*

CHEF. Considerado artista de una disciplina no museable y comparado con Miró y Picasso, es sobre todo un perfeccionista de la creación gastronómica hasta en sus detalles microscópicos. Tal es su fama, que en todo el planeta es llamado el mejor cocinero del mundo, título que, más que una valoración subjetiva, es el que durante cinco años un jurado formado por los más prestigiosos chefs y críticos gastronómicos reunidos por la revista *Restaurant* le ha conferido a su restaurante elBulli. Parte de su reputación se debe a su vocación experimental, célebre entre otras cosas por mantener un taller de investigación y creación en paralelo al restaurante, y por proponer procedimientos como la deconstrucción de un plato: esto es, transformar sus ingredientes de tal manera que su aspecto y textura resulten inéditos, aunque su sabor permanezca inalterado. Por decisión propia, el restaurante permanecerá cerrado al público hasta 2013, y en 2014 se convertirá en una fundación dedicada a impulsar la creatividad gastronómica. «Crea, pero sé feliz».

XEF. Considerat un artista d'una disciplina no museística i comparat amb Miró i Picasso, és sobretot un perfeccionista de la creació, fins i tot en els seus detalls microscòpics. Tal és la seva fama, que arreu del planeta és anomenat el millor cuiner del món, títol que més que una valoració subjectiva, és el que durant cinc anys un jurat format pels més prestigiosos xefs i crítics gastronòmics reunits per la revista *Restaurant* han conferit al seu restaurant elBulli. Una part de la seva reputació es deu a la seva vocació experimental, cèlebre entre altres coses per mantenir un taller d'investigació i creació en paral·lel al restaurant, i proposar procediments com la deconstrucció d'un plat: això és, transformar-ne els ingredients de tal manera que el seu aspecte i textura resultin inèdits, encara que el sabor en romangui inalterat. Per decisió pròpia, el restaurant romandrà tancat al públic fins al 2013, i el 2014 es convertirà en una fundació dedicada a impulsar la creativitat gastronòmica. «Crea, però sigues feliç».

CHEF. Considered to be an artist of a non-collectable discipline, and compared with Miró and Picasso, he is a complete perfectionist of creation, right down to microscopic details. Such is his fame that he is known globally as the best chef in the world, a titles which is more than a subjective assessment – for five years, a jury including the most prestigious chefs and food critics brought together by the magazine *Restaurant* gave this title to his restaurant elBulli. His reputation is partly due to his experimental vocation, famous among other things for running a research and creation workshop alongside the restaurant, and for putting forward procedures such are the deconstruction of a dish: i.e. transforming its ingredients to give it a completely original aspect and texture, even though its taste remains unaltered. He has decided to close his restaurant until 2013. In 2014 it will become a foundation devoted to promoting gastronomic creativity. "Create, but be happy."

ALBERTÍ, XAVIER
LLORET DE MAR, GERONA, 08.09.1962.

O | *Dirección: Ritter, Deve, Voss. Un dinar a casa d'en Ludwig W. (1992), Schneider (1994), Un Otel·lo per a Carmelo Bene (1994), Macbeth o Macbetto (1997), El gat negre (2001), Orgía (2002), Et diré sempre la veritat (2003), Mestres antics (2003), Vianants (2004), PPP (2005), Assajant Pitarra (2007), El bordell (2008), Al cel*

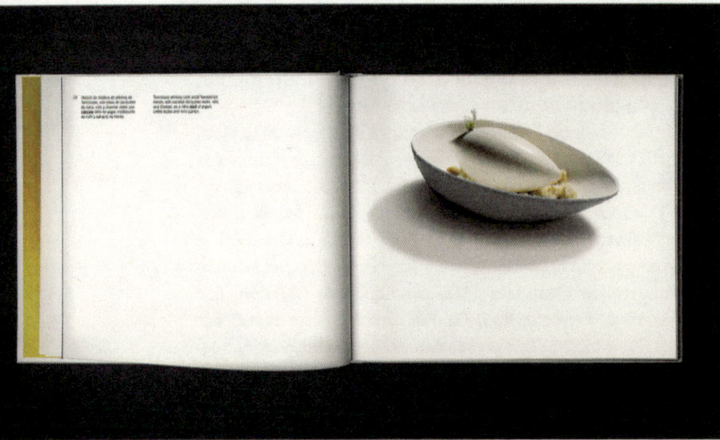

ALBERT ADRIÀ, *NATURA*, 2008.

(2009), Sótano (2010). **M |** *Stockhausen, Berio, Donatoni, Thomas Bernhard, Harold Pinter, José Sanchis Sinisterra.*

DIRECTOR ESCÉNICO, actor y gestor teatral, además de compositor. Realizó sus estudios musicales en Barcelona, Madrid, Granada, Florencia, Siena, Stuttgart y Viena, y de dirección escénica en el Institut del Teatre de Barcelona. Ha recibido premios tanto por su actividad musical (el Generalitat de Catalunya), de dirección (el de la Crítica Teatral de Barcelona o el Serra d'Or), como por sus propios proyectos (el Nacional Adrià Gual). De 1996 a 1999 fue director del Festival Grec de Barcelona. También es compositor de sardanas. «Creo que soy un director-músico. La música es muy importante en mis espectáculos, y no solo cuando la utilizo "dramatúrgicamente", sino en el trabajo con los actores, con la palabra, con la musicalidad de la palabra».

DIRECTOR ESCÈNIC, actor i gestor teatral, a més de compositor. Va realitzar els seus estudis musicals a Barcelona, Madrid, Granada, Florència, Siena, Stuttgart i Viena, i de direcció escènica a l'Institut del Teatre de Barcelona. Ha rebut premis tant per la seva activitat musical (el Generalitat de Catalunya) o de direcció (el de la Crítica Teatral de Barcelona i el Serra d'Or), com pels seus propis projectes (el Nacional Adrià Gual). Del 1996 al 1999 va ser director del Festival Grec de Barcelona. També és compositor de sardanes. «Crec que sóc un director-músic. La música és molt important en els meus espectacles, i no només quan la faig servir dramatúrgicament, sinó en el treball amb els actors, amb la paraula, amb la musicalitat de la paraula».

STAGE DIRECTOR, theatre actor and manager, and composer. He completed his studies in music in Barcelona, Madrid, Granada, Florence, Siena, Stuttgart and Vienna, and then studied stage management at the Theatre Institute in Barcelona. He has received awards for both his musical work (Generalitat de Catalunya), directing (Barcelona Critics' or Serra d'Or) and for his own work (the Adrià Gual National Prize). Between 1996 and 1999 he was director the Grec Festival in Barcelona. He also composes sardanas. "I think I am a director-musician. Music is very important to my shows, and not only when I use it for dramatic purposes, but also when I work with the actors, with words, with the musicality of words."

ALBET, NAO
BARCELONA, 24.12.1990.

O | *Straithen con Freigthen (2007), Guns, childs and videogames (2009), Dictadura-Transició-Democràcia (2010), HAMLE.T. 3 (2011).* **M |** *Roger Bernat, Rodrigo García.* **C |** *Marcel Borràs, Angélica Lidell, Rodrigo García.*

ACTOR Y DIRECTOR. Debutó sobre las tablas con apenas diez años en *Full Monty,* bajo la dirección de Mario Gas. Desde entonces ha trabajado como actor profesional con directores tan exigentes como Àlex Rigola, Rodrigo García y Calixto Bieito. En 2007 dirigió su primer espectáculo, *Straithen con Freigthen,* escrito a cuatro manos con Marcel Borràs, al que siguieron otras dos obras en el Lliure. Además ha participado en la serie *Ventdelplà* y en tres largometrajes. El último de ellos, junto a Marisa Paredes. Precoz y talentoso, más que una promesa es una confirmación. *«Punch:* un nuevo estilo de arte creado a mis dieciséis años. Aún intento ser fiel a él, aunque a veces me cuesta un poco».

ACTOR I DIRECTOR. Va debutar als escenaris, amb tot just deu anys, a *Full Monty,* sota la direcció de Mario Gas. Des d'aleshores ha treballat com a actor professional amb directors tan exigents com Àlex Rigola, Rodrigo García i Calixto Bieito. El 2007 va dirigir el seu primer espectacle, *Straithen con Freigthen,* escrit a quatre mans amb Marcel Borràs, al qual van seguir dues obres més al Lliure. A més, ha participat a la sèrie *Ventdelplà* i en tres llargmetratges, el darrer dels quals, al costat de Marisa Paredes. Precoç i talentós, més que no pas una promesa és una confirmació. *«Punch:* un nou estil d'art creat als meus setze anys. Encara intento ser-hi fidel, per bé que a vegades em costa una mica».

ACTOR AND DIRECTOR. He made his stage debut aged just ten, in *Full Monty,* under the director Mario Gas. Since then he has worked as a professional actor with major directors such as Àlex Rigola, Ro-

drigo García and Calixto Bieito. In 2007 he directed his first show, *Straithen con Freigthen,* co-written with Marcel Borràs, followed by two plays at the Lliure Theatre. He has also taken part in the serial *Ventdelplà* and three full length films. The most recent of these also starred Marisa Paredes. Precocious and talented, rather than a promising star he is a confirmed talent. "*Punch:* a new style of art, created when I was sixteen. I still try to remain faithful to it, although sometimes I find it hard."

ALEGRE, NACHO
BARCELONA, 09.07.1981.

O | *Vitra Catalogue (2006), Fucklet zine (2005-07) Apartamento Magazine (2008-…), Shoot. Photography of the Moment (2010).* **M |** *Walter Pfeiffer, Nan Goldin, Wolfgang Tillmans, Juergen Teller, Deborah Turbeville, Bruce Weber.* **C |** *Carlotta Manaigo, Ola Rindal, Linus Bill, Paul Schiek, Thomas Jeppe, Jason Nocito, Andrea Spotorno.*

FOTÓGRAFO, EDITOR Y DIRECTOR CREATIVO. Se formó en Derecho en la Universidad de Barcelona y, después de trabajar un tiempo en varias productoras de la ciudad, se estableció por su cuenta como fotógrafo. Sus trabajos se han publicado en revistas como *Vogue* (edición italiana, española y rusa), *L'Uomo Vogue, GQ* (edición americana, española, italiana, alemana y rusa) y *Hercules,* entre otras. Desde 2008 edita y dirige, junto a Omar Sosa, la revista de diseño, fotografía e interiorismo *Apartamento Magazine,* de distribución internacional y escrita en inglés. «Su manera de entender la fotografía, como desde las páginas de un diario, [...] hace hincapié en la idea de que fotografía y estilo de vida son inseparables» (Ken Miller).

FOTÒGRAF, EDITOR I DIRECTOR CREATIU. Es va formar en Dret a la Universitat de Barcelona i, després de treballar durant un temps a diverses productores de la ciutat, es va establir pel seu compte com a fotògraf. Els seus treballs s'han publicat a revistes com *Vogue* (edició italiana, espanyola i russa), *L'Uomo Vogue, GQ* (edició americana, espanyola, italiana, alemanya i russa) i *Hercules,* entre d'altres. Des del 2008 edita i dirigeix, al costat d'Omar Sosa, la revista de disseny, fotografia i interiorisme *Apartamento Magazine,* de distribució internacional i escrita en anglès. «La seva aproximació, a manera de diari personal publicable, a la fotografia [...] emfatitza la idea que la fotografia i l'estil de vida són inseparables» (Ken Miller).

PHOTOGRAPHER, EDITOR AND CREATIVE DIRECTOR. He studied Law at the University of Barcelona and after working for a time for a number of production companies in the city, he set up as a freelance photographer. His work has been published in magazines such as *Vogue* (Italian, Spanish and Russian editions), *L'Uomo Vogue GQ* (American, Spanish, Italian, Germany and Russian) and *Hercules,* among others. Since 2008 he has edited and managed the design, photography and interior design *Apartamento Magazine* alongside Omar Sosa. This publication is distributed internationally written in English. "His diaristic approach to photography [...] emphasizes the notion that photography and lifestyle are inseparable." (Ken Miller).

ALIVE.N.KICKING
(SUSANA LÓPEZ BLANCO)
DURANGO, VIZCAYA, 24.02.1978.

O | *Rusia (2006), The Folk Singer (a tale of men, music and America) (2009), Bands on&off stage (2007-11).* **M |** *Magnum, Cartier-Bresson, William Claxton, Barry Feinstein, Richard Avedon, D. A. Pennebaker, Hunter S. Thompson.* **C |** *Anton Corbijn, Jim Herrington, Miron Zownir, M. A. Littler, Alberto García-Alix, JR.*

FOTÓGRAFA. Dejó San Sebastián y la carrera de química hace una década y se instaló en Barcelona. Estudió diseño gráfico en la Escola Massana y trabajó como becaria en el canal de televisión moscovita TNTtv. Recorrió los Estados Unidos para hacer, entre otras cosas, la foto de *The Folksinger* (M. A. Littler, presentada en In-Edit '09) y descendió a centenares de fosos para retratar lo que ocurre sobre (y detrás) del escenario. Actualmente trabaja en el proyecto *People with guts & soul.* Le pide a la persona que llame su atención que escriba un texto con agallas y a partir de ahí la retrata. «Hay gente a la ▸

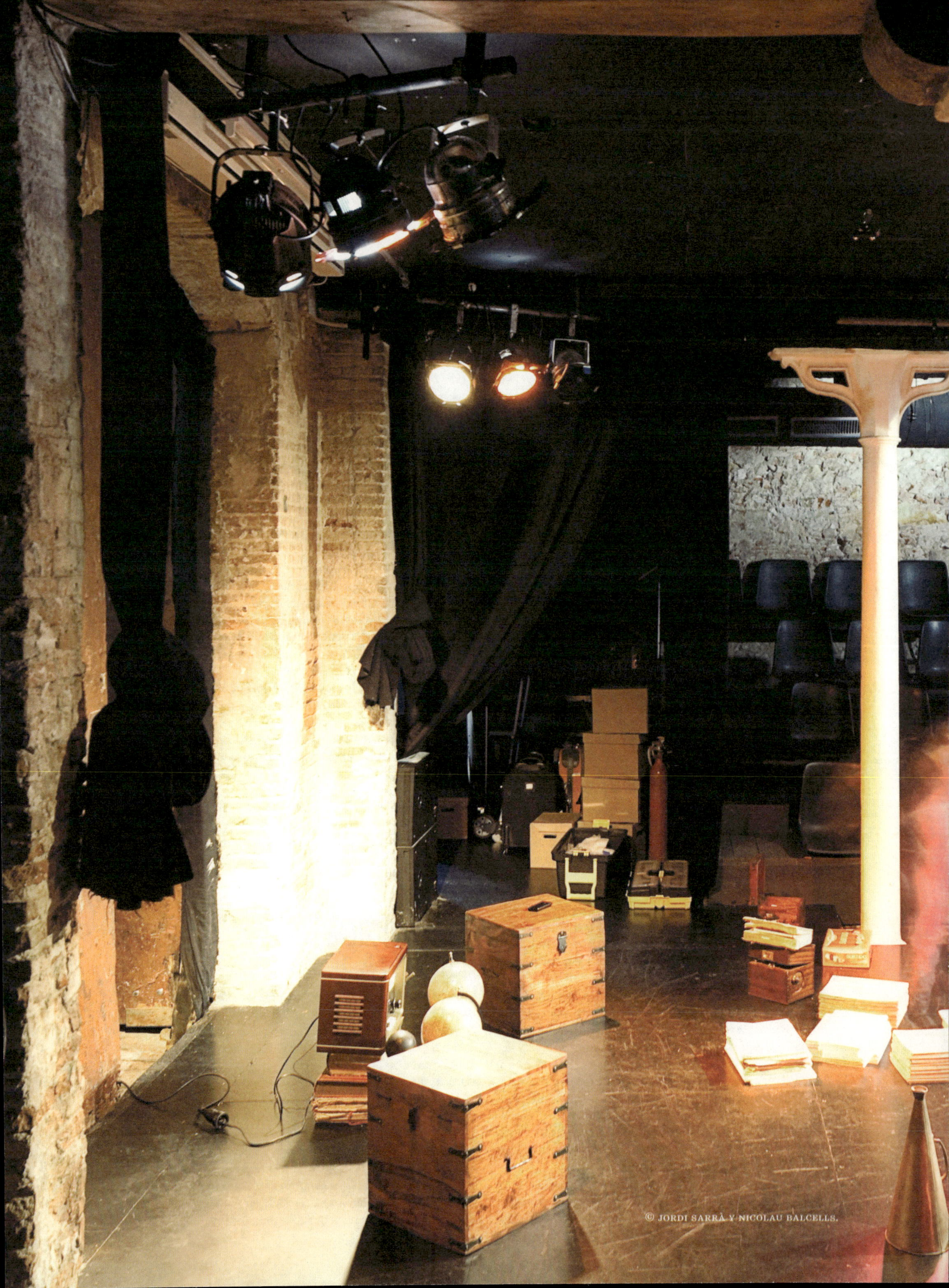
© JORDI SARRÀ Y NICOLAU BALCELLS.

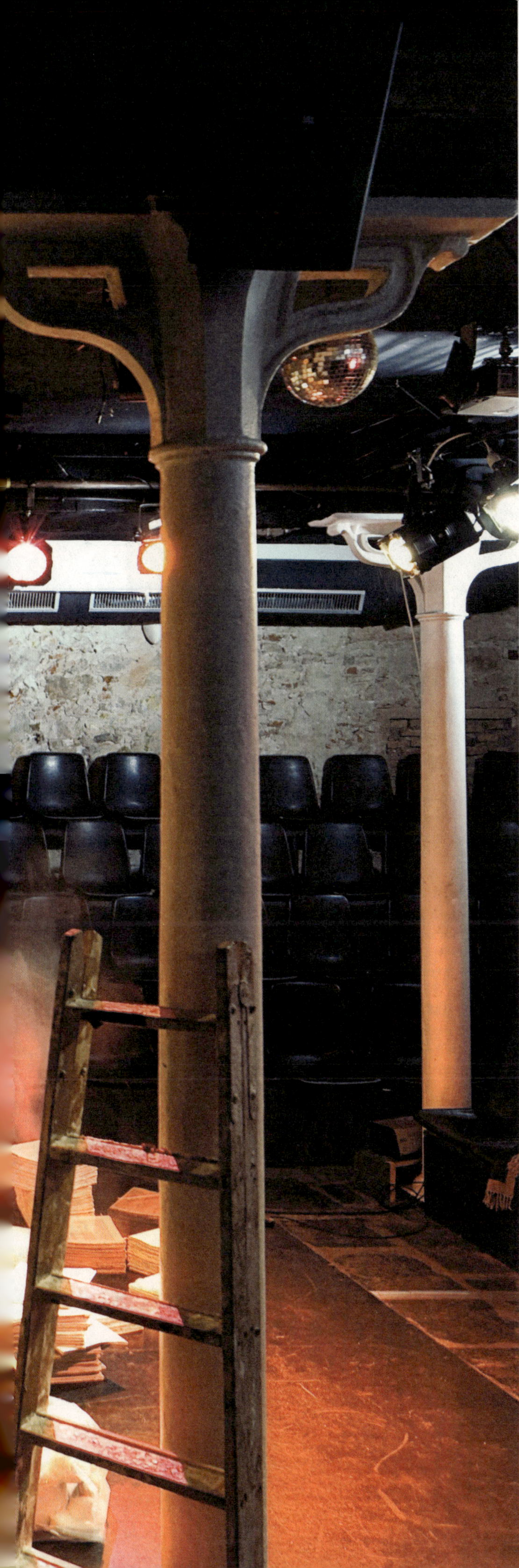

ALMAZEN

GUIFRÉ, 9 | RAVAL, 08001 BARCELONA

www.almazen.net | +34 93 442 62 15 | almazen@almazen.net

ES UN ESPACIO DE CREACIÓN y difusión artística con una visión de la cultura que potencia la convivencia y el desarrollo. Está situado en una antigua masía que se convirtió en una fábrica en plena revolución industrial, y después en un almacén de zapatillas deportivas. El espacio, con un escenario polivalente disponible para alquilar, da cabida a espectáculos de música, teatro, arte audiovisual y otras disciplinas. Está gestionado por la asociación cultural La Ciutat de les Paraules.

ÉS UN ESPAI DE CREACIÓ i difusió artística que parteix d'una visió de la cultura que potencia la convivència i el desenvolupament. Està situat en una antiga masia que es va convertir en una fàbrica en plena Revolució Industrial i després en un magatzem de calçat esportiu. L'espai, amb un escenari polivalent disponible per llogar, dóna cabuda a espectacles de música, teatre, art audiovisual i altres disciplines. Està gestionat per l'associació cultural La Ciutat de les Paraules.

A SPACE OF ARTISTIC CREATION and distribution with a cultural vision that promotes coexistence and development. Located in an old farm that was turned into a factory during the industrial revolution, it later became a storehouse for sports shoes. The space has a multi-purpose stage available for rent and hosts music shows, theater, audiovisual art and other disciplines. It is managed by the cultural association La Ciutat de les Paraules.

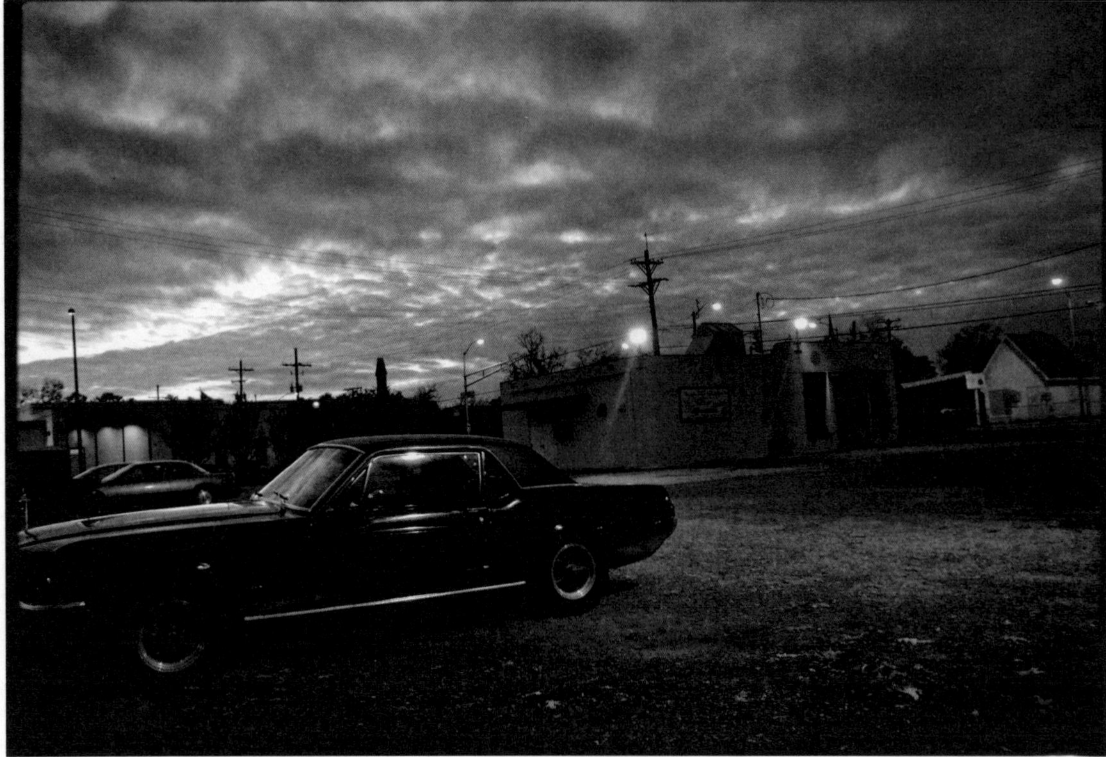

ALIVE.N.KICKING, *LOUISIANA*.

▶ que le mueve la fama, el sentido práctico o cualquier otra cosa. A mí lo que me mueve es la música, la gente con sangre en vez de horchata y las buenas historias; de eso van mis fotos».

FOTÒGRAFA. Fa deu anys va deixar Sant Sebastià i la carrera de química i es va establir a Barcelona. Va estudiar disseny gràfic a l'Escola Massana i va treballar com a becària al canal de televisió moscovita TNTtv. Va recórrer els Estats Units per fer, entre altres coses, la fotografia de *The Folksinger* (M. A. Littler, presentada a In-edit '09) i va baixar a centenars de fosses per retratar què passa damunt (i darrere) l'escenari. Actualment treballa en el projecte *People with guts & soul*. Demana a la persona que li crida l'atenció que escrigui un text agosarat i a partir d'això la retrata. «Hi ha gent a qui mou la fama, el sentit pràctic o qualsevol altra cosa. A mi el que em mou és la música, la gent amb sang en comptes d'orxata i les bones històries; d'això van les meves fotos».

PHOTOGRAPHER. Leaving San Sebastián and a degree course in Chemistry behind her over a decade ago, she settled down in Barcelona. She then studied Graphic Design at the Estudió Massana and worked as an apprentice at the Moscow television station TNTtv. She travelled around the United States in order to take, among other things, the photo of *The Folksinger* (M. A. Littler, presented in In-edit '09) and she went down to hundreds of pits to portray what happens on (and behind the scenes. She is currently working on the project *People with guts & soul*. She asks people who attract her attention to write a text fearlessly and she portrays them based on that. "There are people who are moved by fame, practicality or any other thing. What moves me is music, people with blood not water in their veins, and good stories; that's what my photos are about."

cuando debutó en la novela gráfica, su sensibilidad como guionista y su duro estilo expresionista de blancos y negros rotos fueron toda una sorpresa. Muchos definen su talento como instintivo o innato. «Lo que yo hago lo hace cualquiera, pero diferente».

HISTORIETISTA I ARTISTA PLÀSTIC. Va passar per l'escola d'arts aplicades pau Gargallo i va estudiar il·lustració a la Llotja Avinyó. No es defineix com una persona extraordinària ni com un gran lector de vinyetes, i el cas és que, abans de dedicar-s'hi, es guanyava la vida fent d'ajudant de fuster, mosso de magatzem o missatger, mentre feia retrats per encàrrec a amics i familiars. No obstant això, quan va debutar a la novel·la gràfica, la seva sensibilitat com a guionista i el seu dur estil expressionista de blancs i negres trencats van ser tota una sorpresa. Molts defineixen el seu talent d'instintiu o innat. «El que jo faig ho fa qualsevol, però diferent».

COMIC STRIP ARTIST AND PLASTIC ARTIST. He spent time at the Gargallo school of applied art, and studied illustration at Llotja Avinyó. He doesn't defined himself as an extraordinary person or a great comic strip reader, and the truth is that before working in this field he made a living as a carpenter's assistance, warehouse worker or courier, while doing portraits for family and friends. However, when he started out with these pictoric novels, his sensitivity as a writer and his tough expressionist style of broken blacks and whites came as a true surprise. Many people define his talent as instinctive or innate. "What I do, anyone can do, but differently."

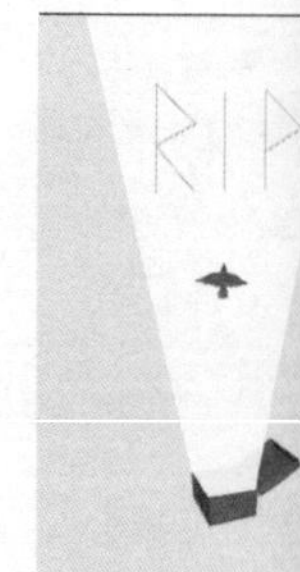

FELIPE ALMENDROS, PORTADA DE *RIP*.

ALMENDROS, FELIPE
BARCELONA, 19.07.1976.

O | *Pony Boy (2007), Save Our Souls (2009).* **C** | *Harmony Korine, Werner Herzog, David Lynch, Satoshi Kon, Vincent Gallo.*

HISTORIETISTA Y ARTISTA PLÁSTICO. Pasó por la escuela de artes aplicadas Gargallo y estudió ilustración en la Llotja Avinyó. No se define como una persona extraordinaria ni como un gran lector de viñetas y lo cierto es que antes de dedicarse a ello se ganaba la vida como ayudante de carpintero, mozo de almacén o mensajero, mientras hacía retratos por encargo a familiares y amigos. Sin embargo,

ALVY SINGER
(PABLO MUÑOZ)
MATARÓ, BARCELONA, 17.07.1988.

O | *Padres ausentes (2010).* **M** | *Aristóteles, William Shakespeare, Miguel de Cervantes, Francisco de Quevedo, Baltasar Gracián, Walter Pater, Gustave Flaubert, Robert Louis Stevenson, Mark Twain, Jorge Luis Borges, Josep Pla, William Faulkner, Nicanor Parra, Sylvia Plath, Rod Serling, Saul Bellow, Enrique Vila-Matas.* **C** | *Jonathan Franzen, Michael Chabon, Eloy Fernández Porta, Jordi Costa, Luna Miguel.*

BLOGUERO Y ESCRITOR. A los dieciocho años ya había participado en numerosos encuentros y era una autoridad en materia de cultura digital. Desde 2005 edita su propia bitácora, *El rincón de Alvy Singer*, que se ha convertido en una referencia. A pesar de su juventud, su erudición y su capacidad de relacionar conceptos e ideas entre alta cultura y cultura popular es apabullante. Escribe asiduamente en *Quimera*, en la revista de videojuegos *Star-T Magazine*, y colabora en diversas publicaciones digitales. Estudia

Periodismo en la UAB y recientemente ha publicado una breve e intensa primera novela. «Uno puede ser muchas cosas terribles, pedante o mediocre, pero no debe ser atemporal ni hablar, desde otra voz, de otros errores que no sean los suyos».

BLOCAIRE I ESCRIPTOR. Als divuit anys ja havia participat en nombroses trobades i era una autoritat en matèria de cultura digital. Des del 2005 edita la seva pròpia bitàcola, *El Rincón de Alvy Singer*, que ha esdevingut una referència. Malgrat la seva joventut, la seva erudició i la seva capacitat de relacionar conceptes i idees entre alta cultura i cultura popular és aclaparadora. Escriu assíduament a *Quimera*, a la revista de videojocs *Star-T Magazine*, i col·labora en diverses publicacions digitals. Estudia Periodisme a la UAB i recentment ha publicat una breu i intensa primera novel·la. «Un pot ser moltes coses terribles, pedant o mediocre, però no ha de ser atemporal ni parlar, des d'una altra veu, d'altres errors que no siguin els seus».

AUTHOR AND BLOGGER. By the age of 18 he had already taken part in a number of events, and was an authority in digital culture matters. Since 2005 he has edited his own blog *El rincón de Alvy Singer*, which has become a benchmark on the net. Despite his youth, his erudition and his ability to relate concepts and ideas across high culture and popular culture is overwhelming. He writes assiduously in *Quimera*, in the video game magazine *Star-T Magazine*, and also works on a range of digital publications. He is studying Journalist at the Autonomous University of Barcelona and has recently published a short but intense first novel. "One can be a lot of terrible things, pendant or mediocre, but mustn't be timeless, or talk, in another voice of the errors of others."

AMARGÓS, JOAN ALBERT
BARCELONA, 02.08.1950.

O | *Réquiem (1994, ballet), Flash Mompou (1997, para big band), Homenatge a Lorca (1998, para saxo alto y piano), Concert per a trombó baix i orquestra (2001), Variants de color (2002, copla).* **M** | *Enrique Granados, Gunther Schuller, Ligeti, Paul Hindemith e Isaac Albéniz.* **C** | *Henri Dutilleux, Lutoslawski y John Corigliano.*

INSTRUMENTISTA DE PIANO Y CLARINETE, Y COMPOSITOR. Nieto del compositor Joan Altisent i Ceardi, cursó estudios de música en el Conservatorio Superior del Liceu, donde ahora ejerce la labor de consejero artístico en el Departamento de Jazz y Música Moderna. Ha compuesto un gran número de obras de cámara y sinfónicas, además de haber creado música para ópera, teatro, cine y danza. Gran conocedor del flamenco, ha sido reconocido con numerosos galardones: ha obtenido en ocho ocasiones el premio al mejor arreglista de España, el primer premio de composición de Jazz Contemporáneo por la obra *Hasta siempre, Jaco* (1988) o el Premio Nacional de Música de la Generalitat de Catalunya 2002 por la ópera *Eurídice*. «Me considero un músico transversal».

INSTRUMENTISTA DE PIANO I CLARINET I COMPOSITOR. Nét del compositor Joan Altisent i Ceardi, va cursar estudis de música al Conservatori Superior del Liceu, on ara exerceix la tasca de conseller artístic al Departament de Jazz i Música Moderna. Ha compost un gran nombre d'obres de cambra i simfòniques, a més d'haver creat música per a òpera, teatre, cinema i dansa. Gran coneixedor del flamenc, ha estat reconegut amb nombrosos guardons: ha obtingut vuit vegades el premi al millor arranjador d'Espanya, el primer premi de composició de Jazz Contemporani per l'obra *Hasta siempre, Jaco* (1988) o el Premi Nacional de Música de la Generalitat de Catalunya 2002 per l'òpera *Eurídice*. «Em considero un músic transversal».

PIANIST, CLARINET PLAYER AND COMPOSER. Grandson of the composer Joan Altisent i Ceardi, he studied music at the Liceu Conservatory, where he now works as artistic advisor at the Department of Jazz and Modern Music. He has composed a large number of chamber and symphonic works, in addition to creating music for opera, theatre, film and dance. A great connoisseur of flamenco, he has received a large number of awards: eight times winner of the prize for the best arrangement in Spain, the first prize for Contermporary Jazz composition for the piece *Hasta siempre, Jaco* (1988) or the National Music Award from the Generalitat de Catalunya 2002 for his opera *Eurídice*. "I consider myself to be a transversal musician."

AMAT, FREDERIC
BARCELONA, 15.05.1952.

O | *Mur d'ofrenes (Nueva York, 1981), Viaje a la Luna (1999, película, guion de Federico García Lorca), Mural de les olles (Barcelona, 2000), Oedipus Rex. Stravinsky/Cocteau (Granada, 2001, ópera-oratorio), Pluja de sang (Barcelona, 2010, mural del Teatre Lliure).* **M** | *Paul Klée.* **C** | *Àngel Jové, Antoni Miralda, Evru...*

PINTOR, GRABADOR, CERAMISTA Y ESCENÓGRAFO. Es un referente en la actual plástica española, asociado sobre todo a las tendencias conceptuales y experimentales de los años setenta. Sus motivos recurrentes tienen que ver con los conceptos de sexo, muerte y violencia, no ajenos a ciertos rituales de magia y religión asimilados durante sus viajes por África y Norteamérica. Ejemplo de ello es *Pluja de sang* («Lluvia de sangre»), el mural que realizó para la remodelación del Teatre Lliure del barrio de Gracia. «Imposible describir en tres líneas la complejidad de cuarenta años de trabajo creativo y sus arterias. Quizás lo mejor es, recordar algo que me anotó el escritor Álvaro Mutis: "Frederic Amat pinta la vida como si fuera de verdad"».

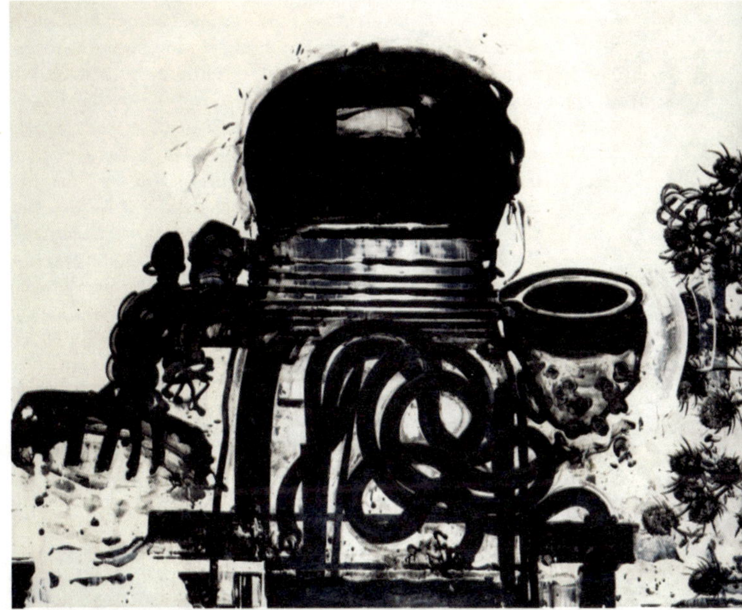

FREDERIC AMAT, *ESCENA #5 (DIPÒSIT I FLORS)*, 2005 - 2006.

PINTOR, GRAVADOR, CERAMISTA I ESCENÒGRAF. És un referent de la plàstica actual espanyola, associat sobretot a les tendències conceptuals i experimentals dels anys setanta. Els seus motius recurrents tenen a veure amb els conceptes de sexe, mort i violència, no aliens a certs rituals de màgia i religió assimilats durant els seus viatges per l'Àfrica i l'Amèrica del Nord. Un exemple n'és *Pluja de sang*, el mural que va realitzar per a la remodelació del Teatre Lliure del barri de Gràcia. «Impossible descriure en tres línies la complexitat de quaranta anys de treball creatiu i les seves artèries. Potser, el millor és recordar una cosa que em va anotar l'escriptor Álvaro Mutis: "Frederic Amat pinta la vida com si fos de veritat"».

PAINTER, ENGRAVER, CERAMIST AND SET DESIGNER. A reference in contemporary Spanish plastic arts, he is associated primarily with the conceptual and experimental trends of the seventies. His recurring motifs have to do with sex, death and violence, not unrelated to certain magical and religious rituals absorbed during trips to Africa and North America. An example of this is *Pluja de sang* (Blood Rain), the mural he did for the renovation of the Teatro Lliure in the Barcelona neighbourhood of Gracia. "It's impossible to describe in three lines the complexity of forty years of creative work and its offshoots. Perhaps it's best to recall something the writer Álvaro Mutis once told me: 'Frederic Amat paint life as if it were real'."

AMAT, KIKO
SANT BOI DE LLOBREGAT, BARCELONA, 27.07.1971.

O | *El día que me vaya no se lo diré a nadie (2003), Cosas que hacen BUM (2007), Rompepistas (2009), C60 (2010, música y spoken word, con Sergi Fäustino, Adrián de Veracruz y El Guincho), L'home intranquil (2010), Mil violines (2011).* **M** | *Nelson Algren, Harry Crews, Colin MacInnes, Alan Sillitoe, The Fleshtones, XTC, Mose Allison, Billy Childish, Kevin Rowland, Biff Bang Pow!, Jim Dodge, Nik Cohn, Enrique Jardiel Poncela, Dennis Potter, The Jam, TSC, Joe Orton, The Jasmine Minks, John Fante, Richard Brautigan, mod, Goffin-King, Johnny Mercer, 80's mod, punk rock, Robert Crumb, TV Personalities, John Osborne, Ken Kesey, Joseph Heller, Bill Drummond, Tamla Motown, garage punk, Jah Wobble, The Who, Susan Hinton, Kurt Vonnegut, skinheads, Curtis Mayfield, Francisco Casavella, Julian Cope, Wreckless Eric, Keith Waterhouse, The Claim, The Dentists, McCarthy, Trojan Records, Jon Savage, Greg Shaw.* **C** | *Pablo Rivero, Miqui Otero, Sam Lipsyte, Tibor Fischer, Los Ginkas, Jonathan Ames, Charades, Patrick deWitt, John King, Stewart Home.*

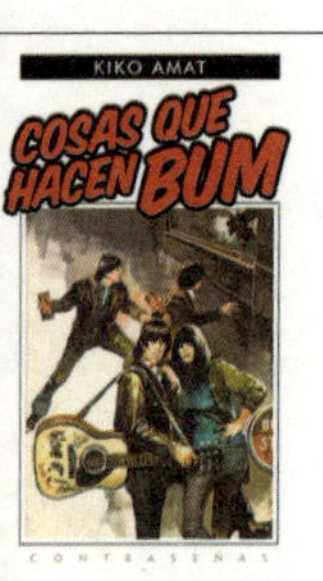

ESCRITOR. Anglófilo y fan del pop recalcitrante, ex *mod* y ex medio *skinhead* por contagio adolescente, los títulos de sus libros podrían serlo también de álbumes o canciones. Como no podría ser de otro modo, vivió cinco años en Londres, donde sobrevivió trabajando como camarero, dependiente u operario de una cadena de montaje. Actualmente escribe para el *Cultura/s* de *La Vanguardia* y la revista *Rockdelux,* y coedita el fanzine/blog *La Escuela Moderna.* También ha sido jurado de festivales de cine y pincha ocasionalmente discos raros con su colectivo Hungry Beat. «No temas ser emotivo. No te matará» (John Osborne).

ESCRIPTOR. Anglòfil i fan del pop recalcitrant, ex *mod* i ex mig *skinhead* per contagi adolescent, els títols dels seus llibres podrien ser-ho també d'àlbums o de cançons. Com no podria ser d'una altra manera, va viure cinc anys a Londres, on va sobreviure treballant de cambrer, dependent o operari d'una cadena de muntatge. Actualment escriu per al Cultura/s de *La Vanguardia* i la revista *Rockdelux,* i coedita el fanzine/blog *La Escuela Moderna.* I ha estat jurat de festivals de cinema. I punxa ocasionalment discos estranys amb el seu col·lectiu Hungry Beat. «No et faci por ser emotiu. No et moriràs pas d'això» (John Osborne).

WRITER. Anglophile and fan of recalcitrant pop, former mod and semi skinhead in his teens, the titles of his books could easily be the titles of songs of albums. As is only natural, he lived in London for five years, where he got by working as a waiter, shop assistant and assembly line worker. He currently writes for the Culture section of *La Vanguardia* and the magazine *Rockdelux* and he is co-editor of the fanzine/blog *La Escuela Moderna.* He has also sat on the jury for film festivals. He occasionally works as a disc jockey playing unusual records with his collective Hungry Beat. "Don't be afraid of being emotional. You won't die of it." (John Osborne).

AMERICAN PEREZ
NATALIA PÉREZ: BARCELONA, 05.02.1986.
JORGE BOLADO: O PORRIÑO, PONTEVEDRA, 21.11.1984.

O | *Colecciones: American Perez (otoño-invierno 2009-10), Miami Heat (primavera-verano 2010), A Woody Place (otoño-invierno 2010-11), Shells & Girls (primavera-verano 2011), Girls on Fire (otoño-invierno, 2011-12).* **M** | *Yves Saint Laurent, Schiapparelli, Miuccia Prada, Sonia Rykiel, Marc Jacobs, libros, películas, Estados Unidos, amigos, viajes, arte, cine, lo cotidiano.* **C** | *Miuccia Prada, Sonia Rykiel, Marc Jacobs.*

DISEÑADORES DE MODA. Natalia Pérez es graduada por la Escuela Superior de Diseño (ESDi) de Barcelona y por la Universidad de Southampton, Inglaterra. Jorge Bolado Moo es licenciado en Bellas Artes por la Universidad de Vigo y más tarde se traslada a Barcelona, donde realiza un Máster en Estilismo por la Escuela Superior de Diseño BAU. En junio de 2008 fundan American Perez, estudio con el que han sido finalistas de los Premios ModaFAD, han recibido el Premio L'Oreal a la mejor colección, y han participado en Createurope Berlín como uno de los treinta mejores diseñadores europeos, entre otros reconocimientos. En octubre de 2010 inauguran Las tardes American Perez, un concepto de compras diferente, en el que una vez al mes abren las puertas de su estudio. «Exóticas lolitas».

DISSENYADORS DE MODA. Natalia Pérez és graduada per l'Escola Superior de Disseny (ESDi) de Barcelona i per la Universitat de Southampton, Anglaterra. Jorge Bolado Moo és llicenciat en Belles Arts per la Universitat de Vigo i més tard es trasllada a Barcelona, on fa un màster en Estilisme per l'Escola Superior de Disseny BAU. El juny del 2008 funden American Perez, estudi amb el qual han estat finalistes als Premis ModaFAD, han rebut el Premi L'Oréal a la millor col·lecció, i han participat a Createurope Berlín com un dels trenta millors dissenyadors europeus, entre altres reconeixements. L'octubre del 2010 inauguren *Las tardes American Perez,* un concepte de fer compres diferent: consisteix en què un cop al mes obren les portes del seu estudi. «Exòtiques lolites».

FASHION DESIGNERS. Natalia Pérez is a graduate of the ESDi School of Design in Barcelona and the University of Southampton in the UK. Jorge Bolado Moo is a Fine Art graduate from the University of Vigo who then moved to Barcelona, where she completed a Masters in Fashion at the Senior School of Design BAU. In June 2008 they founded American Perez, the studio with which they were shortlisted for the ModaFAD Awards. They have received the L'Oreal Award for the best collection and have taken part in Createurope Berlin as one of the thirty best European designers, among others. In October 2010 they opened Las tardes American Perez, a new shopping concept where they open the doors to their studio once a month. "Exotic lolitas."

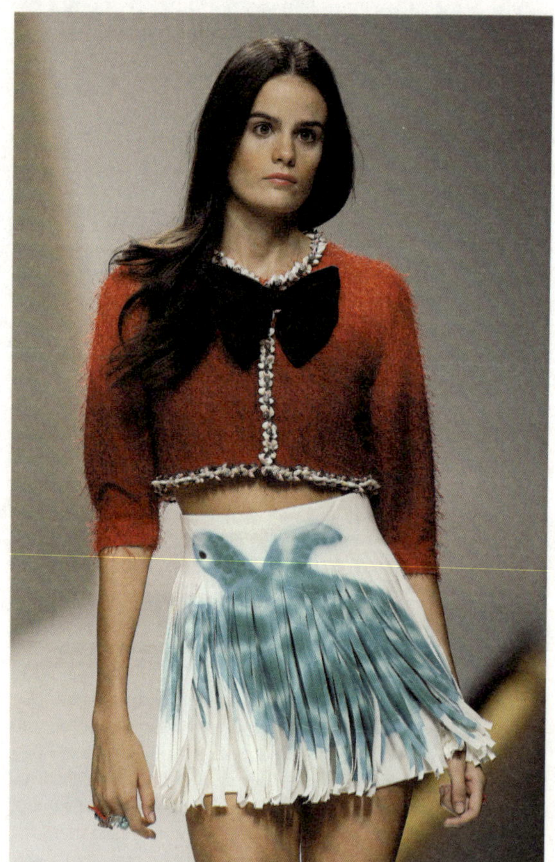
AMERICAN PEREZ.

ANDÚJAR, DANIEL G.
ALMORADÍ, ALICANTE, 1966.

O | *Technologies To The People (1996-08), X-Devian (2003), Postcapital Archive. 1989-2001 (2004), Unrecorded (2008).*

ARTISTA MULTIMEDIA Y ACTIVISTA. Es uno de los principales exponentes del llamado *net.art,* es decir, la producción artística realizada ex profeso en y para Internet. Creador de proyectos como *Technologies To The People,* una empresa virtual que busca acercar las nuevas tecnologías a personas de escasos recursos mediante la reproducción de las estrategias comerciales de las grandes empresas, o *Postcapital Archive*, un repositorio de más de 250 000 documentos en línea que van de la caída del Muro de Berlín al atentado contra las Torres Gemelas, es también miembro de la Associació d'Artistes Visuals de Catalunya, de la organización Irational, y director de las plataformas para la reflexión sobre políticas culturales e-barcelona, e-valencia, e-sevilla y e-madrid. «La práctica artística, tal y como yo la entiendo, debe convertirse también en una muestra de la resistencia».

ARTISTA MULTIMÈDIA I ACTIVISTA. És un dels principals exponents de l'anomenat *net.art*, és a dir, la producció artística realitzada expressament a i per a Internet. Creador de projectes com *Technologies To The People*, una empresa virtual que busca apropar les noves tecnologies a persones d'escassos recursos reproduint les estratègies comercials de les grans empreses, o *Postcapital Archive*, un arxiu de més de 250.000 documents online que van de la caiguda del mur de Berlín a l'atemptat contra les Torres Bessones, és també membre de l'Associació d'Artistes Visuals de Catalunya, de l'organització Irational, i director de les plataformes per a la reflexió sobre polítiques culturals e-barcelona, e-valencia, e-sevilla i e-madrid. «La pràctica artística, tal com jo l'entenc, s'ha de convertir també en una mostra de la resistència».

MULTIMEDIA ARTIST AND ACTIVIST. He is one of the main examples of what is known as *net.art*, i.e. artistic production *ex profeso* on and for the Internet. Creator of projects such as *Technologies To The People*, a virtual company which tries to make new technologies more accessible for people with few resources by copying the commercial strategies of large companies, or *Postcapital Archive*, a repository of over 250.000 online documents ranging from the fall of the Berlin Wall to the terrorist attack on the World Trade Center, he is also a member of the Associació d'Artistes Visuals de Catalunya, the Irational organisation, and director of the platforms for reflection on cultural policies e-barcelona, e-valencia, e-sevilla and e-madrid. "Artistic practice, as I understand it, should also turn into an example of resistance."

ANIMAL BANDIDO

CLÀUDIA FONT: BARCELONA, 08.01.1983.
ZOSEN: BUENOS AIRES, 10.08.1978.

O | *Cabaret Macabro (otoño-invierno 2008), Nuevo Orden (primavera-verano 2009), Ital Vital (otoño-invierno 2009-10).* **M |** *Jean-Charles de Castelbajac, Anna Sui, Sonia Rykiel, el grafiti, los ilustradores underground, el movimiento Do It Yourself en general.* **C |** *Manuel Bolaño, Cruz Castillo, Amai Rodríguez, Christian Joy, Annie Larson.*

DISEÑADORES DE MODA. Ella, licenciada en diseño textil, inicia su carrera con el mallorquín Alberto Tous. Él, *skater*, grafitero y artista autodidacta, aterriza en Barcelona haciendo escala en la São Paulo Fashion Week. Del encuentro creativo de ambos nace Animal Bandido, una suerte de «guerrilla de la *street wear*», levantada contra las marcas multinacionales que lideran el mercado con precios altos y fábricas de confección en los países pobres. «Reivindicamos el estilo personal en un momento en que cuesta mucho identificarse como individuo dentro de la sociedad de consumo».

DISSENYADORS DE MODA. Ella, llicenciada en disseny tèxtil, inicia la seva carrera amb el mallorquí Alberto Tous. Ell, *skater*, grafiter i artista autodidacta, aterra a Barcelona fent escala a la São Paulo Fashion Week. De la trobada creativa de tots dos neix Animal Bandido, una mena de «guerrilla de la *street wear*» alçada contra les marques multinacionals que lideren el mercat amb preus alts i fàbriques de confecció als països pobres. «Reivindiquem l'estil personal en un moment en què costa molt identificar-se com a individu dins la societat de consum».

FASHION DESIGNERS. She is a Textiles Design graduate, who started out her career with the Mallorcan Alberto Tous. He is a skateboarder, graffiti artist and self taught, who arrived in Barcelona en route from the São Paulo Fashion Week. The creative encounter between the two gave rise to Animal Bandido, a sort of "street wear guerrilla," rising up against the multinational brands which lead the market with high prices and textiles factories in poor countries. "We restore personal style at a time when it is hard to identify oneself as an individual in the midst of consumer society."

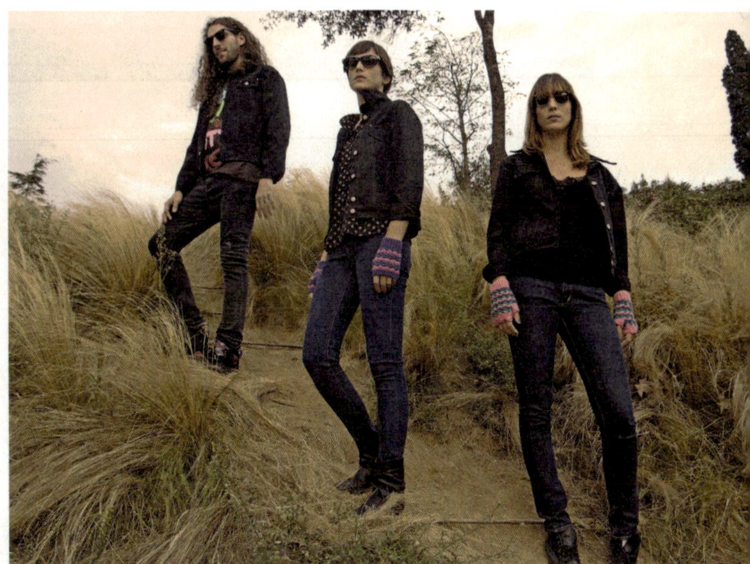

ANIMAL BANDIDO, *ITAL VITAL*. © NURIA RIUS.

ANTÚNEZ ROCA, MARCEL·LÍ
MOIÀ, BARCELONA, 13.12.1959.

O | *Performances: Epizoo (1994), Afasia (1998), Pol (2002), Transpermia (2004), Protomembrana (2006), Hipermembrana (2007), Cotorne (2010). Instalaciones: Joan, l'home de carn (1992), La vida… (1993), Agar (1999), Alfabeto (1999), Réquiem (1999), Human machine (2001), Metzina (2004), Tantal (2004), DMD Europa (2007), Metamembrana (2009). Exposiciones: Epifania (1999), Concéntrica (2000), Interattivita furiosa (2007), 43 somni de la rao (2007), Outras peles (2008), Hibridum bestiarium (2008). Net art: Afalud (2001).* **M |** *Homero, Pieter Brueghel, Dante Alighieri, Charles Dickens, Luis Buñuel, Jean Dubuffet.* **C |** *Robert Crumb, Jan Švankmajer, Los Rinos, Begoña Egurbide, Sergi Caballero.*

ARTISTA Y *PERFORMER*. Licenciado en bellas artes por la Universidad de Barcelona y reconocido mundialmente en el ámbito del arte interactivo y la experimentación escénica. En 1979 funda el colectivo La Fura dels Baus. En los noventa se desliga del grupo para trabajar en solitario. Pionero en el uso de la tecnología para abarcar temas clásicos como la vulnerabilidad, la identidad o la muerte, es considerado un innovador por naturaleza y un visionario. Ha desarrollado un universo visual personal e iconoclasta, basado en una reflexión sobre sistemas de producción artística; lo que él llama *Sistematurgia*. Su trabajo se ha presentado en museos, teatros y festivales de los cinco continentes. Ha publicado libros, y con frecuencia es invitado a dar conferencias y talleres en universidades y escuelas de arte y de teatro de todo el mundo. «Intento construir un cosmos y añadir, si cabe, una coma al mundo».

ARTISTA I *PERFORMER*. Llicenciat en Belles Arts per la Universitat de Barcelona i reconegut mundialment en l'àmbit de l'art interactiu i l'experimentació escènica. El 1979 funda el col·lectiu La Fura dels Baus. Als noranta es deslliga del grup per treballar en solitari. Pioner en l'ús de la tecnologia per a abraçar temes clàssics com la vulnerabilitat, la identitat o la mort, és considerat un innovador per natura i un visionari. Ha desenvolupat un univers visual personal i iconoclasta, basat en una reflexió sobre sistemes de producció artística; allò que ell anomena *Sistematúrgia*. El seu treball s'ha presentat en museus, teatres i festivals dels cinc continents. Ha publicat llibres, i sovint és convidat a fer conferències i tallers a universitats i escoles d'art i de teatre de tot el món. «Intento construir un cosmos i afegir, si hi entra, una coma al món».

ARTIST AND PERFORMER. A graduate in fine art from the University of Barcelona and recognised worldwide in the field of interactive art and scenic experimentation. In 1979 he founded the collective La Fura dels Baus. In the nineties he left the group to work as a solo artist. A pioneer in the use of technology to deal with classic issues such as vulnerability, identity or death, he is considered a natural innovator and visionary. He has developed a personal and iconoclastic visual universe, based on a reflection on artistic production systems; which he calls *Sistematurgia*. His work has been ▶

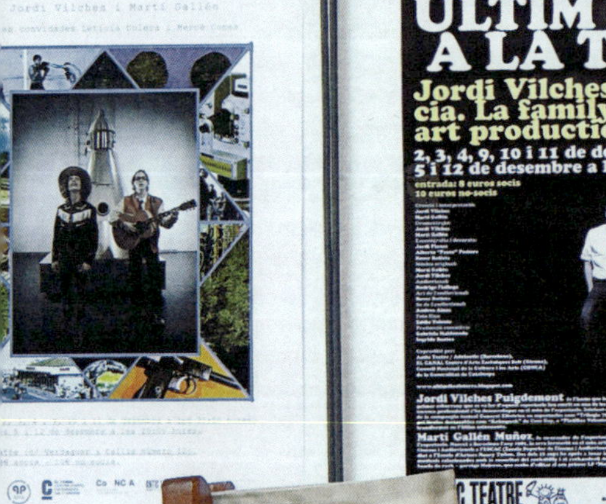

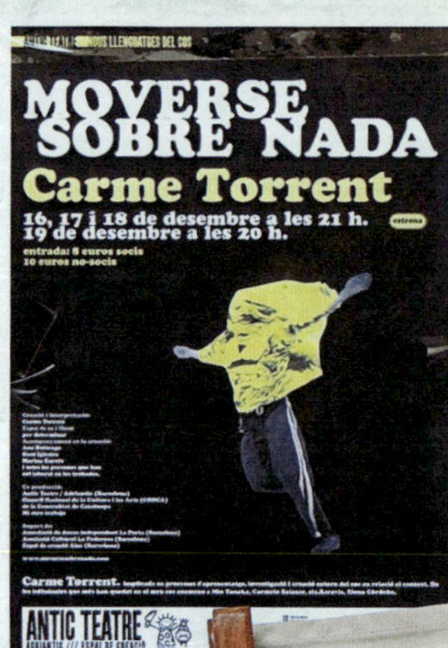

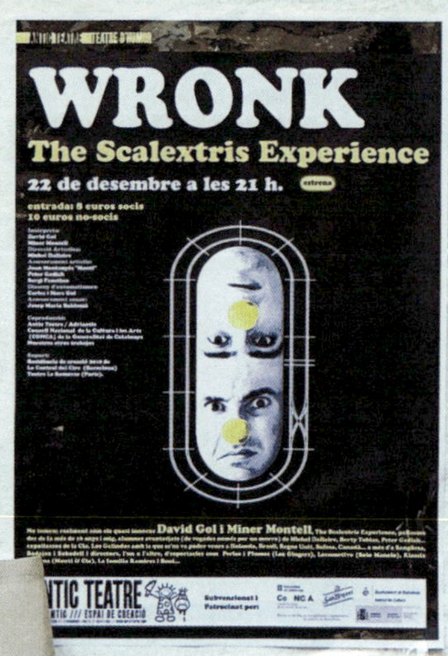

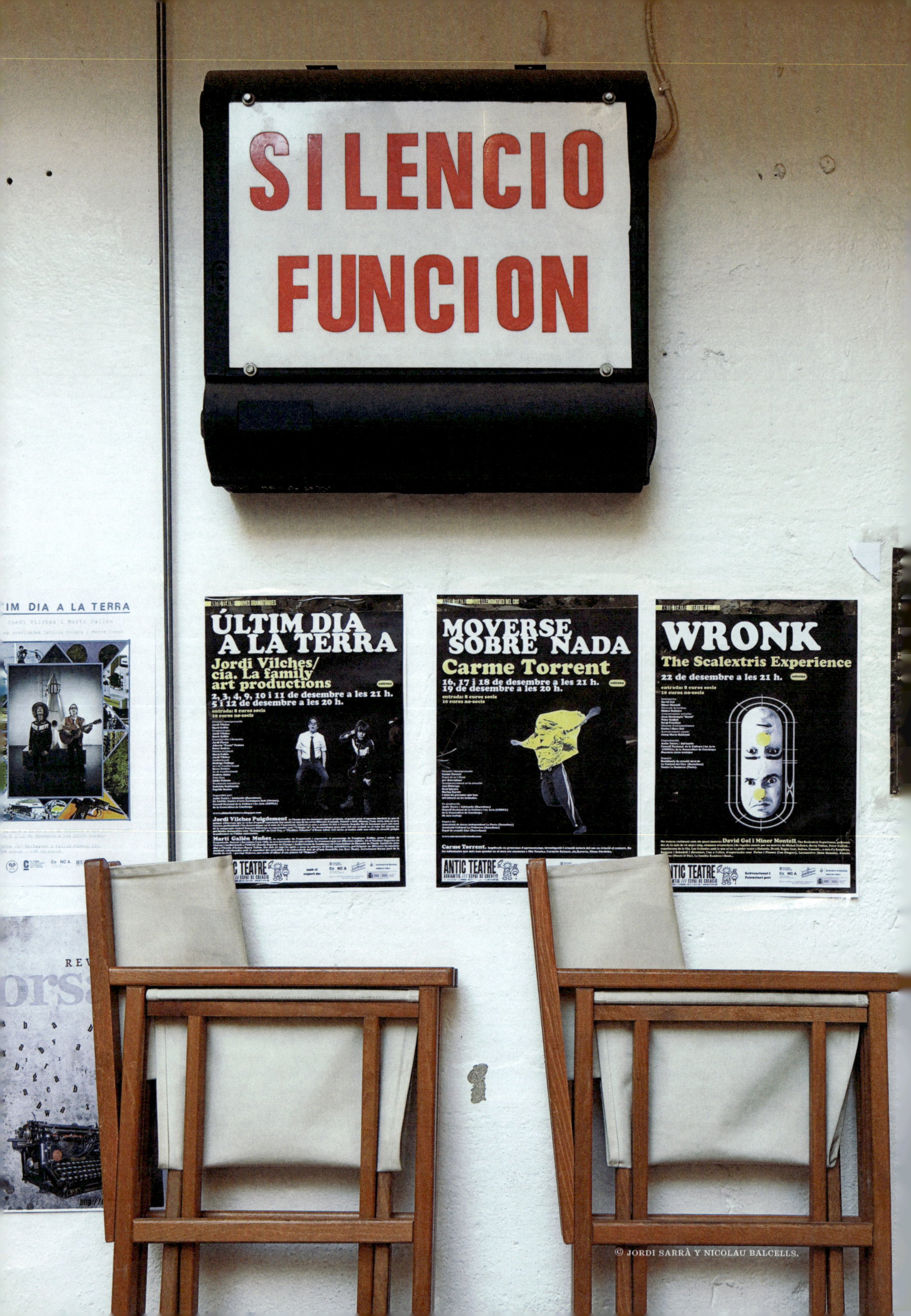

SILENCIO
FUNCION
ÚLTIM DIA A LA TERRA
Jordi Vilches/ cia. La family art productions
2, 3, 4, 9, 10 i 11 de desembre a les 21 h.
5 i 12 de desembre a les 20 h.
MOVERSE SOBRE NADA
Carme Torrent
16, 17 i 18 de desembre a les 21 h.
19 de desembre a les 20 h.
WRONK
The Scalextris Experience
22 de desembre a les 21 h.
ANTIC TEATRE

© JORDI SARRÀ Y NICOLAU BALCELLS.

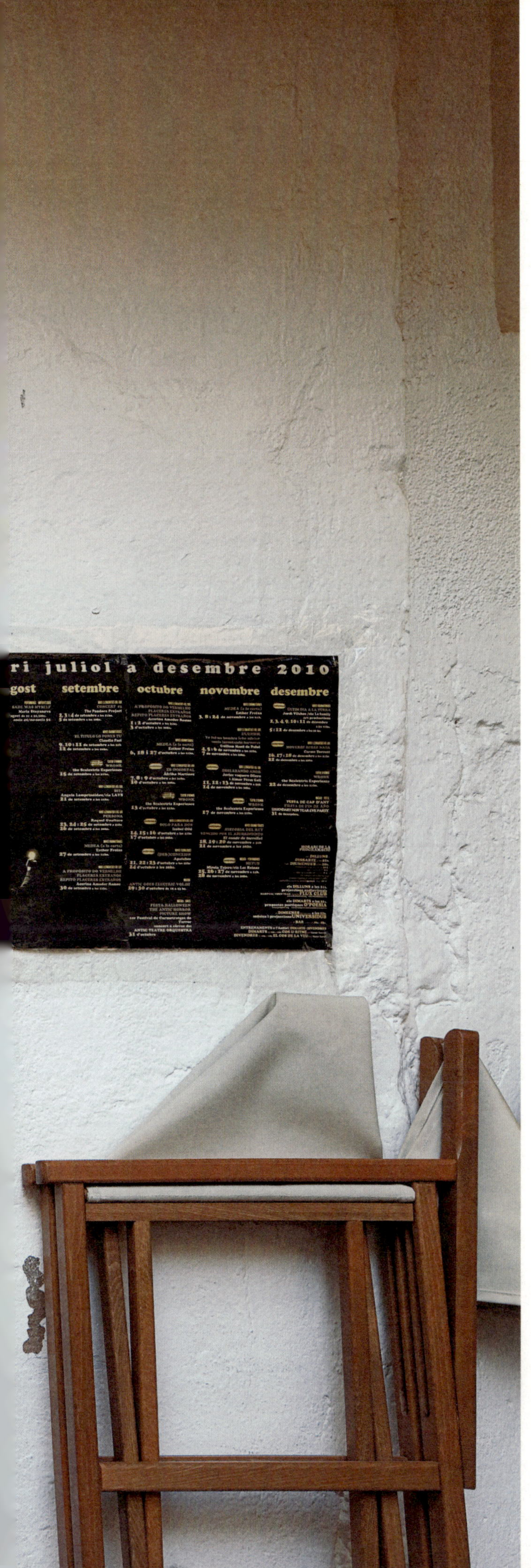

ANTIC TEATRE
/ADRIANTIC

VIA TRAJANA, 11, 1ª 2ª | SANT ADRIÀ DEL BESÒS, 08020 BARCELONA
www.lanticteatre.com | + 34 93 315 23 54
anticteatre@anticteatre.com

ES UN ESPACIO DE INVESTIGACIÓN Y CREACIÓN TEATRAL, así como sala de ensayo y residencia para nuevos dramaturgos y creadores escénicos emergentes. Ubicado en una nave industrial de 490 metros cuadrados en la frontera con el municipio de Sant Adrià del Besòs, ofrece a las compañías de teatro un espacio donde desarrollar sus investigaciones y creaciones, y producir sus espectáculos. AdriAntic fue inaugurado en 2007 con el objetivo de dar apoyo a compañías y creadores escénicos independientes de cualquier edad, para que estos pudieran contar con un espacio propio. Los creadores residentes cuyas propuestas previas hayan sido seleccionadas pueden acceder al espacio de manera gratuita. Por otro lado, el Antic Teatre, fundado en 2003, se ha consolidado como uno de los referentes de la actual escena barcelonesa.

ÉS UN ESPAI D'INVESTIGACIÓ I CREACIÓ TEATRAL, així com una sala d'assaig i residència per a nous dramaturgs i creadors escènics emergents. Situat en una nau industrial de quatre-cents noranta metres quadrats a la frontera amb el municipi de Sant Adrià del Besòs, ofereix a les companyies de teatre un espai on poden desenvolupar les seves investigacions i creacions i produir els seus espectacles. AdriAntic va ser inaugurat el 2007 amb l'objectiu de donar suport a les companyies i els creadors escènics independents de qualsevol edat, perquè aquests poguessin comptar amb un espai propi. Els creadors residents que hagin presentat prèviament una proposta que hagi estat seleccionada poden accedir a l'espai de manera gratuïta. D'altra banda, l'Antic Teatre, fundat el 2003, s'ha consolidat com un dels referents de l'actual escena barcelonina.

IS A SPACE FOR DRAMATIC CREATION AND RESEARCH, as well as a rehearsal hall and residence for new playwrights and emerging scenic artists. Located in a 490-square-meter factory premise right on the border with the municipality of Sant Adrià del Besòs, it offers theater companies a space where they can develop their research and creation, and where they can produce their shows. AdriAntic opened in 2007, looking to support independent companies and dramatists of all ages in order for them to have their own space. Resident creators whose previous proposals have been accepted can access the space free of charge. On the other hand, the Antic Teatre, established in 2003, has emerged as one of the key points of reference in the current scene in Barcelona.

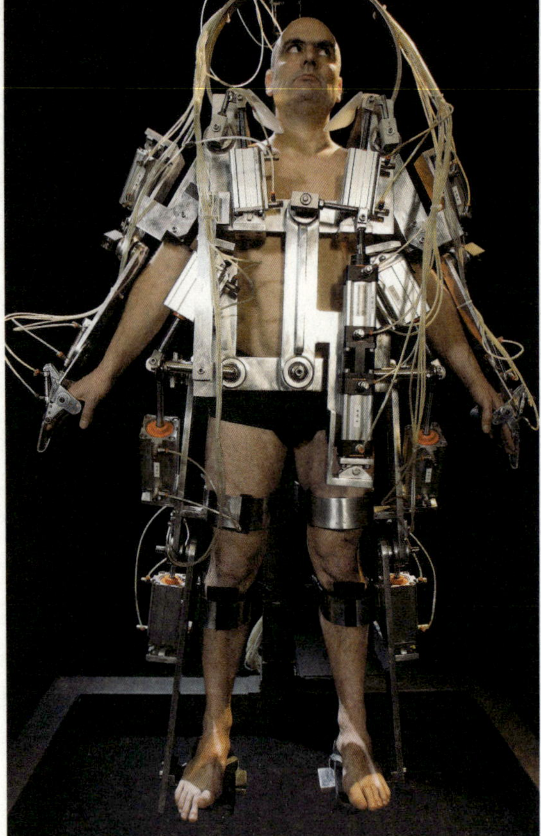

MARCEL·LÍ ANTÚNEZ ROCA, *RÉQUIEM*, 1999. © CARLOS RODRÍGUEZ.

▶ presented in museums, theatre and festival in all five continents. He has published books, and is often invited to speak at conferences and workshops at universities and schools of art and drama all around the world. "I try to build a cosmos and add, if possible, a comma for the world."

ARQUITECTURIA
OLGA FELIP ORDIS: GERONA, 03.11.1980.
JOSEP CAMPS POVILL: TORTOSA, TARRAGONA, 25.03.1975.

O | *Edificio Judicial en Balaguer, Lérida (en construcción), Plaza del Ábside de la Catedral de Tortosa (2009), modelos de casa industrializada (2010), Centro Cívico Mercado de Ferreries (2010), Museo de la Energía en Ascó, Tarragona (2011).* **M |** *Profesores de la ETSAB, Scarpa, Aino+Alvar Aalto, Lilly Reich, Chillida, Oteiza, Walter Benjamin.* **C |** *Nani Marquina, Steven Klein, Wong Kar-wai.*

ARQUITECTOS. Licenciados en la Escuela Técnica Superior de Arquitectura de Barcelona, completan su formación en distintas universidades europeas, en cuyo ámbito continúan con la docencia y la investigación. En 2006 fundan su estudio de arquitectura, diseño y urbanismo, que rápidamente cosecha numerosos premios. Entre ellos, el Young Architect of the Year y la mención especial de los Architectural Review Awards for Emerging Architecture. En 2010 fueron incluidos en la prestigiosa lista 40 Under 40 Awards, realizada por The European Centre for Architecture y The Chicago Athenaeum. «Nuestro interés se centra en la técnica y el proceso del proyecto prevaleciendo sobre el lenguaje. Esto no significa que no nos interese el lenguaje, pero no es origen ni destino».

ARQUITECTES. Llicenciats a l'Escola Tècnica Superior d'Arquitectura de Barcelona, completen la seva formació a diverses universitats europees, en l'àmbit de les quals continuen amb la docència i la investigació. El 2006 funden el seu estudi d'arquitectura, disseny i urbanisme, que ben aviat recull nombrosos premis. Entre ells, el Young Architect of the Year i la menció especial de l'Architectural Review Awards for Emergent Architecture. El 2010 van ser inclosos a la prestigiosa llista 40 under 40 Awards, realitzada per The European Centre of Architecture i The Chicago Athenaeum. «El nostre interès es centra en la tècnica i el procés del projecte prevalent sobre el llenguatge. Això no vol dir que no ens interessi el llenguatge, però no és origen ni destí».

ARCHITECTS. Graduate from the Technical School of Architecture in Barcelona, they completed their training in different European universities, where they continued with their teaching and research. In 2006 they founded their architecture, design and urban development studio, which rapidly earned a range of awards. These include the Young Architect of the Year and the special mention in the Architectural Review Awards for Emergent Architecture. In 2010 they were included on the prestigious 40 under 40 Awards list, drawn up by the European Centre of Architecture and the Chicago Athenaeum. "Our interest focuses on technique and the process of the project, prevailing over language. This doesn't mean that we are not interested in language, but it is not origin or destination."

ARTAL, JORDI
BARCELONA, 07.07.1966.

O | *Cinc Sentits (2004), menú Sensaciones, con maridaje de vinos (2007).* **M |** *Mi abuela y mi madre.* **C |** *René Redzepi, Joan Roca, Carme Ruscalleda.*

CHEF. O mejor dicho, director de una empresa de informática reconvertido en chef. Después de trabajar en Silicon Valley —esa especie de Hollywood de las nuevas tecnologías, habitada por los genios creadores de Apple, Google o Facebook—, un día vuelve a Barcelona y funda el restaurante Cinc Sentits, que dos meses después de su apertura es nominado como restaurante revelación en la Cumbre de Gastronomía Madrid Fusión y, cuatro años más tarde, en 2008, obtiene su primera estrella Michelin. Autodidacta en la cocina, formado en las cenas que organizaba su hermana Amèlia, Jordi Artal desconfía de la capacidad del paladar —incluido el suyo mismo— de saborear cuando la comida es abundante. Por eso sus platos mediterráneos son prácticamente tapas servidas con delicadeza, producto fresco y originalidad. «Sin ninguna duda, la clave de un buen plato está en encontrar y utilizar ingredientes de la mejor calidad».

XEF. O més ben dit, director d'una empresa d'informàtica reconvertit en xef. De treballar a Silicon Valley —aquella mena de Hollywood de les noves tecnologies, habitada pels genis creadors d'Apple, Google o Facebook—, un dia torna a Barcelona i funda el restaurant Cinc Sentits, que dos mesos més tard de l'obertura és nominat com a restaurant revelació a la cimera de gastronomia Madrid Fusión i, quatre anys més tard, el 2008, obté la seva primera estrella Michelin. Autodidacta a la cuina, format en els sopars de gala que organitzava la seva germana Amèlia, Jordi Artal desconfia de la capacitat del paladar —inclòs el seu— d'assaborir el menjar quan és abundant. Per això els seus plats mediterranis són pràcticament tapes servides amb delicadesa, producte fresc i originalitat. «Sens dubte, la clau d'un bon plat rau en trobar i fer servir ingredients de la millor qualitat».

CHEF. Or rather a director of an IT company turned chef. From working in Silicon Valley – that type of new technology Hollywood inhabited by the genius creators of Apple, Google or Facebook -, one day he returned to Barcelona and founded the Cinc Sentits restaurant. Two months after opening the restaurant was nominated as revelation restaurant at the Madrid Fusion Food Summit and, four years later, in 2008 he obtained his first Michelin star. Self taught in the kitchen, and trained on the job at the gala dinners organised by his sister Amèlia, Jordi Artal doubted that any palate – including his own – is truly able to savour a meal if it is too abundant. For this reason his Mediterranean dishes are practically tapas served with daintiness, fresh produce and originality. "Without a doubt, the key to a good dish is finding, and using, top quality ingredients."

ARYZ
PALO ALTO, CALIFORNIA, 11.07.1988.

O | *Granollers Factory I, II, III (2008-09), Rivoli Wall (2009), Valencia Campus (2010), Torino Building (2010), Lliça Factory (2010), Concrete Walls Project (2010).* **M |** *Demasiados para ponerlos por escrito.*

GRAFITERO. Nació en Estados Unidos, pero se considera natural de Barcelona —de Cardedeu, si se quiere ser más específico—, donde vive desde que tenía tres años. Es uno de los nombres más potentes del panorama del arte callejero en Cataluña. Sus dibujos gigantes

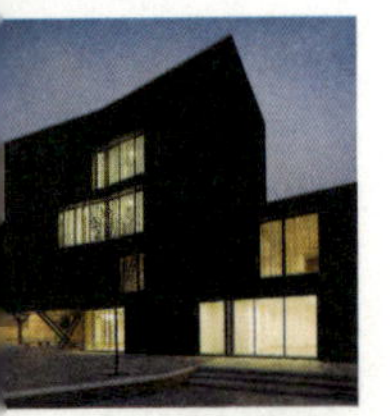

ARQUITECTURIA, CENTRO CÍVICO DE TORTOSA. © PEDRO PEGENAUTE.

y coloridos, con un punto de macabra acidez y locura, empezaron a aparecer en las paredes de fábricas abandonadas en la periferia de Barcelona, y hoy se han extendido a otras ciudades de España, así como de Italia, Alemania, Polonia o Bosnia-Herzegovina. «Una vez terminado el muro, sigo teniendo esa misma sensación de fracaso que tuve la primera vez que pinté una pared. En cierto modo, ese sentimiento me ayuda a seguir adelante, forzándome a mí mismo a buscar nuevas formas y contenidos».

GRAFITER. Va néixer als Estats Units, però es considera natural de Barcelona —de Cardedeu, si es vol ser més precís—, on viu des que tenia tres anys. És un dels noms més potents en el panorama de l'art al carrer a Catalunya. Els seus dibuixos gegants i colorits, amb un punt de macabra acidesa i bogeria, van començar a aparèixer a les parets de fàbriques abandonades de la perifèria de Barcelona, i avui s'han estès a altres ciutats d'Espanya, així com d'Itàlia, Alemanya, Polònia o Bòsnia-Herzegovina. «Un cop he enllestit el mur, continuo tenint la mateixa sensació de fracàs que vaig tenir el primer cop que vaig pintar una paret. En certa manera, aquest sentiment m'ajuda a perseverar, forçant-me a buscar noves formes i continguts».

GRAFFITI ARTIST. He was born in the United States, yet he considered himself to be from Barcelona – from Cardedeu, to be precise – where he has lived since he was three years old. He is one of the most powerful names on the Catalonian street art scene. His giant and colourful drawings, with a touch of macabre acidity and madness, started to appear on factory walls on the outskirts of Barcelona and today have spread to other cities in Spain, and further afield to Italy, Germany, Poland and Bosnia-Herzegovina. "Once the wall is finished, I still have the same feeling of failure as I had the first time I painted a wall. In a way, this feeling helps me to keep going, forcing me to look for new shapes and content."

AUSERÓN, SANTIAGO
ZARAGOZA, 25.07.1954.

O | *Música moderna (1980), La canción de Juan Perro (1987), Veneno en la piel (1990), Raíces al viento (1996), La huella sonora (1997), Mr. Hambre (2000), Cantares de vela (2002), Las malas lenguas (2006), Río negro (2011).* **M |** *Compay Segundo, John Lee Hooker.*

CANTANTE Y COMPOSITOR. Estudia Filosofía en la Universidad Complutense de Madrid y en la Université de Vincennes, París VIII. Comienza su carrera en Radio Futura, reconocido como el mejor grupo español de los últimos veinticinco años según una votación realizada por Radio3 en 2004. Desde 1984 investiga las raíces del son cubano y ha colaborado, entre otros eventos, en la organización de los encuentros de poetas y soneros cubanos en la Casa de América de Madrid en 1993. Ese año comienza su nuevo proyecto musical, Juan Perro, con el que ha editado cinco álbumes. Ha publicado artículos sobre música, arte y pensamiento; ha sido traductor, y es autor de *La imagen sonora. Notas para una lectura filosófica de la nueva música popular* (1998). «Estoy condenado a buscar la frontera entre los géneros».

CANTANT I COMPOSITOR. Estudia Filosofia a la Universitat Complutense de Madrid i a la Université de Vincennes, París VIII. Comença la seva carrera a Radio Futura, reconegut com el millor grup espanyol dels últims vint-i-cinc anys segons una votació feta per RNE i Radio3 el 2004. Des del 1984 investiga les arrels del son cubà i ha col·laborat, entre altres esdeveniments, en l'organització de les trobades de poetes i músics cubans de son a la Casa d'Amèrica de Madrid del 1993. Aquell mateix any comença el seu nou projecte musical, Juan Perro, amb el qual ha editat cinc àlbums. Ha publicat articles sobre música, art i pensament; ha estat traductor, i és autor de *La imagen sonora. Notas para una lectura filosófica de la nueva música popular* (1998). «Estic condemnat a buscar la frontera entre els gèneres».

SINGER AND SONGWRITER. He studied Philosophy at the Complutense University of Madrid and the Université de Vincennes, Paris VIII. He started out at Radio Futura, recognised as the best Spanish group in the past twenty-five years according to a vote carried out by RNE and Radio3 in 2004. Since 1984 he has researched the roots of Cuban sounds and among other events, he has worked on the organisation of the poet and Cuban sound festivals at the Casa de América in Madrid in 1993. That year he started his new musical project, Juan Perro, with which he has published five albums. He has published articles on music, art and thought; he has also worked as a translator and is the editor of *La imagen Sonora. Notas para una lectura filosófica de la nueva música popular* (1998). "I am destined to search for the frontier between the genres."

AZÚA, MARTÍN
VITORIA, 08.03.1965.

O | *Mancha Natural (jarrones, 1998), portarretratos/colgador Barcelona (1998), casa Básica (1999), casa Nido (Azuamoline) (2005), sillón OM (2007), La sed (exposición en ExpoZaragoza, 2008), botella para agua mineral (2008), medalla Campeonatos de Europa de Atletismo (2010).* **M |** *Enzo Mari, Ezio Manzini.* **C |** *Curro Claret, emiliana design studio, Víctor Juan.*

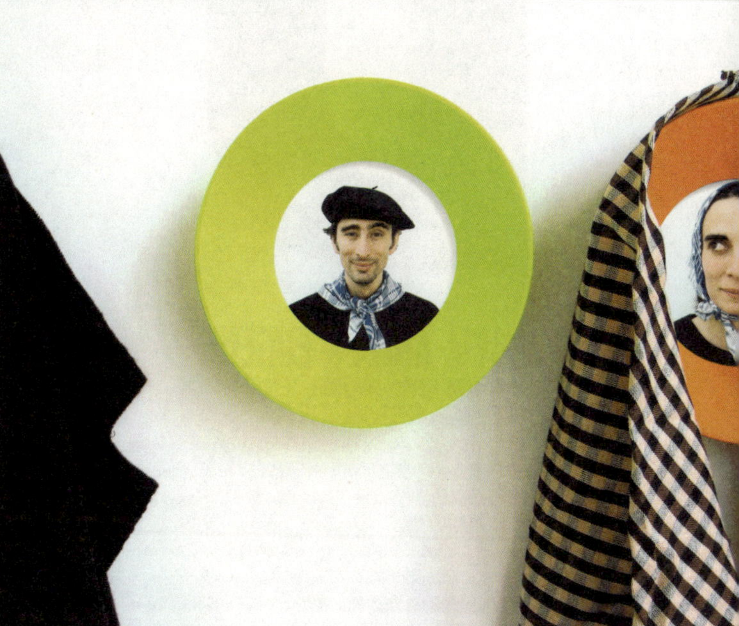

MARTÍN AZÚA, *PORTARETRATOS/COLGADOR.*

DISEÑADOR. Al igual que sus maestros italianos Enzo Mari y Ezio Manzini, su trabajo nace de un sólido marco teórico que no establece división entre estética y ética. Sus diseños son útiles y buscan la armonía con el entorno para el que han sido creados, sin dejar de ser bellos y novedosos. «*Comunicación global para una vida local:* en el ámbito de las ideas no hay fronteras, pero la producción es local y comprometida con el medio ambiente y el desarrollo social. *Nature design:* los procesos naturales como la mejor estrategia de diseño».

DISSENYADOR. D'una manera igual a la dels seus mestres italians Enzo Mari i Ezio Manzini, el seu treball neix d'un sòlid marc teòric que no estableix divisió entre estètica i ètica. Els seus dissenys són útils i busquen l'harmonia amb l'entorn per al qual han estat creats, sense deixar de ser bells i originals. «*Comunicació global per a una vida local*: en l'àmbit de les idees no hi ha fronteres, però la producció és local i compromesa amb el medi ambient i el desenvolupament social. *Nature design*: els processos naturals com la millor estratègica de disseny».

DESIGNER. Like the creations of his Italian mentors Enzo Mari and Ezio Manzini, Azúa's work is rooted in a conceptual framework that does not separate aesthetics from ethics. His functional designs seek harmony with the environment for which they have been created, while remaining beautiful and innovative. "*Global communication for a local life:* in the realm of ideas there are no borders, but production is local and entails commitment to the environment and social development. *Nature design*: natural processes as the best design strategy."

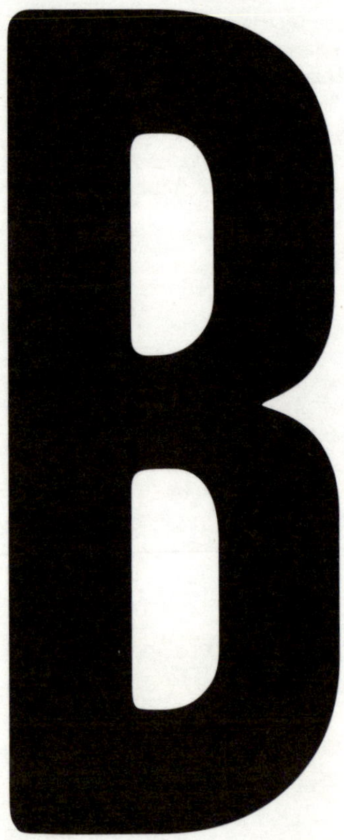

BACH, ANNA & EUGENI

ANNA BACH: NUMMI, FINLANDIA, 14.12.1973.
EUGENI BACH: BARCELONA, 11.12.1974.

O | *Casa en Agullana, Gerona (2006), casa en Gaüses o «una casa por 70 000 euros» (2004-07), pabellón de Finlandia en la Expo Shanghái 2010 (2009), pabellón Turku-Ciudad Europea de la Cultura (2010), casa MMMMMS, Camallera, Gerona (2010-12).* **M |** *Nortea-mericanos de los años cincuenta y setenta como Charles y Ray Eames, las casas unifamiliares de Charles Moore o la primera etapa de Robert Venturi; Edwin Lutyens, Alison y Peter Smithson o Frank Gehry; las polaroids de David Hockney o los muebles de Carlo Mollino.* **C |** *Sou Fujimoto, Mansilla+Tuñón, Huttunen-Lipasti-Pakkanen, Emiliano López & Mónica Rivera, Bailo+Rull, David Tapias & Núria Salvadó.*

ARQUITECTOS. Partidarios de la arquitectura como disciplina social, que ante todo debe mejorar la vida de las personas, la convivencia urbana y el medio ambiente, han participado en numerosas exposiciones en Copenhague, Róterdam, Oslo, Barcelona y Londres; han recibido numerosos premios y menciones internacionales, y sus proyectos han sido recogidos en revistas y libros especializados. Su famosa casa de rayas verdes y blancas en Gaüses, Gerona, también conocida como «una casa por setenta mil euros», les ha valido el reconocimiento unánime de su gremio. «Una búsqueda de la complejidad a través de múltiples simplicidades; sacar el máximo provecho de las condiciones (programáticas,

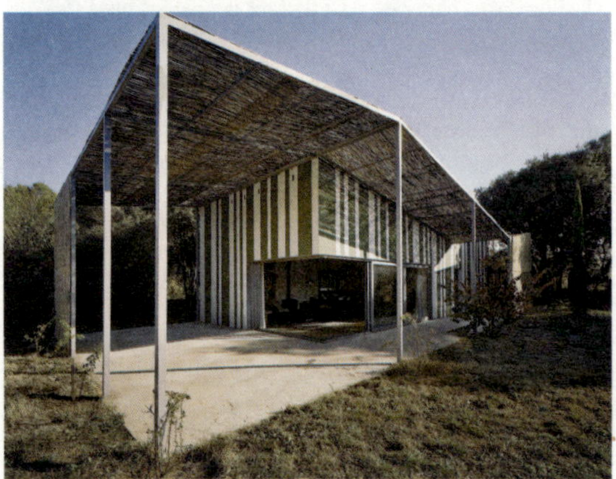

 ANNA & EUGENI BACH, *CASA EN GAÜSES.* © JORDI BERNADÓ.

geográficas, climáticas...), pero aplicando soluciones simples, económicas e ingeniosas. Preferimos el ingenio a la ingeniería, lo complejo a lo complicado, la multiplicidad de simplicidades al minimalismo forzado, la imperfección abierta a la perfección cerrada».

ARQUITECTES. Partidaris de l'arquitectura com a disciplina social, que abans que res ha de millorar la vida de les persones, la convivència urbana i el medi ambient. Han participat en nombroses exposicions a Copenhaguen, Rotterdam, Oslo, Barcelona i Londres; han rebut nombrosos premis i mencions internacionals, i els seus projectes han estat aplegats en revistes i llibres especialitzats. La seva famosa casa de ratlles verdes i blanques a Gaüses, Girona, també coneguda com «una casa per setanta mil euros», els ha valgut el reconeixement unànime del seu gremi. «Una recerca de la complexitat a través de múltiples simplicitats; treure el màxim profit de les condicions (programàtiques, geogràfiques, climàtiques...), però aplicant solucions simples, econòmiques i enginyoses. Ens estimem més l'enginy que l'enginyeria, el que és complex que el que és complicat, la multiplicitat de simplicitats que el minimalisme forçat, la imperfecció oberta que la perfecció tancada».

ARCHITECTS. Supporters of architecture as a social discipline, which above all must improve life for people, urban living and the environment, they have taken part in a number of exhibitions in Copenhagen, Rotterdam, Oslo, Barcelona and London; they have received a large number of awards and international mentions, and their projects have been included in specialist magazines and books. Their famous green and white striped house in Gaüses, Gerona, also known as a "seventy thousand euro house," has earned them the unanimous recognition of their sector. "A search for complexity through multiple simplicities; getting the very most out of conditions (programmed, geographical, climatic...), but applying simple, economical and ingenious solutions. We prefer ingenuity to engineering, complexity to the complicated, a multitude of simplicity to force minimalism, open imperfection to closed perfection."

BALAGO

DAVID CRESPO: BARCELONA, 24.05.1973.
GUIM SERRADESANFERM: CASTELLTERÇOL, BARCELONA, 05.04.1980.
ROGER CRESPO: BARCELONA, 03.05.1977.

O | *Erm (2001), Header (2002), El segon pis (2004), D'aquii (2008), Extractes d'un diari (2010).* **M |** *Disco Inferno, Depeche Mode, Ennio Morricone, My Bloody Valentine, Joy Division, Tortoise, Boards of Canada, Low.* **C |** *John Maus, Animal Collective, Beach House, Deerhunter, Burial, Tim Hecker, Papercuts, Cliff Martínez.*

GRUPO DE MÚSICA. Fundada en La Garriga en 1998, la banda echa a andar en 2001 con un primer disco que plantea una crónica en cámara lenta del desaliento y el vacío con un lienzo sonoro surgido de la abstracción. A partir de 2004, con la incorporación del *sampler* y las programaciones, la sintaxis del grupo se vuelve compleja y heterodoxa bajo la marca de una imborrable tristeza. A su último trabajo se suma Roger Crespo, la formación se consolida como un trío, y su propuesta se vuelve más rítmica, extrovertida y melódica a través de la fusión del paisaje sintético y la psicodelia pop. «En nuestra cotidianidad, el azar, la exploración sonora, la reinvención y el trabajo obsesivo son una constante en un ambiente de disciplina y respeto».

GRUP DE MÚSICA. Fundat a La Garriga el 1998, el grup arrenca el 2001 amb un primer disc que plantejava una crònica a càmera lenta del desànim i el buit amb un teixit sonor sorgit de l'abstracció. A partir del 2004, amb la incorporació del mostrejador i les programacions, la sintaxi del grup es torna complexa i heterodoxa sota la marca d'una tristesa inesborrable. Al seu darrer treball s'hi suma Roger Crespo, la formació es consolida com un trio i la seva proposta esdevé més rítmica, extravertida i melòdica a través de la fusió del paisatge sintètic i la psicodèlia pop. «En la nostra quotidianitat, l'atzar, l'exploració sonora, la reinvenció i el treball obsessiu són una constant en un ambient de disciplina i respecte».

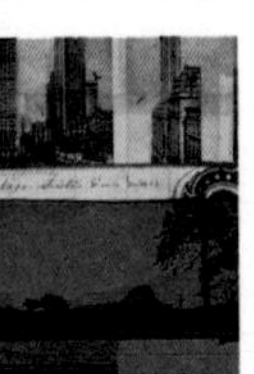

MUSIC GROUP. Founded en La Garriga in 1998, the band started out in 2001 with a first album which presented a slow motion chronicle of dejection and emptiness with a canvas of sound arising from the abstract. From 2004 onwards, with the inclusion of samplers and programming, the group's tone became complex and heterodox under the mark of an indelible sadness. Their last work also included Roger Crespo, and they become more consolidated as a trio, their music becoming more rhythmical, extrovert and melodic through the fusion of a synthetic landscape and psychedelic pop. "In our everyday life, chance, the exploration of sound, reinvention, and obsessive work are a constant in an atmosphere of discipline and respect."

BALAGUERÓ, JAUME
LÉRIDA, 03.11.1968.

O | *Los sin nombre (1999), Darkness (2002), Frágiles (2005), [REC] (2007, con Paco Plaza), [REC]2 (2009, con Paco Plaza), Mientras duermes (2011), [REC]3 Apocalipsis (2012).* **M |** *Wim Wenders, Alain Tanner, Steven Spielberg, David Cronenberg, Víctor Erice, David Lynch, John Carpenter y miles más.* **C |** *David Fincher, Danny Boyle y cientos más.*

DIRECTOR DE CINE. Es un especialista en el cine de terror, especialmente del tipo psicológico, dotado de un registro tan personal que ha dado lugar a que se hable de un «efecto Balagueró», esto es, la suspensión de las truculencias propias del género en los momentos más intensos con el objetivo de dejar que el espectador complete los vacíos narrativos con sus miedos más aterradores. Otro elemento recurrente en su filmografía es la presencia de niños, capaces de representar, mejor que los adultos, la dualidad inocencia/crueldad en estado puro. Solamente con *Los sin nombre, Frágiles* y la saga *[REC]*, de la que está por rodar la tercera parte, ha ganado una veintena de premios internacionales. «Definiría mi cine como búsqueda constante de crear emoción en el espectador, hacer sentir cosas. Y entretener».

DIRECTOR DE CINEMA. És un especialista en el cinema de terror, especialment del tipus psicològic, dotat d'un registre tan personal que ha donat lloc a que es parli d'un «efecte Balagueró», és a dir, la suspensió de les truculències pròpies del gènere en els moments més intensos amb l'objectiu de deixar que l'espectador completi els buits narratius amb les seves pors més aterridores. Un altre element recurrent en la seva filmografia és la presència de nens, capaços de representar, més bé que els adults, la dualitat innocència/crueltat en estat pur. Només amb *Els sense nom, Fràgils* i la saga *[REC]*, de la qual s'ha de rodar la tercera part, ha guanyat una vintena de premis internacionals. «Definiria el meu cinema com a recerca constant de crear emoció en l'espectador, fer sentir coses. I entretenir».

FILM DIRECTOR. He is a specialist in terror films, in particular psychological thrillers, with a very personal tone which has given rise to what is known as the "Balagueró effect," i.e. the suspension of the gruesomeness of the genre at the most intense moments, in order to let the spectator complete the gaps in the narrative with his/her own most terrible fears. Another recurring element in his films is the presence of children, who can represent the innocence/cruelty duality, much better than adults can, in its purest state. For *Los sin nombre, Frágiles* and the *[REC]* saga alone, the latter pending filming of a third part, he has received some twenty international awards. "I would define my films as the ongoing search for causing emotion in the public, making people feel things. And entertaining."

BALLESTER, ARNAL
BARCELONA, 27.01.1955.

O | *No tinc paraules (1998), Vista cansada (2000), Amigo Hulot (2003, corto de animación para Digital+), Chamario (2004, para el libro de rimas de Eugenio Montejo), exposición Un món, un llibre (2007, para la Institució de les Lletres Catalanes), El Gran Zoo (2009, para el poemario de Nicolás Guillén).* **M |** *George Grosz, Hergé, Saul Steinberg, Roland Topor.* **C |** *Joma, Max, Gallardo (de mi misma generación); Asun Balzola, Miguel Calatayud, El Roto, Alfredo*

(de las anteriores); Isidro Ferrer, Raúl, Pep Montserrat, Pablo Amargo, Meritxell Duran (de las inmediatamente posteriores).

ILUSTRADOR, ADEMÁS DE ARTISTA DE CÓMIC Y ANIMACIÓN. En 1996 fue uno de los treinta creadores seleccionados de todo el mundo para la exposición *The Secret Garden,* conmemorativa del trigésimo aniversario de la Feria de Bolonia. Su larga trayectoria en el campo editorial, galardones como el Premio Nacional de Ilustración que recayó en él el primer año en que fue creado por el Ministerio de Cultura, su incursión en el mundo de la animación desde 2002, así como su labor docente en la Escuela Massana de Arte y Diseño de Barcelona, lo han convertido en un verdadero referente del cómic y la ilustración en España. «No sé cuál es la "esencia de mi obra". Si pudiera explicar una cosa así, en lugar de dibujar, escribiría. Solo sé que siempre intento armarlo todo con los mínimos elementos posibles, como si dibujara palabras en lugar de imágenes».

IL·LUSTRADOR, A MÉS D'ARTISTA DE CÒMIC I ANIMACIÓ. El 1996 va ser un dels trenta creadors seleccionats de tot el món per a l'exposició *The Secret Garden,* commemorativa del trentè aniversari de la Fira de Bolonya. La seva llarga trajectòria en el camp editorial, guardons com el Premi Nacional d'Il·lustració que li va recaure el primer any en què va ser creat pel Ministeri de Cultura, la seva incursió en el món de l'animació des del 2002, així com las seva tasca docent a l'Escola Massana d'Art i Disseny de Barcelona, l'han convertit en un veritable referent del còmic i la il·lustració a Espanya. «No sé quina és l'"essència de la meva obra". Si pogués explicar una cosa així, en comptes de dibuixar, escriuria. Només sé que sempre intento armar-ho tot amb els mínims elements possibles, com si dibuixés paraules en lloc d'imatges».

ILLUSTRATOR AND COMIC AND ANIMATION WRITER. In 1996 he was one of the thirty creators selected from all around the world for *The Secret Garden,* to mark the thirtieth anniversary of the Bologna Book Fair. His long career in publishing, prizes such as the National Illustration Award which he received on the first year it was created by the Ministry of Culture, his incursions into the world of animation since 2002, and his teaching work at the Massana School of Art and Design in Barcelona, have made him a veritable reference point for comic and illustration in Spain. "I don't know what the 'essence of my work' is. If I could explain something like that, rather than drawing, I would be a writer. I only know that I always try to build it up with all the minimum elements possible, as if drawing words rather than pictures."

BALMES, SANTI
BARCELONA, 25.11.1970.

O | *Ungravity (2003), Maniobras de escapismo (2005), Cuentos chinos para niños del Japón (2007), 1999 (o cómo generar incendios de nieve con una lupa enfocando a la luna) (2009), Maniobras en Japón (2010), Incondicional, tema para los Campeonatos Europeos de Atletismo (2010), sintonía de la serie Divendres, de TV3.* **M |** *Robert Smith, Morrissey, Michael Stipe, Roger Waters, Sabino Méndez y Loquillo, Antonio Vega, Serrat, Jarvis Cocker.* **C |** *Mishima, Standstill, Nudozurdo y Joan Miquel Oliver.*

MÚSICO. Líder, compositor y letrista del grupo Love Of Lesbian, integrado además por Julián Saldarriaga (guitarra, secuenciador, banjo y coros), Oriol Bonet (baterías), Joan Ramon Planell (bajos) y Jordi Roig (guitarras). Comenzaron su carrera musical en 1997, con letras en inglés. Después de tres discos se pasaron al castellano con *Maniobras de escapismo* (2005), muy bien acogido por la crítica. Teloneros de The Cure en su Dream Tour 2000, la revista *Rolling Stone* les concedió los galardones al Mejor Grupo y Mejor Gira de 2010, año de edición de *Maniobras en Japón.* «Y es que el grito siempre vuelve, y con nosotros morirá. Frío y breve como un verso, escrito en lengua animal. Eso es el pop».

MÚSIC. Líder, compositor i lletrista del grup Love Of Lesbian, integrat també per Julián Saldarriaga (guitarra, seqüenciador, banjo i cors), Oriol Bonet (bateries), Joan Ramon Planell (baixos) i Jordi Roig (guitarres). Van començar la seva carrera musical el 1997, amb lletres en anglès. Després de tres discos es van passar al castellà amb *Maniobras de escapismo* (2005), molt ben acollit per la crítica.

Teloners de The Cure al seu Dream Tour 2000, la revista *Rolling Stone* els va atorgar els guardons al Millor Grup i Millor Gira del 2010, any de l'edició de *Maniobras en Japón*. «I és que el crit sempre torna, i amb nosaltres morirà. Fred i breu com un vers, escrit en llengua animal. Això és el pop».

MUSICIAN. Leader, composer and lyric writer for the goupr Love of Lesbian, together with Julián Saldarriaga (guitar, sequencer, banjo and vocals), Oriol Bonet (drums), Joan Ramon Planell (bass) and Jordi Roig (guitars). They set up their musical career in 1997, with lyrics in English. After three albums they switched to Spanish with *Maniobras de escapism* (2005), which was well received by critics. As the support band for The Cure on their Dream Tour 2000, *Rolling Stone Magazine* awarded them the prise for Best Group and Best Tour 2010, the year *Maniobras en Japón* was released. "And the scream always returns, and will die with us. Cold and short as a verse, written in animal language. That is pop."

BAROZZI VEIGA

FABRIZIO BAROZZI: ROVERETO, TRENTO, ITALIA, 23.08.76.
ALBERTO VEIGA: SANTIAGO DE COMPOSTELA, 22.05.73.

O | *Palacio de Congresos y Auditorio de Águilas, Murcia, España (2004-06); consejo Regulador de la Denominación de Origen Ribera del Duero en Roa, Burgos, España (2006); Filarmónica de Szszecin, en Polonia (2007-09); vivienda unifamiliar en Ordos, China (2008); Centro del Neandertal en Piloña, Asturias, España (2010).* **M |** *Sigmund Lewerentz, Jørn Utzon, Álvaro Siza...* **C |** *Christian Kerez, Pezo Von Ellrichshausen, Tham & Videgård, Smiljan Radic...*

ARQUITECTOS. Se conocieron en el estudio de Guillermo Vázquez Consuegra, en Sevilla, y en 2004 abrieron en Barcelona el que lleva sus nombres. Conceptuales y con la atención muy puesta en el rigor formal, les interesan, dicen, las arquitecturas sintéticas, esenciales, capaces de transmitir con pocos elementos un sentido de apropiación, de adecuación de la arquitectura a su contexto, tanto físico como imaginario. A Llàtzer Moix, el autor de *La ciudad de los arquitectos*, Veiga le comentó: «Nuestra generación está muy pendiente de los adjetivos; la arquitectura, se dice, debe ser sostenible, verde, económica... A nosotros nos importa más el sustantivo: la arquitectura». «Buscamos una arquitectura sencilla y equilibrada, que sea esencia y reflexión de un lugar, en equilibrio constante entre la pertenencia y la oposición a un ambiente, y que sea también capaz de dar vida a un microcosmos por sí misma, que pueda revelar una visión nueva, distante e inesperada de las cosas».

ARQUITECTES. Es van conèixer a l'estudi de Guillermo Vázquez Consuegra, a Sevilla, i el 2004 van obrir a Barcelona el que duu els seus noms. Conceptuals i amb l'atenció molt posada en el rigor formal, els interessen, diuen, les arquitectures sintètiques, essencials, capaces de transmetre amb pocs elements un sentit d'apropiació, d'adequació de l'arquitectura al seu context, tant físic com imaginari. A Llàtzer Moix, l'autor de *La ciudad de los arquitectos*, Viega li va comentar: «La nostra generació està molt pendent dels adjectius; l'arquitectura, es diu, ha de ser sostenible, verda, econòmica... A nosaltres ens importa més el substantiu: l'arquitectura». «Busquem una arquitectura senzilla i equilibrada, que sigui essència i reflexió d'un lloc, en equilibri constant entre la pertinença i l'oposició a un ambient, i que sigui també capaç de donar vida a un microcosmos per si mateixa, que pugui revelar una visió nova, distant i inesperada de les coses».

ARCHITECTS. They met in the studio of Guillermo Vázquez Consuegra, in Seville, and in 2004, opened the studio that bears their names. Conceptualists with a strong focus on formal rigor, they are interested in, they say, synthetic, essential architecture capable of transmitting with few elements a sense of appropriation, of adaptation of architecture to its context, both physical and imagined. To Llàtzer Moix, author of *La ciudad de los arquitectos*, Veiga explained: "Our generation is very attentive to adjectives; architecture, it is said, must be sustainable, green, economical... But for us what's most important is the noun: architecture." "We are looking for architecture that is simple and balanced, that is the essence and reflection of a place, a constant balance between belonging and opposition to an environment, and that is also capable of giving life to a microcosmos by itself, one that can reveal a new, distant, and unexpected vision of things."

BARTOLOZZI, NIL

BARCELONA, 09.10.1985.

O | *Genea-no-logic (2008), Diary Art (2010).* **M |** *Bigas Luna, Joan Simó, Joan Brossa, Basquiat, John Cage, pinturas rupestres de Tassili.* **C |** *Jordi Corominas, Adrià García, Lluc Baños, Albert Pereta, César Isern, Rai Pinto, Montserrat Patricio Gautier, Alfredo Marín, Martí Gasull.*

ARTISTA PLÁSTICO Y ASESOR CREATIVO. Realiza estudios de arte en la escuela Eina, pero sospecha que la formación creativa y visual le viene de su familia de artistas. En especial de su abuela, Pitti Bartolozzi, y de su padre, Rafael Bartolozzi, que le han trasmitido el saber observar, aprender del silencio y vivir el arte. El medio ambiente y el cosmos son su fuente de ideas, cosa que refleja su obra. Ha brindado conferencias en la Universidad Blanquerna y en la UAB y en la actualidad compagina su labor artística con la ilustración, el diseño y la creación de *blogs* como Ume+Art y Chamán Ilustrado. «Vivir en creación constante e ininterrumpida, esa es mi filosofía. Me gusta ver el arte como la visión de un chamán en estado sinestésico».

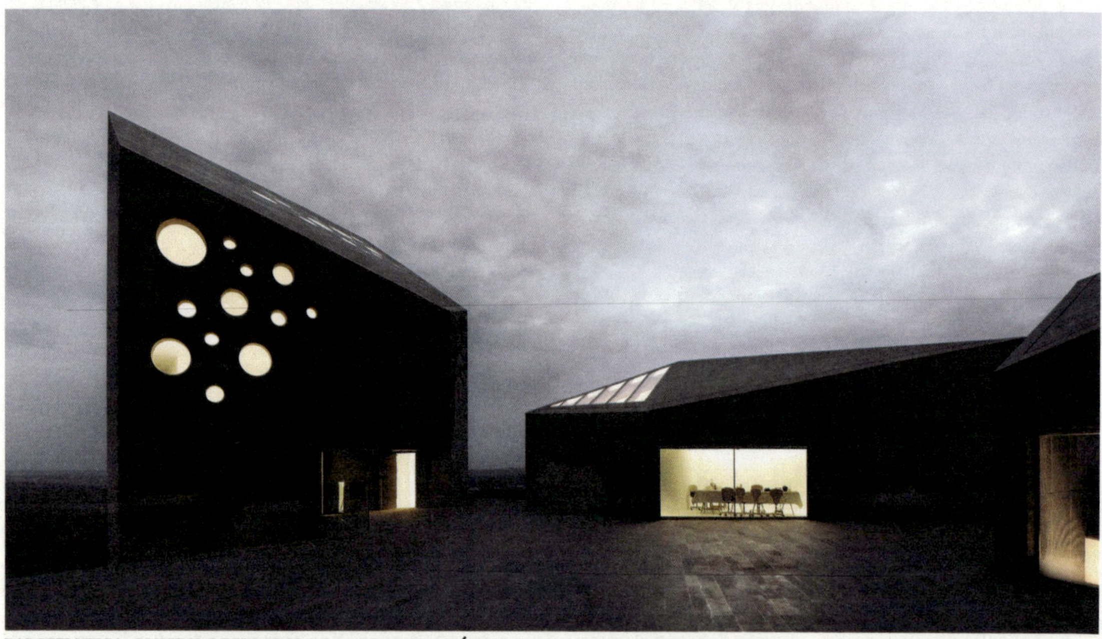

 BAROZZI VEIGA, CONSEJO REGULADOR DE LA DENOMINACIÓN DE ORIGEN RIBERA DEL DUERO EN ROA.

ARTISTA PLÀSTIC I ASSESSOR CREATIU. Estudia art a l'Escola Eina, però sospita que la formació creativa i visual li ve de la seva família d'artistes. En especial de la seva àvia, Pitti Bartolozzi, i del seu pare, Rafael Bartolozzi, que li han transmès el fet de saber observar, aprendre del silenci i viure l'art. El medi ambient i el cosmos són la seva font d'idees, i la seva obra així ho reflecteix. Ha ofert conferències a la Universitat Blanquerna i a la UAB i actualment compagina la seva tasca artística amb la il·lustració, el disseny i la creació de blocs com Ume+Art i Chamán Ilustrado. «Viure en creació constant i ininterrompuda, aquesta és la meva filosofia. M'agrada veure l'art com la visió d'un xamà en estat cinestèsic».

PLASTIC ARTIST AND CREATIVE CONSULTANT. He completed studies in art at the Escola Eina, although he believes that his creative and visual training runs in the family. In particular it comes from his grandmother, Pitti Bartolozzi, and his father Rafael Bartolozzi, who taught him how to observer, learn from silence and live art. He takes his ideas from the environment and the cosmos, which is reflected in his work. He has given conferences at the University Blanquerna and the Autonomous University of Barcelona, and he currently combines his art work with illustrating, design and blog creation such as Ume+Art and Chamán Ilustrado. "My philosophy is to live in continuous and uninterrupted creation. I like to see art as the vision of a shaman in a synesthetic state."

NIL BARTOLOZZI, *BE IS.*

BATLLE, CARLES
BARCELONA, 1963.

O | *Combat (1995-98), Suite (1999), Oasi (2001), Temptació (2004), Trànsits (2006-07), Oblidar Barcelona (2008), Zoom (2009, Premi 14 d'Abril).* **M |** *Benet i Jornet, Sanchis Sinisterra, Harold Pinter, Martin Crimp, Ibsen, Chéjov, Maeterlinck...* **C |** *Schimmelpfennig, Mouawad, Lagarce, H. Klaus, Lescot, Srbljanović, McPherson, H. Barker, E. Bond, Harrower... En Cataluña: Pere Riera, Sergi Belbel, Pau Miró, Lluïsa Cunillé... En el cómic: Daniel Clowes, Alan Moore, Neil Gaiman...*

DRAMATURGO. Es uno de los autores más reconocidos internacionalmente del nuevo teatro español. Sus obras, centradas en temas como la memoria, la inmigración y las relaciones entre distintas culturas y generaciones, han sido traducidas a una decena de idiomas y estrenadas en varios países, y han recibido premios como el del Festival del Stadttheater de Bremen a la mejor traducción, el Josep Ametller, el de la Sociedad de Autores de España o el Premi Born, entre otros. Además, con su tesis doctoral obtuvo el Serra d'Or en 2002. Ha sido director del Obrador de la Sala Beckett y dramaturgo residente en el Teatro Nacional de Cataluña, y actualmente es director de la revista teatral *Pausa* y profesor de dramaturgia en el Institut del Teatre y en la Universidad Autónoma de Barcelona. «Poder provocar un destello de duda, de inquietud, de emoción o de repugnancia: eso me satisface, y jugar con las palabras y las historias, y sumergirme a diario en un atrayente pozo de perplejidad».

DRAMATURG. És un dels autors del nou teatre espanyol més coneguts internacionalment. Les seves obres, centrades en temes com la memòria, la immigració i les relacions entre diferents cultures i generacions, han estat traduïdes a una desena de llengües i estrenades a diversos països, i han rebut premis com el del Festival del Stadt Theater de Bremen a la millor traducció, el Josep Ametller, el de la Societat d'Autors d'Espanya o el Premi Born, entre d'altres. A més, amb la seva tesi doctoral va obtenir el Serra d'Or el 2002. Ha estat director de l'Obrador de la Sala Beckett i dramaturg resident al Teatre Nacional de Catalunya, i actualment és director de la revista teatral *Pausa* i professor de dramatúrgia a l'Institut del Teatre i a la Universitat Autònoma de Barcelona. «Poder provocar un llampec de dubte, d'inquietud, d'emoció o de repugnància: això em satisfà, i jugar amb les paraules i les històries, i submergir-me diàriament en un atraient pou de perplexitat».

PLAYWRIGHT. His is one of the most internationally renowned authors in new Spanish theatre. His work, focusing on themes such as memory, immigration and relationships between different cultures and generations, has been translated into over ten languages and performed in several countries, receiving awards such as the Bremen Stadt Theater Festival Award for best translation,

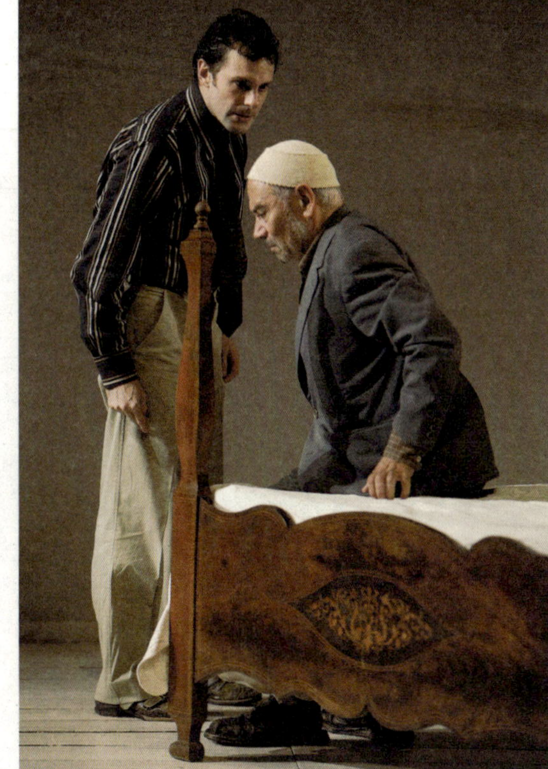

CARLES BATLLE, *TENTACIÓN.* © TERESA MIRÓ.

the Josep Amatller Award, the Spanish Authors Society Award of the Born Prize, among others. He also received the Serra d'Or for this doctorate thesis in 2002. He has directed the Obrador at the Beckett Room and worked as the resident playwright at the Teatro Nacional de Cataluña. He is currently the editor of the theatre magazine *Pausa* and is a tutor of Dramatic Art at the Institut del Teatre and the Autonomous University of Barcelona. "Being able to cause a flash of doubt, concern, emotion or revulsion: that satisfies me, and playing with words and stories, and submerging myself every day in an attractive well of perplexity."

BELBEL, SERGI
TARRASA, BARCELONA, 29.05.1963.

O | *Calidoscopios y faros de hoy (1985), Elsa Schneider (1987), Tàlem / Lecho conyugal (1989), Carícies / Caricias (1991), Després de la pluja / Después de la lluvia (1993), Morir (1994), Sóc Lletja / Soy fea (1997), La sang / La sangre (1998), El temps de Planck (1999), Això no és vida / Esto no es vida (2003, con Albert Espinosa y David Plana), Forasters / Forasteros (2003), Móvil (2005), A la Toscana / En la Toscana (2006), Fora de joc / Fuera de juego (2009).* **M |** *José Sanchis Sinisterra, Josep Maria Benet i Jornet (mis dos maestros reales), Samuel Beckett, William Shakespeare, Declan Donnellan.* **C |** *José Sanchis Sinisterra, Josep Maria Benet i Jornet, Juan Mayorga.*

AUTOR, DIRECTOR Y TRADUCTOR TEATRAL. Licenciado en Filología Románica y Francesa y miembro fundador del Aula de Teatro de la UAB, desde 1988 es profesor de Dramaturgia en el Institut del Teatre de Barcelona y director artístico del Teatre Nacional de Catalunya desde la temporada 2006-07. No se habría animado a escribir, dice, si no fuera por la influencia de los malabarismos formales y las técnicas lúdico-matemáticas que proponían autores como Queneau desde el grupo de escritura potencial Oulipo. Pero le bastó terminar su primera obra en 1985 para firmar unas veinticinco más hasta hoy. Ha traducido a una docena de autores, desde clásicos como Racine y Molière, hasta contemporáneos como Koltès y Neil Simon. También ha escrito guiones para cine y televisión, y ha recibido numerosos premios, algunos de los más importantes que se otorgan en España. «Soy incapaz de autodefinirme. Soy bastante heterogéneo en los gustos y no sé si tengo un estilo propio. En cuanto a la escritura, hace muchos años ya que no escribo nada que tenga que racionalizar demasiado; si no siento una especie de "necesidad imperiosa" y bastante irracional de escribir, prefiero no hacerlo y dirigir un texto de un autor al que admire. No estoy ▶

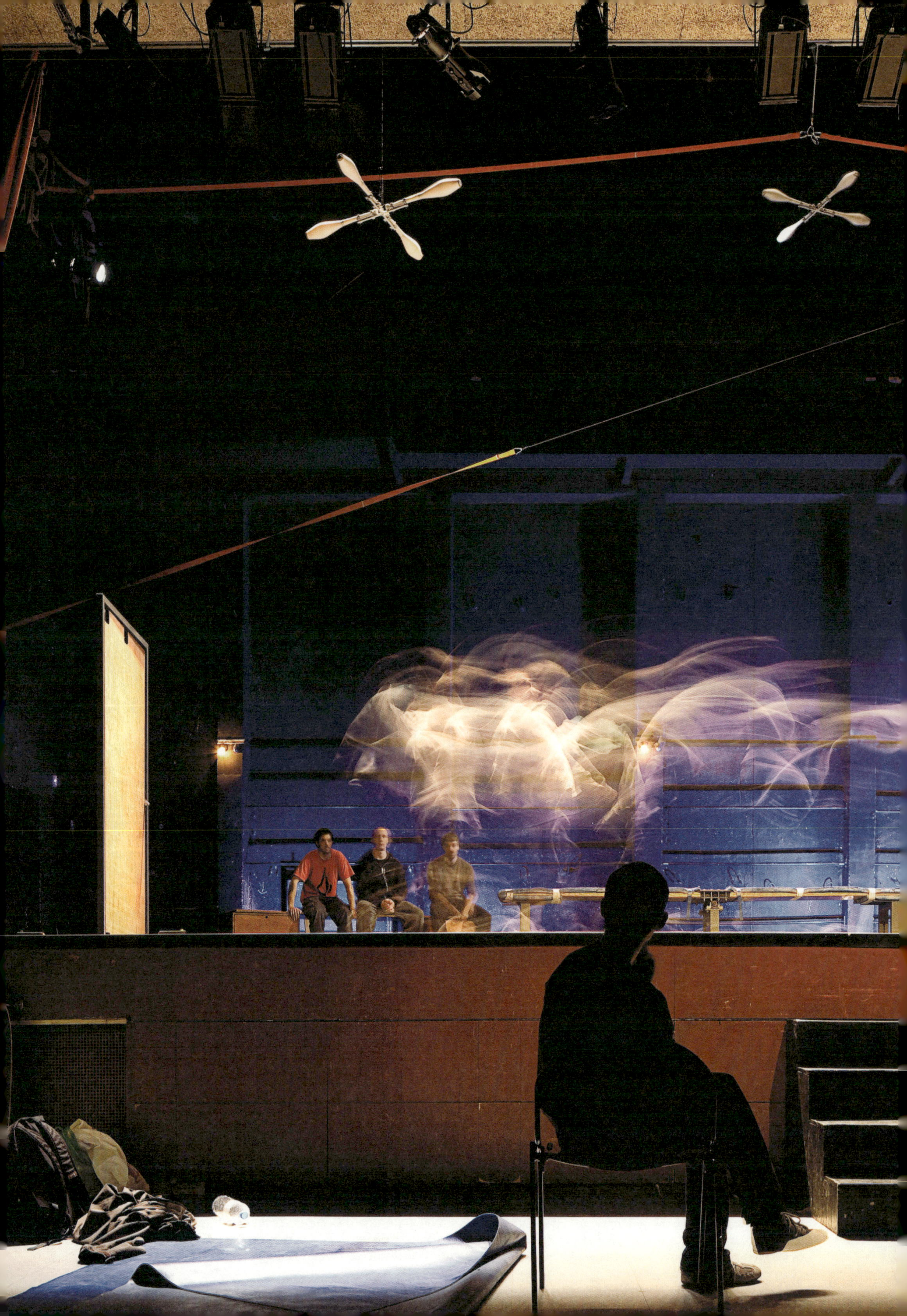

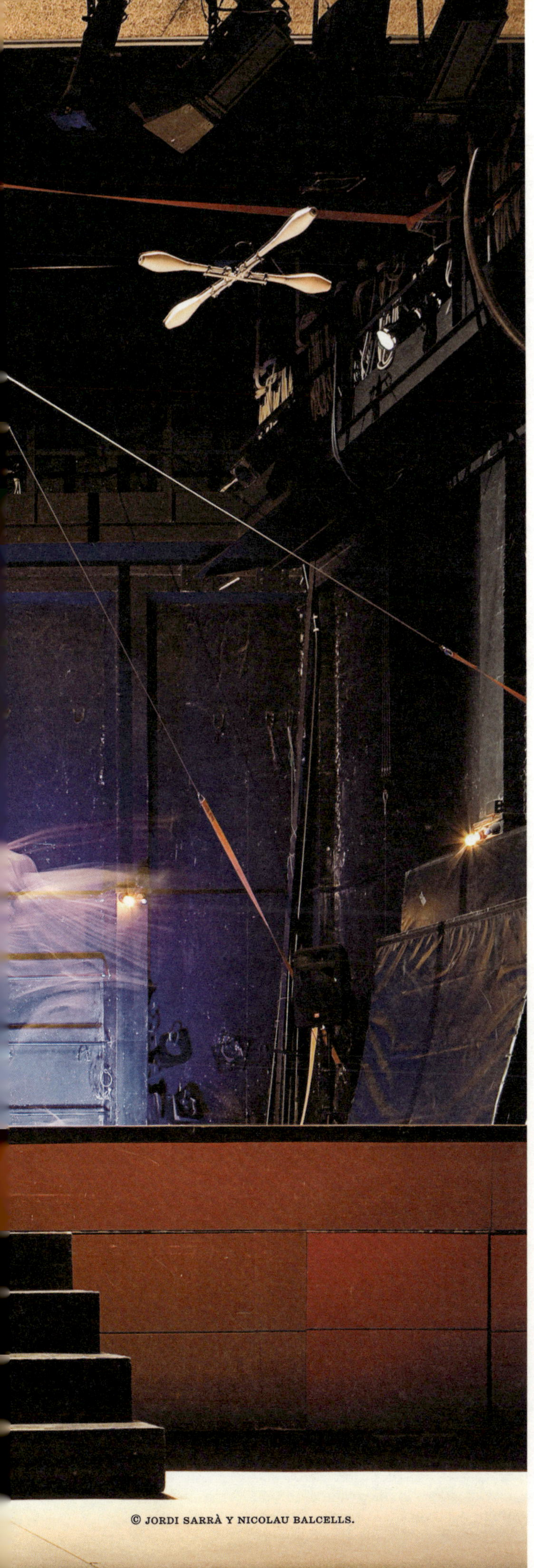

ATENEU POPULAR NOU BARRIS

PORTLLIGAT, 11-15 | NOU BARRIS, 08042 BARCELONA

www.ateneu9b.net | +34 93 353 95 16 | coordinacio@ateneu9b.net

ES UN CENTRO CULTURAL ubicado en una antigua planta de asfalto que los vecinos ocuparon a finales de los setenta para crear un espacio cultural participativo. Alberga, entre otros espacios, una sala polivalente con un escenario apto para espectáculos de distintas disciplinas. Partiendo del compromiso social y de un punto de vista solidario y no mercantilista, el centro fomenta la creación y la formación de artistas emergentes, y apoya proyectos de calidad en el ámbito de las artes circenses y del resto de disciplinas escénicas y de la música.

ÉS UN CENTRE CULTURAL situat en una antiga planta d'asfalt que els veïns van ocupar a finals dels setanta per crear un espai cultural participatiu. Allotja, entre altres espais, una sala polivalent amb un escenari apte per a espectacles de diverses disciplines. Partint del compromís social i d'un punt de vista solidari i no mercantilista, el centre fomenta la creació i la formació d'artistes emergents per donar suport a projectes de qualitat en l'àmbit de les arts circenses i de la resta de disciplines escèniques i de la música.

IS A CULTURAL CENTER located in an old asphalt plant squatted by the neighbors towards the end of the seventies in order to create a participatory cultural space. It hosts, among other areas, a multi-purpose hall with a stage fit for shows from a wide range of disciplines. The center promotes the development and training of emerging artists from a solidary and non-mercantilist perspective, upholding social commitment and supporting quality projects related to the circus and to other scenic and musical disciplines.

▶ respondiendo a la pregunta, ya lo sé, pero es que pensar que tengo un estilo propio y definido me hace sentir... un poco muerto».

AUTOR, DIRECTOR I TRADUCTOR TEATRAL. Llicenciat en Filologia Romànica i Francesa i membre fundador de l'Aula de Teatre de la UAB, des del 1988 és professor de Dramatúrgia a l'Institut del Teatre de Barcelona i director artístic del Teatre Nacional de Catalunya des de la temporada 2006-07. No s'hauria animat a escriure, diu, si no fos per la influència dels malabarismes formals i les tècniques lúdico-matemàtiques que proposaven autors com Queneau des del grup d'escriptura potencial Oulipo. Però en va tenir prou d'acabar la seva primera obra el 1985 per signar-ne unes vint-i-cinc més fins avui. Ha traduït una dotzena d'autors, des de clàssics com Racine i Molière, fins a contemporanis com Koltès i Neil Simon. També ha escrit guions per a cinema i televisió, i ha rebut nombrosos premis d'entre els més importants que s'atorguen a Espanya. «Sóc incapaç d'autodefinir-me. Sóc bastant heterogeni en els gustos i no sé si tinc un estil propi. Pel que fa a l'escriptura, ja fa molts anys que no escric res que hagi de racionalitzar massa; si no sento una mena de "necessitat imperiosa" i bastant irracional d'escriure, m'estimo més no fer-ho i dirigir un text d'un autor a qui admiri. No estic responent la pregunta, ja ho sé, però és que pensar que tinc un estil propi i definit em fa sentir... un xic mort».

PLAYWRIGHT, THEATRE DIRECTOR AND TRANSLATOR. A graduate in Romanic and French Philology, and founder member of the Theatre Group at the Autonomous University of Barcelona, he has been a tutor of Dramatic Art at the *Institut del Teatre* in Barcelona since 1988, and Artistic Director at the *Teatre Nacional de Barcelona* since the 2006-07 season. He says he would not have been inspired to write plays himself had it not been for the influence of the juggling of shapes and the recreational-mathematical techniques offered by writers such as Queneau from the potential writers' group Oulipo. However, having completed his first play in 1985, he has gone on to write a further twenty-five. He has also translated the work of a dozen playwrights, from classics by Racine and Molière, to contemporary writers such as Koltès and Neil Simon. He has also writted scripts for film and television, and has received a number of the most important awards in Spain. "I cannot define myself. I am quite consistent in my taste and I don't know if I have my own style. As for writing, it has been years since I have writted anything needing too much rationalisation; if I don't feel a kind of 'imperial and irrational need' to write, I'd rather not do it, and prefer to direct something by a writer who I admire. I'm not answering the question, I know, but thinking that I have my own defined style makes me feel...a bit dead."

BERENGUER, JOSÉ MANUEL
BARCELONA, 21.10.1955.

O | *Algunas instalaciones: Silenci (1999), Respira la casa de la pólvora (1999), Mental-Central-Perifèric (2000), Transfer (2001), Comedores de luz (2003), Mega Kai Micron (2004), Sin nombre y sin memoria (2007), Luci, sin nombre y sin memoria (2008). Discografía: Klange (1994), Ríos Invisibles (1995, CD colectivo), Le Sixte Livre dit Electroacoustique (1995, colectivo), μ (1999), Listening Walls (1999, colectivo), La perla estranya (2004), Compendium International Bourges (2003 y 2006, colectivo), On Nothing (2007).* **M |** *Gabriel Brnčić, Lluís Callejo, Luigi Nono, Françoise Barrière.* **C |** *Noam Chomsky, Marvin Minsky, Douglas Hofstadter, Daniel Canogar, Llorenç Barber, Carles Hac Mor, la stanza.*

ARTISTA *INTER-MEDIA*, COMPOSITOR Y GUITARRISTA. Es director de la Orquestra del Caos con sede en el CCCB, director del Festival Música 13, consultor en la Universitat Oberta de Catalunya y profesor en la Ramon Llull. Fundador de NauCoclea con Clara Garí y ex presidente de la Asociación de Música Electroacústica de España, es colaborador del Institut International de Musique Electroacoustique de Bourges, en Francia, y presidente de honor de la International Conference of Electroacoustic Music de la UNESCO. Su obra ha sido objeto de encargos y distinciones en toda Europa.

Ha recibido el Premio de Música Electroacústica en el Contest of Contemporary Music de la Gaudeamus Foundation en Holanda, el Premio de Música Electrónica de la Fondation Russolo-Pratella en Italia y el Premio ARCO-BEEP de Arte Electrónico en 2008, entre otros. Autor prolífico y con una numerosa obra musical, en los últimos años su trabajo se orienta a la instalación, con temáticas relacionadas con la filosofía y la historia de la ciencia. «Quiero hacer realidad lo que aún no he podido ver o escuchar».

ARTISTA *INTER-MEDIA*, COMPOSITOR I GUITARRISTA. És director de l'Orquestra del Caos, amb seu al CCCB, director del Festival Música 13, consultor a la Universitat Oberta de Catalunya i professor a la Ramon Llull. Fundador de NauCôclea, juntament amb Clara Garí, i expresident de l'Associació de Música Electroacústica d'Espanya, també és col·laborador de l'Institut Internacional de Musique Electroacoustique de Bourges, a França, i President d'Honor de la International Conference of Electroacoustic Music de la UNESCO. La seva obra ha estat objecte d'encàrrecs i distincions a tot Europa. Ha rebut el Premi de Música Electroacústica al Contest of Contemporary Music de la Gaudeamus Foundation d'Holanda, el Premi de Música Electrònica de la Foundation Russolo-Pratella d'Itàlia, i el Premi ARCO-BEEP d'Art Electrònic 2008, entre d'altres. Autor prolífic i amb una nombrosa obra musical, els darrers anys el seu treball s'orienta envers la instal·lació, amb temàtiques relacionades amb la filosofia i la història de la ciència. «Vull fer realitat allò que encara no he pogut veure o escoltar».

***INTER-MEDIA* ARTIST, COMPOSER AND GUITARIST.** He is the director of the Orquestra del Caos based at CCCB, director of the Música 13 Festival, a consultant at the Universitat, Oberta de Catalunya and a tutor at the Ramon Llull University. A founder of NauCoclea with Clara Garí and former chairman of the Spanish Electro-acoustic Music Association, he collaborated at the Institut International de Musique Electroacoustique in Bourges in France, and is Honorary President of the UNESCO International Conference of Electroacoustic Music. His work has received distinctions and recognition all over Europe. He has received the Electroacoustic Music Prize at the Contest of Contemporary Music at the Gaudeamus Foundation in the Netherlands, the Electronic Music Award from the Fondation Russolo-Pratella in Italy and the ARCO-BEEP Award for Electronic Art in 2008, among others. A prolific author, with a broad musical output, in recent years his work has focused on installations, with themes relating to philosophy and the history of science. "I want to make reality of what I have not yet heard or seen."

BERNADÓ, JORDI
LÉRIDA, 24.02.1966.

O | *Good News* Always read the fine print (1998-99), Very very bad news (Barcelona, 2002; Madrid, 2003), True Loving and other tales (2007), Welcome to Espaiñ (2009), Europa (2010).* **M |** *Eugène Atget, Walker Evans, Henri Jacques Lartigue.* **C |** *Manolo Laguillo, Gabriele Basilico, John Davies.*

FOTÓGRAFO. La ciudad, la arquitectura, los espacios urbanos y la manera en cómo estos se convierten en conocimiento a través de la fotografía han sido su obsesión a lo largo de su exitosa trayectoria. Según sus propias palabras, su trabajo «bascula entre los errores de la humanidad y las verdades de la naturaleza». Sus imágenes forman parte de los fondos de museos y centros de arte de todo el mundo y algunos de sus más de veinte libros publicados han sido galardonados con premios como el Laus y el del Ministerio de Cultura al mejor libro de arte editado en España. «Considero la fotografía como una forma de conocimiento del mundo y de la propia disciplina fotográfica».

FOTÒGRAF. La ciutat, l'arquitectura, els espais urbans i la manera com aquests es converteixen en coneixement a través de la fotografia han estat la seva obsessió al llarg de la seva reeixida trajectòria. Segons les seves pròpies paraules, el seu treball «bascula entre els errors de la humanitat i les veritats de la natura». Les seves imatges formen part dels fons de museus i centres d'art de tot el món i alguns dels seus més de vint llibres publicats han estat guardonats amb premis com el Laus i el del Ministeri de Cultura al millor llibre d'art editat a Espanya. «Considero la fotografia com una forma de coneixement del món i de la pròpia disciplina fotogràfica».

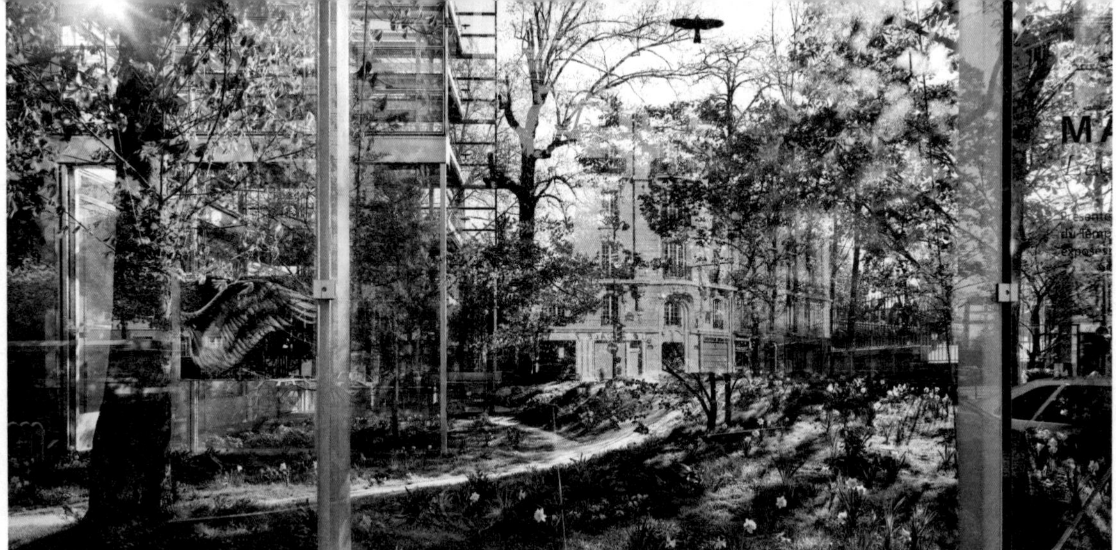

JORDI BERNADÓ, *GOODNEWS PARIS MURAL.*

PHOTOGRAPHER. City, architecture, urban spaces and how these become knowledge through photography; these have been his obsessions throughout his successful career. In his own words, his work "swings between the errors of humanity and the truth of nature." His images form part of collections at museums and art centres all over the world, and some of his more than twenty published books have received awards such as the Laus, and the Ministry of Culture Award for the best art book published in Spain. "I consider photography to be a way of knowing out world and the genre of photography itself."

BERNAT, ROGER
BARCELONA, 1968.

O | *10 000 Kg (1996-97), Confort Domèstic (1997-98), Àlbum, Trilogia 70, Que algú em tapi la boca (2001), Bona Gent (2003), Bones Intencions (2003), Amnèsia de Fuga (2004), LALALALALA (2004), Tot és perfecte (2005), Das Paradies Experiment (2007), Domini Públic (2008-11), Parlament (2012).*

AUTOR Y DIRECTOR DE TEATRO. Estudia Dirección y Dramaturgia en el Institut del Teatre de Barcelona, donde se gradúa con el Premio Extraordinario 1996. Durante el periodo 1997-01 funda y dirige General Elèctrica Centro de Creación de Teatro y Danza con Tomàs Aragay. Ha escrito y dirigido, entre otras, las siguientes piezas teatrales: *10 000 Kg* (Premio Especial de la Crítica), *Confort Domèstic* (Premio de la Crítica al Texto Dramático), *Àlbum, Trilogia 70, Bones Intencions,* el ciclo *Bona Gent, LALALALALA, Amnèsia de Fuga, Tot és perfecte* o *Rimuski.* Ha realizado proyectos en vídeo como *Polar, Vero, La Tribu* o *El que sap tothom i ningú no gosa dir.* Actualmente está de gira con *Domini Públic,* obra con más de cien actores en escena y con la que ha recorrido las principales salas de España y Europa, y trabaja en un nuevo proyecto, *Parlament.* «Mi objetivo no ha sido el de reproducir la realidad, sino reproducir los mecanismos de la realidad. Trabajar con intérpretes que no saben lo que ocurrirá durante la representación es reproducir lo que nos ocurrirá al salir de esta sala cuando decidamos qué camino tomar para volver a casa o qué conversación iniciar con un desconocido. En cada decisión se rompe la simetría que se establece entre dos opciones».

AUTOR I DIRECTOR DE TEATRE. Estudia Direcció i Dramatúrgia a l'Institut del Teatre de Barcelona, on es gradua amb el Premi Extraordinari 1996. Durant el període 1997-01 funda i dirigeix General Elèctrica Centre de Creació de Teatre i Dansa amb Tomàs Aragay. Ha escrit i dirigit, entre d'altres, les següents peces teatrals: *10 000 Kg,* Premi Especial de la Crítica, *confort Domèstic,* Premi de la Crítica al Text Dramàtic; *Àlbum; Trilogia 70, Bones Intencions;* el cicle *Bona Gent, LALALALALA, Amnèsia de Fuga, Tot és perfecte* o *Rimuski.* Ha realitzat projectes de vídeo com *Polar, Vero, La Tribu* o *El que sap tothom i ningú no gosa dir.* Actualment està de gira amb *Domini Públic,* una obra amb més de cent actors a escena i amb la qual ha recorregut les principals sales d'Espanya i d'Europa, i treballa en un nou projecte, *Parlament.* «El meu objectiu no ha estat reproduir la realitat, sinó reproduir els mecanismes de

la realitat. Treballar amb intèrprets que no saben què passarà durant la representació és reproduir allò que ens passarà quan, en sortir d'aquesta sala, decidim quin camí agafar per tornar a casa o quina conversa iniciar amb un desconegut. A cada decisió es trenca la simetria que s'estableix entre dues opcions».

THEATRE DIRECTOR AND ACTOR. He studied Dramatic Art and Directing at the Institut del Teatre in Barcelona, graduating with the Extraordinary Award in 1996. Between 1997-01 he founded and directed General Elèctrica Centro de Creación de Teatro y Danza with Tomàs Aragay. He has written and directed, among others, the following pieces for theatre: *10,000 Kg,* Special Critics' Award, *confort Domèstic,* Critics' Award for Drama; *Àlbum; Trilogia 70, Bones Intencions;* the *Bona Gent* cycle, *LALALALALA, Amnèsia de Fuga, Tot és perfecte* or *Rimuski.* He has completed video projects such as *Polar, Vero, La Tribu* or *El que que tothom i ningú no gosa dir.* He is currently on tour with *Domini Públic,* a work with a cast of over one hundred and which has visited the main venues in Spain and the rest of Europe. He is also working on a new project, *Parlament.* "My goal is not to reproduce reality, but to reproduce the mechanisms of reality. Working with performers who don't know what will happen during the performance is to reproduce what will happen when we leave this room, when we decide what route to take to go home or what conversation to start up with a stranger. With each decision the symmetry between two options is broken."

BESTUÉ-VIVES
DAVID BESTUÉ: BARCELONA, 18.05.1980.
MARC VIVES: BARCELONA, 19.08.1978.

O | *Acciones en Mataró (Fundación 30 km/s, 2002), Accions a l'Univers (Espai ZER01, Olot, 2006), Cisnes y Ratas (Centro Dos de Mayo, Móstoles, Madrid, 2009), Younger than Jesus (Museo de New York, 2009), Making Worlds (Bienal de Venecia, 2010).* **M |** *Mike Kelley, Robert Morris, Fischli and Weiss, Bruce Nauman, Juan Muñoz y Dan Graham.* **C |** *Dora García, Miquel Noguera, Usue Arrieta y Vicente Vázquez (WeareQQ), Rubén Grilo, Ibón Aranberri, Daniel Jacoby, Alex Reynolds y Francesc Ruiz.*

ARTISTAS PLÁSTICOS. Licenciados en Bellas Artes por la Universidad de Barcelona, trabajan juntos desde 2002. Con referentes que van desde lo popular hasta la alta cultura, y usando formatos tan heterogéneos como el vídeo, el fotomontaje, el teatro o la *performance,* sus propuestas dirigen la mirada del espectador hacia lo cotidiano para transformar esa inocua rutina y aprender a mirar de nuevo todo aquello que, por usual, pasaba desapercibido. Han recibido diversos reconocimientos, entre los que destacan el Primer Premio Miquel Casablancas (2003) y el Primer Premio Generaciones 2005 Caja Madrid. «Nuestro trabajo investiga la relación entre lo físico y lo mental, lo que se ve y lo que se piensa».

ARTISTES PLÀSTICS. Llicenciats en Belles Arts per la Universitat de Barcelona, treballen plegats des del 2002. Amb referents que van des d'allò popular fins a l'alta cultura, i fent servir formats tan heterogenis com el vídeo, el fotomuntatge, el teatre o les *performan-*

ces, les seves propostes dirigeixen la mirada de l'espectador cap allò quotidià per transformar la innòcua rutina i aprendre a mirar de bell nou tot allò que, per habitual, passava desapercebut. Han rebut diversos reconeixements, entre els quals destaquen el Primer Premi Miquel Casablancas (2003) i el Primer Premi Generaciones '05 Caja Madrid. «El nostre treball investiga la relació entre allò físic i allò mental, allò que es veu i allò que es pensa».

PLASTIC ARTISTS. Graduates in Fine Art from the University of Barcelona, they have worked together since 2002. Using reference points ranging from popular culture to *haut couture*, and using heterogeneous formats such as video, photomontage, theatre and performances, their proposals turn the spectators' attention to everything things and transforms that innocuous routine, learning to look again at things which usually go unnoticed. They have received a wide range of awards, including the First Miquel Casablancas Award in 2003 and the First Caja Madrid Generations Award in 2005. "Our work investigates the relationship between the physical and mental, what you see and what you think."

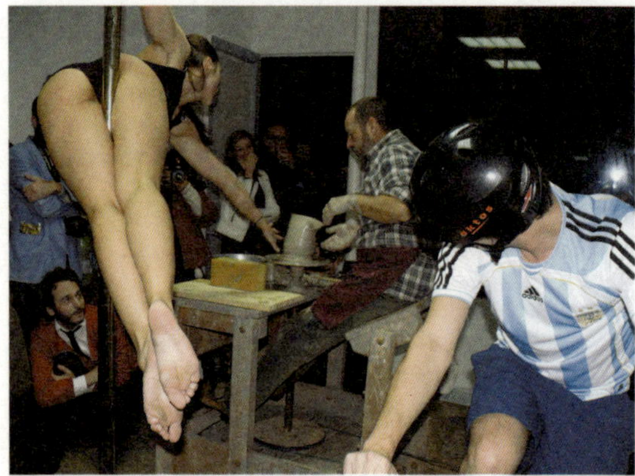

BESTUÉ-VIVES *ENCARGO DIFÍCIL 15. JARRÓN ACARICIADO POR BAILARINA ACROBÁTICA, MOLDEADO POR ALFARERO, EN TORNO MOVIDO POR CICLISTA.* © CORTESÍA GALERÍA ESTRANY-DE LA MOTA.

BIEITO, CALIXTO
MIRANDA DE EBRO, BURGOS, 02.11.1963.

0 | *El rey Juan, de Shakespeare (1995); La verbena de la paloma, de Bretón y De la Vega (1996); La casa de Bernarda Alba, de García Lorca (1998); La vida es sueño, de Calderón (1999-00, 2010); Comedias bárbaras, de Valle-Inclán (2000); Macbeth, de Shakespeare (2001); La ópera de cuatro cuartos, de Brecht y Weill (2002-04); Hamlet, de Shakespeare (2004); El rey Lear, de Shakespeare (2004); Peer Gynt, de Ibsen (2006)); Plataforma, de Houellebecq (2006); Tirant lo Blanc, de Joanot Martorell (2008, con Marc Rosich); El holandés errante, de Wagner (2008); Don Carlos, de Schiller (2009, con Marc Rosich); Parsifal, de Wagner (2010).*

DIRECTOR DE ESCENA. Licenciado en Filología Hispánica y en Historia del Arte por la Universidad de Barcelona, en Interpretación por la Escuela de Arte Dramático de Tarragona y en Dirección de Escena por el Institut del Teatre de Barcelona, es quizá el nombre del teatro español más reconocido internacionalmente, célebre por sus audaces interpretaciones de obras clásicas, que ha dirigido en distintos idiomas. Ha ganado importantes premios como el Irish Times-ESB Theater Award al mejor director del Festival de Edimburgo 2000, el premio Herald Archangel al mejor artista del Festival de Edimburgo 2003, el de la Asociación de Directores de España, el de la Crítica Teatral de Barcelona o el Premio de Cultura Europeo 2009. De 1999 a 2011 fue el director artístico del Teatre Romea de Barcelona y, de 2010 a 2011, director del Festival Internacional de las Artes de Castilla y León. «Siempre he querido llegar a la mayor cantidad de públicos como una forma de afirmación y confrontación de mi trabajo. Experimentar con públicos de diferentes nacionalidades emociones y pensamientos, deseos y provocaciones. Hasta ahora, el resultado ha sido enriquecedor y estimulante».

DIRECTOR D'ESCENA. Llicenciat en Filologia Hispànica i en Història de l'Art per la Universitat de Barcelona, en Interpretació per l'Escola d'Art Dramàtic de Tarragona i en Direcció d'Escena per l'Institut del Teatre de Barcelona, és potser el nom del teatre es-

panyol més reconegut internacionalment, cèlebre per les seves audaces interpretacions d'obres clàssiques, que ha dirigit en diverses llengües. Ha guanyat importants premis com l'Irish Times-ESB Theater Award al millor director del Festival d'Edimburg 2000, el premi Herald Archangel al millor artista del Festival d'Edimburg 2003, el de l'Associació de Directors d'Espanya, el de la Crítica Teatral de Barcelona o el Premi de Cultura Europeu 2009. De 1999 a 2011 va ser el director artístic del Teatre Romea de Barcelona i, de 2010 a 2011, director del Festival Internacional de les Arts de Castilla y León. «Sempre he volgut arribar al major nombre de públics diferents com una mena d'afirmació i confrontació de la meva feina. Experimentar amb públics de diferents nacionalitats emocions i pensaments, desitjos i provocacions. Fins ara, el resultat ha estat enriquidor i estimulant».

STAGE DIRECTOR. A graduate in Hispanic Languages and History of Art from the University of Barcelona and qualified in acting at the School of Dramatic Art in Tarragona and in Stage Directing from the *Institut del Teatre* in Barcelona, his is possibly the most internationally recognised name in Spanish theatre, famous for his daring interpretations of classic plays, which he has directed in different languages. He has won important awards such as the Irish Times-ESB Theatre Award for Best Director at the Edinburgh Festival 2000, the Herald Archangel Award for Best Artist at the Edinburgh Festival 2003, the Spanish Directors' Association Award, Crítica Teatral de Barcelona Award or the European Prize for Culture 2009. From 1999 to 2011 he was the artistic director at the Teatre Romea in Barcelona and, from 2010 to 2011, director of the International Arts Festival of Castilla y León. "I have always wanted to reach the largest audience possible as a way of affirming and confronting my work. Experimenting emotions, and thoughts, desires and provocation with audiences of different nationalities. So far the result has been enriching and stimulating."

BIGAS LUNA
BARCELONA, 10.03.1946.

0 | *Bilbao (1978), Caniche (1979), Angustia / Anguish (1986), Las edades de Lulú (1990), Jamón, jamón (1992), Huevos de oro (1993), La teta y la luna (1994), La camarera del Titanic (1997), Yo soy la Juani (2006), DiDi Hollywood (2010).*

DIRECTOR Y GUIONISTA DE CINE. Antes de ser cineasta fue diseñador industrial e interiorista, y hoy se dedica también a la fotografía, el videoarte y la pintura. De ahí que sus películas, organizadas alrededor de grandes personajes y argumentos poderosos, destaquen también por su alto registro estético. *Bilbao,* su segundo largometraje, fue seleccionado para Cannes, y su consagración definitiva llegó con *Las edades de Lulú* y la trilogía compuesta por *Jamón, jamón, Huevos de oro* y *La teta y la luna,* una brillante exposición de sus motivos recurrentes: la leche, la comida, el vino, los ciclos lunares, el sexo. Descubridor de estrellas internacionales como Penélope Cruz y Javier Bardem, es uno de los grandes creadores del cine español contemporáneo. «Creo que mi cine, si tengo que definirlo, es un cine vitalista. Yo soy vitalista. También me atrae la vida espiritual, no la descarto, pero me gusta mucho comer, hacer el amor, me gusta la vida y en consecuencia intento llenar mi cine de ello».

DIRECTOR I GUIONISTA DE CINEMA. Abans de ser cineasta va ser dissenyador industrial i interiorista, i actualment es dedica també a la fotografia, el videoart i la pintura. Per aquest motiu les seves pel·lícules, organitzades al voltant de grans personatges i arguments poderosos, també destaquen pel seu alt registre estètic. *Bilbao,* el seu segon llargmetratge, va ser seleccionat per a Cannes, i la seva consagració definitiva va arribar amb *Las edades de Lulú* i la trilogia que componen *Jamón, jamón, Huevos de oro* i *La teta y la lluna,* una brillant exposició dels seus motius recurrents: la llet, el menjar, el vi, els cicles lunars, el sexe. Descobridor d'estrelles internacionals com Penélope Cruz i Javier Bardem, és un dels grans creadors del cinema espanyol contemporani. «Crec que el meu cinema, si em toca definir-lo, és un cinema vitalista. Jo mateix sóc vitalista. També m'atrau la vida espiritual, no la descarto, però m'agrada molt menjar, fer l'amor, m'agrada la vida i, en conseqüència, intento que el meu cinema vagi ple de tot això».

FILM DIRECTOR AND SCRIPTWRITER. Before making films he was an industrial and interior designer, and today he also works in photography, video art and painting. Hence his films, organised around great characters and strong arguments, also stand out for their high level of aesthetics. *Bilbao* his second full feature film, was selected for Cannes, and his definitive consecration came with *Las edades de Lulú* and the trilogy of *Jamón, jamón, Huevos de oro* and *La teta y al luna*, a brilliant example of his recurring themes: Milk, food, wine, lunar cycles, sex. The discovery of international stars such as Penélope Cruz and Javier Bardem, he is one of the great creators in Spanish film today. "I think my work, if I must define it, is vitalistic film. I am vitalistic. I am also attracted by my spiritual life, I wouldn't rule it out, but I really like eating, making love, I like life and I therefore try to fill my films with it."

BLANCH, IGNASI
ROQUETES, TARRAGONA, 25.01.1964.

O | *Pequeñas historias del globo (de Àngel Burgas, 2001), La Blancaneu (adaptación de Miquel d'Esclot, 2005), Quiero una corona (de Raimon Portell, álbum ilustrado, 2005), El nen koala (texto e ilustraciones, 2007), Fill de rojo (de Joan Portell, álbum ilustrado, 2007), Alicia y el País de Maravillas (de Ángel Burgas, álbum ilustrado, 2007), Albéniz, el pianista aventurero (de Lorenzo Silva, 2008), colección Vull conèixer Antoni Gaudí (de Pep Molist, álbum ilustrado, 2011), Mujercitas (de Àngel Burgas, álbum ilustrado, 2011).* **M |** *El Bosco, Brueghel el Viejo, Bellini, Egon Schiele, E. L. Kirchner, Goya, William Kentridge, Watteau, Sophie Calle, Gilbert & George, Pina Bausch.* **C |** *Iku Dekune, Klaus Heidelbach, Jutta Bauer, Lisbeth Zwerger, Roberto Innocenti, Olivier Tallec, Joanna Hellgren...*

ILUSTRADOR. Tras licenciarse en Bellas Artes por la Universidad de Barcelona y especializarse en técnicas de impresión y grabado en el Künstlerhaus Bethanien de Berlín, inició su carrera como ilustrador, actividad en la que hoy es un referente. Fue elegido como el único representante de España en el proyecto internacional *The East Side Gallery,* sobre el muro de Berlín. Dirigió el proyecto *Humanicemos los hospitales* junto a la Asociación de Ayuda a los Afectados por Cardiopatías Infantiles de Cataluña. Sus participaciones en el Salón del Libro Infantil y Juvenil de Saarbrücken, Alemania, dejan claro su vínculo a esa literatura, así como las charlas de estilo y lectura de imagen que da constantemente en escuelas, bibliotecas y para estudiantes de posgrado de la Universidad de Barcelona. «Hago ilustraciones con un enfoque introspectivo y con muchos silencios. Siento interés por encontrar unos personajes reflexivos, amables y con un pasado intenso. Busco algo sutilmente femenino en todos ellos».

IL·LUSTRADOR. Després de llicenciar-se en Belles Arts per la Universitat de Barcelona i especialitzar-se en tècniques d'impressió i gravat al Künstlerhaus Bethanien de Berlín, va iniciar la seva carrera com a il·lustrador, activitat en què avui és un referent. Va ser escollit com l'únic representant d'Espanya en el projecte internacional *The East Side Gallery* sobre el mur de Berlín. Va dirigir el projecte *Humanitzem els hospitals* al costat de l'Associació d'Ajuda als Afectats per Cardiopaties Infantils de Catalunya. Les seves participacions al Saló del Llibre Infantil i Juvenil de Saarbrücken, Alemanya, van deixar clar el seu lligam a aquesta literatura, així com les xerrades d'estil i lectura d'imatge que imparteix constantment a escoles i biblioteques, i per a estudiants de postgrau a la Universitat de Barcelona. «Faig unes il·lustracions amb un enfoc introspectiu i amb molts silencis. M'interessa trobar personatges reflexius, amables i amb un passat intens. En tots ells, hi busco quelcom subtilment femení».

ILLUSTRATOR. After graduating in Fine Art from the University of Barcelona and specialising in printing and engraving techniques at Künstlerhaus Bethanien in Berlin, he began a career as an illustrator, become a reference point in his field. He was chosen as the sole representative for Spain on the international project *The East Side Gallery*, on the Berlin Wall. He directed the project *Humanicemos los hospitals* together with the Support Association for Child Cardiopathologies in Catalonia. His participation in the Children's and Young Persons' Book Fair in Saarbrücken, Germany, made his connection to this genre of literature clear, together with his talks on style and the interpretation of imagery which he offers continuously at schools, libraries, and for postgraduate students at the University of Barcelona. "I do my illustrations with an introspective focus and a lot of silence. I am interested in finding reflexive, friendly characters with an intense past. I am searching for something subtly feminine in all of them."

BLANCO, KIKE (LA VIUDA)
LEÓN, 06.10.1968.

O | *Rey Lear (1998, teatro de calle, con La Danaus), Étranglé (1998, acción performance, con La Danaus), Pléxippus (1999, trabajo en proceso, con La Danaus), D. V. A. (1999, teatro y danza, con La Danaus), Amor Diesel (2002, danza para la calle, con La Viuda), Sojourn in Mantua. Romeo y Julieta, de W. Shakespeare (2007, con La Viuda).* **M |** *Shakespeare, Ramón del Valle-Inclán, Peter Greenaway, Bill Viola, Val del Omar, Joseph Beuys, Robert Wilson, La Fura dels Baus, Takeshi Kitano, Survival Research Labs, Man Ray.* **C |** *Carles Santos, La Zaranda, Romeo Castelluci, Royal de Luxe, Albert Serra, Marcel·lí Antúnez.*

ACTOR, DIRECTOR Y ESCENÓGRAFO. Comienza su actividad teatral en León, en 1982, formando parte de diferentes grupos, hasta que en 1992 se traslada a Madrid y perfecciona su formación en interpretación, escenografía y dirección. En 1994 regresa a León y crea La Danaus, compañía especializada en teatro físico y de calle, con la que comparte experiencias con otros creadores (músicos, artistas plásticos...). Durante ese periodo combina su trabajo como director con colaboraciones actorales con otras compañías e imparte talleres de técnicas para el teatro de calle. En 1997 entra a formar parte de La Fura dels Baus, lo que conlleva su mudanza a Barcelona, donde reside actualmente. En 2001 funda La Viuda, con la que continúa el trabajo iniciado por su anterior compañía y estrena *Amor Diesel,* un espectáculo realizado con excavadoras. Desde entonces combina su trabajo como asistente de dirección en La Fura con diseños escenográficos, y la creación y dirección de sus propios espectáculos. «En La Viuda siempre hemos considerado el espacio escénico como un punto de partida, un lugar de reunión donde se encuentran los elementos escenográficos que serán manejados por los actores para crear un discurso visual que afecte al espectador».

ACTOR, DIRECTOR I ESCENÒGRAF. Inicia la seva activitat teatral a Lleó, el 1982, formant part de diversos grups, fins que el 1992 es traslada a Madrid i perfecciona la seva formació en interpretació, escenografia i direcció. El 1994 torna a Lleó i crea La Danaus, una companyia especialitzada en teatre físic i de carrer, amb la qual comparteix experiències amb altres creadors (músics, artistes plàstics...). Durant aquest període combina el seu treball de director amb col·laboracions com a actor amb altres companyies i imparteix tallers de tècniques per a teatre de carrer. El 1997 entra a formar part de La Fura dels Baus, cosa que comporta la seva mudança a Barcelona, on viu actualment. El 2001 funda La Viuda, amb la qual continua el ▶

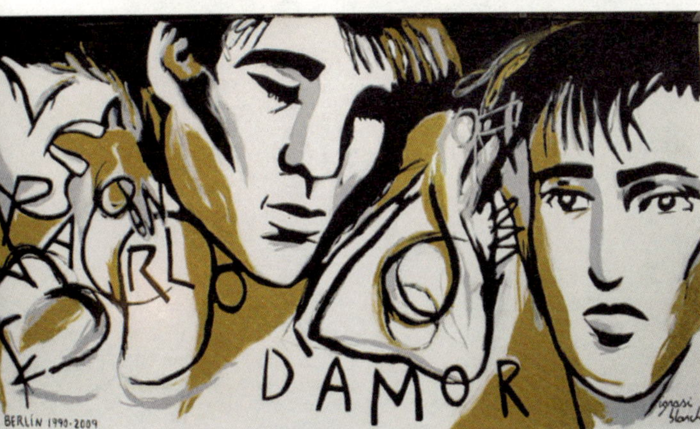

IGNASI BLANCH, *PARLO D'AMOR*, PINTURA ORIGINAL SOBRE EL MURO DE BERLÍN EN 1990, CON MOTIVO DEL PROYECTO "EAST SIDE GALLERY". © LILIANA MERCADO.

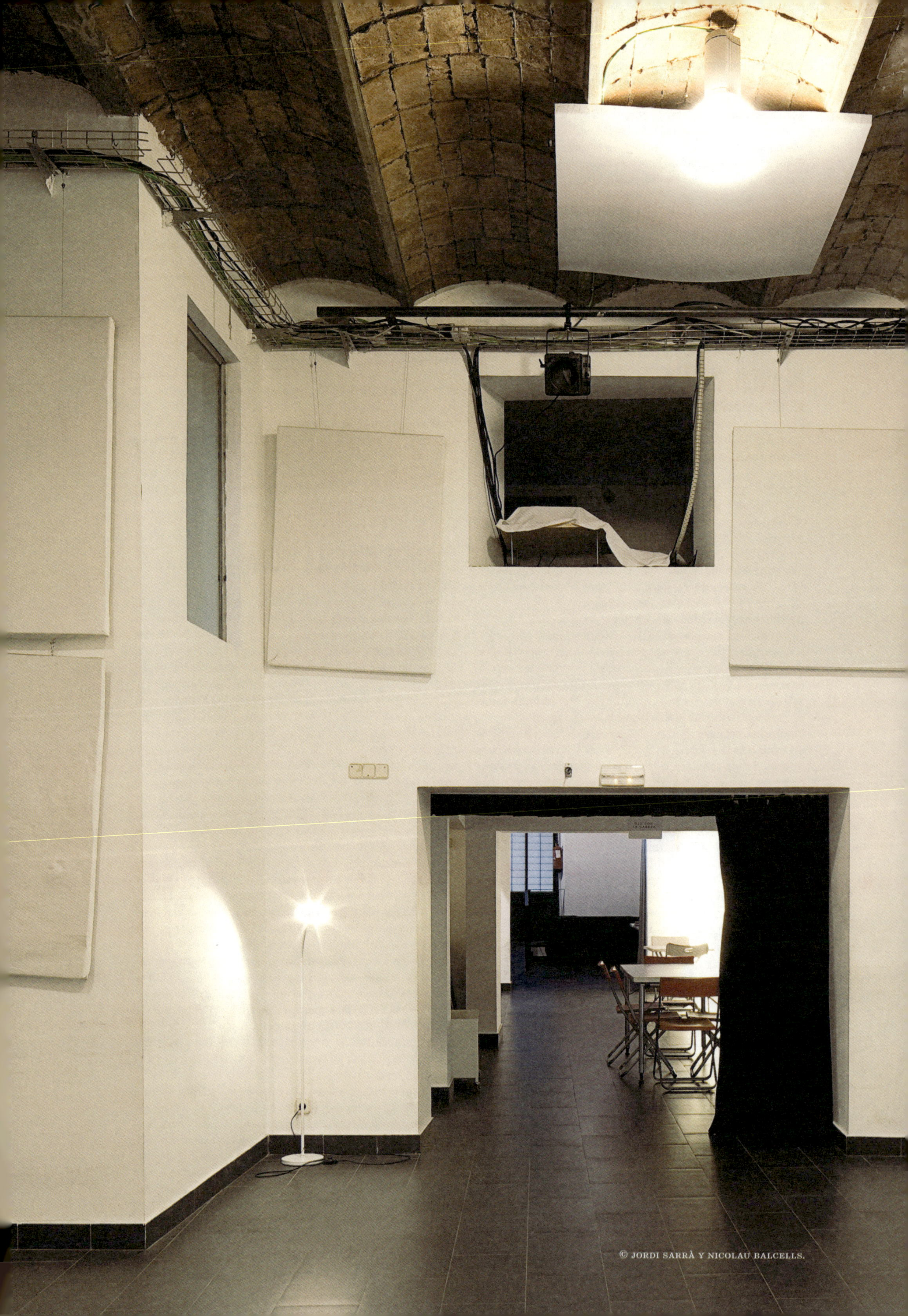
© JORDI SARRÀ Y NICOLAU BALCELLS.

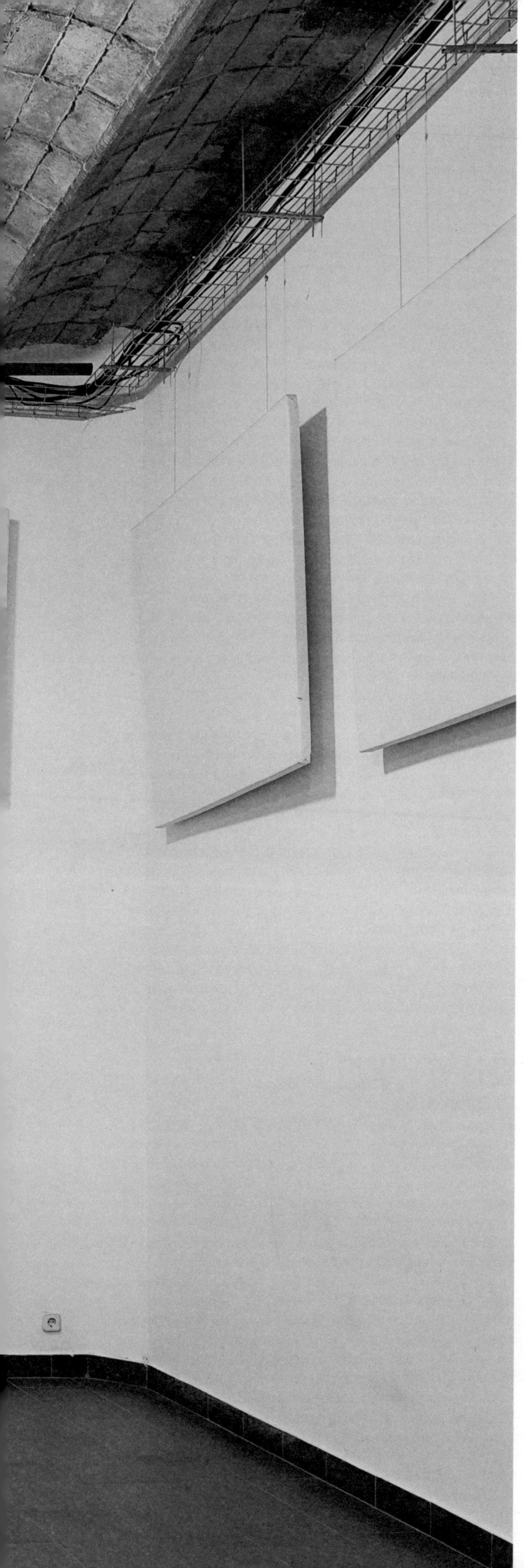

CONSERVAS

SANT PAU, 58 | BARRIO DEL RAVAL, 08001 BARCELONA
conservas.tk | +34 93 302 06 30 | info@conservas.tk

CONSERVAS, CUYO ESLOGAN ES «arte, política y otros excesos», es
una sala polivalente dedicada a la creación artística de distinto tipo
y «muy atenta a los cambios y al pulso de la realidad». Fundada por
la directora teatral de origen italiano Simona Levi, y con casi veinte
años de historia en la cultura *underground* barcelonesa, se trata de un
espacio artístico de intervención social que busca recuperar para el
arte su función como elemento de transformación. Situada en el ba-
rrio del Raval, la Sala Conservas es también la sede de la Asociación
de Artistas Escénicos, a la que pertenecen muchos creadores que
trabajan actualmente en Barcelona. Sus instalaciones, equipadas
con *wireless*, centro de documentación, almacén, cocina y dormitorio,
e incluida su sala polivalente de 45 metros cuadrados, pueden ser,
como ellos dicen, «cedidas, compartidas o alquiladas».

CONSERVAS, QUE TÉ COM A ESLÒGAN «art, política i altres ex-
cessos», és una sala polivalent dedicada a la creació artística de
diversa naturalesa i «molt atenta als canvis i al pols de la reali-
tat». Fundada per la directora teatral d'origen italià Simona Levi,
i amb gairebé vint anys d'història formant part de la cultura un-
derground barcelonina, es tracta d'un espai artístic d'intervenció
social que busca recuperar per a l'art la seva funció com a element
de transformació. Situada al barri del Raval, la Sala Conservas és
també la seu de l'Associació d'Artistes Escènics, a la qual perta-
nyen molts creadors que avui dia treballen a Barcelona. Les seves
instal·lacions, equipades amb wireless, centre de documentació,
magatzem, cuina i dormitori, i fins i tot la seva sala polivalent de
quaranta-cinc metres quadrats, poden ser, com ells mateixos di-
uen, «cedides, compartides o llogades».

CONSERVAS, WHOSE SLOGAN IS "art, politics and other excesses,"
is a multi-purpose hall devoted to artistic creation of a different kind
and "highly aware of changes and of the heartbeat of reality." Estab-
lished by the Italian theater director, Simona Levi, and with close to
twenty years of history in the underground scene of Barcelona, this
is an artistic space of social intervention which seeks to reclaim the
role of art as an element of transformation. Located in the neigh-
borhood of El Raval, the Sala Conservas also is the headquarters of
the Asociación de Artistas Escénicos (Scenic Artists Association),
which boasts a vast number of members among creators currently
working in Barcelona. Its facilities, equipped with wireless, docu-
mentation center, warehouse, kitchen and bedroom, and including
its 45-square-meter multi-purpose hall, can be, in their own words,
"loaned, shared or hired."

▶ treball iniciat per la seva anterior companyia i estrena *Amor Diesel*, un espectacle realitzat amb excavadores. Des d'aleshores combina el seu treball com a assistent de direcció a La Fura amb dissenys escenogràfics i la creació i direcció dels seus propis espectacles. «A La Viuda sempre hem considerat l'espai escènic com un punt de partida, un lloc de reunió on es troben els elements escenogràfics que seran manejats pels actors per crear un discurs visual que afecti l'espectador».

ACTOR, DIRECTOR AND STAGE MANAGER. He began working in the theatre in León, in 1982, forming part of different groups until in 1992 he moved to Madrid and completed his training in acting, stage management and directing. In 1994 he returned to León and created La Danaus, a company specialising in physical and street theatre, with which he shares experiences with other creators (musicians, plastic artists...). During this period he combined his work as a director with acting parts for other companies and gives technique workshops for street theatre. In 1997 he joined La Fura dels Baus, which led him to move to Barcelona, where he currently lives. In 2001 he founded La Viuda, with which he continued the work started with his previous company, and he released *Amor Diesel* a show created with diggers. Since then he has combined his work as an assistant director at La Fura with stage design, and the creation and directing of his own shows. "At La Viuda we have always considered the stage to be a starting point, a meeting place where staging elements come together to be used by the cast to a visual discourse affecting the audience."

BOHIGAS, JOSEP
BARCELONA, 21.01.1967.

O | *El Molino (2010).* **M |** *Enric Miralles y tantos otros.* **C |** *Me interesan muchas obras de muchos arquitectos. Pero hoy me interesan especialmente los colectivos que operan con estrategias politizadas que recuperan el carácter colectivo y social de la arquitectura: PKMN, Basurama, Zuloark, Recetas Urbanas, Makea, Eme3, Arquitecturas Colectivas, straddle3...*

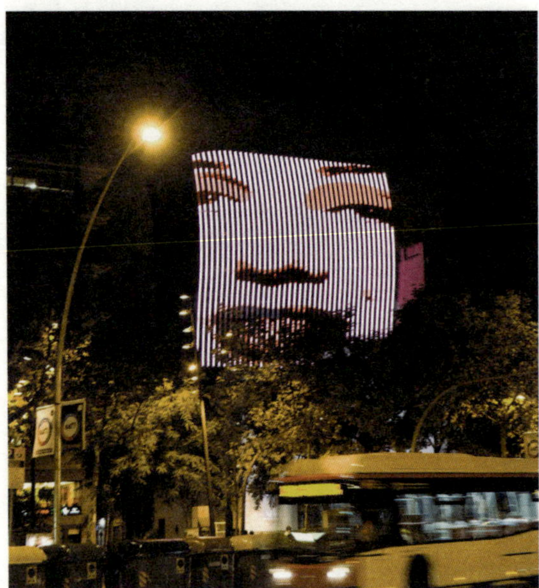

JOSEP BOHIGAS, *EL MOLINO.* © EVA SERRATS.

ARQUITECTO. En 1990 funda, junto a Iñaki Baquero y Francesc Pla, el estudio de arquitectura BOPBAA, y desde 1993 compagina su labor profesional con la docencia en centros universitarios como la Escola de Disseny Elisava (UPF) o la Escola Tècnica Superior d'Arquitectura de Barcelona (UPC). Entre sus iniciativas destaca el proyecto Barraca Barcelona y APTM, cuyo objetivo fue investigar y potenciar la construcción de viviendas sociales bajo criterios de sostenibilidad medioambiental. El estudio BOPBAA es responsable, entre otros, del proyecto de la ampliación del Museo Thyssen-Bornemisza de Madrid (2000), las viviendas sociales en el Fòrum de Barcelona (2009) y el café concierto El Molino en Barcelona (2010).

«El trabajo que hacemos en BOPBAA es continuar. Da

igual si lo haces sobre unos muros góticos o unos débiles tabiques de un polígono de los años setenta. Hay que entender que algo ya ha comenzado antes de tu llegada. De pequeños contábamos los pasos de la cuerda antes de saltar. En arquitectura pasa algo parecido. Uno debe tratar de entrar con el pie que toca y seguir un ritmo. Una vez dentro haces lo que sabes o lo que puedes pero siempre sabes que detrás de ti viene otro».

ARQUITECTE. El 1990 funda, al costat d'Iñaki Baquero i Francesc Pla, l'estudi d'arquitectura BOPBAA, i des del 1993 compagina la seva tasca professional amb la docència a centres universitaris com l'Escola de Disseny Elisava (UPF) o l'Escola Tècnica Superior d'Arquitectura de Barcelona (UPC). Entre les seves iniciatives, destaca el projecte Barraca Barcelona i l'APTM, l'objectiu dels quals va ser investigar i potenciar la construcció d'habitatges socials sota criteris de sostenibilitat mediambiental. L'estudi BOPBAA és responsable, entre d'altres, del projecte d'ampliació del Museu Thyssen-Bornemisza de Madrid (2000), els habitatges socials al Fòrum de Barcelona (2009) i el cafè concert El Molino, també a Barcelona (2010). «La feina que fem a BOPBAA és prosseguir. Tan és si ho fas sobre uns murs gòtics o uns dèbils envans d'un polígon dels anys setanta. Cal entendre que quelcom ja ha començat abans de la teva arribada. De petits comptàvem les voltes de la corda abans de saltar. A l'arquitectura passa quelcom semblant. Un ha de procurar entrar amb el peu que toca i seguir un ritme. Un cop dins, fas el que saps o el que pots, però sempre saps que darrere teu en ve un altre».

ARCHITECT. In 1990 he founded the architecture studio BOPBAA, together with Iñaki Baquero and Francesc Pla. Since 1993 he has combined his professional work with teaching at centres of further education such as the Escola de Disseny Elisava (UPF)) or the Escola Tècnica Superior d'Arquitectura in Barcelona (UPC). His initiative include the Barraca Barcelona project and APTM, the purpose of which was to research and strengthen the construction of social housing under environmentally sustainability criteria. The BOPBAA studio has been responsible, among others, for the extensions of the Thyssen-Bornemisza Museum in Madrid (2000), the Barcelona Fòrum social housing (2009) and the concert café El Molino in Barcelona (2010). "The work we do at BOPBAA is to continue. It doesn't matter if you do it on Gothic walls, or weak partitions in a 1970's industrial estate. It must be understood that something was already there before you arrived. When we were small we measured the steps along the rope before starting to skip. Something similar happens in architecture. You have to try to follow in step and keep up the pace. Once inside, you do what you know or what you can, but you always know that someone else is waiting behind you."

BOLAÑO, MANUEL
BARCELONA, 19.04.1981.

O | *Viudas (2008), Peliqueiros (2009), Canela en rama (2009), ¿Por qué todo ha de ser color de rosa? (2010).* **M |** *Martin Margiela, Alexander McQueen, John Galliano, Boudicca.* **C |** *Karlota Laspalas, Krizia Robustella, Gareth Pugh.*

DISEÑADOR DE MODA. Tras pasar su infancia en Galicia, en 2002 vuelve a vivir en Barcelona y estudia en la Escuela Felicidad Duce. Ganador, entre otros galardones, del Bread and Butter Young Talent Prize, el Jóvenes Creadores en Madrid o el Festival Noovo de Santiago de Compostela, así como seleccionado por el Projecte Bressol de dinamización de la moda en Cataluña, sus diseños, elegantes y atrevidos, han ido evolucionando hasta configurar una obra tempranamente madura, pensada para mujeres audaces que huyen del consenso y de las normas. «*Prêt-à-couture.* Ni tan masivo como el *Prêt-à-porter,* ni tan exclusivo como la alta costura».

DISSENYADOR DE MODA. Després de passar la infància a Galícia, el 2002 torna a viure a Barcelona i estudia a l'Escola Felicidad Duce. Guanyador, entre altres guardons, del Bread and Butter Young Talent Prize, el Jóvenes Creadores a Madrid o el Festival Noovo de Santiago de Compostela, així com seleccionat pel Projecte Bressol de dinamització de la moda a Catalunya. Els seus dissenys, elegants

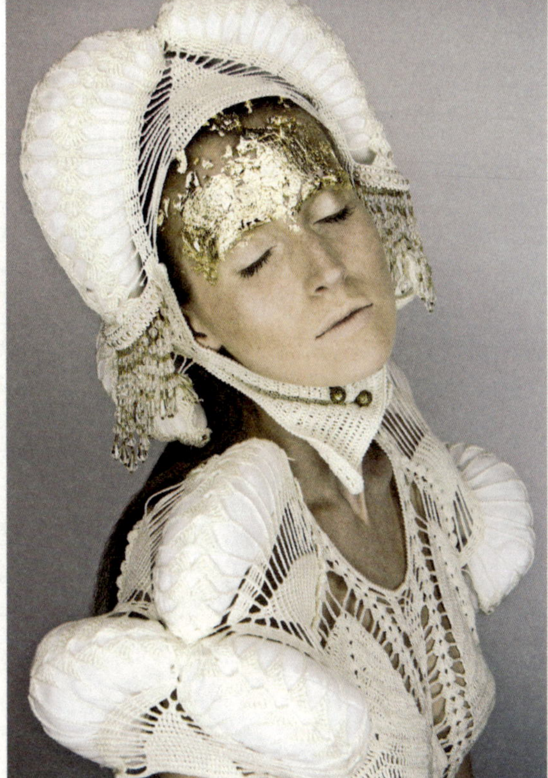

MANUEL BOLAÑO. © ANABEL LUNA.

i atrevits, han anat evolucionant fins a configurar una obra aviat madura, pensada per a dones audaces que fugen del consens i de les normes. «*Prêt-à-couture*. Ni tan massiu com el *Prêt-à-porter*, ni tan exclusiu com l'alta costura».

FASHION DESIGNER. After spending his childhood in Galicia, in 2002 he returned to Barcelona to live and study at the fashion and design school Escuela Felicidad Duce. He defines himself as an artisan, an heir to *houte couture* and the notion that *more is more*. Winner of the Bread and Butter Young Talent Prize, the Young Designers in Madrid Fashion Award, and the Festival Noovo Designer Award in Santiago de Compostela, among others, as well as being selected for the Projecte Bressol, which supports entrepreneurial designers in Catalonia, his daring, elegant designs have evolved into a precociously mature body of work conceived for bold women unfazed by consensus of opinion and conventions. "*Prêt-à-couture*. Neither as huge as *Prêt-à-porter,* or as exclusive as *haute couture*."

BONET, EUGENI
BARCELONA, 04.02.1954.

0 | *Mediagrafía (cine, vídeo y formatos afines). Últimos trabajos: Mecanica (retard digital) (2001, vídeo, también presentado como instalación), Usession (2002, vídeo, también presentado como instalación, con música de Eduardo Polonio), Tira tu reloj al agua. Variaciones sobre una cinegrafía intuida de José Val del Omar (2003-04, largometraje, con música de FMOL Trío), 10 MIN. (2005, vídeo), A Spanish Delight (2007, vídeo), eGolem (2007-11, largometraje), Buena suerte (2009, vídeo), Mala conciencia (2009, vídeo).*

ESCRITOR, COMISARIO DE EXPOSICIONES Y ARTISTA. De 1973 a 1980 realizó diversas películas y vídeos de carácter experimental que han sido exhibidos en filmotecas, museos y festivales de Europa y América. Posteriormente ha escrito y realizado audiovisuales en vídeo, televisión y diaporama, como la serie *Lecturas de Cirlot*, galardonada en festivales de Vitoria-Gasteiz y Navarra, y en la Mostra d'Arts Electròniques de Catalunya con el Premio Associació Catalana d'Empreses de Vídeo Professional. En 2004 realizó el largometraje en 35 mm *Tira tu reloj al agua*, a partir de materiales inéditos e inconclusos de José Val del Omar, seleccionado en los festivales de cine de Londres y Mar del Plata. Desde 2007 trabaja en *eGolem*, su nuevo largometraje. Ha sido comisario de numerosas exposiciones, como las recientes *Próximamente en esta pantalla. El cine letrista, entre la discrepancia y la sublevación* para el MACBA (2005), o *Desbordamiento de Val del Omar* para diversos centros de arte de España (2010-2011). Es coautor de dos libros considerados referentes: *En torno al vídeo* (Barcelona, 1980, México DF, 1984,

País Vasco, 2010) y *Práctica fílmica y vanguardia artística en España, 1925-1981/ The Avant-Garde Film in Spain* (Madrid, 1983). Como docente, ha sido profesor en la Universidad de Barcelona, y director de un posgrado para la Ramon Llull en asociación con el MACBA. «De la experimentación absoluta a un planteamiento de investigación (en controversia con los hábitos del documental) de diversos asuntos como el arte y la vida de Duchamp, la poesía permutatoria de Juan Eduardo Cirlot, la música electrónica de Eduardo Polonio, el truncado sueño cinematográfico de José Val del Omar o la proyección del mito del Golem en la actualidad. Proyectos que alterno con otras ejecuciones más rápidas y en breve formato, a menudo a partir de imágenes recicladas».

ESCRIPTOR, CURADOR I ARTISTA. Del 1973 al 1980 va realitzar diversos films i vídeos de caràcter experimental que han estat exhibits a filmoteques, museus i festivals d'Europa i Amèrica. Posteriorment ha escrit i realitzat audiovisuals en vídeo, TV i diaporama, com la sèrie *Lecturas de Cirlot*, guardonada als festivals de Vitoria-Gasteiz i Navarra, i a la Mostra d'Arts Electròniques de Catalunya amb el Premi Associació Catalana d'Empreses de Vídeo Professional. El 2004 va realitzar un llargmetratge en 35mm, *Tira tu reloj al agua*, a partir de materials inèdits i inconclusos de José Val del Omar, seleccionat als festivals de cinema de Londres i Mar del Plata. Des del 2007 treballa en *eGolem*, el seu nou llargmetratge. Ha estat comissari de nombroses exposicions, com les recents *Próximamente en esta pantalla: el cine letrista, entre la discrepancia y la sublevación* per al MACBA (2005), o *Desbordamiento de Val del Omar* per a diversos centres d'art d'Espanya (2010-11). És coautor de dos llibres considerats de referència: *En torno al Vídeo* (Barcelona, 1980, Mèxic DF, 1984, País Basc, 2010) y *Práctica fílmica y vanguardia artística en Espanya, 1925-1981/The Avant-Garde Film in Spain* (Madrid, 1983). Com a docent, ha estat professor a la Universitat de Barcelona i director d'un postgrau per a la Ramon Llull en associació amb el MACBA. «De l'experimentació absoluta a un plantejament d'investigació (en controvèrsia amb els hàbits del documental) de diverses matèries com ara l'art i la vida de Duchamp, la poesia permutatòria de Juan Eduardo Cirlot, la música electrònica d'Eduardo Polonio, el truncat somni cinematogràfic de José Val del Omar o la projecció del mite del Golem avui dia. Projectes que alterna amb altres execucions més ràpides i en format breu, sovint a partir d'imatges reciclades».

WRITER, CURATOR AND ARTIST. From 1973 to 1980 he made several films and videos of an experimental nature which have been exhibited in filmoteques, museums and festivals in Europe and America. He later wrote and completed audiovisual projects in video, TV and diaporama, such as the series *Lecturas de Cirlot*, an award winner at the Vitoria-Gasteiz and Navarre Festivals, and recipient of the Associació Catalana d'Empreses de Vídeo Professional Award at the Mostra d'Arts Electròniques de Catalunya. In 2004 he completed the full length 35 mm film *Tira tu reloj el agua*, based on unusual and inconclusive materials by José Val del Omar, selected at the London and Mar de Plata film festivals. He has been working on his new film *eGolem* since 2007. He has acted as a curator for a large number of exhibitions, such as the recent *Próximamente en esta pantalla. El cine letrista, entre la discrepancia y la sublevación* for MACBA (2005), or *Desbordamiento de Val del Omar* for different art centre around Spain (2010-11). He is the co-author of two books considered to be reference points: *En torno al Vídeo* (Barcelona, 1980, Mexico DF, 1984, Basque Country, 2010) and *Práctica fílmica y vanguardia artística en España, 1925-1981/ The Avant-Garde Film in Spain* (Madrid 1983). In his teaching capacity he has worked as a tutor at the University of Barcelona, and director of a post-graduate course for the Ramon Llull University in association with MACBA. "From absolute experimentation to a position of research (contrary to the customs of documentaries) of different subjects such as the life and works of Duchamp, the permutatory poetry of Juan Eduardo Cirlot, the electronic music of Eduardo Polonio, the truncated cinematographic dream of José Val del Omar or the projection of the myth of Golem in the present day. Projects which alternate with other faster, swifter actions, often using recycled images."

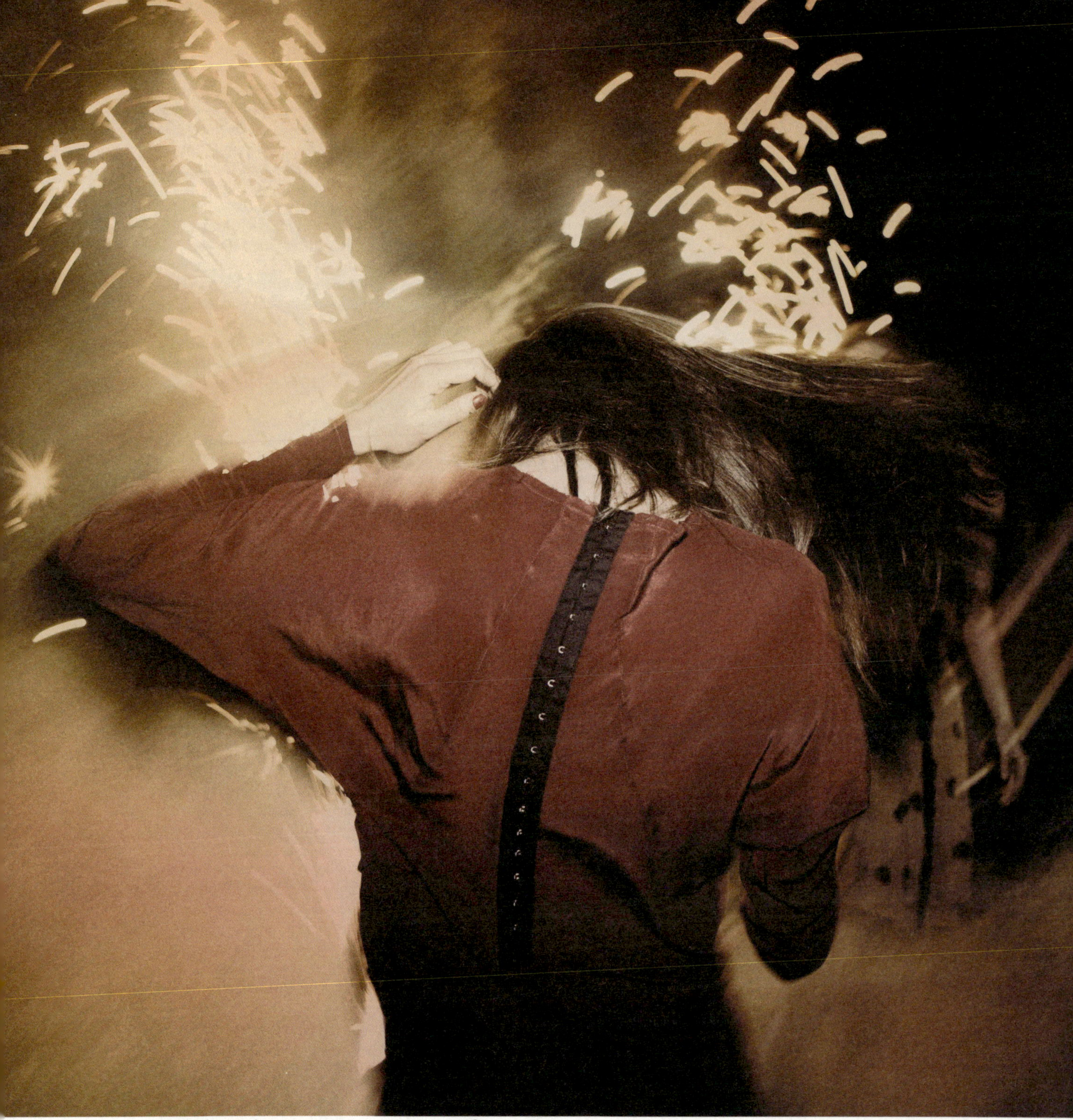

BORRÁS, STEFANÍA
PALMA DE MALLORCA, 23.10.1982.

O | *Protect me with Cockaigne (primavera-verano 2009), Void(me) (otoño-invierno 2009-10), Survival (primavera-verano 2010), Escape (otoño-invierno 2010-11), Medusse (primavera-verano 2011).* **M |** *Andréi Tarkovski, Will Cotton, Egon Schiele, Coppola, Lewis Carroll, Hitchcock, Dickens, Louise Bourgeois, Vionnet.* **C |** *Ryan McGinley, Kazuo Ishiguro, Darren Aronofsky, Margaret Durow, Haruki Murakami, Bárbara Vidal, Xim Izquierdo, Quentin de Briey, Cristiana Lapi, Juan Antonio Ávalos.*

DISEÑADORA DE MODA. Inició sus estudios de diseño en Mallorca y se graduó en la Escuela Superior de Diseño (ESDi) de la Universidad Ramón Llull de Barcelona. Trabajó para José Miró, Burberry y en Marithé+François Girbaud como responsable del departamento de diseño femenino. El despegue de su carrera en solitario comenzó al ganar el Young Emerging Designer y ser seleccionada para el Projecte Bressol de dinamización de la moda en Cataluña. Desde entonces, sus diseños ligeros, frescos, trabajados con fibras naturales y levemente sofisticados, han recorrido las principales pasarelas del país y la han situado en la primera fila de la nueva generación de diseñadores en Barcelona. «Quiero transmitir a la mujer la importancia de ser natural y ser ella misma, representándola con comodidad, libertad y feminidad a través de mi marca. Imitando a la naturaleza, que es bella y simple, pero que a la vez es siempre única».

DISSENYADORA DE MODA. Va iniciar els estudis de disseny a Mallorca i es va graduar a l'Escola Superior de Disseny (ESDi) de la Universitat Ramon Llull de Barcelona. Va treballar amb José Miró, Burberry i a Marithé+François Girbaud com a responsable del departament de disseny femení. L'arrencada de la seva carrera en solitari va començar quan va guanyar el Young Emerging Designer i va ser seleccionada per al Projecte Bressol de dinamització de la moda a Catalunya. Des d'aleshores, els seus dissenys lleugers, frescos, treballats amb fibres naturals i lleugerament sofisticats, han recorregut les principals passarel·les del país i l'han situada, a Barcelona, a la primera fila de la nova generació de dissenyadors. «Vull transmetre a la dona la importància de ser natural i ser ella mateixa, representant-la amb comoditat, llibertat i feminitat a través de la meva marca. Imitant la natura, que és bella i simple però alhora sempre és única».

FASHION DESIGNER. She started her design studies in Mallorca and graduated from the Senior School of Design (ESDi) at the Ramón Llull University in Barcelona. She has worked for José Miró, Burberry and at Marithé+François Girbaud as head of department for women's design. Her solo career took off when she won the Young Emerging Designer award and was selected for the Projecte Bressol for the boosting of fashion in Catalonia. Since then, her light, fresh designs, worked with gently sophisticated natural fibres, have appeared on the main catwalks in the country and they have placed her in the front row of a new generation of designers in Barcelona. "I want to transmit to women the importance of being natural and being themselves, by representing them with comfort, freedom and femininity through by brand. Imitating nature, which is beautiful and simple but at the same time unique."

BOSCH, CARLES
BARCELONA, 08.09.1952.

O | *Balseros (2004), Septiembres (2007), Revolución #2, retorno a los escenarios (2009), Bicicleta, cuchara, manzana (2010).* **M |** *Mi principal influencia es la profesión periodística, a la que he dedicado tantos años; el Nuevo Periodismo, en tanto buena literatura utilizada como medio para explicar La Verdad de los Hechos; no me siento influenciado por nadie en el cine documental, pero me gusta la honestidad de Steve James.* **C |** *Steve James; tres películas de ficción: Stranger than Paradise, de Jim Jarmusch; Tender Mercies, de Bruce Beresford; Before the Rain, de Milcho Manchevski.*

PERIODISTA Y DIRECTOR DE CINE DOCUMENTAL. Empezó su carrera como director con una nominación a los Óscar por *Balseros*. Con *Septiembres* quedó finalista del Joris Ivens del International Documentary Film Festival de Ámsterdam. Ese éxito, sumado a su largo recorrido como periodista, le ha llevado a dirigir el proyecto más ambicioso de su carrera: *Bicicleta, cuchara, manzana*, un documental sobre el Alzheimer con Pasqual Maragall como protagonista, que ha recibido los premios Goya, Gaudí y Forqué. Como periodista, inició su actividad en el programa *30 minuts* de TV3, y ha estado en primera línea de fuego en conflictos como la Guerra del Golfo, la de Bosnia o la Revolución Zapatista. Varios de sus reportajes han sido premiados nacional e internacionalmente. Veinte años después de cubrir la Revolución de Terciopelo de Praga, en 1989, volvió y realizó *Revolución #2, retorno a los escenarios*. «Que la forma (la narrativa cinematográfica) ayude al espectador a llegar a lo más importante: el fondo».

PERIODISTA I DIRECTOR DE CINEMA DOCUMENTAL. Va començar la seva carrera com a director amb una nominació als Oscar per *Balseros*. Amb *Setembres* va ser finalista del Joris Ivens del Festival IDFA d'Amsterdam. Aquest èxit, sumat a la seva llarga trajectòria com a periodista, l'ha dut a dirigir el projecte més ambiciós de la seva carrera: *Bicicleta, cullera, poma*, un documental sobre l'Alzheimer amb Pasqual Maragall com a protagonista, que ha rebut els premis Goya, Gaudí i Forqué. Com a periodista, va iniciar la seva activitat al programa *30 minuts* de TV3, i ha estat a primera línia de foc en conflictes com la Guerra del Golf, la de Bòsnia, Kosovo i la Revolució Zapatista, entre d'altres. Alguns dels seus reportatges han estat premiats nacional i internacionalment. Vint anys després de cobrir la Revolució de Vellut de Praga el 1989, va tornar-hi i va realitzar *Revolució #2, retorn als escenaris*. «Que la forma (la narrativa cinematogràfica) ajudi l'espectador a arribar al que és més important: el fons».

JOURNALIST AND DOCUMENTARY FILM DIRECTOR. He started his career as a Director, with an Oscar nomination for *Balseros*. With *Septiembres* he was a Joris Ivens finalist at the IDFA Festival in Amsterdam. That success, in addition to his long background as a journalist, led him to direct the most ambitious project of his career: *Bicicleta, cuchara, manzana*, a documentary on Alzheimer's Disease starring Pasqual Maragall, which received the Goya, Gaudí and Forqué awards. As a journalist, he started work on the TV3, programme *30 minuts*, and has reported from the frontline on conflicts such as the Gulf War, in Bosnia, Kosovo and the Zapatista Uprising, among others. Many of his reports have received national and international awards. Twenty years after covering the Velvet Revolution in Prague in 1989, he returned and completed *Revolución #2, retorno a los escenarios*. "The form (cinematographic narrative) must help the spectator to reach the most important thing: the very bottom."

BOSCH, LOLITA
BARCELONA, 03.07.1970.

O | *Això que veus és un rostre / Esto que ves es un rostro (2005, 2009), Tres historias europeas (2004), Elisa Kiseljak (2005), Qui vam ser / La persona que fuimos (2006), Insòlit somni, insòlita veritat / Insólita ilusión, insólita certeza (2007), La família del meu pare / La familia de mi padre (2008), Ara, escric, / Ahora, escribo, (2010).* **M |** *Marosa Di Giorgio, Theodor W. Adorno, Juan Rulfo, Julio Ramón Ribeyro, César Vallejo, Joyce Carol Oates, Jesús Blancornelas.* **C |** *Sergio Pitol, Natán Yonatán, José Eugenio Sánchez, Miguel Morey, Marta Aponte Alsina, Alma Guillermoprieto, Tim Burton, Dave Eggers.*

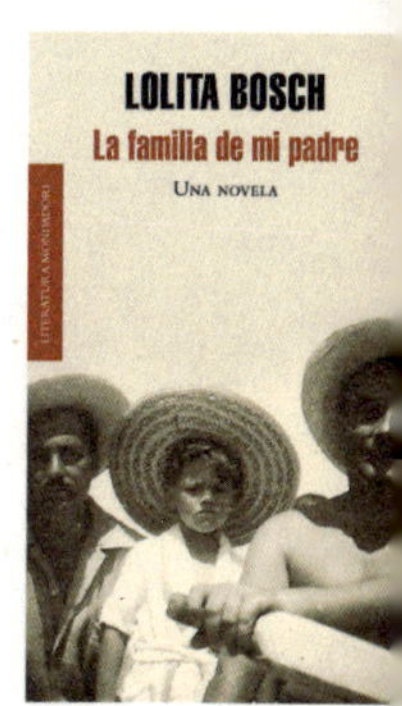

NOVELISTA. Licenciada en Filosofía, con un diplomado de la Sociedad General de Escritores Mexicanos y un posgrado en letras de la Universidad Nacional Autónoma de México —país donde vivió durante diez años—, escribe en catalán y castellano, y su obra ha sido traducida al polaco, al alemán, al inglés, al gallego y al euskera. La adaptación al cine de su novela *Elisa Kiseljak* ganó el Premio del Jurado en el Festival de Cine de San Sebastián. En México fundó con Mario Bellatin la Escuela Dinámica de Escritores y dio clases en la UNAM y el Claustro de Sor Juana. Y en Barcelona, dirige el Colectivo FU, que ha organizado los festivales Fet a Mèxic y Fet a Amèrica, o la apertura de bibliotecas públicas en lugares de América Latina donde un libro puede mejorar la vida de alguien. Actualmente, además, gestiona el portal Nuestra Aparente Rendición sobre la violencia en México. «Me interesa mucho saber de qué modo el tiempo y el espacio coinciden y casi se convierten en lo mismo durante el hecho literario».

NOVEL·LISTA. Llicenciada en filosofia, amb una diplomatura de la Societat General d'Escriptors Mexicans i un postgrau en lletres de la Universitat Nacional Autònoma de Mèxic —país on va viure durant deu anys—, escriu en català i castellà, i la seva obra ha estat traduïda al polonès, l'alemany, l'anglès, el gallec i l'èuscar. L'adaptació al cinema de la seva novel·la *Elisa Kiseljak* va guanyar el premi del Jurat al Festival de Cinema de Sant Sebastià. A Mèxic va fundar amb Mario Bellatin l'Escola Dinàmica d'Escriptors i va impartir classes a la UNAM i al Claustro de Sor Juana. I a Barcelona dirigeix el Collectiu Fu, que ha organitzat els festivals Fet a Mèxic i Fet a Amèrica o l'obertura de biblioteques públiques en llocs de l'Amèrica Llatina on un llibre pot millorar la vida de qualsevol persona. Actualment, a més, gestiona el portal Nuestra Aparente Rendición sobre la violència a Mèxic. «M'interessa molt saber de quina manera el temps i l'espai coincideixen i gairebé esdevenen la mateixa cosa durant el fet literari».

NOVELIST. She took a degree in a philosophy, with a diploma from the Sociedad General de Escritores Mexicanos and a graduate degree from the National Autonomous University of Mexico. She lived in Mexico for ten years, writes in Catalan and Spanish, and her work has been translated into Polish, German, English, Galician and Basque. The film adaptation of her novel *Elisa Kiseljak* won the jury prize at the San Sebastian Film Festival. In Mexico she founded, along with Mario Bellatin, the Escuela Dinámica de Escritores and taught at the Autonomous University of Mexico and Claustro de Sor Juana. In Barcelona she is the director of Colectivo FU, which has organized the festivals Fet a Mèxic and Fet a Amèrica as well as the opening of public libraries in places in Latin America where a book can improve someone's life. She also currently manages the web portal Nuestra Aparente Rendición regarding violence in Mexico. "I am very interested in knowing the ways in which time and space coincide and almost become one during the literary act."

BOZA, INÉS
PAMPLONA, 28.03.1962.

O | *Senza Tempo (1991), Capricho (1994), Lazurd, un viaje a través del agua (1998), El jardí inexistent (2004), A 29° del Paraíso (2005), La canción de Margarita (2006), A+, cosas que no te conté (2008), Anatomía de un sueño (2010).* **M |** *Pina Bausch, Tadeus Kantor, Fellini, Beckett.* **C |** *Carles Santos, Sol Picó, Jan Lawers, Malpelo, Calixto Bieito, Angélica Liddel.*

BAILARINA, ACTRIZ, COREÓGRAFA Y DIRECTORA. Combina los estudios de literatura y derecho con los de danza y teatro. Se forma con Nazareth Panadero y Janusz Subicz, de la compañía Pina Bausch, y en 1991 funda, junto a Carles Mallol, Senza Tempo, compañía pionera en la fusión del teatro y la danza que dirige en solitario desde 2004. Sus piezas han sido coproducidas por el Mercat de les Flors, M.I.A. de Manchester, TNC, Expo de Lisboa y Festival Grec, entre otros. Es fundadora del centro de creación La Caldera y en la actualidad escribe y dirige espectáculos para festivales internacionales. «Mis espectáculos están tejidos con la lógica de la poesía. Sin renunciar a contar historias, se trata de combinar lo surrealista y lo cotidiano para sumergirnos en un cruce de fronteras entre disciplinas. Creo en las artes escénicas mestizas»

BALLARINA, ACTRIU, COREÒGRAFA I DIRECTORA. Combina els estudis de literatura i dret amb els de dansa i teatre. Es forma amb Nazareth Panadero i Janusz Subicz, de la companyia Pina Bausch, i el 1991 funda, al costat de Carles Mallol, SenZaTemPo, una companyia pionera en la fusió del teatre i la dansa que dirigeix en solitari des del 2004. Les seves peces han estat coproduïdes pel Mercat de les Flors, M.I.A, de Manchester, TNC, Expo de Lisboa i Festival Grec, entre d'altres. És fundadora del centre de creació La Caldera i actualment escriu i dirigeix espectacles per a festivals internacionals. «Els meus espectacles estan teixits amb la lògica de la poesia. Sense renunciar a narrar històries, es tracta de combinar allò surrealista i allò quotidià per submergir-nos en un encreuament de fronteres entre disciplines. Crec en les arts escèniques mestisses».

DANCER, ACTRESS, CHOREOGRAPHER AND DIRECTOR. She studied law and literature at the same time as dance and drama. She trained with Nazareth Panadero and Janusz Subicz, from the Panadero Bausch company, and in 1991 she founded SenZaTemPo together with Carles Mallol. She has directed this pioneering company blending theatre and dance alone since 2004. Her pieces have been co-produced by Mercat de las Flors, M.I.A. in Manchester, TNC, Lisbon Expo and the Grec Festival, among others. She is the founder of the creation centre La Caldera and currently writes and directs shows for international festivals. "My shows are woven together with poetic logic. Without shying away from telling a story, they are a combination of the surreal and the everyday, which immerses us in a crossroads between genres. I believe in crossbred dramatic arts."

BROGGI, ORIOL
BARCELONA, 20.12.1971.

O | *Jordi Dandin, L'obrador (1999), Tartuf, o l'impostor (2000), Enric iv (2001), Els ulls de l'etern germà (2002), Refugi (2003), Els fusells de la senyora Carrà (2004), El misàntrop (2005), Magnus (2005), La mort d'Ivan Ilitx (2005), Antígona (2006), Rosencrantz i Guildenstern són morts (2006), L'Oncle Vània (2007), Passat el riu (2007), Primera història d'Esther (2007), El Rei Lear (2008), El cercle de guix caucasià (2008), Hamlet (2009).* **M |** *Bergman, Kurosawa, Peter Brook, John Ford y Fabià Puigserver.* **C |** *Clara Segura, Julio Manrique, Krystian Lupa.*

DIRECTOR Y ACTOR DE TEATRO. Licenciado por el Institut del Teatre, desde 1999 dirige La Perla 29, compañía de teatro dedicada a la producción de espectáculos que apuestan por la renovación de los discursos y que ha consolidado a personalidades artísticas de la actual escena catalana. Chéjov, Sófocles y Shakespeare son

algunos de los grandes nombres clásicos en los que se centra su trabajo, y también ha realizado obras de Molière, Brecht y Pirandello. Es impulsor del Centre D'Arts Escèniques de Terrassa y director en el Teatre Nacional de Catalunya. «Me gusta un teatro de proximidad donde se plantee una relación directa entre el espectador y la obra, y que desde el nivel artesanal permita subir las emociones hasta los niveles más altos».

DIRECTOR I ACTOR DE TEATRE. Llicenciat per l'Institut del Teatre, des del 1999 dirigeix La Perla 29, companyia de teatre dedicada a la producció d'espectacles que aposten per la renovació dels discursos i que ha consolidat algunes de les personalitats artístiques de l'actual escena catalana. Txèkhov, Sòfocles i Shakespeare són alguns dels grans noms clàssics en què centre el seu treball, i també ha fet obres de Molière, Brecht i Pirandello. És impulsor del Centre d'Arts Escèniques de Terrassa i director al Teatre Nacional de Catalunya. «M'agrada un teatre de proximitat on es plantegi una relació directa entre l'espectador i l'obra i que del ni-vell artesanal permeti pujar les emocions fins als nivells més alts».

THEATRE DIRECTOR AND ACTOR. A graduate from the Institut del Teatre, since 1999 he has directed La Perla 29, a theatre company dedicated to the production of shows supporting the renewal of discourse and the consolidation of artistic characters from the current Catalonian stage. Chekov, Sophocles and Shakespeare are some of the great classic names which form the central focus of his work, He has also presented workd by Molière, Brecht and Pirandello. He is the driving force behind the Centre D'Arts Escèniques in Terrassa, and director of the National Theatre of Catalunya. "I like a close theatre, which presents a direct relationship between spectator and play and which strengthens emotions to the highest levels."

BRUNA (CARLES GUAJARDO)
BARCELONA, 07.05.1981.

O | *Heartache EP (2008, maxi 12"), And It Matters to Me to See You Smiling (2009), Liz Cirelli & Minski (2011, rmx), Burdeos (2011, rmx mp3), Wooky (2011, rmx 12"), Úrsula (2011, rmx).* **M |** *Mercè Baiget Solé.* **C |** *Elliott Smith, Kevin Shields, Marcus Eoin, Mike Sandison, Elizabeth Davidson Fraser, Robin Andrew Guthrie, Richard D. James, Mark Kozelek y Vince Clarke.*

DJ, PRODUCTOR Y MÚSICO. Tiene dos identidades. Una es la del abogado laboralista que figura en el DNI. La otra es la del seudónimo que remite a un singular proyecto de música electrónica. La suya es una apuesta ecléctica y emocional por el género IDM (Intelligent Dance Music) de los años noventa, con la que consigue enlazar la euforia y la melancolía, la intimidad y la extroversión. Su música le ha llevado de escenarios locales como el Sónar o el FARADAY Festival a internacionales como el Chicago Cultural Center, la Roundhouse de Londres, el SESC Pompéia de São Paulo o The Drake, en Toronto. «IDM + POP».

DJ, PRODUCTOR I MÚSIC. Té dues identitats. Una és la d'advocat laborista, que apareix al DNI. L'altra és la del pseudònim que remet a un singular projecte de música electrònica. La seva és una aposta eclèctica i emocional pel gènere IDM (*intelligent dance music*) dels anys noranta, amb la qual aconsegueix enllaçar l'eufòria i la melancolia, la intimitat i l'extraversió. La seva música l'ha dut dels escenaris locals, com ara el Sónar o el Faraday Festival, als internacionals, com el Chicago Cultural Center, la Roundhouse de Londres, el SESC Pompeia de São Paulo o The Drake, a Toronto. «IDM + POP».

DJ, PRODUCER AND MUSICIAN. He has two identities. One is that of the employment lawyer which is given on his ID card. His other identity is the pseudonym which refers to a unique electronic music project. He makes an eclectic and emotional stand for the IDM (*intelligent dance music*) genre of the 1990's, managing to link euphoria and melancholy, intimacy and extroversion. His music has taken him from local stages such as Sónar or the Faraday Festival to international venues such as the Chicago Cultural Center, Roundhouse in London, SESC Pompeia in São Paulo or The Drake in Toronto. "IDM + POP."

BUFILL, JUAN
BARCELONA, 19.12.1955.

O | *Serie Arsenal (1985-87), El viatge de Robert Wyatt (1987) y Buñuel (1989-90) para televisión, con Manuel Huerga; Subespecies humanas (1992, poesía), Minerales (1997, libro con Masafumi Yamamoto), Escriptures naturals. Fotografies 1989-1997 (1998, exposición), La luz animal (2000, exposición), SigNaturas (2001-02, exposición), Luz material (exposición, 2004), Partes de un mundo ligero / Parts d'un món lleuger (2007, poesía, exposición con Masafumi Yamamoto), Signaturas (síntesis) y Travelling-Light (2008, cine y vídeo), A través (2009, libro con Yamamoto), Huesos de sol (2010, traducción de la poesía de Andreu Vidal), Apropiaciones (2011, televisión, con CANADA).* **M |** *Michael Snow, María Zambrano, Giuseppe Ungaretti, Paul Klee, Fernando Pessoa, Albert Camus, Stan Brakhage, Brian Eno.* **C |** *Ram Narayan, James Turrell, Robert Wyatt, Anish Kapoor, John Zorn & Electric Masada, Masafumi Yamamoto, Guillem Cifré, El Roto.*

POETA, ARTISTA MULTIDISCIPLINAR y comisario de exposiciones. Ha desarrollado una amplia labor en fotografía, vídeo, cine experimental y periodismo cultural, especialmente como crítico de arte en el diario *La Vanguardia.* Su obra fotográfica es abstracta y se centra en temas como la luz, la energía, el agua y el fluir del tiempo. Ha comisariado exposiciones como *Tintín a Barcelona* para la Fundació Joan Miró o el ciclo de cine experimental Cinevisión para el MACBA, entre otras. Fue también el creador y guionista del programa de televisión *Arsenal,* a mediados de los ochenta. Su película más reciente, *Signaturas (síntesis),* fue incluida en la anto-

logía de cine experimental español titulada *Del éxtasis al arrebato* y exhibida en la Tate Modern de Londres y en el Museo Nacional Centro de Arte Reina Sofía de Madrid. «Descubrir, en el fluir que oscurece, la música de la luz».

POETA, ARTISTA MULTIDISCIPLINARI i comissari d'exposicions. Ha desenvolupat una àmplia tasca en la fotografia, el vídeo, el cinema experimental i el periodisme cultural, especialment com a crític d'art al diari *La Vanguardia.* La seva obra fotogràfica és abstracta i se centra en temes com la llum, l'energia, l'aigua i el fluir del temps. Ha comissariat exposicions com *Tintin a Barcelona* per a la Fundació Joan Miró o el cicle de cinema experimental *Cinevisión* per al MACBA, entre d'altres. Va ser, també, el creador i guionista del programa televisiu *Arsenal,* a mitjans dels vuitanta. La seva pel·lícula més recent, *Signaturas (síntesis),* va ser inclosa a l'antologia de cinema experimental espanyol titulada *Del éxtasis al arrebato* i exhibida a la Tate Modern de Londres i al Museu Nacional Centre d'Art Reina Sofia de Madrid. «Descobrir, en el fluir que enfosqueix, la música de la llum».

POET, MULTI-SKILLED ARTIST and curator. He has completed a large range of work in photography, video, experimental film and cultural journalist, in particular as a critic writing in the daily newspaper *La Vanguardia.* His photography is abstract, and works on themes such as light, energy, water and the flow of time. He has curated exhibitions such as *Tintín a Barcelona,* for the Joan Miró Foundation, or the experimental film cycle Cinevisión for MACBA, among others. He was also the creator and scriptwriter for the television programme Arsenal in the mid 1980's. His latest film, *Signaturas (síntesis),* was included in the Spanish experimental film anthology entitled *Del éxtasis al arrebato* and exhibited at the Tate Modern in London and the Reina Sofía National Arte Centre in Madrid. "Discovering, in the darkening flow, the music of light."

JUAN BUFILL, *GENERACIONES (LOS CENTROS),* 2001. FOTOGRAFÍA, COPIA CROMOGÉNICA, 150 X 100 CM.

BUTRÓN, JORDI
BARCELONA, 17.10.1967.

O | *EspaiSucre (2000-…, junto a Xano Saguer).* **M |** *Pierre Gagnaire.* **C |** *Paco Torreblanca, Albert Adrià, Oriol Balaguer, Jordi Roca, Pierre Hermé, Pierre Marcolini, Philippe Conticini.*

MAESTRO REPOSTERO. Tras licenciarse en la carrera de Magisterio, decide seguir su sueño y estudia en la Escuela de Restauración y Hostelería de Barcelona. Al poco tiempo se especializa en repostería. Fue el jefe de pastelería en el Pabellón de Cataluña durante la Exposición Universal de Sevilla de 1992 y en los restaurantes Eldorado Petit y Jean Luc Figueras, así como *stage* en Pierre Gagnaire, Michel Bras y el Hotel Crillon de París, y en elBulli. Considerado un maestro en la fusión de sabores, en 2000 abre con Xano Saguer el restaurante de postres EspaiSucre, único en su género, que es también una escuela de repostería. Ha sido galardonado con los premios Mejor Pastelero de España, Profesional del Año de la Academia Catalana de Gastronomía y Premio Nacional de Gastronomía al mejor pastelero-repostero, entre otros. «No todo lo antiguo es necesariamente bueno, ni todos los cambios suponen un progreso».

MESTRE REBOSTER. Després de diplomar-se en Magisteri decideix seguir el seu somni i estudia a l'Escola de Restauració i Hosteleria de Barcelona. Al cap de poc temps s'especialitza en rebosteria. Va ser el cap de pastisseria al Pavelló de Catalunya durant l'Expo Sevilla de 1992 i als restaurants Eldorado Petit i Jean Luc Figueras, així com *stage* a Pierre Gagnaire, Michel Bras i l'Hotel Crillon de París, i elBulli. Considerat un mestre en la fusió de sabors, el 2000 obre amb Xano Saguer el restaurant de postres EspaiSucre, únic en el seu gènere, que és també una escola de rebosteria. Ha estat guardonat amb els premis Millor pastisser d'Espanya, Professional de l'any de l'Acadèmia Catalana de Gastronomia i Premi Nacional de Gastronomia al millor pastisser-reboster, entre d'altres. «No tot el que és antic és necessàriament bo, ni tots els canvis comporten un progrés».

MASTER CONFECTIONER. After completing teacher training, he decided to follow his dream, and started studying at the Barcelona School of Catering and Hotel Management. Before long he specialised in confectionary. He was the chef in charge of confectionary in the Catalonian Hall at Expo Seville '92, and chief confectioner at the restaurants Eldorado Petit and Jean Luc Figueras, and *stage* at ▶

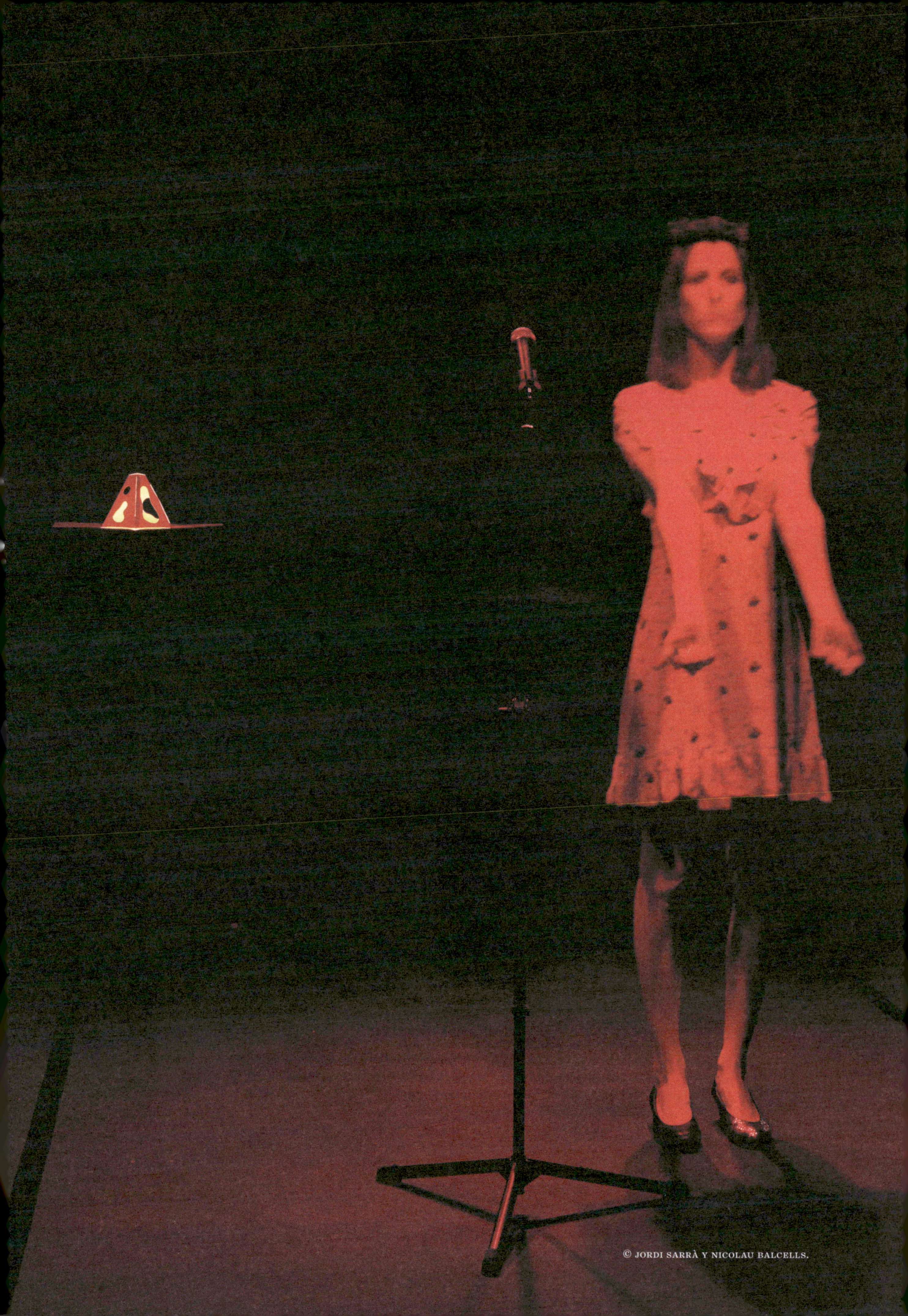
© JORDI SARRÀ Y NICOLAU BALCELLS.

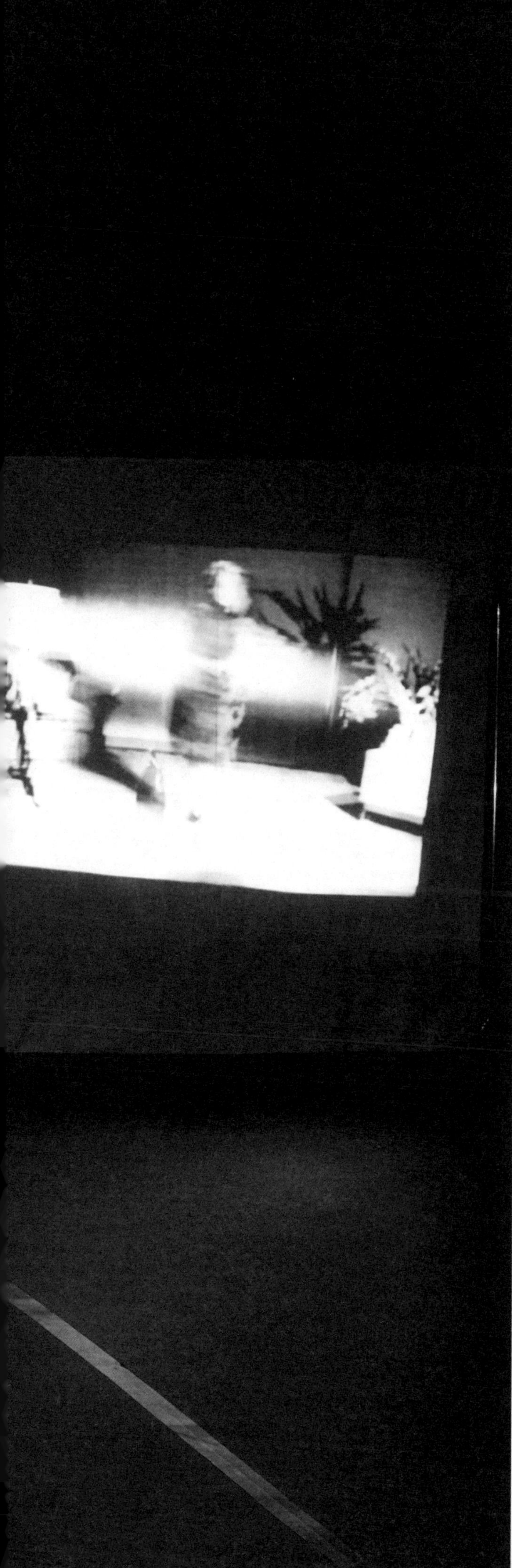

EL OFF

ESGLÈSIA, 4-6, LOCAL 6 (PL. VIRREINA)
BARRIO DE GRÀCIA, 08024 BARCELONA
*www.laescuelateatro.com | salaeloff.blogspot.com | +34 93 185 48 40
eloff@laescueladeteatro.com | info@laescueladeteatro.com*

ES UNA SALA DE TEATRO CONTEMPORÁNEO que acoge propuestas escénicas de pequeño formato y de calidad que huyen de lo convencional. El eje de su programación son espectáculos experimentales cuyo énfasis esté puesto en las nuevas formas de dramaturgia y que resulten estéticamente innovadores. O como ellos dicen, «nos interesa el riesgo y la experimentación en el lenguaje teatral contemporáneo». Ofrece también cursos de formación y espacios en alquiler para ensayos, representaciones y localizaciones para rodajes de cine y televisión. Asimismo, como parte de La Escuela Teatro, El Off es un puente de creación entre Barcelona y Buenos Aires.

ÉS UNA SALA DE TEATRE CONTEMPORANI que acull propostes escèniques de petit format i de qualitat que fugen d'allò convencional. L'eix de la seva programació són espectacles experimentals, l'èmfasi dels quals ha d'estar posat en les noves formes de dramatúrgia, que resultin estèticament innovadors. O com ells mateixos diuen, «ens interessa el risc i l'experimentació en el llenguatge teatral contemporani». El Off també ofereix cursos de formació i espais de lloguer per a assajos, representacions i localitzacions per a rodatges de cinema i televisió. I, a més, com a part de La Escuela Teatro, és un pont de creació entre Barcelona i Buenos Aires.

A CONTEMPORARY PLAYHOUSE that hosts unconventional stage proposals in small format and high quality. The backbone of its program consists of experimental shows whose emphasis lies on new forms of playwriting and on aesthetic innovation. Or, to put it in their own words, "we are interested in risk and experimentation in contemporary theatrical language." It also offers training courses and rooms for hire for rehearsals, representations and localizations for cinema and television filmings. Furthermore, as a part of La Escuela de Teatro, El Off acts as a creative bridge between Barcelona and Buenos Aires.

▸ Pierre Gagnaire, Michel Bras and the Hotel Crillon in Paris and at elBulli. Considered a maestro of the fusion of flavours, in 2000 he partnered up with Xano Saguer to open the dessert restaurants EspaiSucre, unique in its genre, which also acts as a confectionary school. He has received awards for Best Confectioner in Spain, Professional of the Year from the Catalonian Academy of Gastronomy, and the National Gastronomy Award for the best confectioner, among others. "The old is not all necessarily good, just as changes do not all necessarily mean progress."

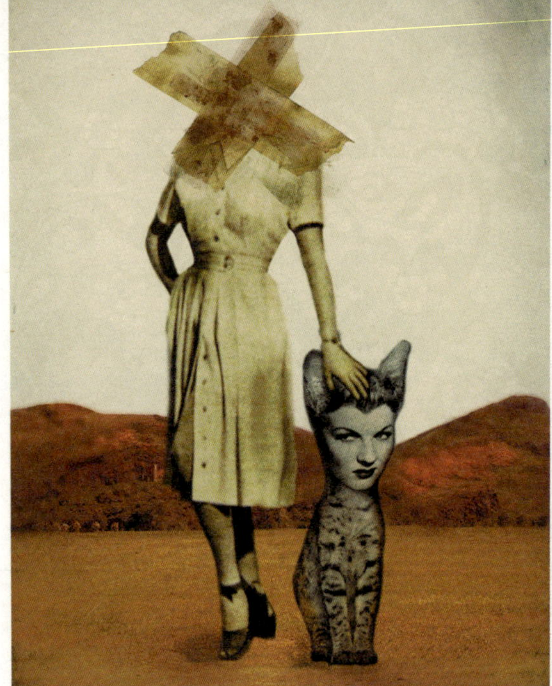

ANA CABELLO, *DOMESTICAT.*

winning artist is a firm representative of the Catalonian art scene when talking of emerging talent. Her work plays with, rather than includes, photography, illustration, collage, video and words. "My work turns around the actual communicative act, the need to say things and of course for them to be heard."

CABELLO, ANA
INCA, MALLORCA, 23.01.1987.

O | *Exquisit cadàver (2009), Love me and leave me and let me be lonely (2010).* **M |** *Stephen Shore, William Eggleston, Edward Hopper.* **C |** *Daniel Clowes, Michel Gondry, Jenny Saville, Guy Delisle, Eduardo Recife, Julien Pacaud, Ville Varumo, Valerie Pirson, Mercedes Helnwein, Justin Brian Nelson, Audrey Kawasaki, Colleen Rochette, Lauren Nassef, Andreas Korsár...*

VIDEOARTISTA, FOTÓGRAFA E ILUSTRADORA. Licenciada en Bellas Artes por la Universidad de Barcelona y con estudios de fotografía en Róterdam, esta joven y premiada creadora multidisciplinar es una apuesta fuerte de la escena catalana cuando de hablar de talentos emergentes se trata. Su obra, más que incluir, juega con la fotografía, la ilustración, el *collage*, el vídeo y las palabras. «Mi trabajo gira en torno al propio acto comunicativo, sobre la necesidad de decir cosas y que, por supuesto, estas sean escuchadas».

VIDEOARTISTA, FOTÒGRAFA I IL·LUSTRADORA. Llicenciada en Belles Arts per la Universitat de Barcelona i amb estudis de fotografia a Rotterdam, aquesta jove i premiada creadora multidisciplinar és una aposta forta a l'escena catalana quan es tracta de parlar de talents emergents. La seva obra, més que incloure, juga amb la fotografia, la il·lustració, el collage, el vídeo i les paraules. «El meu treball gira al voltant del propi acte comunicatiu, sobre la necessitat de dir coses i, naturalment, que siguin escoltades».

VIDEO ARTIST, PHOTOGRAPHER AND ILLUSTRATOR. With a degree in Fine Art from the University of Barcelona and studies in photography in Rotterdam, this young, multi-talented award

CALVO, JAVIER
BARCELONA, 07.05.1973.

O | *Risas enlatadas (2001), El dios reflectante (2003), Los ríos perdidos de Londres (2005), Mundo maravilloso (2007), Corona de flores (2010), Suomenlinna (2010).* **M |** *Joan Perucho, Juan Benet, Juan Eduardo Cirlot, Colin Wilson, Aleister Crowley, Dennis Wheatley, Pamela Lyndon Travers, B. S. Johnson, J. G. Ballard, Iain Sinclair, Rodrigo Fresán, Stewart Home.* **C |** *Kiko Amat, Patricio Pron, Sebastià Jovani.*

ESCRITOR, TRADUCTOR Y GUIONISTA. Es uno de los prosistas más brillantes de su generación. Poseedor de una imaginación inusual y de una gran cultura libresca —no por casualidad es también coleccionista de libros y en paralelo a su carrera como escritor ha traducido a autores como Pound, Coetzee, Saroyan, David Foster Wallace y Terry Pratchett, entre otros—, su obra se construye entre la literatura de género, principalmente gótica y criminal, y la parodia inteligente y disparatada de esa misma literatura de género. «Escribo novelas sobre religión, ruinas, asesinos ocultos, hijos, padres, misterios, crímenes, adolescentes, fascistas, el sol negro, el *black metal,* el rock psicodélico, el rock gótico, la agorafobia, la fotofobia, la infancia, la violencia, la fascinación por los libros y la fascinación por las películas».

ESCRIPTOR, TRADUCTOR I GUIONISTA. És un dels prosistes més brillants de la seva generació. Posseïdor d'una imaginació inusual i d'una gran cultura llibresca —no per casualitat és també col·leccionista de llibres i en paral·lel a la seva carrera com a escriptor ha traduït autors com Pound, Coetzee, Saroyan, David Foster Wallace i Terry Pratchett, entre d'altres—, la seva obra es construeix entre la literatura de gènere, principalment gòtica i criminal, i la paròdia intel·ligent i absurda d'aquesta mateixa literatura de gènere. «Escric novel·les sobre religió, runes, assassins ocults, fills, pares, misteris, crims, adolescents, feixistes, el sol negre, el *black metal,* el rock psicodèlic, el rock gòtic, l'agorafòbia, la fotofòbia, la infància, la violència, la fascinació pels llibres i la fascinació per les pel·lícules».

AUTHOR, TRANSLATOR AND SCRIPTWRITER. He is one of the most brilliant prose writers of his generation. With an unusual imagination and a large literary culture – it is not by chance that he also collects books and in addition to his work as an author has translated authors such as Pound, Coetzee, Saroyan, David Foster Wallace and Terry Pratchett, among others -, his work lies somewhere between the genre of literature – mainly Gothic and criminal – and the intelligent and excessive parody of that same genre of literature. "I write novels on religion, ruins, hidden assassins, children, parents, mysteries, crimes, teenagers, fascists, the black sun, black metal, psychedelic rock, Gothic rock, agoraphobia, photophobia, childhood, violence, fascination for books and fascination for films."

CANADA
BARCELONA, 28.11.2008.

O | *What You Know (2010), Invisible Light (2010), Forma, Sentido y Realidad (2010), Bombay (2010), Tot Torna a Començar (2010), De la monarquía a la criptocracia (2010), L. A. (2010).* **M |** *Jean-Luc Godard, Wes Anderson, Kenneth Anger, David Fincher, Harmony Korine, Luis Buñuel.* **C |** *Jonathan Glazer, Spike Jonze, Roman Coppola, Dougal Wilson.*

PRODUCTORA AUDIOVISUAL. Tras una larga trayectoria en el mundo del arte, la publicidad y la moda, los realizadores Luis Cerveró, Lope Serrano y Nicolás Méndez deciden sumar fuerzas para conjugar el trabajo por encargo con su irrenunciable mirada personal. En sus dos primeros años han trabajado para casi todas las discográficas independientes (videoclips para El Guincho, Triángulo de Amor Bizarro, Klaus & Kinski, Mishima) y desde 2010 los representa internacionalmente la productora francesa Partizan, cosa que les ha abierto la puerta a grupos como Scissor Sisters o Two Door Cinema Club. «CANADA busca la excelencia en la factura estética y la solidez conceptual, manteniendo siempre como eje central de su trabajo la búsqueda incansable de la belleza y la verdad».

PRODUCTORA AUDIOVISUAL. Després d'una llarga trajectòria en el món de l'art, la publicitat i la moda, els realitzadors Luis Cerveró, Lope Serrano i Nicolás Méndez decideixen sumar forces per conjuminar la feina per encàrrec amb la seva irrenunciable mirada personal. Durant els seus dos primers anys han treballat per a gairebé totes les discogràfiques independents (videoclips per a El Guincho, Triángulo de Amor Bizarro, Klaus & Kinski, Mishima) i, des del 2010, els representa internacionalment la productora francesa Partizan, cosa que els ha obert la porta de grups com Scissor Sisters o Two Door Cinema Club. «CANADA busca l'excel·lència en la factura estètica i la solidesa conceptual, mantenint sempre com a eix central del seu treball la recerca incansable de la bellesa i la veritat».

AUDIOVISUAL PRODUCER. After a lengthy career in the world of art, advertising, and fashion, Luis, Cerveró, Lope Serrano and Nicolás Méndez decided to join forces to combine their bespoke work with their undeniable personal perspective. In the first two years they worked for almost all the independent record companies (video clips for El Guincho, Triángulo de Amor Bizarro, Klaus & Kinski, Mishima), and since 2010 they have been represented internationally by the French production company Partizan, which has opened the doors for them to groups such as Scissor Sisters or Two Door Cinema Club. "CANADA searches for excellence in aesthetics and conceptual solidity, always keeping the tireless search for beauty and truth at the centre of its work."

CAÑAMERAS, ADRIÀ
BARCELONA, 16.03.1988.

O | *Exposición en el Festival Cap Sembrat (2008), Piratas de Sudamérica (2010, portada de disco), Pop Negro (2010, portada de disco), Hindou (2010, videoclip en Súper 8), trabajos en publicaciones Dazed & Confused, Apartamento Magazine, Baby Baby Baby Magazine (2011).* **M |** *Martin Parr, Walter Pfeiffer, David Hamilton.* **C |** *Tim Barber, Nacho Alegre, Ana Kras.*

FOTÓGRAFO. Desde muy joven se inicia en la disciplina como asistente del fotógrafo polaco Michael Kominek y reemplaza la formación formal en el Institut d'Estudis Fotogràfics de Catalunya por el aprendizaje concreto del trabajo diario. Luego continúa con el fotógrafo argentino residente en Barcelona Mariano Herrera. Pronto se abre camino retratando a los grupos musicales de última hornada como Delorean, El Guincho, Extraperlo, Joe Crepúsculo o Russian Red, pero sus inquietudes exceden dicha parcela. Le obsesionan los árboles y la vida familiar. Solo utiliza cámaras analógicas. «Lo que busco en mis fotografías es algo cercano, incluso oportunista: mi vida cotidiana».

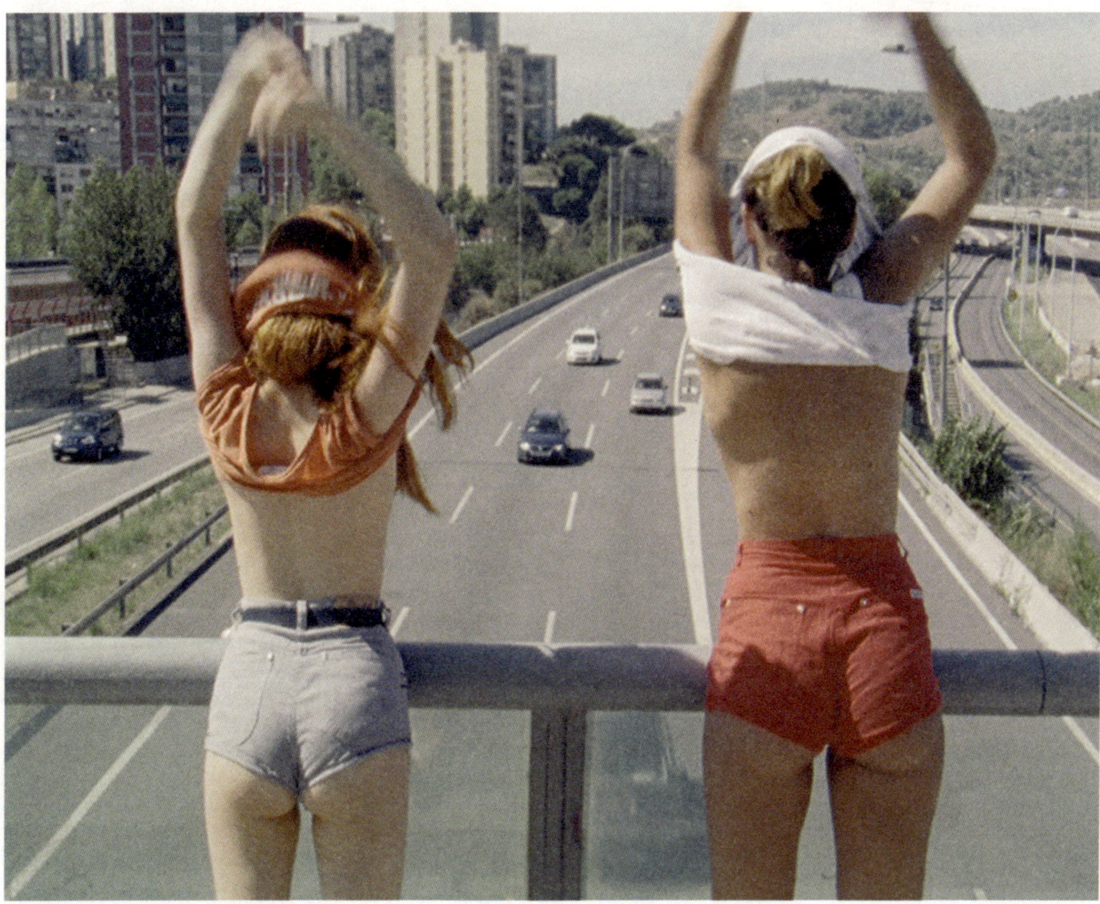

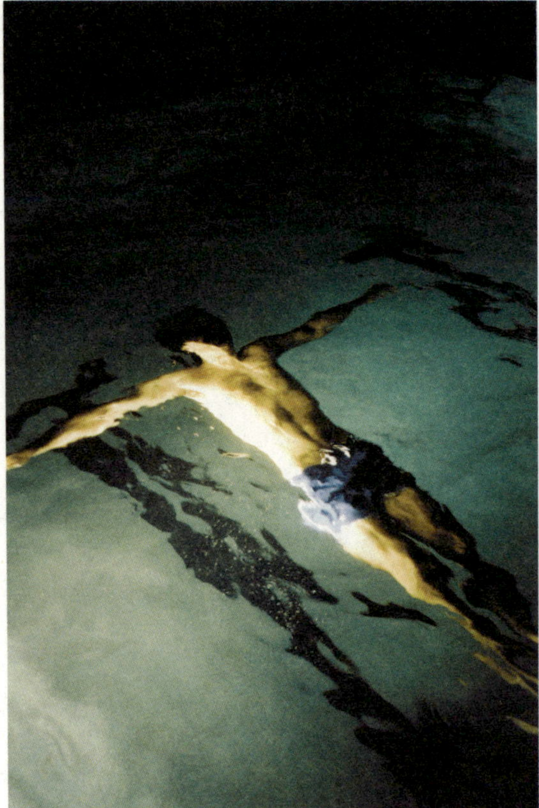

ADRIÀ CAÑAMERAS.

FOTÒGRAF. De ben jove s'inicia en aquesta disciplina com a assistent del fotògraf polonès Michael Kominek i reemplaça la formació formal a l'Institut d'Estudis Fotogràfics de Catalunya per l'aprenentatge concret del treball diari. Després continua amb el fotògraf argentí establert a Barcelona Mariano Herrera. Aviat s'obre camí retratant els grups musicals de l'última fornada com Delorean, El Guincho, Extraperlo, Joe Crepúsculo o Russian Red, però les seves inquietuds excedeixen aquesta parcel·la. Li obsessionen els arbres i la vida familiar. Només fa servir càmeres analògiques. «El que busco a les meves fotografies és quelcom proper, fins i tot oportunista: la meva vida quotidiana».

PHOTOGRAPHER. Since he was very young he started out as an assistant for the Polish photographer Michael Kominek, replacing formal training at the Institut d'Estudis Fotogràfics de Catalunya for the specific learning process of daily work. He then continued with the Argentinean photographer Mariano Herrera, based in Barcelona. He soon found a path for himself with portraits of the very latest music groups such as Delorean, El Guincho, Extraperlo, Joe Crepúsculo or Russian Red, although his main interest went beyond that. He is obsessed with trees and family life. He only uses analogue cameras. "What I am looking for in my photographs is something close, even opportunist: my daily life."

CANTÓ, DANI
VALENCIA, 19.06.1982.

O | *Anti- (2006, cortometraje de animación), Barcelona Underground (2006), Tanned Tin (2007, reportaje), L'obligació de ser algú (2008, portada de álbum), fotógrafo oficial Primavera Sound (2009), The Forgotten Beat (2010, reportaje), Mute Shows (2011, vídeo).* **M |** *Henri Cartier-Bresson, Robert Capa, Jean-Luc Godard, William Klein, Richard Lester, Lindsay Anderson, Autumn DeWilde, Kevin Cummins, Gavin Watson.* **C |** *Hedi Slimane, Mark McNulty, Miqui Otero, Kiko Amat, Marçal Forés, Oliver Laxe, Sergi Puyol, Luis Cerveró, Alícia Roselló, Karim Adduchi.*

FOTÓGRAFO MUSICAL. Llega a Barcelona en 2006 para acabar sus estudios audiovisuales y pronto se introduce en la escena musical independiente. Circuito en el que adquiere cierta notoriedad retratando a las bandas emergentes bajo el seudónimo de *elchicodelaleche*. Publica sus trabajos en medios como *Pitchfork, Vice, Go!,*

Mondosonoro o *Heineken Música.* De naturaleza hiperactiva, le gusta definirse como activista cultural. Lo cierto es que también escribe, organiza fiestas y conciertos, pincha discos con el colectivo On Tape Dj's y es cofundador del sello Doble Vida Discos. «Para fotografiar fielmente a una banda primero hay que ser fan. Se trata de entender todo lo que no sale en la imagen: el sonido, el ambiente, su identidad».

FOTÒGRAF MUSICAL. Arriba a Barcelona el 2006 per enllestir els seus estudis audiovisuals i ràpidament s'introdueix a l'escena musical independent, circuit on adquireix certa notorietat retratant els grups emergents sota el pseudònim d'*elchicodelaleche*. Publica els seus treballs en mitjans de comunicació com *Pitchfork, Vice, Go!, Mondosonoro* o *Heineken Música.* De natura hiperactiva, li agrada definir-se com a activista cultural. El cas és que també escriu, organitza festes i concerts, punxa discos amb el col·lectiu On Tape Dj's i és cofundador del segell Doble Vida Discos. «Per fotografiar fidelment un grup de música primer cal ser-ne fan. Es tracta d'entendre tot allò que no surt a la imatge: el so, l'ambient, la seva identitat».

MUSICAL PHOTOGRAPHER. He arrived in Barcelona in 2006, to finish his audiovisual studies, and he soon entered the independent music scene. He earned himself a considerable reputation on this circuit by photographing emerging bands under the pseudonym *elchicodelaleche*. His work has been published in media such as *Pitchfork, Vice, Go!, Mondosonoro* or *Heineken Música.* A confessed hyperactive, he likes to define himself as a cultural activist. Indeed, he also writes, organises events and concerts, is a DJ for the collective On Tape Dj's and is the co-founder of the label Doble Vida Discos. "To portray a band faithfully first you have to be a fan. It is about understanding everything that's not in the picture: the sound, the atmosphere, their identity."

CARDONA BONACHE
VÍCTOR CARDONA. MENORCA, 20.08.1982.
ISRAEL FRUTOS BONACHE. BARCELONA, 09.05.1984.

O | *Lesson 1: Box And Inverted Pleat (primavera-verano 2010), Lesson 2: Darts (otoño-invierno 2010-11), Lesson 3: Bellows (primavera-verano 2011).* **M |** *Cristóbal Balenciaga.* **C |** *Nicolas Ghesquière, Raf Simons, Viktor & Rolf.*

DISEÑADORES DE MODA. Conceptuales, minimalistas, geométricos y arquitectónicos: así se definen Víctor e Israel, el tándem creativo de Cardona Bonache. Su punto de inflexión fue ganar el Projecte Bressol y el viaje a Bruselas que ese premio les supuso para trabajar en laboratorios textiles de I+D. Desde entonces no han dejado de evolucionar y, con un pie en Nueva York, apuntan a convertirse en una marca global. «Nuestra inspiración siempre es la propia moda. Se centra en el estudio profundo de una técnica o un elemento dentro la indumentaria. Nuestra filosofía es "desarrollar de un elemento, un todo"».

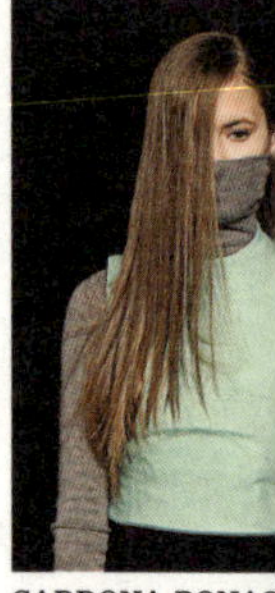

CARDONA BONAC
LESSON 2.

DISSENYADORS DE MODA. Conceptuals, minimalistes, geomètrics i arquitectònics: així es defineixen Víctor i Israel, el tàndem creatiu de Cardona Bonache. El seu punt d'inflexió va ser guanyar del Projecte Bressol i el viatge a Brussel·les que aquest premi els va suposar per treballar en laboratoris tèxtils d'I+D. Des d'aleshores no han deixat d'evolucionar i, amb un peu a Nova York, aspiren a esdevenir una marca global. «La nostra inspiració sempre és la pròpia moda. Se centra en l'estudi profund d'una tècnica o d'un element dins de la indumentària. La nostra filosofia és "d'un element, desenvolupar-ne un tot"».

FASHION DESIGNERS. Conceptual, minimalist, geometrical and architectural: This is the definition of Victor and Israel, the creative duo behind Cardona Bonache. Their point of inflection was receiving the Project Bressol award, and their prize of a trip to Brussels to work in R+D textiles laboratories. Since then they have not stopped growing and, now taking their first steps in New York, they look on the point of becoming a worldwide name. "Our inspiration is always fashion itself. It involves a deep study of a technique or element within clothing. Our philosophy is 'to develop the whole from one element'."

bado o la escultura con instalaciones y proyecciones lumínicas lo han convertido en uno de los artistas europeos más reconocidos en intervenciones sobre el espacio público. Es profesor de la Escuela Massana de Barcelona y ha impartido cursos en la Escuela de Artes Visuales (SVA) de Nueva York. «A lo largo de toda mi trayectoria profesional, mi obra ha abordado el concepto de lo efímero: tensión, movimiento, equilibrio, sombras, cambios de luz... Mi mundo formal se expresa mediante la mezcla de fuerza y fragilidad que define nuestro precario existir».

ARTISTA PLÀSTIC. De pare nord-americà i mare valenciana, va passar la infància i l'adolescència als Estats Units, d'on als divuit anys va tornar a Espanya decidit a estudiar Belles Arts. El seu talent per integrar disciplines plàstiques com el gravat o l'escultura amb instal·lacions i projeccions lumíniques l'han convertit en un dels artistes europeus més reconeguts pel que fa a intervencions a l'espai públic. És professor de l'Escola Massana de Barcelona i ha impartit cursos a l'Escola d'Arts Visuals (SVA) de Nova York. «Durant tota la meva trajectòria professional, la meva obra ha abordat el concepte d'allò efímer: tensió, moviment, equilibri, ombres, canvis de llum... El meu món formal s'expressa mitjançant la mescla de força i fragilitat que defineix el nostre precari existir».

PLASTIC ARTIST. With a North American father and Valencian mother, he spent his childhood and teens in the States, returning to Spain to study Fine Art at the age of eighteen. His talent for integrating plastic disciplines such as engraving or sculpture with lighting installations and projections, have made him one of the best known European artists in interventions in public space. He is a tutor at the Massana School in Barcelona and has taught courses at the School of Visual Arts in New York. "Throughout my professional career, my work has dealt with the concept of the ephemeral: tension, movement, balance, shadows, changes in light... The shapes of my world is expressed through a mixture of force and fragility which defines our precarious existence."

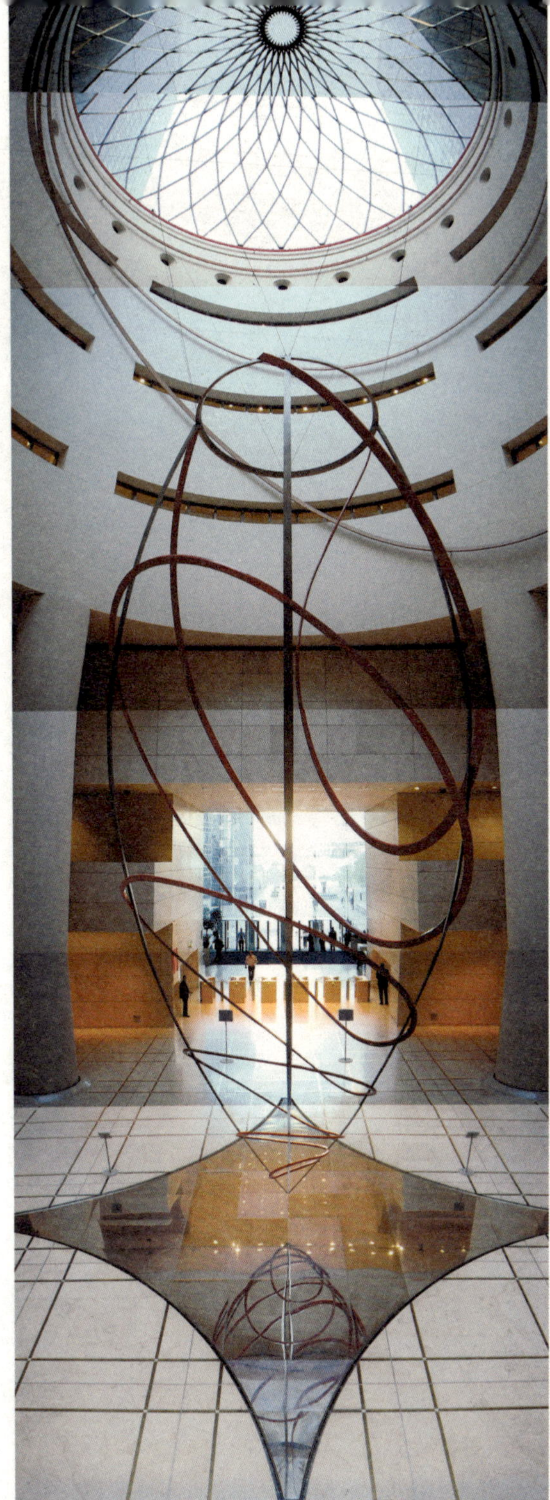

TOM CARR, *SEED & HELIX*. 1995, ACERO INOXIDABLE PINTADO Y AGUA, 3900 x 1900 x 1900 CM, SEDE CENTRAL DE SOCIÉTÉ GÉNÉRAL, LA DEFENSE, PARÍS.

CARR, TOM
TARRAGONA, 08.01.1956.

O | *Cylinder (Villa Olímpica, Barcelona, 1992), Seed & Helix (París, 1995), Piscina a l'invers (Lloret de Mar, Gerona, 2003), Open II (Graz, Austria, 2003), Media Naranja (Basilea, Suiza, 2005), Principum (Illa Fantasia, Vilassar de Mar, Barcelona, 2006), Morceau d'espace (Ginebra, 2007), Garden of delights (Illa Fantasia, Vilassar de Mar, Barcelona, 2010), Engpass (Oberteuringen, Alemania, 2010).* **M |** *El Bosco, Alexander Calder, Tatlin, Constantin Brancusi, Elsworth Kelly, y también William Faulkner, Jorge Luis Borges, etc.* **C |** *Principalmente, el conjunto de la obra de Anish Kapoor y James Turrell.*

ARTISTA PLÁSTICO. De padre estadounidense y madre valenciana, pasó su infancia y adolescencia en Estados Unidos, de donde a los dieciocho años regresó a España decidido a estudiar Bellas Artes. Su talento para integrar disciplinas plásticas como el gra-

CARRIÓN, JORGE
TARRAGONA, 07.09.1976.

O | *Australia (2008), Viaje contra espacio. Juan Goytisolo y W. G. Sebald (2009), Los muertos (2010).* **M |** *Paul Celan, Walter Benjamin, Federico García Lorca, Juan Goytisolo, Jorge Luis Borges, Julio Cortázar, W. G. Sebald.* **C |** *Félix Bruzzone, Isaki Lacuesta, Miguel Brieva.*

ESCRITOR. Doctor en Humanidades, profesor de Literatura Contemporánea y de Escritura Creativa en la Universidad Pompeu Fabra, y autor de ficción, ensayo y crónica de viaje, su obra encaja en lo que Eloy Fernández Porta llama el «ensayo-en-movimiento». Es decir, el viaje como motor literario y, sobre todo, como lo que es: «mutación, pero ya no solo vital, sino también escrita». «La migración, el viaje y la frontera en su polisemia: cruces de países, de tradiciones, de idiomas, de la ficción y la Historia, de géneros diversos».

ESCRIPTOR. Doctor en Humanitats, professor de Literatura Contemporània i d'Escriptura Creativa a la Universitat Pompeu Fabra, i autor de ficció, assaig i crònica de viatge, la seva obra encaixa en allò que Eloy Fernández-Porta anomena l'«assaig-en-moviment». És a dir, el viatge com a motor literari i, sobretot, com allò que és: «mutació, però ja no sols vital, sinó també escrita». «La migració, el viatge i la frontera en la seva polisèmia: entrecreuaments de països, de tradicions, d'idiomes, de la ficció i la Història, de gèneres diversos».

WRITER. Doctor of Humanities, tutor of Modern Literature and Creative Writing at Pompeu Fabra University, and author of fiction, essays and travel chronicles, his work fits into what Eloy Fernández-Porta calls "essay-in-movement." In other words, travel as a literary engine and, above all, as what it is: "mutation, but now not only vital, but also written." "Migration, travel and the boundary in polysemy: Crosses of countries, traditions, languages, fiction and history, of different genres."

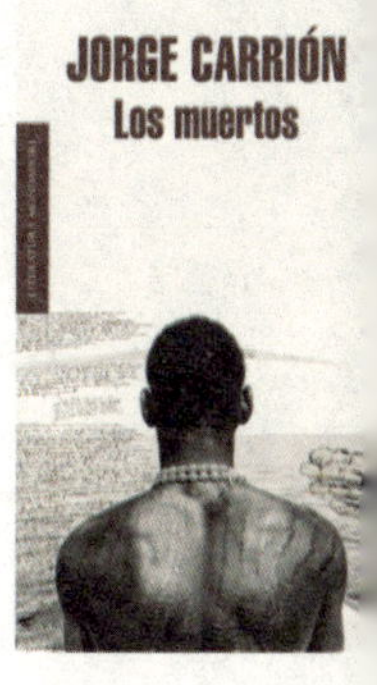

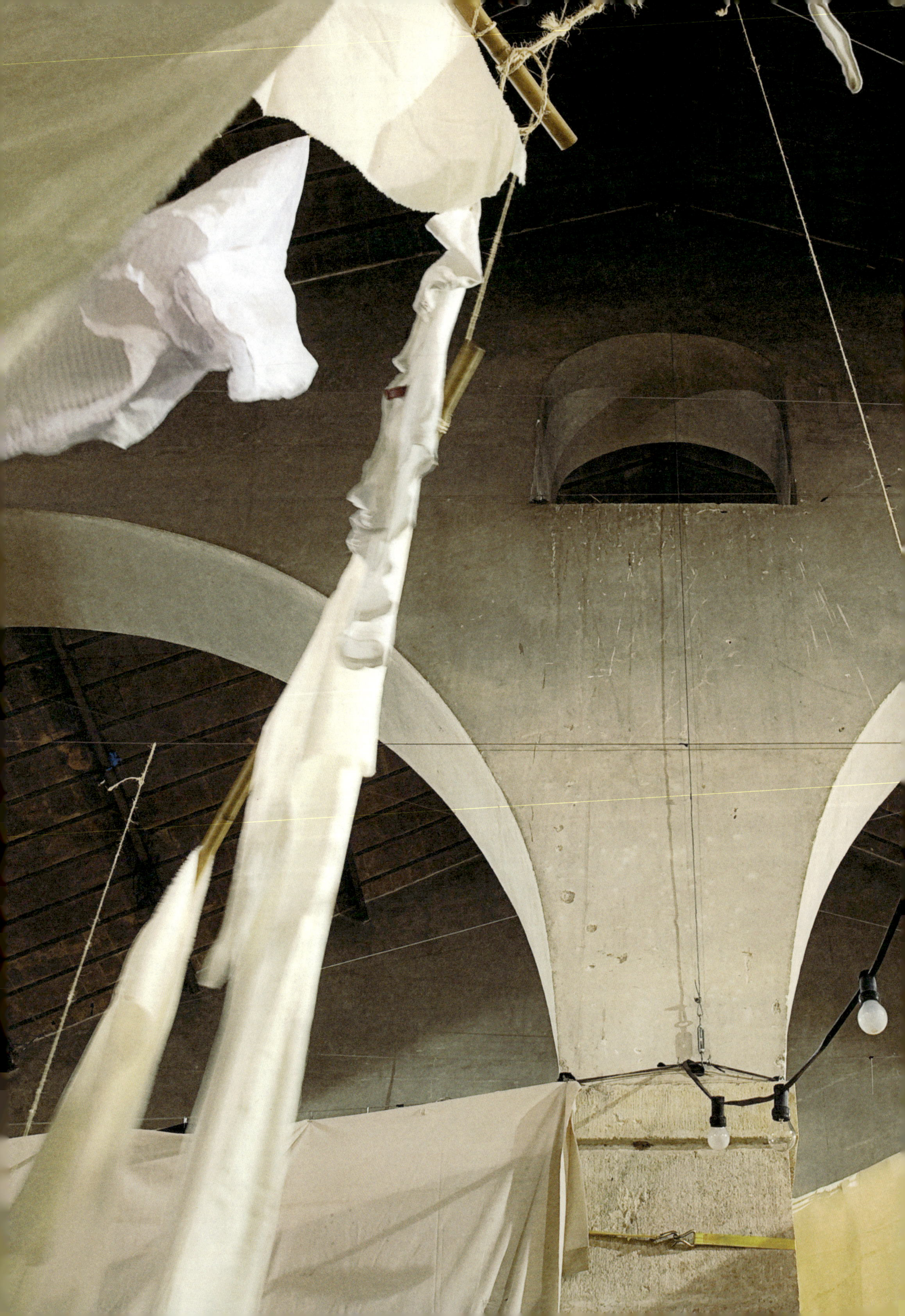

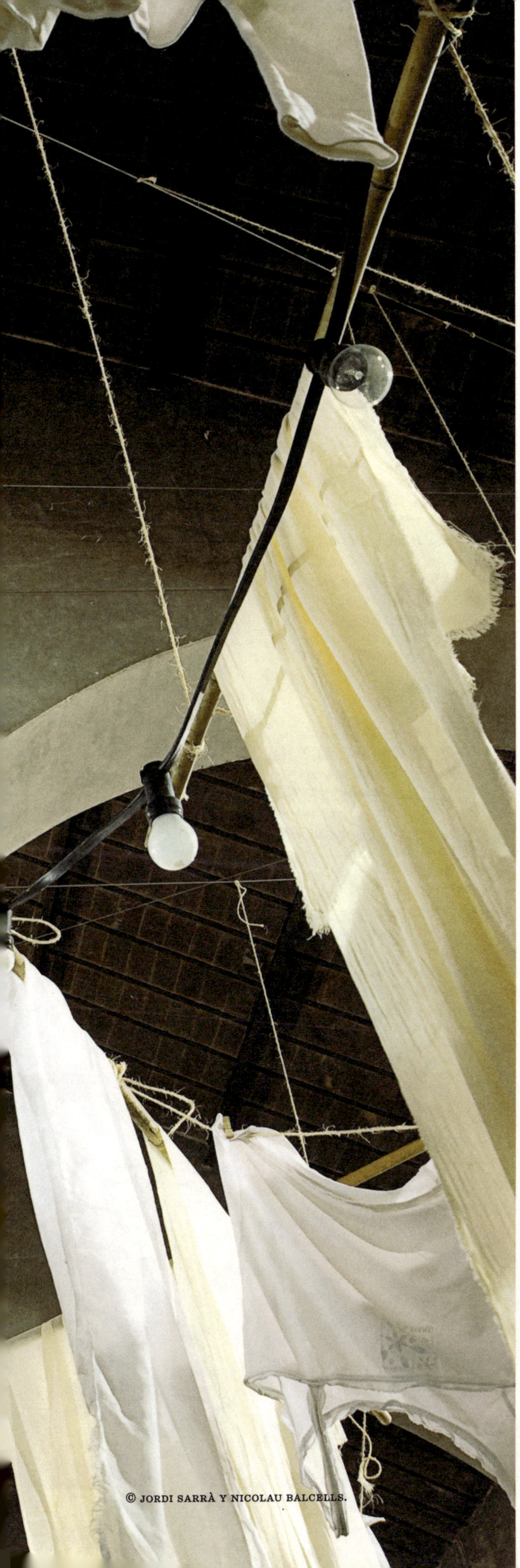

EL POLVORÍ

CAMÍ DEL POLVORÍ, S/N | MONTJUÏC, 08038 BARCELONA

*(Junto a la calle Segura, entre la Asociación de Vecinos del Polvorí
y el Club de Natación de Montjuïc) | www.teatrodelossentidos.com
+34 678 751 788 | info@teatrodelossentidos.com*

EL POLVORÍ DE MONTJUÏC es la sede del teatro de los sentidos desde el año 2004. Considerado como un referente mundial de las nuevas tendencias escénicas, el teatro es un espacio dedicado a la creación y producción teatral e integrado por un grupo de profesionales de distintas nacionalidades que trabaja la «poética de los sentidos» e investiga la relación que existe entre los lenguajes sensoriales y la creación teatral. Siguiendo la huella de tradiciones orales ancestrales, su actividad apunta a un lenguaje basado en «lo no dicho» y pone en escena el silencio como condición para la comunicación entre la obra y el público. Actualmente trabaja con universidades como Lille 3 de Francia, Prato de Florencia, La Sapienza de Roma y el centro cultural Il Funaro, en Pistoia (Italia), entre otros. La Caixa d'Eines del teatro organiza también proyectos de formación en el ámbito de los sentidos y la memoria del cuerpo, talleres y monográficos, así como un posgrado con la Fundació Universitat de Girona.

EL POLVORÍ DE MONTJUÏC és la seu del teatro de los sentidos des del 2004. Considerat com un referent mundial de les noves tendències escèniques, el Teatro... és un espai dedicat a la creació i a la producció teatrals integrat per un grup de professionals de diverses nacionalitats que treballa la «poètica dels sentits» i investiga la relació que hi ha entre els llenguatges sensorials i la creació teatral. Seguint la petja de tradicions orals ancestrals, la seva activitat aspira a un llenguatge basat en «allò no dit» i posa en escena el silenci com a condició per a la comunicació entre l'obra i el públic. Actualment treballa amb universitats com la de Lille 3 de França, Prato de Florència, La Sapienza de Roma o el centre cultural Il Funaro, a Pistoia (Italia), entre d'altres. La Caixa d'Eines del Teatre també organitza projectes de formació en l'àmbit dels sentits i la memòria del cos, tallers i monogràfics, i un postgrau amb la Fundació Universitat Girona.

EL POLVORÍ OF MONJUÏC has been the venue of the teatro de los sentidos (Theater of Senses) since 2004. Reputed worldwide as one of the main points of reference in the area of new scenic tendencies, the theater is a space devoted to dramatic creation and production, formed by a group of professionals from different countries who all explore the "poetics of the senses," and look into the relation between dramatic creation and sensory language. Following in the footsteps of ancient oral traditions, its activity is geared towards a language based on "the unsaid" where silence becomes a condition for the communication between the play and the audience. Presently, it works with universities, such as Lille 3 in France, Prato in Florence, La Sapienza in Rome and the cultural center Il Funaro, in Pistoia (Italia), among others. The theater's Caixa d'Eines also organizes training projects in the area of the senses and the body's memory, workshops and monographs, as well as a postgraduate course together with the Fundació Universitat de Girona.

CASABLANCAS, BENET
SABADELL, BARCELONA, 02.04.1956.

O | *Siete escenas de Hamlet (1989, CD en 2010), New Epigrams (1997, CD en 2005), Alter Klang (Impromptu para orquesta a partir de Paul Klée) (2006, CD en 2010), Cuarteto de cuerda número 3 (2008, CD en 2010), Impromptu for piano (2009), Four Darks in Red (after Rothko) (2010), Dove of Peace. Homage to Picasso (2010), Seis glosas para sexteto (con textos de Cees Nooteboom) (2010).*
M | *Segunda Escuela de Viena, Ígor Stravinski, Friedrich Cerha, Pierre Boulez, György Ligeti, Luciano Berio...* **C |** *Magnus Lindberg, Oliver Knussen, George Benjamin...*

COMPOSITOR. Formado musicalmente en Barcelona y en Viena, también es licenciado en Filosofía y doctor en Musicología. Sus obras, a menudo llenas de referencias a otras disciplinas artísticas como la pintura y la literatura, han sido interpretadas en decenas de países por orquestas, grupos, solistas y directores de gran prestigio, y galardonadas con premios como el Ciutat de Barcelona, el Musicians' Accord de Nueva York o el Composer's Arena de Ámsterdam. Desde 2002, es el director académico del Conservatorio Superior de Música del Liceo de Barcelona. «La búsqueda de una radical independencia personal y estética, que se nutre del gran legado de la modernidad musical para proyectarlo al futuro, tratando de avanzar a la vez hacia cosas nuevas y hacia el interior de uno mismo. Aspiro a la comunicación, pero sin concesión alguna en cuanto a la ambición artística de un lenguaje propio».

COMPOSITOR. Format musicalment a Barcelona i a Viena, també és llicenciat en Filosofia i doctor en Musicologia. Les seves obres, sovint plenes de referències a altres disciplines artístiques com la pintura i la literatura, han estat interpretades en desenes de països per orquestres, grups, solistes i directors de gran prestigi, i guardonades amb premis com el Ciutat de Barcelona, el Musician's Accord de Nova York o el Composer's Arena d'Amsterdam. Des del 2002 és el director acadèmic del Conservatori Superior de Música del Liceu de Barcelona. «La recerca d'una radical independència personal i estètica, que es nodreix del gran llegat de la modernitat musical per projectar-lo al futur, tractant d'avançar a la vegada cap a coses noves i cap a l'interior d'un mateix. Aspiro a la comunicació, però sense cap concessió pel que fa a l'ambició artística d'un llenguatge propi».

COMPOSER. He received his musical training in Barcelona and Vienna. A philosophy graduate, he holds a doctorate in musicology. His work, often brimming with references to other artistic disciplines such as painting and literature, has been performed in dozens of countries by prestigious orchestras, groups, soloists and directors, in addition to being the recipient of such awards as the Ciutat de Barcelona, New York's Musician's Accord, and Amsterdam's Composer's Arena. Since 2002, he has served as the academic director of the Conservatori Superior de Música del Liceo of Barcelona. "The search for radical personal and aesthetic independence, which thrives on the great legacy of future-oriented musical modernity, in the attempt to advance towards new things and one's own interior self. I strive towards communication, but without making any concessions when it comes to artistic ambition in one's own terms."

CASANOVA, NACHO
ZARAGOZA, 12.07.1972.

O | *...y te diré quién eres (2000, con Cristina Rubio), Autobiografía no autorizada I, II y III (2007, 2008, 2010), Un día (2009), Mistigri (2009, con Stygryt), Humo en agosto (2009, inédito).* **M |** *Carlos Giménez (principal referencia), Chris Ware, Will Eisner, Rabaté...* **C |** *Christophe Blain, Bastien Vivès, Juan Berrio.*

AUTOR DE CÓMIC E ILUSTRADOR. Admirador de Carlos Giménez por encima de todos sus demás referentes, fue el fundador y coordinador de los fanzines *Tos* y *Como Vacas Mirando el Tren* —este último premiado en el Salón del Cómic de Barcelona como el mejor de 1999— antes de publicar su primer y muy celebrado álbum *...y te diré*

quién eres, con la guionista Cristina Rubio. Su serie más conocida, *Autobiografía no autorizada*, va por el tercer volumen. «Intento que mi trabajo ofrezca una mirada nueva a cosas que dejamos pasar desapercibidas, por cercanas. Me gusta que mis lectores experimenten sensaciones fuertes en carne propia. Sensaciones familiares como amor, dolor, desamor, alegría o duelo».

AUTOR DE CÒMIC I IL·LUSTRADOR. Admirador de Carlos Giménez abans que de cap altre dels seus referents, va ser fundador i coordinador dels fanzines *Tos* i *Como Vacas Mirando el Tren* —aquest darrer premiat al Saló del Còmic de Barcelona com el millor del 1999— abans de publicar el seu primer i molt celebrat àlbum *...y te diré quién eres*, amb la guionista Cristina Rubio. La seva sèrie més coneguda, *Autobiografía no autorizada*, va pel tercer volum. «Intento que el meu treball ofereixi una mirada nova a coses que deixem passar desapercebudes perquè són properes. M'agrada que els meus lectors experimentin sensacions fortes en carn pròpia. Sensacions familiars com l'amor, el dolor, el desamor, l'alegria o el dol».

COMIC WRITER AND ILLUSTRATOR. An admirer of Carlos Giménez above all else, he was founder and coordinator of the fanzines *Tos* and *Como Vacas Mirando el Tren* – the latter receiving the Barcelona Comic Show as the best in 1999 – before publishing his first and highly acclaimed album *...y te diré quién eres*, with the scriptwriter Carlos Rubio. His best known series, *Autobiografía no autorizada*, is now in its third volume. "I try to make my work offer a new outlook on this which we allow to go unnoticed because of their proximity. I like my readers to experience strong sensations for themselves. Familiar sensations such as love, pain, coolness, joy or grief."

CASANOVAS, JORDI
VILAFRANCA DEL PENEDÈS, BARCELONA, 09.11.1978.

O | *Beckenbauer (2005), Wolfenstein (2006), Tetris (2006), City/Simcity (2007), La Ruïna (2008), Lena Woyzeck (2008), La Revolució (2009), Julia Smells (2009), Un home amb ulleres de pasta (2010), Una història catalana (2011).* **M |** *David Mamet, Harold Pinter, Graham Greene, Alfred Hitchcock, Carles Soldevila, Rodrigo García, Javier Daulte.* **C |** *Rafael Spregelburd, Alberto Ramos, Cristina Clemente, Llàtzer Garcia.*

DRAMATURGO Y DIRECTOR DE LA COMPAÑÍA FLYHARD. Ha escrito más de una veintena de obras, entre las que destacan *Estralls*, Premi Ciutat de València; *Beckenbauer*, Premi Ciutat d'Alcoi; la trilogía compuesta por *Wolfenstein, Tetris y City/Simcity*, con la que ganó el Premio de la Crítica Serra D'Or al mejor texto teatral en 2006 y fue nominada a los premios Butaca y Max, y *La Revolució*, premio Butaca al mejor texto teatral 2009. A finales de 2010, FlyHard abrió su propia sala de teatro, coincidiendo con el

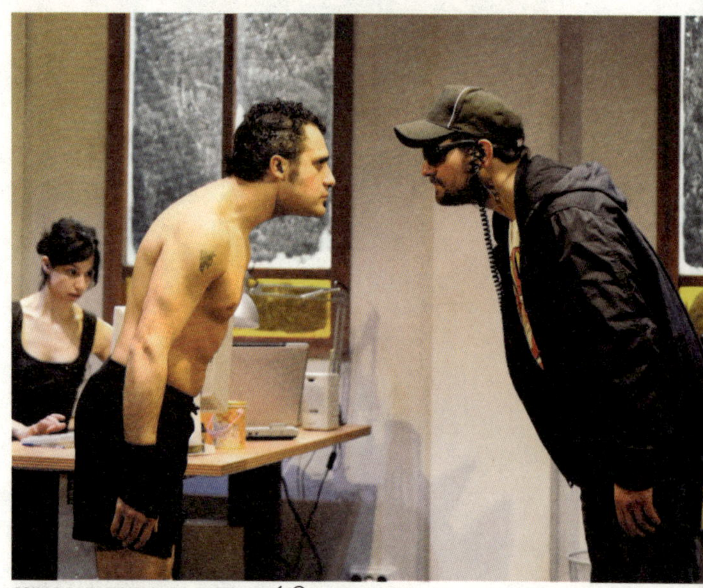

JORDI CASANOVAS, *LA REVOLUCIÓ*. © DAVID RUANO.

quinto aniversario de la compañía. «Me gustaría apasionar al público. Que encuentren en la obra un sentimiento nuevo y que vivan la función como un sueño en el que han podido superar una situación extrema y de la que salen conociendo algo más de sí mismos».

DRAMATURG I DIRECTOR DE LA COMPANYIA FLYHARD. Ha escrit més d'una vintena d'obres, entre les quals destaquen *Estralls*, Premi Ciutat de València; *Beckenbauer*, Premi Ciutat d'Alcoi; la trilogia composta per *Wolfenstein, Tetris* i *City/Simcity*, amb la qual va guanyar el Premi de la Crítica Serra d'Or al millor text teatral el 2006 i que va ser nominada als premis Butaca i Max; i *La Revolució*, premi Butaca al millor text teatral 2009. A finals del 2010, coincidint amb el cinquè aniversari de la companyia, FlyHard va obrir la seva pròpia sala de teatre. «M'agradaria apassionar el públic. Que hi trobin, a l'obra, un sentiment nou i que visquin la funció com un somni en el qual han pogut superar una situació extrema de la que en surten coneixent-se una mica més».

PLAYWRIGHT AND DIRECTOR OF THE COMPANY FLYHARD. He has written over twenty plays, including *Estralls*, Premi Ciutat de València; *Beckenbauer,* Premi Ciutat d'Alcoi; the trilogy *Wolfenstein, Tetris* and *City/Simcity*, which won the Serra D'Or Critics' Award for the best dramatic text in 2006 and was nominated for the Butaca and Max awards, and *La Revolució*, which won the Butaca Award for best dramatic text in 2009. In late 2010, FlyHard opened their own theatre, coinciding with the company's fifth anniversary. "I like raising passion among the audience. For them to find a new feeling in the work and to experience the show as a dream in which they have managed to overcome an extreme situation and come out having learnt something new about themselves."

CASASSES, ENRIC
BARCELONA, 09.03.1951.

O | *Poesía: Coltells (1998), Uh, Canaris fosforescents (2001), Bes nagana (2011). Discos: La manera més salvatge (2006), N'ix (2011, con Pascal Comelade) y La tonalitat de l'infinit (2000, con Feliu Gasull). Teatro: Do'm (2003).* **M |** *Marcabrú, Víctor Català, Fages de Climent, Kenneth Patchen...* **C |** *Dolors Miquel, joan josep camacho grau, Roger Fjellström, Orlando Guillén, Blanca Llum Vidal.*

POETA Y TRADUCTOR. Además de poesía, publica ensayo y teatro. Escritor multidisciplinar e inquieto, ha vivido largas temporadas en el extranjero (Berlín, Nottingham o Montpellier fueron algunos de sus destinos). Su actitud ante la poesía es trovadoresca y vitalista, como se ve en los numerosos recitales y espectáculos en los que ha participado, a veces con músicos (Comelade, Gasull) e incluso con pintores (Hagemann). Su obra es multiforme, desde las formas más tradicionales a las más delirantes. Aúna el componente sonoro, o fonético, con el cuidado sintáctico y de contenido. «Porque la vida deviene borde sin algo que la desborde».

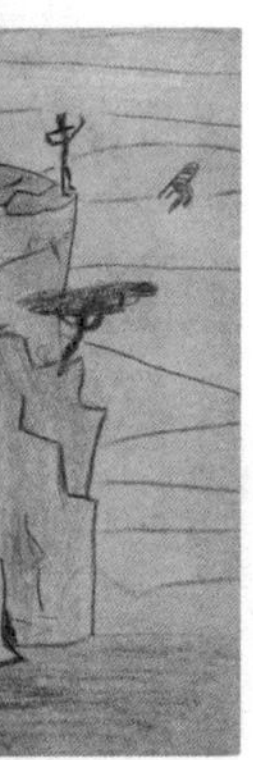

POETA I TRADUCTOR. A més de poesia, publica assaig i teatre. Escriptor multidisciplinar i inquiet, ha viscut llargues temporades a l'estranger (Berlín, Nottingham o Montpeller van ser alguns dels seus destins). La seva actitud davant la poesia és trobadoresca i vitalista, com es veu als nombrosos recitals i espectacles en què ha participat, de vegades amb música (Comelade, Gasull) i fins i tot amb pintors (Hagemann). La seva obra és multiforme, des de les formes més tradicionals a les més delirants. Conjumina el component sonor, o fonètic, amb la cura sintàctica i de contingut. «Perquè la vida se sent borda si no té quelcom que la desborda».

POET AND TRANSLATOR. In addition to poetry, he writes essays and drama. A multi-skilled and restless writer, he has spent long periods living abroad (Berlin, Nottingham or Montpelier are just some of his destinations). His attitude to poetry is troubadour-esque and vitalist, as can be seen in the numerous recitals and shows in which he has been involved, sometimes with musicians (Comelade, Gasull) and even with painters (Hagemann). His work is multi-shape, ranging from the most traditional formats to the most feverish ones. He brings together sound (o phonetics) with careful syntax and content. "Because life becomes the edge, without anything making it overflow."

CERCAS, JAVIER
IBAHERNANDO, CÁCERES, 06.04.1962.

O | *El vientre de la ballena (1997), Una buena temporada (1998), El móvil (1998), Relatos reales (2000), Soldados de Salamina (2001), La velocidad de la luz (2005), La verdad de Agamenón (2006), Anatomía de un instante (2009).* **M |** *Cervantes, Kafka y Borges.* **C |** *Vargas Llosa, J. M. Coetzee y Nicanor Parra.*

ESCRITOR. Licenciado en Filología Hispánica por la Universidad Autónoma de Barcelona, y más tarde doctor, escribió su primer libro mientras trabajaba en la Universidad de Illinois (Chicago). Desde entonces ha mantenido también un vínculo permanente con la enseñanza universitaria. *Soldados de Salamina,* su tercera novela, recibió elogios de Mario Vargas Llosa, J. M. Coetzee y Susan Sontag, entre otros y, a la fecha, cuenta con más de cuarenta ediciones, además de haber sido llevada al cine por David Trueba. Su obra ha sido traducida a más de treinta idiomas y galardonada con premios como el Salambó, el Grinzane Cavour, el The Independent Foreign Fiction Prize, el Athens Prize for Literature, el Ciutat de Barcelona y el Premi Llibreter. En 2010 le fue concedido el Premio Nacional de Narrativa por *Anatomía de un instante,* una crónica sobre el golpe de Estado en España del 23 de febrero de 1981. «Lo que hacen mis libros es plantearse preguntas sin respuesta o cuya única respuesta es la propia pregunta».

ESCRIPTOR. Llicenciat en Filologia Hispànica per la Universitat Autònoma de Barcelona, i més tard Doctor, va escriure el seu primer llibre mentre treballava a la Universitat d'Illinois. Des d'aleshores ha mantingut també un vincle permanent amb l'ensenyament universitari. *Soldados de Salamina,* la seva tercera novel·la, va rebre elogis de Mario Vargas Llosa, J. M. Coetzee i Susan Sontag, entre altres, i, a dia d'avui, compta amb més de quaranta edicions, a més d'haver estat duta al cinema per David Trueba. La seva obra ha estat traduïda a més de trenta llengües i guardonada amb premis com el Salambó, el Grinzane Cavour, el The Independent Foreign Fiction Prize, l'Athens Prize for European Literature, el Ciutat de Barcelona i el Premi Llibreter. El 2010 li va ser concedit el Premi Nacional de Narrativa per *Anatomía de un instante,* una crònica sobre el cop d'Estat del 23 de febrer del 1981. «El que fan els meus llibres és plantejar preguntes sense resposta o l'única resposta de les quals són les mateixes preguntes.»

WRITER. A graduate in Hispanic Languages from the Autonomous University of Barcelona, and later completing a Doctorate, he wrote his first book while working at the University of Illinois. Since then he has also stayed permanently in touch with university teaching. *Soldados de Salamina,* his third novel, was acclaimed by Mario Vargas Llosa, J. M. Coetzee and Susan Sontag, among others, and to date has over forty editions, as well as having been made into a film by David Trueba. His work has been translated into over thirty languages and has received awards such as the Salambó, the Grinzane Cavour, the Independent Foreign Fiction Prize, the Athens Prize for European Literature, the *Ciutat de Barcelona* and the *Premi Llibreter*. In 2010, he was awarded the National Narrative Prize for *Anatomía de un instante,* a chronicle about the attempted coup d'état on 23rd February 1981. "What my books to is ask questions which have no answer or for which the only answer is the question itself."

CERDÀ, NEREIDA
BARCELONA, 23.07.1981.

O | *Soy tan feliz (2004), La olla exprés (2007), Te odio (2008), Pretérito perfecto (2008), Incógnitas comunes (2010), No hace falta (2010).* **M |** *Los Piratas, Suso Saiz, Cristina Peri Rossi, Sylvia Plath, Miyazaki.* **C |** *Arcade Fire, Iván Ferreiro, Sigur Rós, Murakami, Radclyffe Hall, The Divine Comedy, Tom Waits.*

COMPOSITORA Y CANTANTE. Comienza a rodar en 2002 como cantautora de manera autodidacta, siempre a la búsqueda de una formación musical completa. Cosa que consigue en 2008, tras varios intentos, con Los seis días, una banda de *indie* pop conformada por Aina Godoy, Alba Laguna, Aimar Espinet, Natalia González y Victoria Longa, cuyo estilo se define en un sonido contundente y en la feminidad como elemento preponderante. La agrupación edita en 2009 su primer álbum, *Lunes*, producido por Ricky Faulkner, y consolida su madurez en 2011 con el segundo, *Jueves*, producido por Suso Saiz. «La música está en todas partes, es un arte invisible que se puede convertir en aquello que desees. Eso es exactamente lo que significa nuestra obra, aquello que deseamos que sea».

COMPOSITORA I CANTANT. Comença a rodar el 2002 com a cantautora de manera autodidacta, sempre a la recerca d'una formació musical completa. Cosa que aconsegueix, després de diversos intents, el 2008 amb Los seis días, un grup d'*indie* pop format per Aina Godoy, Alba Laguna, Aimar Espinet, Natalia González i Victoria Longa, l'estil del qual es defineix en un so contundent i la feminitat com a element preponderant. L'agrupació edita el 2009 el primer àlbum, *Lunes*, produït per Ricky Faulkner, i consolida la seva maduresa el 2011 amb el segon, *Jueves*, produït per Suso Saiz. «La música és a tot arreu, és un art invisible que es pot convertir en el que desitgis. Això és exactament el que vol dir la nostra obra, allò que desitgem que sigui».

SINGER AND SONGWRITER. She started out in 2002 as a self-taught singer songwriter, always searching for full musical training. She achieved this, after several attempts, in 2008 with Los seis días, an indie pop band comprising Aina Godoy, Alba Laguna, Aimar Espinet, Natalia González and Victoria Longa, whose style is definted in a rotund sound and femininity as the main element. In 2009 the group released its first album, *Lunes*, produced by Ricky Faulkner, and consolidated its maturity in 2011 with the second, *Jueves*, produced by Suso Saiz. "Music is everywhere, it is an invisible art which can become whatever you want it to. That is exactly what our work means – what we want it to be."

CHAO, MANU
PARÍS, 21.06.1961.

O | *Patchanka (1988, con Mano Negra), King of Bongo (1991, con Mano Negra), Clandestino (1998), Próxima estación: Esperanza (2001), Radio Bemba Sound System (2002), La Radiolina (2007), Baionarena (2009).*

COMPOSITOR Y CANTANTE. Hijo de padre gallego y madre vasca, y formado en Francia, es un icono del pop libertario con mensaje político. Tanto en Mano Negra, la formación con la que se dio a conocer y que lideró hasta 1994, como en su carrera como solista, su música es una mezcla de estilos e influencias que van desde ritmos africanos hasta el flamenco y el *punk*, pasando por la salsa y la *chanson*. Sus discos se venden en todo el mundo y compone en castellano, inglés y francés. Su canción «Me llaman calle», para la película *Princesas*, ganó un Goya en 2005.

COMPOSITOR I CANTANT. Fill de pare gallec i mare basca, i format a França, és una icona del pop llibertari amb missatge polític. Tant a Mano Negra, la formació amb què es va donar a conèixer i que va liderar fins al 1994, com en la seva carrera com a solista, la seva música és una mescla d'estils i influències que van des de ritmes africans fins al flamenc i el punk, passant per la salsa i la *chanson*. Els seus discos es venen a tot el món i compon en castellà, anglès i francès. La seva cançó «Me llaman calle», per a la pel·lícula *Princesas*, va guanyar un Goya l'any 2005.

SINGER AND SONGWRITER. Son of a Galician father and Basque mother and raised in France, he is an icon of libertarian pop with a political message. In Mano Negra, the group that brought him to prominence and which he led until 1994, and his solo career, his music is characterized by a combination of styles and influences, including African rhythms, flamenco, punk, salsa, and *chanson*. His albums sell all over the world, and he composes in Spanish, English and French. His song "Me llaman calle" written for the movie *Princesas* won a Goya in 2005.

CHARLES, AGUSTÍ
MANRESA, BARCELONA, 12.07.1960.

O | *Seven Looks (2003, obra para orquesta), Elapsed Memories (2006, obra para orquesta), La Cuzzoni (2007, ópera), Onada (2007, segundo cuarteto de cuerda), Lord Byron (2008-10, ópera).*

M | *Josep Soler, Samuel Adler, Franco Donatoni.* **C |** *Jesús Torres, George Benjamin, Magnus Lindberg.*

COMPOSITOR. Sus primeras obras datan de los años ochenta, de la mano de maestros como Josep Soler o Albert Sardà. Posteriormente trabaja con Antoni Ros-Marbà y Joan Guinjoan, entre otros. Ha recibido numerosos premios, entre ellos el de la Asociación de Orquestas Sinfónicas Españolas por *Seven looks,* obra que fue presentada durante cuatro años en los principales auditorios del país. Doctor en Historia del Arte y catedrático, es también el autor de *Análisis de la música española del siglo XX, Dodecafonismo y serialismo en España* e *Instrumentación y orquestación clásica y contemporánea I y II.* «Un objetivo: la seducción. Un propósito: expresar un mensaje compartido, en el que su esencia vive en la abstracción de la música».

COMPOSITOR. Les seves primeres obres daten dels anys vuitanta, de la mà de mestres com Josep Soler o Albert Sardà. Posteriorment treballa amb Antoni Ros-Marbà i Joan Guinjoan, entre altres. Ha rebut nombrosos premis, entre ells el de l'Associació d'Orquestres Simfòniques Espanyoles per *Seven looks,* obra que va ser presentada durant quatre anys en els principals auditoris del país. Doctor en Història de l'Art i catedràtic, és també l'autor d'*Análisis de la música española del siglo XX, Dodecafonismo y serialismo en España* i *Instrumentación y orquestación clásica y contemporánea I i II.* «Un objectiu: la seducció. Un propòsit: expressar un missatge compartit, l'essència del qual viu en l'abstracció de la música».

COMPOSER. His first works date back to the 1980s, when he was working hand in hand with such masters as Josep Soler and Albert Sardà. Later he worked with Antoni Ros-Marbà and Joan Guinjoan, among others. He has received many awards, including the Asociación de Orquestas Sinfónicas Españolas award for *Seven Looks,* which was performed for four years in the main auditoriums of Spain. He holds a doctorate in art history and, in addition to being a professor, is the author of the books *Análisis de la música española del siglo XX, Dodecafonismo y serialismo en España* and *Instrumentación y orquestación clásica y contemporánea I* and *II.* "An objective: seduction. A purpose: express a shared message, the essence of which exists within the abstraction of music."

CHROMA TEATRE
BUENOS AIRES, 23.01.1998.

O | *Flipando en Colorines (2002), Bigotudas (2004), Superpoderosas en chupáte esa laguna (2005), Toribia Copa y las de Falopio o Tres Invasiones Japonesas (2009), Enero (2009), Noches sonámbulas (2011), Attempts on her life (2011), Menys emergències (2011), Allà on et trobis (2011).* **M |** *John Cassavetes, Forced Entertainment.* **C |** *Alejandro Catalán, Jan Lauwers, Rimini Protokoll, Toneelhuis, La Zaranda.*

COMPAÑÍA TEATRAL. Fundada por Melina Pereyra y Pedro Zlachevsky, se establece en Barcelona en 2002. Desde 2009 es dirigida por Melina Pereyra y Juan Pablo Miranda que, junto con Neus Suñé, forman el núcleo del colectivo. Su trabajo se articula en dos direcciones: dramaturgias de creación propia y puestas en escena de textos de autor, en una búsqueda estética que dESDibuja las fronteras entre el teatro, la danza y la *performance*. Sus obras buscan un proceso dialéctico que integre el imaginario del dramaturgo, el director y el actor para que cada cuerpo hable con autonomía desde la escena. «La configuración de una imagen líquida nos remite a un tiempo en constante devenir, donde no hay

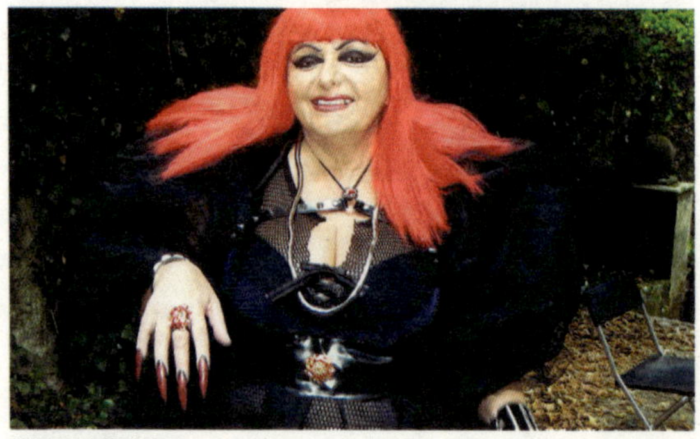
CHROMA TEATRE.

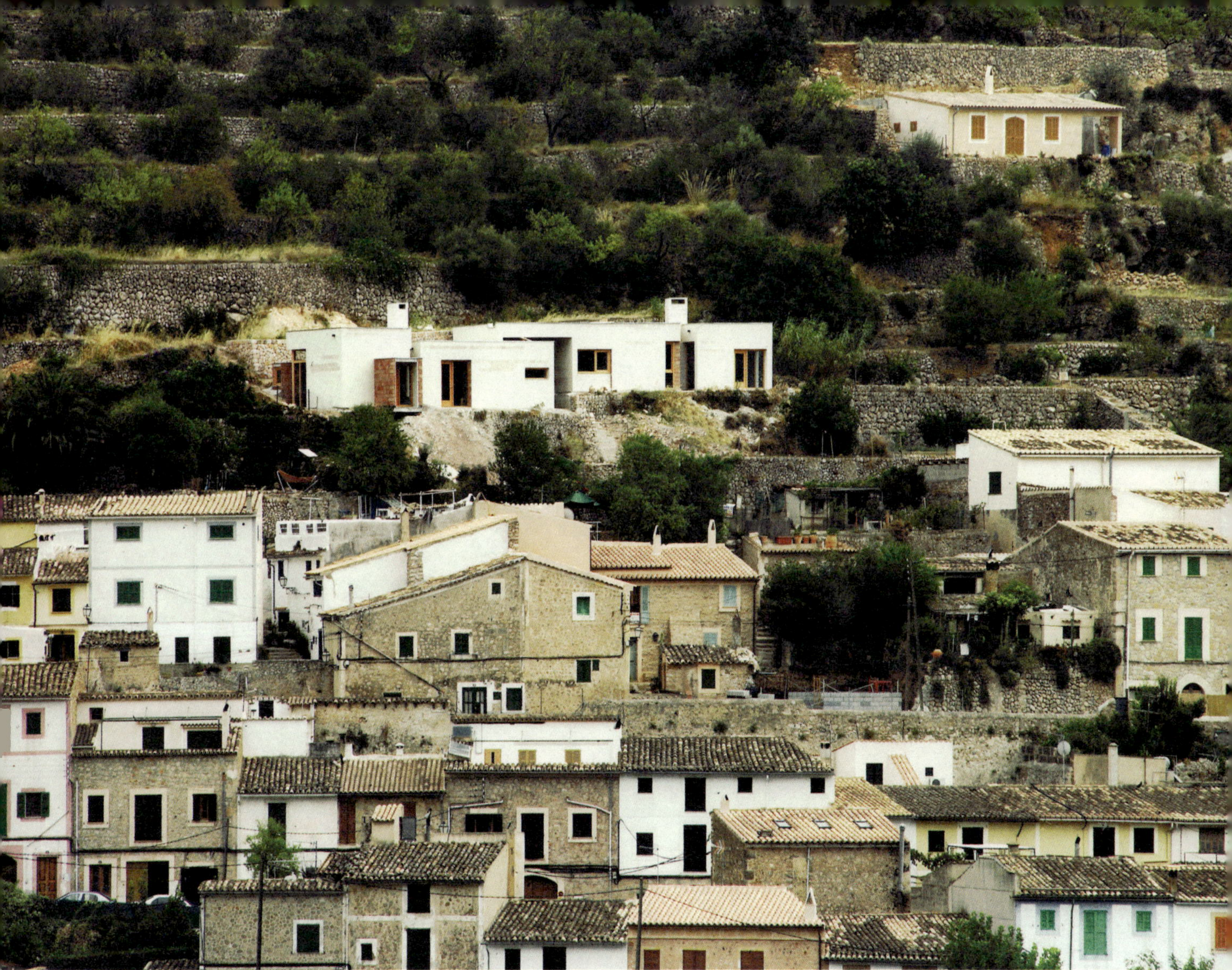

FRANCISCO CIFUENTES UTRERO, CASA EN BUNYOLA. © JOSÉ HEVIA.

acontecimientos relevantes, sino situación. Un tiempo que estalla el presente en el cuerpo de cada actor, que es a cada instante la escena en sí».

COMPANYIA DE TEATRE. Fundada per Melina Pereyra i Pedro Zlachevsky, s'estableix a Barcelona el 2002. Des del 2009 la dirigeixen Melina Pereyra i Juan Pablo Miranda que, al costat de Neus Suñé, formen el nucli del col·lectiu. El seu treball s'articula en dues direccions: dramatúrgies de creació pròpia i posades en escena de textos d'autor, en una recerca estètica que dESDibuixa les fronteres entre teatre, dansa i performance. Les seves obres busquen un procés dialèctic que integri l'imaginari del dramaturg, el director i l'actor perquè cada cos parli amb autonomia des de l'escena. «La configuració d'una imatge líquida ens remet a un temps en procés constant, on no hi ha esdeveniments rellevants, sinó situació. Un temps que fa esclatar el present al cos de cada actor, que a cada instant és l'escena per si mateixa».

THEATRE COMPANY. Founded by Melina Pereyra and Pedro Zlachevsky, the company started up in Barcelona in 2001. Since 2009 it has been managed by Melina Pereyra and Juan Pablo Miranda, who together with Neus Suñé, form the core of the collective. Their work has two main directions: plays of their own creation and the staging of other texts, in an aesthetic search which blurs the boundaries between theatre, dance and performance. Their work looks for a dialectic process which integrates the imagination of the playwright, the director and the actor so that each body speaks independently from the stage. "The configuration of a liquid image reminds us of a time in constant evolution, where there are no relevant events, just a situation. A time which makes the present explode in the body of each actor, which is, at that moment, the stage itself."

CIFUENTES UTRERO, FRANCISCO
PALMA DE MALLORCA, 31.01.1977.

O | *Estudio para el pintor Damià Jaume (2002-03), casa en Bunyola, Mallorca (2003-07), espacio público Parc de Ses Vies, Palma de Mallorca (2008-11), prototipo de vivienda económica de fibra de vidrio (2010-11), Taller 1000 Pedreres.* **M |** *Guillem Sagrera, Josep Maria Jujol, Frank Lloyd Wright; de igual manera, las construcciones de todas las personas que, con sus manos, han construido durante siglos lugares donde habitar.*

ARQUITECTO. Formado en la Escuela Técnica Superior de Arquitectura de Barcelona, con un Diploma de Estudios Avanzados y una tesis doctoral sobre la Lonja de Guillem Sagrera, ha colaborado en diferentes estudios de Mallorca, Oporto y Barcelona, entre ellos el de Josep Llinás. Su trabajo ha obtenido importantes reconocimientos como el Premio de Arquitectura de Mallorca 2004, 2005 y 2006, o el Segundo Premio Arquitectura Jove de las Islas Baleares 2008, además de haber sido finalista de los Premios FAD 2007. Compagina sus proyectos con la docencia universitaria y su máxima es «una obra ligada al lugar y a las necesidades de las personas». «Intervenir en un lugar es usar ese lugar para una comunidad. Es conocer y entender la cultura de ese lugar, las condiciones climáticas, las construcciones preexistentes... Intervenir en un lugar es hacerlo con materiales, por tanto, con una técnica. Es conocer el material, sus características, sus límites... Estas cosas son las que nos preocupan y las que vamos aprendiendo a través de la experimentación y el error».

ARQUITECTE. Format a l'Escola Tècnica Superior d'Arquitectura de Barcelona, amb un Diploma d'Estudis Avançats i una tesi doctoral sobre la Llotja de Guillem Sagrera, ha col·laborat en diver- ▶

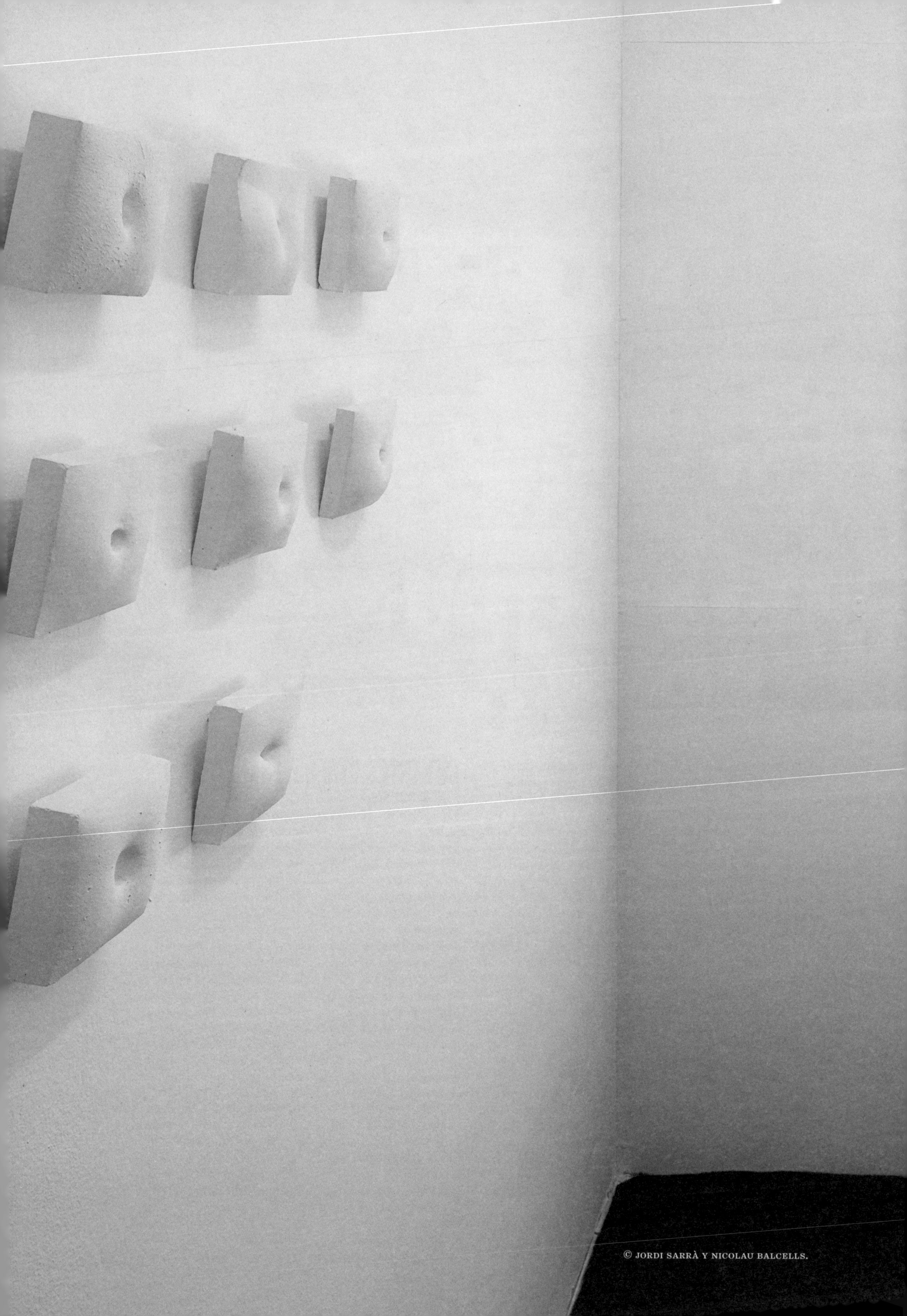

EXPERIMENTEM AMB L'ART

TORRIJOS, 68 | BARRIO DE GRÀCIA, 08012 BARCELONA

www.experimentem.org | +34 93 217 18 77 | entra@experimentem.org

CENTRO DE CREACIÓN ARTÍSTICA. Fundado como asociación en 1993 por iniciativa de la artista Montse Vives, se ha ido ampliando con la incorporación progresiva de otros artistas, así como de educadores y profesionales de la gestión cultural. Su principal objetivo es poner en práctica estrategias de aproximación entre el arte contemporáneo y el público, propiciando para ello la colaboración entre personas del mundo del arte y de la educación, e incorporando a su trabajo los debates actuales en el campo de la mediación artística. Desde 2003, el centro cuenta también con un espacio de gestión propia, Espai EART, que ofrece una variada programación de exposiciones y da apoyo a proyectos que se interesan por la participación del público en el proceso de la cultura.

CENTRE DE CREACIÓ ARTÍSTICA. Fundat com a associació el 1993 per iniciativa de l'artista Montse Vives, s'ha anat ampliant amb la incorporació progressiva d'altres artistes, així com d'educadors i professionals de la gestió cultural. El seu principal objectiu és dur a la pràctica estratègies d'aproximació entre l'art contemporani i el públic, propiciant, per fer-ho, la col·laboració entre persones del món de l'art i de l'educació, i incorporant al seu treball els debats actuals del camp de la mediació artística. Des del 2003, el centre compta també amb un espai de gestió pròpia, Espai EART, que ofereix una programació variada d'exposicions i de suport a projectes que s'interessen en la participació del públic en el procés de la cultura.

CENTER OF ARTISTIC CREATION. Established as an association in 1993 by initiative of the artist Montse Vives, it has expanded with the progressive incorporation of other artists, as well as teachers and professional cultural managers. Its primary goal is to carry out strategies of approximation between contemporary art and the public, encouraging, to this end, the collaboration between people from the artistic and educational scenes, and incorporating the current debates about artistic mediation into its work. Since 2003, the center has also featured its own space, Espai EART, which offers a varied program of exhibitions and supports projects interested in the participation of the public in the cultural process.

▸ sos estudis de Mallorca, Porto i Barcelona, entre ells el de Josep Llinàs. El seu treball ha obtingut importants reconeixements com el Premi d'Arquitectura de Mallorca 2004, 2005 i 2006, o el Segon Premi Arquitectura Jove de les Illes Balears 2008, a més d'haver estat finalista dels Premis FAD 2007. Compagina els seus projectes amb la docència universitària i la seva màxima és «una obra lligada al lloc i a les necessitats de les persones». «Intervenir en un lloc és emprar-lo per a una comunitat. És coneixe'n i entendre'n la cultura, les condicions climàtiques, les construccions preexistents... Intervenir en un lloc és fer-lo amb materials, per tant, amb una tècnica. És coneixe'n el material, les característiques, els límits... Aquestes coses són les que ens amoïnen i les que anem aprenent a través de l'experimentació i l'error».

ARCHITECT. Trained at the Barcelona School of Architecture, with a Diploma in Advanced Studies and having completed a thesis on the Guillem Sagrera Fish Market, he has worked at different studios in Mallorca, Oporto and Barcelona, including with Josep Llinás. He has received important awards for his work, such as the Mallorca Architecture Prize in 2004, 2005 and 2006, or the Second Balearic Islands Young Architect's Prize in 2008, in addition to being shortlisted for the FAD Awards in 2007. He divides his time between his projects and university teaching, and his motto is "work connected to place and the needs of other people." "Working on a place is to use that place for a community. It is knowing and understanding the culture of that place, the climate, existing constructions... Working on a place is working with materials, and it is therefore a technique. It is knowing the material, its features, its limitations.. these are things which concern us and which we learn over time through trial and error."

CIVERA, GERMANA
SAGUNTO, VALENCIA, 15.10.1963.

O | *Prologue (1994), Ce qu'il advint du coq (1996), Ida ce que l'eau m'a donné (1998), El trance de las tijeras (1998, instalación-performance junto a Victoria Civera), Hermanas españolas (2000), Objetos perdidos (2000), Objets trouvés ou qu'st-ce que la danse pour toi maintenanat? (2002), Entre/ Vue (2004), Figures (2004, escultura-conferencia), Vue imprenable (2006), The forest (2007, instalación-performance), Fuero(n) (2008, performance coral), Las intermitencias del corazón (2010, performance), Splendeur inespérée (2010), Splendeur #02 (2011, instalación-performance).* **M |** *Gilles Deleuze, Michel Foucault, Georges Didi-Huberman, Antonio Damasio y la historia de la representacion del cuerpo.* **C |** *Bill Viola, David Lynch, Wim Wenders, Ibrahim el Batu, Juan Uslé, Victoria Civera, Jérôme Bel, William Forsythe.*

ARTISTA POLIMORFA, atraviesa la cuestión del cuerpo y de su representación desde hace veinte años. Iniciada por su padre en prácticas del yoga pranayama, opta por la danza contemporánea en el Institut del Teatre de Barcelona. Tras varias estancias en Nueva York, en el Cunningham Studio y el White Studio con Janet Panetta, se encuentra en Essen, Alemania, con el bailarín y maestro Hans Zullig, de la compañía de Kurt Jooss, uno de los fundadores de la Folkwang Hoschule que será dirigida más tarde por Pina Bausch. En 1989 aparece en la escena francesa con Mathilde Monnier. Su actividad en el Centro Coreográfico Nacional de Montpellier es diversa y completa: bailarina, intérprete, asistente de dirección, coreógrafa, investigadora, representante y directora de numerosas actividades, desde talleres de experimentación para profesionales de la danza hasta dinámicas de percepción y de comunicación con personas autistas. En 1998 se retira de la compañía de Monnier y en 2000 crea la Association Inesperada, basada en la intuición y en la no-disciplinaridad. Ha trabajado con Alain Rigout, Jérôme Bel, Benoit Lachambre o el artista plástico Laurent Goldring, entre otros. En 2008 es artista residente en La Caldera; de 2008 a 2010, en el Instituto Francés de Barcelona, y de 2011 a 2013, en 3 bis F. Lieu d'Arts Contemporains, en Aix-en-Provence (Francia). Ha recibido el Premio Excelencia de la Ciudad de Barcelona y el Villa Médicis Hors les Murs. Sus obras se han presentado en toda Europa, Canadá, Egipto y Burkina Faso. Actualmente dirige el espacio LAIRE, en Montpellier (Francia). «La creación es ante todo una experiencia y una calidad de presencia».

ARTISTA POLIMORFA, s'interessa per la qüestió del cos i de la seva representació des de fa vint anys. Iniciada pel seu pare en pràctiques del pranayama ioga, opta per la dansa contemporània a l'Institut del Teatre de Barcelona. Després de diverses estades a Nova York, al Cunningham Studio i al White Studio amb Janet Panetta, es troba, a Essen (Alemanya), amb el ballarí i mestre Hans Zullig, de la companyia de Kurt Joos, un dels fundadors de la Folkwang Hochsule que, més endavant, dirigirà Pina Bausch. El 1989 apareix a l'escena francesa amb Mathilde Monnier. La seva activitat al Centre Coreogràfic Nacional de Montpeller és diversa i completa: ballarina, intèrpret, assistent de direcció, coreògrafa, investigadora, representant i directora de nombroses activitats: de tallers d'experimentació per a professionals de la dansa, a dinàmiques de percepció i comunicació amb persones autistes. El 1998 es retira de la companyia de Monnier i el 2000 crea l'Association Inesperada, basada en la intuïció i en la no-disciplinaritat. Ha treballat, entre d'altres, amb Alain Rigout, Jérôme Bel, Benoît Lachambre o l'artista plàstic Laurent Goldring. El 2008 és artista resident a La Caldera; del 2008 al 2010, a l'Institut Francès de Barcelona; i del 2011 al 2013, a 3 bis f, Lieu d'Arts Contemporains, a Aix-en-Provence. Ha rebut el Premi Excel·lència de la Ciutat de Barcelona i el Villa Médicis Hors les Murs. Les seves obres s'han presentat a tot Europa, Canadà, Egipte i Burkina Faso. Actualment dirigeix l'espai LAIRE, a Montpeller. «La creació és abans que res una experiència i una qualitat de presència».

A POLYMORPHIC ARTIST, she has been cutting through the issue of the body and its representation for the past twenty years. Initiated by her father in the practice of pranayama yoga, she opted to study modern dance at the Institut del Teatre in Barcelona. After several periods in New York at the Cunningham Studio and the White Studio with Janet Panetta, she ended up in Essen, Germany, with the dancer and maestro Hans Zullig, from the company of Kurt Jooss, one of the founders of the Folkwang Hoschule, which would later be directed by Pina Bausch. In 1989 she appeared on the French scene with Mathilde Monnier. Her activity at the National Choreographic Centre in Montpellier is diverse and complete: dancer, performer, assistant director, choreographer, researcher, representative and director of numerous activities, from experimentation workshops for dance professionals to perception and communication dynamics for the autistic. In 1998 she retired from the Monnier company and in 2000 she created the Association Inesperada, based on intuition and non-disciplinarity. She has worked with Alain Rigout, Jérôme Bel, Benoit Lachambre and the plastic artist Laurent Goldring, among others. In 2008 she became resident artist at La Caldera; from 2008 to 2010, at the French Institute in Barcelona, and from 2010 to 2013 she is due to be at 3 bis F.Lieu d'Arts Contemporains in Aix-en-Provence (France). She has received the Excellence Award for the City of Barcelona and the Villa Médicis Hors les Murs. Her work has been presented all over Europe, and in Canada, Egypt and Burkina Faso. She currently manages the LAIRE space in Montpellier (France). "Creation is above all an experience and quality of presence."

CLARET, CURRO
BARCELONA, 19.09.1968.

O | *Cajas Pizarra (1996), cortador de pan y migas para pájaros (2000), frutero malla (2003, Galería h2o), separador de bicicletas (2006, Zicla), banco de iglesia transformable en cama (2010), taburete 300 (2010).* **M |** *Tibor Kalman, Martin Margiela, Ezio Manzini, Victor Papanek.* **C |** *Martín Azúa, Martí Guixé, emiliana design studio.*

DISEÑADOR. Por el carácter conceptual y espíritu lúdico que imprime a sus objetos cotidianos —cajas de cartón con un lateral de pizarra, cortadoras de pan que se convierten en comederos de aves...—, es uno de los diseñadores más destacados de la escena barcelonesa contemporánea. Se identifica «con la confusión, el caos y la dispersión del momento», y a la hora de crear procura mirar primero a la gente. «Las relaciones entre las personas, entre personas y objetos, entre personas y animales, y entre personas y entorno. Me interesa especialmente el diseño que intenta afrontar los retos del presente y el futuro inmediato, que cuestiona y no se conforma con más de lo mismo».

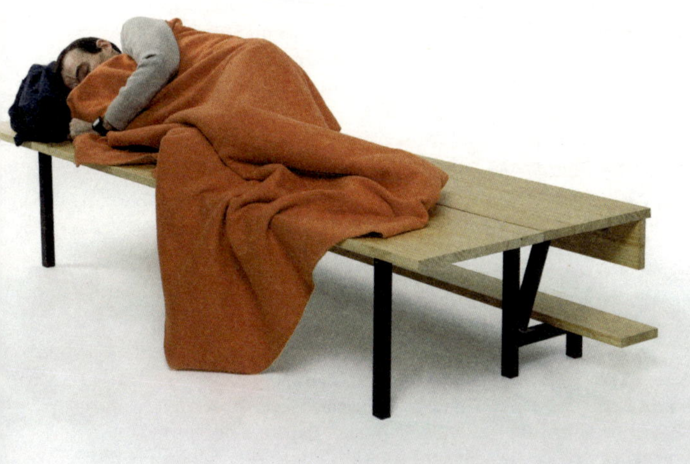

CURRO CLARET, *BANCO DE IGLESIA TRANSFORMABLE EN CAMA*, 2010. © XAVIER PADRÓS.

DISSENYADOR. Pel caràcter conceptual i esperit lúdic que imprimeix en els seus objectes quotidians —caixes de cartró amb un lateral de pissarra, talladors de pa que es converteixen en menjadores d'aus...—, és un dels dissenyadors més destacats de l'escena barcelonina contemporània. S'identifica «amb la confusió, el caos i la dispersió del moment», i a l'hora de crear procura mirar primer a la gent. «Les relacions entre les persones, entre persones i objectes, entre persones i animals, i entre persones i entorn. M'interessa especialment el disseny que intenta plantar cara als reptes del present i del futur immediat, que qüestiona i no es conforma amb més del mateix».

DESIGNER. With the conceptual characters and playful spirit which he imprints on daily objects – cardboard boxes with a blackboard on one side, bread cutters made into bird feeders...-, he is one of the most outstanding designers on the modern Barcelona scene. He identifies "with the confusion, chaos and dispersion of the moment," and when it comes to creating he tries to look first at people. "Relationships between people, between people and objects, between people and animals, and between people and their environment. I am especially interested in design which tries to confront the challenges of the present and the immediate future, which questions and won't make do with more of the same."

CLEMENTE, CRISTINA
BARCELONA, 30.03.1977.

O | *Consell familiar, Marc i Paula, Zeppelin, Paradise Band, Volem anar al Tibidabo, La Gran nit de Lurdes G.* (con Josep Maria Miró), *La millor obra del teatre català, Vimbodí vs Praga.* **M |** *Sergi Belbel, Jordi Galceran, Javier Daulte, Josep Maria Benet i Jornet.* **C |** *David Mamet, Daniel Veronese, Conor McPherson, Ostermayer, Tracy Letts, Declan Donnellan y los de la lista anterior.*

DRAMATURGA Y DIRECTORA DE TEATRO, además de guionista. Formada en el Institut del Teatre de Barcelona y en la Sala Beckett. Como dramaturga, ha estrenado las obras *Consell familiar, Marc i Paula, Zeppelin, Paradise Band, Volem anar al Tibidabo* (Premio Revelación de la Crítica 2008), *La Gran nit de Lurdes G.,* coescrita con Josep Maria Miró (Premio Lluís Solà de Teatro 2008), *La millor obra del teatre català, Vimbodí vs. Praga* (estrenada en el Teatro Nacional de Cataluña). Como directora, ha estrenado *Fora de Joc,* de Sergi Belbel. En la actualidad forma parte del proyecto T6 del Teatro Nacional de Cataluña. En cuanto a su labor de guionista, ha coescrito con Sergi Belbel el guion de la película *Eva,* ha trabajado en la serie de TV3 *El cor de la ciutat* y actualmente es guionista de *La Riera.* «¿Por qué escribo? Es mi lado masoquista, supongo» (Soyinka).

DRAMATURGA I DIRECTORA DE TEATRE, a més de guionista. Formada a l'Institut del Teatre de Barcelona i a la Sala Beckett. Com a dramaturga, ha estrenat les obres *Consell familiar, Marc i Paula, Zeppelin, Paradise Band, Volem anar al Tibidabo* (Premi Revelació de la Crítica 2008), *La gran nit de Lurdes G.,* coescrita amb Josep Maria Miró (Premi Lluís Solà de Teatre 2008), *La millor obra del teatre ca-*

talà, *Vimbodí vs. Praga* (estrenada al Teatre Nacional de Catalunya). Com a directora, ha estrenat *Fora de joc,* de Sergi Belbel, el guió de la pel·lícula *Eva,* ha treballat a la sèrie de TV3 *El cor de la ciutat* i actualment és guionista de *La Riera.* «Per què escric? És el meu costat masoquista, suposo» (Soyinka).

PLAYWRIGHT, THEATRE DIRECTOR and scriptwriter. Trained at the Theatre Institute in Barcelona and the Beckett rooms. As a playwright, she has written *Consell familiar, Marc i Paula, Zeppelin, Paradise Band, Volem anar al Tibidabo* (Critic's Revelation Award 2008), *La Gran nit de Lurdes G.,* co-written with Josep Maria Miró (Lluís Solà Theatre Award 2008) *La millor obra del teatre català, Vimbodí vs. Praga* (premiered at the Teatre Nacional de Catalunya). As a director, she has worked on *Fora de Joc,* by Sergi Belbel. She is currently part of the T6 project at the Teatre Nacional de Catalunya. In her role as scriptwriter, she has co-written the script for the film *Eva,* with Sergi Belbel, she has worked on the TV3 series *El cor de la ciutat* and is currently the scriptwriter for *La Riera.* "Why do I write? I suppose it's my masochistic side." (Soyinka).

CODERA PUZO, LUIS
BARCELONA, 29.03.1981.

O | *Golem (2009, para ensemble), El timbre es un esclavo del tiempo I (2010, para flauta, clarinete percusión y piano), The seeds of time (2010, para sexteto de cuerda), Scratching (2010, para marimba y ensemble), Empor (2011, para tres flautas, electrónica y recitador), 5 ideas de estructura despiadada (el timbre es un esclavo del tiempo II) (2011, para orquesta).* **M |** *Ludwig van Beethoven, Richard Strauss, Maurice Ravel, Anton Webern, Gustav Meyrink, Eduard Hanslick.* **C |** *Beat Furrer, Helmut Lachenmann, Aphex Twin, Kurt Rosenwinkel, Passion and Warfare de Steve Vai, Jorge Luis Borges, Moebius, Irène Gayraud, José María Sánchez de León.*

COMPOSITOR. Inicia sus estudios de música con Santi Galán y, tras formarse en piano, trombón y guitarra eléctrica en diversos ámbitos al mismo tiempo (clásica, jazz, música moderna), sigue estudios de composición en la ESMUC de Barcelona con Agustí Charles. Más tarde realiza un posgrado en la Hochschule für Musik de Karlsruhe (Alemania) con el compositor Wolfgang Rihm. Además, ha asistido a cursos de prestigiosos compositores como Pierluigi Billone, Beat Furrer, Enno Poppe, Hèctor Parra y Lasse Thoresen. Su música, en constante evolución y revisión, ha sido interpretada en varias ciudades de España, Francia, Alemania y Austria, y se caracteriza por intentar alcanzar una fuerte intensidad, alejada en lo posible de la contemplación pasiva. «Mi visión de la obra de arte (y del Universo) es que todo está vinculado. En la música, el tiempo es el elemento básico que debe regir y conformar todos los vínculos, porque creo que el sonido es movimiento y no una entidad estática que se observa».

COMPOSITOR. Inicia els estudis de música amb Santi Galán i, després de formar-se en piano, trombó i guitarra elèctrica en diversos àmbits alhora (clàssica, jazz, música moderna), fa estudis de composició a l'ESMuC de Barcelona amb Agustí Charles. Més tard fa un postgrau a la Hochschule für Musik de Karlsruhe (Alemanya) amb el compositor Wolfgang Rihm. A més, ha assistit a cursos de compositors de prestigi com Pierluigi Billone, Beat Furrer, Enno Poppe, Hèctor Parra i Lasse Thoressen. La seva música, en constant evolució i revisió, ha estat interpretada en diverses ciutats d'Espanya, França, Alemanya i Àustria, i es caracteritza per intentar assolir una forta intensitat, allunyada, en la mesura del possible, de la contemplació passiva. «La meva visió de l'obra d'art (i de l'Univers) és que tot està vinculat. A la música, el temps és l'element bàsic que ha de regir i conformar tots els vincles, perquè crec que el so és moviment i no una entitat estàtica que s'observa».

COMPOSER. He started studying music under Santi Galán and, after training in piano, trombone and electric guitar in a number of different fields at the same time (classical, jazz, modern), he continued studies in composition at ESMuC in Barcelona with Agustí Charles. He then went on to complete a postgraduate course at the Hochschule für Musik de Karlsruhe (Germany) with the composer Wolfgang Rihm. He has also completed courses with prestigious composers such as Pierluigi Billone, Beat Furrer, Enno

Poppe, Hèctor Parra and Lasse Thoressen. His music, in continuous evolution and revision, has been performed in a number of towns and cities in Spain, France, Germany and Austria, and is characterised by trying to reach strong intensity, as far as possible from passive contemplation. "My vision of the work of art (and the Universe) is that everything is connected. In music, time is the basic element which must govern and shape all these connections, because I believe that sound is movement and not a static unit to be observed."

COIXET, ISABEL
BARCELONA, 09.04.1960.

O | *Things I Never Told You / Cosas que nunca te dije (1996), My Life Without Me / Mi vida sin mí (2003), The Secret Life of Words / La vida secreta de las palabras (2005), Bastille (en Paris, je t'aime) (2006), Map of the Sounds of Tokyo / Mapa de los sonidos de Tokio (2009).* **M |** *Josep Fontana,* Alexandre Cirici, *John Berger.* **C |** *Spike Jonze, Alexander Payne, Michel Gondry.*

DIRECTORA DE CINE. Tras iniciar su carrera profesional como periodista en la revista *Fotogramas,* se convirtió en una de las realizadoras de publicidad más reconocidas y premiadas en el mundo antes de trasladarse a Estados Unidos a rodar su primer largometraje. Desde esa primera película, *Things I Never Told You,* su cine, intimista, estéticamente impecable, cargado de una sutil poesía y rodado casi siempre en inglés y con actores de primera línea, la sitúan como una de las creadoras más internacionales del cine que se hace actualmente, no en España, sino desde España. «Búsqueda, dudas, melancolía, preguntas, perplejidad».

DIRECTORA DE CINEMA. Després d'iniciar la seva carrera professional com a periodista a la revista *Fotogramas,* va esdevenir una de les realitzadores de publicitat més reconegudes i premiades al món abans de mudar-se als Estats Units per rodar els seu primer llargmetratge. Des d'aquesta primera pel·lícula, *Things I Never Told You,* el seu cinema, intimista, estèticament impecable, carregat d'una subtil poesia i rodat gairebé sempre en anglès i amb actors de primera línia, la situa com una de les creadores més internacionals del cinema que es fa actualment, no a Espanya, sinó des d'Espanya. «Recerca, dubtes, melancolia, preguntes, perplexitat».

FILM DIRECTOR. After starting out as a journalist for *Fotogramas,* she became one of the best known award-winning publicists in the world before moving the United States to film her first full length movie. Since that first film *Things I Never Told You,* her work – intimist and aesthetically impeccable, laden with subtle poetry and almost always shot in English with top actors – has led her to become one of the most international creators of the film industry which is not made in Spain, but from Spain. "Search, doubts, melancholy, question, perplexity."

COLL, MAR
BARCELONA, 07.09.1981.

O | *La última polaroid (2004), Tres dies amb la família / Tres días con la familia (2009).* **M |** *Puedo empezar una lista de directores cuyas películas me han conmovido o interesado: Woody Allen, Erick Zonca, Truffaut, Erice, Antonioni, los Dardenne, Lucrecia Martel, Billy Wilder... y muchos.* **C |** *Mis compañeros de piso, Nely y Marçal, que son directores; mis compañeros en la Escuela, Arnau, David, Bernat, Pau, Edu, Gris, Aina, Toni, Lili, Gina, Sergi...; mis compañeros de generación españoles, Javi, Borja, Jonás, Álvaro y Antonio, Fernando, Elena, Kike, Javier, Bonaventura...; mi mejor amiga y guionista, Valentina; amigos directores de otros países que me he topado, Ezequiel, Héctor, Diego y Daniel...*

GUIONISTA Y DIRECTORA DE CINE. A los dieciocho años entra en la Escola Superior de Cinema i Audiovisuals de Catalunya, ESCAC, donde se gradúa en la especialidad de dirección. Su proyecto de fin de carrera, el cortometraje *La última polaroid,* es seleccionado en múltiples festivales internacionales y gana el tercer premio del certamen de televisión Versión Española, entre otros. Desde México, país en el que vive durante los siguientes tres años, escribe el que será su primer largometraje, *Tres dies amb la família,* producido en el marco del proyecto Ópera Prima de la ESCAC. La película se estrena en el Festival de Málaga, donde es premiada, y con ella obtiene el Goya a la mejor dirección novel 2010. «En mi caso es temprano para hablar de obra y no estoy segura de que sea la persona más indicada para hacerlo. Lo que puedo decir es que me gusta abordar problemáticas que me conmueven porque tienen que ver conmigo, con mi percepción y con mi sentir».

GUIONISTA I DIRECTORA DE CINEMA. Als divuit anys entra a l'Escola Superior de Cinema i Audiovisuals de Catalunya, ESCAC, on es gradua en l'especialitat de direcció. El seu projecte de final de carrera, el curtmetratge *La última polaroid,* és seleccionat en nombrosos festivals internacionals i guanya el tercer premi del certamen de televisió Versión española, entre d'altres. Des de Mèxic, país on viu els tres anys següents, escriu el que serà el seu primer llargmetratge, *Tres dies amb la família,* produït en el marc del projecte Opera Prima de l'ESCAC. La pel·lícula s'estrena al Festival de Màlaga, on és premiada, i amb ella obté el Goya a la millor direcció novell 2010. «En el meu cas és d'hora per parlar d'obra i no estic segura de si sóc la persona més indicada per fer-ho. El que puc dir és que m'agrada abordar problemàtiques que em commouen perquè tenen a veure amb mi, amb la meva percepció i manera de pensar».

FILM DIRECTOR AND SCRIPTWRITER. At the age of eighteen she started at the Escola Superior de Cinema i Audiovisuals de Catalunya, ESCAC, from where she graduated specialising in directing. Her final project, the short film *La última polaroid,* was selected for a number of international festivals and won third prize in the television contest Versión española, among others. In Mexico, where she lived for the next three years, she wrote what would be her first full length film, *Tres dies amb la família,* produced as part of the ESCAC Opera Prima project. The film opened at the Malaga Film Festival, where she received an award. She also received a Goya for Best New Director 2010. "In my case it is too early to talk about works and anyway I'm not sure I'm the most appropriate person to do it. What I can say is that I like dealing with issues which move me because there are about me, my perception and my feeling."

COLOM, RAYNALD
VINCENNES, FRANCIA, 25.09.1978.

O | *My 51 Minutes (2005), Sketches of Groove (2007), Evocación (2009).* **M |** *Louis Armstrong, Miles Davis, Paco de Lucía, Antonio Mairena, Erik Satie, Claude Debussy...* **C |** *Nicholas Payton, Chicuelo, Wallace Roney, Carles Benavent, Jay Dilla.*

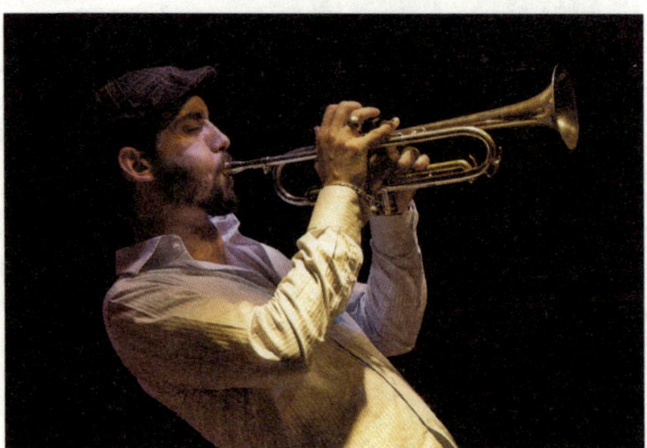

RAYNALD COLOM. © NIEVES GENTIL.

MÚSICO. Desde los diez años vive en Barcelona, donde continuó sus estudios musicales, que había iniciado con el violín. Pronto se inclinó por la trompeta, instrumento con el que obtuvo una beca para estudiar en el Berklee Music College de Boston. Formó parte de la gira de Manu Chao en 2000, y al año siguiente se sumó a la Perico Sambeat Sextet, que supuso su consagración. En 2005 grabó su primer álbum, *My 51 Minutes,* y en 2008 presentó sus *Sketches of Groove,* ambos con el sello Fresh Sound New Talent. Tras algunas colaboraciones, descubrió la pasión por el flamenco. Con su último disco, *Evocación,* elegido como el mejor álbum de jazz español por la revista *Cuadernos de Jazz,* ganó también el Premio Puig Porret como mejor artista y mejor producción en 2010. «No entiendo mi música sin entender las músicas de raíz. Es allí, donde encuentro la manera de transmitir mi compromiso con la sociedad».

MÚSIC. Des dels 10 anys viu a Barcelona, on va continuar els estudis musicals que havia iniciat amb el violí. Aviat es va inclinar per la trompeta, instrument amb què va obtenir una beca per estudiar al Berklee College of Music de Boston. L'any 2000 va formar part de la gira de Manu Chao, i el 2001 es va sumar al Perico Sambeat Sextet, fet que va suposar la seva consagració. El 2005 va gravar el seu primer àlbum, *My 51 Minutes,* i el 2008 va presentar els seus *Sketches of Groove,* tots dos amb el segell Fresh Sound New Talent. Després d'unes quantes col·laboracions, va descobrir la passió pel flamenc. Amb el seu darrer disc, *Evocación,* escollit com el millor àlbum de jazz espanyol per la revista *Cuadernos de Jazz,* va guanyar també el Premi Puig Porret 2010 com a millor artista i millor producció. «No entenc la meva música sense entendre les músiques d'arrel. És allà on trobo la manera de transmetre el meu compromís amb la societat».

MUSICIAN. He has lived in Barcelona since the age of ten, where he continued his music studies as he had already started playing the violin. He soon turned to the trumpet, and it was with this instrument that he obtained a scholarship for Berklee Music College in Boston. He toured with Manu Chao in 2000, and the following year he was consecrated by joining the Perico Sambeat Sextet tour. In 2005 he recorded his first album, *My 51 Minutes,* and in 2008 he presented *Sketches of Groove,* both on the Fresh Sound New Talent label. After a number of collaborations, he discovered his passion for flamenco. With his latest album, *Evocación,* chosen as best Spanish jazz album by the magazine *Cuadernos de Jazz* he also won the Puig Porret Award for best artist and best production in 2010. "I don't understand my music without understanding the root music. It is there that I find the way to transmit my commitment to society."

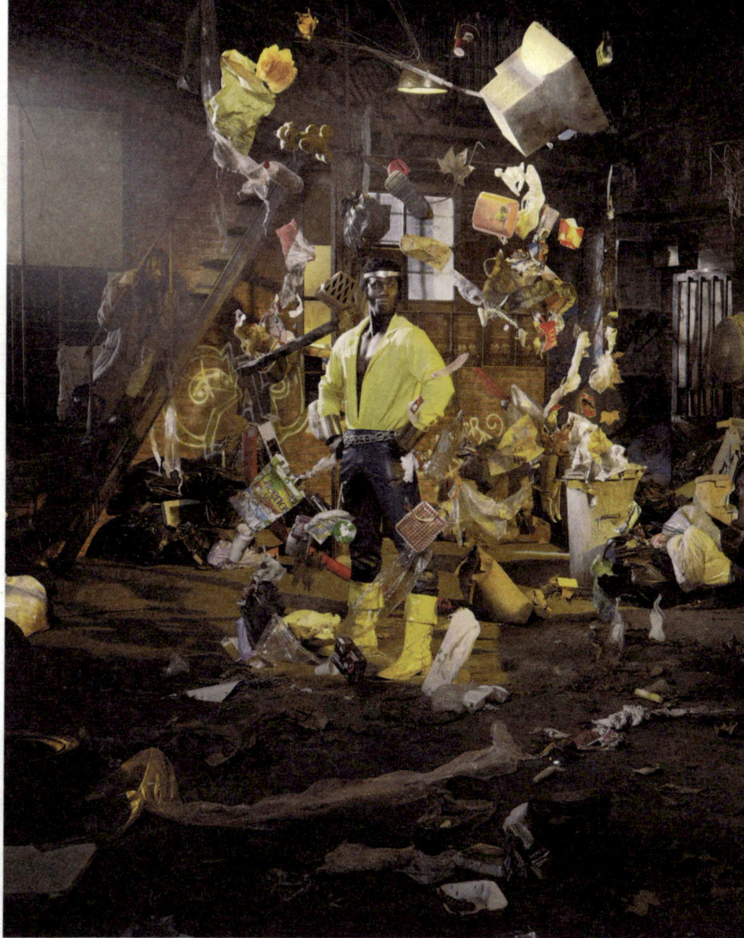

CARLES CONGOST, *WE CAN CHANGE THE WORLD III,* 2009. FOTOGRAFÍA COLOR. 130,5 CM X 109,5 CM. ED 5 + 1 P.A.

COLOMER, ÁLVARO
BARCELONA, 22.08.1973.

O | *La calle de los suicidios (2000), Se alquila una mujer (2001), Mimodrama de una ciudad muerta (2004), Guardianes de la memoria (2008), Los bosques de Upsala (2009).* **M |** *Benito Pérez Galdós, Pío Baroja, Thomas Bernhard, W. G. Sebald, Sándor Márai.* **C |** *Alessandro Baricco, Rafael Chirbes, Javier Marías, Josef Winkler, Paul Auster, Tim O'Brien.*

ESCRITOR Y PERIODISTA. Tras licenciarse en Filosofía comenzó a trabajar en la revista *Ajoblanco.* Vivió dos años en Reino Unido, donde se inició como narrador con *La calle de los suicidios,* novela que publica a su regreso a Barcelona. Con esa obra da inicio a su «Trilogía de la muerte urbana» que se completa con *Mimodrama de una ciudad muerta* y *Los bosques de Upsala.* Pese a publicar dos meritorios libros de crónicas, descubre que no soporta las redacciones y se hace periodista independiente. En la actualidad colabora en periódicos como *La Vanguardia* y *El Mundo,* entre otros medios. «Mis novelas son una indagación sobre el tabú de la muerte en la sociedad contemporánea. Mis no-ficciones son el resultado de mi necesidad psicológica (salud mental) de dejar de indagar durante ciertas temporadas en ese mismo tabú».

ESCRIPTOR I PERIODISTA. Després de llicenciar-se en Filosofia va començar a treballar a la revista *Ajoblanco.* Va viure dos anys al Regne Unit, on es va iniciar com a narrador amb *La calle de los suicidios,* una novel·la que va publicar en tornar a Barcelona. Amb aquesta obra donà inici a la seva «Trilogia de la mort urbana» que es completa amb *Mimodrama de una ciudad muerta* i *Los bosques de Upsala.* Malgrat haver publicat dos meritoris llibres de cròniques, descobreix que no suporta les redaccions i es fa periodista independent. Actualment col·labora en diaris com *La Vanguardia* i *El Mundo,* entre d'altres. «Les meves novel·les són una indagació sobre el tabú de la mort en la societat contemporània. Les meves no-ficcions són el resultat de la meva necessitat psicològica (salut mental) de deixar d'indagar, durant certes temporades, en aquest mateix tabú».

AUTHOR AND JOURNALIST. After completing a degree in Philosophy, he started to work for the magazine *Ajoblanco.* He lived in the UK for two years, where he started out on the narration of *La calle de los suicidios,* the novel he published upon his return to Barcelona. This work was the beginning of his "Trilogy of urban death" which he completed with *Mimodrama de una ciudad muerta* and *Los bosques de Upsala.* Despite publishing two commendable books of chronicles, he discovered that he could not stand working in newsrooms and he went freelance. He currently works for newspapers such as *La Vanguardia* and *El Mundo,* among other publications. "My novels are a closer look at the taboo of death in modern society. My non-fiction is the result of my psychological need (mental health) to delve deeper into that very same taboo for certain periods of time."

CONGOST, CARLES
OLOT, GERONA, 13.11.1970.

O | *Bravo (1998), Popcorn Love (2001), Un Mystique Determinado (2003), Memorias de Arkaran (2005), The Congosound's Live Prototype (2007), We Can Change The World (2009), Bad Painting (The Spin-Off) (2010-11).* **M |** *Jean Michel Basquiat, Salvador Dalí, Alfred Hitchcock, ID Magazine, Michael Jackson, David Lynch, Magritte, Marvel Comics, Pet Shop Boys, Raymond Pettibon, Chéri Samba, Gus Van Sant, Sufjan Stevens, Andy Warhol, John Waters, Paul Verhoeven.* **C |** *Carlos Ballesteros, Matthew Barney, Bestué+Vives, Olaf Breuning, Elmgreen & Dragset, Ryan McGinley, Anthony Goicolea, Douglas Gordon, Pierre Huyghe, Christian Jankowski, Terence Koh, Cristina Lucas, Joan Morey, Muntean/Rosenblum, Philippe Parreno, Sergio Prego, Daniel Riera, Francesc Ruiz, Fernando Sánchez Castillo, Genís Segarra, Wolfgang Tillmans, Ignacio Uriarte, Alejandro Vidal, Charlie White, Bernhard Willhelm.*

ARTISTA que combina diferentes medios y soportes como el vídeo, la música, el dibujo y la fotografía. Ha expuesto individualmente en el Espai 13/Fundació Miró, en Barcelona; Espacio Uno/MNCARS, en Madrid; Zona Emergente/CAAC, en Sevilla; Fundación Bilbao Arte; Centre d'Art Santa Mònica, en Barcelona; el MUSAC de León; el Espacio 5/CAC, en Málaga, y el Civic Room, en Londres. También ha participado en numerosas exposiciones colectivas: MARCO de Vigo; Palau de la Virreina, en Barcelona; Espai d'Art Contempo- ▶

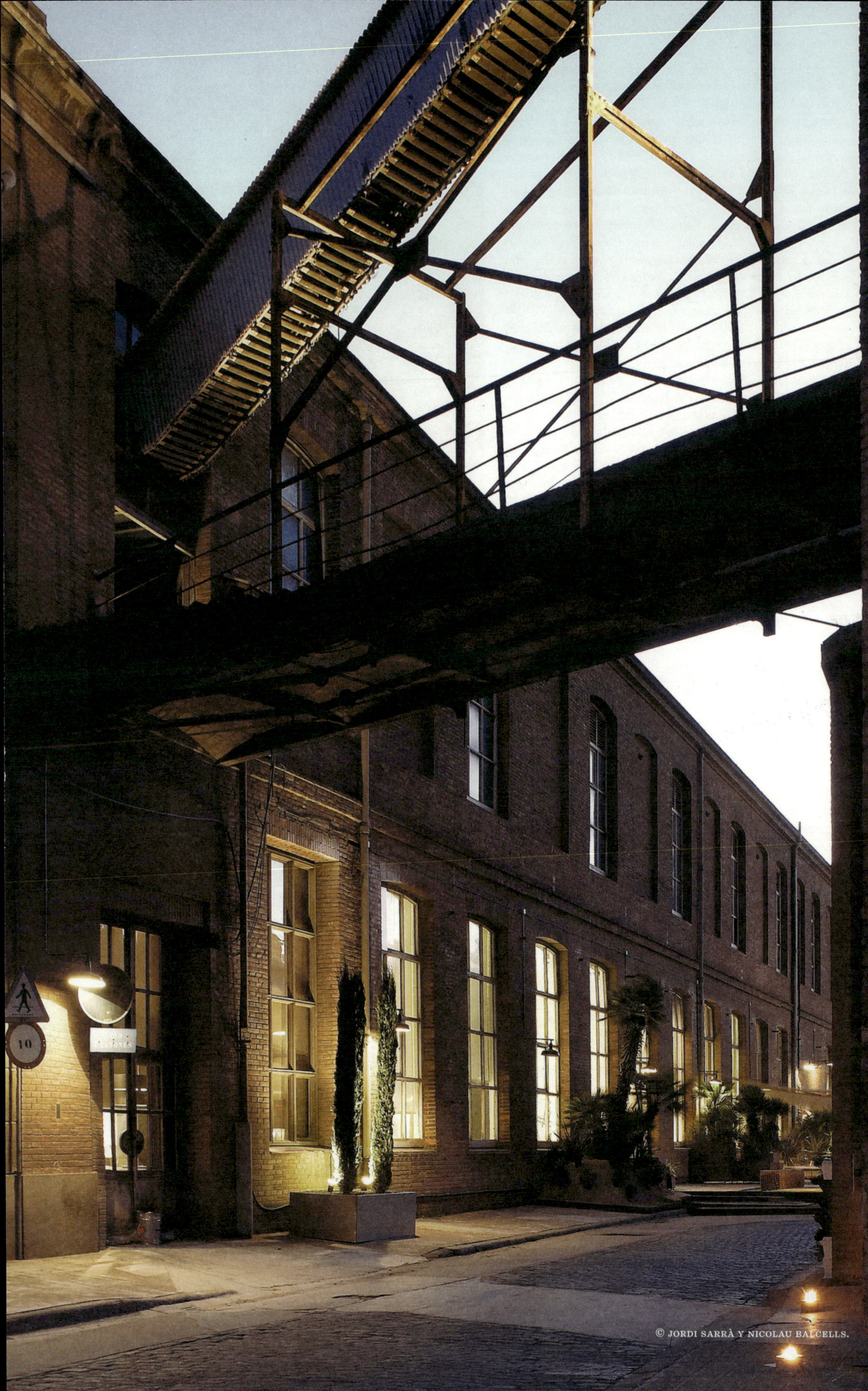
10

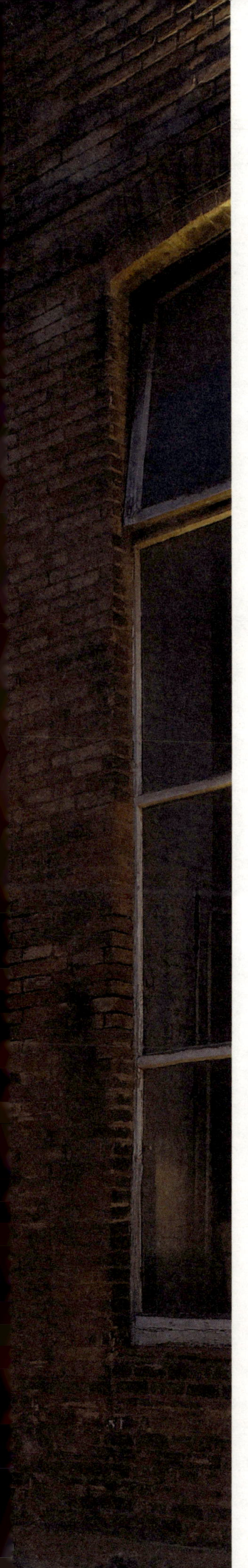

FABRA I COATS
FÀBRICA DE CREACIÓ

SANT ADRIÀ, 20 | SANT ANDREU, 08030 BARCELONA

creaciofabraicoats@bcn.cat | +34 93 311 50 61

OCUPA UNA ANTIGUA NAVE de lo que fue un gran complejo industrial de confección de hilos y tejidos. El edificio central se construyó entre 1920 y 1930, y dispone de una superficie de 12 672 metros cuadrados. Este local municipal está siendo remodelado como espacio de creación multidisciplinar para albergar proyectos emergentes de artes escénicas, música, artes visuales y multimedia. También se desarrollarán programas formativos y será un lugar de representación de propuestas concebidas para algunos de sus espacios más singulares.

OCUPA UNA ANTIGA NAU del que va ser un gran complex industrial de confecció de fils i teixits. L'edifici central es va construir entre el 1920 i el 1930 i disposa d'una superfície de 12 672 metres quadrats. Aquest local municipal està sent remodelat com a espai de creació multidisciplinari per allotjar projectes emergents d'arts escèniques, música, arts visuals i multimèdia. També es desenvoluparan programes formatius i serà un lloc de representació de propostes concebudes per a alguns dels seus espais més singulars.

PLACED IN AN OLD BAY of what used to be a large industrial complex used for the production of thread and clothing. The central building was erected between 1920 and 1930, and it features a surface of 12,672 square meters. This municipal area is being refashioned as a multidisciplinary creative space to host emerging projects of scenic arts, music, visual arts and multimedia. Training programs will also be developed and it will be a place for the representation of proposals conceived specifically for some of its most singular spaces.

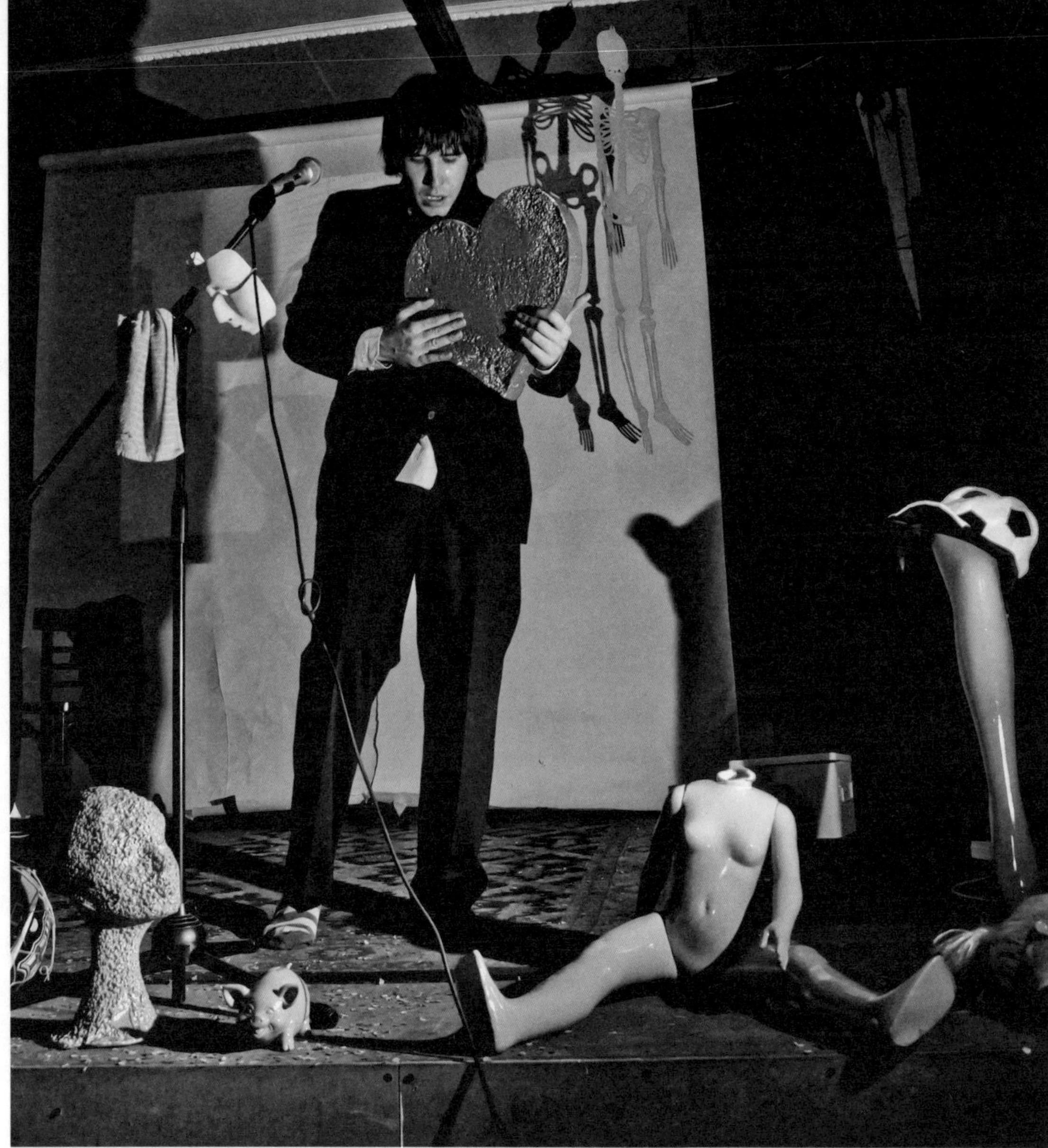

JORDI COROMINAS, *LOOPOESIA.*

▶ rani de Castelló; CGAC, en Santiago de Compostela; CA2M, en Móstoles, Madrid; Transmission Gallery, en Glasgow; Hamburger Bahnhof, en Berlín; fa projects, en Londres; Palais de Tokyo, en París; PS1/MoMA, en Nueva York; IMMA, en Dublín; Mücsarnok Kunsthalle, en Budapest; OK Center For Contemporary Art, en Linz, Austria, y el Museo Carrillo Gil, en México DF, entre otros. Su trabajo está representado actualmente por las galerías Joan Prats, en Barcelona, Horrach Moyà, en Palma de Mallorca, y Artericambi, en Verona. «Ejercicios de melancolía y repetición».

ARTISTA que combina diversos mitjans i suports com el vídeo, la música, el dibuix i la fotografia. Ha exposat individualment a l'Espai 13/Fundació Miró, a Barcelona; a l'Espacio Uno/MNCARS, a Madrid; Zona Emergente/CAAC, a Sevilla; la Fundació Bilbao Arte; el Centre d'Art Santa Mònica, a Barcelona; el MUSAC, a Lleó; l'Espacio 5/CAC, a Màlaga, i el Civic Room, a Londres. També ha participat en nombroses exposicions col·lectives: MARCO, a Vigo; Palau de la Virreina, a Barcelona; EACC, a Castelló; CGAC, a Santiago de Compostela; CA2M, a Móstoles, Madrid; Transmission Gallery, a Glasgow; Hamburger Bahnhof, a Berlín; f a projects, a Londres; Palais de Tokyo, a París; PS1/MoMA, a Nova York; IMMA, a Dublín; Müczarnok Kunsthalle, a Budapest; OK Center For Contemporary Art, a Linz, Àustria; Museu Carrillo Gil, a Mèxic DF; entre d'altres. El seu treball, actualment, el representen les galeries Joan Prats, a Barcelona; Horrach Moyà, a Palma de Mallorca, i Artericambi, a Verona. «Exercicis de melancolia i repetició».

AN ARTIST who combines different media and formats such as video, music, drawing and photography. He has given individual exhibitions at Espai 13/Fundació Miró, in Barcelona; Espacio Uno/MNCARS, in Madrid; Zona Emergente/CAAC, in Seville; the Fundación Bilbao Arte; the Centre d'Art Santa Mònica, in Barcelona; MUSAC, in León; Espacio 5/CAC, in Málaga, and the Civic Room, in London. He has also been involved in a number of collective exhibitions: MARCO, in Vigo; Palau de la Virreina, in Barcelona; EACC, in Castellón; CGAC, in Santiago de Compostela; CA2M, in Móstoles, Madrid; Transmission Gallery, in Glasgow; Hamburger Bahnhof, in Berlín; f a projects, in Londres; Palais de Tokyo, in París; PS1/MoMA, in New York; IMMA, in Dublín; Müczarnok Kunsthalle, in Budapest; OK Center For Contemporary Art, in Linz, Austria, Museo Carrillo Gil, in México DF, among others. His work is currently on show in the Joan Prats Gallery in Barcelona; Horrach Moyà in Palma de Mallorca, and Artericambi in Verona. "Exercises of melancholy and repition."

COROMINAS, JORDI
BARCELONA, 28.04.1979.

O | *Una dona que sap jugar amb els peus (2005), Macrina la madre (2005), Colors (2008), Matar en Barcelona (2009, antólogo), Paseos simultáneos (2010).* **M |** *The Beatles, Joan Salvat Papasseit, T. S. Eliot, Pier Paolo Pasolini, Ludwig Wittgenstein, Arnold Schöenberg, Lewis Carroll, Blas de Otero.* **C |** *Enrique Vila-Matas, Juan Marsé, Juan Vico, Miqui Otero, Agustín Fernández Mallo, Albert Lladó, Rebeca Yanke.*

POETA Y *PERFORMER*. Tras una larga estancia en Roma, regresa a Barcelona en 2000 y sus inquietudes se multiplican en un amplio abanico de actividades: crítica literaria, conducción radiofónica, edición de revistas digitales, prosa de ficción, organización de recitales y una constante exploración poética. Todas esas líneas de acción se unifican en 2009 con la creación, junto a Laura Fillola, de Loopoesía. Un inclasificable e intenso espectáculo que combina la lírica, la danza, el montaje audiovisual y la improvisación escénica en una constante experimentación formal y conceptual. «Mimar lo cotidiano para entender lo profundo. Hiperrealismo contemporáneo asumiendo la absoluta racionalidad del absurdo que nos rodea».

POETA I *PERFORMER*. Després d'una llarga estada a Roma, torna a Barcelona el 2000 i les seves inquietuds es multipliquen en un ampli ventall d'activitats: crítica literària, conducció radiofònica, edició de revistes digitals, prosa de ficció, organització de recitals i una constant exploració poètica. Totes aquestes línies d'acció s'unifiquen el 2009 amb la creació, al costat de Laura Fillola, de Loopoesía. Un inclassificable i intens espectacle que combina la lírica, la dansa, el muntatge audiovisual i la improvisació escènica en una constant experimentació formal i conceptual. «Tractar amb cura el que és quotidià per entendre el que és profund. Hiperrealisme contemporani assumint l'absoluta racionalitat de l'absurd que ens envolta».

POET AND PERFORMER. After a long period in Rome, he returned to Barcelona in 2000, and his concerns multiplied to focus on a wide range of activities: literary criticism, radio presenting, editing digital magazines, fictional prose, the organisation of recitals and constant poetic exploration. All these lines of action came together in 2009 with the creation of Loopoesía together with Laura Fillola. An unclassifiable and intense show which combines lyricism, dance, audiovisual montage, and stage improvisation in constant experimentation of shape and concept. "Caring for everyday things in order to understand deep things. Contemporary hyper-realism accepting the absolute rationality of the absurdity around us."

CORTÉS, RAFA
PALMA DE MALLORCA, 21.09.1973.

O | *La leyenda del Sevillano (2006, cortometraje), videoclip de Mar el poder del mar, de Facto Delafé y Las Flores Azules (2006), Yo (2007), campaña para PHotoEspaña, Fuera de la foto (2008), videoclip de Stop the clocks, de L. A. (2009).* **M |** *Hitchcock, Buñuel, Welles, Dreyer, Polanski, Scorsese, Joseph H. Lewis.* **C |** *Agustí Villaronga (un grandísimo referente tanto personal como artístico), Juan José Millás, Miguel Noguera.*

DIRECTOR Y GUIONISTA DE CINE. Llega a Barcelona en 1992 y empieza a trabajar como ayudante de dirección, tanto en cine como en publicidad. En 2007, tras dirigir varios cortometrajes, videoclips y anuncios publicitarios, estrena *Yo,* su primer largo, escrito junto al actor Àlex Brendemühl. *Yo* fue elegida la Película Revelación del Año en el Festival de Cannes por la Federación Internacional de Críticos de Cine, entre otros muchos premios internacionales. Actualmente alterna la preparación de su próximo largometraje con su brillante carrera publicitaria, la docencia y un proyecto muy personal con nombres de personas como *leitmotiv* en el que experimenta con sus inquietudes hacia el tema de la identidad. «Tiendo a cuestionar la credibilidad de nuestra percepción así como el valor de la verdad. Pienso: "¿Y qué si esto es (o no) verdad?". Y todo desemboca en la más profunda desconfianza hacia uno de los verbos más liantes e impertinentes de nuestro vocabulario, el verbo "ser"».

DIRECTOR I GUIONISTA DE CINEMA. Arriba a Barcelona el 1992 i hi comença a treballar com a ajudant de direcció, tant en cinema com en publicitat. El 2007, després de dirigir diversos curtmetratges, videoclips i anuncis publicitaris, estrena *Yo,* el seu primer llargmetratge, escrit al costat de l'actor Àlex Brendemühl. *Yo* va ser escollida Pel·lícula Revelació de l'Any al Festival de Cannes per la Federació Internacional de Crítics de Cinema, entre molts altres premis internacionals. Actualment alterna la preparació del seu proper llargmetratge amb la seva brillant carrera publicitària, la docència i un projecte molt personal, amb noms de persones com a leitmotiv, en què experimenta amb les seves inquietuds pel tema de la identitat. «Tinc tendència a qüestionar la credibilitat de la nostra percepció així com el valor de la veritat. Penso: "I què si això és (o no) veritat?" I tot desemboca en la més profunda desconfiança cap a un dels verbs més embrollaires i impertinents del nostre vocabulari, el ver "ser"».

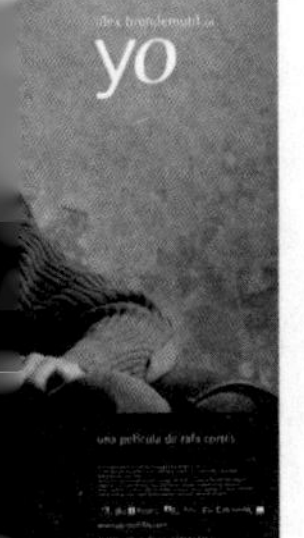

FILM DIRECTOR AND SCRIPTWRITER. He arrived in Barcelona in 1992 and started to work as a director's assistant in advertising and film. In 2007, after directing a number of video clips, advertising spots, he released *Yo,* his first full feature film, written with the actor Àlex Brendemühl. *Yo* was named Revelation of the Year at the Cannes Film Festival, by the International Film Critics Federation, among other international awards. He currently alternates the preparation of his next full length film with a brilliant career in advertising, teaching and a highly personal project with people's names as a leitmotif, in which he experiments with his concerns about identity. "I tend to question the credibility of our perception and the value of truth. I think: 'And…is this real (or not)?' All this results in the deepest mistrust of one of the intriguing and impertinent verbs in our language, the verb 'to be'."

CORTÉS, RODRIGO
PAZOS HERMOS, ORENSE, 31.05.1973.

O | *Yul (1998), 15 días (2000), Concursante (2007), Buried (2010), Emergo (2010, guionista y productor), Red Lights (…).* **M |** *Buster Keaton, Eisenstein, Hitchcock, Martin Scorsese, Wilder, Kubrick…* **C |** *Paul Thomas Anderson, David O. Russell, Spike Jonze, Michel Gondry…*

GUIONISTA, PRODUCTOR Y DIRECTOR DE CINE. A los dieciséis años comenzó a rodar en formato Súper 8 cortometrajes que remedaban a los de Chaplin y Keaton, y que él mismo montaba usando Super Glue 3. De esa forma autodidacta aprendió las reglas de la narrativa cinematográfica. A los veintidós, mientras estudiaba Arte en la universidad, rodó *Yul,* su primer corto profesional, que le valió, entre otros, un premio internacional para rodar el segundo: un «anticorto» de treinta minutos de duración y ciento veinte personajes. Pasó al largometraje con *Concursante,* que le llevó cinco años y hoy es una cinta de culto que se enseña en las escuelas de cine. Su consagración definitiva llegó con *Buried (Enterrado),* cuyo estreno en Sundance consiguió que se formaran colas bajo la nieve y largas ovaciones al final de cada proyección. Actualmente trabaja en *Red Lights,* su tercera película rodada en Barcelona, con Robert De Niro, Sigourney Weaver y Cillian Murphy en los papeles principales. «Si asusta y es improbable, seguramente merece la pena».

GUIONISTA, PRODUCTOR I DIRECTOR DE CINEMA. Als divuit anys va començar a rodar en format súper 8 curtmetratges que imitaven els de Chaplin i Keaton, i que ell mateix muntava fent servir SuperGlue 3. D'aquesta manera autodidacta va aprendre les regles de la narrativa cinematogràfica. Als vint-i-dos, mentre estudiava art a la universitat, va rodar *Yul,* el seu primer curt professional, que li va valer, entre altres, un premi internacional per rodar el segon: un «anticurt» de trenta minuts de durada i cent vint personatges. Es va passar al llargmetratge amb *Concursante,* que li va suposar cinc anys de feina i avui és una cinta de culte que es projecta a les escoles de cinema. La seva consagració definitiva va arribar amb *Buried (Soterrat),* l'estrena del qual va aconseguir que a Sundance es fessin cues sota la neu i llargues ovacions al final de cada projecció. Actualment treballa en *Red Lights,* la seva tercera pel·lícula, rodada a Barcelona amb Robert De Niro, Sigourney Weaver i Cillian Murphy en els papers principals. «Si espanta i és improbable, segurament val la pena».

FILM DIRECTOR, PRODUCER AND SCRIPTWRITER. At the age of sixteen he began filming short films in Super 8 format, in imitation of Chaplin and Keaton, which he edited himself using SuperGlue 3. In this self-taught way he learnt the rules of cinematographic narrative. At twenty-two, while studying Art at university, he filmed *Yul,* his first professional short film, which among other things earned him an international grant for filming the second: an "anti-short" lasting thirty minutes and containing one hundred and twenty characters. He made the move to full length films with *Concursante,* which took him five years, and today is a cult movie shown in film academies. His definitive consecration came with *Buried.* Its premiere at Sundance resulted in queues forming under the snow and long ovations at the end of each screening. He is currently working on *Red Lights,* his third film shot in Barcelona, with Robert de Niro, Sigourney Weaver and Cillian Murphy in the leading roles. "If it's scary and improbable, it's probably worth it."

CRUZ MAS, JORDI
MANRESA, BARCELONA, 29.06.1978.

M| *Ferran Adrià, Martín Berasategui, Joan Roca, Michel Bras, Andoni Luis Aduriz…* **C|** *Oriol Castro, Dani García, Jordi Roca, Grant Achatz…*

CHEF. Aunque no ha tenido la oportunidad de hacer un *stage* en el centro de operaciones de ninguno de los grandes de la cocina mundial, este joven chef del celebrado ABaC de Barcelona reconoce que pertenece a una generación que dispone de tal cantidad de información que fluye a tal velocidad que hoy llamarse «autodidacta» es, como mínimo, inexacto. Por otra parte, ha llegado al oficio en un momento en que ser creativo es la actitud normal de un chef. Y él, con un pie en la tradición culinaria catalana, postula como máxima que, en la cocina, memoria y creatividad siempre han ido de la mano. «Mi cocina tiene como base un producto de máxima calidad que da prioridad a la proximidad, pero no rechaza la singularidad de los productos mientras estén en su mejor momento. En cuanto a tradición o modernidad, siempre he pensado que no son cosas opuestas; es más, creo que se completan, y en nuestro trabajo se puede ver con claridad que creatividad y memoria van de la mano».

XEF. Tot i que no ha tingut l'oportunitat de fer un *stage* al centre d'operacions de cap dels grans de la cuina mundial, aquest jove xef del celebrat ABaC de Barcelona reconeix que pertany a una generació que disposa d'una quantitat tan gran d'informació que flueix a tal velocitat que avui dir-se «autodidacta» és, pel cap baix, inexacte. D'altra banda, ha arribat a l'ofici en un moment en què ser creatiu és l'actitud normal d'un xef. I ell, amb un peu a la tradició culinària catalana, postula com a màxima que, a la cuina, memòria i creativitat sempre han anat de la mà. «La meva cuina té com a base un producte de màxima qualitat que dóna prioritat a la proximitat, però no rebutja la singularitat dels productes mentre estiguin en el seu millor moment. Pel que fa a tradició o modernitat, sempre he pensat que no són coses oposades; és més, crec que es completen, i a la nostra feina es pot veure amb claredat que creativitat i memòria van de la mà».

CHEF. Although he has not yet had the chance to find a stage at the heart of operations in any of the world cuisine greats – this young chef from the famous ABaC in Barcelona admits that he is part of a generation which has access to so much information, flowing at such a speed that to call oneself "self-taught" is imprecise, to say the least. Furthermore, he has come into the job at a time where being creative is a normal attitude for a chef. And he, with one foot in traditional Catalonian cuisine, works on the basis that in the kitchen, memory and creativity have always gone hand in hand. "My cooking is based on a top quality product which makes proxi-mity the priority, but does not reject the uniqueness of produce when at their best time. As for tradition or modernity, I have always thought that they are not opposites; what's more, I think they complement each other and in our line of work we can see clearly that creativity and memory go hand in hand."

CUENCA SANDOVAL, MARIO
SABADELL, BARCELONA, 11.03.1975.

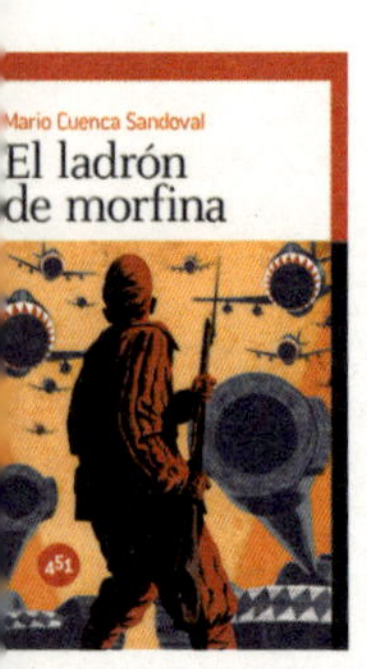

O| *Todos los miedos (2005), El libro de los hundidos (2006), Guerra del fin del sueño (2008), Boxeo sobre hielo (2007), El ladrón de morfina (2010).* **M|** *Georges Perec, Nabokov, Don DeLillo, Philip Roth, E. L. Doctorow, Bukowski, Borges, Cortázar, César Aira, García Márquez, Arreola, Bolaño, Vila-Matas, Sebald, Joseph Roth…* **C|** *Ricardo Menéndez Salmón, Andrés Neuman, Vicente Luis Mora.*

ESCRITOR. Licenciado en Filosofía y ganador de premios de poesía como Surcos y Vicente Núñez, y del Andalucía Joven de Narrativa, vive en Córdoba y trabaja como profesor de secundaria. Su segunda novela, *El ladrón de morfina* —tres soldados americanos (uno colombiano) en la Guerra de Corea, en una sensual y alucinada historia—, ha merecido el elogio unánime de la crítica, que ve en ella trazas de Burroughs, Ballard y la tradición *beat*. «Mi ideal estético: "La exactitud del delirio"».

ESCRIPTOR. Llicenciat en Filosofia i guanyador de premis de poesia com el Surcos i el Vicente Núñez, i de l'Andalucía Joven de Narrativa, viu a Còrdova i treballa de professor de secundària. La seva segona novel·la, *El ladrón de morfina* —tres soldats americans (un de colombià) a la Guerra de Corea, en una sensual i al·lucinada història—, ha merescut l'elogi unànime de la crítica, que hi veu traces de Burroughs, Ballard i la tradició *beat*. «El meu ideal estètic: "L'exactitud del deliri"».

WRITER. With a degree in Philosophy and recipient of poetry awards such as Surcos and Vicente Núñez, and winner of the Andalusian Young Narrative Prize, he lives in Cordoba and works as a secondary school teacher. His second novel *El ladrón de morfina* – three American soldiers (one Colombian) in the Korean War, in a sensual and visionary story – has earned unanimous praise from critics, who have spotted in the book traces of Burroughs, Ballard and the *beat* tradition. "My aesthetic ideal: 'The exactitude of delirium'."

CUNILLÉ, LLUÏSA
BADALONA, BARCELONA, 28.10.1961.

O| *Rodeo (1992), Accident (1996), Dotze treballs (1998), L'afer (1999), La cita (1999), Passatge Gutenberg (2000), Et diré sempre la veritat (2002), Aquel aire infinito (2003), Vianants (2004, con Paco Zarzoso), Barcelona, mapa d'ombres (2004), Occisió (2005), La cantant calba al McDonnald's (2006), Après moi, le déluge (2007), El bordell (2008), El temps (2010).*

DRAMATURGA. Con más de cuarenta obras estrenadas, es, a decir de Carles Batlle, la autora que más ha incidido en el panorama del nuevo teatro español. Estudió dramaturgia en los seminarios que José Sanchis Sinisterra impartía en la Sala Beckett y en 1995 fundó la Companyia Hongaresa de Teatre, junto a Paco Zarzoso y Lola López. A lo largo de su trayectoria ha recibido prestigiosos premios como el Institució de les Lletres Catalanes, el Ciutat de Barcelona, el Premi Nacional de Teatre de Catalunya y el Lletra d'Or al mejor libro del año 2008 por *Après moi, le déluge*, siendo la primera vez que se concede dicho premio a un texto teatral. «Su producción realiza una sutil e implacable exploración de los límites de la opacidad. A esto hay que añadir la renuncia a lo espectacular y la extremada economía dramatúrgica que caracterizan también su poética "sustractiva"» (José Sanchis Sinisterra).

DRAMATURGA. Amb més de quaranta obres estrenades és, segons el que ens en diu Carles Batlle, l'autora que més ha incidit en el panorama del nou teatre espanyol. Va estudiar dramatúrgia als seminaris que José Sanchis Sinisterra impartia a la Sala Beckett i el 1995 va fundar la Companyia Hongaresa de Teatre, juntament amb Paco Zarzoso i Lola López. En el transcurs de la seva trajectòria ha rebut prestigiosos premis com el Institució de les Lletres Catalanes, el Ciutat de Barcelona, el Premi Nacional de Teatre de Catalunya i el Lletra d'Or al millor llibre de l'any 2008 per *Après moi, le déluge*, sent aquesta la primera vegada que es concedia aquest premi a un text teatral. «La seva producció du a terme una subtil i implacable exploració dels límits de l'opacitat. A això cal afegir-hi la renuncia a allò espectacular i l'extremada economia dramatúrgica que caracteritza també la seva poètica "substractiva"» (José Sanchis Sinisterra).

PLAYWRIGHT. With over forty plays having been produced she is, in the words of Carles Batlle, the most influential writer in modern Spanish theatre. She studied dramatic art at the seminars given by José Sanchis Sinisterra at the Beckett Rooms in 1995, founded by the Companyia Hongaresa de Teatre, with Paco Zarzoso and Lola López. Over the course of her career she has received prestigious awards such as the Institució de les Lletres Catalanes, the Ciutat de Barcelona, the Catalonian National Theatre Prize, and the Lletra d'Or for the best book of the year 2008 for *Après moi, le deluge*, the first time this was awarded to a dramatic text. "Her work is a subtle and incessant exploration of the limits of opacity. This is then added to her renouncing of the spectacular and extreme dramatic economy which characterise her 'subtractive' poetry." (José Sanchis Sinisterra).

D'ANIELLO, OSCAR (DELAFÉ)
BARCELONA, 06.07.1977.

O | *Como Facto Delafé y las Flores Azules: vs. El Monstruo de las Ramblas (2005), En la Luz de la Mañana (2007). Como Delafé y las Flores Azules: vs. Las Trompetas de la Muerte (2010). Como miembro de Mishima: Lipstick Traces (2000), The Fall Of Public Man (2003), Trucar a Casa. Recollir les Fotos. Pagar la Multa (2005), Set tota la vida (2007), Ordre i Aventura (2010).* **M |** *En la música: James Brown, Marvin Gaye, Fugazi, Wu-Tang Clan, Yo la Tengo, Pixies, The Flaming Lips, Scott Walker, Sisa, Joan Manuel Serrat o Albert Pla. Otros: Jiro Taniguchi, Miguel de Unamuno, John Cassavetes, Fellini, Michael Jordan.* **C |** *Kanye West, Nacho Vegas, Paco Loco, Dave Fridmann, Christophe Blain, Andrés Iniesta.*

LETRISTA, MÚSICO, CANTANTE Y PROFESOR. Conocido como Delafé, su carrera comenzó a los diecisiete años pinchando música, trabajando en tiendas de discos, colaborando en programas de radio y escribiendo en revistas como Rock Sound y Tierra. En 1998 fundó, junto a David Carabén, la banda Mishima, y en 2003, junto a Marc Barrachina y más tarde Helena Miquel, Facto Delafé y las Flores Azules, agrupación encargada de la banda sonora de la película *Yo soy la Juani*, de Bigas Luna. En 2010 inicia junto a la mencionada Helena Miquel y Dani Acedo una nueva etapa en su carrera musical, esta vez como Delafé y las Flores Azules. Por su trayectoria ha ganado diversos premios y participado en numerosos festivales musicales. «La falta de técnica nunca ha sido un contratiempo en mi carrera, al revés, ha significado ser o sonar diferente».

LLETRISTA, MÚSIC, CANTANT I PROFESSOR. Conegut com Delafé, la seva carrera va començar als disset anys punxant música, treballant a botigues de discos, col·laborant a programes de ràdio i escrivint a revistes com Rock Sound i Tierra. El 1998 va fundar, al costat de David Carabén, el grup Mishima, i el 2003, al costat de Marc Barrachina i més tard d'Helena Miquel, Facto Delafé y las Flores Azules, agrupació encarregada de la banda sonora de la pel·lícula *Yo soy la Juani*, de Bigas Luna. El 2010 inicia, al costat de l'esmentada Helena Miquel i de Dani Acedo, una nova etapa en la seva carrera musical, aquest cop com Delafé y las Flores Azules. Per la seva trajectòria ha guanyat diversos premis i ha participat en nombrosos festivals musicals. «La manca de tècnica mai no ha estat un contratemps en la meva carrera, a l'inrevés, ha significat ser o sonar diferent».

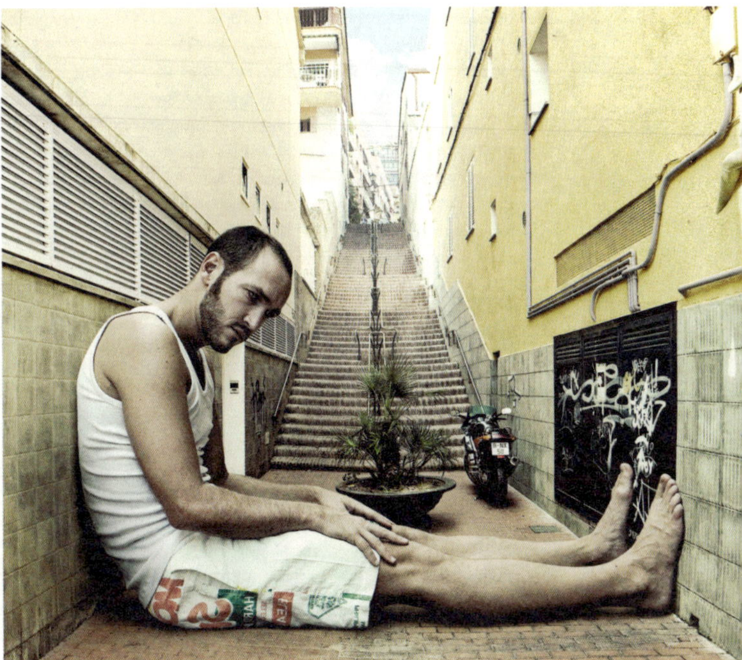

OSCAR D'ANIELLO (DELAFÉ).

LYRIC WRITER, MUSICIAN, SIGNER AND TEACHER. Known as Delafé, his career started at the age of seventeen as a DJ, working in record stores, working on radio programmes and writing in magazines such as Rock Sound and Tierra. In 1998 he joined forces with David Carabén to found the band Mishima, and in 2003, alongside Marc Barrachina and later Helena Miquel, Facto David and Flores Azules, the group in charge of the soundtrack for the film *Yo soy la Juani*, by Bigas Luna. In 2010 he started a new era in his musical career alongside Helena Miquel and Dani Acedo, this time as Delafé y las Flores Azules. He has received a number of awards for his work and has been involved in a number of music festivals. "A lack of technique has never been a stumbling block in my career, on the contrary, It has meant being or sounding different."

DALMAU, CUSTO
TREMP, LÉRIDA, 1959.

C | *David Dalmau.*

DISEÑADOR DE MODA. Tras pasar su infancia y adolescencia en Barcelona, empezó a estudiar Arquitectura pensando que se trataba de una carrera creativa. Un verano decidió hacer un viaje en moto por Estados Unidos junto a su hermano David, con el que siempre ha estado muy vinculado. En el sur de California los hermanos Dalmau descubrieron la cultura del surf, muy distinta en su estilo de vida y forma de vestir a lo que habían visto hasta entonces en Europa o Nueva York. Al volver, comenzaron a diseñar camisetas combinando estampados con sedas y el resultado fue el que ha convertido a Custo Barcelona (inicialmente se llamó Custo of Barcelona) en un referente mundial. Ha recibido, entre otros, el Premio Kore, conocido como el Óscar de la moda. Los protagonistas de series famosas como *Friends* o *Sexo en Nueva York* aparecían en pantalla vistiendo sus prendas, igual que actores y modelos como Brad Pitt, Claudia Schiffer o Natalie Portman. Hasta la muñeca Barbie celebró su cuarenta y cinco cumpleaños vistiendo un diseño exclusivo de Custo Barcelona. «Customanía».

DISSENYADOR DE MODA. Després de passar la infància i l'adolescència a Barcelona, va començar a estudiar Arquitectura pensant que era una carrera creativa. Un estiu va decidir fer un viatge amb moto pels Estats Units al costat del seu germà David, a qui sempre ha estat molt vinculat. Al sud de Califòrnia els germans Dalmau van descobrir la cultura del surf, molt diferent pel que fa a l'estil de vida i la manera de vestir del que havien vist fins aleshores a Europa o Nova York. En tornar, van començar a dissenyar samarretes combinant estampats amb sedes i el resultat va ser el que ha convertit Custo Barcelona (que inicialment es va dir Custo of Barcelona) en un referent mundial. Ha rebut, entre d'altres, el Premi Kore, conegut com l'Oscar de la moda. Els protagonistes de sèries famoses com ara *Friends* o *Sexe a Nova York* sortien a pantalla vestint les seves peces, igual que alguns actors i models com Brad Pitt, Claudia Schiffer o Natalie Portman. Fins i tot la nina Barbie va celebrar els seus quaranta-cinc anys vestida amb un disseny exclusiu de Custo Barcelona. «Customania».

FASHION DESIGNER. After spending his childhood and teenage years in Barcelona, he began studying Architecture thinking that it was a creative course. One summer he decided to travel on a motorbike around the United States with his brother David, who he had always been close to. In southern California the Dalmau brothers discovered surf culture, very different in lifestyle and dress sense to what they had seen in Europe or New York. Upon their return, they started designing t-shirts combining patterns with silks and the result of this has made Custo Barcelona (originally names Custo of Barcelona) into a worldwide reference point. Among other awards he has received the Kore Prize, known as the Oscar of the fashion world. The stars of famous serials such as *Friends* or *Sex in the City* appeared on screen wearing their clothes, as well as actors and models such as Brad Pitt, Claudia Schiffer or Natalie Portman. Even the Barbie Doll celebrated her forty-fifth birthday wearing an exclusive Custo Barcelona design. "Customania."

DAULTE, JAVIER
BUENOS AIRES, 18.03.1963.

O | *Criminal (1996), Gore (2000), La Escala Humana (2001), Bésame Mucho (2002), 4D Óptico (2003), ¿Estás ahí? (2004), Nunca estuviste tan adorable (2004), Automáticos (2005), La Felicidad (2006), Cómo es posible que te quiera tanto (2007), Caperucita (2009), Proyecto Vestuarios (2010).* **M |** *Ricardo Monti, Samuel Beckett, Harold Pinter, William Shakespeare, Teatro de la Complicidad, Krystian Lupa, Arthur Kopit, Alfred Hitchcock, Steven Spielberg.* **C |** *Ricardo Bartís, Rafael Spregelburd, Claudio Tolcachir, Jordi Casanovas, Annie Baker.*

GUIONISTA, DRAMATURGO Y DIRECTOR DE TEATRO. Fue fundador del ya disuelto grupo Caraja-ji de Buenos Aires. Sus «comedias dramáticas» han contribuido a la renovación del teatro en Buenos Aires y Barcelona, al introducir en sus argumentos elementos fantásticos y de género dentro de una construcción hiperrealista que se manifiesta a través de sus ágiles diálogos. Ha dirigido textos ajenos como *Baraka*, de María Goos, o *Un dios salvaje*, de Yasmina Reza. Dicta cursos y seminarios de actuación y dramaturgia en Buenos Aires, Barcelona, Madrid, México, Caracas, entre otras ciudades, y ha participado en numerosos festivales internacionales. Es asesor de la Escuela de Interpretación Eòlia de Barcelona, donde se enseña su método para actores bajo el nombre de «Procedimiento Daulte». Entre 2006 y 2009 fue director artístico del teatro La Villarroel de Barcelona. Ha recibido más de sesenta distinciones tanto en su país como en el ámbito internacional, y varias de sus obras han sido llevadas al cine. «El teatro no debe transmitir ideas, sino inventarlas».

GUIONISTA, DRAMATURG I DIRECTOR DE TEATRE. Va ser fundador de l'ara ja dissolt grup Caraja-ji de Buenos Aires. Les seves «comèdies dramàtiques» han contribuït a la renovació del teatre a Buenos Aires i a Barcelona, introduint en els seus arguments elements fantàstics i de gènere dins una construcció hiperrealista que es manifesta a través dels seus àgils diàlegs. Ha dirigit textos aliens com *Baraka*, de María Goos, o *Un dios salvaje*, de Yasmina Reza. Imparteix cursos i seminaris d'actuació i dramatúrgia a Buenos Aires, Barcelona, Madrid, Mèxic i Caracas, entre altres ciutats, i ha participat en nombrosos festivals internacionals. És assessor de l'Escola d'Interpretació Eòlia, de Barcelona, on el seu mètode per a actors s'ensenya sota el nom de «Procediment Daulte». Entre el 2006 i el 2009 va ser director artístic del teatre La Villarroel de Barcelona. Ha rebut més de seixanta distincions tant al seu país com en l'àmbit internacional, i vàries obres seves han estat dutes al cinema. «El teatre no ha de transmetre idees sinó inventar-les».

SCRIPTWRITER, PLAYWRIGHT AND THEATRE DIRECTOR. He founded the former group Caraja-ji in Buenos Aires. His "dramatic comedy" has helped renew theatre in both Buenos Aires and Barcelona, introducing elements of fantasy into its themes, within a hyper-realistic setup demonstrated through its agile dialogue.

He has directed plays by others such as *Baraka*, by María Goos, or *Un dios salvaje*, by Yasmina Reza. He teaches acting and drama courses and seminars in Buenos Aires, Barcelona, Madrid, Mexico, and Caracas among other cities, and has taken part in a large number of international festivals. He is an advisor at the Eòlia School of Drama in Barcelona, where his acting method is taught under the name "Daulte Procedure." From 2006 to 2009 he was the artistic director at the La Villarroel theatre in Barcelona. He has received over sixty distinctions both in his own country and internationally, and a large number of his plays have been performed in the theatre. "Drama should not transmit ideas, but invent them."

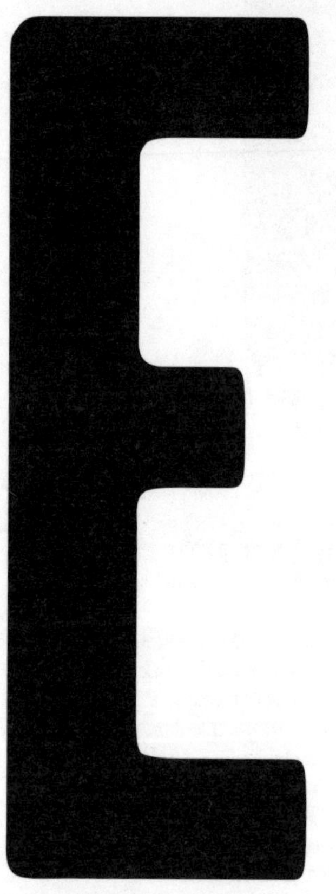

EL DELGADO BUIL
ANNA FIGUERA DELGADO: LÉRIDA, 28.01.1981.
MACARENA RAMOS BUIL: CASTELLÓN, 12.01.1981.

O | *Crazy Kids (otoño-invierno 2005-06), Black Friday (otoño-invierno 2006-07), My family goes to Oklahoma (otoño-invierno 2007-08), Dreamland (verano 2008), Hermanos Bunker Hermanas Yates (otoño-invierno 2008-09), Porcelana (primavera-verano 2009), Super Furry Animals (otoño-invierno 2010-11).* **M |** *Ava Gardner, Mia Farrow, Wes Anderson, Ryan McGinley, Coco Chanel, Boris Mikhailov, Miranda July, Elizabeth Peyton, Arthur Schnitzler, Maurice Sendak, Francis Ford Coppola, Éric Rohmer, Halston en los 70.* **C |** *Alber Elbaz, Marc Jacobs, Yves saint Laurent, Phoebe Philo, Dries Van Noten, Stefano Pilati, Rodarte, Opening Ceremony, Ann-Sofie Back, Proenza Schouler, Acne Jeans, Christopher Kane.*

FIRMA DE DISEÑO DE MODA fundada en 2004 por Anna Figuera Delgado y Macarena Ramos Buil después de que ambas se graduaran en la Escuela Superior de Diseño de Barcelona. Ganadoras del Premio L'Oreal a la mejor colección joven de la Pasarela Cibeles durante dos años consecutivos, sus colecciones, tanto para hombre como para mujer, pueden estar inspiradas en la cultura folk norteamericana de los años cincuenta, el *brit pop* o el más refinado estilo británico clásico e intemporal. «Siempre concebimos las prendas, al menos las superiores, como unisex. Lo que para un chico es una camiseta, para una chica es un vestido».

FIRMA DE DISSENY DE MODA fundada per Anna Figuera Delgado i Macarena Ramos Buil, després que totes dues es graduessin a l'Escola Superior de Disseny de Barcelona. Guanyadores del premi

L'Oréal a la millor col·lecció jove de la passarel·la Cibeles durant dos anys consecutius, les seves col·leccions, tant per a home com per a dona, poden estar inspirades en la cultura folk nord-americana dels anys cinquanta, el *brit pop* o el més refinat estil britànic clàssic i intemporal. «Sempre concebem les peces, almenys les superiors, com a unisex. Allò que per a un noi és una samarreta, per a una noia és un vestit».

FASHION DESIGN BRAND founded by Anna Firma Delgado and Macarena Ramos Buil after both graduated from the Senior School of Design in Barcelona. Winners of the L'Oreal prize for best young collection at the Cibeles Fashion Show for two consecutive years, their collections, both for men and women, are inspired by 1950's American folk culture, Brit Pop or the most refined classic and timeless British style. "We always conceive clothing – at least outerwear, as unisex. What is a shirt for a man is a dress for a woman."

ELS AMICS DE LES ARTS
BARCELONA, 2005.

O | *Demos Catalonautes (2005), Roulotte Polar (2005), Castafiore Cabaret (2008), Càpsules Hoi-poi (2009), Submarí Pop. Tribut català a The Beatles (2010), Bed & Breakfast (2010).* **C** | *Antònia Font.*

CUARTETO DE FOLK POP integrado por Joan Enric Barceló, Eduard Costa, Ferran Piqué y Dani Alegret. Comenzaron tocando en un piso de estudiantes y pronto se convirtieron en una de las promesas de la música catalana actual. Se dieron a conocer con las demos Catalonautes y Roulotte Polar. Con sus melodías sencillas y lenguaje irónico han conseguido diversos premios, entre ellos siete Enderrock y Mejor Disco Catalán del Año 2010 otorgado por los oyentes de Ràdio4. Con *Bed & Breakfast* (2010), disco del que han vendido más de veinte mil copias, les llegó la consagración. «Trabajamos en capas, haciendo muchas cosas diferentes».

QUARTET DE FOLK POP integrat per Joan Enric Barceló, Eduard Costa, Ferran Piqué i Dani Alegret. Van començar tocant en un pis d'estudiants i aviat van esdevenir una de les promeses de la música catalana actual. Es van donar a conèixer amb les demos Catalonautes i Roulotte Polar. Amb les seves melodies senzilles i un llenguatge irònic han aconseguit diversos premis, entre els quals, set Enderrock i el Millor Disc Català de l'Any 2010 atorgat pels oients de Ràdio4. Amb *Bed & Breakfast* (2010), disc del qual n'han venut més de vint mil còpies, els va arribar la consagració. «Treballem a capes, fent moltes coses diverses».

FOLK POP QUARTET consisting of Joan Enric Barceló, Eduard Costa, Ferran Piqué and Dani Alegret. They began playing together in a student flat and soon became one of the most promising acts in current Catalonian music. They became known through their demos Catalonautes and Roulotte Polar. With their simple melodies and ironic language they have earned a number of awards, including seven Enderrock awards and Best Catalonian Record of the Year 2010 voted by the listeners of Ràdio4. With *Bed & Breakfast* (2010), which has sold over twenty thousand copies, they found their consecration. "We work in layers, doing lots of different things."

ELS COMEDIANTS
BARCELONA, 19.11.1971.

O | *Catacroc (1973), Sarao de gala (1976), Sol solet (1978), La nit (1987), Clausura de los Juegos Olímpicos de Barcelona (1992), T.E.M.P.U.S. (1997), Bi. Dos mundos, dos miradas (2001, estreno en Pekín), Numeralia (2008).*

COLECTIVO DE ACTORES, MÚSICOS Y ARTISTAS de diversas disciplinas, conocido principalmente por su trabajo teatral. Reunidos alrededor de la escuela de teatro independiente de Barcelona, han cumplido cuarenta años dando la vuelta al mundo con espectáculos inspirados en mitos populares, símbolos religiosos y rituales paganos que ellos recrean desde la absoluta libertad expresiva y solo acotados por «el espíritu festivo de la naturaleza humana». «Cualquier lugar puede servir de escenario (un barrio entero o la estación de metro de Times Square), cualquier elemento puede ser objeto de dramatización (una cama, un vaso de leche), cualquier lenguaje

es válido (música, circo, mimo). ¿Nuestro objetivo? Plantear un teatro de los sentidos, pero también de la provocación: la que supone el optimismo frente a ciertas realidades actuales».

COL·LECTIU D'ACTORS, MÚSICS I ARTISTES de diverses disciplines, conegut principalment pel seu treball teatral. Reunits al voltant de l'escola de teatre independent de Barcelona, han fet quaranta anys donant la volta al món amb espectacles inspirats en mites populars, símbols religiosos i rituals pagans que ells recreen des de l'absoluta llibertat expressiva i només acotats per «l'esperit festiu de la naturalesa humana». «Qualsevol lloc pot servir d'escenari (un barri sencer o l'estació de metro de Times Square), qualsevol element pot ser objecte de dramatització (un llit, un got de llet), qualsevol llenguatge és vàlid (música, circ, mim). ¿El nostre objectiu? Plantejar un teatre dels sentits, però també de la provocació: la que representa l'optimisme davant de certes realitats actuals».

TROUPE OF ACTORS, MUSICIANS AND ARTISTS from various disciplines known primarily for its theatre work. United around the Barcelona school of independent theatre, the group has been travelling the world for forty years putting on shows inspired by popular myths, religious symbols and pagan rituals reinterpreted with absolute artistic freedom and limited only by the "festive spirit of human nature." "Any place can serve as a stage (an entire neighbourhood or the subway station at Times Square), any object can be dramatized (a bed, a glass of milk), any language is valid (music, circus, mime). Our objective? Create a theatre of the senses, though one of provocation as well, which requires optimism in the face of certain realities today."

EMILIANA DESIGN
ANA MIR: VALENCIA, 06.06.1969.
EMILI PADRÓS: BARCELONA, 14.12.1969.

O | *Asiento Vespa Cavallet (1997), tampón promocional Comme des Garçons (2007), alfombra Flying Carpet (2002), silla Palet (2007), taburete Naoshima (2009), colección Zigzag (2010), instalación Niu d'Estiu (2010).* **M** | *Charles & Ray Eames, Denis Santachiara, Gaetano Pesce, Achille Castiglioni...* **C** | *Stefan Diez, Hella Jongerius, Konstantin Grcic, Boym Studio, Inga Sempé...*

DISEÑADORES. Ana Mir y Emili Padrós son Máster en Diseño Industrial por el Central Saint Martins de Londres. En 1996 fundan Emiliana Design Studio para el desarrollo de producto, mobiliario, interiorismo, comisariado y diseño de exposiciones. Se caracterizan por ofrecer un renovado enfoque en cada proyecto. Se centran en la experimentación con materiales, objetos y espacios, y logran involucrar al usuario de manera participativa, sin olvidar los aspectos funcionales, técnicos y productivos. Muchos de sus diseños y conceptos han recorrido exposiciones en Milán, París, Tokio, Sídney ▶

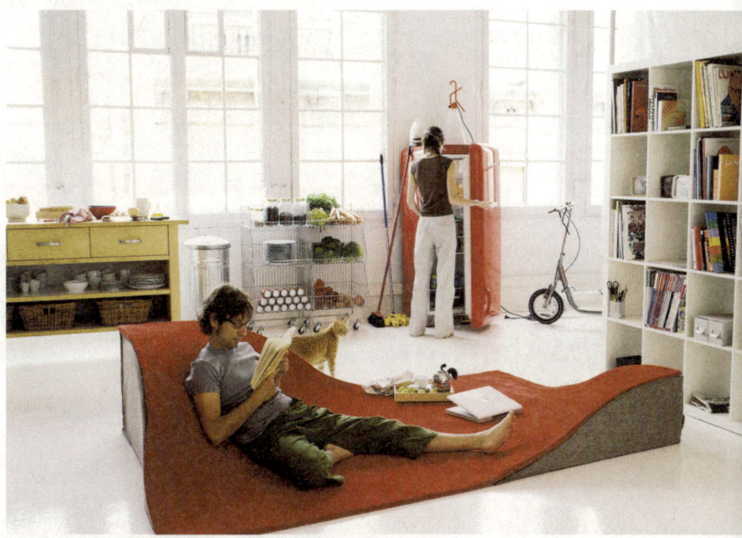

EMILIANA DESIGN, *FLYING CARPET*, 2002.
PRODUCCIÓN: NANI MARQUINA. © ALBERT FONT.

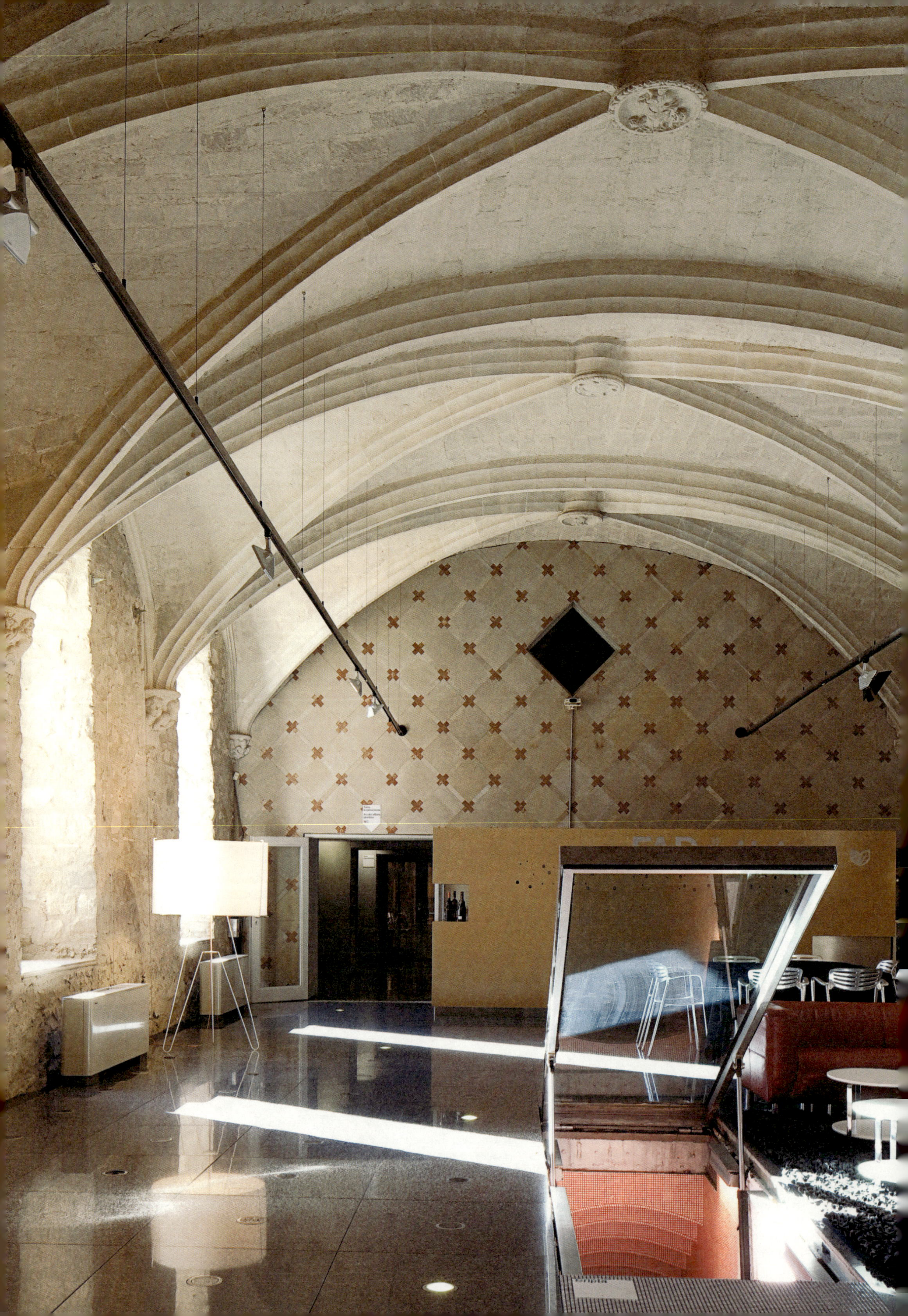

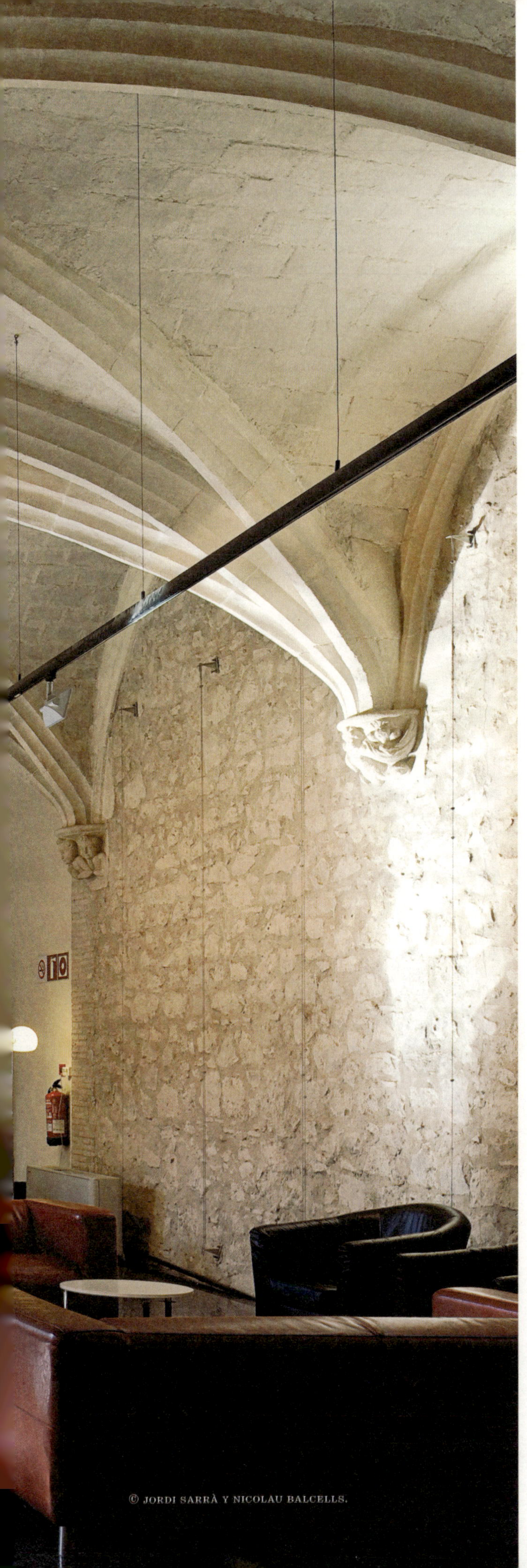

FAD

(FOMENT DE LES ARTS I DEL DISSENY)
PLAÇA DELS ÀNGELS, 5 | BARRIO DEL RAVAL, 08001 BARCELONA
fad.cat | +34 93 443 75 20 | fad@fad.cat

ASOCIACIÓN INDEPENDIENTE, PRIVADA Y SIN FINES DE LUCRO, formada por más de 1 500 socios y orientada a promover la creación en los ámbitos de la arquitectura, las artes plásticas y el diseño. Fue fundada en 1903 y está enclavada en un antiguo convento (el Convent dels Àngels) cuyo edificio de naves góticas data del siglo XVI y fue recuperado por los arquitectos Lluís Clotet e Ignacio Paricio en 1999. Articulada en torno a seis asociaciones (ADI-FAD, de diseño industrial; ADG-FAD, de diseño gráfico y comunicación visual; ARQUIN-FAD, de arquitectura e interiorismo; A-FAD, de arte y artesanía; ORFEBRES-FAD, de joyería; y MODA-FAD, de imagen y moda), su objetivo es introducir dichas disciplinas en la vida económica y cultural de Cataluña. Para ello lleva a cabo actividades de promoción de la cultura creativa y organiza exposiciones, premios y conferencias, entre otros eventos que adquieren un carácter singular entre las gruesas paredes de piedra y las instalaciones modernas de sus salas.

ASSOCIACIÓ INDEPENDENT, PRIVADA I SENSE ÀNIM DE LUCRE, formada per més de 1 500 socis i orientada a promoure la creació en els àmbits de l'arquitectura, les arts plàstiques i el disseny. Es va fundar el 1903 i està enclavada en un antic convent (el Convent dels Àngels), edifici de naus gòtiques que data del segle XVI i que va ser recuperat pels arquitectes Lluís Clotet i Ignacio Paricio el 1999. Articulada al voltant de sis associacions (ADI-FAD, de disseny industrial; ADG-FAD, de disseny gràfic i comunicació visual; ARQUIN-FAD, d'arquitectura i interiorisme; A-FAD, d'art i artesania; ORFEBRES-FAD, de joieria; i MODA-FAD, d'imatge i moda), el seu objectiu és introduir aquestes disciplines a la vida econòmica i cultural de Catalunya. Per fer-ho, du a terme activitats de promoció de la cultura creativa i organitza, entre altres esdeveniments, exposicions, premis i conferències que, entre les parets gruixudes de pedra i les instal·lacions modernes de les sales, adquireixen un caràcter singular.

PRIVATE AND INDEPENDENT NON-PROFIT ASSOCIATION, formed by over 1500 members and geared towards the promotion of creation in the fields of architecture, plastic arts and design. It was established in 1903 and it is found in a former convent (Convent dels Àngels) whose building of Gothic naves dates from the XVI century and was restored in 1999 by the architects Lluís Clotet and Ignacio Paricio. Organized around six associations (ADI-FAD for industrial design; ADG-FAD for graphic design and visual communication; ARQUIN-FAD for architecture and interior design; A-FAD for arts and crafts; ORFEBRES-FAD for jewelry; and MODA-FAD for image and design), its goal is to introduce such disciplines in the economic life and culture of Catalonia. To this end, it carries out promotional activities of creative culture and it organizes exhibitions, awards and conferences, among other events, which assume a singular character within the thick stone walls and the modern facilities of its halls.

▶ o el MoMA de Nueva York, y algunos forman parte de las colecciones permanentes del Fond National d'Art Contemporain de Francia, del Museo de Artes Decorativas de Barcelona y del Museum of Art of Indianapolis de Estados Unidos. Han diseñado exposiciones para museos y centro culturales como el CCCB, el Museo de Arte Contemporáneo de Toyota en Japón, el Museum für Angewandte Kunst de Fráncfort, el Salvador Dalí Museum de Florida o La Pedrera. Centre Cultural Caixa Catalunya, entre otros. «Nuestra visión del diseño parte de la experimentación y de la prospectiva de nuevos escenarios, donde perseguimos que las relaciones entre objetos, espacios y usuarios sean lo más emotivas, participativas y creativas posibles».

DISSENYADORS. Ana Mir i Emili Padrós són Màster en Disseny Industrial pel Central Saint Martins de Londres. El 1996 funden Emiliana Design Studio per al desenvolupament de producte, mobiliari, interiorisme, comissariat, i disseny d'exposicions. Es caracteritzen per oferir un enfoc renovat a cada projecte. Es centren en l'experimentació amb els materials, objectes i espais, i aconsegueixen involucrar l'usuari d'una manera participativa, sense oblidar els aspectes funcionals, tècnics i productius. Molts dissenys, idees i conceptes seus han recorregut exposicions a Milà, París, Tòkio, Sidney o el MoMA de Nova York, i uns quants formen part de les col·leccions permanents del Fonds National d'Art Contemporain de França, del Museu d'Arts Decoratives de Barcelona i del Museum of Art of Indianapolis dels Estats Units. Han dissenyat exposicions per a museus i centres culturals com el CCCB, el Museu d'Art Contemporani de Toyota, al Japó, el Museum für Angewandte Kunst de Frankfurt, el Salvador Dalí Museum de Florida o el Centre Cultural Caixa Catalunya-La Pedrera, entre d'altres. «La nostra visió del disseny parteix de l'experimentació i de la prospectiva de nous espais on perseguim que les relacions entre objectes, espais i usuaris siguin tan emotives, participatives i creatives com puguin».

DESIGNERS. Ana Mir and Emili Padrós both hold Masters in Industrial Design from St Martin's College in London. In 1996 they founded Emiliana Design Studio for product development, furnishing, interior design, curating and exhibition design. They are renowned for offering a new focus for each project. They concentrate on experimenting with materials, objects and spaces, and manage to get the user actively involved, without forgetting functional, technical and productive aspects. Many of their designs, ideas and concepts have been seen in exhibitions in Milan, Paris, Tokyo, Sydney, or MoMA New York, and some form part of the permanent collections at the Fond National d'Art Contemporain in France, the Museum of Decorative Art in Barcelona and the Museum of Art of Indianapolis in the United States. They have designed exhibitions for museums and cultural centres such as CCCB, the Toyota Modern Art Museum in Japan, the Museum für Angewandte Kunst in Frankfurt, the Salvador Dalí Museum in Florida or the Centre Cultural Caixa Catalunya-La Pedrera, among others. "Our vision of design is based on experimentation and the prospective of new scenes, where we try to make the relationships between objects, spaces and users be as emotive, interactive and creative as possible."

ÉNARD, MATHIAS
NIORT, FRANCIA, 11.01.1972.

O | *En castellano: La perfección del tiro (2004), Remontando el Orinoco (2006), Manual del perfecto terrorista (2007), Zona (2009), Habladles de batallas, de reyes y elefantes (2011).* **M |** *Faulkner, Melville, Céline, Bolaño, Bernhard.* **C |** *Eloy Fernández Porta, Robert Juan-Cantavella, Oliver Rohe, Maylis de Kérangal, Juan Gabriel Vásquez, Guadalupe Nettel.*

ESCRITOR Y TRADUCTOR. Tras estudiar árabe y persa en el Instituto de Lenguas y Civilizaciones Orientales (Inalco) de París y pasar unos años en Oriente Medio, en el año 2000 se instala en Barcelona, donde vive hasta hoy. Fue miembro del consejo de redacción de la revista *Lateral* y actualmente lo es de *Inculte,* publicación francesa de literatura y filosofía. Su obra ha recibido numerosos premios, entre ellos el de los Cinco Continentes de la Francofonía, el Décembre, el Livre Inter y el Goncourt des Lycéens, así como la beca de la Academia Francesa en la Villa Médici de Roma. «Los novelistas y aman-

tes de la literatura somos como los delfines del Yang-Tsé: pocos, invisibles y condenados a la desaparición».

ESCRIPTOR I TRADUCTOR. Després d'estudiar àrab i persa a l'Institut de Llengües i Civilitzacions Orientals (Inalco) de París i de passar uns anys a l'Orient Mitjà, l'any 2000 s'instal·la a Barcelona, on viu fins avui. Va ser membre del consell de redacció de la revista Lateral i actualment ho és d'Inculte, publicació francesa de literatura i filosofia. La seva obra ha rebut nombrosos premis, entre els quals el dels Cinc Continents de la Francofonia, el Décembre, el Livre Inter i el Goncourt des Lycéens, així com la beca de l'Acadèmia Francesa a la Vil·la Médicis de Roma. «Els novel·listes i amants de la literatura som com els dofins del Iang-Tsé: pocs, invisibles i condemnats a la desaparició».

WRITER AND TRANSLATOR. After studying Arabic and Persian at the Institute of Oriental Languages and Civilisations (Inalco) in Paris, and spending a number of years in the Middle East, in 2000 he settled in Barcelona, where he still lives today. He was a member of the editorial council for the magazine *Lateral* and currently holds the same position for *Inculte,* a French literature and philosophy publication. He work has received a number of awards, including the Five Continents Francophone award, the Décembre, the Livre Inter and the Goncourt des Lycéens, as well as a grant from the French Academy at the Villa Medici in Rome. "We novelists and lovers of literature are like Yangtze River dolphins: Rare, invisible and destined for extinction."

ESCALÉ, RAI
BARCELONA, 04.08.1964.

O | *El ojo carnívoro (2006), El ojo cerebro (2008), Sang Freda (2010), Bateau Ivre (2011).* **M |** *Velázquez, Goya y Bacon.* **C |** *Velázquez, Goya y Bacon.*

ARTISTA PLÁSTICO E ILUSTRADOR. Pasó por la Facultad de (anti) Bellas Artes de Barcelona, según el prefijo que le gusta anteponer, donde estudió grabado y pintura. Ha colaborado en revistas como *Lateral, Quimera* y *Benzina* y colgado su obra en galerías de Irlanda, Berlín, Miami y Hamburgo. En 2009 fundó la galería y centro cultural Eat Meat, junto a Katy Vives Phipps y Riot Über Alles. Suele utilizar el collage para producir distorsiones en cuerpos y rostros de un feroz expresionismo. Sus dos últimas exposiciones nacen del trabajo a cuatro manos con el artista eslovaco Miloš Koptak. «Mi obsesión por diseccionar, pintando, la figura humana desde los ángulos más insospechados es la espina dorsal de mi trabajo».

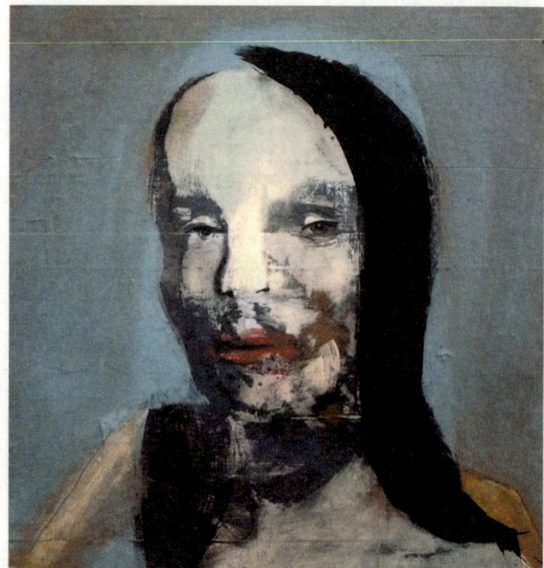

RAY ESCALÉ, *BLUE SQUARED FACE 4.* 42x40 CM. ACRÍLICO, LÁPIZ, TINTA Y DISOLVENTES SOBRE COLLAGE. 2009.

ARTISTA PLÀSTIC I IL·LUSTRADOR. Va passar per la Facultat d'(anti)Belles Arts de Barcelona, segons el prefix que li agrada anteposar, on va estudiar gravat i pintura. Ha col·laborat a revistes com *Lateral, Quimera* i *Benzina* i penjat la seva obra a galeries d'Irlanda, Berlín, Miami i Hamburg. El 2009 va fundar la galería i centre cul-

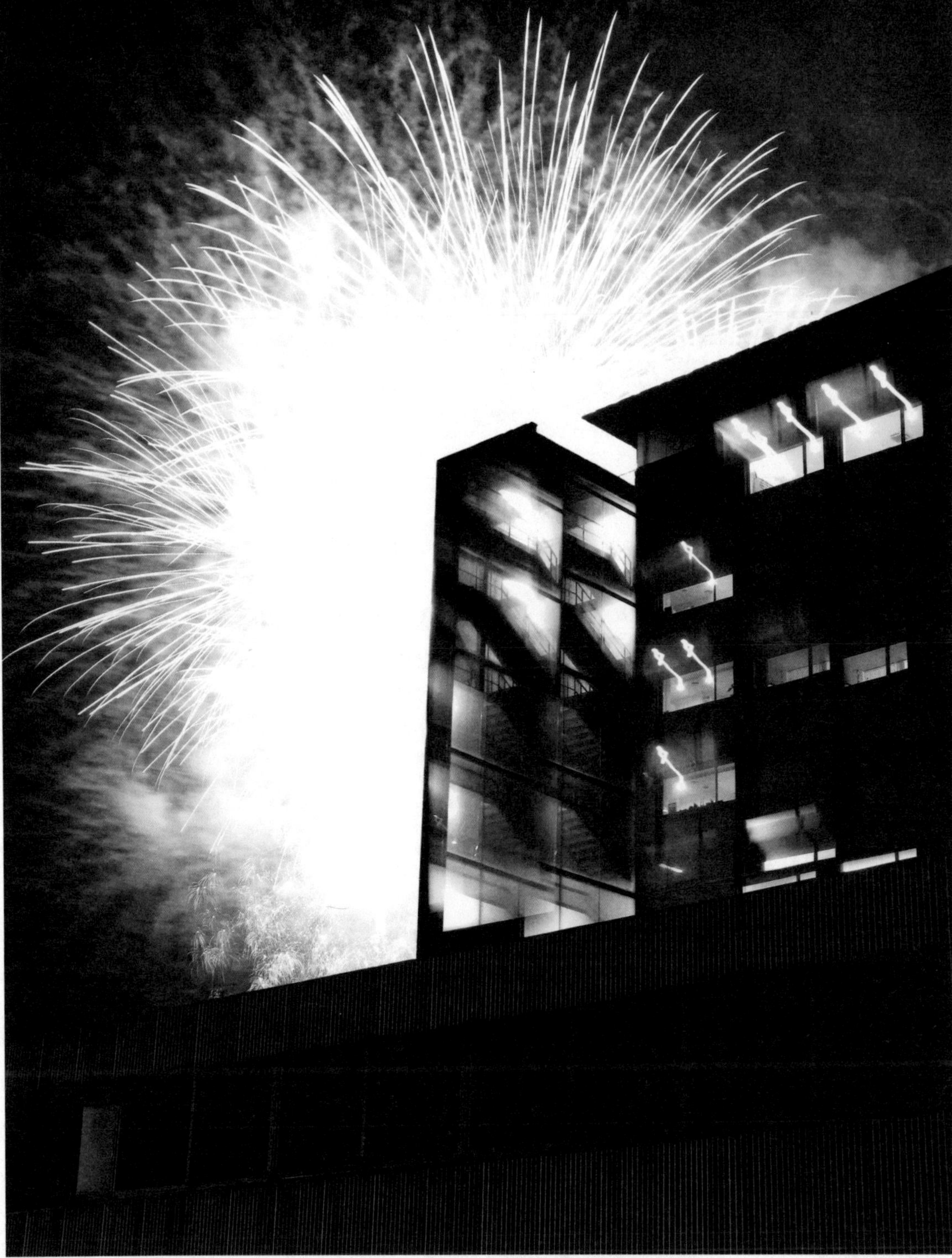

MANEL ECLUSA, *BARCELONA, PELL I OMBRA 4488* (SERIE: URBS DE NIT), 2009.

tural Eat Meat, al costat de Katy Vives Phipps i Riot Über Alles. Acostuma a fer servir el collage per produir distorsions en cossos i rostres d'un expressionisme ferotge. Les seves dues darreres exposicions neixen del treball a quatre mans amb l'artista eslovac Milos Koptak. «La meva obsessió per analitzar minuciosament, pintant, la figura humana des dels angles més insospitats és l'espina dorsal del meu treball».

PLASTIC ARTIST AND ILLUSTRATOR. He studied at the Faculty of (anti) Fine Art in Barcelona, as he likes to prefix it, where he studied engraving and painting. He has worked for magazines such as *Lateral, Quimera* and *Benzina* and has shown his work in galleries in Ireland, Berlin, Miami and Hamburg. In 2009 he founded the gallery and cultural centre Eat Meat, together with Katy Vives Phipps and Riot Über Alles. He tends to use collage to create distortions in bodies and faces with fierce expressionism. His two most recent exhibitions emerged from his work in partnership with the Slovakian artist Milos Koptak. "The backbone of my work is my obsession for dissecting, painting, the human body from the most unexpected angles."

ESCLUSA, MANEL
VIC, BARCELONA, 13.04.1952.

O | *Sil·lepsis (1979-81), Naus (1983-96), Scantac (1995-00), Urbs de nit (1984-10), El jardí d'humus (2006), L'ombra del paisatge (2006-08).* **M |** *Eugene Smith, Man Ray, Ansel Adams.* **C |** *Chema Madoz, Juan Manuel Castro Prieto, Toni Catany.*

FOTÓGRAFO. Se inició en la fotografía a los ocho años de edad, en el laboratorio de revelado de su padre. Dos décadas después, tras estudiar en la Escuela de Maestría Industrial de Vic y obtener una beca para asistir a los Stages Internationaux de la Photographie, con profesores como Ansel Adams, Jean Dieuzaide, Denis Brihat o Lucien Clergue, empezó a ser considerado como uno de los grandes nombres de la fotografía española actual. La exploración de la noche, que marca casi toda su trayectoria, se refleja por ejemplo en *Urbs de nit*, una de sus series más emblemáticas. «La noche, la oscuridad, la sombra y otras luces».

FOTÒGRAF. Es va iniciar en la fotografia als vuit anys, al laboratori de revelat del seu pare. Dues dècades més tard, després d'estudiar a l'Escola de Mestria Industrial de Vic i obtenir una beca per assistir als Stages Internationaux de la Photographie d'Arles, amb professors com Ansel Adams, Jean Dieuzaide, Denis Brihat o Lucien Clergue, va començar a ser considerat com un dels grans noms de la fotografia espanyola actual. L'exploració de la nit, que marca gairebé tota la seva trajectòria, es reflecteix per exemple a *Urbs de nit,* una de les seves sèries més emblemàtiques. «La nit, la foscor, l'ombra i altres llums».

PHOTOGRAPHER. He started in photography at the age of eight, at his father's development laboratory. Twenty years later, after studying at the Industrial Master School in Vic, and obtaining a grant to attend the Stages Internationaux de la Photographie de Arles, with tutors such as Ansel Adams, Jean Dieuzaide, Denis Brihat or Lucien Clergue, he began to be considered as one of the great names in current Spanish photography. The exploration of night, which marks almost all his career, is reflected for example in *Urbs de nit,* one of his most emblematic series. "Night, darkness, shadow and other lights."

ESCOTÉ, MARÍA
BARCELONA, 16.07.1979.

O | *Honolulu Dark (2011), No me olvides (2011).* **M |** *Elsa Schiaparelli, Cristobal Balenciaga, Madeleine Vionnet, Christian Dior, Coco Chanel.* **C |** *John Galliano, Thierry Mugler, Jean Paul Gaultier, Gianni Versace, Nicolás Ghesquière, Jeremy Scott, Martin Margiela, Emanuel Ungaro, Christian Lacroix, Alexander McQueen, Vivienne Westwood, Jean-Charles de Castelbajac.*

DISEÑADORA DE MODA. Completa sus estudios superiores en Diseño y Artes Plásticas mientras trabaja en el negocio familiar de confección a medida. Viaja a Londres, donde realiza el curso de Art and Design with a Grade of Fashion Drawing en el Saint Martins College, y a su regreso monta su propia firma. Desde 2007 presenta sus colecciones, participa en cuatro ediciones de EGO y en 2010 llega a la Pasarela Cibeles. La revista Marie Claire la distingue como Mejor Diseñador Novel 2010. En la actualidad continúa presentando sus creaciones en Cibeles y dedica todo su tiempo a consolidar su firma. «No creo que ningún artista deba tener obligaciones de estilo o formas, sino seguir creando, sea su obra comprendida o no» (Ferran Escoté).

DISSENYADORA DE MODA. Completa els seus estudis superiors en Disseny i Arts Plàstiques mentre treballa al negoci familiar de confecció a mida. Viatja a Londres, on realitza un curs d'Art and Design with a Grade of Fashion Drawing al Saint Martin's College i quan torna munta la seva pròpia firma. Des del 2007 presenta les seves col·leccions, participa a quatre edicions d'EGO i el 2010 arriba a la Passarel·la Cibeles. La revista Marie Claire la distingeix com a Millor Dissenyador Novell 2010. Actualment continua presentant les seves creacions a Cibeles i dedica tot el temps a consolidar la seva firma. «No crec que cap artista hagi de tenir obligacions d'estil o formes, sinó continuar creant, sigui compresa la seva obra o no» (Ferran Escoté).

FASHION DESIGNER. She completed her studies in Design and Plastic Arts, while working in her family's tailoring and dressmaking business. She travelled to London, where she completed a course in Art and Design with a Grade of Fashion Drawing at St Martin's College, and upon her return she set up her own label. Since 2007 she has been presenting her collections, participating in four editions of EGO and reaching the Cibeles Fashion Show in 2010. The magazine Marie Claire names her Best New Designer of 2010. She currently continues to present her creations at Cibeles and devotes herself full time to consolidating her label. "I don't believe any artist should be obliged to follow styles or forms, but must continue to create, whether their work is understood or not." (Ferran Escoté).

ESPINOSA, ALBERT
BARCELONA, 05.11.1974.

O | *Planta 4ª (2003, dramaturgia y guion de cine), Tu vida en 65' (2006, dramaturgia y guion), Va a ser que nadie es perfecto (2006, guion), No me pidas que te bese porque te besaré (2008, dramaturgia, guion y dirección de cine), Héroes (2010, guion), Planta 5º (2011, guion y dirección).*

DRAMATURGO, ACTOR, GUIONISTA DE CINE Y TELEVISIÓN, y director de cine. Formado como ingeniero industrial, su proyecto final de carrera trataba sobre el fracaso académico durante el primer año en la universidad. En 1995 estrena su primera obra de teatro, *Los pelones,* y empieza a escribir guiones para la televisión. En 2003 es seleccionado como autor residente en el Teatre Nacional de Catalunya y el largometraje *Planta 4ª,* en el que es guionista sobre su obra de teatro del mismo título, es un éxito internacional de crítica y público, y nominado al Goya a la mejor película, entre otros reconocimientos. La cinta, que aún hoy se pasa a los niños la primera semana que son ingresados en un hospital, tiene una segunda parte, *Planta 5ª,* esta vez dirigida por él. «Con algunos guiones quiero romper con ciertos tópicos, como que el vivir en un hospital tiene que ser un drama».

DRAMATURG, ACTOR, GUIONISTA DE CINEMA I TELEVISIÓ i director de cinema. Format com a enginyer industrial, el seu projecte de final de carrera tractava sobre el fracàs acadèmic durant el primer any a la universitat. El 1995 estrena la seva primera obra de teatre, *Los pelones,* i comença a escriure guions per a la televisió. El 2003 és seleccionat com a autor resident al Teatre Nacional de Catalunya i el llargmetratge *Planta 4ª,* sobre la seva obra homònima de teatre i del qual n'és el guionista, és un èxit internacional de crítica i públic, i, entre altres reconeixements, va ser nominat al Goya a la millor pel·lícula. La cinta, que encara avui es passa als nens la primera setmana que són ingressats en un hospital, té una segona part, *Planta 5ª,* aquest cop dirigida per ell mateix. «Amb alguns guions vull trencar amb certs tòpics, com que viure en un hospital ha de ser un drama».

PLAYWRIGHT, ACTOR, SCRIPTWRITER FOR FILM and television and film director. Trained as an industrial engineer, his final dissertation dealt with academic failures during the first year at university. In 1995 his first play opened, called *Los pelones,* and he started to write scripts for television. In 2003 he was chosen as the resident author for the Teatre Nacional de Catalunya and the full length film *Planta 4ª,* for which he is the scriptwriter, about his play of the same name, was an international success among critics and public, and was nominated for a Goya for best film, among other awards. This tape, which is still shown to children the first week they are in hospital, has a sequel, *Planta 5ª,* for which his is also the director. "With some scripts I try to break certain stereotypes, such as the idea that living in hospital needs to be a drama."

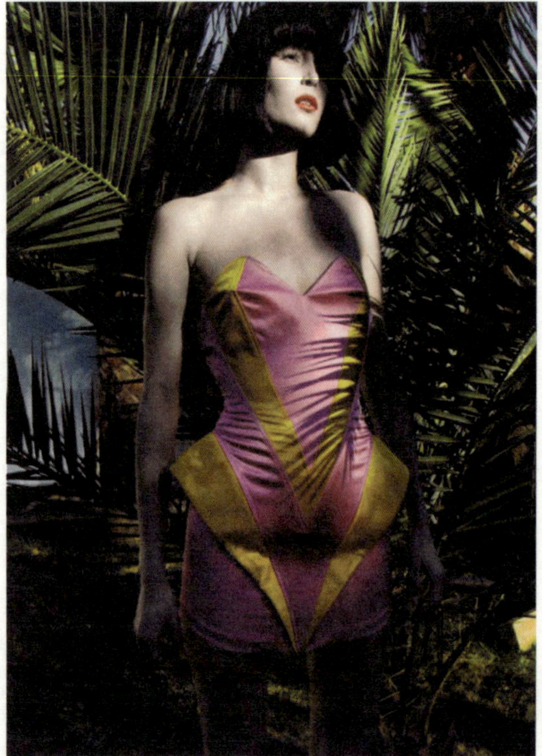

MARÍA ESCOTÉ, PRIMAVERA-VERANO 2009. © FERRAN CASANOVA.

ESTEVA, JORDI

BARCELONA, 15.07.1951.

O | *Los oasis de Egipto (1995), Viaje al país de las almas (1998), Socotra, la isla de los genios (2011).* **M |** *Bernard Plossu, Ortiz Echagüe, Edward S. Curtis.* **C |** *Bernard Plossu, Max Pam.*

FOTÓGRAFO Y ESCRITOR. Siempre ha ido «por libre», aunque dejándose guiar por su pasión por las culturas orientales y africanas, que son las innegables protagonistas de la mayor parte de su trabajo periodístico y fotográfico. Egipto, Marruecos, Arabia o Costa de Marfil —presente también en su documental *Retorno al país de las almas*— son solo algunos de los países en los que sigue centrando su atención. «Intentar atrapar lo que no se ve. Captar los mundos que se van».

FOTÒGRAF I ESCRIPTOR. Sempre ha anat «per lliure», tot i que deixant-se guiar per la seva passió per les cultures orientals i africanes, que són les innegables protagonistes de la major part del seu treball periodístic i fotogràfic. Egipte, el Marroc, l'Aràbia Saudita o Costa de Marfil —present també en el seu documental *Retorn al país de les ànimes*— són alguns dels països en els quals continua centrant la seva atenció. «Intentar atrapar allò que no es veu. Captar els mons que se'n van».

PHOTOGRAPHER AND WRITER. He has always been a "free spirit," although he has been guided by his passion for Oriental and African culture, which is the clear core theme of most of his work as a photographer and journalist. Egypt, Morocco, Arabia and Ivory Coast – also present in his documentary *Return to the Land of Souls* - are just a few of the countries which have captured his attention. "Trying to capture what cannot be seen. Catching worlds as they are leaving."

FAURA, PERE

BARCELONA, 16.07.1980.

O | *Panoramas, video and dance (2004, performance), This is a picture of a person I don't know (2006, performance), Striptease (2008, performance), Do you have a cigarette? and other ways of approaching (2008, performance), Miratge cromàtic (2009, cortometraje), Coser y cantar (2010, performance, con Jorge Dutor), Los títulos nunca mueren (2010, performance-instalación, con Iñaki* Álvarez), *On fire. Bomberos con grandes mangueras (2010, performance comisariada por Álex Brahim dentro del proyecto CUVO).* **M |** *Jerôme Bel, Ivana Müller, Paz Rojo, Xavier Le Roy, Jonathan Barrows, Thomas Lehmen, Robert Steijn, The Wooster Group, Mal Pelo, La Ribot, Yael Davids.* **C |** *Más o menos los mismos de antes.*

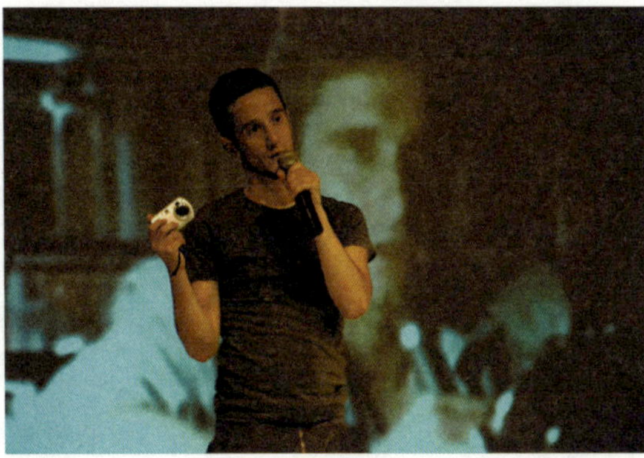

PERE FAURA. © GIANCARLO CECCON.

BAILARÍN, COREÓGRAFO Y *PERFORMER*. Estudió música en el Centre d'Educació Musical Diaula y en el Conservatori Municipal de Barcelona; teatro en el Institut del Teatre de Barcelona, y *ballet* y danza contemporánea en Área, Espai de Dansa i Creació. En 2002 se trasladó a Ámsterdam para estudiar dirección coreográfica en la School For New Dance Development, donde se graduó en 2006, y en 2009 inició el Master of Choreography en la Escuela de Artes de Ámsterdam. Como bailarín, ha trabajado con coreógrafos como Jerôme Bel, Ivana Müller, Carolien Hermans o Kyrstine Andersen. Como coreógrafo, ha obtenido numerosos reconocimientos como el ITs Festival Choreography Award o el Premio Charlotte Köhler otorgado por la Prins Bernhard Cultuurfonds, además de haber sido coreógrafo residente en el Frascati Theater de Ámsterdam. «La apropiación de elementos de la cultura pop como base para material coreográfico. De los grandes musicales de Hollywood al *striptease,* pasando por el *disco-dancing* o el mundo de la fiesta, los conciertos pop y los karaokes: una (re)mezcla de diferentes memorias colectivas como un *dj* escénico multidisciplinar, entendiendo la coreografía como la danza entre todos los diversos elementos teatrales».

BALLARÍ, COREÒGRAF I ARTISTA PERFORMÀTIC. Va estudiar música al Centre d'Educació Musical Diaula i al Conservatori Municipal de Barcelona; teatre a l'Institut del Teatre de Barcelona, i ballet i dansa contemporània a Àrea, Espai de Dansa i Creació. El 2002 es va traslladar a Amsterdam per estudiar direcció coreogràfica a la School For New Dance Development, on es va graduar el 2006, i el 2009 va iniciar el Master of Choreography a l'Escola d'Arts d'Amsterdam. Com a ballarí, ha treballat amb coreògrafs com Jerôme Bel, Ivana Müller, Carolien Hermans o Kyrstine Andersen. Com a coreògraf, ha obtingut nombrosos reconeixements com l'ITS Festival Choreography Award o el Premi Charlotte Köhler atorgat per la Prins Bernhard Cultuurfonds, a més d'haver estat coreògraf resident al Frascati Theater d'Amsterdam. «L'apropiació d'elements de la cultura pop com a base per a material coreogràfic. Dels grans musicals de Hollywood a l'*striptease*, passant pel *disco-dancing* o el món de la festa, els concerts pop i els karaokes: una (re)mescla de diferents memòries col·lectives com un DJ escènic multidisciplinar, entenent la coreografia com la dansa entre tots els diversos elements teatrals».

DANCER, CHOREOGRAPHER AND PERFORMING ARTIST. He studied music at the Centre d'Educació Musical Diaula and at the Municipal Conservatory in Barcelona; he studied drama at the *Institut del Teatre de Barcelona*, and ballet and contemporary dance at *Área, Espai de Dansa i Creació*. In 2002 he moved to Amsterdam to study choreographic directing at the School for New Dance Development, graduating in 2006, and in 2009 he started a Masters in Choreography at the School of the Arts in Amsterdam. As a dancer, he has worked with choreographers such as Jerôme Bel, Ivana Müller, Carolien Hermans or Kyrstine Andersen. As a choreographer, he has obtained a large number of recognitions such as the ITS Festival Choreography Award or the Charlotte Köhler ▶

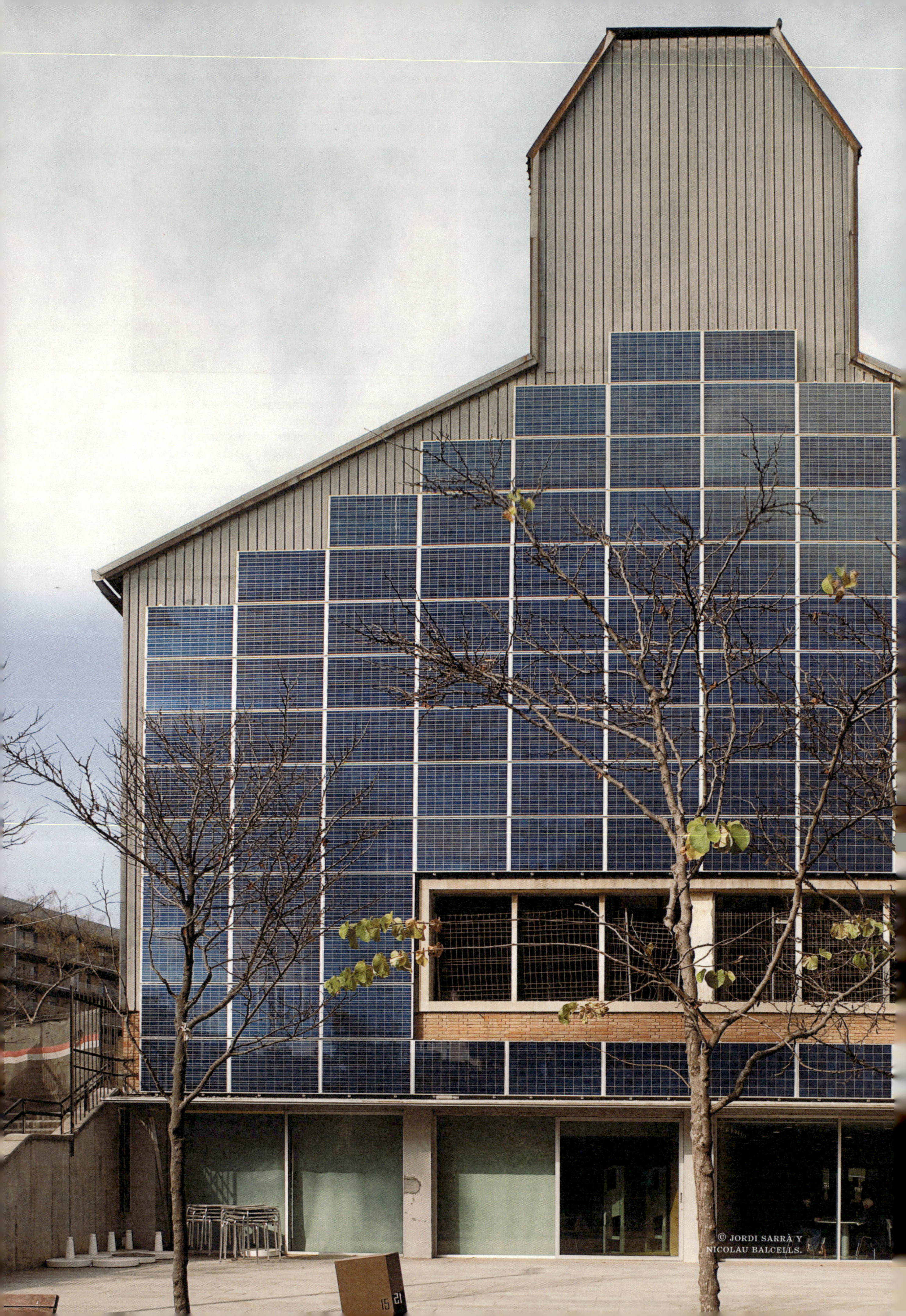

© JORDI SARRÀ Y
NICOLAU BALCELLS.

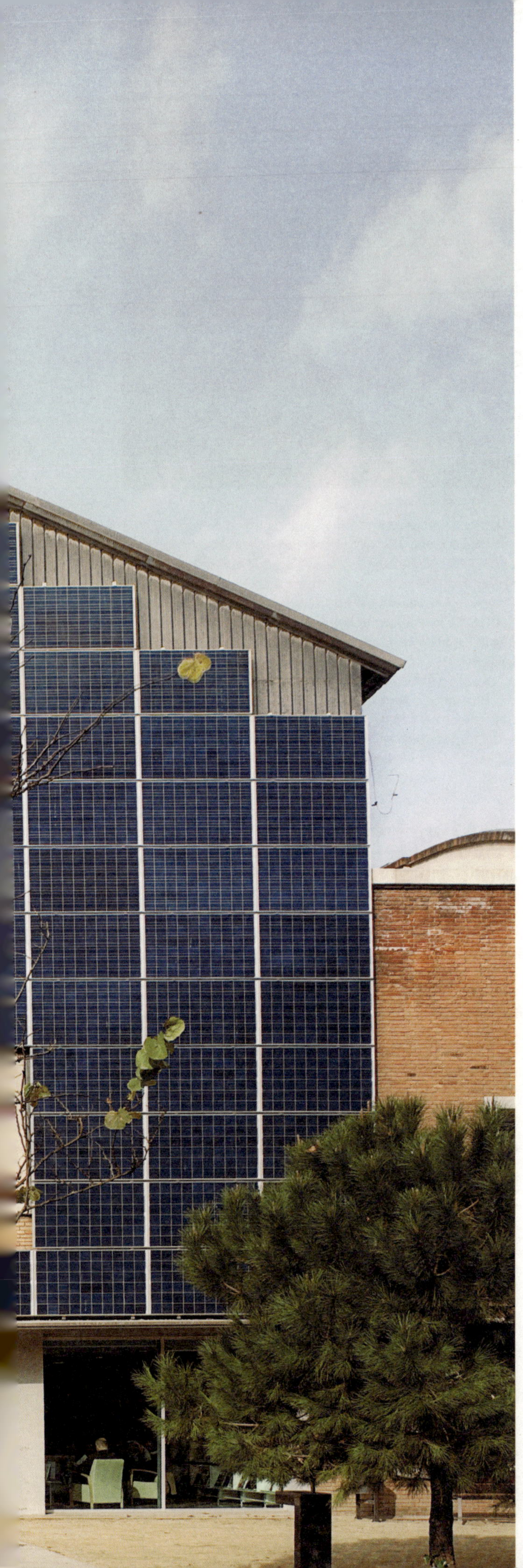

GRANER

(ILLA PHILIPS)
PASEO DE LA ZONA FRANCA, 205 | SANTS-MONTJUÏC, 08038 BARCELONA
rrhh@mercatflors.cat

RECINTO INDUSTRIAL que albergaba el proceso de secado de bombillas de la multinacional Philips hasta el año 2004. Actualmente, l'illa —«la isla» en catalán— se ha reconvertido en un espacio de creación dirigido a artistas y colectivos del ámbito de la danza. El Mercat de les Flors se encargará de la gestión, con el objetivo de promover la creación, ensayo y formación de coreógrafos y bailarines. Las entidades representativas del mundo de la danza de Cataluña, la Asociación de Profesionales de la Danza de Cataluña (APdC) y la Asociación de Compañías de Danza Profesionales de Cataluña (ACPDC), colaboraron directamente en el diseño del proyecto de reforma de un espacio que fue inaugurado a mediados de 2011.

RECINTE INDUSTRIAL que allotjava el procés d'assecat de bombetes de la multinacional Phillips fins l'any 2004. Actualment, l'illa s'ha reconvertit en un espai de creació dirigit a artistes i col·lectius de l'àmbit de la dansa. El Mercat de les Flors s'encarregarà de la seva gestió, amb l'objectiu de promoure la creació, l'assaig i la formació de coreògrafs i ballarins. Les entitats representatives del món de la dansa de Catalunya, l'Associació de Professionals de la dansa de Catalunya (APdC) i l'Associació de Companyies Professionals de Dansa de Catalunya (ACPDC), van col·laborar directament en el disseny del projecte de remodelació d'un espai que va ser inaugurat a mitjans del 2011.

INDUSTRIAL SITE where until 2004 the multinational company Philips used to carry out the drying process of its light bulbs. Presently, l'illa – "the island" in Catalan – has been turned into a creative space aimed at artists and groups active in the field of dance. El Mercat de les Flors will take over the management, with the intention of promoting the creation, rehearsal and training of choreographers and dancers. The entities that represent the dance scene in Catalonia, the Asociación de Profesionales de la Danza de Cataluña (APdC) (Association of Dance Professionals in Catalonia) and the Asociación de Compañías de Danza Profesionales de Cataluña (ACPDC) (Association of Professional Dance Companies in Catalonia), collaborated directly in the design of the reformation project of a space that was inaugurated towards mid-2011.

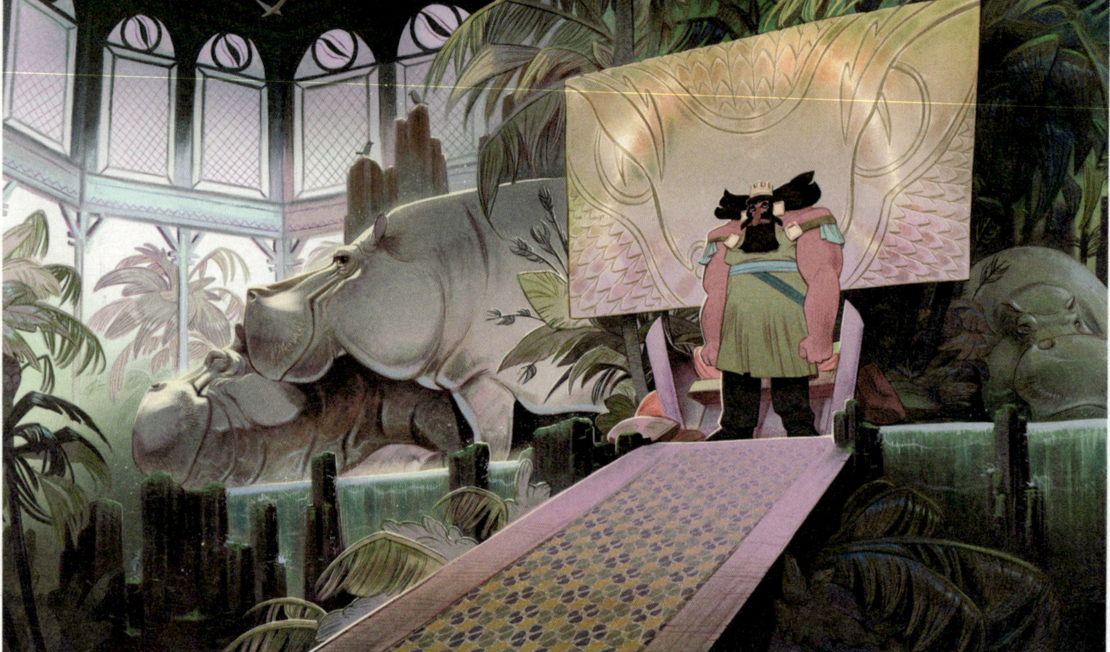

ENRIQUE FERNÁNDEZ, *COBRA.*

▶ Award from the Bernhard Cultuurfonds, in addition to having worked as the resident choreographer at the Frascati Theater in Amsterdam. "The appropriation of elements from pop culture as a base for choreographic material. From the great musicals of Hollywood to *striptease*, including *disco-dancing* or the world of partying, pop concerts and karaoke: a (re)mix of different collective memoirs such as a multi-genre stage DJ, understanding choreography to be dance set among all the different theatrical elements."

FERNÁNDEZ, AGUSTÍ
PALMA DE MALLORCA, 19.12.1954.

O | *Ardent (1987, piano solo), Lonely Woman (2004, con el Agustí Fernández Quartet), Aurora (2007, con Barry Guy y Ramón López), Un llamp que no s'acaba mai (2009, con John Edwards y Mark Sanders), A Silent Dance (2009, con Derek Bailey), Draco (2009, con Jo Krause), Morning Glory (2010, con Barry Guy y Ramón López), Triez (2010, con Baldo Martínez y Ramón López), El laberint de la memòria (2011, piano solo).* **M |** *Cecil Taylor, Iannis Xenakis.*

PIANISTA Y COMPOSITOR. Es un referente mundial del *free jazz* y de la música improvisada. Su andadura profesional comienza a los trece años, en Mallorca. Posteriormente continúa sus estudios musicales en Barcelona, así como en Francia y Alemania. Su carrera como solista estalla en Tesalónica, Grecia y, desde entonces, ha actuado en los principales festivales europeos, ha colaborado con artistas tan dispares como Carles Santos o Miguel Poveda, y ha compuesto música para danza, teatro, cine y televisión. Es profesor en la Escola Superior de Música de Catalunya desde el año 2000 y ha recibido premios como el FAD, el Altaveu o el Ciutat de Barcelona. «Es uno de los exploradores más importantes de la música creativa en España, combinando con un estilo único y poderoso un amplio conocimiento del piano clásico del siglo XX con la improvisación». (*The Village Voice* de Nueva York).

PIANISTA I COMPOSITOR. És un referent mundial del *free jazz* i de la música improvisada. La seva trajectòria professional comença als tretze anys a Mallorca. Posteriorment continua els estudis musicals a Barcelona, així com a França i Alemanya. La seva carrera com a solista esclata a Tessalònica, Grècia i, d'aleshores ençà, ha actuat als principals festivals europeus, ha col·laborat amb artistes tan dispars com Carles Santos o Miguel Poveda, i ha compost música per a dansa, teatre, cinema i televisió. És professor a l'Escola Superior de Música de Catalunya des de l'any 2000 i ha rebut premis com el FAD o el Ciutat de Barcelona. «És un dels exploradors més importants de la música creativa a Espanya, combinant amb un estil únic i poderós un ampli coneixement del piano clàssic del segle XX amb la improvisació». (The *Village Voice* de Nova York).

PIANIST AND COMPOSER. He is a world expert in free jazz and improvised music. His professional career started thirteen years ago, in Mallorca. He later continued his music studies in Barcelona, France and Germany. His solo career launched in Thessalonica, Greece, and since then, he has played at all the major European festivals, he has worked with artists as varied as Carles Santos or Miguel Poveda, and has composed music for dance, theatre, film and television. He has been a tutor at the Escola Superior de Música de Catalunya since 2000 and has received awards such the FAD or Ciutat de Barcelona. "He is one of the most important explorers of creative music in Spain, combining a unique and powerful style with broad knowledge of 20th century classical piano and improvisation." (New York *The Village Voice*).

FERNÁNDEZ, ENRIQUE
HOSPITALET DE LLOBREGAT, BARCELONA, 25.07.1975.

O | *Libertadores (2004), Le Magicien d'Oz (2005), La Mère des Victoires (2008), L'île sans sourire (2009).* **M |** *Richard Corben, Carlos Nine, Segrelles.* **C |** *Guarnido, Barbucci, Mignola, Wendling.*

ILUSTRADOR E HISTORIETISTA. De formación autodidacta, comienza a trabajar en 1997 en el terreno de la animación en el diseño de personajes y la dirección artística de series de televisión y largometrajes de cine. Entre los últimos destaca su labor de *storyboarder* para *El Cid, la leyenda* y *Nocturna*. A partir de 2004 publica sus propios cómics en España y, con su trazo luminoso y su estilo de gran plasticidad, salta rápidamente al circuito galo. No en vano creció leyendo tebeos de *Astérix* y *Tintín*. En la actualidad combina sus proyectos propios con pequeños encargos de animación e ilustración. «En el cómic he encontrado el medio idóneo para expresarme artísticamente y contar mis propias historias a una escala en la que poder controlar prácticamente todo el proceso de creación».

IL·LUSTRADOR I HISTORIETISTA. De formació autodidacta, comença a treballar el 1997 en el terreny de l'animació, en el disseny de personatges i la direcció artística de sèries de TV i llargmetratges de cinema. Entre aquests últims destaca la seva tasca de *storyboarder* per a *El Cid, la leyenda* i *Nocturna*. A partir del 2004 publica els seus propis còmics a Espanya i, amb el seu traç lluminós i el seu estil de gran plasticitat, salta ràpidament al circuit gal. No debades va créixer llegint tebeos d'*Astèrix* i *Tintín*. Actualment combina els seus projectes propis amb petits encàrrecs d'animació i il·lustració. «En el còmic he trobat el mitjà idoni per expressar-me artísticament i contar les meves pròpies històries a una escala que permet poder controlar pràcticament tot el procés de creació».

ILLUSTRATOR AND SHORT STORY WRITER. Self-taught, he began to work in 1997 in the field of animation, designing characters, and artistic direction for TV series and full length feature films. These include highlights his work as a *storyboarder* for *El Cid, La Leyenda* and *Nocturna*. From 2004 he began to publish his own comics in Spain and, with his light traces and highly plastic style, he quickly jumped across the border onto the French circuit. It will come as no surprise that he grew up reading *Asterix* and *Tintin*. He currently combines his own projects with small animation and illustration jobs. "In comics I have found the ideal way to express myself artistically, and tell my own stories on a scale on which I can control practically the whole creation process."

FERNÁNDEZ, LAURA
TARRASA, BARCELONA, 05.07.1981.

O | *Bienvenidos a Welcome (2008), Wendolin Kramer (2011).* **M |** *John Fante, Kurt Vonnegut, Douglas Adams, Philip K. Dick y el Gore Vidal de Duluth.* **C |** *Martin Amis, Kelly Link, Stephen King, Javier Calvo, Miqui Otero, Robert-Juan Cantavella, Pola Oloixarac.*

ESCRITORA Y PERIODISTA. Antes de entrevistar a escritores para *El Mundo* y *Qué Leer* o de escribir críticas de discos y reseñas para *Go-Mag* y *Metrópoli*, hacía cosas tan sensatas como trabajar en un videoclub, montar su propia banda o leer cómic. Debutó en el género negro como Laura Malasaña con los descabellados relatos de *Dos y dos son cinco. Los casos de Manuel Molina* (2006) y fue incluida en la antología *La lista negra. Los nuevos culpables del policial español* (2009). Desde su inclasificable *sit-com* galáctica *Bienvenidos a Welcome* firma con su propio nombre y no ha cesado de recibir elogios. «Escribir siempre ha sido algo divertido para mí, como jugar a ser un Dios de juguete que se ríe sin parar del planeta que ha creado y que, sí, también parece (y es) de juguete».

ESCRIPTORA I PERIODISTA. Abans d'entrevistar escriptors per a *El Mundo* i *Qué Leer* o d'escriure crítiques de discos i ressenyes per a *Go-Mag* i *Metrópoli*, feia coses tan sensates com treballar en un videoclub, muntar el seu propi grup de música o llegir còmics. Va debutar en el gènere negre com a Laura Malasaña amb els desgavellats relats de *Dos y dos son cinco. Los casos de Manuel Molina* (2006) i va ser inclosa a l'antologia *La lista negra. Los Nuevos culpables del policial espanyol* (2009). Des de la seva inclassificable *sitcom* galàctica *Bienvenidos a Welcome* signa amb el seu propi nom i no ha parat de rebre elogis. «Escriure sempre ha estat una cosa divertida, per a mi, com jugar a ser un Déu de joguina que es burla sense parar del planeta que ha creat i que, sí, també sembla (i és) de joguina».

AUTHOR AND JOURNALIST. Before interviewing writers for *El Mundo* and *Qué Leer*, or writing record reviews or pieces for *Go-Mag* and *Metrópoli*, she used to do sensible things such as working in a video store, setting up her own band, or reading comics. She made her debut in the black genre as Laura Malasaña, with the crazy stories *Dos y dos son cinco. Los casos de Manuel Molina* (2006) and was included in the anthology *La lista negra. Los nuevos culpables del policial español* (2009). Since her smash hit sitcom *Bienvenidos a Welcome* she has written under her own name and has received nothing but praise. "I have always enjoyed writing. It's like playing at being a toy God who constantly laughs at the planet he has created, which also looks like (and is) a toy."

FERNÁNDEZ PORTA, ELOY
BARCELONA, 07.11.1974.

O | *€®O$. La superproducción de los afectos (Premio Anagrama de Ensayo 2010).* **M |** *Pierre Bourdieu, Donald Barthelme, Laurie Anderson, Larry McCaffery.* **C |** *Efrén Álvarez, Jorge Carrión, Juan Francisco Ferré, Robert Juan-Cantavella, Miguel Ángel Martín, Marcos Prior, Germán Sierra, Manuel Vilas.*

ENSAYISTA, ARTICULISTA Y *PERFORMER*. Profesor de Nuevos Ámbitos Literarios en la Universidad Pompeu Fabra de Barcelona, es autor de dos colecciones de relatos y de los libros de crítica cultural *Afterpop* (2007), *Homo Sampler* (2008) y *€®O$* (2010). A él se debe el concepto «afterpop», un término que creó para definir la cultura contemporánea, marcada por los cambios que en ella han producido las nuevas tecnologías y en donde la relación entre el público,

el objeto y los medios de comunicación de masas ha cambiado para siempre. Su trabajo *performático*, de forma individual o en colaboración con Agustín Fernández Mallo en el dúo Afterpop Fernández & Fernández, es considerado «una de las propuestas más contundentes del panorama del *spoken word* en España» (*Yuxtaposiciones*). «El pop acabó con el concepto canónico de Alta Cultura, la relegó a las catacumbas del underground, pero desde allí esta se reconfiguró y utilizó los canales del sistema para propagar una nueva sustancia que corroyó los paisajes del pop, vaciándolos de sus héroes, sus sujetos y su significado».

ASSAGISTA, ARTICULISTA I *PERFORMER*. Professor de Nous Àmbits Literaris a la Universitat Pompeu Fabra de Barcelona, és autor de dues col·leccions de relats i dels llibres de crítica cultural *Afterpop* (2007), *Homo Sampler* (2008) i *€®O$* (2010). A ell és degut el concepte «afterpop», un terme que va crear per definir la cultura contemporània, marcada pels canvis que hi han produït les noves tecnologies i on la relació entre el públic, l'objecte i els mitjans de comunicació de masses ha canviat per sempre. El seu treball performàtic, de forma individual o en col·laboració amb Agustín Fernández Mallo en el duo Afterpop Fernández & Fernández, és considerat «una de les propostes més contundents del panorama del *spoken word* a Espanya» (*Yuxtaposiciones*). «El pop va acabar amb el concepte canònic de l'Alta Cultura, la va relegar a les catacumbes de l'*underground*, però des d'allà es va reconfigurar i va fer servir els canals del sistema per propagar una nova substància que va corroir els paisatges del pop, buidant-los dels seus herois, els seus subjectes i el seu significat».

WRITER OF ESSAYS AND ARTICLES, AND PERFORMER. A tutor in New Literary Environments at the Pompeu Fabra University in Barcelona, he is the author of collections of stories and cultural comment book such as *Afterpop (2007)*, *Homo Sampler* (2008) and *€®O$* (2010). We owe the concept of "afterpop" to her – a term created to define contemporary culture, marked by the changes which have been caused by new technologies and in where the relationship between public, object and the mass media has changed forever. His performance work – individually or in collaboration with Agustín Fernández Mallo in the duo Afterpop Fernández & Fernández – is considered "one of the most forceful proposals in on the spoken word scene in Spain" (*Yuxtaposiciones*). "Pop did away with the canonical concept of *Haut Cuture*, relegating it underground, but from there it regrouped and used the system channels to spread a new substance which ate away at the pop landscape, removing its heroes, subjects and meaning."

FERRATER, JOSÉ MANUEL
BARCELONA, 15.10.1948.

O | *Trabajos para Ymoda (años 80), trabajos para Dona, Vogue, Glamour, etc. (años 80 y principios de los 90), trabajos en publicidad, cine, etc. (al volver a Barcelona).* **M |** *David Bailey, Guy Bourdin, Helmut Newton, Francis Bacon.* **C |** *Steven Meisel, Bruce Weber.*

FOTÓGRAFO. Es, según sus propias palabras, un «trabajador de la fotografía, un currante, no un artista». Un verdadero autodidacta que, después de haberlo conseguido todo o casi todo cuando retrataba a Naomi Campbell o Cindy Crawford para las principales revistas de moda del mundo, ha ido evolucionando hasta modelar un estilo «más sofisticado y conceptualista». Para ello toma las influencias de los grandes maestros, pero precisa: no solo de la fotografía, sino también de la pintura e incluso de la literatura. Joseph Conrad, por ejemplo. «Me baso en la fuerza de la emoción, unida a la simplicidad, donde menos es más. Luz, blanco, negro, minimalismo emotivo».

FOTÒGRAF. És, segons les seves pròpies paraules, un «treballador de la fotografia, un obrer, no un artista». Un veritable autodidacta que, després d'haver-ho aconseguit tot, o gairebé tot, quan retratava Naomi Campbell o Cindy Crawford per a les principals revistes de moda del món, ha anat evolucionant fins a modelar un estil «més sofisticat i conceptualista». Per fer-ho, rep les influèncias dels grans mestres, però precisa: no només de la fotografia, sinó també de la pintura i fins i tot de la literatura. Joseph Conrad,

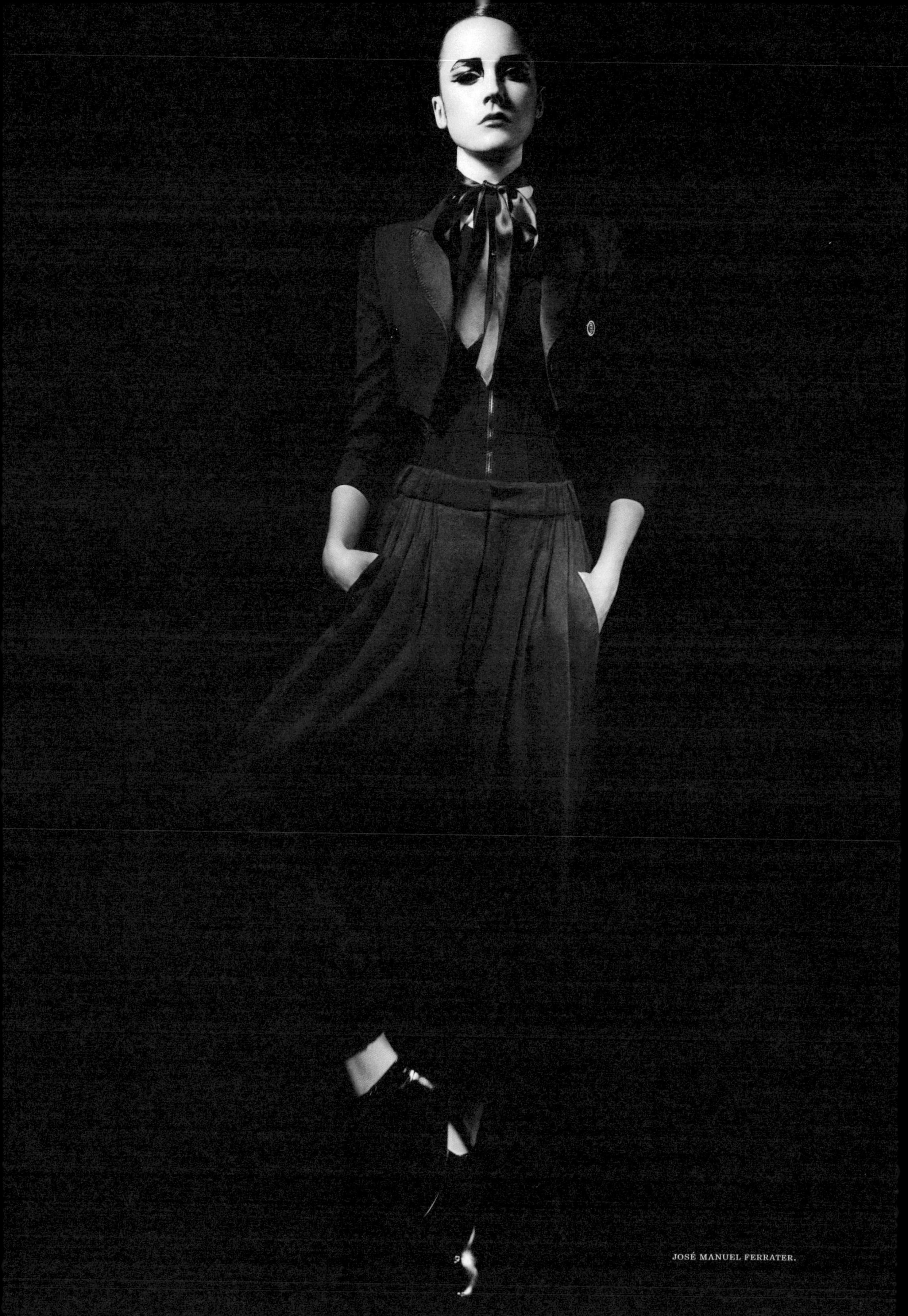

JOSÉ MANUEL FERRATER.

posem per cas. «Em baso en la força de l'emoció, unida a la simplicitat, on menys és més. Llum, blanc, negre, minimalisme emotiu».

PHOTOGRAPHER. In his own words, he is a "worker in photography, a grinder, not an artist". A genuinely self taught man, who having achieved everything – or almost everything - when he portrayed Naomi Campbell or Cindy Crawford for the world's major fashion magazines, has continued to develop until he has modelled a "more sophisticated and conceptualist" style. He is influenced by the great masters, yet specifies: Not only masters of photography, but also of painting and even literature. Joseph Conrad, for example. "I base myself on the force of emotion, together with simplicity, where less is more. Light, white, black, emotive minimalism".

FONTCUBERTA, JOAN
BARCELONA, 24.02.1955.

O | *Herbarium (1984), Fauna (1987), Sputnik (1997), Orogénesis (2002), Googlegramas (2005), Deconstructing Osama (2007).* **M |** *László Moholy-Nagy, Karl Blossfeldt, Robert Heineken.* **C |** *Martin Parr, Joachim Schmid, Erik Kessels.*

FOTÓGRAFO Y ENSAYISTA. Es uno de los creadores más singulares, plurales y, como él mismo dice, heterodoxos y prolíficos de la fotografía contemporánea. Sus proyectos, al mismo tiempo conceptuales y experimentales en cuanto a su interacción con el espectador, plantean una reflexión crítica permanente sobre la idea de verdad y ficción que se transmite a través de la imagen. Ha sido galardonado con el Premio Nacional de Fotografía en 1998 y su obra forma parte de los fondos del Museo Nacional Centro de Arte Reina Sofía, el Museu d'Art Contemporani de Barcelona, el San Francisco Museum of Modern Art y el MoMA de Nueva York, entre otros. «Creador heterodoxo y prolífico que desde los años setenta propone una práctica crítica de la fotografía. Más de medio centenar de proyectos entre la experimentación plástica y la reflexión conceptual jalonan una carrera que deambula por los condicionamientos de la información y por los engaños del lenguaje, y alienta una actitud de sospecha».

FOTÒGRAF I ASSAGISTA. És un dels creadors més singulars, plurals i, com diu ell mateix, heterodoxos i prolífics de la fotografia contemporània. Els seus projectes, alhora conceptuals i experimentals pel que fa a la seva interacció amb l'espectador, plantegen una reflexió crítica permanent sobre la idea de veritat i ficció que es transmet a través de la imatge. Va ser guardonat amb el Premi Nacional de Fotografia el 1998 i la seva obra forma part dels fons del Museo Nacional Centro de Arte Reina Sofía, el Museu d'Art Contemporani de Barcelona, el San Francisco Museum of Modern Art i el MoMA de Nova York, entre d'altres. «Creador heterodox i prolífic que des dels anys setanta proposa una pràctica crítica de la fotografia. Més de mig centenar de projectes entre l'experimentació plàstica i la reflexió conceptual jalonen una carrera que deambula pels condicionaments de la informació i pels enganys del llenguatge, i fomenta una actitud de sospita».

PHOTOGRAPHY AND ESSAYIST. He is one of the most unique and plural creators, and as he himself says, one of the most heterodox and prolific in contemporary photography. His projects, both conceptual and experimental in their interaction with the spectator, pose a permanent critical reflection on the idea of truth and fiction, transmitted through image. He received the National Photography Award in 1998 and his work forms part of the collections at the Reina Sofia National Art Centre, The Museu d'Art Contemporani in Barcelona, the San Francisco Museum of Modern Art and MoMA in New York, among others. "Heterodox and prolific creator who since the 1970s has proposed a critical practice in photography. Over fifty projects, between plastic experimentation and conceptual reflection, mark a career which meanders through the conditioning of information and the tricks of languages, encouraging an attitude of suspicion."

FONTDEVILA, MANEL
MANRESA, BARCELONA, 07.05.1965.

O | *Mantecatos (2003), Súper Puta (2007), Esto es importantísimo (2007-..., viñeta diaria en el periódico Público), La Parejita. Guía para padres desesperadamente inexpertos (2008), La Parejita. ¡Somos padres, no personas! (2010).* **M |** *Benejam y Coll, Cabu, Harvey Kurtzman, René Goscinny, Chris Ware.* **C |** *Mauro Entrialgo, Albert Monteys, Paco Alcázar.*

AUTOR DE CÓMIC Y HUMORISTA GRÁFICO. Creció con las historietas de la Escuela del TBO, especialmente las de los maestros Marino Benejam y Josep Coll. Hoy, ve tantas opciones y posibilidades, y tantas que le gustan —desde el cómic clásico del francés Cabu hasta los álbumes anuales del experimentador Chris Ware—, que cuando se pone a dibujar sus tiras, se vuelve majara y se deja llevar. «Luego, mis limitaciones hacen el resto», bromea, confirmando la otra cara de su creación: la de humorista gamberro y transgresor, autor de la serie *La Parejita S. A.* y de algunas de las más célebres portadas de *El Jueves.* «Por un lado está el humor, que me ayuda a mantener la distancia y a perderle el respeto a la autoridad. Por el otro, está el cuestionar las cosas o, a veces, simplemente intentar entenderlas. También evitar dar sentencias. Y si la ocasión lo permite, no caer en decirle a la gente lo que quiere oír, que es agradecido pero inútil al mismo tiempo. Al final se une todo (raramente se puede, ja, ja) y a ver qué sale».

AUTOR DE CÒMIC I HUMORISTA GRÀFIC. Va créixer amb les historietes de l'Escola del TBO, especialment les dels mestres Marino Benejam i Josep Coll. Actualment, veu tantes opcions i possibilitats, i n'hi ha tantes que li agraden —des del còmic clàssic del francès Cabu fins als àlbums anuals de l'experimentador Chris Ware—, que quan es posa a dibuixar les seves tires perd l'enteniment i es deixa portar. «Després, les meves limitacions fan la resta», bromeja, confirmant l'altra cara de la seva creació: la d'humorista gamberro i transgressor, autor de la sèrie *La Parejita S. A.* i d'algunes de les més cèlebres portades d'*El Jueves.* «D'una banda hi ha l'humor, que m'ajuda a mantenir la distància i a perdre el respecte a l'autoritat. De l'altra, hi ha el qüestionar les coses o, de vegades, simplement intentar entendre-les. També evitar donar sentències. I si l'ocasió ho permet, no caure en dir a la gent el que vol sentir, que és agraït però al mateix temps inútil. Al final s'uneix tot (rarament es pot, ha!, ha!, ha!) i vejam què surt».

COMIC WRITER AND CARTOONIST. He grew up with the stories of the TBO School, especially those of the master Marino Benejam and Josep Coll. Today he sees so many options and possibilities, and so many that he likes – from the classic comics by the Frenchman Cabu, to the annuals by the experimentalist Chris Ware-, that which he starts to work on his strips, he loses it and lets himself go with the flow. "My limitations do the rest," he jokes, confirming the other side of his creation: That of a naughty, transgressive comedian, author of the series *La Parejita S.A* and some of the best known covers of *El Jueves.* "On one hand there is humour, which helps me to keep the distance and lose respect for authority. On the other, we have questioning things, or sometimes simply trying to understand them. And avoiding making rulings. And where possible, not fall into the trap of telling people what they want to hear, which is pleasant yet at the same time useless. In the end I put it all together (it's not often it can, ha ha) and I see what comes out."

FORÉS, MARÇAL
BARCELONA, 25.05.1981.

O | *Scooby Dude (2003, videoclip), Yeah! Yeah! Yeah! (2004, corto), Friends Forever (2007, corto), Paradise (2011, mediometraje en postproducción), Animals (2011, largometraje en postproducción).* **M |** *Michelangelo Antonioni, Iván Zulueta, Víctor Erice, Stanley Kubrick.* **C |** *Gus Van Sant, John Waters, Agustí Villaronga, David Lynch, Joss Whedon, César Velasco Broca, Nobuhiro Yamashita, GAINAX, Lilli Carré, Chris Ware.*

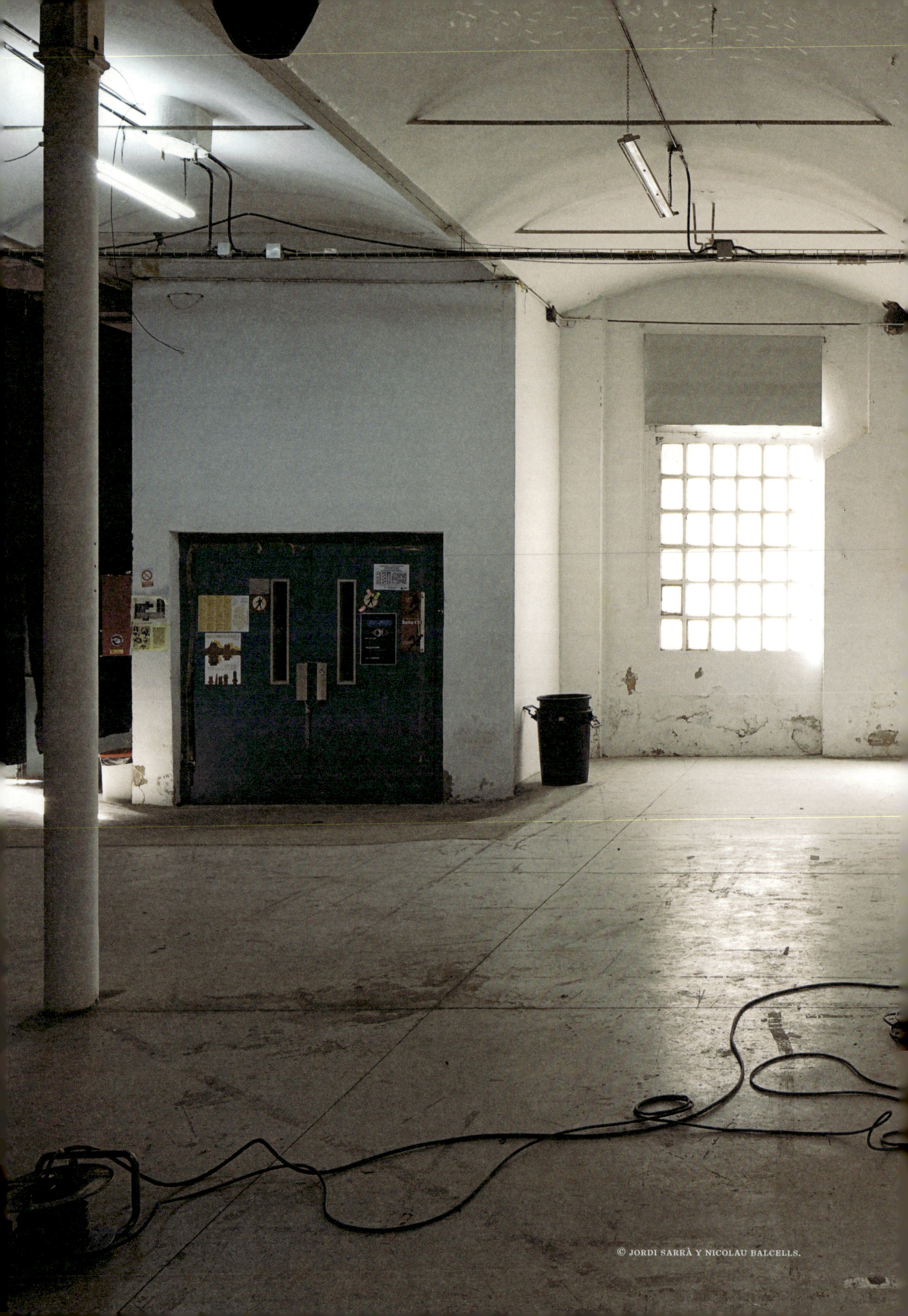

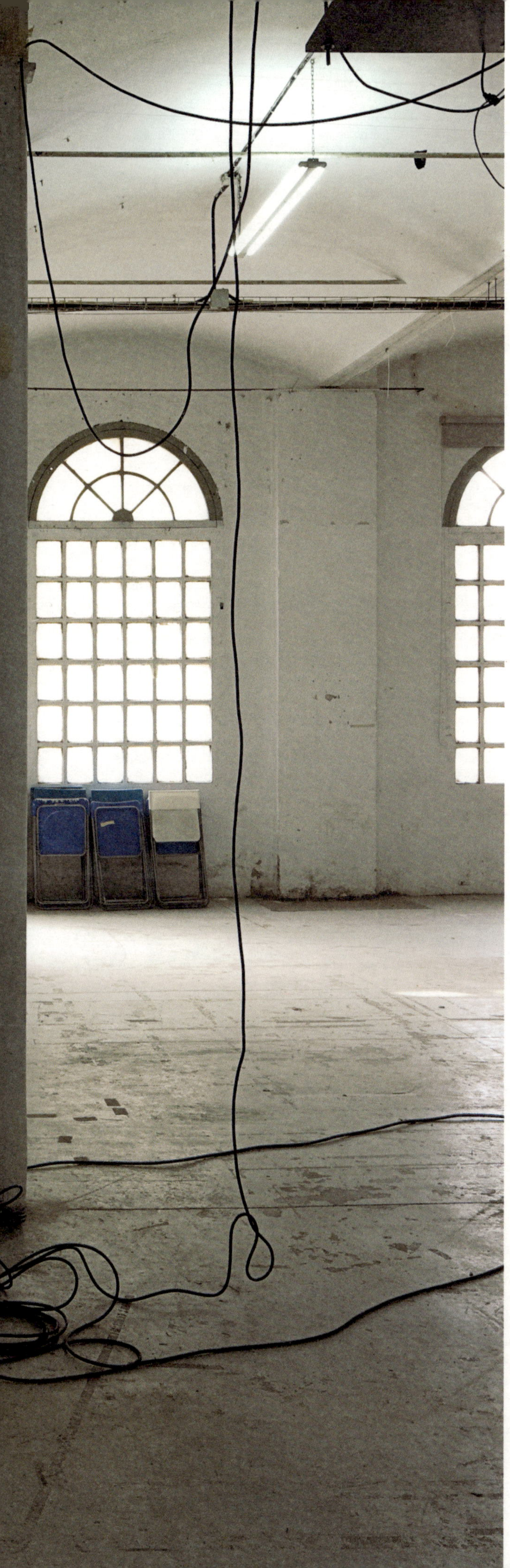

HANGAR

PASAJE DEL MARQUÉS DE SANTA ISABEL, 40 | CAN RICART, 08018 BARCELONA
www.hangar.org | *+34 93 308 40 41* | *info@hangar.org*

CENTRO DE PRODUCCIÓN E INVESTIGACIÓN de artes visuales, impulsado desde 1997 por la Asociación de Artistas Visuales de Cataluña. Situado en las naves de un edificio industrial rehabilitado, tiene una superficie de 1 800 metros cuadrados y dispone de quince talleres, dos platós e incluso un servicio de alquiler de equipos, entre otras prestaciones asequibles para los artistas. El centro, con dieciocho artistas residentes, ofrece becas de formación y participa en diversos programas de intercambio internacional. También está en proceso de remodelación para ampliar sus espacios de creación, así como para poder ofrecer apartamentos para la acogida en residencia de creadores de diferentes procedencias.

CENTRE DE PRODUCCIÓ I INVESTIGACIÓ d'arts visuals, impulsat des del 1997 per l'Associació d'Artistes Visuals de Catalunya. Situat a les naus d'un edifici industrial rehabilitat, té una superfície de 1 800 metres quadrats i disposa de quinze tallers, dos platós i fins i tot d'un servei de lloguer d'equips, entre altres prestacions assequibles per als artistes. El centre, amb divuit artistes residents, ofereix beques de formació i participa en diversos programes d'intercanvi internacional. També està en procés de remodelació per ampliar els seus espais de creació, així com per poder oferir apartaments per a l'acolliment en residència de creadors de diverses procedències.

CENTER OF RESEARCH AND PRODUCTION of visual arts, promoted since 1997 by the Asociación de Artistas Visuales de Cataluña (Visual Artists Association of Catalonia). Located in the bays of a rehabilitated industrial building, it has a surface of 1,800 square meters and features fifteen workshops, two movie studios and even a rental service of equipment, among other material available to artists. The center, with eighteen different resident artists, offers training scholarships and participates in diverse international exchange programs. It is also being remodeled, in order to enlarge its creative spaces, as well as to offer apartments to enable residencies of artists from different places.

▸ **REALIZADOR.** Licenciado en 2004 por la Escola Superior de Cinema i Audiovisuals de Catalunya (ESCAC) en la especialidad de Dirección, viaja poco después a Inglaterra para completar sus estudios. Allí cursa el Máster en Dirección de Ficción en la National Film and Television School y se gradúa con el cortometraje *Friends Forever*, obra galardonada en varios festivales y exhibida en Venecia, Palm Springs y Gijón, entre otros. Realiza el piloto de una serie para la cadena BBC que le abre las puertas, ya de regreso en su ciudad, a su primer largometraje: *Animals*, producido por Escándalo Films. «La mezcla de fantasía y realidad es una constante en mi trabajo. Sin la presencia de una y otra me resulta muy difícil llevar a cabo un proyecto».

REALITZADOR. Diplomat el 2004 a l'Escola Superior de Cinema i Audiovisuals de Catalunya (ESCAC) en l'especialitat de Direcció, poc després se'n va a Anglaterra per completar els seus estudis. Allà cursa el Màster en Direcció de Ficció a la National Film and Television School i es gradua amb el curtmetratge *Friends Forever*, obra guardonada a diversos festivals i exhibida a Venècia, Palm Springs i Gijón, entre d'altres. Realitza un episodi pilot per a una sèrie de la cadena BBC que li obre les portes, ja de tornada a la seva ciutat, al seu primer llargmetratge: *Animals*, produït per Escándalo Films. «La mescla de fantasia i realitat és una constant en la meva obra. Sense la presència d'una i l'altra se'm fa molt difícil dur a terme un projecte».

PRODUCER. Upon graduating in 2004 from the Escola Superior de Cinema i Audiovisuals de Catalunya (ESCAC), specialising in Directing, he travelled to the UK to complete his studies. There he completed a Masters in Fiction Directing at the National Film and Television School and graduated with the short film *Friends Forever,* a piece which earned awards at a number of festivals and was showed at Venice, Palm Springs and Gijón, among others. He created a pilot episode for a BBC television series which opened the doors for his career, and once back in his home town, for his first full length film: *Animals,* produced by Escándalo Films. "The mix of fantasy and reality is a constant in my work. Without the presence of both I find it difficult to complete a project."

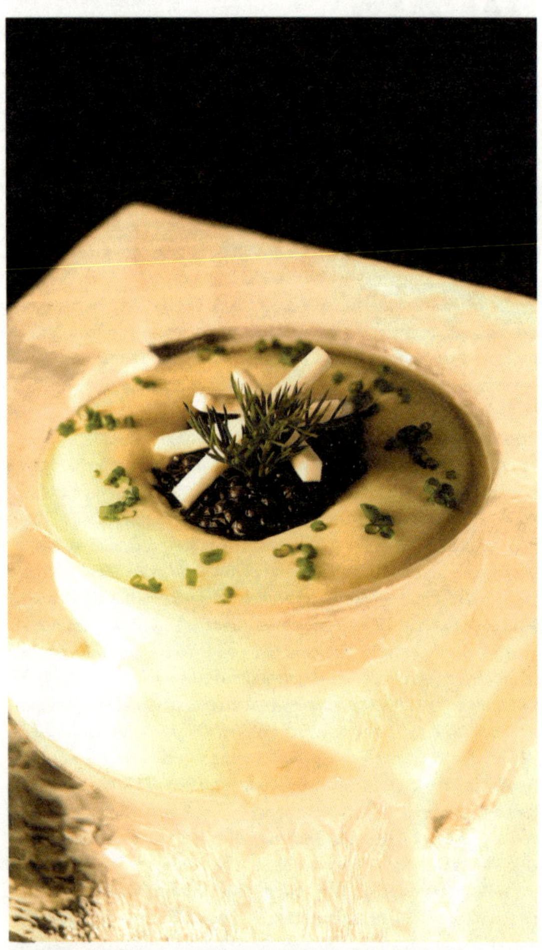

ROMAIN FORNELL, *LA VICHYSSOISE EN SU CUBO DE HIELO.*
© CARLOS ALLENDE.

FORNELL, ROMAIN
TOULOUSE, FRANCIA, 27.12.1976.

O | *Restaurante Chaldette (2001, inauguración), Estrella Michelin (2001), Restaurante Caelis (2004), segunda Estrella Michelin (2005), recupera su Estrella Michelin en el Caelis (2011).* **M |** *Auguste Escoffier, Marie-Antoine Carême.* **C |** *Alain Ducasse, Joël Robuchon, Michel Sarran, Ferran Adrià, Joan Roca.*

RESTAURADOR. Se gradúa en la Escuela de Hostelería de Toulouse, primero de su promoción, y es elegido Mejor Cocinero Joven de Midi Pyrénées. Comienza a trabajar en Les Jardins de l'Opera, estudia cocina clásica y comparte fogones, entre Barcelona y París, con Michel Sarran y Alain Ducasse. En 2000 inaugura su propio restaurante en Lozère y gana su primera Estrella Michelin; proeza que repite en 2005 en Barcelona. En 2011 consigue el título de Campeón Europeo de Catering. Su cocina, de gran respeto por el producto, propone un punto de encuentro entre la tradición francesa y catalana. «Intento desarrollar una cocina de autor muchas veces con solo tres o cuatro sabores en el plato. Es alta costura de cocina».

RESTAURADOR. Es gradua primer de la seva promoció a l'Escola d'Hostaleria de Toulouse, i és escollit Millor Cuiner Jove de Midi Pyrénées. Comença a treballar a Les Jardins de l'Opéra, estudia cuina clàssica i comparteix fogons, entre Barcelona i París, amb Michel Sarran i Alain Ducasse. El 2000 inaugura el seu propi restaurant a Lozère i guanya la seva primera estrella Michelin; proesa que repeteix el 2005 a Barcelona. El 2011 aconsegueix el títol de Campió Europeu de Càtering. La seva cuina, de gran respecte pel producte, proposa un punt de trobada entre la tradició francesa i la catalana. «Intento desenvolupar una cuina d'autor moltes vegades amb només tres o quatre sabors al plat. És alta costura de cuina».

RESTAURATEUR. He graduated from the School of Catering in Toulouse, top of his class, and was elected the Best Young Chef Midi Pyrénées. He started working at Les Jardins de l'Opera, studying classical cuisine and sharing kitchens, between Barcelona and Paris, with Michel Sarran and Alain Ducasse. In 2000 he opened his own restaurant in Lozère and received his first Michelin Star; this happened again in 2005 in Barcelona. In 2011 he obtained the title European Catering Champion. His cuisine, which maintains a high level of respect for the product, is a meeting point between French and Catalonian food. "I try to develop my own cooking, a lot of the time with just three or four flavours in the dish. It is the haute couture of catering."

FORTUNY, LLIBERT
LAS PALMAS DE GRAN CANARIA, 14.03.1977.

O | *Revolts (2005, con la Llibert Fortuny Electric Quintet), XXL (2006, con la Llibert Fortuny Electric Big Band).* **M |** *Charlie Parker, John Coltrane, Miles Davis, Joe Henderson, Sonny Stitt, Michael Brecker, Joe Lovano, Elvin Jones.* **C |** *Mark Turner, Joshua Redman, Perico Sambeat, Branford Marsalis, Gary Willis, David Binney, Steve Coleman, Jesús Santandreu, Jerry Bergonzi.*

MÚSICO DE JAZZ. Saxofonista. Tras finalizar sus estudios de música en el Conservatori de Manresa, es premiado con una beca europea por el Berklee College of Music de Boston. Debuta en Barcelona en 2001 con la banda Llibert Fortuny Quartet, con la que graba su primer trabajo, *Un circ sense lleons.* Un año después recibe el premio al mejor músico de *jazz* concedido por la Asociación de Músicos de Jazz y Música Moderna de Cataluña. En 2004 recibe otro galardón: el premio Puig Porret al mejor intérprete de *jazz.* Con su última formación, de nombre Triphasic, en la que participa junto a Gary Willis al bajo y David Gómez a la batería, ha lanzado el disco *Shaman* (2008). «La música es como una carrera de fondo sin ganador alguno».

MÚSIC DE JAZZ. Després de finalitzar els estudis de música al Conservatori de Manresa, és premiat amb una beca europea pel Berklee College of Music de Boston. Debuta a Barcelona el 2001 amb el grup Llibert Fortuny Quartet, amb el qual grava el seu primer treball, *Un circ sense lleons.* Un any més tard rep el premi al millor músic de *jazz* concedit per l'Associació de Músics de Jazz i Música Moderna de Catalunya. El 2004 rep un altre guardó: el premi Puig Porret al millor intèrpret de *jazz*. Amb la seva darrera formació, anomenada Triphasic, en la qual participa al costat de Gary Willis, al baix, i David Gómez, a la bateria, ha llançat el disc *Shaman* (2008). «La música és com una cursa de fons sense cap guanyador».

JAZZ MUSICIAN. After completing his music studies at the Conservatory in Manresa, he received a European grant from the Berklee College of Music in Boston. He made his debut in Barcelona in 2001 with the Llibert Fortuny Quartet, with whom he recorded his first work, *Un circ sense lleons*. One year later he received the award for best jazz musician from the Catalonian Association of Jazz and Modern Music Musicians. In 2004 he received another award: the Puig Porret award for best jazz performer. With his latest group, named Triphasic, in which he plays alongside Gary Willis on bass and David Gómez on drums, he has released the album *Shaman* (2008). "Music is like a long distance race where there is no winner."

FREIXAS, LAURA
BARCELONA, 16.07.1958.

O | *El asesino en la muñeca* (1988), *Último domingo en Londres* (1997), *Entre Amigas* (1998), *Cuentos a los cuarenta* (2001), *Amor o lo que sea* (2005), *Adolescencia en Barcelona hacia 1970* (2007), *Ladrona de rosas. Clarice Lispector, una genialidad insoportable* (2010). **M |** *Marcel Proust, Virginia Woolf, la Ilíada, Madame de Sévigné, Libro de la vida de Santa Teresa, Los caracteres de Jean de la Bruyère, Las Confesiones de Rousseau, La muerte de Iván Ilich, Invisible Man de Ralph Ellison, La guerra carlista de Valle-Inclán, El quadern gris, La plaça del Diamant.* **C |** *Belén Gopegui, Antonio Muñoz Molina, Andreï Makine.*

ESCRITORA. Desde su primera colección de relatos, *El asesino en la muñeca,* hasta su último libro publicado, el ensayo sobre la escritora brasileña Clarice Lispector *Ladrona de rosas,* su prosa exquisita y su exploración honesta de ciertos conflictos lingüísticos, sociales, familiares, culturales y sexuales, así como la coherencia de sus ideas, que nunca le han temido a la polémica, la sitúan como una autora esencial en la literatura española contemporánea. «No ha sido deliberado, pero me doy cuenta de que al final siempre escribo sobre lo mismo: sobre las distintas maneras en que vivimos, pensamos y sentimos según estemos de un lado u otro de alguna barrera invisible: según seamos catalanes o castellanos, del país o inmigrantes, hombres o mujeres, jóvenes o mayores».

ESCRIPTORA. Des de la seva primera col·lecció de relats, *El asesino en la muñeca,* fins al seu darrer llibre publicat, l'assaig sobre l'escriptora brasilera Clarice Lispector *Ladrona de rosas,* la seva prosa exquisida i la seva exploració honesta de certs conflictes lingüístics, socials, familiars, culturals i sexuals, així com la coherència de les seves idees, que mai no han temut la polèmica, la situen com una autora essencial en la literatura espanyola contemporània. «No ha estat deliberat, però m'adono que al final sempre escric sobre la mateixa cosa: sobre les diverses maneres en què vivim, pensem i sentim segons estiguem d'un costat o d'un altre d'alguna barrera invisible: segons siguem catalans o castellans, del país o immigrants, homes o dones, joves o grans».

WRITER. From her first book of short stories, *El asesino en la muñeca* (The Wrist Murderer), to her latest book, an essay on the Brazilian author Clarice Lispector called *Ladrona de Rosas* (Rose Thief), her exquisite prose and honest exploration of certain linguistic, social, family, cultural and sexual conflicts, and the coherence of her ideas, which have never shied away from controversy, place her as an essential author in contemporary Spanish literature. "It wasn't deliberate, but I have realised that in the end I always write about the same thing: About the different ways in which we live, think and feel, depending on whether we are on one side or the other of some invisible barrier: Whether we are Catalan or Castilian, natives or immigrants, men or women, young or old."

FRESÁN, RODRIGO
BUENOS AIRES, 18.07.1963.

O | *Historia argentina* (1991, 2009, edición revisada), *La velocidad de las cosas* (1998, 2003, edición revisada), *Mantra* (2001, 2011, edición revisada), *El fondo del cielo* (2009). **M |** *Kurt Vonnegut, The End of the Affair de Graham Greene, Adolfo Bioy Casares, George Eliot, Philip K. Dick, Stendhal, John Updike, Julio Cortázar, Francis Scott Fitzgerald, J. G. Ballard, Joan Didion, León Tolstói, John Cheever, John Banville, Emily Brontë, Marcel Proust, Harold Brodkey, Henry James, Vladimir Nabokov, John Irving, Enrique Vila-Matas, J. D. Salinger, A Day in the Life de los Beatles, Visions of Johanna de Bob Dylan, 2001. A Space Odyssey de Stanley Kubrick.* **C |** *David Foster Wallace, Rick Moody, Alan Pauls, Denis Johnson, Roberto Bolaño.*

ESCRITOR. Entre las radiaciones que ha recibido su obra menciona a la nieve, «el mejor y más grande efecto especial de la naturaleza o de quien sea», y por encima de todo a Kurt Vonnegut, por «su sentido moral, su piadosa ironía y su eufórica y euforizante propensión a atomizarlo todo, así como sus constantes ganas de destruir el mundo por escrito para reconstruirlo en la mente de sus lectores». Afincado en Barcelona desde marzo de 1999, es hoy por hoy uno de los escritores más admirados y con mayor ascendencia en las letras castellanas. Prueba de ello son las constantes invitaciones que recibe para participar como jurado en premios de novela y relato, prologar a autores fundamentales de la literatura del siglo XX, o como asesor editorial. Además, dirige para Random House Mondadori la colección de novela criminal Roja & Negra. «Una vez, de tanto recibir esta pregunta asociada a la herencia del realismo mágico, por comodidad e ingenio, respondí que lo mío era "irrealismo lógico", una inversión de los factores de semejante síntoma. No sé muy bien qué quise decir con eso, pero me reafirmo en la etiqueta, que después de todo para eso está, ¿no? Más allá de eso: epifanía, milagro, personajes escritores, chicas que desaparecen, países que desaparecen, ciudades que se mueven (canciones tristes en sus múltiples encarnaciones) y la literatura (su teoría y práctica) como tabla de salvación para los náufragos del universo entre los que, por supuesto, me incluyo».

ESCRIPTOR. Entre les radiacions que ha rebut la seva obra menciona la neu, «el millor i més gran efecte especial de la natura o de qui sigui», i per damunt de tot Kurt Vonnegut, pel «seu sentit moral, la seva pietosa ironia i la seva eufòrica i euforitzant propensió a atomitzar-ho tot, així com les seves constants ganes de destruir el món per escrit per reconstruir-lo en la ment dels seus lectors». Establert a Barcelona des del març del 1999, ara com ara és un dels escriptors més admirats i amb major ascens de les lletres castellanes. Prova d'això són les constants invitacions que rep per participar com a jurat en premis de novel·la i relat, prologar autors fonamentals de la literatura del segle XX, o com a assessor editorial. A més, dirigeix per a Random House-Mondadori la col·lecció de novel·la criminal Roja & Negra. «Un cop, de tant rebre aquesta pregunta associada a l'herència del realisme màgic, per comoditat i enginy, vaig respondre que el que jo faig era "irrealisme lògic", una inversió dels factors d'aquest símptoma. No sé gaire bé què vaig voler dir amb això, però em reafirmo en l'etiqueta, que al capdavall per això hi és, no? Més enllà d'això: epifania, miracle, personatges escriptors, noies que desapareixen, països que desapareixen, ciutats que es mouen (cançons tristes en les seves múltiples encarnacions) i la literatura (la seva teoria i pràctica) com a taula de salvament pels nàufrags de l'univers entre els quals, naturalment, m'hi compto».

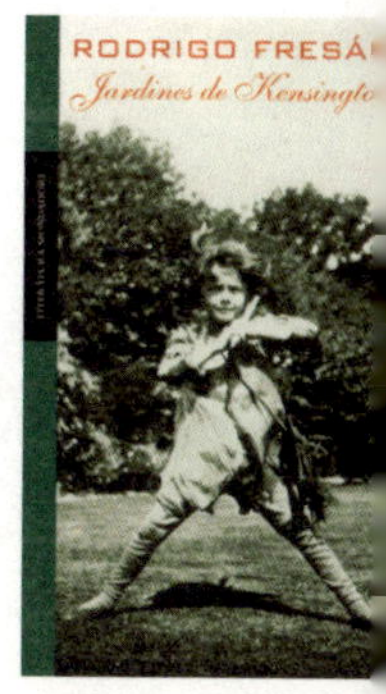

WRITER. Among influences on his work, he mentions snow – "the greatest and best special effect by nature or whoever," and above all Kurt Vonnegut, for "his moral sense, his pious irony and his euphoric and exciting propensity to atomise everything and his constant desire to destroy the work through writing and reconstruct it in his readers' minds." Residing in Barcelona since March 1999, today he is one of the most admired writers in the Spanish language with the greatest significance. This can be seen in the continuous invitations he receives to form part of juries for judging novels and stories, to write prologues for major 20th century authors or to act as editorial advisor. He also manages the criminal novel collection Roja & Negra for Random House-Mondadori. "Once, after being asked so many times about the inheritance of magical realism, out of convenience and ingenuity, I responded that my thing was 'logical unrealism,' an inversion of the factors of such a symptom. I don't really know what I meant by that, but I stick to that label, because after all that's what it's for, isn't it? More than that: Epiphany, miracle, author characters, girls who disappear, countries which disappear, cities which move (sad tunes in their multiple versions) and literature (theory and practice) as a life raft for the castaways in the universe among whom, naturally, I include myself."

FUENTES, ARTURO
BARCELONA, 08.05.1979.

O | *K (2005), NULL (2006), VID (2007), Plânar (2009), Solo se mueven (2011).* **M |** *Claude Shannon, Michio Kaku, Chomsky, M. C. Escher, Magritte, Oliver Sacks, Jaume (mi profesor de Filosofía en COU).* **C |** *Alex Román, Dvein, Cliff Martinez, Michel Gondry, Stefan Sagmeister.*

ARTISTA VISUAL Y REALIZADOR. Licenciado en Psicología por la Universidad de Barcelona y con estudios de Ingeniería Técnica en Telecomunicaciones, realización de cine, vídeo y televisión, y música electrónica, actualmente estudia el Máster en Neurociencias, también en la UB. Su obra ha sido presentada y premiada en numerosas ferias y festivales internacionales como ARCO, LOOP, Locarno (Suiza), la Mostra INVIDEO de Milán, The European Independent Film Festival o la Feria de Arte de Pekín, entre otros. *NULL*, uno de sus trabajos más reconocidos, obtuvo los premios del Jurado en el Festival de Cine de Madrid 2007 y del Público en el Barcelona VisualSound del mismo año, y fue adquirida por el consultor del Guggenheim de Nueva York. «Siempre intento que haya una coherencia interna en las obras que hago: una estructura, un ritmo, que aunque no sean visibles a primera vista, el espectador las perciba de una forma sutil y quede ensimismado».

ARTISTA VISUAL I REALITZADOR. Llicenciat en Psicologia per la Universitat de Barcelona i amb estudis d'Enginyeria Tècnica en Telecomunicacions, realització de Cinema, Vídeo i TV, i Música Electrònica, actualment estudia un màster en Neurociències, també a la UB. La seva obra ha estat presentada i premiada a nombroses fires i festivals internacionals com ARCO, LOOP, Locarno (Suïssa), la Mostra INVIDEO de Milà, The European Independent Film Festival o la Fira Art de Beijing, entre d'altres. *NULL*, un dels seus treballs més coneguts, va obtenir, per exemple, els premis del Jurat al Festival de Cinema de Madrid 2007 i del Públic a la Barcelona VisualSound del mateix any, i va ser adquirida pel consultor del Guggenheim de Nova York. «Sempre intento que hi hagi una coherència interna a les obres que faig: una estructura, un ritme, que encara que no siguin visibles a primera vista, l'espectador les percebi d'una manera subtil i quedi abstret».

VISUAL ARTIST AND PRODUCER. A graduate in Psychology from the University of Barcelona and with studies in Technical Telecommunications Engineering, Film video and TV production, and Electronic Music, he is currently completing a Masters in Neurosciences, also at the UB. His work has been presented and awarded prizes at numerous international fairs and festivals such as ARCO, LOOP, Locarno (Switzerland), la Mostra INVIDEO in Milan, The European Independent Film Festival or the Beijing Art Fair, among others. *NULL* one of his best known works, obtained for example the Jury's Award at the Madrid Film Festival in 2007, and the Audience Award at Barcelona VisualSound that same year. It went on to be acquired by the Guggenheim consultant in New York. "I always try to achieve internal coherence in my work: a structure, a rhythm, although these are not visible at first, the spectator must perceive them in a subtle and self-absorbed way."

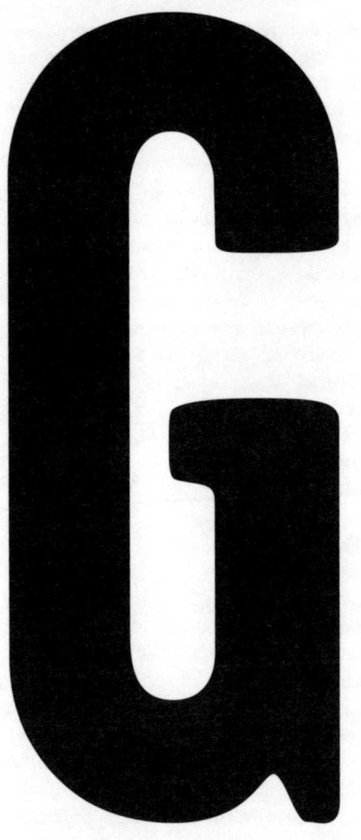

GALCERAN, JORDI
BARCELONA, 05.03.1964.

O | *Surf (1994), Paraules encadenades (1995), Dakota (1996), Fuita / Fuga (1998, 2011), Gaudí (2002), El mètode Grönholm (2003-05, 2011), Carnaval (2005), Cancun (2007), Burundanga (2010).* **M |** *Julio Verne, Agatha Christie, David Mamet, Billy Wilder, Neil Simon, Alan Ayckbourn.* **C |** *Ridley Scott, Henning Mankell, Mark Knopfler, Björk.*

DRAMATURGO, GUIONISTA Y TRADUCTOR. Poseedor de un agudo humor negro y un talento innato para el suspense, es uno de los autores teatrales españoles más reconocidos internacionalmente. Con su segunda obra, *Paraules encadenades,* ya ganaba el Premi Born de Teatre y el premio de la crítica Serra d'Or. Ocho años después, *El mètode Grönholm,* su obra más exitosa hasta hoy, permaneció en cartelera durante varios años, fue llevada al cine por Marcelo Piñeyro y sus derechos fueron adquiridos para Broadway. Es también el autor del guion de otra conocida película: *Frágiles,* de Jaume Balagueró. «A mí no me gusta hablar de lo que hablan mis obras. Pero si tuviera que hacerlo como si no las hubiera escrito yo, todas hablan del poder, de cómo nos gusta a los humanos someter a otros humanos».

DRAMATURG, GUIONISTA I TRADUCTOR. Posseïdor d'un agut humor negre i d'un talent innat per al suspens, és un dels autors teatrals espanyols més reconeguts internacionalment. Amb la seva segona obra, *Paraules encadenades,* ja va guanyar el Premi Born de Teatre i el premi de la crítica Serra d'Or. Vuit anys més tard, *El mètode Grönholm,* fins avui la seva obra de més èxit, va romandre en cartellera durant diversos anys, va ser duta al cinema per Marcelo Piñeyro i Broadway en va adquirir els drets. És també l'autor del guió d'una altra pel·lícula coneguda: *Fràgils,* de Jaume Balagueró. «No m'agrada parlar d'allò que parlen les meves obres. Però si hagués de fer-ho com si no les hagués escrit jo, totes parlen del poder, de com ens agrada, als humans, sotmetre als altres humans».

PLAYWRIGHT, SCRIPTWRITER AND TRANSLATOR. In possession of a sharp black humour and an innate talent for suspense, he is one of the most internationally recognised Spanish theatre writers. With his second play, *Paraules encadenades,* he run the Born Theatre Prize and the Serra d'Or Critics' Award. Eight years later, *El mètode Grönholm,* his most successful play so far, ran for several years, was taken to the big screen by Marcelo Piñeyro and the rights were bought for Broadway. He also wrote the script for another well known film: *Frágiles,* by Jaume Balagueró. "I don't like talking about what my work is about. But if I had to do so as I hadn't written it, all of them are talking about power, and how we humans like suppressing other humans."

GALLARDO, MIGUEL
LÉRIDA, 1955.

O | *Perico Carambola (1995, con Ignacio Vidal-Folch), Un largo silencio (1997), Toda la verdad sobre el informe G (2000), ¿Qué le pasa a este niño? (2005, con Àngels Ponce), Makoki Integral (2006), Tres viajes (2006), María y yo (2007, con su hija María Gallardo), Emotional World Tour (2009, con Paco Roca), Makoki Fuga en la Modelo (1981, 2009, con Juan Mediavilla).*

ARTISTA DE CÓMIC E ILUSTRADOR. Creador de personajes emblemáticos de los años ochenta como Makoki, El Niñato, Pepito Magefesa, Perro Nick o Buitre Buitaker, su obra ha sido premiada dos veces en el Salón del Cómic de Barcelona y dos veces también por la Society for News Design, entre otros reconocimientos. Desde principios de los noventa se ha ido desvinculando progresivamente del cómic para dedicarse más a la ilustración, la novela gráfica y la animación para cine y televisión. Sus ilustraciones aparecen habitualmente en diarios nacionales e internacionales —de *La Vanguardia* a *The New York Times*—, y es autor de numerosos carteles publicitarios y portadas de libros publicados por las principales editoriales del país.

ARTISTA DE CÒMIC I IL·LUSTRADOR. Creador de personatges emblemàtics dels anys vuitanta com Makoki, El Niñato, Pepito Magefesa, Perro Nick o Buitre Buitaker, la seva obra ha estat premiada dues vegades al Saló del Còmic de Barcelona i també dues vegades per la Society for News Design, entre altres reconeixements. Des de principis dels noranta s'ha anat desvinculant progresivament del còmic per dedicar-se més a la il·lustració, la novel·la gràfica i l'animació per a cinema i televisió. Les seves il·lustracions apareixen habitualment en diaris nacionals i internacionals —de *La Vanguardia* a *The New York Times*—, i és autor de nombrosos cartells publicitaris i portades de llibres publicats per les principals editorials del país.

COMIC ARTIST AND ILLUSTRATOR. Creator of emblematic characters in the 1980's such as Makoki El Niñato, Pepito Magefesa, Perro Nick or Buitre Buitaker, his work has twice earned him the Barcelona Comic Show award and a further two awards from the Society for News Design, among other recognitions. Since the early 1990's he has moved progressively away from comic to work more on illustration, graphic novels, and film and television animation. His illustrations appear frequently in national and international newspapers – from *La Vanguardia* to *The New York Times* -, and he is the author of numerous advertising posters and book covers published by the main editors in the country.

GARCÍA, JUAN CARLOS
(LANÒNIMA IMPERIAL)
BILBAO, 06.06.1957.

O | *Cosa de hombres (2005), La mar de formas (2005), En la noche herida por el rayo (2006).* **M |** *Merce Cunningham, Pina Bausch, Trisha Brown, William Forsythe, Lar Lubovitch.* **C |** *Alain Plattel. François Verret.*

BAILARÍN Y COREÓGRAFO. En 1986 fundó la compañía de danza Lanònima Imperial, que dirige hasta hoy. Reconocido por la crítica como uno de los más brillantes de su generación, sus montajes son aventuras estéticas con un pie en la poesía visual y el otro en el virtuosismo físico. «Cada obra es un teorema de investigación en el movimiento, ligado a la temática o estética que se pone en juego. Se repiten con frecuencia la fragmentación gestual y espacial, la narrativa no lineal, el uso de las convenciones escénicas como materiales expresivos, la Historia del Arte como fuente de inspiración, la ironía, la intervención del azar, la improvisación como construcción y los deslizamientos estilísticos, entre otros».

BALLARÍ I COREÒGRAF. El 1986 va fundar la companyia de dansa Lanònima Imperial, que dirigeix fins avui. Reconegut per la crítica

com un dels més brillants de la seva generació, els seus muntatges són aventures estètiques amb un peu en la poesia visual i un altre en el virtuosisme físic. «Cada obra és un teorema d'investigació en el moviment, lligat a la temàtica o estètica que es posa en joc. Es repeteixen amb freqüència la fragmentació gestual i espaial, la narració no lineal, l'ús de les convencions escèniques com a materials expressius, la història de l'art com a font d'inspiració, la ironia, la intervenció de l'atzar, la improvisació com a construcció i els lliscaments estilístics, entre d'altres».

DANCER AND CHOREOGRAPHER. In 1986, he founded the dance company Lanònima Imperial, which he still directs. Critically acclaimed as one of the most brilliant figures of his generation, his arrangements are aesthetic adventures with one foot in visual poetry and the other in physical virtuosity. "Every creation is a theorem that explores the movement linked to the subject matter or aesthetic at stake. There is frequent repetition of gestural and spatial fragmentation, non-linear narrative, the use of scenic conventions as expressive matter, the history of art as a source of inspiration, irony, the intervention of chance, improvisation as construction and stylistic shifts, to name a few."

GARCÍA TOMÁS, RAQUEL
BARCELONA, 02.06.1984.

O | *Últimas composiciones: Canción al alba (2008), Prélude et Postlude à l'extase (2009), LSP 3.1 [La Serva Padrona rifatta] (2009-10), Shadja (2010), Tres romances gitanos (2011), Wasserschlangen II (2011), Wondjina (2011).* **M |** *Lasse Thoresen, Agustí Charles, David Horn, Arnau Bataller, Jonathan Cole, Kenneth Hesketh y Dai Fujikura.*

COMPOSITORA. Tras finalizar su licenciatura con Matrícula de Honor en la ESMUC bajo la tutela de Agustí Charles, decide ampliar sus estudios en el Royal College of Music de Londres, donde actualmente estudia el Master of Composition con Jonathan Cole y Dai Fujikura. Su música ha sido interpretada en salas como L'Auditori de Barcelona (Els concerts de l'Acàdemia, Els premis Tutto de ComRàdio, el 6è Festival de Percussió de Catalunya), el Palau de la Música Catalana o la National Portrait Gallery de Londres, entre otras. Formó parte del grupo de protagonistas de la serie documental *Estrena't* de TV3. En 2010 estrenó su primera ópera, *LSP 3.1 [La Serva Padrona rifatta]*, con la compañía La Escafandra, de la que es miembro fundador. «Considero un privilegio el poder dotarme de la música como medio de expresión y comunicación: el mágico potencial de este lenguaje me permite plasmar infinidad de ideas complejas con frescura y naturalidad».

COMPOSITORA. Després de finalitzar la llicenciatura amb Matrícula d'Honor a l'ESMUC sota la tutoria d'Agustí Charles, decideix ampliar els seus estudis al Royal College of Music de Londres, on actualment estudia un Master of Composition amb Jonathan Cole i Dai Fujikura. La seva música ha estat interpretada a L'Auditori de Barcelona (Els concerts de l'Acàdemia, els premis Tutto de ComRàdio, el 6è Festival de Percussió de Catalunya), al Palau de la Música Catalana o a la National Portrait Gallery de Londres, entre d'altres. Va formar part del grup de protagonistes de la sèrie documental de TV3 *Estrena't*. El 2010 va estrenar la seva primera òpera, *LSP 3.1 ["La serva padrona" rifatta]*, amb la companyia La Escafandra, de la qual n'és membre fundadora. «Considero un privilegi poder-me dotar de la música com a mitjà d'expressió i comunicació: el màgic potencial d'aquest llenguatge em permet plasmar infinitud d'idees complexes amb frescor i naturalitat».

COMPOSER. After completing her degree with Honours at ESMuC under Agustí Charles, she decide to continue her studies at the Royal College of Music in London, where she is currently completing a Master of Composition course with Jonathan Cole and Dai Fujikura. Her music has been performed at venues such as L'Auditori de Barcelona (Els concerts de l'Acàdemia, Els premis Tutto de ComRàdio, the 6è Festival de Percussió de Catalunya), the Palau de la Música Catalana or la National Portrait Gallery in London, among others. She starred in the documentary series *Estrena't* by TV3. In 2010 she premiered her first opera LSP 3.1 ▸

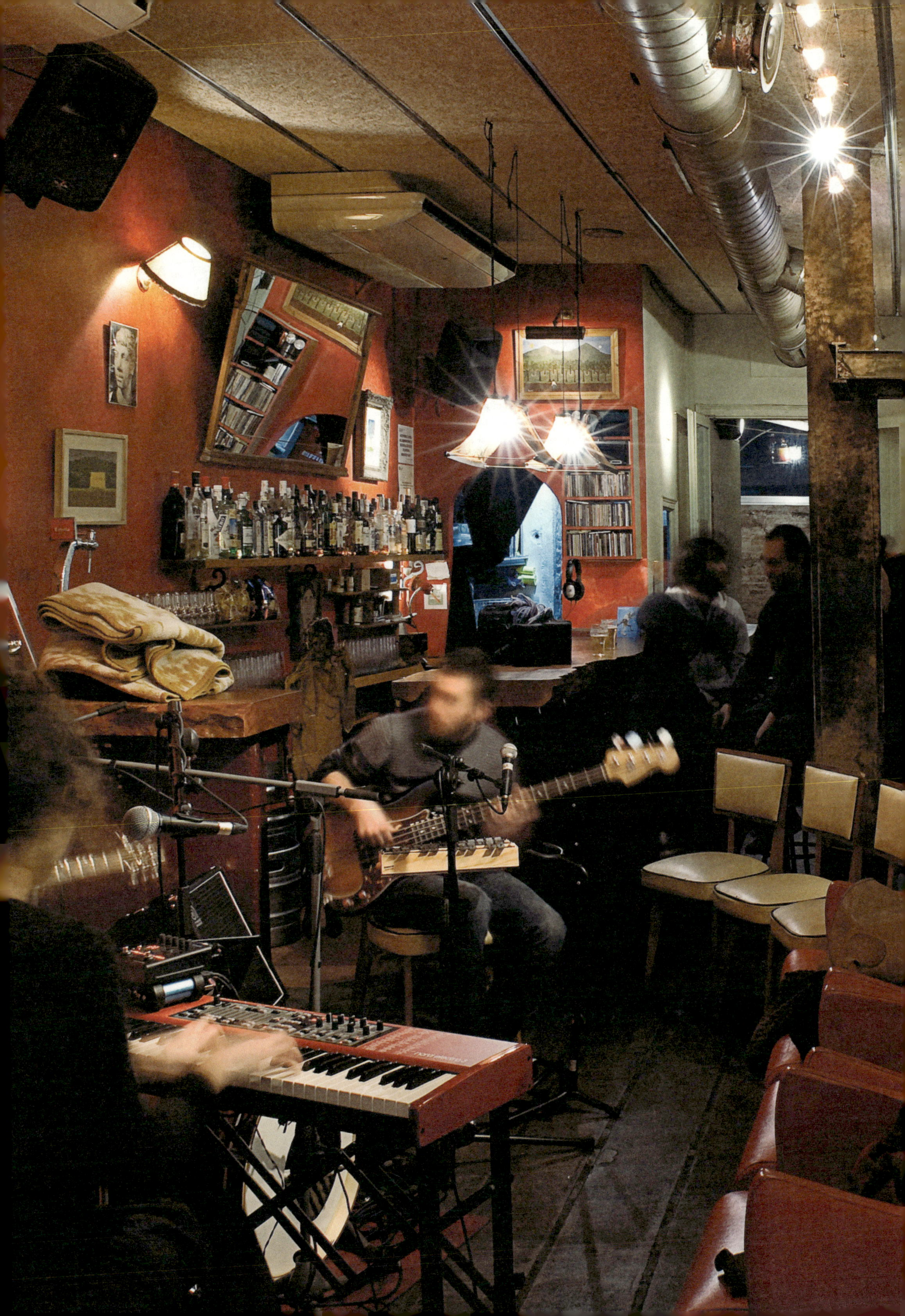

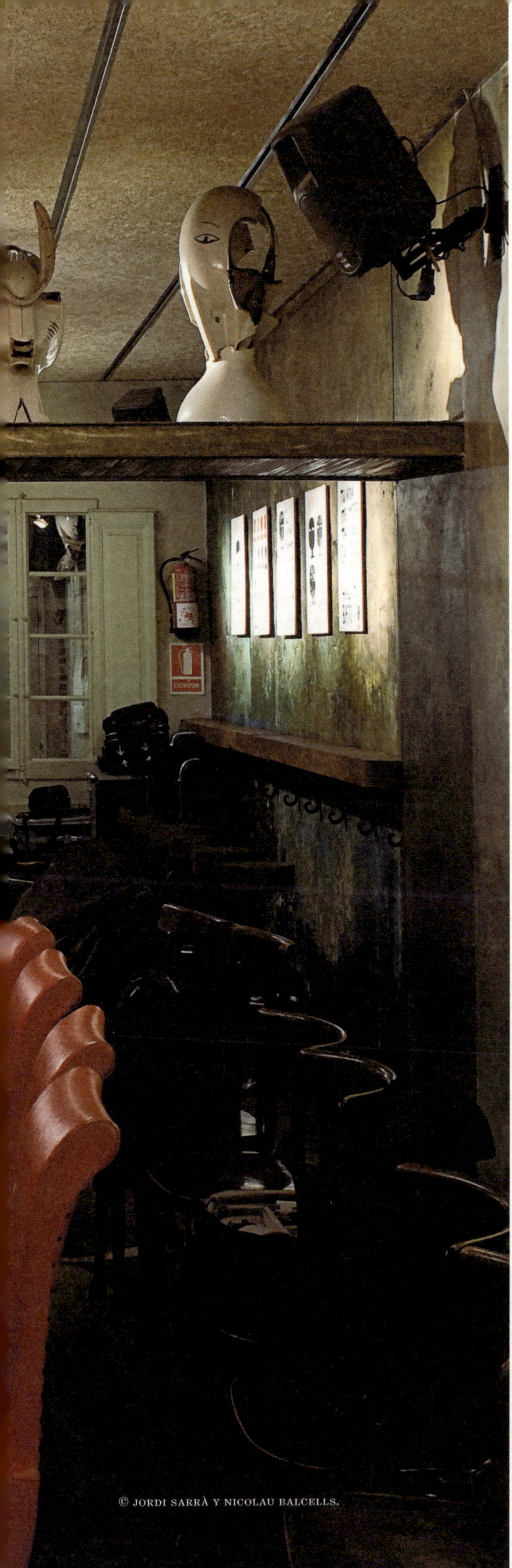

HELIOGÀBAL

RAMÓN Y CAJAL, 80 | BARRIO DE GRÀCIA, 08012 BARCELONA
www.heliogabal.com | miquel@heliogabal.com

POPULAR SALA DEL BARRIO DE GRÀCIA, reconocida como una de las grandes plataformas de promoción de grupos de música independiente en Barcelona. En los últimos años han pasado por su escenario los más destacados músicos de rock, pop, jazz, folk e *indies*, sobre todo en su etapa emergente, cuando estaban apareciendo en escena. Nació en 1995 como asociación cultural y desde entonces programa conciertos, recitales de poesía y actuaciones de pequeño formato de muy distintas formas de expresión artística como la pintura, la fotografía, la difusión de libros, revistas y fanzines, y la proyección de obras audiovisuales. Actualmente es un espacio de referencia en la vida cultural barcelonesa y sirve como punto de encuentro de artistas y creadores de diversas disciplinas.

POPULAR SALA DEL BARRI DE GRÀCIA reconeguda com una de les grans plataformes de promoció de grups de la música independent a Barcelona. En els darrers anys han passat pel seu escenari els més destacats músics de rock, pop, jazz, folk i *indie*, sobretot durant la seva etapa emergent, quan estaven apareixent a escena. Va néixer el 1995 com una associació cultural i des d'aleshores programa concerts, recitals de poesia i actuacions de petit format de formes d'expressió artística molt diferents, com ara la pintura, la fotografia, la difusió de llibres, revistes i fanzines, i la projecció d'obres audiovisuals. Actualment és un espai de referència en la vida cultural barcelonina i serveix com a punt de trobada d'artistes i creadors de diverses disciplines.

POPULAR VENUE IN THE NEIGHBORHOOD OF GRÀCIA, reputed to be one of the great promotion platforms for independent music groups in Barcelona. In recent years, the most outstanding rock, pop, jazz, folk and indie musicians have performed on its stage, especially during their emerging period, when they were breaking into the scene. Established originally as a cultural association in 1995, it programs concerts, poetry readings and small format performances of highly diverse forms of artistic expression, such as painting, photography, promotion of books, magazines, fanzines and screenings of audiovisual works. Presently, the space is a point of reference in the cultural life of Barcelona and it acts as meeting point for artists and creators of different disciplines.

▶ [La Serva Padrona rifatta] with the company La Escafandra, of which she is a founder member. "I feel privileged to be able to use music as a means of expression and communication: the magical potential of this language allows me to materialise an infinity of complex ideas with freshness and naturality."

GARCÍA TUR, VÍCTOR
BARCELONA, 17.02.1981.

O | *Twistanschauung (2009), «Líquido®» (en Quimera, 2010), «La calle de los Tiranos V» (en Mensual Barcelonés, 2010), «Re#» (en Voces. Antología de narrativa catalana contemporánea, de Lolita Bosch, 2010), Bildungsrobot (2011).* **M |** *Rodrigo Fresán.* **C |** *Mario Cuenca Sandoval, Marc Pastor, Borja Bagunyà.*

ESCRITOR Y DISEÑADOR GRÁFICO. Tras ganar el Premio Documenta con su primer libro de relatos, *Twistanschauung* —maridaje sonoro de la famosa canción de los Beatles y la palabra alemana Weltanschauung, «cosmovisión»—, aparece hoy como uno de los cuentistas más interesantes de la escena literaria catalana. «Poética en búsqueda y captura».

ESCRIPTOR I DISSENYADOR GRÀFIC. Després de guanyar el Premi Documenta amb el seu primer llibre de relats, *Twistanschauung* —maridatge sonor de la famosa cançó dels Beatles i la paraula alemanya Weltanschauung, «cosmovisió»—, apareix avui com un dels contistes més interessants de l'escena literària catalana. «Poètica en recerca i captura».

WRITER AND GRAPHIC DESIGNER. After winning the Documenta Award for his first book of stories, *Twistanschauung* – a sonorous marriage of the famous Beatles song and the Gernam word Weltanschauung, "cosmovision" –today he is one of the most interesting storytellers on the Catalonian literary scene. "Poetry – Wanted."

GARRIGA, JOAN

O | *Con Dusminguet: Vafalungo (1998), Postrof (2001), Go (2003). Con La Troba Kung-Fú: Clavell Morenet (2007), La Panxa del Bou (2010).*

CANTANTE, COMPOSITOR Y ACORDEONISTA. Durante ocho años formó parte de la agrupación Dusminguet, para luego, desde 2006, darle vida a La Troba Kung-Fú junto a Pep Terricabras, Flor Inza, Luis Arcos, Marià Roch, Muchacho, Toti Arimany y Marc Sampere. La Troba «es hija de un día de carnaval», pues se le ocurrió cuando le encargaron un tema para los carnavales de Barcelona. Es reconocido por su capacidad de sintetizar en su música hechos y emociones de la vida cotidiana, y por mezclar la rumba catalana con la cumbia y otras músicas del Caribe, dando lugar así a ritmos doblemente mestizos como la *rumbia*. Obtuvo el premio Ciutat de Barcelona en 2007. «La rumba es como la cocina, todo vale si está hecho con buen gusto y con tiempo para cocinarse».

CANTANT, COMPOSITOR I ACORDIONISTA. Durant vuit anys va formar part del grup Dusminguet, per després, des del 2006, donar vida a La Troba Kung-Fú al costat de Pep Terricabras, Flor Inza, Luis Arcos, Marià Roch, Muchacho, Toti Arimany i Marc Sampere. La Troba «és filla d'un dia de carnaval», perquè li va passar pel cap quan li van encarregar un tema pel carnaval de Barcelona. És reconegut per la seva capacitat de sintetitzar a la seva música fets i emocions de la vida quotidiana, i per mesclar la rumba catalana amb la cúmbia i altres músiques del Carib, donant lloc així a ritmes doblement mestissos com la *rúmbia*. El 2007 va obtenir el premi Ciutat de Barcelona. «La rumba és com la cuina, tot s'hi val si està fet amb bon gust i amb temps per coure's».

SINGER, SONGWRITER AND ACCORDION PLAYER. For eight years he was part of the group Dusminguet. Later in 2006, he created La Troba Kung-Fú with Pep Terricabras, Flor Inza, Luis Arcos, Marià Roch, Muchacho, Toti Arimany and Marc Sampere. La Troba "is the daughter of a carnival day" as he had the idea when he was commissioned to write a song for the Carnival celebrations in Barcelona. He is known for his ability to synthesise in his music facts and emotions from daily life, and for mixing the Catalonian rumba with cumbia and other Carribbean sounds, creating doubly mixed race

rhythms such as the rumbia. He obtained the Ciutat de Barcelona award in 2007. "The rumba is like cooking, anything goes if it is done with good taste and time to simmer."

GAY, CESC
BARCELONA, 20.05.1967.

O | *Krámpack (2000), En la ciudad (2003), Ficción (2006), V.O.S. (2009).* **M |** *Jim Jarmusch, François Truffaut.* **C |** *Agustí Villaronga.*

DIRECTOR Y GUIONISTA DE CINE. *En la ciudad,* su segunda película en solitario, consiguió un Goya para el actor Eduard Fernández, fue candidata en otras tres categorías, incluyendo mejor dirección y guion original, y situó a Gay en la primera fila del cine español contemporáneo. Fue también una declaración de intenciones: una película realista ambientada en Barcelona y con personajes enfrentados a complejos dilemas emocionales y morales; sello personal para nada rígido que él mismo ha zarandeado con su «comedia cruel» *V.O.S.* «Un cine basado en las relaciones sentimentales y en las emociones. Especialmente las no compartidas ni expresadas».

DIRECTOR I GUIONISTA DE CINEMA. *En la ciudad,* la seva segona pel·lícula en solitari, va aconseguir un Goya per a l'actor Eduard Fernández, va ser candidata en tres categories més, incloent les de millor direcció i guió original, i va situar Gay a la primera fila del cinema espanyol contemporani. Va ser també una declaració d'intencions: una pel·lícula realista ambientada a Barcelona i amb personatges enfrontats a complexos dilemes emocionals i morals; segell personal gens rígid que ell mateix ha sacsejat amb la seva «comèdia cruel» *V.O.S.* «Un cinema basat en les relacions sentimentals i en les emocions. Especialment les no compartides ni expressades».

FILM DIRECTOR AND SCRIPTWRITER. *En la ciudad (In the City),* his second solo film, obtained a Goya for the actor Eduard Fernández, and was nominated in a further three categories including best director and original screenplay, placing Gay in the front line of modern Spanish film. It was also a declaration of intent: A realist film set in Barcelona and with characters clashing with complex emotional and moral dilemmas; a personal yet not inflexible seal which he has shaken with his "cruel comedy" *V.O.S.* "Film based on sentimental relationships and emotions. In particular those not shared or expressed."

GELABERT-AZZOPARDI
CESC GELABERT: BARCELONA, 09.02.1953.
LYDIA AZZOPARDI: ESTAMBUL, 30.01.1949.

O | *Gelabert: Requiem de Verdi (1987), Belmonte (1988), Zumzum·Ka (1998), Sense fi y Conquassabit (2009), todos sus solos. Azzopardi: Belmonte (1988), Psitt!! Psitt!! (2005), Conquassabit (2009).* **M |** *Gelabert: Merce Cunningham, Gerhard Bohner, Jerome Robbins. Azzopardi: sus profesores de danza, Lilian Harmel, Jane Dudley.* **C |** *María Muñoz, Àngels Margarit, Tanzcompagnie Rubato. Azzopardi: Martha Graham, Merce Cunningham, Pina Bausch.*

GELABERT: BAILARÍN Y COREÓGRAFO. AZZOPARDI: BAILARINA, DISEÑADORA DE VESTUARIO Y CODIRECTORA DE GELABERT-AZZOPARDI, la compañía de danza que hace treinta años fundara junto a Cesc Gelabert. Ambos son referentes obligados e influencias notorias para las nuevas generaciones de este arte contemporáneo. Su clásica obra *Belmonte,* inspirada en la vida del torero y para la que atrajo el talento de otros audaces creadores como el compositor Carles Santos y el artista plástico Frederic Amat, significó un antes y después en la danza y el *ballet* españoles a finales de los ochenta. «Mi obra está creada alrededor del bailarín, de una forma de bailar, más que a partir del lenguaje o la temática, que varían según cada coreografía. Una obra que valora la artesanía de la danza y su relación con las otras artes y formas escénicas. Mediterránea, pero que mira al mundo» (Gelabert). «La esencia de mi obra se halla en la multiculturalidad. Encuentro inspiración en todo aquello que me atrae» (Azzopardi).

GELABERT: BALLARÍ I COREÒGRAF. AZZOPARDI: BALLARINA, DISSENYADORA DE VESTUARI I CODIRECTORA DE GELABERT-

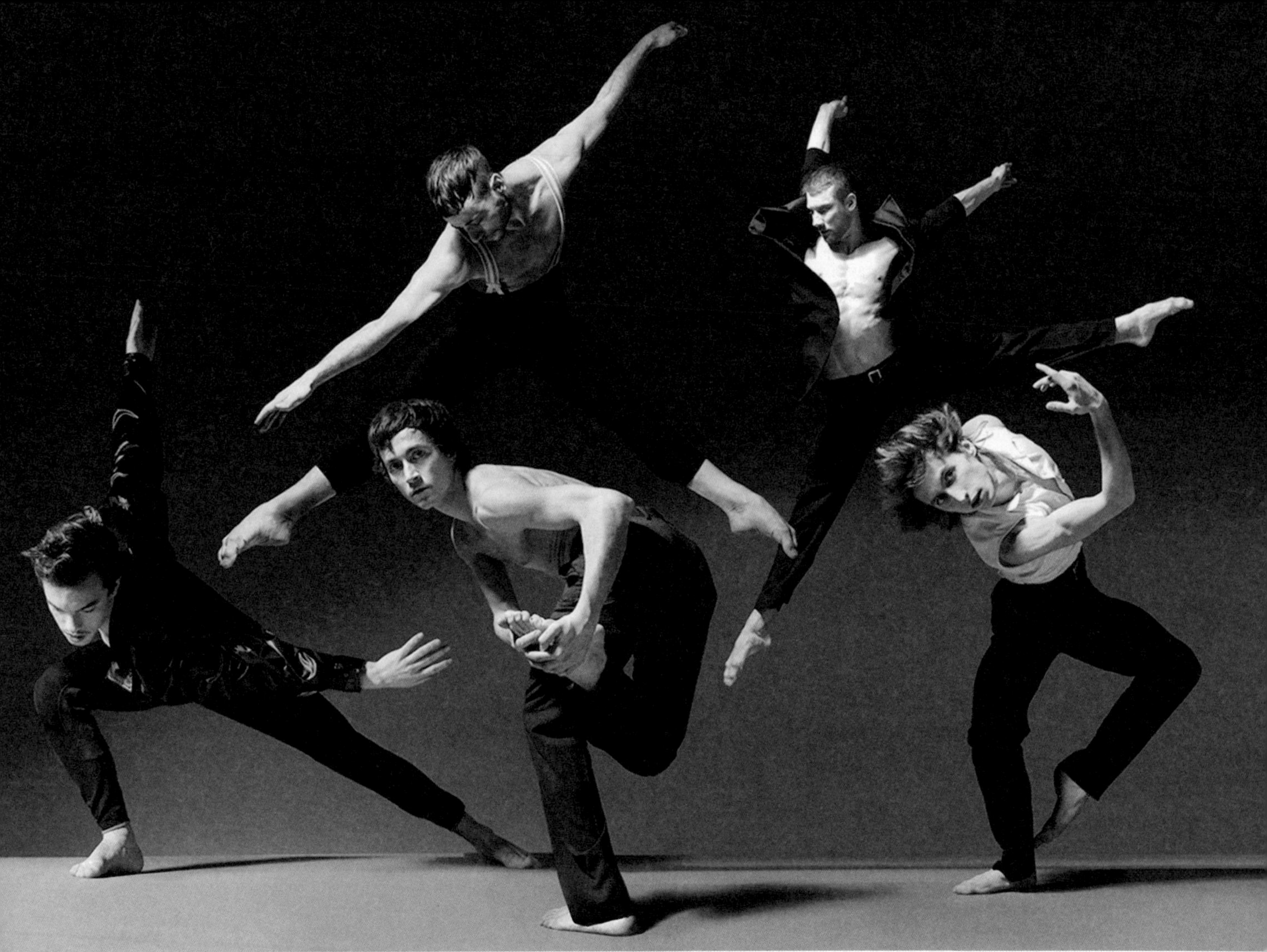

GELABERT-AZZOPARDI, *CONQUASSABIT.* © OUTUMURO.

AZZOPARDI, la companyia de dansa que fa trenta anys va fundar al costat de Cesc Gelabert. Tots dos són referents imprescindibles i influències notòries per a les noves generacions d'aquest art contemporani. La seva clàssica obra Belmonte, inspirada en la vida del torero i per a la qual va atreure el talent d'uns altres audaços creadors com el compositor Carles Santos i l'artista plàstic Frederic Amat, va significar un abans i un després en la dansa i el *ballet* espanyols a finals del vuitanta. «La meva obra està creada al voltant del ballarí, d'una forma de ballar, més que no pas a partir del llenguatge o la temàtica, que varien segons cada coreografia. Una obra que valora l'artesania de la dansa i la seva relació amb les altres arts i formes escèniques. Mediterrània, però que mira al món» (Gelabert). «L'essència de la meva obra es troba en la multiculturalitat. Trobo inspiració en tot allò que m'atreu» (Azzopardi).

GELABERT: DANCER AND CHOREOGRAPHER. AZZOPARDI: DANCER, COSTUME DESIGNER AND CO-DIRECTOR OF GELABERT-AZZOPARDI, the dance company she founded thirty years ago with Cesc Gelabert. Both of them are key representatives and a notorious influence for new generations of this contemporary art. Their classic work Belmonte, based on the life of the bullfighter and which drew the talents of other bold creators such as the composer Carles Santos and the plastic artist Frederic Amat, marked a turning point in Spanish dance and ballet in the late 1980s. "My work is created around the dancer, a dancing style, more than based on language or theme, which vary depending on each choreography. Work which appreciates the craftsmanship of dance and its relationship with other scenic arts and styles. Mediterranean, but looks out at the world." (Gelabert). "The essence of my work lies in multiculturism. I find my inspiration in everything I am attracted to." (Azzopardi).

GIMÉNEZ CARRERAS, DAVID
BARCELONA, 17.07.1964.

O | *Discografía: Two voices, one heart (1996, con Montserrat Caballé y Montserrat Martí), My romance (1997, con José Carreras), The best of Jose Carreras (1998), Artists of the Century. Monserrat Caballé (1999), Sly (2001), T'estim i t'estimare (2006), Por amor (2006), Joan Massià (2006), Christmas in Moscow (2010, con Plácido Domingo y José Carreras).* **M |** *Herbert von Karajan, Leonard Bernstein, Carlos Kleiber, Claudio Arrau.*

DIRECTOR DE ORQUESTA. Formado en el Conservatorio del Liceu de Barcelona, en la Hochschule für Musik de Viena y en la Royal Academy of Music de Londres, su trayectoria se inicia en 1994 en Hamburgo y, desde entonces, ha dirigido unas doscientas de las más prestigiosas orquestas en el mundo. Es uno de los privilegiados que ha llevado la batuta de la Vienna Philharmonic, además de haber dirigido en salas como la Philharmonie de Berlín, el Konzerthaus de Viena, el Royal Albert Hall de Londres, la Salle Pleyel de París, Santa Cecilia en Roma, o el Carnegie Hall de Nueva York. A menudo colabora con interpretes como Yo yo Ma y con las principales voces de la ópera mundial, y lidera grupos como la London Symphony, la Munich Philharmonic o la Tokyo Symphon. Desde 2006 es el director de la Orquestra Simfònica del Vallès. «La misión del intérprete es llevar a la vida la música que contiene la partitura. Dado que en un papel solo se puede escribir una mínima parte de toda esa música, nuestra misión es interpretar la voluntad del compositor usando nuestro instinto. Un músico sin instinto no es nada. Y una interpretación que no llegue al público es un fracaso en nuestra misión de intérpretes».

DIRECTOR D'ORQUESTRA. Format al Conservatori del Liceu de Barcelona, al Hochschule für Musik de Viena i a la Royal Academy of Music de Londres, la seva trajectòria s'inicia el 1994 a Hamburg i,

83

des d'aleshores, ha dirigit prop de dues-centes de les més prestigioses orquestres del món. És un dels privilegiats que ha portat la batuta de la Vienna Philharmonic, a més d'haver dirigit en sales com la Philarmonie de Berlín, el Konzerthaus de Viena, el Royal Albert Hall de Londres, la Salle Pleyel de París, Santa Cecilia a Roma, o el Carnegie Hall de Nova York. Col·labora sovint amb intèrprets com Yo-Yo Ma i amb les principals veus de l'òpera mundial, i lidera grups com la London Symphony, la Munich Philharmonic o la Tokyo Symphon. Des del 2006 és el director de l'Orquestra Simfònica del Vallès. «La missió de l'intèrpret és donar vida a la música que conté la partitura. Com que en un paper només es pot escriure una mínima part de tota aquesta música, la nostra missió és interpretar la voluntat del compositor servint-nos del nostre instint. Un músic sense instint no és res. I una interpretació que no arribi al públic és un fracàs en la nostra missió d'intèrprets».

CONDUCTOR. Trained at the Liceu Conservatory in Barcelona, at the Hochschule für Musik in Vienna, and the Royal Academy of Music in London, his career began in 1994 in Hamburg and, since then, he has conducted some two hundred of the finest orchestras in the world. He is one of the privileged few to have raised the baton over the Vienna Philharmonic, as well as having conducted in venues such as the Berlin Philharmonie, the Vienna Konzerthaus, the Royal Albert Hall in London the Salle Pleyel in Paris, Santa Cecilia in Rome, or New York's Carnegie Hall. He often works with artists such as Yo yo Ma and the major voices in world opera, and leads groups such as the London Symphony, the Munich Philharmonic or the Tokyo Symphon. Since 2006 he has conducted the Orquestra Simfònica del Vallès. "The mission of the performer is to bring the music on the score to life. Only a tiny part of all that music can be written down on paper, and so our mission is to use our instincts to interpret the composer's wishes. A musician without instinct is nothing. And a performance which doesn't reach the audience means we have failed as performers."

GÓMEZ, IKER
ÉIBAR, GUIPÚZCOA, 11.12.1978.

O | *Meat Market (2007, en colaboración con Marcel Leemann Physical Dance Theater), Absurdo (2008), La danza del cisne (2009), Apple Love (2010), Aupa Mutil! (2011).* **M |** *Federico García Lorca, Pablo Picasso, Eugène Ionesco, Mikhail Baryshnikov, Alfred Hitchcock.* **C |** *Alain Platel, Sidi Larbi, Marcel Leemann, Lloyd Newson, Sasha Waltz.*

COREÓGRAFO Y ARTISTA VISUAL. Inicia sus estudios de Bellas Artes y Danza en el País Vasco y los completa en el Institut del Teatre de Barcelona, donde forma parte de su compañía, la ITDansa. Durante cinco años desarrolla su carrera como bailarín profesional en teatros europeos y trabaja con coreógrafos como Jiri Kylian, Stijn Celis, Rui Horta, Wim Vandekeybus o Jo Strømgren, antes de saltar al mercado de las compañías *freelance* y enfocar su carrera hacia la dirección escénica, la coreografía y las artes audiovisuales. En 2005 se convierte en el asistente coreográfico de la compañía suiza Marcel Leemann Physical Dance Theater. A finales de 2006 regresa a España y, tras formar parte de Areatangent, plataforma de creadores con sede en Cataluña, funda la compañía que lleva su nombre. Como docente, ha impartido clases, seminarios y talleres en La Caldera, Varium, Aula de Danza de la Universidad de Alcalá de Henares, ITDansa, Instituto de Alicia Alonso de la Universidad Juan Carlos I, Centro Coreográfico Galego, Arteleku, Universidad de Bellas Artes de Cuenca, Universidad del País Vasco, y centros internacionales en ciudades como Friburgo, Gotemburgo o Berna. «Evidenciar los huecos que se crean entre el significado y el sentido de una obra escénica a través del código del cuerpo».

COREÒGRAF I ARTISTA VISUAL. Inicia els estudis de Belles Arts i Dansa al País Basc i els completa a l'Institut del Teatre de Barcelona, on va formar part de la seva companyia, la ITDansa. Durant cinc anys desenvolupa la seva carrera com a ballarí professional en teatres europeus i treballa amb coreògrafs com Jiri Kylian, Stijn Celis, Rui Horta, Wim Vandekeybus o Jo Strømgren, abans de fer el salt al mercat de les companyies *freelance* i enfocar la seva carrera cap a la

dirección escènica, la coreografia i les arts audiovisuals. El 2005 esdevé l'assistent coreogràfic de la companyia suïssa Marcel Leemann Physical Dance Theater. A finals del 2006 torna a Espanya i, després de formar part d'Areatangent, plataforma de creadors amb seu a Catalunya, funda la companyia que duu el seu nom. Com a docent, ha impartit classes, seminaris i tallers a La Caldera, Varium, Aula de Danza de la Universitat d'Alcalá d'Henares, ITDansa, Insituto de Alicia Alonso de la Universitat Juan Carlos I, Centro Coreográfico Galego, Arteleku, Universitat de Belles Arts de Cuenca, Universitat del País Basc, i centres internacionals a ciutats com Friburg, Gotemburg o Berna. «Evidenciar els forats que es creen entre el significat i el sentit d'una obra escènica a través del codi del cos».

CHOREOGRAPHER AND VISUAL ARTIST. He started studying Fine Art and Dance in the Basque Country, and then completed them at the *Institut del Teatre* in Barcelona, where he joined their company, ITDansa. For five years he developed his career as a professional dancer in European theatres, and worked with choreographers such as Jiri Kylian, Stijn Celis, Rui Horta, Wim Vandekeybus or Jo Strømgren, before turning freelance and focusing his career on stage directing, choreography and audiovisual arts. In 2005 he became assistant choreographer at the Swiss company Marcel Leemann Physical Dance Theater. At the end of 2006 he returned to Spain and, after forming part of Areatangent, the creators' platform based in Catalonia, he founded the company bearing his own name. As a teacher, he has given classes, seminars and workshops at La Caldera, Varium, the Dance School at the University of Alcalá de Henares, ITDansa, the Alicia Alonso Institute at the Juan Carlos I University, the Galician Centre of Choreography, Arteleku, the University of Fine Art in Cuenca, the University of the Basque Country, and international centres in cities such as Freiburg, Gothenburg or Berne. "Showing the gaps created between the meaning and the sense of a play through the code of the body."

GÓMEZ, SONIA
LA SÉNIA, TARRAGONA, 21.11.1973.

O | *Trilogía Egomotion (2002-04), Mi madre y yo (2004, con Rosa Vicente Gargallo, madre de Sonia Gómez), Natural 2 (2006), Experiencias con un desconocido (2007), Experiencias con un desconocido. Show (2008-09).* **M |** *Pina Bausch, Sophie Calle, Roger Bernat, La Ribot, Ivana Müller, Jérome Bel, Gisèle Vienne, Harmony Korine, Werner Herzog, Spike Jonze, James Holden, Michael Haneke.* **C |** *Juanjo Sáez, Cuqui Jerez, Amalia Fernández.*

ARTISTA PERFORMÁTICA. Conocedora de todas las posibilidades del discurso escénico, esta artista difícil de clasificar las lleva al límite en cada uno de sus espectáculos, que van desde invitar a quien lo quiera a conocer a su madre y formar parte de su familia, hasta dejar que un publicista y otros creadores la conviertan en un bien de consumo. Formada en el Institut del Teatre de Barcelona y el P.A.R.T.S. de Bruselas, y moldeada en General Elèctrica, La Carnicería y La Fura dels Baus, ha sido galardonada con premios como el FAD Sebastià Gasch de las Artes Parateatrales y la crítica la cataloga hoy de imprescindible. «Construcción identitaria como artista, mujer y figura *cool;* descarada, atrevida, exhibicionista... entre la perfección y la imperfección, entre lo real y lo ficticio, entre la representación y su experiencia. Montajes indisciplinares y *performances* que no dejan de ser ensayos, tentativas y especulaciones».

ARTISTA PERFORMÀTICA. Coneixedora de totes les possibilitats del discurs escènic, aquesta artista difícil de classificar les duu al límit en cadascun dels seus espectacles, que van des de convidar a qui ho vulgui a conèixer la seva mare i formar part de la seva família, fins a deixar que un publicista i altres creadors la converteixin en un bé de consum. Formada a l'Institut del Teatre de Barcelona i al P.A.R.T.S. de Brussel·les, i modelada a General Elèctrica, La Carnicería i La Fura dels Baus, ha estat guardonada amb premis com el FAD Sebastià Gasch de les Arts Parateatrals i la crítica la cataloga avui com a imprescindible. «Construcció identitària com a artista, dona i figura *cool;* descarada, atrevida, exhibicionista... entre la perfecció i la imperfecció,

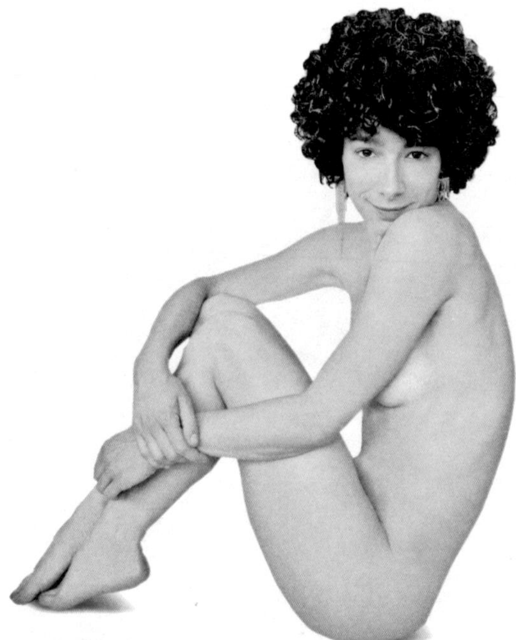

SONIA GÓMEZ. © DAVID RODRÍGUEZ.

entre el que és real i el que és fictici, entre la representació i la seva experiència. Muntatges indisciplinars i *performances* que no deixen de ser assajos, temptatives i especulacions».

PERFORMANCE ARTIST. Familiar with all the possibilities of scenic discourse, it is difficult to classify this artist who takes them to their very limit in each of her shows, ranging from inviting anyone who wishes to meet her mother and form part of her family, to letting a publicist and other artists turn her into consumer goods. Trained at the Theatre Institute in Barcelona, and P.A.R.T.S. in Brussels, and spending her formative years in General Elèctrica, La Carnicería and La Formada dels Baus, she has received awards such as the FAD Sebastià Gasch for Paratheatrical Arts and is considered indispensable by critics. "Identity construction as an artist, woman and *cool* figure; shameless, dating, exhibitionist...between perfection and imperfection between reality and fiction, between representation and her experience. Non-genre montage and performances which are still rehearsals, attempts and speculations."

GONZÁLEZ DE LA RUBIA, DOMÈNEC
MÉRIDA, BADAJOZ, 04.04.1964.

O | *Quintet Torroellenc (1995, ensemble instrumental), Saetieniana Gracienca (2001, ensemble instrumental), Sortilegi (2002, ensemble instrumental y voz), Necksa (2005, ópera), Arnheim (2007, ensemble instrumental), Staeliana (2007, orquesta de cuerda), Sinfonía Barcelona (2008, orquesta sinfónica), Styria (2009, sexteto de cuerda).* **M |** *Lao-Tsé, Dante Gabriel Rossetti, Scriabin, Frank Lloyd Wright, Goya, Mondrian, Walter Gropius, Picasso, Bartók, Lutoslawski, Ligeti, Scelsi.* **C |** *Penderecki, Peter Maxwell Davies, Hans Werner Henze, George Crumb, John Adams.*

COMPOSITOR, DIRECTOR DE ORQUESTA, musicólogo y pedagogo. Estudió en Barcelona (donde vive desde los nueve años) y en Bratislava. Ha sido profesor de armonía en el Conservatorio Superior de Música del Liceu y director de la Escuela Municipal de Música de Torroella de Montgrí. Actualmente es presidente de la Asociación Catalana de Compositores (de 2004 a 2012) y de la Federación de Asociaciones Ibéricas de Compositores (desde 2010). Es director musical de diferentes agrupaciones (Ensemble Diapason, Ensemble ACC) y su obra, difundida por prestigiosos intérpretes tanto en España como en el extranjero, ha sido premiada en numerosas ocasiones. Ha escrito el libro *La música religiosa en Cataluña en el siglo XX* y más de doscientos artículos sobre estética e historia musical. «La música debe ser un reflejo de la vida de cada artista. Libertad y experiencias vitales son las premisas que orientan mi trabajo».

COMPOSITOR, DIRECTOR D'ORQUESTRA, musicòleg i pedagog. Va estudiar a Barcelona (on viu des dels nou anys) i a Bratislava. Ha estat professor d'harmonia al Conservatori Superior de Música del Liceu i director de l'Escola Municipal de Música de Torroella de Montgrí. Actualment és president de l'Associació Catalana de Compositors (del 2004 al 2012) i de la Federació d'Associacions Ibèriques de Compositors (des del 2010). És director musical de diversos grups instrumentals (Ensemble DIAPASON, Ensemble ACC) i la seva obra, difosa per prestigiosos intèrprets tant a Espanya com a l'estranger, ha estat premiada nombroses vegades. Ha escrit el llibre *La música religiosa a Catalunya en el segle XX* i més de dos-cents articles sobre estètica i història musical. «La música ha de ser un reflex de la vida de cada artista. Llibertat i experiències vitals són les premisses que orienten el meu treball».

COMPOSER, CONDUCTOR, musicologist and teacher. He studied in Barcelona (where he has been living for nine years) and in Bratislava. He has taught harmony at the Senior Conservatory of Music at the Liceu, and worked as Director of the Municipal School of Music in Torroella de Montgrí. He is currently Chairman of the Catalonian Composers' Association (from 2004 to 2012) and the Federation of Iberian Composers' Associations (since 2010). He is the Musical Director of a number of different groups (DIAPASON Ensemble, ACC Ensemble) and his work, played by prestigious performers both in Spain and overseas, has received numerous awards. He has written a book on 20th century religious music in Catalonia, and over two hundred articles on musical aesthetics and history. "Music should be a reflection of the life of each artist. Freedom and experiences of life are the premises which guide my work."

GRANGEL, CARLOS
BARCELONA, 17.10.1963.

O | *El príncipe de Egipto (1998), La ruta hacia El Dorado (2000), Spirit, el corcel indomable (2002), Madagascar (2005), La Novia Cadáver (2005), Kung Fu Panda (2008).* **M |** *Velázquez, Vermeer, Klimt, Fortuny, R. Bugatti, Ingres, E. Dulac, A. Grimshaw, A. Gaudí.* **C |** *N. C. Wyeth, Irving Penn, S. Salgado, Milt Kahl, A. Uderzo.*

ANIMADOR. Fue Steven Spielberg quien aprobó sus primeros diseños para animación. Graduado en Técnicas de Animación en 1989, trabajó para Disney Productions, el estudio Amblimation y pasó a ser uno de los primeros artistas de DreamWorks. Junto con su hermano Jordi, abrió su propio centro creativo, Grangel Studio, en Barcelona. Ha creado personajes reconocidos para Tim Burton y fue galardonado en 2002 con el primer Annie que se concedió a la creación de personajes para largometraje (el «Óscar de la animación»). Los personajes Álex el león o Gloria el hipopótamo de *Madagascar* y *La Novia Cadáver* son algunas de las creaciones que llevan su nombre. «Pasión, esfuerzo y espíritu de mejora».

ANIMADOR. Va ser Steven Spielberg qui va aprovar els seus primers dissenys per a animació. Graduat en Tècniques d'Animació el 1989, va treballar per a Disney Productions, l'estudi Amblimation i va passar a ser un dels primers artistes de DreamWorks. Al costat del seu germà Jordi, va obrir a Barcelona el seu propi centre creatiu, Grangel Studio. Ha creat personatges coneguts per a Tim Burton i va ser guardonat el 2002 amb el primer Annie que es va concedir a la creació de personatges per a llargmetratge (l'«Oscar de l'animació»). Els personatges Àlex el lleó o Glòria l'hipopòtam, de *Madagascar*, i *La núvia cadàver* són algunes de les creacions que duen el seu nom. «Passió, esforç i esperit de millora».

ANIMATOR. It was Steven Spielberg who approved his first animation designs. Graduating in Animation Techniques in 1989, he worked for Disney Productions, the Amblimation studios, and then became one of the first artists at DreamWorks. Together with his brother Jordi, he opened his own creative centre, Grangel Studio, in Barcelona. He has created well known characters for Tim Burton, in 2002 he received the first Annie ever awarded for the creation of characters for full length feature films (the "Animation Oscar"). The characters Alex the Lion and Gloria the Hippo from *Madagascar* and *Corpse Bride* are just two examples of his creations. "Passion, effort and the spirit of improvement."

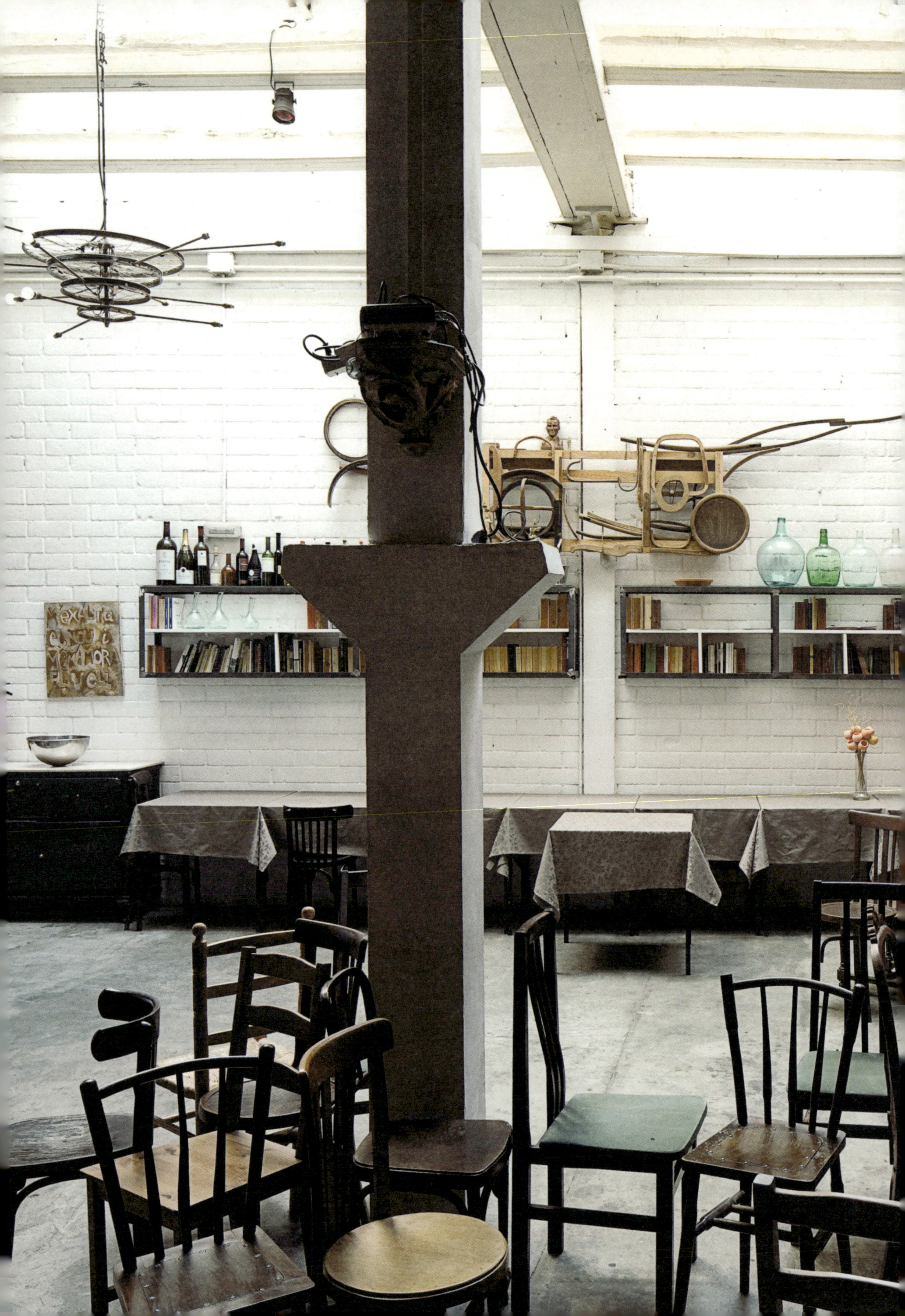

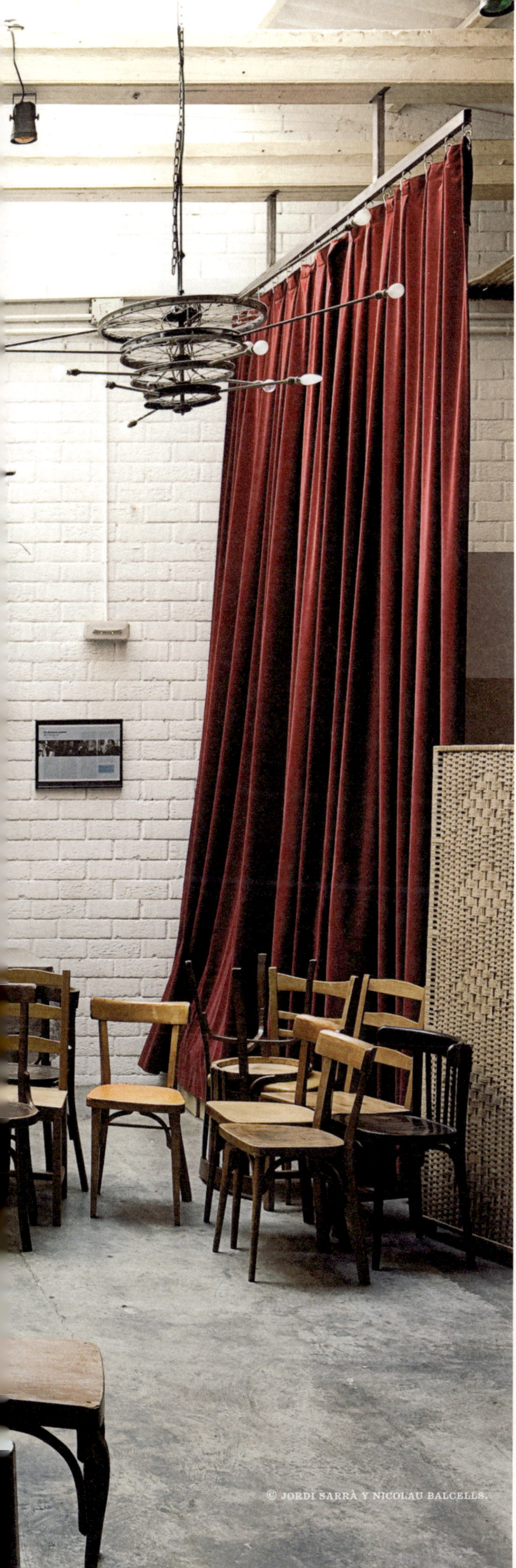

HORIGINAL

FERLANDINA, 29 | CIUTAT VELLA, 08011 BARCELONA

www.horiginal.net | +34 93 443 39 88 | horiginalreserves@gmail.com

NACIÓ HACE DIEZ AÑOS COMO CAFÉ y punto de encuentro para poetas y amantes de la poesía. Actualmente es un restaurante que, además de platos de cocina tradicional y una importante bodega de vinos de calidad, ofrece una permanente programación de recitales de poesía, tanto de autores emergentes como consolidados. Los miércoles, por ejemplo, junto a la asociación cultural H.O.R.I.N.A.L. (Obrador de Recitacions I Noves Actituds Literàries), organizan el Ciclo Poético, que además de lecturas, recitales y presentaciones de libros, revistas y fanzines en todas las lenguas que confluyen hoy en Barcelona, dan cabida también a las más atrevidas *performances*.

VA NÉIXER FA DEU ANYS COM A CAFÈ i punt de trobada per a poetes i amants de la poesia. Actualment és un restaurant que, a més de plats de cuina tradicional i d'un important celler de vins de qualitat, ofereix una programació permanent de recitals de poesia, tant d'autors emergents com consolidats. Els dimecres, posem per cas, al costat de l'associació cultural H.O.R.I.N.A.L (obrador de recitacions i noves actituds literàries), organitzen el Cicle Poètic, que a més de lectures, recitals i presentacions de llibres, revistes i fanzines en totes les llengües que conflueixen avui a Barcelona, dóna cabuda, també, a les *performances* més agosarades.

STARTED TEN YEARS AGO AS A CAFÉ and meeting point for poets and poetry fans. Presently, it is a restaurant that offers, as well as dishes of traditional cuisine and a vast cellar with high quality wines, a permanent program of poetry readings by both emerging authors and established figures. On Wednesdays, for instance, they organize, together with the cultural association H.O.R.I.N.A.L (Obrador de Recitacions I Noves Actituds Literàries), the Ciclo Poético (Poetry Cycle), which features some of the most daring performances, as well as readings, recitals and launches of books, magazines and fanzines in all the languages that come together in Barcelona these days.

GUAL, ROGER
BARCELONA, 12.11.1973.

O | *Smoking Room (2002), La pata negra (2003, teatro), Remake (2006).* **M |** *John Cassavetes, Orson Welles, Wes Anderson, Noah Baumbach, Lars Von Trier, Michael Haneke, Paul Thomas Anderson.*

DIRECTOR Y GUIONISTA DE CINE. Estudió diseño gráfico, se marchó a Estados Unidos a trabajar en publicidad, pero el cine pudo más. Tras pasar por la Escuela San Antonio de los Baños de Cuba, se autofinanció su primera película, *Smoking Room*, con la que ganó el Goya a la mejor dirección novel del año 2002, entre otros premios internacionales. Actualmente prepara, para la filial barcelonesa de la productora de Lars Von Trier, su tercer largometraje. «Mi cine pretende hacer preguntas más que responderlas. Creo que considera al espectador inteligente; quiere que pase un buen rato, pero que salga pensando en si está viviendo la vida que quiere vivir o no».

DIRECTOR I GUIONISTA DE CINEMA. Va estudiar disseny gràfic i se'n va anar als Estats Units a treballar en publicitat, però el cinema va poder més. Després de passar per la Escuela San Antonio de los Baños de Cuba, es va autofinançar la seva primera pel·lícula, *Smoking Room*, amb la qual va guanyar el Goya a la millor direcció novell de l'any 2002, entre altres premis internacionals. Actualment prepara, per a la filial barcelonina de la productora de Lars Von Trier, el seu tercer llargmetratge. «El meu cinema pretén fer preguntes més que no pas respondre-les. Crec que considera l'espectador intel·ligent; vol que passi una bona estona, però que en surti pensant si està vivint la vida que vol viure o no».

FILM DIRECTOR AND SCRIPTWRITER. He studied graphic design, then travelled to the United States to work in advertising, but the film industry took over. After a time at the *San Antonio de los Baños* School in Cuba, he self-financed his first film, *Smoking Room*, which earned him the Goya award for the Best New Director in 2002, among other international awards. He is currently working on his third full length film for the Barcelona branch of the Lars Von Trier production company. "My work aims to ask questions rather than answer them. I think has the intelligent public in mind: it wants them to have a good time, but come out wondering if they are really living the life they want."

GUERÍN, JOSÉ LUIS
BARCELONA, 01.01.1960.

O | *Los motivos de Berta (1985), Innisfree (1990), Tren de sombras / El espectro de Le Thuit (1997), En construcción (2001), En la ciudad de Sylvia (2007), Guest (2010).*

DIRECTOR Y GUIONISTA DE CINE. Es un autor sensible, reflexivo y comprometido con el pulso cotidiano de la realidad, explorador de territorios arriesgados y alejado del cine comercial al uso. Su filmografía, a decir de él, está dividida en dos: sus películas impares son «silenciosas, íntimas y casi secretas», mientras que las pares, con «una vocación más social y moral», son «más objetivas y parlanchinas». Con *Tren de sombras*, posteriormente titulada *El espectro de Le Thuit*, obtuvo el Premio Nacional de Cine de Cataluña. La siguiente, *En construcción*, Premio Especial del Jurado en el Festival de San Sebastián y Goya al mejor documental, entre otros premios, lo consagró como uno de los creadores de cine independiente imprescindibles de esta época. «He querido captar la naturaleza del cine como arte del retrato de palabras, de pausas y miradas que revelan algo importante. Esa faceta del cine me interesa cada vez más, porque lo asemeja mucho a la pintura: el pintor se sitúa con un caballete frente a un ser humano; el cineasta lo hace con su cámara».

DIRECTOR I GUIONISTA DE CINEMA. És un autor sensible, reflexiu i compromès amb el pols quotidià de la realitat, explorador de territoris arriscats i, en qualsevol cas, allunyat del cinema comercial en ús. La seva filmografia, segons diu ell mateix, està dividida en dos: les seves pel·lícules senars són «silencioses, íntimes i gairebé secretes», mentre que les parells, amb «una vocació

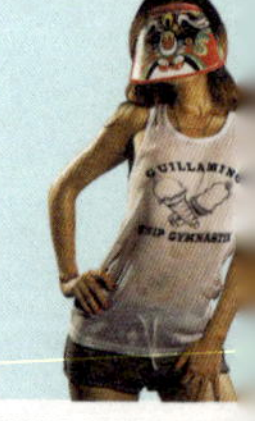
*GUILLAMINO,
WHIP
GYMNASTIX.*

més social i moral», són «més objectives i xerraires». Amb *Tren de sombras*, posteriorment titulada *El espectro de Le Thuit*, va obtenir el Premi Nacional de Cinema de Catalunya. *En construcción*, la seva següent pel·lícula, guanyadora del Premi Especial del Jurat en el Festival de Sant Sebastià i del Goya a la millor pel·lícula documental, entre altres guardons, el va consagrar com un dels creadors de cinema independent imprescindibles d'aquesta època. «He volgut captar la natura del cinema com a art del retrat de paraules, de pauses i mirades que revelen alguna cosa important. Aquesta faceta del cinema m'interessa cada vegada més, perquè l'apropa molt a la pintura: el pintor es situa amb un cavallet davant de l'ésser humà; el cineasta ho fa amb la seva càmera».

FILM DIRECTOR AND SCRIPTWRITER. He is a sensitive, reflective author, committed to the daily pulse of reality, explorer of risky territory and, in any case, a far cry from commercial film. His films, according to him, can be divided into two groups: some of his films are "silent, intimate and almost secret," while others, with "a more social and moral vocation" are "more objective and chatty." With *Tren de sombras*, later entitled *El espectro de Le Thuit*, he received the Catalonian National Film Award. *En Construction*, his next film, which won the Special Jury Award at the San Sebastián Festival and the Goya for best documentary film, among other awards, consecrated him as one of the indispensible independent film creator of our times. "I have tried to capture the nature of film as the art of potraying words, pauses and gazes which reveal something important. This facet of film interests me more and more, because it brings it closer to painting: the painter stands with his easel before a human being; the film director does it with his camera."

GUILLAMINO
(PAU GUILLAMET)
BARCELONA, 23.06.1976.

O | *1 día (2003), Somnis de llop (2005), Atzavara (2006), En/Doll (2007, libro-disco con Josep Pedrals), eXile (2008, con Manuel García), Les minves de gener (2008), Whip gymnastix (2010).* **M |** *Prince, Jim Morrison, RZA.* **C |** *Pursuit Grooves, Hudson Mohawke, Omar Souleyman, MF Doom, Hidrogenesse, D'Angelo, Jamie Lidell.*

MÚSICO Y COMPOSITOR. Lo suyo es el pop y la electrónica de autor, y en ese campo ha logrado combinar el *dub* y el *house* con los sonidos tradicionales de la sardana, lo cual queda demostrado, por ejemplo, en su trabajo como compilador en *Música de ball*. Dice de sí mismo que se siente igual de cómodo entre músicos que entre ordenadores. Colabora con proyectos de otros, aunque se reserva una perlita para sí: tocar el Reactable, un nuevo instrumento creado por el Grupo de Investigación en Tecnología Musical de la Universidad Pompeu Fabra. «Atelier post-funk deconstructivista surrealista construido con soul y pop».

MÚSIC I COMPOSITOR. El seu fort és el pop i l'electrònica d'autor, i en aquest camp ha aconseguit combinar el *dub* i el *house* amb els sons tradicionals de la sardana, cosa que queda demostrada, per exemple, en el seu treball com a compilador a *Música de ball*. Diu de si mateix que es sent igual de còmode entre músics que entre ordinadors. Col·labora en projectes d'altres, tot i que es reserva una perleta per a si mateix: tocar el Reactable, un nou instrument creat pel Grup d'Investigació en Tecnologia Musical de la Universitat Pompeu Fabra. «Atelier postpunk deconstructivista surrealista construït amb soul i pop».

MUSICIAN AND COMPOSER. His areas of expertise are pop and electronic, in which he has combined dub and house music with the traditional sounds of the Catalan folk dance called "sardana," a fusion evident in his work as a compiler on *Música de ball*. He has said that he feels equally comfortable among musicians and computers. While he collaborates on the projects of other musicians, he hoards one little treasure for himself: playing the Reactable, a new instrument invented by the Musical Technology Group of the Universitat Pompeu Fabra. "Post-funk deconstructivist surrealist workshop made with soul and pop."

GUIX, JOSEP MARIA
REUS, TARRAGONA, 1967.

O | *Aura, Drizzle Draft, Landscape, Reflecting Surface, Soft, Sweet Love, Tres peces per a piano I, II y III, Canvas, On Reflection, Petit Trio pour Guinjoan, Vent del capvespre I, II, III y IV.* **M |** *David Padrós, Benet Casablancas, Joan Guinjoan, José Manuel López López y Jonathan Harvey.*

COMPOSITOR, PROFESOR, DIVULGADOR Y GESTOR MUSICAL. Licenciado en Historia del Arte por la Universidad Autónoma de Barcelona y titulado en Piano y Lenguaje Musical y de Composición, también ha estudiado música electroacústica en la Fundación Phonos de Barcelona y en el Institut de Recherche et Coordination Acoustique/Musique de París. Entre los premios que ha recibido destacan el In Nova Música de Andorra, el SGAE Jóvenes Compositores y el Premio de Composición Ciutat d'Alcoi de música de cámara. Ha sido profesor en el Conservatorio del Liceo y en la Universidad Pompeu Fabra, y actualmente compagina la docencia con la divulgación musical, la composición y la dirección artística del Festival Nous Sons en el Auditorio de Barcelona. «La música: un mensaje en una botella a la espera de que, en algún lugar del tiempo, un espectador lo descubra y lo comprenda, con emoción y conocimiento, tal como lo imaginó su creador».

COMPOSITOR, PROFESSOR, DIVULGADOR I GESTOR MUSICAL. Llicenciat en Història de l'Art per la Universitat Autònoma de Barcelona i titulat en Piano i Llenguatge Musical i de Composició, també ha estudiat música electroacústica a la Fundació Phonos de Barcelona i a l'Institut de Recherche et Coordination Acoustique/Musique de París. Entre els premis que ha rebut destaquen l'In Nova Música d'Andorra, el premi SGAE Joves Compositors i el Premi de Composició Ciutat d'Alcoi de música de cambra. Ha estat professor al Conservatori del Liceu i a la Universitat Pompeu Fabra, i actualment compagina la docència amb la divulgació musical, la composició i la direcció artística del Festival Nous Sons a l'Auditori de Barcelona. «La música: un missatge en una ampolla a l'espera que, en algun lloc del temps, un espectador el descobreixi i el comprengui, amb emoció i coneixement, tal com el va imaginar el seu creador».

COMPOSER, TEACHER, EDUCATOR AND MUSICAL MANAGER. A graduate in History of Art from the Autonomous University of Barcelona and with qualifications in Piano, Music Theory and Composition, he also studied electro-acoustic music at the Phonos Foundation in Barcelona and at the Institut de Recherche et Coordination Acoustique/Musique in Paris. His awards include the Andorra In Nova Música Prize, the SGAE Young Composer's Award, and the Ciutat d'Alcoi chamber music Composition Award. He has taught at the Liceo Conservatory and the Pompeu Fabra University, and is currently combining his teaching with musical awareness, composition and the artistic directing of the Nous Sons Festival at the Barcelona Auditorium. "Music: a message in a bottle waiting for someone, somewhere in time, to discover it and understand it, with emotion and knowledge, just as its creator imagined."

GUIXÉ, MARTÍ
BARCELONA, 14.11.1964.

O | *Spamt (1997), Camper temporary shop, en Milán (2000), Hibye in MoMA, Nueva York (2001), Gat Fog Casco projects, en Utrecht, Países Bajos (2004), alfombra Extended Rug para Nani Marquina (2008), Seed safe Alessi (2010), Free Port BD (2011).* **M |** *La construcción de la percepción de la realidad, la línea clara (cómic), las revoluciones sin dolor, los cambios sociales a través de los cambios en las nuevas tecnologías, las plataformas y el cambio continuo.* **C |** *Bless, Masanobu Fukuoka, Harun Farocki...*

DISEÑADOR. Formado en Barcelona y en Milán como diseñador industrial e interiorista, en 1994 se planteó el reto de formular una nueva forma de entender la cultura de los objetos. Desde entonces, su mirada poco convencional ha dado origen a ideas tan simples como brillantes, y dotadas de una curiosa formalidad. Actualmente desarrolla su trabajo como diseñador entre Barcelona y Berlín. En 2007 obtuvo el Premio Nacional de Diseño otorgado por la Generalitat de Catalunya. «Conceptos e ideas para propósitos comerciales».

DISSENYADOR. Format a Barcelona i a Milà com a dissenyador industrial i interiorista, el 1994 es va plantejar el repte de formular una nova manera d'entendre la cultura dels objectes. Des d'aleshores, amb la seva mirada poc convencional ha originat idees tan simples com brillants, i dotades d'una curiosa formalitat. Actualment desenvolupa el seu treball com a dissenyador entre Barcelona i Berlín. El 2007 va obtenir el Premi Nacional de Disseny atorgat per la Generalitat de Catalunya. «Conceptes i idees per a propòsits comercials».

DESIGNER. He trained in Barcelona and Milan as an industrial and interior designer. In 1994 he set himself the challenge of formulating a new way of understanding the culture of objects. Since then, his unconventional outlook has given rise to simple, brilliant ideas with a strange formality. He is currently developing his work as a designer in Barcelona and Berlin. In 2007 he obtained the National Design Award from the Generalitat. "Concepts and ideas for commercial proposals."

GUTIÉRREZ, LUCI
BARCELONA, 15.09.1977.

O | *L'albergo delle fiabe (2007, de Elio Pecora).* **M |** *Saul Steinberg, Roland Topor, Sempé, JiÐí Slíva, Paul Cox, Arnal Ballester, Pep Montserrat, El Roto.* **C |** *Sergio Mora, Pau Masiques, Miguel Brieva.*

AUTORA DE CÓMIC Y ANIMACIÓN, ADEMÁS DE ILUSTRADORA. Estudió en la Escuela Massana de Arte y Diseño y en la Escuela de Medios Audiovisuales, ambas de Barcelona. Desde que empezó a publicar sus primeros trabajos, su estilo, engañosamente sencillo y más bien lleno de detalles reveladores, ideas sorprendentes y una divertida sensualidad, ha merecido encendidos elogios por parte de artistas considerados referentes en la plástica actual. «Soy de un club de fans silencioso. A los que pertenecemos a este club disfrutamos de imágenes deliciosamente impúdicas, calculadas e inteligentes que nos catapultan a pensamientos traviesos y adicciones visuales. Sí, pertenecemos a un club de fans silencioso, sin presidenta, sin sede social, sin página web, sin club. Somos fans sin organización. Pero tenemos un vínculo de unión: somos fans de las ilustraciones de Luci Gutiérrez» (Meritxell Duran).

AUTORA DE CÒMIC I ANIMACIÓ, A MÉS D'IL·LUSTRADORA. Va estudiar a l'Escola Massana d'Art i Disseny i a l'Escola de Mitjans Audiovisuals, totes dues de Barcelona. Des que va començar a publicar els seus primers treballs, el seu estil, enganyosament senzill i més aviat ple de detalls reveladors, idees sorprenents i una divertida sensualitat, ha merescut encesos elogis per part d'artistes considerats referents en la plàstica actual. «Sóc d'un club de fans silenciós. Els que formem part d'aquest club gaudim d'imatges deliciosament impúdiques, calculades i intel·ligents que ens catapulten a pensaments entremaliats i addiccions visuals. Sí, formem part d'un club de fans silenciós, sense presidenta, sense seu social, sense pàgina web, sense club. Som fans sense organització. Però tenim un vincle d'unió: som fans de les il·lustracions de Luci Gutiérrez» (Meritxell Duran).

COMIC AND ANIMATION WRITER AND ILLUSTRATOR. She studied at the Massana School of Art and Design and the School of Audiovisual Media, both in Barcelona. Since she first published her work, her style – deceptively simple and rather full of revealing details, surprising ideas and fun-loving sensuality – has earned passionate praise from artists considered to be reference points in modern plastic arts. "I am in a silent fan club. Those of us who belong to his club enjoy deliciously indecent images, calculating and intelligent images which catapult us into mischievous thoughts and visual additions. Yes, we belong to a silent fan club, with no chairman, no head office, no website, no club. We are fans without an organisation. But we have a point of union: We are fans of Luci Gutiérrez's illustrations." (Meritxell Duran).

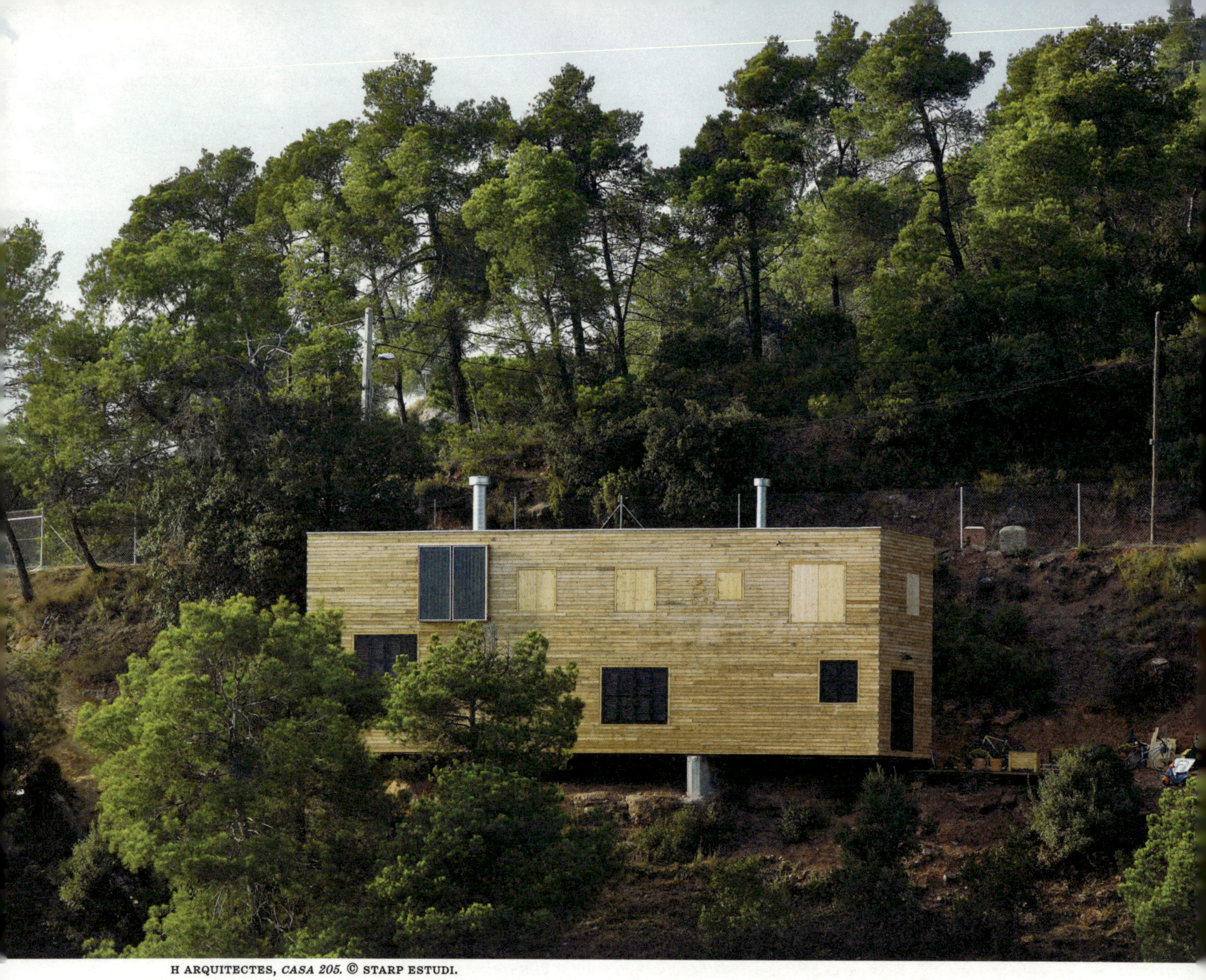

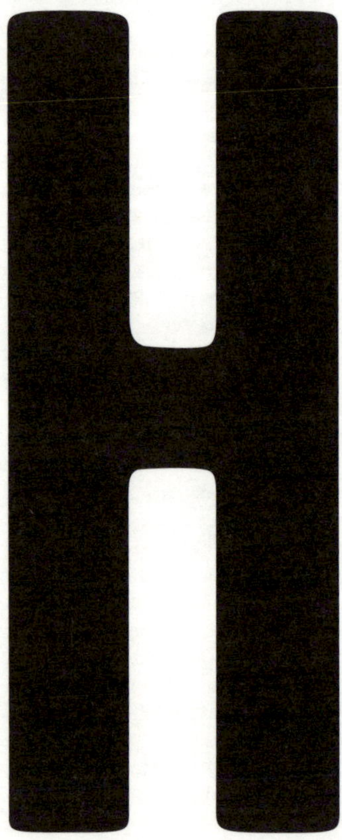

H ARQUITECTES, *CASA 205.* © STARP ESTUDI.

H ARQUITECTES

DAVID LORENTE IBÁÑEZ: GRANOLLERS, BARCELONA, 07.06.1972.
JOSEP RICART ULLDEMOLINS: CERDANYOLA, BARCELONA, 08.12.1973.
XAVIER ROS MAJÓ: SABADELL, BARCELONA, 19.08.1972.
ROGER TUDÓ GALÍ: TARRASA, BARCELONA, 06.04.1973.

O | *Gimnasio 704 (2007-08, en Barberà del Vallès, Barcelona), viviendas 912 (2009-11, en Sant Cugat del Vallès, Barcelona, con data-AE), escuela 215 (2007-…, en Vidreres, Gerona), casa 205 (2006-08, en Vacarisses, Barcelona), viviendas 137 (2003-08, en Granollers).* **M |** *Lacaton & Vassal, Peter Zumthor, Jørn Utzon, Carlo Scarpa, Herzog & de Meuron (primera época), Sanaa, y tantísima arquitectura anónima vernácula…* **C |** *Emiliano López y Mónica Rivera, Francisco Cifuentes, Toni Gironès, Arturo Franco, Sou Fujimoto.*

ARQUITECTOS. Se conocieron en la Escola Tècnica Superior d'Arquitectura del Vallès, donde se graduaron con calificaciones que iban de la excelencia a la matrícula de honor. Algunos consiguieron becas para estudiar en Estados Unidos; otros siguieron cursos de especialización en ciudades europeas. En el año 2000 fundaron H Arquitectes. Su ideario: la arquitectura de carácter utilitario que resuelve o evita problemas, lejos del ego del artista, la obra como espectáculo o la mera técnica. El pensar así, y actuar en concordancia, ya les ha valido unos quince premios tanto nacionales como internacionales. «Nuestra arquitectura es construcción, y parte de la comprensión de los ciclos vitales de los edificios. Utiliza las soluciones tecnológicas más lógicas y sostenibles. Lejos de la obra-espectáculo, es una arquitectura de lo disponible. Nos interesa la arquitectura popular. Anónima. Y, sobre todo, las circunstancias que condicionaron técnicamente su construcción y la convirtieron en referente formal y técnico».

ARQUITECTES. Es van conèixer a l'Escola Tècnica Superior d'Arquitectura del Vallès, on es van graduar amb qualificacions que anaven de l'excel·lència a la matrícula d'honor. Alguns d'ells van aconseguir beques per estudiar als Estats Units; uns altres van seguir cursos d'especialització en ciutats europees. L'any 2000 van fundar H Arquitectes. El seu ideari: l'arquitectura de caràcter utilitari que resol o evita problemes, lluny de l'ego de l'artista, l'obra com a espectacle o la mera tècnica. El fet de pensar d'aquesta manera, i actuar en concordança, ja els ha valgut uns quinze premis tant nacionals com internacionals. «La nostra arquitectura és construcció, i part de la comprensió dels cicles vitals dels edificis. Utilitza les solucions tecnològiques i sostenibles. Lluny de l'obra-espectacle, és una arquitectura del que es pot disposar. Ens interessa l'arquitectura popular. Anònima. I, sobretot, les circumstàncies que van condicionar tècnicament la seva construcció i la van convertir en referent formal i tècnic».

ARCHITECTS. They met at the Vallès Senior School of Architecture, where they graduated with grades ranging from excellent to top honours. Some of them achieved scholarships to study in the USA; others completed specialist courses in European cities. In 2000 they founded H Arquitectes. Their ideal: the practical architect, who can resolve or prevent problems, a far cry from the artist's ago, the work as a show or mere technique. Thinking this way and acting in concordance with each other, has earned them some fifteen national and international awards. "Our architecture is construction, and is based on the understanding of the life cycles of buildings. It uses the most logical and sustainable technological solutions. Far from being a spectacle, it is the architecture of what is available. We are interested in popular architecture. Anonymous. And above all, the circumstance which technically condition their construction and make them a technical and formal benchmark."

HERMS, ROC
BARCELONA, 09.12.1978.

O | *Series: The Sleeping Giant (2007), Antisonar (2007), El Opio del Pueblo (2008), Planeswalkers (2009), Campus Party (2007-...), iPholaroids (2009-...), Postcards from Home (2010-...).* **M |** *Joan Fontcuberta, Martin Parr, Nina Berman.* **C |** *Jon Rafman, Adam Broomberg & Oliver Chanarin, Yann Gross.*

FOTÓGRAFO. Nacido de la mano de la Constitución Española, descubre tarde el mundo de la fotografía, cuando esta ya se ha convertido, gracias a la cámaras digitales, en la forma de expresión artística más *mainstream* de la humanidad. Como todo el mundo, se compra una, viaja y hace sus fotos turísticas. Poco a poco empieza a darse cuenta de que le gusta. Llega a creer que se le da bien. Deja su trabajo como director de arte en la agencia de publicidad DDB y se aleja del mundo del diseño del que proviene, para lanzarse a la fotografía. «Mirar. Ver. Ver más allá de lo que miramos. Utilizar el pasaporte de la fotografía como excusa. Como herramienta. Explorar. Descubrir. Aprender. Siempre a través del visor y en pequeñas fracciones de segundo».

FOTÒGRAF. Nascut de la mà de la Constitució Espanyola, descobreix tard el món de la fotografia, quan aquesta ja ha esdevingut, gràcies a les càmeres digitals, la forma d'expressió artística més *mainstream* de la humanitat. Com tothom, se'n compra una, viatja i fa fotografies turístiques. De mica en mica comença a adonar-se que li agrada. Arriba a creure que hi té traça. Deixa la seva feina com a director d'art a l'agència de publicitat DDB i s'allunya del món del disseny del qual prové per llançar-se a la fotografia. «Mirar. Veure. Veure més enllà d'allò que mirem. Fer servir el passaport de la fotografia com a excusa. Com a eina. Explorar. Descobrir. Aprendre. Sempre a través del visor i en petites fraccions de segon».

PHOTOGRAPHER. Born hand in hand with the Spanish Constitution, he came late to the world of photography, when it had already become the most mainstream form of artistic expression thanks to digital cameras. Like everyone, he bought one, went travelling and took tourist photos. Little by little he started to realise that he liked it. He started to believe that he was good at it. He left his job as an art director at the advertising agency DDB and removed himself from the world of design to start working in photography. "Looking. Seeing. Going beyond what is in sight. Using the passport of photography as an excuse. As a tool. Exploring. Discovering. Learning. Always through the lens and in small fractions of a second."

HERRERA, JORDI
BARCELONA, 10.12.1965.

O | *Huevo a la romana (2003), Filete al fakir (2004), Sardinas a la parrilla al minuto (2004), Butifarra de bocadillo de pescado frito (2006), Cigalas al natural (2008), Calamares a la romana de huevos fritos (2010).* **M |** *Juan Deumal, Joan Brossa, Lluís Cruañas, Juan Mari Arzak, Bob Marley.* **C |** *Pep Coll, Fermí Puig.*

CHEF RESTAURADOR. Se define como un cocinero por vocación y por la necesidad de convertir sus ideas en creaciones tangibles que pueda compartir con los demás. Lo cierto es que el ex profesor de la Escola d'Hoteleria i Turisme CETT se llevó a sus mejores alumnos para formar parte de su equipo en 2004, cuando inauguró el Manairó. Y desde allí continúa impartiendo cátedra. Inquieto y brillante, inventor de la plancha con clavos Fakircook, sus creaciones redescubren los sabores de la cocina tradicional catalana. La prestigiosa guía Michelin le concedió una estrella en 2008. «Lo único que nos diferencia es nuestra personalidad. No hay creación si no consigues explicar un poco cómo eres a través de tus obras».

XEF RESTAURADOR. Es defineix com un cuiner per vocació i per la necessitat de convertir les seves idees en creacions tangibles que pugui compartir amb els altres. El cas és que l'ex-professor de l'Escola d'Hoteleria i Turisme CETT es va endur els millors alumnes per formar part del seu equip el 2004, quan va inaugurar el Manairó. I des d'allà continua impartint càtedra. Inquiet i brillant, inventor de la planxa amb claus Fakircook, les seves creacions redescobreixen els sabors de la cuina tradicional catalana. La prestigiosa guia Michelin va concedir-li una estrella el 2008. «L'única cosa que ens diferencia és la nostra personalitat. No hi ha creació si no aconsegueixes explicar una mica com ets a través de les teves obres».

CHEF AND RESTAURATEUR. He is a chef by vocation and has a need to convert his ideas into tangible creations which can be shared by others. Indeed, this former tutor at the CETT School of Catering took his best students with him to form part of his team when he opened El Manairó in 2004. From there he has continued to teach. Restless and brilliant, the inventor of the grill with nails, Fakircook, his creation rediscover the flavours of traditional Catalonian cuisine. He was awarded one of the coveted Michelin Stars in 2008. "The only thing that makes us different is our personality. There is no creation if you can't manage to describe yourself a little through your work."

HUERGA, MANUEL
BARCELONA, 20.10.1957.

O | *En cine: Gaudí (1988), Antártida (1995), Salvador (Puig Antich) (2006), Hijos del agua (2008, con Franc Aleu).*

DIRECTOR, PRODUCTOR Y GUIONISTA de cine y televisión. En 1977 fundó, junto a Eugènia Balcells, Eugeni Bonet y Juan Bufill, Film Vídeo Informació, una plataforma destinada a la difusión del cine y el vídeo experimental. Desde entonces es uno de los creadores audiovisuales más reconocidos y prolíficos del país, lo cual incluye una gran cantidad de programas de televisión y la dirección de galas y ceremonias como la de los Juegos Olímpicos de 1992. Entre sus documentales destacan los dedicados a Buñuel y Gaudí, y *Son & Moon (Diario de un astronauta)*, sobre la relación entre un astronauta y su hijo durante la estancia del primero en una estación espacial. Su película de ficción *Salvador (Puig Antich)*, que reconstruye los últimos días del activista antes de que fuese ejecutado durante la dicta- ▶

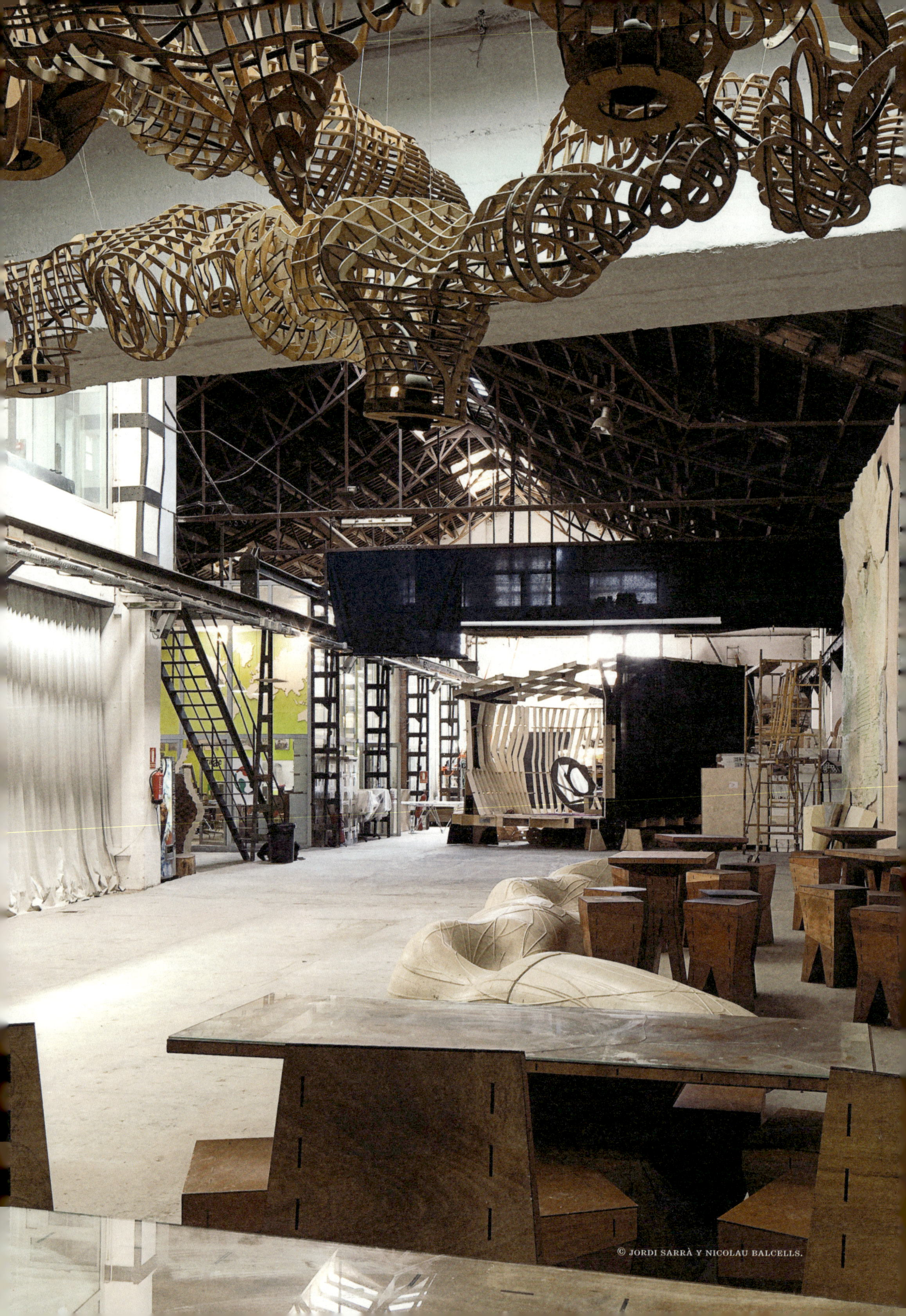
© JORDI SARRÀ Y NICOLAU BALCELLS.

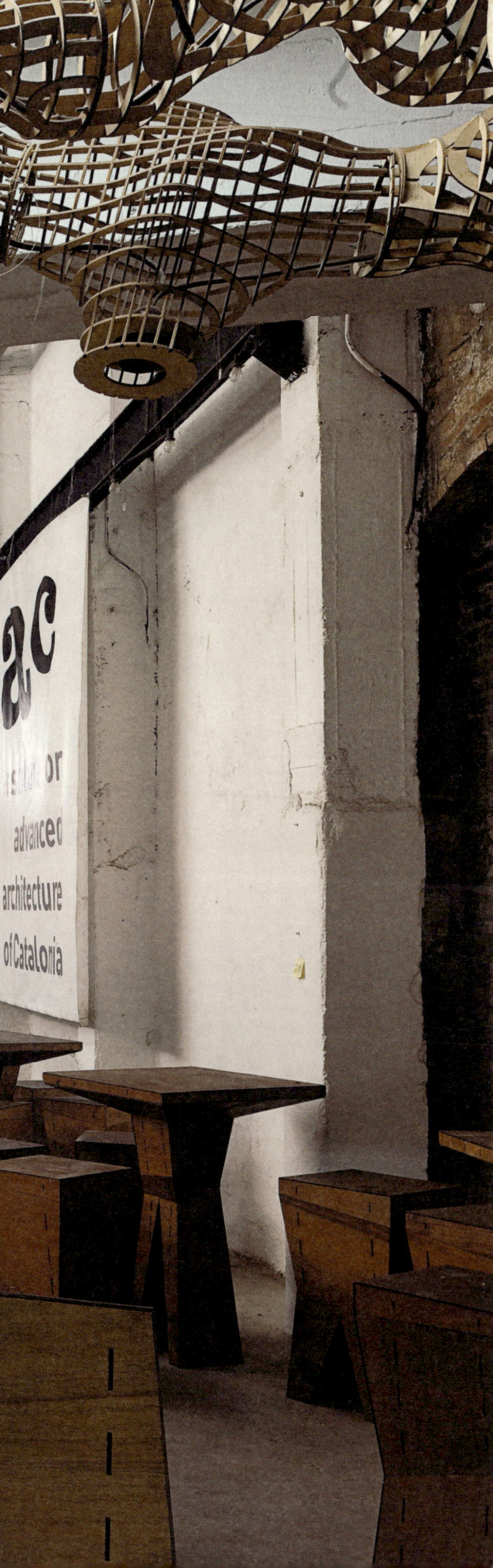

INSTITUT D'ARQUITECTURA AVANÇADA

(IAAC)

PUJADES, 102, BAJOS | POBLE NOU, 08005 BARCELONA

www.iaac.net | +34 93 320 95 20 | info@iaac.net

CENTRO DE INVESTIGACIÓN, EDUCACIÓN E INNOVACIÓN dedicado al desarrollo de una arquitectura que asuma como propios los retos de habitabilidad de principios de siglo XXI en todo el mundo. Situada en el distrito 22@ de Barcelona, es una plataforma de intercambio de conocimiento que cuenta con estudiantes procedentes de veinticinco países que comparten experiencias con el objetivo de desarrollar proyectos tanto arquitectónicos como de áreas relacionadas (ecología, energía, nuevas tecnologías...) y susceptibles de ser aplicados en sus propios países o en cualquier lugar del planeta. Uno de sus proyectos más interesantes y de mayor envergadura es el GreenFabLab, un laboratorio ubicado en plena naturaleza (en el parque de Collserola, entre pinos, robles y alcornoques) y cuyo objetivo es investigar, experimentar, divulgar y educar sobre temas relacionados con la protección de la naturaleza, el ahorro energético y la sostenibilidad. El IAAC ya ha llevado a cabo proyectos en países como Brasil, Taiwán o Rumanía, y ofrece un máster en Arquitectura Avanzada en asociación con la Universidad Politécnica de Cataluña.

CENTRE D'INVESTIGACIÓ, EDUCACIÓ I INNOVACIÓ dedicat al desenvolupament d'una arquitectura que assumeixi com a propis els reptes d'habitabilitat de començaments del segle XXI a tot el món. Situada al districte 22@ de Barcelona, és una plataforma d'intercanvi de coneixement amb estudiants procedents de vint-i-cinc països que comparteixen experiències amb l'objectiu de desenvolupar projectes tant arquitectònics com d'àrees que hi estiguin relacionades (ecologia, energia, noves tecnologies...) i que sigui possible d'aplicar-los als seus propis països o a qualsevol lloc del planeta. Un dels seus projectes més interessants i de major envergadura és el GreenFabLab, un laboratori situat en plena natura (al parc de Collserola, enmig de pins, roures i alzines sureres) l'objectiu del qual és investigar, experimentar, educar i divulgar en temes relacionats amb la protecció de la natura, l'estalvi energètic i la sostenibilitat. L'IAAC ja ha dut a terme projectes a països com el Brasil, Taiwan o Romania, i ofereix un màster en Arquitectura Avançada en associació amb la Universitat Politècnica de Catalunya.

CENTER OF RESEARCH, EDUCATION AND INNOVATION devoted to the development of an architecture that assumes as its own the habitability challenges of the start of the XXI century worldwide. Located in the 22@ district of Barcelona, it is a platform for the exchange of knowledge which features students from as many as twenty-five countries who share their experiences in order to develop both architectural projects and projects in related areas (ecology, energy, new technologies...) that can be applied in their own countries or anywhere else in the planet. One of the most interesting and renowned projects is the GreenFabLab, a laboratory located in the midst of nature (in the Collserola park, among pines, oaks and cork trees) whose aim is to research, experiment, divulge and educate people about issues related to the protection of nature, energy saving and sustainability. The IAAC has already carried out projects in countries such as Brazil, Taiwan and Romania, and it offers a Master in Advanced Architecture, in association with the Universidad Politécnica de Cataluña.

► dura franquista, obtuvo el Goya al mejor guion adaptado, entre otros premios y reconocimientos. Asimismo, ha dirigido toda clase de actos y espectáculos escénicos, incluyendo la ópera *Gaudí* de Joan Guinjoan o *El martirio de San Sebastián* con La Fura dels Baus.

DIRECTOR, PRODUCTOR I GUIONISTA de cinema i televisió. El 1977 va fundar, al costat d'Eugènia Balcells, Eugeni Bonet i Juan Bufill, Film Vídeo Informació, una plataforma destinada a la difusió del cinema i el vídeo experimental. Des d'aleshores és un dels creadors audiovisuals més reconeguts i prolífics del país, la qual cosa inclou una gran quantitat de programes de televisió i la direcció en directe de gales i cerimònies com la dels Jocs Olímpics del 1992. Entre els seus documentals destaquen els dedicats a Buñuel i Gaudí, i *Son & Moon: Diari d'Astronauta*, sobre la relació entre un astronauta i el seu fill durant l'estada del primer en una estació espacial. La seva pel·lícula de ficció *Salvador (Puig Antich)*, que reconstrueix els darrers dies de l'activista abans que fos executat durant la dictadura de Franco, va obtenir el Goya al millor guió adaptat, entre altres premis i reconeixements.

DIRECTOR, PRODUCER AND SCRIPTWRITER for film and television. In 1977 he founded, together with Eugènia Balcells, Eugeni Bonet and Juan Bufill, *Film Vídeo Informació*, a platform for the dissemination of experimental film and video. Since then he has been one of the best known and prolific audiovisual creators in the country, including a large number of television programmes and directing live galas and ceremonies such as the 1992 Olympics. His documentaries include those devoted to Buñuel and Gaudí, and *Son & Moon. Diario de un astronaut*, about an astronaut's relationship with his children during his stay on the space station. His fiction film *Salvador (Puig Antich),* which reconstructs the activist's final days before being executed during the Franco dictatorship, received the Goya for best adapted screenplay, among other awards and recognition.

se traslada a Suiza, al Hotel Beau Rivage Palace de Lausana. También ha trabajado en Neichel (Barcelona), Chez Nico (Londres), Hotel Hilton (Cannes) y Le Manoir aux Quat'Saisons (Oxford). En el año 2000 abre Hisop, restaurante de cocina contemporánea y creativa que ya ha sido galardonado con una estrella Michelin y con premios como Mejor Menú y Mejor Cocina Creativa (mención especial). Innovador en la recreación de la gastronomía catalana, concibe una cocina al mismo tiempo clásica y moderna. «Currar, currar y currar... Quiero un equilibrio entre tradición y modernidad, *gourmand* y *gourmet*, locura y seriedad, local y mundial, etc.».

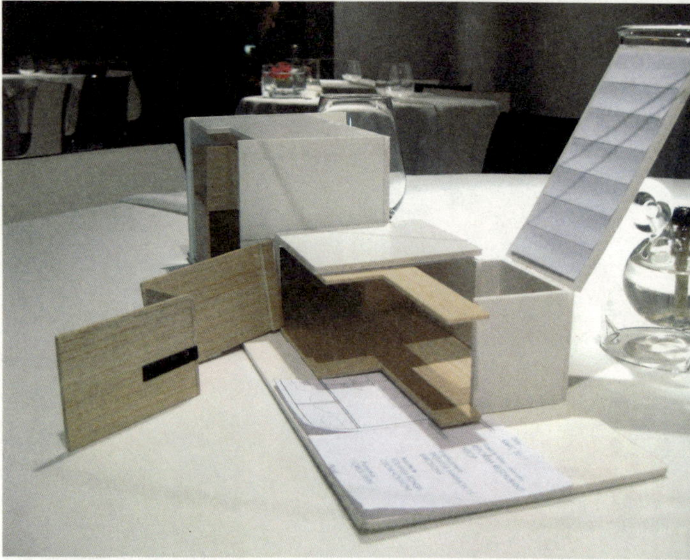

ORIOL IVERN, HISOP RESTAURANT.

XEF. El 1994 finalitza els seus estudis a l'Escola d'Hosteleria de Cambrils i fa stages als restaurants Jaume de Provença i Racó de Can Faves. Amb la seva primera feina professional es trasllada a Suïssa: a l'Hotel Beau Rivage Palace, de Lausana. També ha treballat a Neichel (Barcelona), Chez Nico (Londres), Hotel Hilton (Cannes) i Le Manoir aux Quat'Saisons (Oxford). L'any 2000 obre l'Hisop, un restaurant de cuina contemporània i creativa que ha estat guardonat amb una estrella Michelin i amb premis com el Millor Menú i el Millor Cuina Creativa (menció especial). Innovador en la recreació de la gastronomia catalana, concep una cuina clàssica i alhora moderna. «Pencar, pencar i pencar... Vull un equilibri entre tradició i modernitat, gormand i gourmet, bogeria i seriositat, local i mundial, etc.».

CHEF. In 1994 he completed his studies at the Cambrils School of Catering, and completed apprenticeships at the restaurants Jaume de Provença and Racó de Can Faves. His first professional job position took him to Switzerland: at the Hotel Beau Rivage Palace de Lausanne. He has also worked at Neichel (Barcelona), Chez Nico (London), Hotel Hilton (Cannes), and Le Manoir aux Quat'Saisons (Oxford). In 2000 he opened Hisop, a modern and creative restaurant which has already received a Michelin star, and awards such as Best Menu and Best Creative Cuisine (special mention). An innovator in the recreation of Catalonian food, he conceives a cuisine which is both classical and modern. "Slog, slog and slog... I want to strike a balance between tradition and modernity, gourmand and gourmet, madness and seriousness, local and worldwide, etc."

IVERN, ORIOL
BEGUES, BARCELONA, 25.09.1975.

O | *Hisop (2001).* **M |** *Jaume Tornamorell, Raymond Blanc.* **C |** *Joan Roca.*

CHEF. En 1994 finaliza sus estudios en la Escuela de Hostelería de Cambrils y realiza *stages* en los restaurantes Jaume de Provença y Racó de Can Fabes. Con su primer trabajo profesional

JAN IÚ MÉS

JAN ZAMORA I ROYO: ALCANAR, TARRAGONA, 01.01.1980.
ALFONSO PEÑA CARRERAS: VINARÒS, CASTELLÓN, 01.08.1980.

O | *El pantalón con pieza interior y de dos capas de la colección primavera-verano 2008, los jerséis oversize hechos a mano, el traje degradado y los suéteres de lino desagujado de la colección primavera-verano 2010, y el estampado y la cazadora de pitón de la colección otoño - invierno 2010-2011.* **M |** *Dries Van Noten, Raf Simons, Kris Van Assche o Hedi Slimane.* **C |** *Laitinen, Romain Kremer, Juun.J.*

DISEÑADORES DE MODA. Admiradores de la seguridad que proyectan los sobrios diseños de creadores como el belga Dries Van

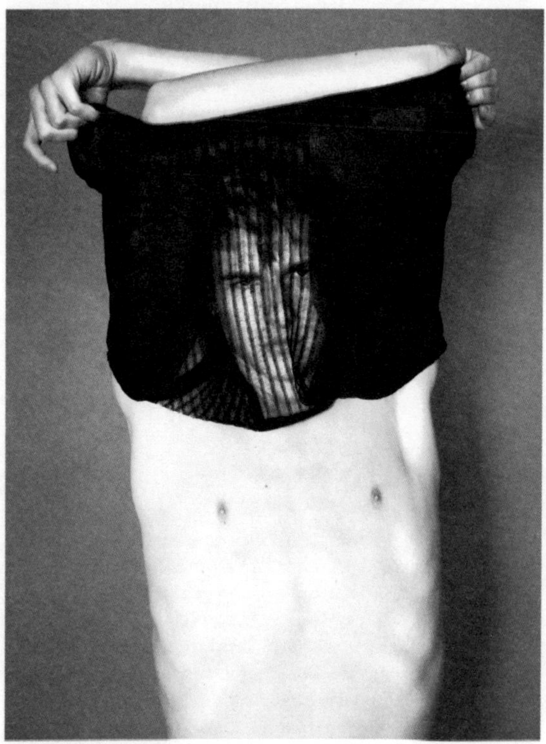

JAN IÚ MÉS. © DAVID URBANO.

Noten, y al mismo tiempo familiarizados con propuestas más audaces como las del coreano Juun.J, los jóvenes fundadores de Jan iú Més se han ubicado rápidamente en un lugar de privilegio en el complejo mundo de la moda masculina. Lo suyo es el punto intermedio entre la tradición y la modernidad. «Quizá la esencia de nuestro trabajo resida en nuestra visión personal del hombre contemporáneo, sencillo y complejo a la vez, lleno de contradicciones, hasta poder encontrar su propia autodefinición».

DISSENYADORS DE MODA. Admiradors de la seguretat que projectaven els sobris dissenys de creadors com el belga Dries Van Noten, i al mateix temps familiaritzats amb propostes més audaces com les del coreà Juun.J, els joves fundadors de Jan iú Mes s'han situat ràpidament en un lloc de privilegi en el complex món de la moda masculina. El seu fort és el punt intermedi entre la tradició i la modernitat. «Potser l'essència del nostre treball resideixi en la nostra visió personal de l'home contemporani, senzill i complex alhora, ple de contradiccions, fins a poder trobar la seva pròpia autodefinició».

FASHION DESIGNERS. Admirers of the security projected by the sombre designs by creators such as the Belgian Dries Van Noten, and at the same time familiar with the most audacious proposals such as that of the Korean Juun.J, the young founders of Jan iú Mes have rapidly found their place in a privileged position in the complex world of men's fashion. They have settled at the midway point between traditional and modern. "Perhaps the essence of our work lies in our personal view of the modern man, simple and complex all at once, full of contradictions, until he finds his own self-definition."

JOE CREPÚSCULO
(JOËL IRIARTE)
ESPLUGUES DE LLOBREGAT, BARCELONA, 25.07.1981.

O | *Escuela de zebras (2008), Supercrepus (2008), Chill Out (2009), Nuevo ritmo (2011).* **M |** *David Rodríguez, Vincent Leone, David Bowie.* **C |** *Daniel Granados, Sergio Pérez y Alessandro Meloni.*

COMPOSITOR, PRODUCTOR Y MÚSICO. Es licenciado en Filosofía, amante de la reflexión, de las plantas en general y de la creación espontánea de melodías. Compone música para cine y publicidad. En 2003 formó el grupo Tarántula y desde 2008 ha publicado cuatro discos en solitario. Dueño de una sonoridad de juguete manifiestamente casera o *lo-fi (low fidelity)* y de unas letras profundas y surrealistas, la suya es una música —que algunos críticos describen como desordenada o conceptual— altamente adictiva. Sus trabajos bajo licencia Creative Commons circulan libremente en la web. «Mi música es una herramienta que puede manipularse según el caso. El asunto consiste, al igual que Píndaro, en formar circunferencias que parecen cerradas, pero con pequeñas aperturas que hacen que todo se pueda malinterpretar».

COMPOSITOR, PRODUCTOR I MÚSIC. És un llicenciat en Filosofia amant de la reflexió, de les plantes en general i de la creació espontània de melodies. Composa música per a cinema i publicitat. El 2003 va formar el grup Tarántula i des del 2008 ha publicat quatre discos en solitari. Amo d'una sonoritat de joguina manifestament casolana o lo-fi *(low fidelity)* i d'unes lletres profundes i surrealistes, la seva és una música —que alguns crítics descriuen com a desordenada o conceptual— altament addictiva. Els seus treballs sota llicència Creative Commons circulen lliurement a la *web*. «La meva música és una eina que es pot manipular segons el cas. La cosa consisteix, com en Píndar, en formar circumferències que semblen tancades, però amb petites obertures que fan que tot es pugui malinterpretar».

COMPOSER, PRODUCER AND MUSICIAN. He has a degree in Philosophy and is a lover of reflection, plant life in general and the spontaneous creation of melodies. He composes music for film and advertising. In 2003 he formed the group *Tarántula*, and since 2008 he has released four solo albums. He has a clearly homemade or *lo-fi*, toy like style, with deep, surreal lyrics, his music - described by some as disorderly or conceptual – is highly addictive. His Creative Commons licensed works are freely available on the internet. "My music is a tool which can be manipulated to different circumstances. Just like Pindar, it is all about creating what seem to be closed circumferences, but which have small gaps in them, making everything open to misinterpretation."

JUAN-CANTAVELLA, ROBERT
ALMASSORA, CASTELLÓN, 06.05.1976.

O | *Otro (2001), Proust Fiction (2005, 2011), El Dorado (2008), Asesino Cósmico (2011).* **M |** *Curtis Garland.* **C |** *Trebor Escargot.*

ESCRITOR, TRADUCTOR Y PERIODISTA. Autor de una novela de ciencia ficción deudora de la literatura popular de los años sesenta (*Asesino cósmico*), de una novela de no-ficción que propone el *punk journalism* como actualización del *gonzo* de Hunter S. Thompson (*El Dorado*, elegida como la mejor del año 2008 por la revista *Quimera*), de una novela experimental (*Otro*) y de un libro de relatos traducido al francés en 2011 (*Proust Fiction*). Fue jefe de redacción de *Lateral* y coeditor de *The Barcelona Review*. Realizó un doctorado, con una tesina sobre la poesía objetual de Joan Brossa, pero nunca se doctoró. «Escribiendo...».

ESCRIPTOR, TRADUCTOR I PERIODISTA. Autor d'una novel·la de ciència ficció deutora de la literatura popular dels anys seixanta (*Asesino cósmico*), d'una novel·la de no-ficció que proposa el *punk journalism* com a actualització del *gonzo* de Hunter S. Thompson (*El Dorado*, escollida com la millor de l'any 2008 per la revista *Quimera*), d'una novel·la experimental (*Otro*) i d'un llibre de relats traduït al francès el 2011 (*Proust Fiction*). Va ser cap de redacció de *Lateral* i coeditor de *The Barcelona Review*. Va fer un doctorat, amb una tesina sobre la poesia objectual de Joan Brossa, però mai no es va doctorar. «Escrivint...».

AUTHOR, TRANSLATOR AND JOURNALIST. Author of the science fiction novel indebted to 1970's popular literature (Asesino cósmico), of a non-fiction work which proposes punk journalism as an updated version of Hunter S. Thompson's gonzo, (*El Dorado*, chosen best of 2008 by *Quimera* magazine), of an experimental novel (*Otro*) and a book of short stories translated into French in 2011 (*Proust Fiction*). He was editorial chief or *Lateral* and co-editor of *The Barcelona Review*. He followed a doctorate course, completing a thesis on the objection poetry of Joan Brossa, but never took his Doctorate. "Writing..."

LA CUBANA
SITGES, BARCELONA, 1980.

O | *Dels vicis capitals (1981), Cubana's delikatessen (1983), La tempestad (1986), Cubanadas a la carta (1988), Cómeme el coco, negro (1989, 2007), Cegada de amor (1994), Una nit d'ópera (2001), Mamá, quiero ser famoso (2003).*

COMPAÑÍA DE TEATRO fundada por Vicky Plana y Jordi Milán, su actual director. De vocación *amateur*, se profesionaliza en 1983 con el espectáculo *Cubana's Delikatessen*. Siempre en clave de humor, su teatro se basa en la recreación de «situaciones teatrales cotidianas que normalmente pasan inadvertidas como teatro». En sus montajes se repiten ciertas constantes como la transgresión de espacios, la sorpresa, el juego como expresión teatral y, especialmente, sus personajes, «que tienen vida propia y que van más allá del simple guion establecido». Otra particularidad es la participación del público. De sus filas han salido actores tan conocidos como Mercé Comes, Mont Plans, José Corbacho, Santi Millán, Anna Barrachina, Neus Sanz, Joan Ramon Bonet, David Fernández, Cati Solivellas, entre otros. «El teatro "como un todo", desde la forma de pensarlo hasta de realizarlo. Han utilizado como escenario los teatros, los mercados, las iglesias, los transportes públicos y, sobre todo, la calle. La calle ha sido su gran escuela, en la que han basado toda su experiencia».

COMPANYIA DE TEATRE fundada per Vicky Plana i Jordi Milán, el seu actual director. De vocació amateur, es professionalitza el 1983 amb l'espectacle *Cubana's Delikatessen*. Sempre en clau d'humor, el seu teatre es basa en la recreació de «situacions teatrals quotidianes que normalment passen inadvertides com a teatre». En els seus muntatges es repeteixen certes constants com la transgressió d'espais, la sorpresa, el joc com a expressió teatral i, especialment, els seus personatges, «que tenen vida pròpia i que van més enllà del simple guió establert». Una altra particularitat és la participació del públic. De les seves files, n'han sortit actors tan coneguts com Mercè Comes, Mont Plans, José Corbacho, Santi Millán, Anna Barrachina, Neus Sanz, Joan Ramon Bonet, David Fernández i Cati Solivellas, entre d'altres. «El teatre "com un tot", des de la manera de pensar-lo fins a la de fer-lo. Han fet servir d'escenari els teatres, els mercats, les esglésies, els transports públics i, sobretot, el carrer. El carrer ha estat la seva gran escola, en la qual han basat tota la seva experiència».

THEATRE COMPANY founded by Vicky Plana and Jordi Milán, its current director. Originally amateur, the company went professional in 1983 with the show *Cubana's Delikatessen*. Always with a touch of humour, its drama is based on recreation of "daily theatrical situations which usually go unnoticed as drama." Their shows repeat certain constants such as the transgression of space, surprise, play as a theatrical expression and, especially, their characters, "who have a life of their own and go beyond the simple script we use." Another peculiarity is audience involvement. The company has produced well-known actors such as Mercé Comes, Mont Plans, José Corbacho, Santi Millán, Ana Barrachina, Neus Sanz, Joan Ramon Bonet, David Fernández, Cati Solivellas...and many more. "Theatre 'as a whole', from the way of thinking about it to the way of doing it. They have used settings such as theatres, markets, churches, public transport and above all, the street. The street has been the great school – the basis for all their experience."

LA FURA DELS BAUS
BARCELONA, 1979.

O | *Espectáculos de lenguaje furero: Imperium (2007), Degustación de Titus Andrónicus (2010). Teatro: XXX (2001), Metamorfosis (2005), Boris Godunov (2008). Ópera: La flauta màgica (2003), Tetralogía de Wagner (2007-09), Le Grand Macabre (2009), Ascenso y caída de la ciudad de Mahagonny (2010), Sonntag aus Licht (2011). Future scenarios: Musikmaschine (2009), Mutatis mutandis (2010). Nuevas percepciones: Exposició Ring/Fura 4.0 (2009), Orígens (2009). Eventos especiales: Mediterrani, Mar Olímpic (1992), L'home del mil·lenni (1999), Opening Carmina Burana (2010), Window of the City*

(2010), Multiverse (2010). **M |** *Els Comediants, Els Joglars, Antonin Artaud, ...Son 6!, las fiestas populares, las vanguardias del siglo XX, los conciertos de rock, los primeros videoclips (Thriller, de Michael Jackson, por ejemplo), las series de TV, la literatura fantástica, el cine, los ensayos sobre tecnología.* **C |** *Heiner Goebbels, Jan Lauwers, Alain Platel, Philippe Genty, Tim Burton, Moebius, William Gibson, Tarantino y un listado enorme de gente con la que han trabajado y colaborado.*

COLECTIVO DE ARTES ESCÉNICAS con distintas líneas de trabajo que van del teatro a la italiana al *net.art*, pasando por la ópera, el cine y espectáculos tan identificados con su particular esencia que son llamados de «lenguaje furero». Actualmente La Fura está integrada por Miki Badosa, Pep Gatell, Jürgen Müller, Àlex Ollé, Carlus Padrissa y Pera Tantiñá. Caracterizada por la utilización de espacios no convencionales, la música como armazón fundamental de sus creaciones, la incorporación constante de nuevas tecnologías, la interacción con el público durante sus espectáculos y la aplicación de materiales orgánicos e industriales, La Fura, más de treinta años después de su creación, es una presencia imprescindible en el panorama mundial de las artes escénicas. «El teatro de La Fura dels Baus son actos vivenciales».

COL·LECTIU D'ARTS ESCÈNIQUES amb diverses línies de treball que van del teatre a la italiana al *net.art*, passant per l'òpera, el cinema i espectacles tan identificats amb la seva particular essència que són anomenats de «llenguatge fureru». Actualment La Fura està integrada por Miki Badosa, Pep Gatell, Jürgen Müller, Àlex Ollé, Carlus Padrissa i Pera Tantiñá. Caracteritzada per la utilització d'espais no convencionals, la música com a bastiment fonamental de les seves creacions, la incorporació constant de noves tecnologies, la interacció amb el públic durant els seus espectacles i l'aplicació de materials orgànics i industrials, La Fura, més de trenta anys després de la seva creació, és una presència imprescindible en el panorama mundial de les arts escèniques. «El teatre de La Fura dels Baus són actes vivencials».

SCENIC ARTS COLLECTIVE with different lines of work ranging from Italian style theatre to *net.art*. including opera, film and shows so recognisable with their particular style, known as "Fura language." La Fura currently consists of Miki Badosa, Pep Gatell, Jürgen Müller, Àlex Ollé, Carlus Padrissa and Pera Tantiñá. Characterised by the used of unconventional spaces, music as the fundamental support structure of their creations, the constant use of new technologies, audience interaction during their shows and the application of organic and industrial materials, La Fura, over thirty years after its creation, they are an essential element on the world art scene. "The works of La Fura dels Baus are life experiences."

LA INTRUSA
VIRGINIA GARCÍA: VITORIA, 09.08.1976.
DAMIÁN MUÑOZ: VITORIA, 03.06.1968.

O | *Asire (2000), Tres tristes stripteases (2003), Staff (2005), Stalk (2010), Ataraxia (2011).*

COMPAÑÍA DE CREACIÓN ARTÍSTICA contemporánea formada en 1996 por Virginia García y Damián Muñoz, y centrada en la creación, dirección y producción de proyectos escénicos que interrelacionan la danza contemporánea con la música y los audiovisuales. Han recibido numerosos premios, entre los que destacan el Max al mejor intérprete masculino de danza por *Staff* (Muñoz), el Ciutat de Barcelona y el premio de la Feria de Huesca al mejor espectáculo por *Ólelés*, el del Certamen Coreográfico de Maspalomas, en Canarias, por *79 pasos* (Muñoz), y el del Certamen Coreográfico de Madrid en tres ocasiones por *Cuando me des un respiro* (Muñoz), *Ainele* (García) y *Maltemi* (Muñoz) para la compañía Experimentadanza. Combinan la creación propia con encargos y colaboraciones teatrales y para publicidad, y desempeñan tareas docentes en prestigiosas escuelas y centros coreográficos nacionales e internacionales. «Trabajo en equipo. Creatividad, pensamiento, desarrollo, cuerpo, movimiento».

COMPANYIA DE CREACIÓ ARTÍSTICA contemporània formada el 1996 per Virginia García i Damián Muñoz, i centrada en la creació, direcció i producció de projectes escènics que interrelacionen la dansa contemporània amb la música i els audiovisuals. Han rebut nombrosos premis, entre els quals destaquen el Max al millor intèr-

pret masculí de dansa per *Staff* (Muñoz), el Ciutat de Barcelona i el premi de la Fira d'Osca al millor espectacle per *Ólelés*, tres vegades el del Certamen Coreogràfic de Madrid per *Cuando me des un respiro* (Muñoz), *Ainele* (García) i *Maltemi* (Muñoz) per a la companyia Experimentadanza. Combinen la creació pròpia amb encàrrecs i col·laboracions teatrals i per a publicitat, i exerceixen tasques docents a prestigioses escoles i centres coreogràfics nacionals i internacionals. «Treball en equip. Creativitat, pensament, desenvolupament, cos, moviment».

Modern artistic creation company formed in 1996 by Virginia García and Damián Muñoz and focused on the creation, direction and production of scenic projects interrelated with modern dance with music and audiovisuals. They have received numerous awards, including the Max for the best male dance performer for *Staff* (Muñoz), the Ciutat de Barcelona and the Feria de Huesca Award for the best performer for *Ólelés* the Maspalomas Choreography Contest in the Canary Islands for *79 pasos* (Muñoz), and the Madrid Choreography Contest in Madrid on three occasions, for *Cuando me des un respiro* (Muñoz), *Ainele* (García) and *Maltemi* (Muñoz) for

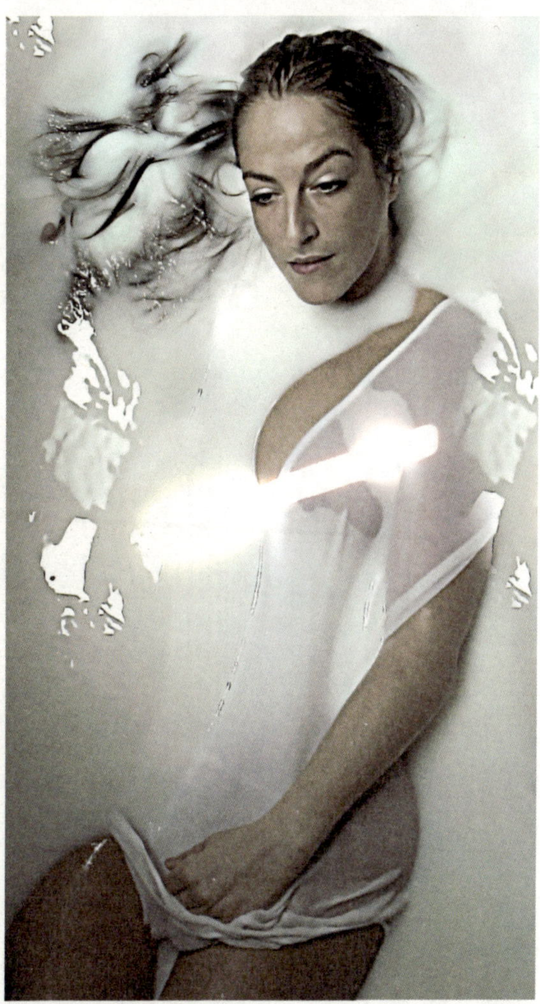
LA INTRUSA. © DAMIÁN MUÑOZ.

the company Experimentadanza. They combine their own creation with theatre jobs and collaborations and for advertising, and they undertake teaching jobs at important national and international schools and choreographic centres. "Teamwork. Creativity, thought, development, body, movement."

LABANDA, JORDI
MERCEDES, URUGUAY, 20.03.1968.

O | *Sandwitch & Friends (1999, mural), Wallapaper (1998-02, colaboración), Miquelrius (2001-..., colección de papelería), Hey Day (2003), Si te he visto no me acuerdo (2005), Booklets (2008), Vogue Nippon (2010-..., colaboración).* **M |** *René Gruau, Ramón Casas, Ingres, Sargent, Dalí, Alex Katz, Saul Steinberg, Hanna-Barbera, Disney.* **C |** *Maira Kalman, Elizabeth Peyton, Sempé, Martin Parr.* ▶ 97

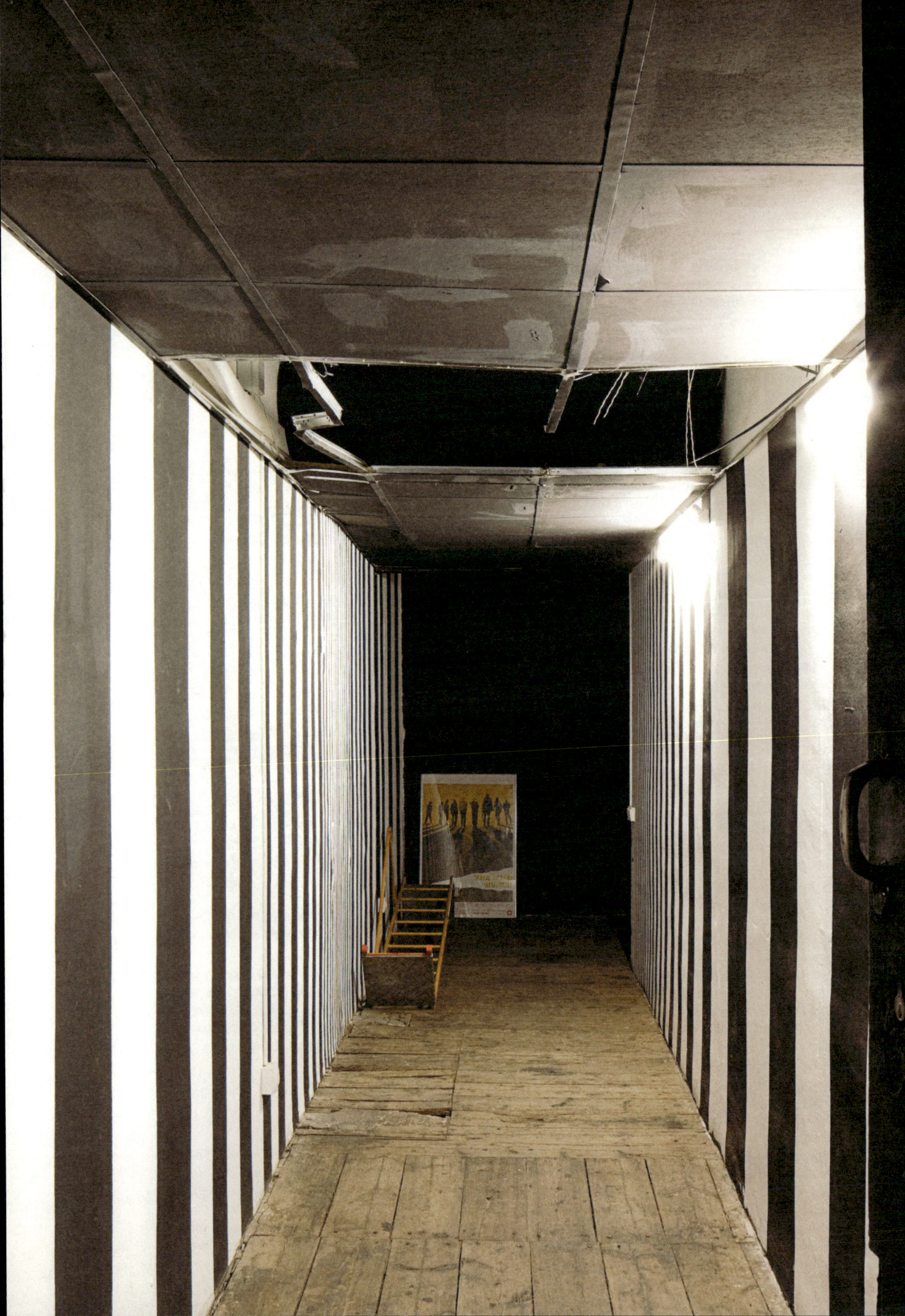

KULTUR BURÓ BARCELONA

(KKB)
JOAQUÍN COSTA, 24, 4ᵉE | CIUTAT VELLA, 08001 BARCELONA
www.kbb.org.es | +34 93 442 06 95 | info@kbb.org.es

CENTRO DE ARTE CONTEMPORÁNEO de carácter multidisciplinar centrado especialmente en la producción y exhibición de proyectos en el ámbito de las artes visuales. La programación de este espacio sin ánimo de lucro, orientada a mostrar dinámicas culturales contemporáneas, incluye proyecciones audiovisuales, conciertos de música, exposiciones de fotografía y artes plásticas, y está muy vinculada a la producción de los artistas internacionales en Barcelona.

CENTRE D'ART CONTEMPORANI de caràcter multidisciplinar, centrat especialment en la producció i exhibició de projectes en l'àmbit de les arts visuals. La programació d'aquest espai sense ànim de lucre, orientada a mostrar dinàmiques culturals contemporànies, inclou projecció d'audiovisuals, concerts de música, exposicions de fotografia i arts plàstiques, i està molt lligada a la producció dels artistes internacionals a Barcelona.

MULTI-DISCIPLINARY CONTEMPORARY ART CENTER focused particularly in the production and exhibition of visual art projects. The program of this non-profit space, geared towards the display of dynamic contemporary cultures, includes audiovisual screenings, music concerts, photography and plastic arts exhibitions, and is closely linked to the material produced by international artists in Barcelona.

▶ **ILUSTRADOR Y DISEÑADOR.** A los tres años se instala en Barcelona y su pasión por el dibujo y el color se manifiesta desde entonces. Estudia Diseño Industrial en la Escola Massana y coquetea durante un tiempo con el diseño gráfico hasta que decide convertirse en ilustrador profesional; corre el año 1993. Sus primeros clientes son las publicaciones *Woman* y *La Vanguardia*, periódico en el que aún hoy colabora. A partir de 1995 comienza a trabajar para el mercado internacional y en 2001 inaugura su propio estudio de diseño. Su trazo estilizado e inconfundible ha creado escuela. «Hago lo que hago porque me sale de dentro, porque es lo que estaba en mi cabeza cuando era pequeño».

IL·LUSTRADOR I DISSENYADOR. Als tres anys s'instal·la a Barcelona, la seva passió pel dibuix i el color es manifesta des d'aleshores. Estudia Disseny Industrial a l'Escola Massana i coqueteja durant un temps amb el Disseny Gràfic fins que decideix convertir-se en il·lustrador professional; corre l'any 1993. Els seus primers clients són les publicacions *Woman* i *La Vanguardia*, diari en què avui dia encara col·labora. A partir del 1995 comença a treballar per al mercat internacional i el 2001 inaugura el seu propi estudi de disseny. El seu traç estilitzat i inconfusible ha creat escola. «Faig el que faig perquè em surt de dins, perquè és el que tenia al cap quan era petit».

ILLUSTRATOR AND DESIGNER. He moved to Barcelona at the age of three and his passion for drawing and colour was clear from then on. He studied Industrial Design at the Massana School, and for a time he flirted with graphic design until he decided to become a professional illustrator; this was in 1993. His first clients were the publications *Woman* and *La Vanguardia*. He still works for the latter newspaper today. After 1995 he began to work on the international market and in 2001 he opened his own design studio. His fine, unmistakable style has set a trend. "I do what I do because it comes from within, because it is what was in my head when I was small."

LACUESTA, ISAKI
GERONA, 08.07.1975.

O | *Caras vs. caras (2000), Cravan vs. Cravan (2002), Teoría de los cuerpos (2004), La leyenda del tiempo (2006), Las variaciones Marker (2007), In Between Days (2009), Los condenados (2009), La noche que no acaba (2010), Los pasos dobles (2010).* **M |** *Joaquim Jordà, Johan van der Keuken, Jean Rouch, Jean Eustache.* **C |** *Gerard Gil, León Siminiani, Víctor Iriarte.*

DIRECTOR Y GUIONISTA DE CINE. Desde *Caras vs. caras*, su primer cortometraje en el año 2000, hasta *Los pasos dobles*, su más reciente largo, la obra de este joven realizador gerundense de padres vascos ha devenido en una de las más interesantes de la cinematografía actual, hasta tal punto que una de sus películas, *La leyenda del tiempo*, ha sido incluida en la antología *Take 100. The future of film* como una de las cien piezas claves del cine contemporáneo. Alterna la ficción con el documental y las instalaciones visuales, y compagina su labor cinematográfica con la docencia en la Universidad Pompeu Fabra, la Autónoma de Barcelona y el Centre d'Estudis Cinematogràfics de Catalunya. «En el lejano oeste había un pistolero inmune a los disparos: cuando le tiroteaban, aunque le siguieran viendo, él ya estaba en otro sitio. Así me gustaría que fueran mis trabajos. Al mismo tiempo, visibles y en constante movimiento».

DIRECTOR I GUIONISTA DE CINEMA. De *Caras vs. Caras*, el seu primer curtmetratge, a *Los pasos dobles*, el seu llarg més recent, l'obra d'aquest jove realitzador gironí de pares bascos ha esdevingut una de les més interessants de la cinematografia actual, fins a tal punt que una de les seves pel·lícules, *La leyenda del tiempo*, ha estat inclosa en l'antologia *Take 100. The future of film* com una de les cent peces clau del cinema contemporani. Alterna la ficció amb el documental i les instal·lacions visuals, i compagina la seva tasca cinematogràfica amb la docència a la Universitat Pompeu Fabra, l'Autònoma de Barcelona i el Centre d'Estudis Cinematogràfics de Catalunya. «Al llunyà oest hi havia un pistoler immune als trets: quan el tirotejaven, i encara que els altres continuessin veient-lo, ell ja era en una altra banda. Així és com m'agradaria que fossin els meus treballs. Visibles i en constant moviment alhora».

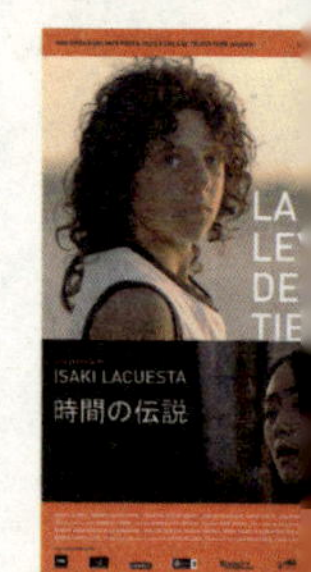

FILM DIRECTOR AND SCRIPTWRITER. From *Caras vs. Caras*, his first short film made in 2000, to *Los pasos dobles*, his latest full length film, the work of this young director from Gerona and of Basque descent has become one of the most interesting figures in modern cinematography, to the extent that one of his films, *La leyenda del tiempo*, has been listed in the anthology *Take 100. The future of film* as one of the hundred key pieces of modern film. He alternates fiction with documentary and visual installations, and combines his work in film with teaching at Pompeu Fabra University, the Autonomous University of Barcelona, and the *Centre d'Estudis Cinematogràfics de Catalunya*. "In the far west there was a gunman who was immune to gunshots: when he was struck, even though people could still see him, he was already somewhere else. That's how I'd like my work to be. Visible yet in constant movement, all at the same time."

LASPALAS, KARLOTA
PAMPLONA, 15.12.1981.

O | *Wood do wow! (otoño-invierno 2009-10), After all the rage. Fade to black (otoño-invierno 2010-11), 451 (primavera-verano 2011), Time (otoño-invierno 2011-12).* **M |** *Muñoz Vrandecic, A. F. Vandervost, Lucio Fontana, Yohji Yamamoto, Dries Van Noten, Droog, Miharayasuhiro, E15, Alberto Burri, Spastor, Joy Division, Ma+, Bless, Andy Goldsworthy, Robert Clergerie, Ann Demeulemeester, Undercover, Raf Simons.* **C |** *Damir Doma, Boris Bidjan Saberi, Petar Petrov, Iris van Herpen.*

DISEÑADORA DE MODA. Ganó los dos primeros premios Almacén de Ideas para jóvenes diseñadores con una colección dedicada a su hermano gemelo, fue la gran revelación en la Pasarela de Murcia en 2008 y le concedieron becas del Instituto Europeo di Design y de la escuela de Felicidad Duce, donde sumó otro premio más, a la mejor colección de los alumnos de su promoción. Desde entonces se ha convertido en uno de los nombres que más suenan a la hora de hablar de la nueva moda en España y una presencia refrescante en la 080 Barcelona Fashion Week, la Pasarela Mustang o El Ego de Cibeles. «Mi trabajo es un reflejo de la identidad del ser humano, sus miedos y sus preocupaciones. Todo a través de la observación y la experimentación de nuestras propias vidas».

DISSENYADORA DE MODA. Va guanyar els dos primers premis Almacén de Ideas per a joves dissenyadors amb una col·lecció dedicada al seu germà bessó, va ser la gran revelació a la Passarel·la de Múrcia del 2008 i li van atorgar beques de l'Istituto Europeo di Design i de l'escola Felicidad Duce, on va sumar un altre premi més, el de la millor col·lecció dels alumnes de la seva promoció. Des d'aleshores ha esdevingut un dels noms que més sona a l'hora de parlar de la nova moda a Espanya i una presència refrescant a la 080 Barcelona Fashion Week, la Passarel·la Mustang o El Ego de Cibeles. «El meu treball és un reflex de la identitat de l'ésser humà, les seves pors i les seves preocupacions. Tot a través de l'observació i l'experimentació de les nostres pròpies vides».

FASHION DESIGNER. She wone the two first Almacén de Ideas awards for young designers with a collection dedicated to her twin brother. It was the great revelation at the Murcia Fashion Show in 2008 and she received grants from the Instituto Europeo di Design, and the Felicidad Duce school, where she received another award, for the best collection of her academic year. Since then she has become one of the most commonly heard names in new fashion in Spain, and a refreshing presence at 080 Barcelona Fashion Week, the Pasarela Mustang or El Ego de Cibeles. "My work is a reflection of human identity, our fears and concerns. All through observation and experiencing our own lives.

LEANDRE, JOAN
SABADELL, BARCELONA, 07.05.1968.

O | *Mega Assemble Project Zero (1995), Magia en el Aire (1999), retroyou RC FCK the Gravity Code y Butterfly Overflow (1999), Velvet Strike (2003, intervención en la red), In the Name of Kernel, Iron*

Bird (2007), *In the Name of Kernel, Lonely Record Sessions* (2009). **M |** *Bruce Conner, Jerzy Kukuczka.* **C |** *Wojtek Kubasik.*

VIDEOARTISTA. Se define como intérprete y traductor de medios. Es miembro de los archivos del OVNI (Observatorio de Vídeo No Identificado) y utiliza todos los recursos tecnológicos y mediáticos disponibles para crear sus obras, tan intensas y trasgresoras como indescriptibles, en las que la relectura y la manipulación audiovisual son operaciones habituales. Desde 1994 dirige proyectos seriales como el Analog Tapes, Serial Monuments y Mega Assemble Project y proyectos de inversión de *software* retroyou RC y retroyou nostal(G), exhibidos en Madrid, Berlín y Estrasburgo, entre otros destinos. «Traducción, inversión e interpretación de medios contemporáneos en ciclos seriales y en continuo descenso hacia una imposibilidad descriptiva quizás rozando lo onírico».

VIDEOARTISTA. Es defineix com a intèrpret i traductor de mitjans. És Membre dels Arxius de l'OVNI (Observatori de Vídeo No Identificat) i empra tots els recursos tecnològics i mediàtics disponibles per crear les seves obres, tan intenses i transgressores com indescriptibles, en les quals la relectura i la manipulació audiovisual són operacions habituals. Des del 1994 dirigeix projectes serials com ara l'Analog Tapes, el Serial Monuments i el Mega Assemble Project i projectes d'inversió de *software* retroyou RC i retroyou nostal(G), exhibits a Madrid, Berlín i Estrasburg, entre altres destins. «Traducció, inversió i interpretació de mitjans contemporanis en cicles serials i en contínua davallada cap a una impossibilitat descriptiva, potser fregant allò oníric».

VIDEO ARTIST. He defines himself as a translator and interpreter of the media. He is a Member of the Archive at OVNI (Unidentified Video Observatory) and uses all technological and media resources available to create his work, as intense and transgressive as it is indescribable, in which re-interpretation and audiovisual manipulation are common operations. Since 1994 he has directed serial projects such as Analog Tapes, Serial Monuments and Mega Assembly Project, and the software inversion projects retroyou RC and retroyou nostal(G), exhibited in Madrid, Berlin and Strasbourg among others. "The translation, inversion and interpretation of contemporary media in serial and continuously descending cycles, towards a descriptive, almost dreamlike impossibility."

LECHUGA, DANI
BARCELONA, 08.06.1977.

O | *Restaurante Caldeni (2005), La cocina de la carne (2010), ravioli de rabo de buey con queso comté y sepionetes (2011), solomillo de Angus Beef Nebraska con patata ratte (2011).* **M |** *Pierre Gagnaire, Ferran Adrià y Joël Robuchon.* **C |** *Sergio Fernández, Sergi Arola, Oscar Mateo.*

RESTAURADOR. Formado en la escuela de hostelería Joviat de Manresa, comienza a desplegar su particular visión de la gastronomía de autor a partir de 2005 con la inauguración de Caldeni, su propio restaurante, e invierte los años posteriores en el estudio continuo de las carnes de bovino, universo que ya conocía por tradición familiar. Fruto de esa investigación es su libro *La cocina de la carne.* En 2010 recibe el premio Mejor Joven Cocinero de la Academia Catalana de Gastronomía y la Guía Michelin recomienda su casa. En 2011 el Forum Gastronòmic de Gerona lo nombra Cocinero del Año. «Me muevo entre la tradición y la evolución, buscando la cocina de complicidad».

RESTAURADOR. Format a l'Escola d'Hoteleria Joviat de Manresa, comença a desplegar la seva particular visió de la gastronomia d'autor a partir del 2005 amb la inauguració de Caldeni, el seu propi restaurant, i inverteix els anys posteriors en l'estudi continu de les carns de boví, univers que ja coneixia per tradició familiar. Fruit d'aquesta investigació és el seu llibre *La cocina de la carne.* El 2010 rep el premi Millor Jove Cuiner de l'Acadèmia Catalana de Gastronomia i la Guia Michelin recomana la seva casa. El 2011 el Fòrum Gastronòmic de Girona el nomena Cuiner de l'Any. «Em moc entre la tradició i l'evolució, buscant la cuina de complicitat».

RESTAURANT OWNER. After training at the Joviat school of catering in Manresa, he started to develop his own particular vision of designer food from 2005 onwards, when he opened Caldeni, his own restaurant. He devoted the next few years to the continuous

study of beef, an area which he already knew well from family tradition. The result of this research is his book *La cocina de la carne*. In 2010 he was named Best Young Chef by the Catalonian Gastronomic Academy and his establishment is recommended by the Michelin Guide. In 2001 he was named Chef of the Year at the Forum Gastronòmic in Gerona. "I sway between tradition and evolution, search for complicity in my cooking."

LIBANO, PILAR
BARCELONA, 11.01.

ARQUITECTA E INTERIORISTA. Formada en el IADE y la Escuela Massana de Barcelona, y máster en Diseño de Interiores por la Universidad de Salamanca, desde su estudio p.libano en Barcelona desarrolla proyectos de arquitectura e interiorismo para locales, oficinas, inmuebles, viviendas, ferias y escaparates de toda España. Asume obras de muy distinto género, desde el proyecto hasta su ejecución. Ha diseñado lugares emblemáticos como las tiendas Nespresso de todo el país, las tiendas Antonio Miró, además de hoteles, restaurantes, bodegas, librerías, estudios, apartamentos, discotecas, bares y salas de música, entre otros. Sus casas de campo y de playa, armónicas, llenas de luz y que aprovechan al máximo los espacios abiertos y las cualidades del entorno, son un referente de la arquitectura y el interiorismo moderno.

ARQUITECTA I INTERIORISTA. Formada a l'IADE i a l'Escola Massana de Barcelona, i amb un màster en Disseny d'Interiors a la Universitat de Salamanca, des del seu estudi p.libano a Barcelona desenvolupa projectes d'arquitectura i interiorisme per a locals, oficines, immobles, habitatges, fires i aparadors de tot Espanya. Assumeix obres de gènere molt divers, i des del projecte fins a l'execució. Ha dissenyat llocs emblemàtics com les botigues Nespresso de tot el país, les botigues Antonio Miró, i també hotels, restaurants, cellers, llibreries, estudis, apartaments, discoteques, bars i sales de música, entre d'altres. Les seves cases de camp i de platja, harmòniques, plenes de llum i que aprofiten al màxim els espais oberts i les qualitats de l'entorn, són un referent de l'arquitectura i l'interiorisme moderns.

ARCHITECT AND INTERIOR DESIGNER. Trained at IADE and the Massana School in Barcelona and with a Masters in Interior Design from the University of Salamanca, from her studio p.libano in Barcelona she develops architecture and interior design projects for shops, offices, properties, homes, exhibitions and store windows all over Spain. She takes on very different works, from the project design to completion. She has designed emblematic places such as the Nespresso stores all over the country, the Antonio Miró stores, in addition to hotels, restaurants, wine cellars, bookstores, studios, apartments, discotheques, bars and music halls, among others. Her country homes and beach houses, harmonic and full of life, making the most of open spaces and properties of the surroundings, are a benchmark for architecture and modern interior design.

LLOSA, CLAUDIA
LIMA, 05.11.1976.

O | *Madeinusa (2006), La teta asustada (2009).* **M |** *Ingmar Bergman, Theo Angelopoulos, Kim Ki-duk.* **C |** *Andrea Arnold, Lucrecia Martel, Luca Guadagnino.*

DIRECTORA DE CINE. Le han bastado dos largometrajes para situarse en un lugar de vanguardia en el panorama del cine latinoamericano de última generación. Construidas con pocos diálogos e imágenes cargadas de no poco lirismo, sus películas son duras incursiones en el mundo de la violencia social y los conflictos raciales que se dan en las zonas andinas del continente americano. Entre ambas ha obtenido una veintena larga de premios, incluidos el Oso de Oro de la Berlinale y la nominación al Óscar a la mejor película de habla no inglesa. «Sobre la verdad, que siempre sale a la luz por más que la ocultes. Sobre la necesidad del ser humano de querer expresarse y, paradójicamente, su incapacidad de hacerlo. Sobre las distintas caras o facetas del mito y la ficción. Y sobre cómo la realidad crea una nueva mentira».

DIRECTORA DE CINEMA. N'ha tingut prou amb dos llargmetratges per situar-se en un lloc d'avantguarda en el panorama del cinema

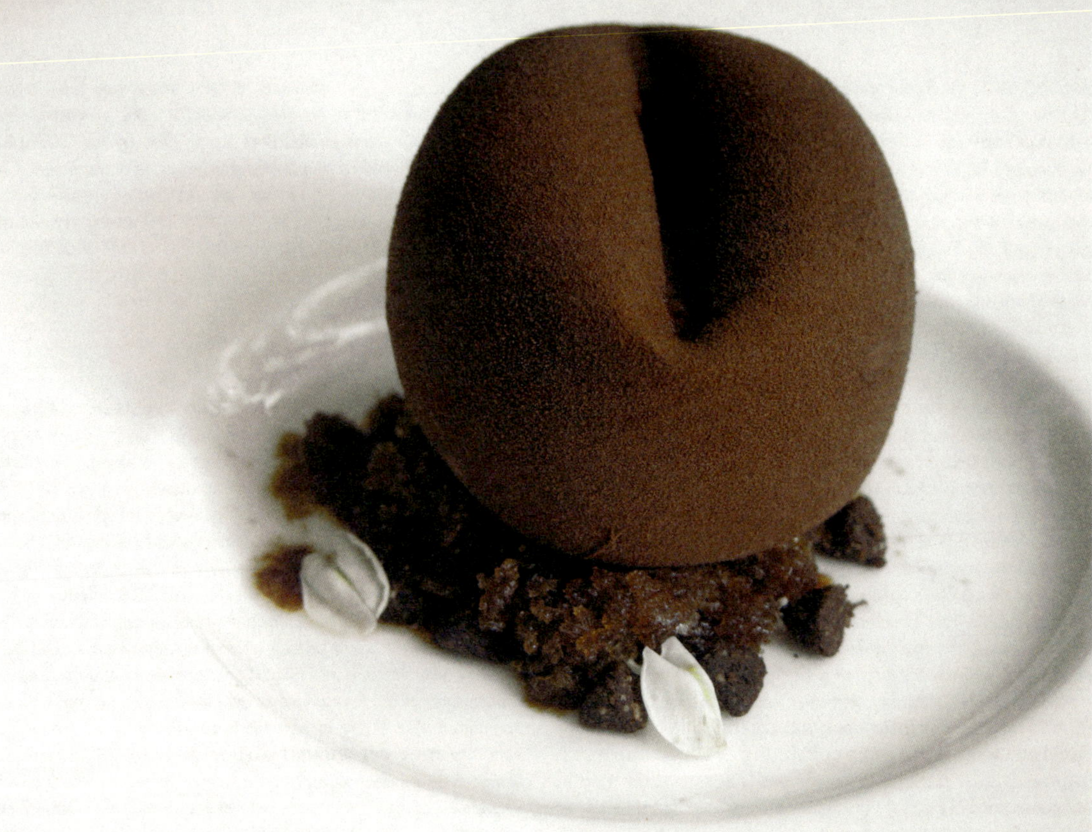

FELIP LLUFRIU, *MOOKA*. © OLGA PLANAS.

llatinoamericà d'última generació. Construïdes amb pocs diàlegs i imatges carregades de no poc lirisme, les seves pel·lícules són al mateix temps dures incursions al món de la violència social i els conflictes racials que ocorren a les zones andines del continent americà. Entre totes dues ha obtingut una vintena llarga de premis, inclosos l'Os d'Or de la Berlinale i la nominació a l'Oscar a la millor pel·lícula de parla no anglesa. «Sobre la veritat, que sempre surt a la llum per més que l'amaguis. Sobre la necessitat de l'ésser humà de voler expressar-se i, paradoxalment, la seva incapacitat de fer-ho. Sobre les diverses cares o facetes del mite i la ficció. I sobre com la realitat crea una nova mentida».

FILM DIRECTOR. Two movies have been enough to place her at the cutting edge of the new generation of Latin American film scene. Built up with little dialogue and images full of lyricism, her films are harsh incursions into the world of social violence and the racial conflicts found in the Andean regions of South America. She has received over twenty awards for these two films, including the Berlinale Golden Bear, and an Oscar nomination for best foreign film. "About truth, which always comes to light no matter how much you hide it. About the need of human beings to want to express themselves and, paradoxically, their inability to do so. About the different faces or facets of myth and fiction. And about how reality creates a new lie."

LLUFRIU, FELIP
CIUTADELLA, MENORCA, 03.05.1977.

M | *Andoni Luis Aduriz, Joan Roca.* **C** | *René Redzepi, Andoni Luis Aduriz.*
CHEF. Formado en El Celler de Can Roca junto a los hermanos Joan, Jordi y Josep Roca, en diciembre de 2003 le propusieron ser el jefe de cocina del restaurante Moo del Hotel Omm de Barcelona. Él por supuesto aceptó y, tres años después, cuando no había cumplido los treinta, fue galardonado con su primera estrella Michelin. Entonces dijo: «Esto nos dará estabilidad a la hora de trabajar y confianza ante las críticas. Ahora hay que dejar la celebración y volver a la realidad, es decir, a limpiar pescado». Con esa misma sencillez ha montado un huerto en el patio interior del Hotel Omm, de donde obtiene verdura fresca, y ha ido introduciendo en su carta recetas de su madre y otras tradicionales menorquinas, como el *briox* de sobrasada o las gambas con caldereta. «Hacemos recetas de cocina tradicional mediterránea, simplemente algo actualizadas».

XEF. Format al Celler de Can Roca al costat dels germans Joan, Jordi i Josep Roca, el desembre del 2003 van proposar-li de ser el cap de cuina del restaurant Moo de l'hotel Omm de Barcelona. Ell, naturalment, va acceptar i, tres anys més tard, quan encara no havia fet els trenta, va ser guardonat amb la seva primera estrella Michelin. Aleshores va dir: «Això ens donarà estabilitat a l'hora de treballar i confiança davant de les crítiques. Ara cal deixar la celebració i tornar a la realitat, és a dir, a netejar el peix». Amb aquesta mateixa senzillesa ha muntat un hort al pati interior de l'hotel Omm, del qual n'obté verdura fresca, i ha anat introduint a la carta algunes receptes de la seva mare i unes altres de tradicionals menorquines, com el brioix de sobrassada o les gambes amb caldereta. «Fem receptes de cuina tradicional mediterrània, simplement un poc actualitzades».

CHEF. Trained at Celler de Can Roca with his brothers Joan, Jordi and Josep Roca, in December 2003 he was offered the position of Head Chef at the Moo Restaurant in the Hotel Omm in Barcelona. Naturally he accepted and, three years later, when he was still not thirty years old, he received his first Michelin star. He said at the time: "This will provide stability when working and confidence in the face of critics. Now we have to stop celebrating and get back to reality, in other words, to cleaning fish." With that same simplicity he has set up a kitchen garden in the interior patio of the Hotel Omm, which provides him with fresh produce, and he has begun to use some of his mother's, and other traditional Menorcan recipes on his menus, such as the *briox de sobrasada* or prawns in *caldereta*. "We serve traditional Mediterranean dishes, just updated a little."

LÓPEZ, CAROL
BARCELONA, 1969.

O | *Susie (1999), No pido nada excepto tiempo soleado (2003), La Senyoreta Júlia (2003), Estètic Paradise (2004), V.O.S. Versió Original Subtitulada (2005), Last Chance (2006), En defensa dels mosquits albins (2006), 987 dies (2006), 10/12/44 (2007), Germanes (2008).* **M** | *Woody Allen, Ken Loach, Chéjov, Tolstoi, Nabokov.* **C** | *Tarantino, Cesc Gay, Icíar Bollaín, León de Aranoa.*
DRAMATURGA Y DIRECTORA DE TEATRO. Licenciada en Dramaturgia y Dirección Escénica por el Institut del Teatre de Barcelona, se ha destacado en el género de la comedia. Gracias a las becas concedidas por el Ministerio de Cultura, ha estudiado guion cinematográfico en la Escuela de Cine y Televisión de San Antonio de los Ba-

ños, en Cuba, y realizado cursos de escritura dramática en Buenos Aires. Desde 1997 ha escrito, dirigido y adaptado diversas obras, ha participado en el laboratorio de escritura y dramaturgia del Royal Court Theatre de Londres, y ha dictado talleres. Con *Germanes* fue galardonada con el Premio Max a la Mejor Autoría Teatral en catalán, el Premio Butaca al Mejor Montaje Teatral de la temporada y al Mejor Texto Teatral, y el Premio de la Crítica de Barcelona a la Mejor Dirección. Desde 2010 es la directora artística de la sala La Villarroel. «Como autora siempre hablaré de las relaciones humanas. Como programadora estoy abierta a todo».

DRAMATURGA I DIRECTORA DE TEATRE. Llicenciada en Dramatúrgia i Direcció Escènica per l'Institut del Teatre de Barcelona, ha sobresortit en el gènere de la comèdia. Gràcies a les beques concedides pel Ministeri de Cultura, ha estudiat guió cinematogràfic a l'Escola de Cinema i Televisió de San Antonio de los Baños, a Cuba, i realitzat cursos d'escriptura dramàtica a Buenos Aires. Des del 1997 ha escrit, dirigit i adaptat diverses obres; ha participat al Laboratori d'escriptura i dramatúrgia del Royal Court Theatre de Londres, i ha impartit tallers. Amb *Germanes* va ser guardonada amb el Premi Max a la Millor Autoria Teatral en català, el Premi Butaca al Millor Muntatge Teatral de la temporada i al Millor Text Teatral, i el Premi de la Crítica de Barcelona a la Millor Direcció. Des del 2010 és la directora artística de la sala La Villarroel. «Com a autora sempre parlaré de les relacions humanes. Com a programadora estic oberta a tot».

Playwright and theatre director. A graduate in Dramatic Art and Stage Direction from the Institut del Teatre in Barcelona, she has found success in comedy. Thanks to grants received from the Ministry of Culture, she has studied cinematographic scripts at the San Antonio de los Baños School of Film and Television in Cuba, and has completed courses in dramatic writing in Buenos Aires. Since 1997 she has written, directed and adapted a number of plays; she has been involved in the writing and drama laboratory at the Royal Court Theatre in London and has offered workshops. With *Germanes* was received the Max Award for best Theatrical Writing in Catalan, the Butaca Award for Best Theatrical Set of the season and Best script, and the Barcelona Critics' Award for Best Director. Since 2010 she has been the artistic director at the La Villarroel rooms. "As an author I will always look at human relationships. As a programmer I am open to anything."

LÓPEZ MATAS, EMILIANO Y RIVERA, MÓNICA

EMILIANO LÓPEZ: MENDOZA, ARGENTINA, 23.01.1971.
MÓNICA RIVERA: SAN JUAN, PUERTO RICO, 16.02.1972.

O | *Hotel Aire de Bardenas, Tudela, Navarra (2007), 27 viviendas de protección oficial de alquiler para jóvenes en Barcelona (2007), 18 viviendas de protección oficial en Gavà, Barcelona (2008).* **M |** *Jørn Utzon, Herman Hertzberger, Charles & Ray Eames.* **C |** *Jensen & Skodvin, Peter Zumthor, Anne Lacaton & Jean Philippe Vassal.*

ARQUITECTOS. Comenzaron a trabajar juntos en Barcelona en el año 2001 y desde entonces han compaginado la práctica de la arquitectura en obra pública a través de concursos con encargos privados. Son suyas, por ejemplo, las viviendas de protección oficial en Sant Andreu, Barcelona, que merecieron el Premio FAD de Arquitectura en 2008, así como el sorprendente Hotel Aire de Bardenas, en Tudela, Navarra. Otros reconocimientos destacables son el Premio de la Bienal Iberoamericana de Arquitectura, el Premio Joven de la Bienal Española de Arquitectura y el AR Emerging Architecture Award 2008, de Londres. «Trabajamos con las circunstancias, intentando convertir las restricciones en oportunidades. Buscamos respuestas constructivas y conceptuales específicas para la realidad de cada proyecto, poniendo énfasis en el valor de lo cotidiano, la intervención discreta y arraigada en el entorno, y la claridad constructiva».

ARQUITECTES. Van començar a treballar plegats a Barcelona l'any 2001 i des d'aleshores han compaginat la pràctica de l'arquitectura d'obra pública a través de concursos amb encàrrecs privats. Són seus, per exemple, els habitatges de protecció oficial, a Sant Andreu, que van merèixer el Premi FAD d'Arquitectura el 2008, així com el sorprenent Hotel Aire de Bardenas, a Tudela, Navarra. D'altres reconeixements

destacables són el Premi de la Biennal Iberoamericana d'Arquitectura, el Premi Jove de la Biennal Espanyola d'Arquitectura i l'AR Emerging Architecture Award 2008 de Londres. «Treballem amb les circumstàncies, intentant convertir les restriccions en oportunitats. Busquem respostes constructives i conceptuals específiques per a la realitat de cada projecte, posant èmfasi en el valor del que és quotidià, la intervenció discreta i arrelada a l'entorn, i la claredat constructiva».

ARCHITECTS. They began working together in Barcelona in 2001 and since then have combined their work in architecture for public works tenders with private projects. Examples of their work include the protected housing in Sant Andreu, which received the FAD Award for Architecture in 2008, and the surprising Hotel Aire Bardenas in Tudela (Navarra). Other key recognitions include the Ibero-American Biennial Architecture Award, the Young Architectures Award at the Spanish Biennial and London's AR Emerging Architecture Award 2008. "We work with circumstances, trying to convert restrictions into opportunities. We look for specific constructive and conceptual answers to the reality of each project, stressing the value of everyday matters, actions which are discreet and deeply set in their surroundings, and constructive clarity."

LÓPEZ VILALTA, ISABEL

BARCELONA, 08.05.1959.

O | *Restaurante El Japonés, Barcelona (1999), Hotel Omm, Barcelona (2004), restaurante El Celler de Can Roca, Gerona (2008), Hotel Eme, Sevilla (2008), oficinas de la Fundació Pasqual Maragall, Barcelona (2009), Eclipse Skybar del Hotel W, Barcelona (2009), Gran Molino Real, Paterna, Valencia (2010).* **M |** *Le Corbusier, Pierre Chareau, Jean Prouvé, Carlo Scarpa, Achille Castiglioni, O'Gorman, Borregan, Rietveld y tantos otros...* **C |** *Shigeru Ban, Claesson Koivisto Rune, John Pawson, Tadao Ando, David Chipperfield, Anne Lacaton, J. Mayer H., Enrique Krahe, Fran Silvestre, Enric Ruiz Geli...*

INTERIORISTA Y PROFESORA. Tras estudiar diseño en la Escuela Elisava de Barcelona y trabajar para importantes grupos de restauración en España, comienza una nueva etapa con proyección en Asia y Sudamérica. Actualmente es vicepresidenta del FAD (Fomento de las Artes y del Diseño). Su obra ha recibido numerosos premios, entre ellos el Condé Nast Awards Europe 2005 y el Design Awards 2005 Travel+Leisure por el Hotel Omm de Barcelona; o el Best Of Year Awards 2008 de la revista *Interior Design* de Nueva York por el Hotel Eme de Sevilla. Por el Celler de Can Roca recibió, en 2008, el Premi d'Arquitectura de les comarques de Girona. Ha sido, repetidas veces, finalista en los premios FAD y premio FAD de la Opinión (o Premio Saloni). Recientemente el Bravo, restaurante del Hotel W de Barcelona, ha sido seleccionado como finalista en los Restaurant & Bar Design Awards, en la categoría de International Restaurant. «Una constante en mi trabajo es la búsqueda de nuevos materiales y formas que me permitan experimentar nuevas sensaciones para provocar cambios en nuestra forma de vida. También me interesa integrar el entorno en los espacios interiores».

INTERIORISTA I PROFESSORA. Després d'estudiar disseny a l'Escola Elisava de Barcelona i treballar per a importants grups de restauració a Espanya, comença una nova etapa amb projecció a l'Àsia i l'Amèrica del Sud. Actualment és vicepresidenta del FAD (Foment de les Arts i el Disseny). La seva obra ha rebut nombrosos premis, entre ells el Condé Nast Awards Europe 2005 i el Design Awards 2005 Travel+Leisure per l'Hotel Omm de Barcelona; o el Best of Year Awards 2008 de la revista *Interior Design* de Nova York per l'Hotel Eme de Sevilla. Pel Celler de Can Roca va rebre, el 2008, el Premi d'Arquitectura de les comarques de Girona. Ha estat, nombroses vegades, finalista als premis FAD i premi FAD de l'Opinió (o Premi Saloni). Recentment el Bravo, el restaurant de l'Hotel W de Barcelona, ha estat seleccionat com a finalista als Restaurant & Bar Design Awards en la categoria d'International Restaurant. «Una constant en el meu treball és la recerca de nous materials i formes que em permetin experimentar noves sensacions per provocar canvis en la nostra forma de vida. També m'interessa integrar l'entorn als espais interiors».

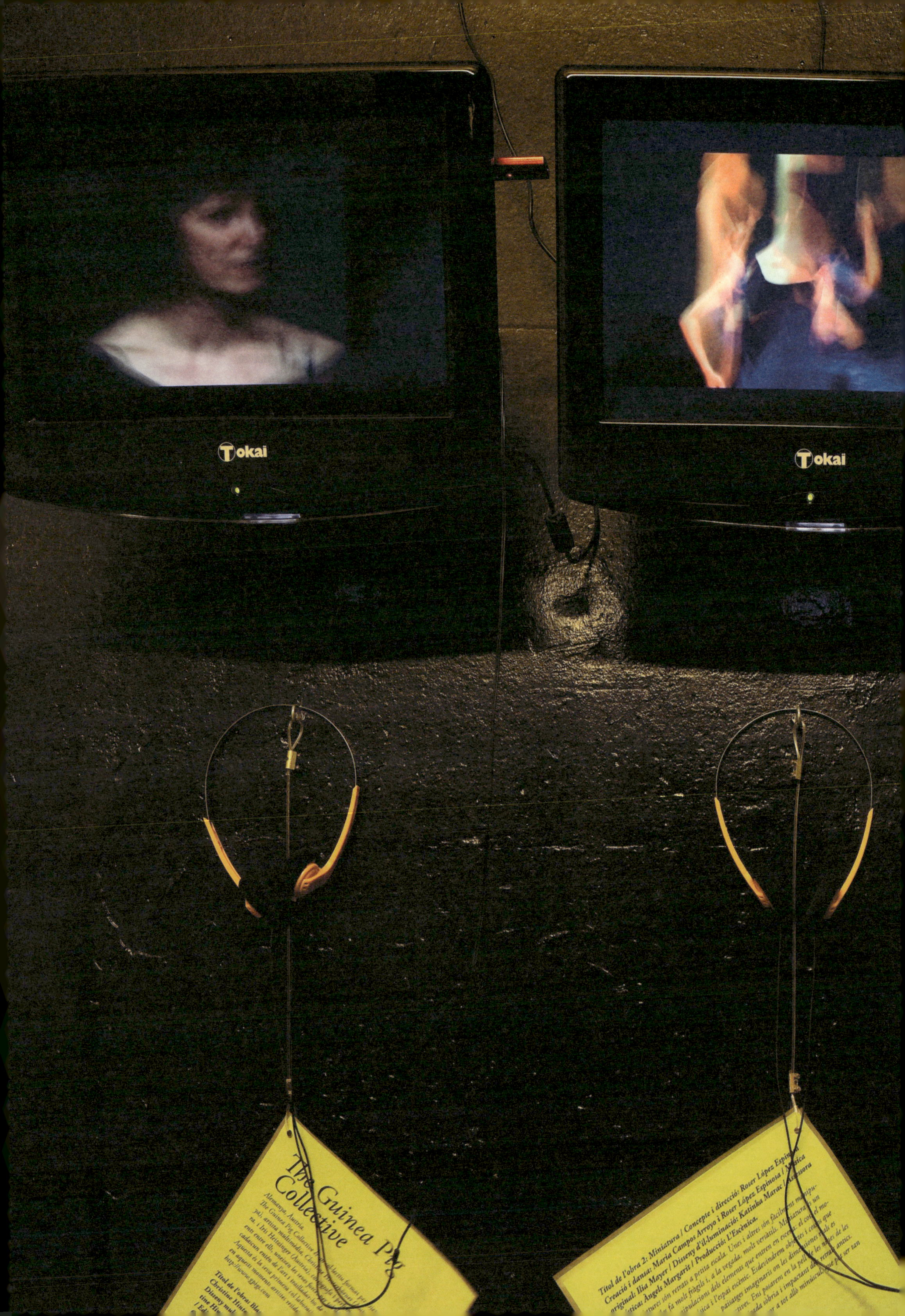

The Guinea Pig Collective
Alemanya, Àustria
The Guinea Pig Collective
ya),
ra, i Irui Heitzinger (Àustria),
ens entre ells, uneixen
cadascun entén de l'art i
Aquesta és la seva primera
en aquest moment artistes
http://www.gpig.com
Títol de l'obra: Bla
Christine Hinte
Disseny mul
ne Hin
Títol de l'obra 2: Miniatura / Concepte i direcció: Roser López Espinosa
Creació i dansa: Maria Campos Arroyo i Roser López Espinosa / Música
original: Ilia Mayer / Disseny d'il·luminació: Katinka Marac / Assessora
tica: Àngels Margarit / Producció: L'Escènica.
tures són retrats a petita escala. Unes i altres són fàcilment manipu-
fa molt fràgils i, a la vegada, molt versàtils. Miniatura és un
nipulacions dels elements que entren en escena: el cos, el mo-
ica i l'espai escènic. Esdevindrem objectes i cossos que
paisatges imaginaris on les dimensiones reals es
tives. Ens posarem en la pell de les nenes de les
vida sòbria i impactant dels retrats antics.
or a tot allò minúscul que pot ser tan

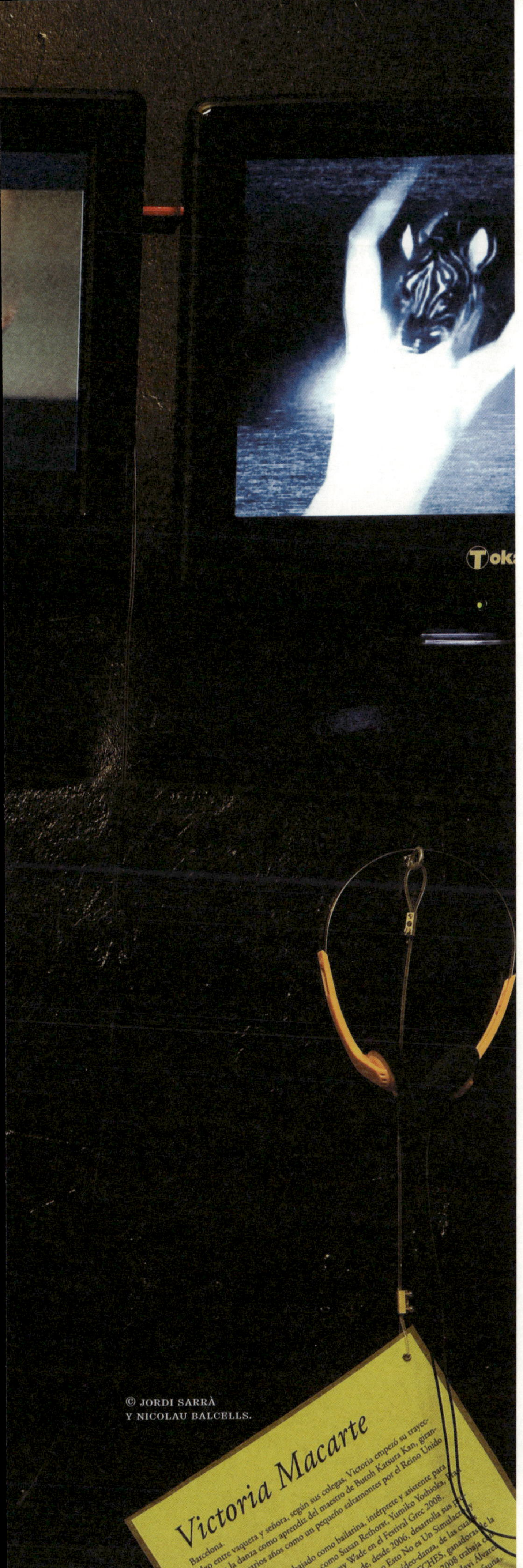

© JORDI SARRÀ
Y NICOLAU BALCELLS.

LA CALDERA

TORRENT D'EN VIDALET, 43 | BARRIO DE GRÀCIA, 08012 BARCELONA
www.lacaldera.info | +34 93 415 68 51 | info@lacaldera.info

CENTRO DE CREACIÓN de danza y artes escénicas contemporáneas. Tiene un programa de residencias para profesionales tanto de España como de otros países, y una amplia oferta de formación en colaboración con la Asociación de Profesionales de la Danza de Cataluña (APdC). Ofrece clases técnicas, entrenamientos abiertos de las compañías y artistas que trabajan en el centro, cursos intensivos, laboratorios y talleres, con el objetivo de fomentar la transmisión de conocimiento teórico y práctico en el ámbito de las artes escénicas actuales. Anualmente presenta también la convocatoria Obert, «un espacio para mostrar al público propuestas cortas de máximo veinte minutos con un mínimo de estructura técnica», dirigida a todos los profesionales de las artes escénicas. El edificio, de 800 metros cuadrados, cuenta con un escenario y tres aulas de grandes dimensiones.

CENTRE DE CREACIÓ de dansa i arts escèniques contemporànies. Té un programa de residències per a professionals, tant d'Espanya com d'altres països, i una àmplia oferta de formació en col·laboració amb l'Associació de Professionals de la Dansa de Catalunya (APdC). Ofereix classes tècniques, entrenaments oberts de les companyies i dels artistes que treballen al centre, cursos intensius, laboratoris i tallers, amb l'objectiu de fomentar la transmissió de coneixement teòric i pràctic en l'àmbit de les arts escèniques actuals. Anualment, a més, presenta la convocatòria Obert, «un espai per mostrar al públic propostes breus, d'un màxim de vint minuts, amb un mínim d'estructura tècnica», dirigida a tots els professionals de les arts escèniques. L'edifici, de 800 metres quadrats, compta amb un escenari i tres aules de grans dimensions.

CENTER OF CREATION of contemporary dance and scenic arts. It has a program of residencies for professionals both within Spain and abroad, and a wide array of training options offered in collaboration with the Asociación de Profesionales de la Danza de Cataluña (APdC) (Association of Dance Professionals of Catalonia). It offers technical classes, open rehearsals by the companies and artists who work at the center, intensive courses, labs and workshops, in an effort to promote the transmission of theoretical and practical knowledge in the field of current scenic arts. It also presents the yearly call for submissions, Obert, "a space to show the public at large short proposals of a maximum of twenty minutes with a minimal technical structure," aimed at all the professionals of the scenic arts. The building, 800 square meters large, boasts a stage and three large classrooms.

▶ **INTERIOR DESIGNER AND TEACHER.** After studying design at the Elisava School in Barcelona and working for important catering and hoteliers' groups in Spain, she began a new phase with projects in Asia and South America. She is currently the Vice President of FAD (*Fomento de las Artes y del Diseño*). Her work has received a number of awards, including the Condé Nast Awards Europe 2005 and the Design Awards 2005 Travel +Leisure for the Hotel Omm in Barcelona; or the Best of Year Award 2008 from the New York magazine *Interior Design* for the Hotel Eme in Seville. In 2008 she received the Gerona districts Architecture Award for Celler de Can Roca. She has been shortlisted on a number of occasions for the FAD and FAD Opinion (Premio Saloni) awards. More recently Bravo, the restaurant in the Hotel W in Barcelona has been selected as a finalist at the Restaurant & Bar Design Awards, under the International Restaurant category. "A constant in my work is the search for new material and forms which allow me to experience new sensations to make changes in our way of life. I am also interested in the integration of the surroundings with interior spaces."

LOQUILLO
(JOSÉ MARÍA SANZ BELTRÁN)
BARCELONA, 21.12.1960.

O | *¿Dónde estabas tú en el 77? (1984), Mis problemas con las mujeres (1987), Morir en primavera (1988), Mientras respiremos (1993), La vida por delante (1994), Nueve tragos (1999, 2007), Feo, fuerte y formal (2001), Balmoral (2008), Rock & Roll Star. 30 años (2009).*

CANTANTE DE *ROCK AND ROLL* Y *ROCKABILLY*. Chaqueta de cuero, camiseta blanca ceñida y vaqueros, o impecable traje negro y camisa del mismo color: lo que lo define es el tupé. Loquillo es por excelencia la estrella del *rock and roll* en España, con su sobrenombre unido casi siempre a los Trogloditas, la banda que lideró de 1983 a 2007, y con canciones convertidas en himnos y memorizadas por más de una generación. También ha publicado dos novelas, *El chico de la bomba* y *Barcelona ciudad,* y participado como actor en varias películas, como *La ciudad de los prodigios,* de Mario Camus, basada en la novela homónima de Eduardo Mendoza. «La historia de mi vida ha estado marcada por una palabra muy sencilla: no».

CANTANT DE ROCK AND ROLL I ROCKABILLY. Jaqueta de cuir, samarreta blanca cenyida i texans, o impecable vestit negre i camisa del mateix color: allò que el defineix és el tupé. Loquillo és l'estrella de rock and roll a Espanya per excel·lència, amb el seu sobrenom unit gairebé sempre als Trogloditas, la banda que va liderar del 1983 al 2007, i amb cançons que han esdevingut himnes i han estat memoritzades per més d'una generació. També ha publicat dues novel·les, *El chico de la bomba* i *Barcelona Ciudad,* i ha participat com a actor en diverses pel·lícules, com *La ciudad de los prodigios,* de Mario Camus, basada en la novel·la homònima d'Eduardo Mendoza. «La història de la meva vida ha estat marcada per una paraula molt senzilla: no».

ROCK AND ROLL AND ROCKABILLY SINGER. Leather jacket, tight-fitting white shirt and jeans, or impeccable black suit and shirt: his distinguishing mark is his quiff. Loquillo is the Spanish rock and roll star *par excellence*, his nickname almost always being linked to the Trogloditas, the band which he led from 1983 to 2007, with songs which have become anthems etched on the memory of a whole generation. He has also published two novels, *El chico de la bomba* and *Barcelona Ciudad* and has starred in a number of films, such as Mario Camus' *La ciudad de los prodigios,* based on the novel of the same name by Eduardo Mendoza. "The story of my life has been marked by a very simple word: no."

LUNA, DEMIÁN
CÓRDOBA, ARGENTINA, 22.01.1975.

O | *Cuatro canciones (2006-07, para mezzosoprano y piano), Ecos de luz (2007-08, para grupo de siete instrumentistas), Dos interludios (2008, para piano solo), Una música ofrecida (2008-09, para ensemble), Introspección I (2009-10, para orquesta sinfónica), Introspección II (2010, para violín solo), Introspección III (2010-11).* **M |** *Referentes: Bach, Mozart, Beethoven, Stravinski, Schönberg, Stockhausen,*

Berio, Ligeti. Maestros de mi temprana formación: Claudio Bazán, Pablo De Giusto, Graciel Castillo. **C |** *Pierre Boulez, Jonathan Harvey, Magnus Lindberg, K. Saariaho, H. Dutilleux, B. Ferneyhough, Cristóbal Halffter, Alberto Posadas, Hèctor Parra, y desde luego mi maestro Benet Casablancas.*

COMPOSITOR. Tras licenciarse por la Universidad de Córdoba, Argentina, llega a Barcelona en 2002 para cursar estudios de perfeccionamiento en el Conservatorio Superior de Música del Liceo, donde es alumno de Benet Casablancas. También ha estudiado con prestigiosos músicos y compositores como Jonathan Harvey, G. Aperghis, B. Ferneyhough, F. Cerha, Kaija Saariaho, Luis de Pablo, Cristóbal Halffter, Hèctor Parra, Alberto Posadas, César Camarero, Giacomo Manzoni, Franco Donatoni y el Arditti Quartet. En 2008 es seleccionado para la Cátedra de Composición Manuel de Falla en Cádiz y en 2010 recibe una beca para la creación del Consejo Nacional de la Cultura y de las Artes y la Generalitat de Catalunya, además de ser seleccionado para el prestigioso curso de composición de Darmstadt, en Alemania. Premiado por varias de sus composiciones, ha recibido encargos de la Residencia de Estudiantes de Madrid o la Orquesta Filarmónica de Málaga, entre otras. «Mi trabajo se basa en el sonido, en una permanente experimentación y búsqueda de la evolución de mi lenguaje y la expresión de mi mundo poético».

COMPOSITOR. Després de llicenciar-se a l'Argentina per la Universitat de Córdoba, arriba a Barcelona el 2002 per cursar estudis de perfeccionament al Conservatori Superior de Música del Liceu, on és alumne de Benet Casablancas. També ha estudiat amb músics i compositors de prestigi com ara Jonathan Harvey, G. Aperghis, B. Ferneyhough, F. Cerha, Kaija Saariaho, Luis De Pablo, Cristóbal Halffter, Hèctor Parra, Alberto Posadas, César Camarero, Giacomo Manzoni, Franco Donatoni i l'Arditti Quartet. El 2008 és seleccionat per a la Càtedra de Composició Manuel de Falla de Cadis, i el 2010 rep una beca per a la creació del Consell Nacional de la Cultura i de les Arts (CoNCA) i la Generalitat de Catalunya, a més de ser seleccionat per al prestigiós curs de composició de Darmstadt, a Alemanya. Premiat per algunes de les seves composicions, ha rebut encàrrecs de la Residencia de Estudiantes de Madrid o l'Orquestra Filarmònica de Màlaga, entre d'altres. «El meu treball es basa en el so, en una permanent experimentació i recerca de l'evolució del meu llenguatge i l'expressió del meu món poètic».

COMPOSER. After graduating from the University of Córdoba, Argentina, he came to Barcelona in 2002 to continue his studies at the Liceo Conservatory of Music, where he studied under Benet Casablancas. He has also studied with prestigious musicians and composers such as Jonathan Harvey, G. Aperghis, B. Ferneyhough, F. Cerha, Kaija Saariaho, Luis De Pablo, Cristóbal Halffter, Hèctor Parra, Alberto Posadas, César Camarero, Giacomo Manzoni, Franco Donatoni and the Arditti Quartet. In 2008 he was selected as Manuel de Falla Professor of Composition in Cádiz, and in 2010 he was awarded as scholarship for creation from the National Council for Culture and Arts at the Catalonian Generalitat, as well as being selected for the prestigious course in composition at Darmstadt in Germany. He has received awards for a number of his composition, and has been commissioned for the Residencia de Estudiantes in Madrid or the Malaga Philharmonic Orchestra, among others. "My work is based on sound, on continuous experimentation and the search for the evolution of my language and the expression of my poetic world."

LYONA
(MARTA PUIG)
BARCELONA, 01.08.1979.

O | *Elena-na (The New Raemon, 2008), El incendio (Sidonie, 2009), Allí donde solíamos gritar y Club de fans de John Boy (Love Of Lesbian, 2009), Te odio (Los Seis Días, 2009), ¿A-ha han vuelto? (Lori Meyers, 2011), Azul y gris (Mürfila, 2011).* **M |** *Michael Winterbottom, Michel Gondry, Spike Jonze...* **C |** *Kike Maíllo, Luis Cerveró, NYSUfilms...*

CREADORA AUDIOVISUAL. Nacida Marta Puig, estudió cine en la ESCAC e inició su andadura profesional trabajando en animación y diseño gráfico. Actualmente, destaca como directora de videoclips para bandas como Sidonie, Love Of Lesbian o The New Raemon, por lo que ha obtenido un premio del Festival Internacional de Videoclips FIVECC, entre otros reconocimientos. Cuando la dejan, se lanza con sus propios proyectos en cine y vídeo. «Supongo que todo el mundo tiene un estilo. Simplemente es mostrar como ves tú la vida a través de una cámara».

CREADORA AUDIOVISUAL. Nascuda Marta Puig, va estudiar cinema a l'ESCAC i va iniciar la seva trajectòria professional treballant en animació i disseny gràfic. Actualment es destaca com a directora de videoclips per a grups com Sidonie, Love of Lesbian o The New Raemon, per la qual cosa ha obtingut un premi del Festival Internacional de Videoclips FIVECC, entre altres reconeixements. Quan la deixen, es llança a fer els seus propis projectes de cinema i vídeo. «Suposo que tothom té un estil. Simplement és mostrar com veus tu la vida a través d'una càmera».

AUDIOVISUAL CREATOR. Born Marta Puig, she studied film at ESCAC and started her professional career working in animation and graphic design. She currently works as a video clip director for bands such as Sidonie, Love of Lesbian or The New Raemon, for which she has obtained an award at the International Videoclips Festival FIVECC, among others. When she can, she strikes out with her own film and video projects. "I suppose everyone has a style. It is just showing how you see life through a camera."

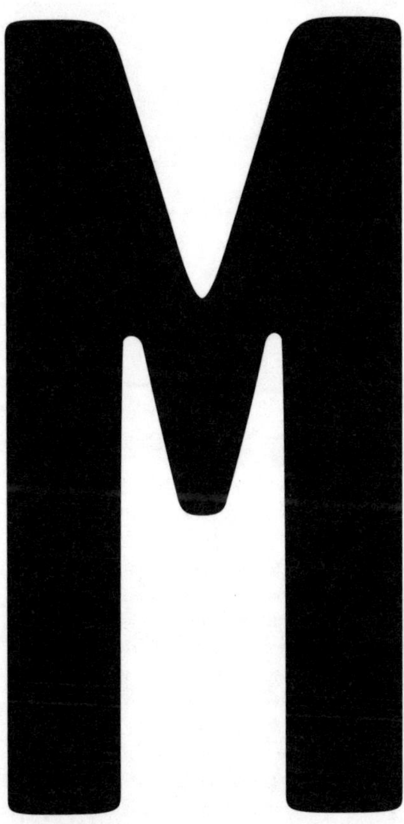

MAGRANÉ, JOAN
REUS, TARRAGONA, 18.07.1988.

O | *Kadosh (2009, para ensemble), Muro de aliento (2010, para cornetto solo), Three sketches of light (2010, para viola y piano), ...antes de que la luz decline en el crepúsculo (2010, para cello solo), Sobre la pràctica de l'alquímia (2010-11, para ensemble), Templo (2010-..., para orquesta).* **M |** *Maestros: Ramon Humet, Agustí Charles, Mauricio Sotelo; referentes e influencias: George Benjamin, Jesús Torres, Beat Furrer, Wolfgang Rihm, Pierre Boulez, Helmut Lachenmann...* **C |** *Luis Codera Puzo, Óscar Piniella, Joan Arnau Pàmies, Nuria Núñez, Alberto Carretero...*

COMPOSITOR. De pequeño estudia batería con Quim Solé y, posteriormente, solfeo, percusión y piano en la Escola Municipal de Música de La Selva del Camp. Cursa el grado medio en la especialidad de percusión en el Conservatori Professional de Música de Vilaseca, donde Ramon Humet lo inicia en la composición, y recibe los Premios de Honor. Actualmente estudia composición en la Escola

Superior de Música de Catalunya (ESMUC) con Agustí Charles. Ha asistido a cursos de Pierre Boulez, Klaus Huber, Helmut Lachenmann, Kaija Saariaho, Mauricio Sotelo, José María Sánchez-Verdú, Hèctor Parra, Hilda Paredes, Aureliano Cattaneo, Daniel Ott, entre otros. Sus obras han sido interpretadas tanto dentro como fuera de España, y en 2010 fue galardonado con el Premio Injuve a la Creación Joven. «Aspiro a una música rigurosa, bien construida y coherente, pero sobre todo bella, rica, poética y luminosa; y a que eso sea percibido por el público».

COMPOSITOR. De petit estudia bateria amb Quim Solé i, posteriorment, solfeig, percussió i piano a l'Escola Municipal de Música de La Selva del Camp. Cursa el grau mitjà en l'especialitat de percussió al Conservatori Professional de Música de Vilaseca, on Ramon Humet l'inicia en la composició i rep els Premis d'Honor. Actualment estudia composició a l'Escola Superior de Música de Catalunya (ESMUC) amb Agustí Charles. Ha assistit a cursos de Pierre Boulez, Klaus Huber, Helmut Lachenmann, Keija Saariaho, Mauricio Sotelo, José María Sánchez-Verdú, Héctor Parra, Hilda Paredes, Aureliano Cattaneo i Daniel Ott, entre d'altres. Les seves obres han estat interpretades tant dins com fora d'Espanya, i el 2010 va ser guardonat amb el Premi Injuve a la Creació Jove. «Aspiro a una música rigorosa, ben construïda i coherent, però sobretot bella, rica, poètica i lluminosa; i a que això sigui percebut pel públic».

COMPOSER. As a child, he learned the drums under Quim Solé and later studied music theory, percussion and piano at the Municipal School of Music in La Selva del Camp. He completed the middle grade, specialising in percussion at the Professional Conservatory of Music in Vilaseca, where Ramon Humet started him off on composition, and where he received Honours Awards. He currently studies composition at the Senior School of Music in Catalonia (ESMUC) under Agustí Charles. He has attended courses run by Pierre Boulez, Klaus Huber, Helmut Lachenmann, Keija Saariaho, Mauricio Sotelo, José María Sánchez-Verdú, Héctor Parra, Hilda Paredes, Aureliano Cattaneo, Daniel Ott, among others. Her work has been performed both within Spain and overseas and in 2010 he received the Injuve Award for Young Creation. "I aspire to rigorous music, well constructed at coherent, but above all beautiful, rich, poetic and luminous; and for all this to be perceived by the public."

MAL PELO
MARÍA MUÑOZ Y PEP RAMIS
BARCELONA, 01.1989.

O | *Quarere (1989), Dol (1994), L'animal a l'esquena (2001), Bach (2004), He visto caballos (2008), Refugi (2009).* **M |** *Carmen Amaya, Tadeusz Kantor, Lisa Nelson, Steve Paxton, Wooster Group, Théâtre de Complicité.* **C |** *Àngels Margarit, Mónica Valenciano, Nacera Belaza, Josef Nadj, Andrés Corchero.*

GRUPO CREATIVO DE DANZA. Desde su primer trabajo como Mal Pelo, los codirectores artísticos María Muñoz y Pep Ramis han ideado obras que mezclan «gestualidad, movimiento, música, palabra e imagen, propiciando una narrativa fragmentada». Su rigor en el trabajo corporal y un estilo versátil, que ellos resumen en la máxima «un cuerpo epiléptico, una mirada ecléctica» y que han ido perfeccionando a lo largo de más de veinticinco espectáculos, les valió el Premio Nacional en 2009. «Buscamos propuestas escénicas de autoría compartida que tienen como resultado unos largos procesos de constante diálogo con los colaboradores».

GRUP CREATIU DE DANSA. Des del seu primer treball com a Mal Pelo, els codirectors artístics María Muñoz i Pep Ramis han ideat obres que mesclen «gestualitat, moviment, música, paraula i imatge, propiciant una narrativa fragmentada». El seu rigor en el treball corporal i un estil versàtil, que ells resumeixen en la màxima «un cos epilèptic, una mirada eclèctica» i que han anat perfeccionant al llarg de més de vint-i-cinc espectacles, els va valer el Premi Nacional el 2009. «Busquem propostes escèniques d'autoria compartida que tenen com a resultat uns llargs processos de constant diàleg amb els col·laboradors».

CREATIVE DANCE GROUP. Since their first project as Mal Pelo, the artistic co-directors María Muñoz and Pep Ramis have cre-

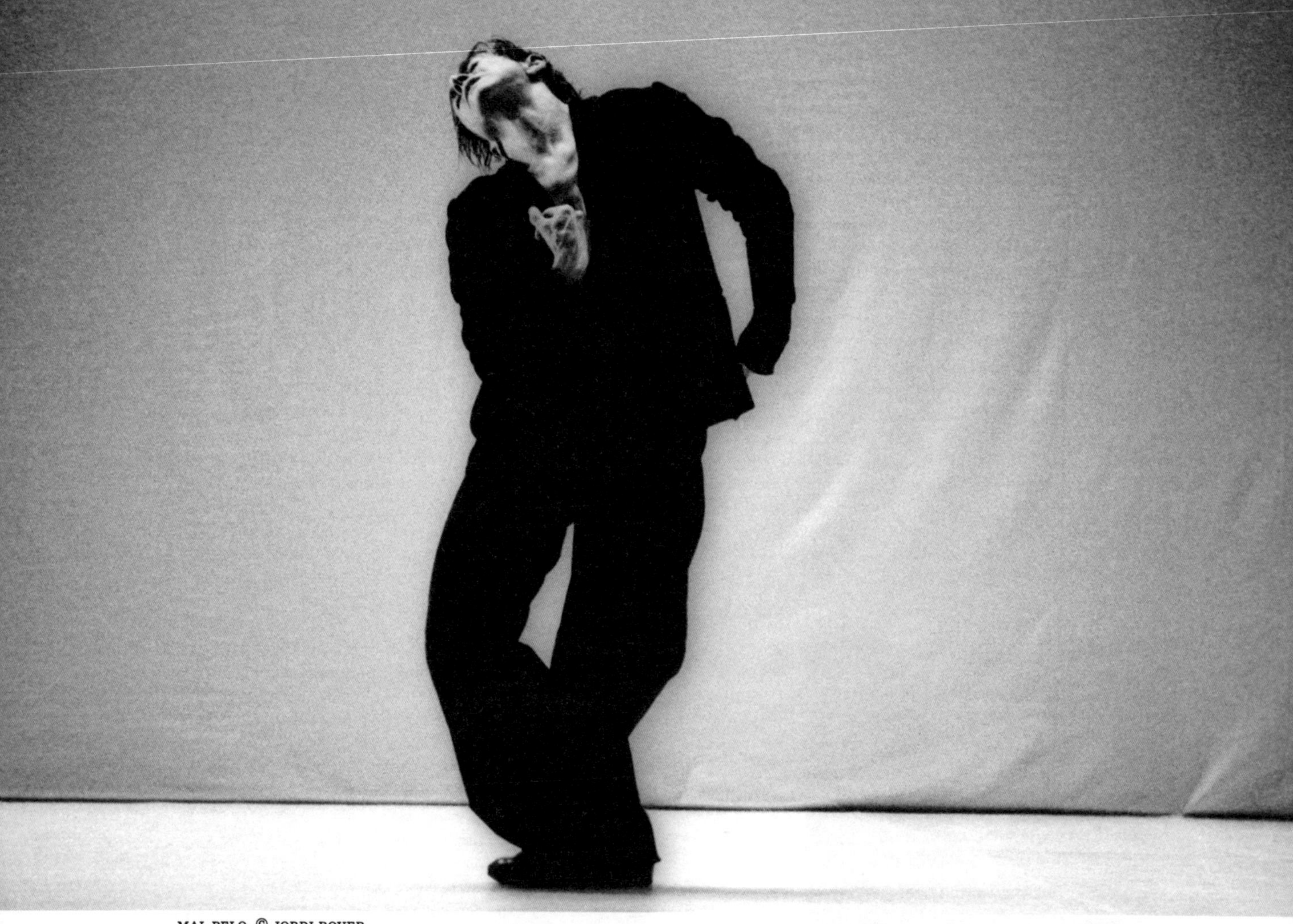

MAL PELO. © JORDI BOVER.

ated works which mix "gestuality, movement, music, words and image, resulting in a fragmented narrative." Their rigorous work on the body and versatile style, which they describe as "an epileptic body, an eclectic outlook" and which they have gradually perfected over the course of twenty-five shows, earned them the National Award in 2009. "We look for scenic proposals created by us both resulting in long processes of constant dialogue with collaborators."

MALAGRIDA, ANNA
BARCELONA, 24.03.1970.

O | *Interiores (2000-02), Point de vue (2006), Danza de mujer (2006), Vistas veladas (2007), Escaparates (2008-09), Frontera (2009), El limpiador de cristales (2010).* **M |** *Rembrandt, Eugène Atget, Edward Hooper, Alberto Giacometti.* **C |** *Mathieu Pernot, Mona Hatoum, Gerhard Richter, Cy Twombly.*

FOTÓGRAFA. Licenciada en Ciencias de la Comunicación por la UAB y diplomada en la École Nationale Supérieure de la Photographie de Arlés, su trabajo en fotografía y vídeo plantea una reflexión sobre los límites de lo visible y su relación con el mundo contemporáneo. Su obra ha sido expuesta en museos y centros internacionales como el Kulturhuset de Estocolmo o la Palazzina de Módena. En 2005 obtuvo el Prix au Projet en los Rencontres Internationales de la Photographie de Arlés y en 2010 la Fundación MAPFRE de Madrid le dedicó una exposición individual y publicó una completa monografía de su obra. «Mis imágenes intentan apropiarse de lo real para escrutar lo imaginario. Para mí la fotografía es un lugar de transformación de la mirada y un espacio de construcción de uno mismo».

FOTÒGRAFA. Llicenciada en Ciències de la Comunicació per la UAB i diplomada per l'École Nationale Supérieure de la Photographie d'Arles, el seu treball en fotografia i vídeo planteja una reflexió sobre els límits d'allò visible i la seva relació en el món contemporani. La seva obra s'ha exposat a museus i centres internacionals com el Kulturhuset d'Estocolm o la Pallazzina de Mòdena. El 2005 va obtenir el Prix au Projet als Rencontres Internationales de la Photographie d'Arles i el 2010 la Fundació Mapfre de Madrid li va dedicar una exposició individual i va publicar una monografia completa de la seva obra. «Les meves imatges intenten apropiar-se del que és real per escrutar el que és imaginari. Per a mi la fotografia és un lloc de transformació de la mirada i un espai de construcció d'un mateix».

PHOTOGRAPHER. A graduate in Media Science from the University of Barcelona and with a diploma from the l'Ecole Nationale, Supérieure de la Photographie d'Arles, her work in photography and video presents a reflection on the limitation of the visible and its relationship with the modern world. Her work has been exhibited in museums and international art centres such as the Kulturhuset in Stockholm or the Pallazzina in Modena. In 2005 she received the Prix au Projet at the Rencontres Internationales de la Photographie d'Arles and in 2010 the Mapfre Foundation in Madrid devoted an individual exhibition and published a full monograph of her work. "My images try to take over reality in order to examine the imaginary. For me, photography is a place where the perspective is transformed and a space where oneself is constructed."

MAMPEL, CARLES
SABADELL, BARCELONA, 1968.

O | *Xabina (mousse de chocolate, bizcocho amargo, capuchina a la vainilla, crujiente de praliné y bizcocho de aceite de oliva), Sacher naranja (bizcocho de chocolate con relleno de trufa amarga y compota de naranja), Piemonte de verano (mousse de gianduja, crema de mango, avellanas caramelizadas con especias y bizcocho de avellanas), Bubó (mousse de chocolate blanco con crema de cítricos y bizcocho de coco y lima), Fressier (bizcocho Pain de Genes al pastis de Marseille, crema mousseline a la vainilla Bourbon con fresas frescas)...*

PASTELERO. Dedicado a la pastelería desde los trece años, obtuvo su primer premio a los diecisiete: la medalla de bronce Cornet Sabat en piezas de chocolate. Se le atribuye el haber cambiado el concepto de la pastelería en Europa y es reconocido internacionalmente por su técnica de cocción. En 1999 fue nombrado el mejor maestro pastelero de España; un año después, el mejor pastelero euroamericano; en 2004, subcampeón del mundo en el ámbito de la pastelería, en Rímini, Italia, y en 2005 obtuvo el premio a la mejor tarta de chocolate, en Lyon, Francia. Ese año abrió la pastelería Bubó de la calle Caputxes, a la que siguieron el Bubó Bar, un año después, y Bubó Bruc, en la calle del mismo nombre, en 2007. «Quiero desmitificar eso de que el mejor chocolate es el amargo».

PASTISSER. Dedicat a la pastisseria des dels tretze anys, va obtenir el seu primer premi quan en tenia disset: la medalla de bronze Cornet Sabat en peces de xocolata. Se li atribueix haver canviat el concepte de la pastisseria a Europa i és reconegut internacionalment per la seva tècnica de cocció. El 1999 va ser nomenat el millor mestre pastisser d'Espanya; un any més tard, el millor pastisser euroamericà; el 2004, subcampió del món en l'àmbit de la pastisseria, a Rimini, Itàlia; i el 2005 va obtenir el premi al millor pastís de xocolata, a Lió, França. Aquell mateix any va obrir la pastisseria Bubó del carrer Caputxes, a la qual van seguir el Bubó Bar, un any després, i Bubó Bruc, al carrer que duu el mateix nom, el 2007. «Vull desmitificar això que la millor xocolata és l'amarga».

CONFECTIONER. He has worked in this field since he was thirteen, and obtained his first prize at the age of seventeen: the Cornet Sabat bronze medal for chocolate pieces. He is credited with having changed the concept of confectionary in Europe and is recognised internationally for his cooking technique. In 1999 he was named best master confectioner in Spain; a year later, best Euro-American confectioner; in 2004, world subchampion in the field of confectionary, in Rimini, Italy, and in 2005 he received the award for the best chocolate cake in Lyon, France. That year he opened the patisserie Bubó on the Calle Caputxes, which was followed by Bubó Bar, and a year later Bubó Bruc, in the street of the same name, in 2007. "I want to de-mystify the idea that the best chocolate is bitter chocolate."

MAN
(MANUEL CARROT)
MOLLET DEL VALLÈS, BARCELONA, 09.02.1976.

O | *Kung fu Kiyo (2002, con Hernán Migoya), Ari, la salvadora del universo 1 y 2 (2004-05, con Hernán Migoya), Mía (2006), Saltando al vacío (2007-09, serie de cinco álbumes), Universitarias (2008).* **M |** *Jan.* **C |** *Frank Quitely, Vincent Paronnaud, Joshua Middleton.*

AUTOR DE CÓMIC. Con un estilo que algunos identificaban en un principio con el *amerimanga* —el punto de encuentro del *manga* japonés y la clásica historieta norteamericana—, él dice que lo llamaría hoy *amerimanga-europeo-castizo*. Ha publicado en revistas especializadas como *El Víbora* y *Kiss Comix*, en otras como *Playboy*, y sus álbumes han sido editados en Estados Unidos y Francia, además de en España. En 2005 realizó una serie de tiras para el Festival de Cine de Sitges, que se fueron publicando a diario en el periódico del encuentro. «Un intento continuo de encontrarme, pulirme y reinventarme. Lo que busco con mi obra es disfrutarla cuando estoy inmerso en ella y sentir que, de muchas maneras, he crecido en el transcurso».

AUTOR DE CÒMIC. Amb un estil que alguns identificaven en un principi amb l'*amerimanga* —el punt de trobada del manga japonès i la clàssica historieta nord-americana— i que ell diu que avui anomenaria *amerimanga-europeu-castís*. Ha publicat en revistes especialitzades com *El Víbora* i *Kiss Comix*, en altres com *Playboy*, i el seus àlbums han estat editats als Estats Units i França, a més d'Espanya. El 2005 va realitzar una sèrie de tires per al Festival de Cinema de Sitges, que es van publicar cada dia en el diari de la trobada. «Un intent continu de trobar-me, polir-me i reinventar-me. Amb la meva obra busco gaudir-la quan hi estic immers i sentir que, de diverses maneres, en el transcurs, he crescut».

COMIC WRITER. With a style identified by some initially as *amerimanga* - the meeting point between Japanese *manga* and the classical N. American comic-, he says he would call it *traditional Spanish-European-Amerimanga*. His work has been published in specialise magazines such as *El Víbora* and *Kiss Comix*, and in order magazines such as *Playboy*, and his albums have been published

in the Unites States and France as well as in Spain. In 2005 he completed a run of comic strips for the Sitges Film Festival, which were published each day in the Festival bulletin. "A continuous attempt to find myself, polish myself and reinvent myself. What I am looking for in my work is to enjoy it when I am immersed in it, and feel that I have grown in many ways in the process."

MANEL
BARCELONA, 2008.

O | *Els millors professors europeus (2008), 10 milles per veure una bona armadura (2011).*

GRUPO DE POP, aunque por el componente acústico de sus creaciones, se les podría incluir también en la larga tradición del folk en Cataluña. Guillem Gisbert, Martí Maymó, Roger Padilla y Arnau Vallvé: la formación conocida como Manel —«Manuel», en catalán— tiene hasta ahora dos álbumes publicados, suficiente para que revistas especializadas como *Rockdelux*, *MondoSonoro* o *Enderrock* la hayan situado como una de las mejores bandas aparecidas en los últimos años. Sus letras suelen ser directas, frescas y divertidas. Prueba de ello es su versión de *Common people*, de Pulp, que ellos han rebautizado como *La gent normal*. «Nos encantaría que alguna de nuestras canciones formase algún día parte de los cancioneros populares que se utilizan en las escuelas».

GRUP DE POP. Encara que pel component acústic de les seves creacions se'l podria incloure també en la llarga tradició del folk a Catalunya. Guillem Gisbert, Martí Maymó, Roger Padilla i Arnau Vallvé: la formació coneguda com Manel té fins ara un únic àlbum publicat, suficient perquè revistes especialitzades com *Rockdelux*, *MondoSonoro* o *Enderrock* l'hagi situat com un dels millors conjunts apareguts en els darrers anys. Les seves lletres solen ser directes, fresques i divertides, Prova d'això és la seva versió de «Common people», de Pulp, que ells han rebatejat com «La gent normal». «Ens agradaria molt que alguna de les nostres cançons formés algun dia part dels cançoners populars que es fan servir a les escoles».

POP GROUP, which given the acoustic element of their work, could also be included under the long folk tradition of Catalonia. Guillem Gisbert, Martí Maymó, Roger Padilla and Arnau Vallvé: The group known as Manel - "Manuel" in Catalan - has so far only released one album, but which is enough for specialist magazines such as *Rockdelux*, *MondoSonoro* or *Enderrock* to have placed them as one of the best bands to emerge over recent years. Their lyrics tend to be direct, fresh and enjoyable. Proof of this is their version of Pulp's "Common People" which they have renames "La gent normal." "We would like one of our songs to one day form part of the popular songbooks used in schools."

MANRESA, KIM
BARCELONA, 15.02.1961.

O | *Barcelona Nit (1990), El Molino (1992), La nuit di los travestis (1993), Amics de la gent gran (1997), El día que Kadi perdió parte de su vida / Le jour ou Kadi a perdu une partie de sa vie / The day Kadi lost part of her life (1999), Infancia robada / Surviving Childhood (2001), Los olvidados (2003), Drogas (2004), Un río de esperanza (2005), La vuelta al mundo en la mirada de K. M. (2006), La pell de Catalunya (2007, con National Geographic y Oriol Alemany), Escuelas de otros mundos (2009), La rebeldía del Nobel. Conversaciones con 16 premios Nobel (2010).* **M |** *Eugene Smith, Pierre Verger, Leni Riefenstahl por The Nuba of Kau, Edwards S. Curtis, Agustí Centelles.*

FOTOPERIODISTA. Se fue a vivir a una aldea africana para contar, con el consentimiento de los pobladores, la historia de la ablación de la niña Kadi. Fue expulsado de Cuba por fotografiar ritos de magia vudú, inexistentes según las autoridades de la época. Cruzó el desierto del Sahara con la caravana de la sal para fotografiar la última de esas caravanas. Según Pepe Baeza, lo que define a Manresa es su creencia férrea en el valor testimonial del fotoperiodismo, su idoneidad como instrumento de denuncia y de desvelamiento de injusticias. Es un contador de historias humanas y muy cercanas. Su reportaje sobre la niña Kadi fue elegido entre los cien mejores ▶

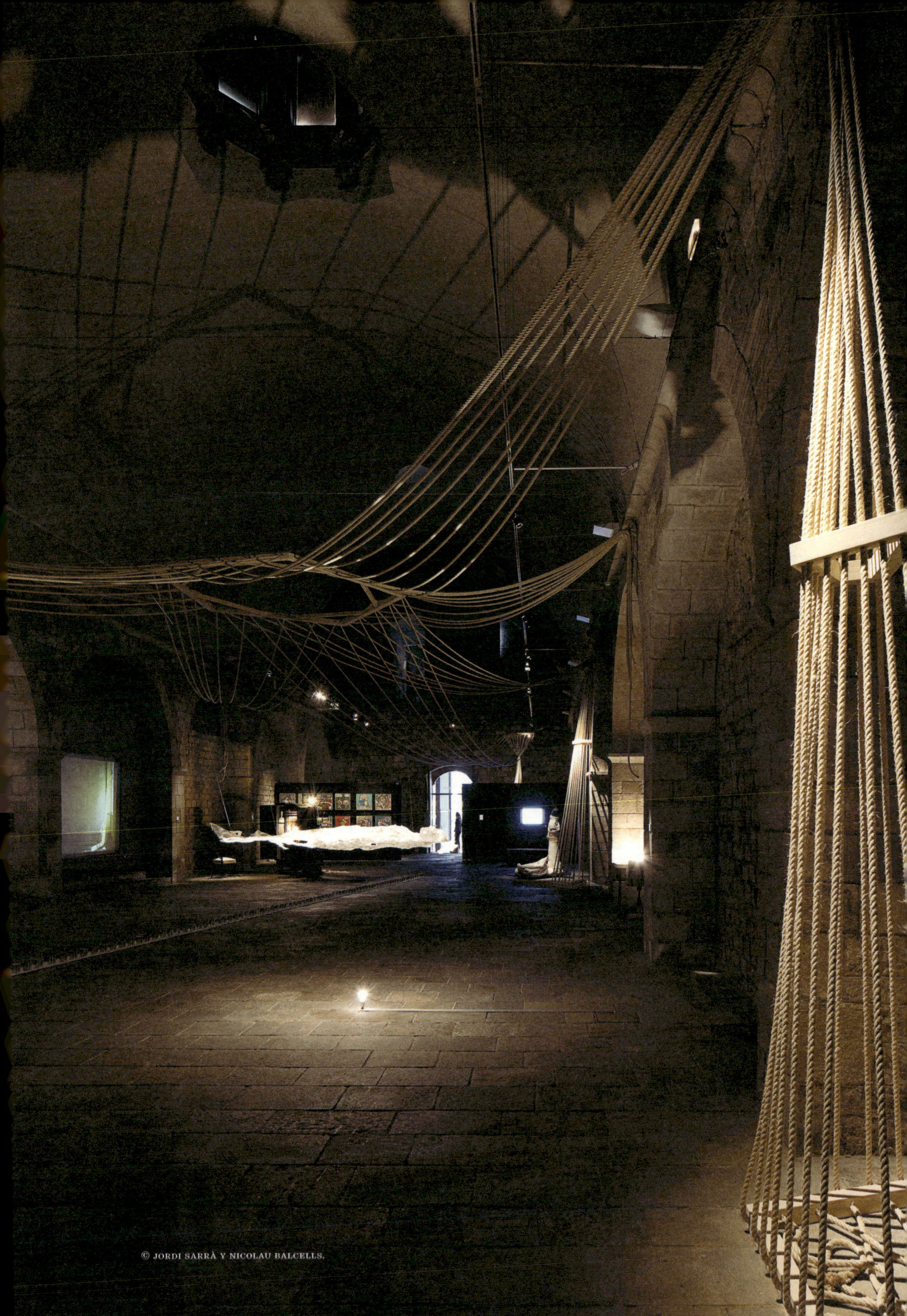
© JORDI SARRÀ Y NICOLAU BALCELLS.

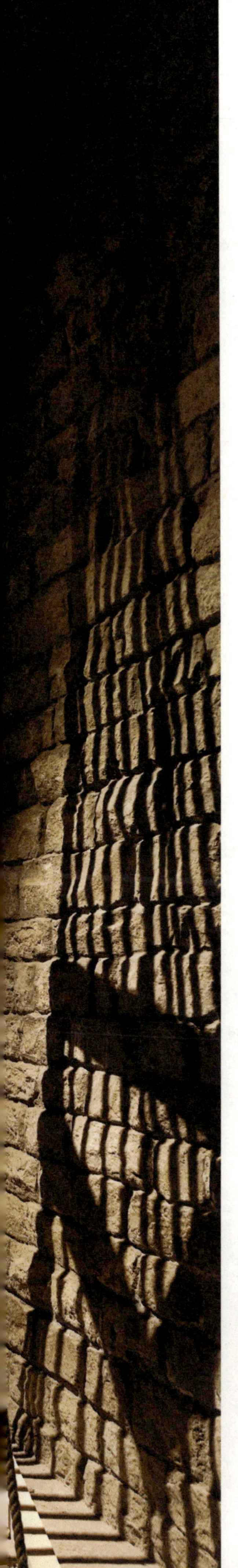

LA CAPELLA / EL CANÒDROM

LA CAPELLA | HOSPITAL, 56 | BARRIO DEL RAVAL, 08001 BARCELONA
EL CANÒDROM | CONCEPCIÓN ARENAL, 165-185 | SANT ANDREU, 08027 BARCELONA
www.bcn.cat/lacapella | +34 93 442 71 71

ESPACIO MUNICIPAL dedicado al arte contemporáneo emergente. Está ubicado en un edificio que forma parte del Hospital de la Santa Creu y la Casa de Convalescència, cuya construcción se inició en 1401 por una bula del papa Benedicto XII y que hoy está catalogado como monumento histórico-artístico de interés nacional. En los últimos años, además de organizar exposiciones con las propuestas artísticas más innovadoras, promueve también proyectos como BCN Producció, de apoyo a nuevos creadores y artistas emergentes, así como plataformas de intercambio que permiten poner en contacto con otras geografías culturales a los creadores vinculados con la ciudad. Estrechamente relacionado con La Capella estará El Canòdrom, un centro dedicado a las artes visuales y emplazado en el antiguo canódromo de la Calle Concepción Arenal, en Sant Andreu, que está aún en construcción. Será un espacio singular, pues se trata de un lugar que durante más de cuarenta años estuvo dedicado a las carreras de galgos. El edificio, construido en 1962 y diseñado por el arquitecto Antoni Bonet, ha sido rehabilitado manteniendo intacta su estructura original.

ESPAI MUNICIPAL dedicat a l'art contemporani emergent. Està situat en un edifici que forma part de l'Hospital de la Santa Creu i la Casa de Convalescència, la construcció de la qual es va iniciar el 1401 per una butlla del papa Benet XII i que avui està catalogat com a monument històric i artístic d'interès nacional. Els darrers anys, a més d'organitzar exposicions amb les propostes artístiques més innovadores, també promou projectes com ara BCN Producció, de suport a nous creadors i artistes emergents, i plataformes d'intercanvi que permeten posar en contacte els creadors vinculats a la ciutat amb altres geografies culturals. Estretament relacionat amb La Capella hi haurà El Canòdrom, un centre dedicat a les arts visuals i emplaçat a l'antic canòdrom del carrer Concepció Arenal, a Sant Andreu, que encara es troba en construcció. Serà un espai singular, ja que es tracta d'un lloc que va estar durant més de quaranta anys dedicat a les curses de llebrers. L'edifici, construït el 1962 i dissenyat per l'arquitecte Antoni Bonet, ha estat rehabilitat mantenint-ne intacta l'estructura original.

MUNICIPAL SPACE devoted to emerging contemporary art. It is located in a building that is part of the Hospital de la Santa Creu and the Casa de Convalescència, whose construction began in 1401 through a Papal Bull of Benedict XII and today is listed as a historic-artistic monument of national interest. In recent years, beyond organizing exhibitions with the most innovative artistic proposals, it also promotes projects such as BCN Producció, supporting new creators and emerging artists, as well as exchange platforms that enable creators linked to the city to get in contact with other cultural geographies. Presently under construction, El Canòdrom, a center devoted to the visual arts located at the old racing track of the Calle Conepción Arenal, in Sant Andreu, will be closely related to La Capella. It will be a singular space, as it is a place that for over forty years was devoted to greyhound racing. The building, erected in 1962 and designed by the architect Antoni Bonet, has been rehabilitated and its original structure remains intact.

▶ del siglo XX por la agencia AP. Su obra ha sido expuesta en más de mil salas de todo el mundo, desde la sede de las Naciones Unidas en Nueva York hasta el Pompidou de París o el Festival de las Artes Negras en Dakar. Ha publicado más de treinta libros. Ha ganado el Premio FotoPres en siete ocasiones, el Agustí Centelles, el UNICEF de Fotografía o el Godó de Fotoperiodismo de *La Vanguardia*, entre muchos otros. «Un fotógrafo al que le gusta contar historias cotidianas de una manera sencilla y sin artilugios. Me gusta más contar que preocuparme por la técnica, y siempre y ante todo con respeto absoluto por las personas a las que fotografío. Un notario de nuestra época, qué más da con la pluma con la que escriba».

FOTÒGRAF DE PREMSA. Se'n va anar a viure a una aldea africana per explicar, amb el consentiment dels pobladors, la història de l'ablació d'una nena, la Kadi. El van expulsar de Cuba per fotografiar ritus de màgia vudú, inexistents segons les autoritats de l'època. Va travessar el desert del Sàhara amb la caravana de la sal per fotografiar-ne l'última. Segons Pepe Baeza, allò que defineix Manresa és la seva creença fèrria en el valor testimonial del fotoperiodisme, la seva idoneïtat com a instrument de denúncia i de desvetllament d'injustícies. És un narrador d'històries humanes i molt properes. El seu reportatge sobre la Kadi va ser escollit entre els cent millors del segle XX per l'agència AP. La seva obra s'ha exposat en més de mil sales de tot el món, de la seu de les Nacions Unides, a Nova York, al Pompidou de París o el Festival de les Arts Negres, a Dakar. Ha publicat més de trenta llibres. Ha guanyat el Premi FotoPres set vegades, l'Agustí Centelles, l'UNICEF de Fotografia o el Godó de Fotoperiodisme de *La Vanguardia*, entre molts altres. «Un fotògraf a qui li agrada explicar històries quotidianes d'una manera senzilla i sense ardits. M'agrada més narrar que preocupar-me per la tècnica, i sempre i en primer lloc amb un respecte absolut per les persones que fotografio. Un notari de la nostra època, tan li fa la ploma amb què escrigui».

PHOTOJOURNALIST. He moved to an African village in order to tell – with the consent of the villagers – the story of the ablation of the little girl Kadi. He was expelled from Cuba for photographing Voodoo magic rites, which according to the Government at the time did not exist. He crossed the Sahara desert with the very last salt caravans in order to photograph it. According to Pepe Baeza, what defines the work of Kim Manresa is his firm belief in the testimonial value of photography, and its suitability as a tool for denouncement and revealing injustice. He tells very close up, human stories. His report on Kadi was chosen as one of the top hundred of the 20th century by the agency AP. His work has been exhibited in over one thousand venues around the world, from the United Nations HQ in New York to the Pompidou Centre in Paris or the Black Arts Festival in Dakar. He has published over thirty books. He has received the FotoPres Award seven times, as well as the Agustí Centelles Prize, the UNICEF Photography Award and a *La Vanguardia* Godó Award for Photojournalism, among many others. "A photographer who likes telling day to day stories in a simple, unaffected way. I prefer telling them to worrying about technique, and always and above all, with absolute respect for the people I photograph. A notary of our times – what does it matter which pen you use."

MANRESA, OSCAR
BARCELONA, 12.08.1962.

O | *El Magatzem del Port (1998, inauguración), Torre de Altamar (2000, inauguración), representa a Cataluña en Shanghái (2007), crea una tapa inspirada en El juego del ángel, de Carlos Ruiz Zafón (2008), Kauai Restaurante (2009, inauguración), apertura de la coctelería Rien de Rien (2011).* **M |** *Julio Verne, Ferran Adrià.* **C |** *Juanito Bayen, Adolfo Herrero, Juan Carlos Iglesias.*

GASTRÓNOMO Y EMPRESARIO. Recorre medio mundo como representante de una multinacional informática, hasta que decide dar un golpe de timón, estudia gastronomía en la escuela Mey Hofmann y se hace restaurador. Las paellas de El Magatzem del Port se convierten en un referente desde su apertura y su afán emprendedor lo lleva poco después a inaugurar un restaurante panorámico en el teleférico del puerto de Barcelona. En 2007 la Generalitat reconoce

su apuesta por la cocina mediterránea y lo nombra representante oficial de Cataluña en el Año de España en China. «El gran cambio es pasar de trabajar para otros a crear tu propio negocio y rodearte de gente mejor que tú para poder seguir creando y materializando ideas que en ocasiones parecen inconcebibles».

GASTRÒNOM I EMPRESARI. Recorre mig món com a representant d'una multinacional informàtica, fins que decideix fer un canvi de rumb, estudia gastronomia a l'escola Mey Hoffmann i es fa restaurador. Les paelles del Magatzem del Port esdevenen un referent des que va obrir i el seu afany emprenedor el du poc després a inaugurar un restaurant panoràmic al telefèric del port de Barcelona. El 2007 la Generalitat reconeix la seva aposta per la cuina mediterrània i el nomena representant oficial de Catalunya durant l'Any d'Espanya a la Xina. «El gran canvi és passar de treballar per a d'altres persones a crear el teu propi negoci i envoltar-te de gent millor que tu per poder continuar creant i materialitzant idees que a vegades semblen inconcebibles».

GASTRONOMIST AND BUSINESSMAN. He travelled all over the world as an IT rep, until he decided to turn his career around, studying gastronomy at the Mey Hoffmann school and becoming a restaurateur. The paella at Magatzem del Port became a reference point since the business opened, and his entrepreneurial spirit shortly afterwards led him to open a restaurant with panoramic views at the top of the cable car at the port of Barcelona. In 2007 the Generalitat officially recognised his support for Mediterranean cooking and appointed him as the representative for Catalonia for the Year of Spain in China. "The real great change is changing from working for others to starting your own business and surrounding yourself with people who are better than you, to continue creating and materialising ideas which at times seem inconceivable."

MANRIQUE, JULIO
BARCELONA, 10.07.1973.

O | *El miedo y la música (2005, autor y director), Els boscos (2006, director), El signe de l'escorpí (2007, autor), La forma de les coses (2007, director), Product (2009, director), American Buffalo (2010, director), Coses que dèiem avui (2010, director), El huerto de los cerezos (2010, director), L'arquitecte (2010-11, director).* **M |** *Peter Brook.*

DIRECTOR Y ACTOR DE TEATRO, ADEMÁS DE DRAMATURGO. Licenciado en Derecho por la Universidad Pompeu Fabra y con estudios teatrales en l'Institut de Teatre de Barcelona, desde la temporada 2011-2012 es el director artístico del Teatre Romea, donde sustituye a Calixto Bieito. Como actor, es uno de los más destacados de la actual escena barcelonesa; su interpretación de *Hamlet*, en 2009, bajo la dirección de Oriol Broggi, le valió el Premio de la Crítica al mejor actor del año. Como director, sus obras más recien-

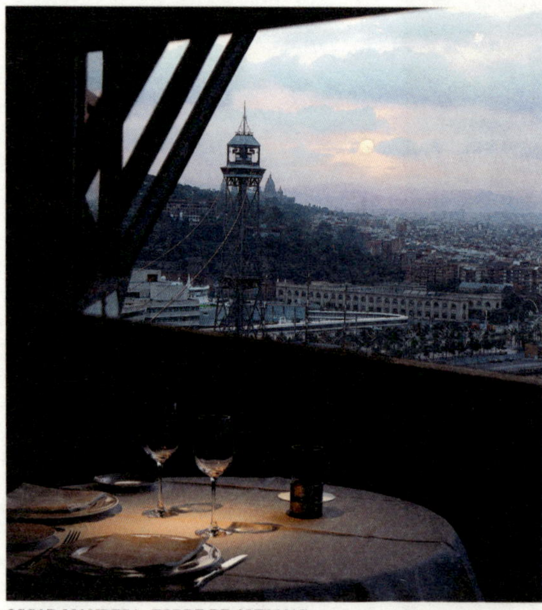

OSCAR MANRESA, TORRE DE ALTAMAR.

tes son *American Buffalo* y *Coses que dèiem avui*, ambas en 2010. «El teatro es una forma de alegría» (Peter Brook).

DIRECTOR I ACTOR DE TEATRE, A MÉS DE DRAMATURG. Llicenciat en Dret per la Universitat Pompeu Fabra i amb estudis teatrals a l'Institut del Teatre de Barcelona, des de la temporada 2011-2012 és el director artístic del Teatre Romea, on substitueix Calixto Bieito. Com a actor, és un dels més destacats de l'actual escena barcelonina; la seva interpretació de *Hamlet*, el 2009, sota la direcció d'Oriol Broggi, li va valer el Premi de la Crítica al millor actor de l'any. Com a director, les seves obres més recents són *American Buffalo* i *Coses que dèiem avui*, les dues el 2010. «El teatre és una forma d'alegria» (Peter Brook).

DIRECTOR, ACTOR AND PLAYWRIGHT. A graduate in Law from the Pompeu Fabra University and with theatre studies at the *l'Institut de Teatre* in Barcelona, from the 2011-2012 season he is the artistic director at the Teatre Romea, taking over from Calixto Bieito. As an actor, he is one of the major figure on the current Barcelona scene; his portrayal of *Hamlet* in 2009, under the direction of Oriol Broggi, earned him the Critics' Award for best actor of the year. As a director, his most recent works are *American Buffalo* and *Coses que dèiem avui* both in 2010. "Theatre is a form of happiness." (Peter Brook).

MARGARIT, ÀNGELS
TARRASA, BARCELONA, 1960.

O | *Mudances (1985), Kolbebasar (1988), Solo per a habitació d'hotel (1989-2004), Atzavara (1991), Corol·la (1992), Grevenhofkai (1992), Suite d'estiu (1993), Saó (1995, con María Muñoz), Arbre de te (1996), Tèrbola (1998), L'edat de la paciència (1999-2000), Peces mentideres (2001), El somriure (2001), Origami (2002), Urbs (2004), Solo por placer (2005), Laranland (2006), FlexelF (2008), From B to B (2011, con Thomas Hauert), Órbitas y derivas (2011, para la Compañía Nacional de Danza).* **M |** *Luis Barragán, Antonioni, Wim Wenders, Laurie Anderson.* **C |** *Eulàlia Valldosera, Carles Santos, Mal Pelo.*

BAILARINA, COREÓGRAFA Y PEDAGOGA. Pertenece a la primera generación de bailarinas contemporáneos surgida a finales de los setenta en Barcelona. Después continúa sus estudios en diferentes lugares de Europa y en Nueva York. De 1979 a 1984 pertenece al colectivo Heura, pionero y referente de la danza en el país. En 1985 crea *Mudances*, pieza que dará nombre a la compañía Àngels Margarit/cia. MUDANCES, de la que actualmente es directora y con la que ha desarrollado un personalísimo estilo de creación fundamentado en la búsqueda de lenguaje y poética propios y en su fascinación por el espacio, elemento esencial de su trabajo. Sus espectáculos han sido coproducidos y presentados en festivales de Europa, Canadá, Estados Unidos, Sudamérica, Japón y Australia. Ha recibido numerosos premios como el Premio Nacional de Danza de Cataluña en dos ocasiones, el Grand Prix du Concours Chorégraphique de Bagnolet, el premio Ciutat de Barcelona d'Arts Escèniques y, en 2010, el Premio Nacional de Danza. Como pedagoga ha impartido cursos y talleres en Europa, Canadá y Sudamérica, y ha dirigido el Conservatori Superior de Dansa del Institut del Teatre de Barcelona. «Me gusta la danza porque es inmediata, un trago de agua cuando se tiene sed. Me gusta la danza porque da memoria a mi cuerpo; lo vuelve inteligente, intuitivo, sensible, es como si las capacidades del cerebro estuviesen fragmentadas o multiplicadas, diluidas por mi cuerpo».

BALLARINA, COREÒGRAFA I PEDAGOGA. Pertany a la primera generació de ballarins contemporanis sorgida a finals dels setanta a Barcelona. Després prossegueix els estudis a diversos llocs d'Europa i a Nova York. Del 1979 al 1984 forma part del col·lectiu Heura, pioner i referent de la dansa al país. El 1985 crea *Mudances*, peça que acabarà donant nom a la companyia Àngels Margarit/cia. MUDANCES, de la qual actualment n'és la directora i amb la qual ha desenvolupat un personalíssim estil de creació, fonamentat en la recerca d'un llenguatge i una poètica propis i en la seva fascinació per l'espai, element essencial de la seva obra. Els seus espectacles han estat coproduïts i presentats a festivals d'Europa, Canadà, Estats Units, Amèrica del Sud, Japó i Austràlia. Ha rebut nombrosos premis com el Nacional de Dansa de Catalunya, en dues ocasions, el Grand Prix du Concours Chorégraphique de Bagnolet i el Premi Ciutat de Barcelona d'Arts Escèniques, entre d'altres.

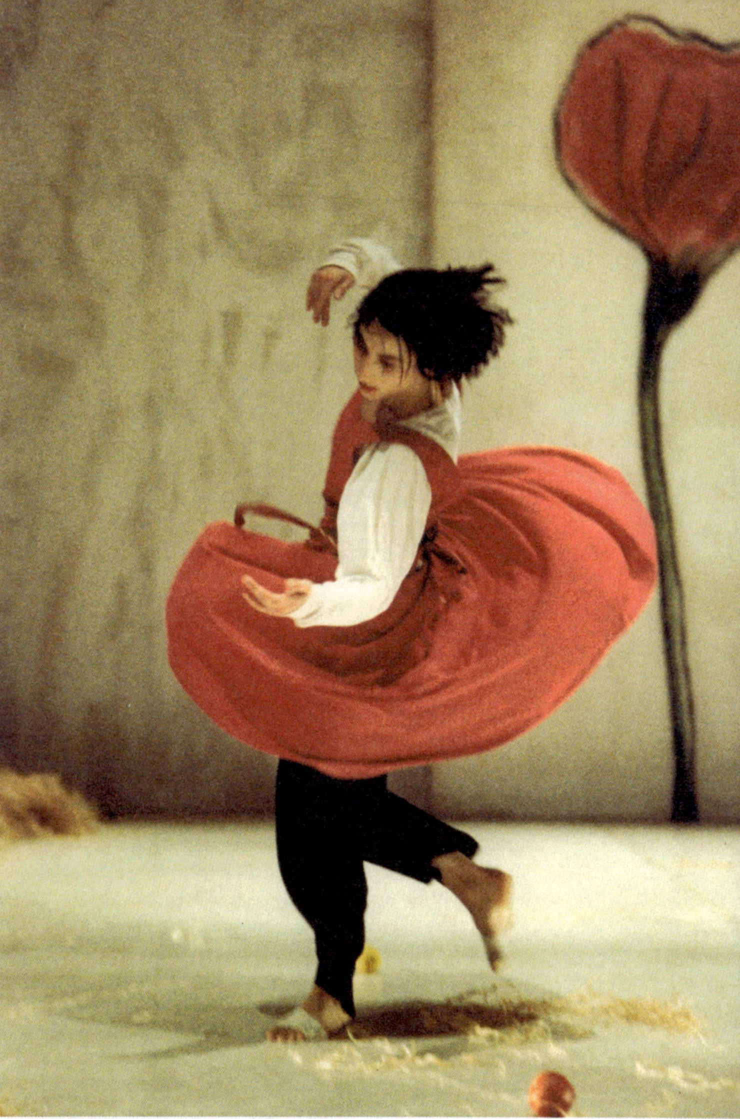

MARGARIT ÀNGELS, *COROL·LA.* © ROS RIBAS.

El 2010 ha rebut el Premi Nacional de Dansa. Com a pedagoga ha impartit cursos i tallers a Europa, Canadà i Amèrica del Sud, i ha dirigit el Conservatori Superior de Dansa de l'Institut del Teatre de Barcelona. «M'agrada la dansa perquè és immediata, un glop d'aigua quan es té set. M'agrada la dansa perquè dóna memòria al meu cos; el fa tornar intelligent, intuïtiu, sensible, és com si les capacitats del cervell estiguessin fragmentades o multiplicades, diluïdes pel meu cos».

DANCER, CHOREOGRAPHER AND TEACHER. She belongs to the first generation of contemporary dancers emerging in Barcelona in the later seventies. She then continued her studies in different places in Europe and in New York. From 1979 to 1984 she was part of the Heura collective, a pioneer and reference point for dance in the country. In 1985 she created *Mudances* a piece which gave its name for the company Àngels Margarit/cia. MUDANCES, which she currently manages and with which he has developed a personal style of creation, based on the search for her own language and poetry and fascination with space, and essential element of her work. Her shows have been coproduced and presented at festivals in Europe, Canada, the United States, South America, Japan and Australia. She has received a large number of awards such as the Premi Nacional de Dansa de Catalunya on two occasions, the Grand Prix du Concours Chorégraphique de Bagnolet, el Premi Ciutat de Barcelona d'Arts Escèniques, among others. In 2010 she received the National Dance Award. As a teacher she has given courses and workshops in Europe, Canada and South America and has directed the Conservatori Superior de Dansa at the Institut del Teatre in Barcelona. "I like dance because it is immediate, a drink of water to quench your thirst. I like dance because it gives my body a memory; it makes it intelligent, intuitive, sensitive, it is as if the abilities of the brain were fragmented or multiplied, diluted by my body."

MARISCAL, JAVIER
VALENCIA, 09.02.1950.

O | *Los Garriris (1979-...), Cobi, mascota de los Juegos Olímpicos de Barcelona (1992), ilustraciones de portada de The New Yorker (1993-10), Alessandra, sillón de la colección Muebles Amorosos para Moroso (1995-97, en Italia), identidad visual de Bancaja (2005, Valencia), campañas de comunicación para Camper for Kids (2005-...), interiorismo e imagen y comunicación para la tienda de H&M de Portal de l'Àngel (2008, Barcelona).*

DISEÑADOR, ILUSTRADOR, DIBUJANTE Y ARTISTA DE CÓMIC. Es uno de los creadores españoles más reconocidos internacionalmente. *Cobi*, la mascota de los Juegos Olímpicos de Barcelona, es obra suya, al igual que *los garriris* Fermín, Piker y Julián, entrañables personajes que atraviesan todo su trabajo hasta hoy, de la historieta a la pintura. Es también el autor de numerosas ilustraciones de portada de la revista *The New Yorker*, colecciones de muebles y campañas de imagen e identidad visual. Ha sido objeto de exposiciones antológicas dentro y fuera de España, y en 1999 recibió el Premio Nacional de Diseño. «Toda mi vida, desde muy niño, he dibujado, tomado apuntes, inventado personajes imaginando nuevas formas, tratando de dibujar mis pensamientos y dibujando todo lo que mis ojos veían y mis orejas oían. Mi especialidad es crear imágenes, códigos visuales que comunican sentimientos y también ideas, mensajes, cuentos, historias».

DISSENYADOR, IL·LUSTRADOR, DIBUIXANT I ARTISTA DE CÒMIC. És un dels creadors espanyols més reconeguts internacionalment. *Cobi*, la mascota dels Jocs Olímpics de Barcelona, és obra seva, com també ho són *els garriris* Fermín, Piker i Julián, entranyables personatges que travessen tot el seu treball fins avui, de la historieta a la pintura. És també autor de nombroses il·lustracions de portada de la revista *The New Yorker*, col·leccions de mobles i campanyes d'imatge i identitat visual. Ha estat objecte d'exposicions antològiques dins i fora d'Espanya, i el 1999 va rebre el Premi Nacional de Disseny. «Tota la meva vida, des de ben petit, he dibuixat, agafat apunts, inventat personatges imaginant noves formes, tractant de dibuixar els meus pensaments i dibuixant tot allò que els meus ulls veien i les meves orelles sentien. La meva especialitat és crear imatges, codis visuals que comuniquen sentiments i també idees, missatges, contes, històries».

DESIGNER, ILLUSTRATOR, SKETCH ARTIST AND COMIC ARTIST. He is one of the best known Spanish creators at international level. *Cobi*, the mascot for the Barcelona Olympics, was his work, just like the *garriris* Fermín, Piker and Julián, likeable characters which run throughout his work, from comic books to paintings. He is also the author of numerous illustrations for the cover of the magazine *The New Yorker*, furniture collections and image and visual identity campaigns. He has been the object of anthological exhibition inside and outside Spain, and in 1999 he received the National Design Award. "All my life, since I was a child, I have drawn, taken notes, invented characters imagining new shapes, trying to draw my thoughts and drawing everything my eyes saw and my ears heard. My speciality is to create images, visual codes which communicate feelings and also ideas, messages, stories and tales."

MARISTANY CARRERAS, XAVIER
BARCELONA, 10.05.1954.

O | *Olvida tu nombre (2001), Hoy por hoy (2003), el Fil Harmònic (2004), Stabat (2005), Cantata Cromática (2008), No on (2010).* **M |** *Monteverdi, Beethoven (cómo no), Britten, Ligeti, Shostakóvich, Webern.* **C |** *Salvatore Sciarrino, Olga Neuwirth, Sofia Gubaidulina, Miles Davis, John Coltrane, Elvis Costello, Rufus Wainwright.*

COMPOSITOR. Cofundador de la Orquestra del Caos y del grupo Koniec, en la actualidad dirije la bandaÈria, una orquesta-herramienta de intervención sonora en el espacio público. Ha estrenado algunas composiciones, a menudo interpretadas por él mismo con diversas agrupaciones en distintos países, como

Costa Rica, México, Brasil, Europa o Israel. Además de la música que le es propia, ha trabajado también para el cine, el teatro, la *performance* o la danza (Lanònima Imperial, Mudances, Komische Oper y Deutsche Oper de Berlín, La Fabrik de Potsdam, CobosMika Company...). «You are the music while the music lasts» (T. S. Eliot).

COMPOSITOR. Cofundador de l'Orquestra del Caos i del grup Koniec, actualment dirigeix bàndaÈria, una orquestra-eina d'intervenció sonora a l'espai públic. Ha estrenat algunes composicions, sovint interpretades per ell mateix amb diverses agrupacions en diversos països com Costa Rica, Mèxic, Brasil, Europa o Israel. A més de la música que li és pròpia, ha treballat també per al cinema, el teatre, la *performance* o la dansa (Lanònima Imperial, Mudances, Komische Oper i Deutsche Oper, de Berlín, La Fabrik, de Potsdam, Cobosmika Company...). «You are the music while the music lasts» (T. S. Eliot).

COMPOSER. Co-founder of the L'Orquestra del Caos and the group Koniec, he currently directs the band Èria, an orchestra cum sound intervention tool in public space. He has released a number of compositions, often performed by himself with different groups from different countries, such as Costa Rica, Mexico, Brazil, Europe or Israel. In addition to his own music, he has also worked for film, theatre, performances and dance (Lanònima Imperial, Mudances, Komische Oper y Deutstche Oper de Berlín, La Fabrik de Potsdam, Cobosmika Company...) "You are the music while the music lasts." (T. S. Eliot).

MARQUINA, NANI
BARCELONA, 17.11.1952.

O | *Topissimo, Cuadros y Roses (colecciones).* **M |** *Miró y Picasso.* **C |** *Mariscal.*

DISEÑADORA. Estudia Diseño Industrial en la Escuela Massana de Barcelona. Antes de fundar su propia empresa en 1987, colaboró en el estudio de arquitectura Sellés-Marquina y abrió una tienda de interiorismo, Self-Decor. En 1984 realiza sus primeros encargos y recibe su primer reconocimiento: una selección Delta por su alfombra Dama. Entre los múltiples galardones que ha recibido a lo largo de su carrera, cabe destacar el IDQ a la mejor empresa en 2003, los premios Cambra Gestió de Disseny y el Nacional de Diseño en 2005. En 2006 recibe el FIDEM a la Mujer Emprendedora, año en que también es nombrada presidenta de la Asociación de Diseñadoras Profesionales (ADP), cargo que ocupa hasta 2009. Actualmente es presidenta de RED-AEDE (Asociación Española de Diseño Español). Sus obras se han expuesto en exposiciones colectivas de todo el mundo. «Alfombras que emocionan».

DISSENYADORA. Estudia Disseny Industrial a l'Escola Massana de Barcelona. Abans de fundar la seva pròpia empresa el 1987, va col·laborar a l'estudi d'arquitectura Sellés-Marquina i va obrir una botiga d'interiorisme, Self-Decor. El 1984 realitza els seus primers encàrrecs i rep el primer reconeixement: una selecció Delta per l'estora Dama. Entre els nombrosos guardons que ha rebut al llarg de la seva carrera, pertoca destacar l'IDQ a la millor empresa el 2005. El 2006 rep el FIDEM a la Dona Emprenedora, any en què també és nomenada presidenta de l'Associació de Dissenyadors Professionals (ADP), càrrec que ocupa fins el 2009. Actualment és presidenta de RED-AEDE (Associació Espanyola de Disseny Espanyol). Les seves obres s'han mostrat en exposicions col·lectives de tot el món. «Estores que emocionen».

DESIGNER. She studied Industrial Design at the Massana School in Barcelona. Before founding her own business in 1987, she worked at the architecture studio Sellés-Marquina and opened an interior design store, Self-Décor. In 1984 she completed her first projects and received her first award: a Delta selection for her carpet Dama. The numerous awards she has received during her career, include an IDQ for best company in 2003, the *Cambra Gestió de Disseny* and the National Design Award in 2005. In 2006 she received a FIDEM for Best Businesswoman, and in the same year she was appointed President of the Professional Design Association (ADP), and she remained in this position until 2009. She is currently the President of RED-AEDE (Spanish Design Association). Her work has been exhibited in collective exhibitions all around the world. "Exciting carpets."

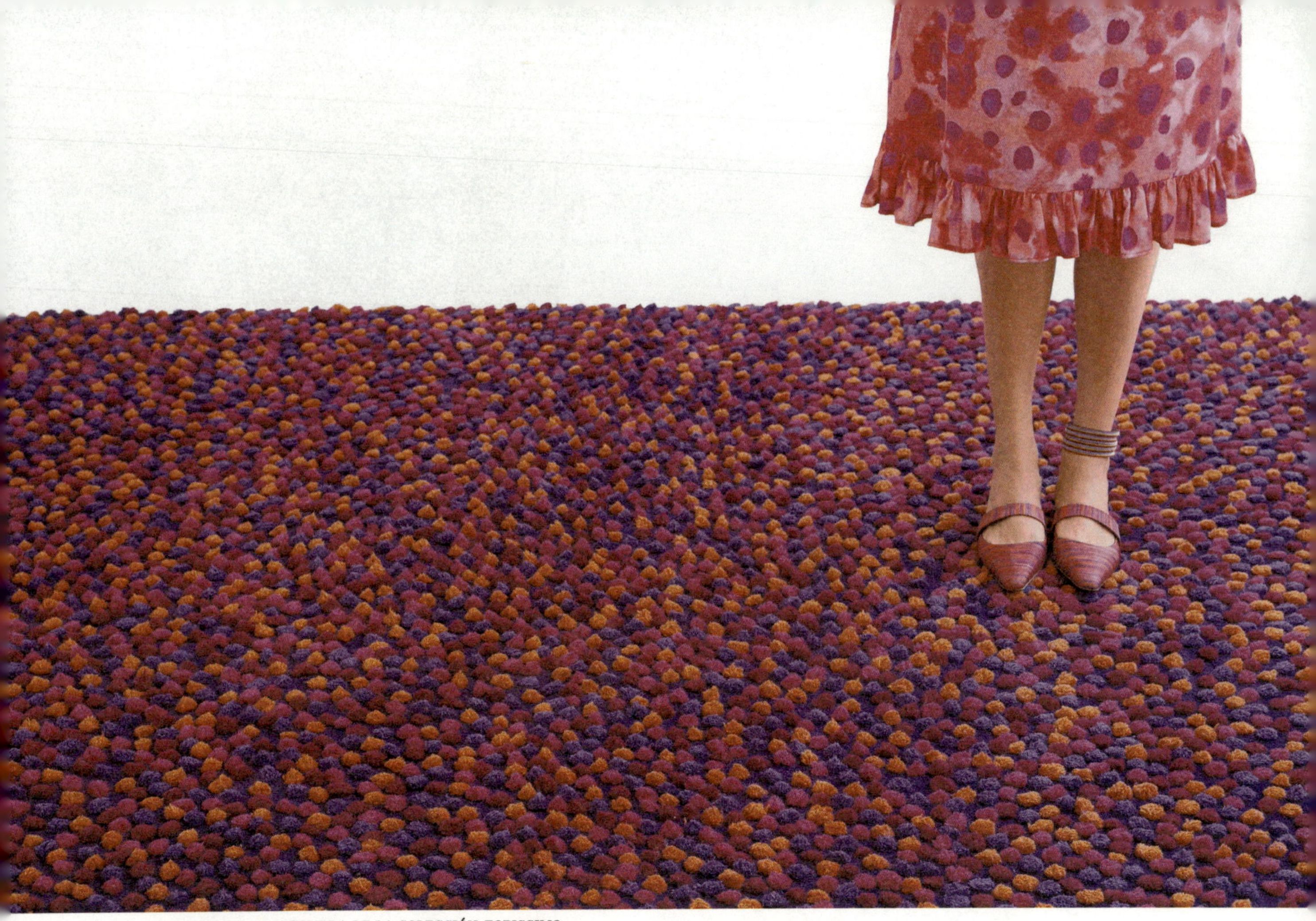

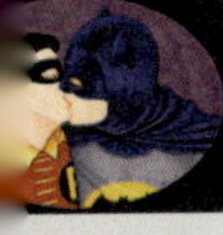

NANI MARQUINA, ALFOMBRA DE LA COLECCIÓN *TOPISSIMO*.

MARSÉ, BERTA
BARCELONA, 22.11.1969.

O | *En jaque (2006), Fantasías animadas (2010).* **M |** *Edgar Allan Poe y Patricia Highsmith; Horacio Quiroga y Julio Cortázar; Truman Capote, Raymond Carver, Carson McCullers, John Cheever.* **C |** *Cristina Fernández Cubas, Sergi Pàmies, Samanta Schweblin.*

ESCRITORA. En su «Tesis sobre el cuento», Piglia define su esencia como el cruce de dos historias que se han construido simultáneamente, aunque solo una sea visible y la otra esté oculta o sumergida bajo la primera. Berta Marsé sigue como nadie esta exigencia del género: sus cuentos narran historias familiares con altas dosis de humor y diálogos que parecen grabados de la vida cotidiana; lo que uno descubre o aprende al leerlos es otra cosa. «Cómo, cuándo y por qué solemos cagarla. Los secretos y mentiras que esconden las familias también es un tema que me interesa».

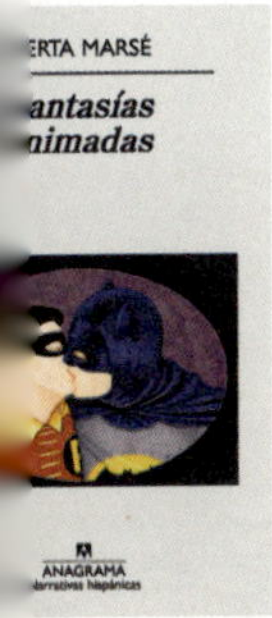

ESCRIPTORA. En la seva «Tesi sobre el conte», Piglia en defineix l'essència com l'encreuament de dues històries que s'han construït simultàniament, encara que només una d'elles sigui visible i l'altra estigui oculta o submergida sota la primera. Berta Marsé segueix com ningú aquesta exigència del gènere: els seus contes narren històries familiars amb altes dosis d'humor i diàlegs que semblen gravats de la vida quotidiana; què se'n descobreix o què se n'aprèn llegint-los és una altra cosa. «Com, quan i per què solem cagar-la. Els secrets i mentides que amaguen les famílies també és un tema que m'interessa».

WRITER. In his "Thesis on the short story" Piglia defines its essence as the crossroads between two stories which have been built simultaneously, but only one of which is visible while the other is hidden or submerged below the first. Berta Marsé follows this requirement of the genre like no other: her tales tell familiar stories with strong doses of humour and dialogues which could be extracted from daily life; what you discover or learn from reading them is something else altogether. "How, when and why we tend to screw up. The secrets and lie which families hide is another theme that interests me."

MARTÍN LAMOTHE, ELENA
BARCELONA, 1978.

M | *Versace, Prada, Miu Miu, Ann Demeulemeester, Emanuel Ungaro, Martin Margiela.* **C |** *Ann-Sofie Back, Christopher Kane, Peter Jensen.*

DISEÑADORA DE MODA. Formada en el Central Saint Martins College of Art and Design de Londres, fue la jovencísima diseñadora de estrellas de la música pop como Kylie Minogue o Cher antes de asumir, a los veinticinco años, la dirección artística de Miró Jeans, la marca *casual* de Antonio Miró. Cuatro temporadas más tarde, y dos pasarelas Gaudí de por medio, fundó su propia marca, con la que actualmente es tan conocida en España como en Inglaterra. «Música, fotografía y sensaciones. Todo apaisado: paisajes, visiones, personajes. Estilo romántico y gráfico, lleno de formas y colores encerrados en sobriedad, masculinidad y concepto. La investigación de tejidos y del color, la experimentación con nuevas técnicas de trabajo. Un *look* fácil y fresco... ¡O eso es lo que esperamos!».

DISSENYADORA DE MODA. Formada al Central Saint Martins College of Art and Design de Londres, va ser la joveníssima dissenyadora d'estrelles de la música pop com Kylie Minogue o Cher abans d'assumir, als vint-i-cinc anys, la direcció artística de Miró Jeans, la marca casual d'Antonio Miró. Quatre temporades més tard, i dues passarel·les Gaudí per entremig, va fundar la seva pròpia marca, amb la qual actualment és tan coneguda a Espanya com a Anglaterra. «Música, fotografia i sensacions. Tot apaïsat: paisatges, visions, personatges. Estil romàntic i gràfic, ple de formes i colors continguts en sobrietat, masculinitat i concepte. La investigació de teixits i del color, l'experimentació amb noves tècniques de treball. Un look fàcil i fresc... O això és el que esperem!».

FASHION DESIGNER. Trained at St. Martin's College of Art and Design in London, she was an extremely young designer for pop stars such as Kylie Minogue or Cher before, becoming artistic director for Miró Jeans, the casual wear brand for Antonio Miró, aged just 25. Four seasons and two Gaudi fashion shows later, she started her ▶

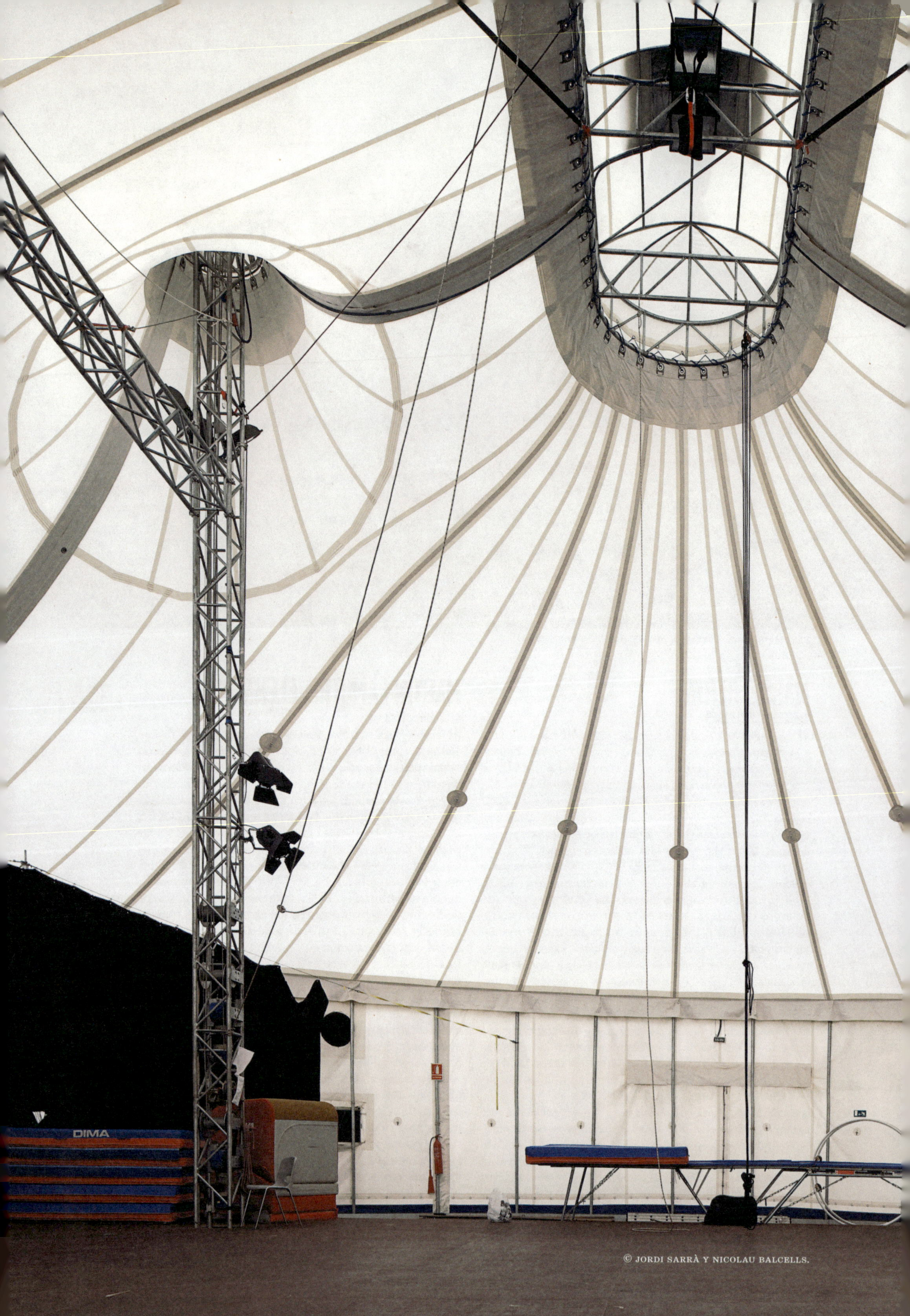

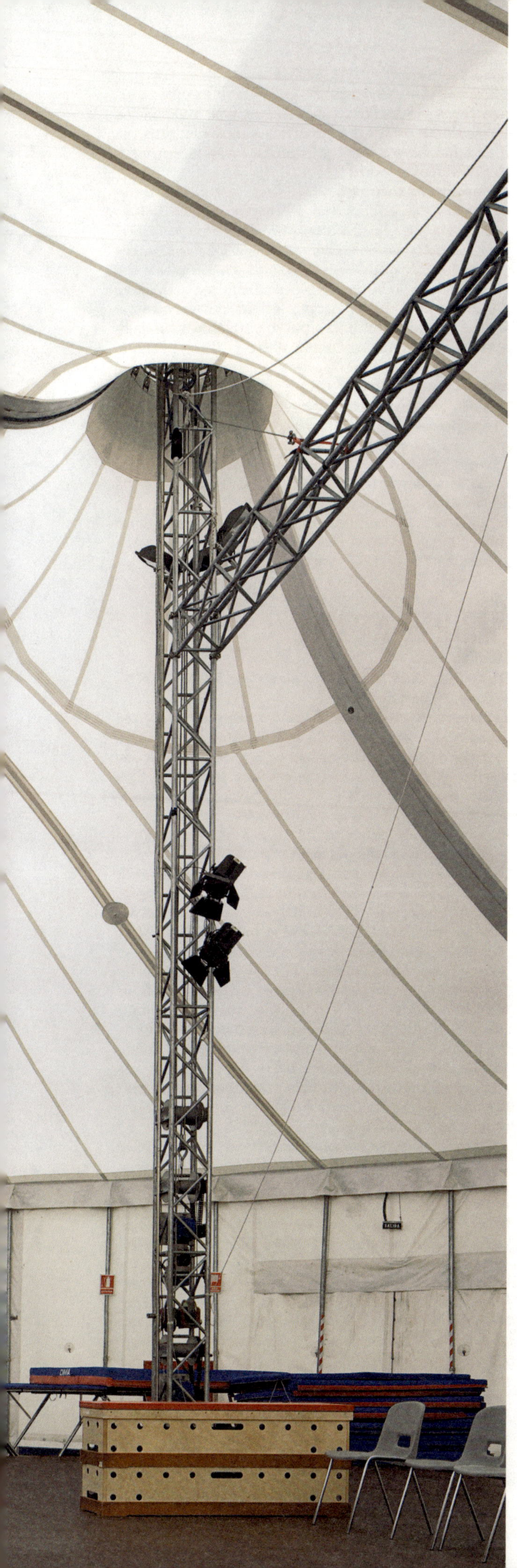

LA CENTRAL DEL CIRC

MOLL DE LA VELA, 2 | SANT ADRIÀ DEL BESÓS, 08930 BARCELONA

www.lacentraldelcirc.cat | +34 93 356 09 31 | info@lacentraldelcirc.cat

ESPACIO DE CREACIÓN, investigación, entrenamiento, ensayo y formación continuada, dirigido a los profesionales del circo en Barcelona. Ubicado en el Parc del Fòrum, cuenta con una superficie de 2 800 metros cuadrados y salas preparadas para la diferentes actividades que necesitan los creadores —desde ambientes para talleres y discusión de ideas, hasta para la puesta en escena de un espectáculo—, además de oficinas y almacenes. El espacio está dirigido tanto a artistas individuales como a colectivos o compañías de circo. Es una iniciativa municipal dentro de la red de Fàbriques de Creació, y está gestionado por la Asociación de Profesionales de Circo de Cataluña (APCC).

ESPAI DE CREACIÓ, investigació, entrenament, assaig i formació continuada, dirigit als professionals del circ de Barcelona. Ubicat al Parc del Fòrum, té una superfície de 2 800 metres quadrats i sales preparades per a les diferents activitats que necessiten els creadors —entrenament, formació, creació, assaig, posta en escena…—, a més d'oficines i magatzems. L'espai està dirigit tant a artistes individuals com a col·lectius o companyies de circ. És una iniciativa municipal dins la xarxa de Fàbriques de Creació, i està gestionat per l'Associació de Professionals del Circ de Catalunya (APCC).

SPACE OF CREATION, research, training, rehearsal and continuous learning, geared towards circus professionals in Barcelona. Located at the Parc del Fòrum, it features a surface of 2,800 square meters and halls fit for the various activities required by creators – from environments suitable for workshops and exchange of ideas to the mise en scene of a spectacle – as well as offices and warehouses. The space targets both individual artists and groups or circus companies. It is a municipal initiative within the network of the Fàbriques de Creació and it is managed by the Asociación de Profesionales de Circo de Cataluña (APCC) (Association of Circus Professionals of Catalonia).

▶ own brand, which today is as well known in Spain as it is in London. "Music, photography and sensations. All landscaped: Countryside, visions, characters. A romantic and graphic style, full of shapes and colours enclosed in sobriety, masculinity and concept. Investigation with fabrics and colour, experimentation with new techniques. An easy, fresh look... Or that's what we hope!"

MARTÍNEZ DE PISÓN, IGNACIO
ZARAGOZA, 27.12.1960.

O | *Nuevo plano de la ciudad secreta (1992), Carreteras secundarias (1996), Foto de familia (1998), María bonita (2001), Enterrar a los muertos (2005), Dientes de leche (2007), Aeropuerto de Funchal (2009).* **M |** *Natalia Ginzburg, Julio Ramón Ribeyro, Anne Tyler, Alice Munro.*

ESCRITOR. En 1984 ganó el premio Casino de Mieres con su primera novela, *La ternura del dragón.* Eso le dio confianza para presentar su siguiente manuscrito a Anagrama y Tusquets. Herralde le respondió una semana antes que Beatriz de Moura, y así se quedó en Anagrama durante veinte años. Lo que vino después es historia conocida: dos novelas consideradas obras maestras como *Carreteras secundarias* y *María bonita;* una media docena de premios, entre ellos el Torrente Ballester; el abandono momentáneo de las libertades de la ficción para asumir el reto de la crónica histórica, en *Enterrar a los muertos...* La sólida obra de un maestro de la narrativa española actual. «El tema común de la mayoría de mis libros es la familia: las relaciones entre cónyuges, entre padres e hijos, entre hermanos. Un tema eterno y universal al que cada generación se enfrenta como si fuera nuevo».

ESCRIPTOR. El 1984 va guanyar el premi Casino de Mieres amb la seva primera novel·la, *La ternura del dragón.* Això li va donar confiança per presentar el seu següent manuscrit a Anagrama i a Tusquets. Herralde va respondre-li una setmana abans que Beatriz de Moura, i d'aquesta manera es va quedar a Anagrama durant vint anys. El que va venir després és història coneguda: dues novel·les considerades obres mestres com *Carreteras secundarias* i *María bonita;* mitja dotzena de premis, entre ells el Torrente Ballester; l'abandonament momentani de les llibertats de la ficció per assumir el repte de la crònica històrica, a *Enterrar a los muertos...* L'obra sòlida d'un mestre de la narrativa espanyola actual. «El tema comú de la major part dels meus llibres és la família: les relacions entre cònjuges, entre pares i fills, entre germans. Un tema etern i universal al qual cada generació s'enfronta com si fos nou».

WRITER. In 1984 he received the Casino de Mieres award for this first novel *La ternura del dragón.* This gave him the confidence to send his next manuscript to the publishers Anagrama and Tusquets. Herralde responded a week earlier than Beatriz de Moura, and that is how he remained with Anagrama for the next twenty years. The rest, as they say, is history: two novels considered masterpieces such as *Carreteras secundarias* and *María bonita;* half a dozen awards, including the Torrent Ballester, the momentary abandonment of the freedom of fiction to take on the challenge of historic chronicles, in *Enterrar a los muertos...* the solid work of a master of current Spanish narrative. "The common theme of most of my books is the family: relationships between couples, between parents and children, between siblings. An eternal and universal theme faced by each generation as if it were new."

MARTÍNEZ, GABI
BARCELONA, 30.10.1971.

O | *Hora de Times Square (2002), Ático (2004), Una España inesperada (2005), Sudd (2007), Los mares de Wang (2008).* **M |** *Francisco Umbral, Juan Marsé, Antonio Tabucchi, Josep Pla, T. E. Lawrence, David Foster Wallace.* **C |** *Josan Hatero, Ray Loriga, Agustín Fernández Mallo.*

ESCRITOR Y VIAJERO. Sus tempranos reportajes en la revista *Ajoblanco* ya habían puesto su nombre en boca de críticos y editores antes de que sus novelas y libros de viaje le granjearan definitivamente el título de «renovador» del panorama literario en Barcelona.

Como T. E. Lawrence o Kapuściński, el viaje es inherente a su obra, y viceversa. «Un día descubrí que articulaba casi todos mis viajes siguiendo cursos de agua. Que los espacios límite donde se juntan superficies muy distintas me estimulan. Moverse entre la tierra y el agua, entre géneros, al filo de todo».

ESCRIPTOR I VIATGER. Els seus reportatges primerencs a la revista *Ajoblanco* ja havien posat el seu nom en boca de crítics i editors abans que les seves novel·les i llibres de viatge li fessin guanyar definitivament el títol de «renovador» del panorama literari a Barcelona. Com T. E. Lawrence o Kapuściński, el viatge és inherent a la seva obra, i viceversa. «Un dia vaig descobrir que articulava gairebé tots els meus viatges seguint cursos d'aigua. Que els espais límit on s'ajunten superfícies molt diferents m'estimulen. Moure's entre la terra i l'aigua, entre gèneres, al límit de tot».

AUTHOR AND TRAVELLER. His early reports in the magazine *Ajoblanco* had already put his name in the mouth of critics and editors before his novels and travel books finally earned him the title of "renovator" of the literary scene in Barcelona. Like T. E. Lawrence or Kapuściński, travel is inherent in his work and vice versa. "One day I discovered that almost all my trips were organised following the course of water. The limits where different areas meet are what stimulate me. Moving between the earth and water, between genres, on the edge of everything."

MARTÍNEZ, MARIBEL
CÓRDOBA.

M | *Manuela Nogales, Brenda Angiel, Ramón Oller, Sol Picó, Mirta Bogdasarian, Ricardo Bartís.*

INTÉRPRETE DE DANZA, ADEMÁS DE DIRECTORA. Titulada en Danza Clásica por el Conservatorio de Córdoba, posteriormente se traslada a Sevilla, donde continúa su formación en danza contemporánea. En 1996 gana un premio bailando para Manuela Nogales y es becada para viajar a Estados Unidos. En 1998 se instala en Barcelona para trabajar con Ramón Oller y desde entonces inicia también una colaboración habitual con Sol Picó. En 2007 se titula en Coreografía en el Institut del Teatre de Barcelona, mientras colabora con la compañía Malqueridas. Su proyecto *muéreme, muéreme* cuenta con una residencia en La Caldera. Es coreógrafa asistente y sustituta de Sol Picó en *El lago de las moscas,* premio Max 2010. Ese mismo año crea y coordina el Colectivo Valiente Mono y dirige *Los desarraigados.* Actualmente realiza un posgrado en Buenos Aires con Mirta Bogdasarian y Ricardo Bartís, entrena e imparte talleres en el estudio de Alejandro Catalán, y colabora con Nahuel Cano. «Me intereso por los lugares intermedios, los limbos que se generan por nuestra condición de seres en continuo movimiento, errantes y principiantes. La mutabilidad, la aparición de lugares residuales y la necesidad de la memoria son algunos de los *inputs* poéticos que pretenden dar forma a nuestras contradicciones cotidianas».

INTÈRPRET DE DANSA, A MÉS DE DIRECTORA. Titulada en Dansa Clàssica pel Conservatori de Còrdova, posteriorment es trasllada a Sevilla, on continua la seva formació en Dansa Contemporània. El 1996 guanya un premi ballant per a Manuela Nogales i rep una beca per viatjar als Estats Units. El 1998 s'instal·la a Barcelona per treballar amb Ramon Oller i des d'aleshores inicia també una col·laboració habitual amb Sol Picó. El 2007 es titula en Coreografia a l'Institut del Teatre de Barcelona mentre col·labora amb la companyia Malqueridas. El seu projecte *muéreme, muéreme* forma part d'una residència a La Caldera. És coreògrafa assistent i substituta de Sol Picó a *El llac de les mosques,* premi Max 2010. El mateix any crea i coordina el Colectivo Valiente Mono i dirigeix *Los desarraigados.* Actualment realitza un postgrau a Buenos Aires amb Mirta Bogdasarian i Ricardo Bartís, entrena i imparteix tallers a l'estudi d'Alejandro Catalán i col·labora amb Nahuel Cano. «M'interesso pels llocs intermedis, els llimbs que es generen per la nostra condició d'éssers en constant moviment, errants i principiants. La mutabilitat, l'aparició de llocs residuals i la necessitat de la memòria són alguns dels

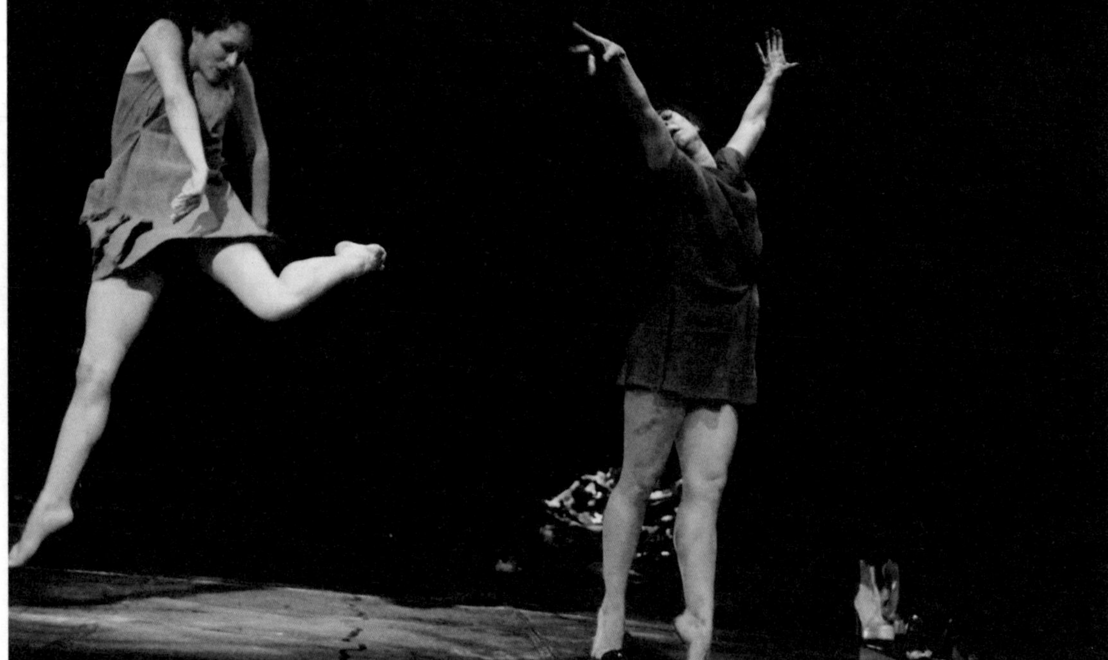

MARIBEL MARTÍNEZ. © ISABEL CAMPS.

inputs poètics que pretenen donar forma a les nostres contradiccions quotidianes».

DANCE PERFORMER AND DIRECTOR. Qualified in Classical Dance at the Cordoba Conservatory, she later moved to Seville, where she continued her training in Modern Dance. In 1996 she won an award dancing for Manuela Nogales and received a scholarship to travel to the United States. In 1998 she moved to Barcelona to work with Ramón Oller, and since then she has also worked regularly with Sol Picó. In 2007 she qualified in Choreography at the Institut del Teatre in Barcelona, while working at the company Malqueridas. Her project *muéreme, muéreme* has a residence in La Caldera. She is assistant choreographer and understudy for Sol Picó in the *El lago de las moscas* which won the Max award in 2010. That same year she created and coordinated the Collective Valiente Mono and directed *Los desarraigados*. She is currently completing a postgraduate course in Buenos Aires with Mirta Bogdasarian and Ricardo Bartís, as well as training and teaching workshops at the Alejandro Catalán studio and working with Nahuel Cano. "I am interested in intermediary places. Limbos which are created by our condition of beings in continuous movement, errant and beginners. Changeability, the appearance of residual places and the need for memory are some of the poetic inputs which try to shape our daily contradictions."

MASIQUES, PAU
BARCELONA, 20.12.1974.

O | *Marxa fúnebre (2008), El renunciante (inédito), Dos gigantes (inédito).* **M** | *Bill Traylor, Franz Masserel, José Guadalupe Posada, Manuel Manilla, Pablo Picasso, Saul Steinberg y muchos de los autores anónimos de pinturas y grabados populares.* **C** | *Arnal Ballester, Artemio Rodriguez, Federico Jordán, Flavio Morais, Henning Wagenbreth, Josep Rodés, Luci Gutiérrez, Marc Torrent, Pep Montserrat, Riki Blanco.*

AUTOR DE CÓMIC E ILUSTRADOR, además de artista del grabado y la escultura. Estudió en la Escuela Massana de Barcelona y ha colaborado en diarios y publicaciones de prensa, aunque la mayor parte de su obra ha aparecido en revistas y fanzines autoeditados. Su premiado y muy celebrado libro de cómic *Marxa fúnebre*, es una mezcla de humor y tragedia bajo referentes que van de la xilografía clásica y el grabado popular a las representaciones icónicas del culto a la muerte en culturas como la mexicana. «Expresionismo folk tardío, fruto del confort».

AUTOR DE CÒMIC I IL·LUSTRADOR, a més d'artista del gravat i l'escultura. Va estudiar a l'Escola Massana de Barcelona i ha col·laborat en diaris i publicacions de premsa, encara que la major part de la seva obra ha aparegut en revistes i fanzines autoeditats. El seu premiat i molt celebrat llibre de còmic *Marxa fúnebre*, és una barreja d'humor i tragèdia sota referents que van de la xilografia clàssica i el gravat popular a les representacions icòniques del culte a la mort en cultures com la mexicana. «Expressionisme folk tardà, fruit del confort».

COMIC WRITER AND ILLUSTRATOR, as well as an engraver and sculptor. He studied at the Escuela Massana in Barcelona and has worked with the press and daily newspapers, although most of his work has appeared in self-edited magazines and fanzines. His award winning and highly acclaimed comic book *Marxa fúnebre* is one of a mix of humour and tragedy under references ranging from Classic xylography and popular engravings, to iconic cult representations of death in cultures of countries such as Mexico "Late folk expressionism, the fruit of comfort."

MASÓ, MIREYA
BARCELONA, 13.08.1963.

O | *Proyectos: It's not just a Question of Artificial Lighting or Daylight (2000-01), Les sens ne mentent pas (2001-02), Circus (2002-03), YKS (2002-03), Elephant's Heaven (2004-05), Pagarem per escoltar el silenci (2003-05), Antártida (2006-10, Antártida. Experimento nº1, Nunatak; Upsouth Down; Antártida. Laboratorio de cambios; Antártida. Tiempo de cambio).* **M** | *Giotto, Velázquez, el movimiento conceptual y el minimal, Proust.*

ARTISTA VISUAL. Formada en la Escola de Disseny i Art, la Universidad de Barcelona, la Pompeu Fabra y la Quinzena d'Art de Montesquiu, su obra, tanto en vídeo como en fotografía, suele llamar la atención sobre aspectos de la naturaleza y el paisaje, y la influencia —o no— del ser humano sobre ellos. Sobre la Antártida, donde pasó un verano austral y fue el motivo de su exposición más reciente, decía: «Es un paisaje en movimiento, nada permanece mas allá del instante. Aquí en la Antártida cada segundo tiene el valor del presente. Aparece y desaparece antes de poder recordarlo». Ha sido artista residente en Londres y Róterdam, y su obra ha sido exhibida en galerías y centros de arte de Europa. «Sobre una base conceptual y contención formal, en cada proyecto utilizo distintos medios dependiendo del contexto y el lugar».

ARTISTA VISUAL. Formada a l'Escola de Disseny i Art, la Universitat de Barcelona, la Pompeu Fabra i la Quinzena d'Art de Montesquiu, la seva obra, tant en vídeo com en fotografia, acostuma a cridar l'atenció sobre aspectes de la natura i el paisatge, i la influència —o no— de l'ésser humà en ells. Sobre l'Antàrtida, on va passar un estiu austral i que va ser el motiu de la seva exposició més recent, deia: «És un paisatge en moviment, no hi roman res més enllà de l'instant. Aquí a l'Antàrtida cada segon té el valor del present. Apareix i desapareix abans de poder recordar-ho». Ha estat artista resident a Londres i Rotterdam, i la seva obra ha estat exhibida en galeries i centres d'art d'Europa. «Sobre una base conceptual i contenció formal, en cada projecte faig servir diferents mitjans, depenent del context i del lloc».

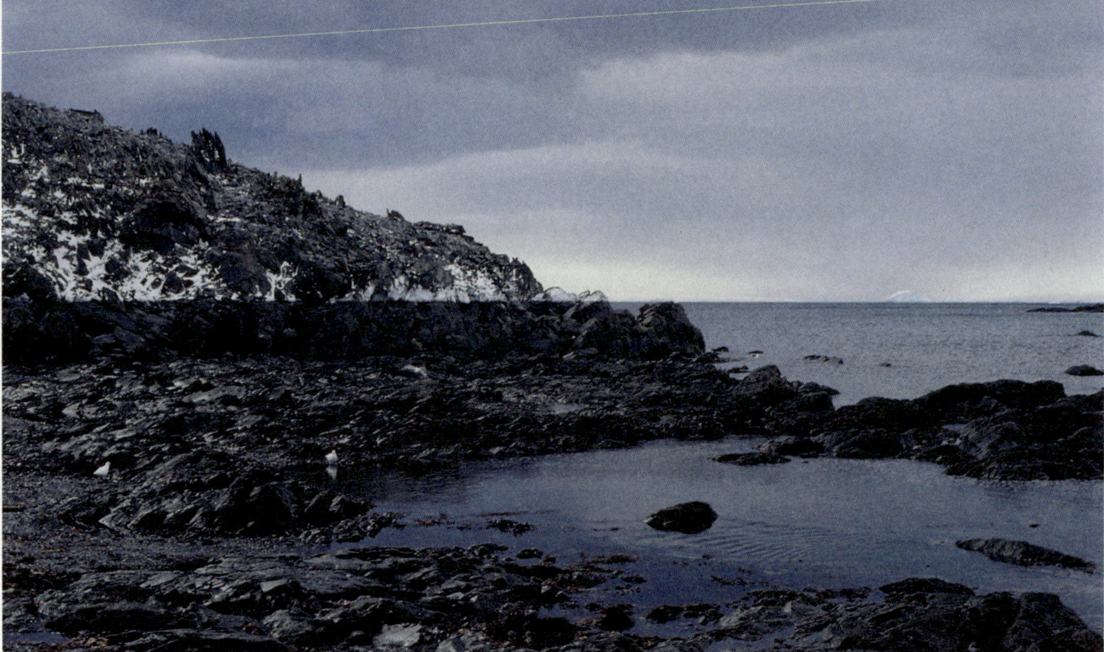

MIREYA MASÓ, *SEARCHING FOR THE STRAIGHT LINE*, 2006.

VISUAL ARTIST. Trained at the *Escola de Disseny i Art*, the University of Barcelona, the Pompeu Fabra University and the *Quinzena d'Art de Montesquiu*, her work in both video and photography tends to attract attention with aspects of nature and landscape, and the influence – or not – of mankind on them. She has said of the Antarctic – where she spend a southern summer and which is the theme of her latest exhibition: "It is a landscape in movement, nothing lasts beyond the moment. Here in Antarctica every second is the present moment. It appears and disappears before you can remember it." She has lived and worked in London and Rotterdam, and her work has been exhibited galleries and art centres around Europe. "With a conceptual base and contention of shape, we use different methods for each project depending on the context and place."

MAX
(FRANCESC CAPDEVILA)
BARCELONA, 17.09.1956.

O | *Peter Pank (1985), Monólogo y alucinación del gigante blanco (1996), El prolongado sueño del Sr. T (1998), Bardín, el superrealista (2006), Vapor (2011).* **C** | *Miguel Gallardo, Arnal Ballester, Martí.*

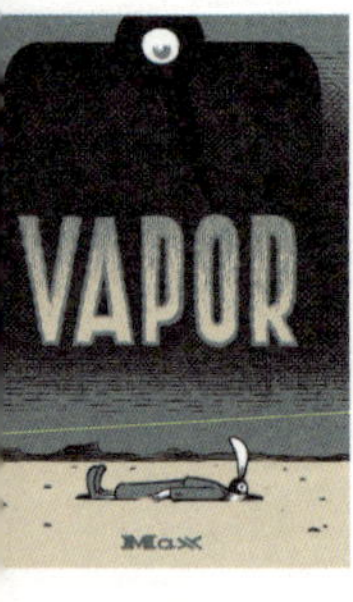

AUTOR DE CÓMIC, ILUSTRADOR Y DISEÑADOR. Un clásico del cómic contemporáneo. En los primeros setenta formó parte del grupo contracultural El Rrollo, junto a Nazario y Mariscal, entre otros, y fue uno de los fundadores de *El Víbora* a finales de esa década. Su obra ha obtenido diversos galardones en el Salón del Cómic de Barcelona, incluyendo el Gran Premio en reconocimiento a su carrera. En 2007 consiguió un triplete al ganar los premios a la mejor obra, mejor dibujo y mejor guion con *Bardín, el superrealista*, libro con el que ese año obtuvo también el Premio Nacional de Cómic. «Mi trabajo de los últimos años se podría definir como "humor metafísico". En mis cómics ha habido siempre una constante: el uso de lo fantástico (subconsciente, sueños, mitos...) como técnica para iluminar lo real desde ángulos inéditos y hacerse preguntas sobre ello».

AUTOR DE CÒMIC, IL·LUSTRADOR I DISSENYADOR. Un clàssic del còmic contemporani. A principis dels setanta va formar part del grup contracultural El Rrollo, al costat de Nazario i Mariscal, entre d'altres, i va ser un dels fundadors d'*El Víbora* a finals de la mateixa dècada. La seva obra ha obtingut diversos guardons al Saló del Còmic de Barcelona, incloent-hi el Gran Premi en reconeixement a la seva carrera. El 2007 va aconseguir un triplet en guanyar els premis a la millor obra, millor dibuix i millor guió amb *Bardín, el superrealista*, llibre amb què aquell mateix any va obtenir també el Premi Nacional de Còmic. «El meu treball dels darrers anys es podria definir com a "humor metafísic". En els meus còmics sempre hi ha hagut una constant: l'ús d'allò

fantàstic (subconscient, somnis, mites...) com a tècnica per il·luminar el que és real des d'angles inèdits i fer-se'n preguntes».

COMIC AUTHOR, ILLUSTRATOR AND DESIGNER. A classic in modern comics. In the early 1970s he was part of the countercultural group *El Rrollo*, together with Nazario and Mariscal, among others, and was one of the founder of *El Víbora* at the end of the decade. His work has received a range of awards at the Barcelona Comic Show, including the Grand Prize in recognition of his career. In 2007 he achieved the triple honour when he won the awards for best work, best drawing and best script, for *Bardín, el superrealista*, a book which also won the National Comic Award that year. "My work in recent years could be defined as 'metaphysical humour.' There has always been a constant in my comics: The use of fantasy (subconscious, dreams, myths...), as a technique for illuminating reality from new angles and asking questions about it."

DE MEDEIROS, MARIA
LISBOA, 19.08.1965.

O | *Como directora de cine: Capitanes de abril (2000), Je t'aime... moi non plus. Artistes et critiques (2004), Mathilde au Matin (2004).*

ACTRIZ, DIRECTORA DE CINE, CANTANTE Y COMPOSITORA. Pasó su infancia en Viena, cursó secundaria en el Liceo Francés de Lisboa y a los dieciocho años llegó a París, donde estudió filosofía y teatro, y donde vive hasta hoy, alternando residencia con su ciudad natal y Barcelona. Lleva el arte en la sangre: su padre es pianista y compositor; su madre, periodista, y su abuela, escritora. Sus destacados papeles en *Henry & June, Huevos de oro, Pulp Fiction, Três Irmãos* o *Adão e Eva*, la han convertido en una de las mejores actrices de cine de su generación. Inició su carrera como directora con *Capitanes de abril,* que le valió entrar en la selección oficial del Festival de Cannes y, entre otros galardones, el Gran Premio de la Mostra de São Paulo y el Globo de Oro a la mejor película en Portugal. Como cantante, ha publicado los discos *A Little More Blue* y *Penínsulas & Continentes*.

ACTRIU I DIRECTORA DE CINEMA, a més a més de cantant. Va passar la infantesa a Viena, va fer la secundària al Liceu Francès de Lisboa i als divuit anys va arribar a París, on va estudiar filosofia i teatre, i on viu fins avui, alternant residència entre la seva ciutat natal i Barcelona. Duu l'art a la sang: el seu pare és pianista i compositor; la seva mare, periodista, i la seva àvia, escriptora. Els seus destacats papers a *Henry & June, Huevos de oro, Pulp fiction,* Três *Irmãos* o *Adão e Eva,* l'han convertit en una de les millors actrius de cinema de la seva generació. Va iniciar la seva carrera de directora amb *Capitanes de Abril,* que li va valer entrar en la selecció del Festival de Cannes i, entre altres guardons, el Gran Premi de la Mostra de São Paulo i el Globus d'Or a la millor pel·lícula a Portugal. Com a cantant, ha publicat els discos *A little more blue* i *Penínsulas & Continentes*.

ACTRESS, FILM DIRECTOR AND SINGER. She spent her childhood in Vienna, received her secondary education at the Lycée Frances in Lisbon, and, at the age of eighteen, arrived in Paris, where she studied philosophy and theatre, and where she has lived ever since, alternating residence there with her native city of Lisbon and Barcelona. Art is in her blood: her father is a pianist and composer; her mother is a journalist; and her grandmother is a writer. Her outstanding performances in *Henry & June*, *Huevos de oro*, *Pulp fiction*, *Três Irmãos* and *Adão e Eva* resulted in her being considered one of the best actresses of her generation. *April Captains* (Official Selection at Cannes, winner of the Gran Prix at the São Paulo International Film Festival, and recipient of a Portuguese Golden Globe, among other awards) was her first feature film as a director. As a singer she has recorded the albums *A little more blue* and *Peninsulas & Continents*.

MIGOYA, HERNÁN
PONFERRADA, LEÓN, 10.09.1971.

O | *Charles Williams. La tormenta y la calma* (2001), *El hombre con miedo* (2002, dibujo de Man), *Todas putas* (2003), *Quítame tus sucias manos de encima* (2010). **M** | *Richard Matheson, Robert A. Heinlein, William P. McGivern (durante la infancia); D. H. Lawrence, Julio Cortázar, Milan Kundera, Ignacio Aldecoa (durante la adolescencia y juventud); Charles Williams, José Mallorquí, Robert E. Howard (mis ídolos sentimentales).* **C** | *Albert Sánchez Piñol, Andrés Trapiello, Enrique Prochazka.*

GUIONISTA DE CÓMIC, DE CINE Y ESCRITOR. Su debut narrativo con el libro *Todas putas* causó tal revuelo en España que Mario Vargas Llosa le dedicó un ensayo en defensa de la libertad creadora. Su última novela, *Quítame tus sucias manos de encima,* cuyo título es una frase del *El planeta de los simios,* lo confirma como un autor inclasificable y en todo caso, si cabe, *neo-pulp.* «Si tengo que autoanalizarme desde mi galopante miopía, diría que mi obra se basa en la vindicación del instinto y la irracionalidad sobre el falso pensamiento racional y la manipulación del individuo. Mi obra es un canto amoral al individualismo, a la toma de conciencia del individuo de que realmente puede, debe hacer lo que desee: amar, sufrir, matar con todas las consecuencias. Es lo único que te hace libre, aunque vaya en contra de los intereses de los demás. Por resumir: mi obra es un grito de rabia. Quizá estéril, pero vivo».

GUIONISTA DE CÒMIC, DE CINEMA I ESCRIPTOR. El seu debut narratiu amb el llibre *Todas putas* va causar tal enrenou a Espanya que Mario Vargas Llosa va dedicar-li un assaig en defensa de la llibertat creadora. La seva última novel·la, *Quítame tus sucias manos de encima,* el títol de la qual és una frase d'*El planeta dels simis,* el confirma com un autor inclassificable i en tot cas, si fos possible, *neo-pulp.* «Si he d'autoanalitzar-me des de la meva galopant miopia, diria que la meva obra es basa en la vindicació de l'instint i la irracionalitat sobre el fals pensament racional i la manipulació de l'individu. La meva obra és un cant amoral a l'individualisme, a la presa de consciència de l'individu, que realment pot, ha de fer allò que desitgi: estimar, sofrir, matar amb totes les conseqüències. És l'única cosa que et fa lliure, encara que vagi en contra dels interessos dels altres. Per resumir: la meva obra és un crit de ràbia. Potser estèril, però viu».

COMIC BOOK WRITER, SCRIPTWRITER AND WRITER. His narrative debut, *Todas putas* (All Whores), caused such an uproar in Spain that Mario Vargas Llosa dedicated an essay to him in defence of the creative freedom inherent in any literary work. His last novel, *Quítame tus sucias manos de encima* (Get Your Dirty Hands Off Me), a line from the *Planet of the Apes*, confirms him as an unclassifiable, neo-pulp-like writer. "If I have to analyse myself through the lens of my enormous myopia, I'd say my work is based on the vindication of instinct and irrationality over false irrational thought and manipulation of the individual. My work is an amoral song to individualism, to the individual's awareness that he can, that he must do what he wants: love, suffer, kill with all the consequences. It's the only thing that makes you free,

even if it goes against the interests of others. To sum up: my work is a cry of rage. Sterile perhaps, but alive."

MIRAS, TXELL
SABADELL, BARCELONA, 13.06.1976.

O | *Ansia y calma (2003, cortometraje), Hands (colección verano 2006), Equilibris (colección invierno 2007-08), Framing (colección invierno 2009-10).* **M** | *Marcel Duchamp, Rei Kawakubo, Witold Gombrowicz, C. T. Dreyer.* **C** | *Ron Mueck, Haider Ackermann, Roberto Bolaño, Wong Kar-Wai.*

DISEÑADORA DE MODA. Licenciada en Bellas Artes en la UB y formada en técnicas de moda en la Escuela Llotja, gana un concurso de la Domus Academy de Milán con el que accede a una beca para cursar allí su máster. El director de la escuela italiana, Neil Barrett, la ficha para su línea femenina y a la vez la anima a crear su propia firma en 2004. Desde entonces compagina su trabajo entre Milán y Barcelona, donde habitualmente presenta sus colecciones, además de ciudades como Londres, Praga o Viena. Tiene en su haber premios como el Lancôme de la Pasarela Gaudí o Barcelona és Moda. «Mi intención no es innovar, sino ofrecer un punto de vista personal. No creo en la inspiración divina, solo en el trabajo duro y la autoexigencia».

DISSENYADORA DE MODA. Llicenciada en Belles Arts a la UB i formada en tècniques de moda a l'Escola Llotja, guanya el concurs de la Domus Academy de Milà i accedeix a una beca per cursar-hi un màster. El director d'aquesta escola italiana, Neil Barrett, la fitxa per a la seva línia femenina i al mateix temps l'anima, el 2004, a crear la seva pròpia firma. Des d'aleshores compagina el seu treball entre Milà i Barcelona, on habitualment presenta les seves col·leccions, i a ciutats com Londres, Praga o Viena. Té a favor seu premis com el Lancôme de la Passarel·la Gaudí o el Barcelona És Moda. «La meva intenció no és innovar, sinó oferir un punt de vista personal. No crec en la inspiració divina, només en el treball dur i l'autoexigència».

FASHION DESIGNER. A graduate in Fine Art from the University of Barcelona and trained in fashion techniques at the Llotja School, she was awarded a grant to complete her Masters at the Domus Academy in Milan. The director of the Italian school, Neil Barrett, contracted her for his women's line and at the same time encouraged her to create her own brand in 2004. Since then she has worked between Milan and Barcelona, where she often presents her collections, as well as in cities such as London, Prague or Vienna. She holds awards such as the Lancôme award from the Gaudí Fashion Show, or the Barcelona Es Moda award. "My intention is not to innovate, but to offer a personal viewpoint. I don't believe in divine inspiration, just in hard work and asking a lot of yourself."

TXELL MIRAS, OTOÑO-INVIERNO 2004.

MIRÓ CAPARRÓS, PAU
BARCELONA, 23.09.1974.

O | *Como autor y director: La poesia dels assassins (2000), Una habitació a l'Antàrtida (2002), Paraigües elèctrics (2003), Happy Hour (2004, versión de Tío Vania, de Chéjov), Bales i ombres (2006), Somriure d'elefant (2006), Búfals (2008), Lleons (2009), Girafes (2009).* **M** | *Harold Pinter, Italo Calvino, Samuel Beckett.* **C** | *Lluïsa Cunillé, Juan Mayorga.*

DRAMATURGO Y DIRECTOR, ADEMÁS DE ACTOR DE TEATRO. Licenciado en interpretación por el Institut del Teatre de Barcelona, su formación como dramaturgo se debe a maestros como José Sanchis Sinisterra, Xavier Albertí, Sergi Belbel, Carles Batlle o Javier Daulte, entre otros, a través de los cursos y seminarios de la Sala Beckett. Es uno de los fundadores de la compañía Menudos junto con otros ex alumnos del Institut, y ha participado como actor en diversos montajes. Su obra *Plou a Barcelona* ha sido estrenada en Milán y traducida a siete idiomas, y su *Trilogia animal,* formada por *Búfals, Lleons* y *Girafes,* recibió el Premio de la Crítica al mejor texto teatral «Las respuestas las dan los políticos; las preguntas, los filósofos».

DRAMATURG I DIRECTOR, A MÉS D'ACTOR TEATRAL. Llicenciat en interpretació per l'Institut del Teatre de Barcelona, la seva forma- ▶

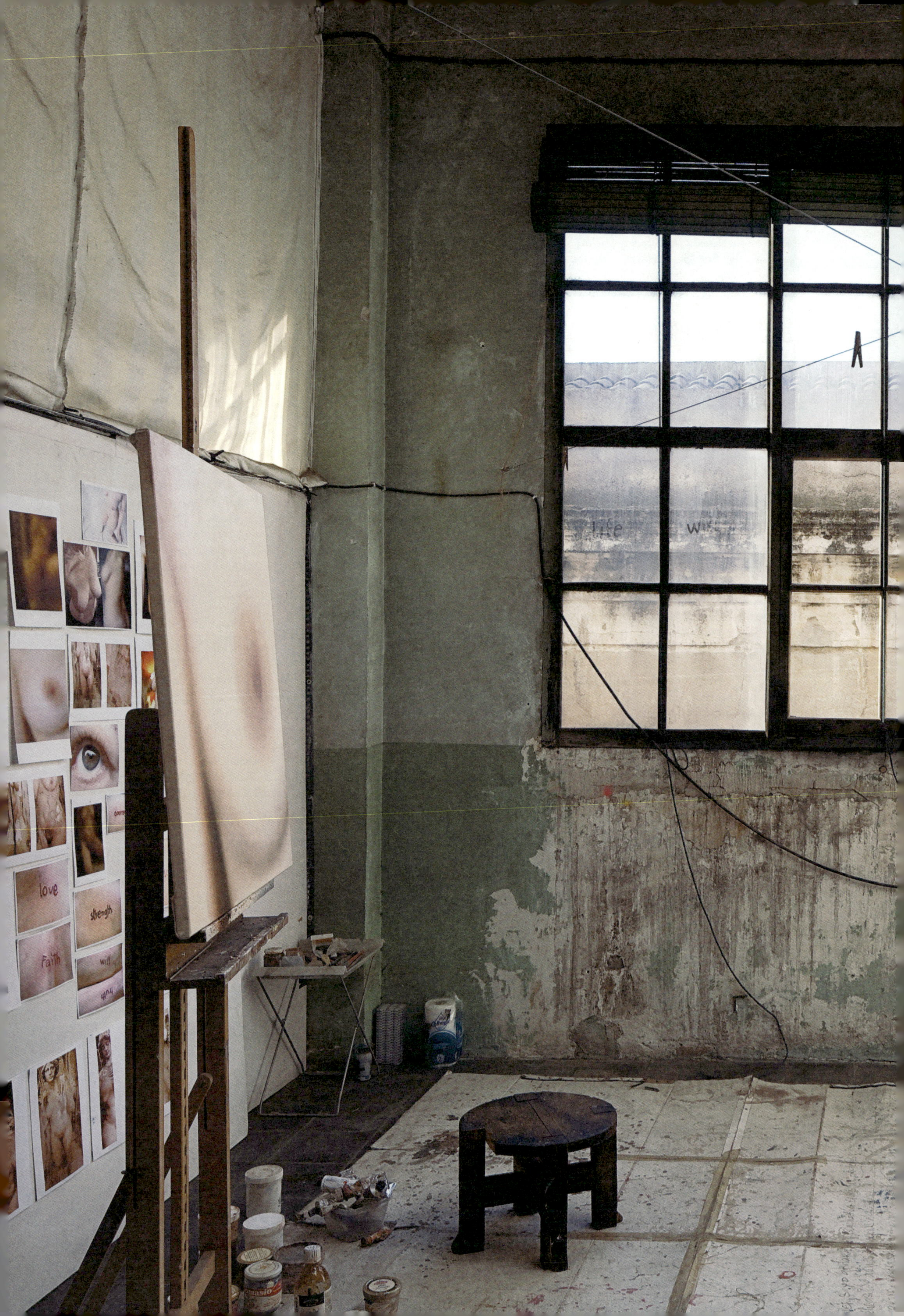

love
strength
Faith
will
truth
life
w

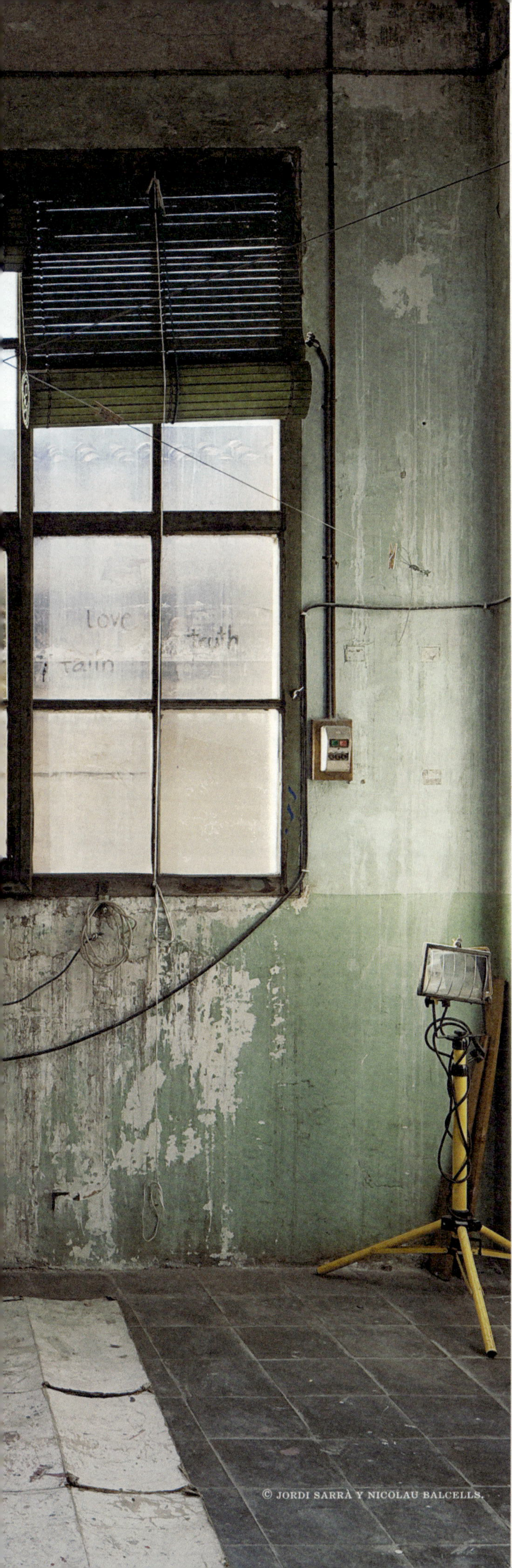

LA ESCOCESA

CARRER PERE IV, 345 | POBLENOU, 08020 BARCELONA

www.laescocesa.org | +34 931 650 020 | info@laescocesa.org

CENTRO DE CREACIÓN de artes visuales y plásticas situado en un antiguo complejo industrial donde, en el siglo XIX, se elaboraban productos químicos para la industria textil. El grupo de artistas Asociación de Ideas EMA dispone de la concesión de una de las naves de titularidad municipal del antiguo recinto fabril, antes del inicio de las obras de remodelación definitivas. Actualmente, el centro ofrece talleres artísticos y actividades asequibles para creadores del ámbito de las artes plásticas y artesanales.

CENTRE DE CREACIÓ d'arts visuals i plàstiques situat en un antic complex industrial on, al segle XIX, s'elaboraven productes químics per a la indústria tèxtil. El grup d'artistes Associació d'Idees EMA disposa de la concessió d'una de les naus de titularitat municipal de l'antic recinte fabril, abans de l'inici de les obres de remodelació definitives. Actualment, el centre ofereix tallers artístics i activitats assequibles per a creadors de l'àmbit de les arts plàstiques i artesanals.

CREATIVE CENTER of visual and plastic arts located in an old industrial complex where, back in the XIX century, chemical products for the garment industry were produced. The group of artists Asociación de Ideas EMA has the concession for one of the bays of the former factory premises from the municipal registry, prior to the start of the final remodeling work. Presently, the center offers artistic workshops and affordable activities for creators in the fields of plastic arts and crafts.

▶ ció com a dramaturg es deu a mestres com José Sanchis Sinisterra, Xavier Albertí, Sergi Belbel, Carles Batlle o Javier Daulte, entre d'altres, a través de cursos i seminaris a la Sala Beckett. És un dels fundadors de la companyia Menudos al costat d'altres ex alumnes de l'Institut, i ha participat com a actor en diversos muntatges. La seva obra *Plou a Barcelona* ha estat estrenada a Milà i traduïda a set llengües, i la seva *Trilogia Animal*, formada per *Búfals*, *Lleons* i *Girafes*, va rebre el Premi de la Crítica al millor text teatral. «Les respostes les donen els polítics; les preguntes, els filòsofs».

PLAYWRIGHT, DIRECTOR AND ACTOR. A graduate in acting from the *l'Institut del Teatre* in Barcelona, he owes his training as a playwright to *maestros* such as José Sanchis Sinisterra, Xavier Albertí, Sergi Belbel, Carles Batlle or Javier Daulte, among others, through courses and seminars at the Beckett Room. He is one of the founders of the theatre company *Menudos* together with other alumni of the *Institut*, and has been involved as an actor in a number of performances. His work *Plou a Barcelona* has been released in Milan, and translated into seven languages, and his *Trilogía Animal*, consisting of *Barcelona*, *Lleons* and *Girafes*, received the Critics' Award for best play script. "Politicians give the answers; philosophers ask the questions."

MISHIMA
BARCELONA, 1998.

O | *Lipstick Traces (2000), The Fall of Public Man (2003), Trucar a casa. Recollir les fotos. Pagar la multa (2005), Set tota la vida (2007), Ordre i Aventura (2010).* **M |** *The Go Betweens, The Magnetic Fields, Pale Fountains, Echo And The Bunnymen.* **C |** *The Divine Comedy, Babybird, Arab Strap.*

GRUPO DE POP. Integrado por David Carabén (guitarra y voz), Marc Lloret (teclados y voces), Dani Vega (guitarra), Alfons Serra (batería y voces) y Xavi Caparrós (bajo y voces), sus dos primeros álbumes, grabados en inglés, consiguen aunar el equilibrio entre innovación, experimentación y melodía, por lo que llaman pronto la atención de la crítica y del público. Con su tercer trabajo inician su andadura en catalán y afianzan su estilo: sonidos limpios, líneas claras y transparentes que esconden, detrás de su inmediatez, unas letras más crudas y directas pero que no abandonan su inclinación literaria. También colabora con el grupo Oscar D'Aniello (Delafé), otro de sus fundadores, hoy en Delafé y las Flores Azules. «Una canción es un medio para generar algún tipo de sentimiento».

GRUP DE POP. Integrat per David Carabén (guitarra i veu), Marc Lloret (teclats i veus), Dani Vega (guitarra), Alfons Serra (bateria i veus) i Xavi Caparrós (baix i veus), els seus dos primers àlbums, gravats en anglès, aconsegueixen conjuminar l'equilibri entre innovació, experimentació i melodia, per la qual cosa aviat criden l'atenció de la crítica i del públic. Amb el seu tercer treball inicien la seva etapa en català i afermen el seu estil: sons nets, línies clares i transparents que amaguen, rere la seva immediatesa, unes lletres més crues i directes però que no abandonen la seva inclinació literària. També col·labora amb el grup Oscar D'Aniello (Delafé), un altre dels seus fundadors, ara, membre de Delafé i las Flores Azules. «Una cançó és un mitjà per generar alguna mena de sentiment».

POP GROUP. David Carabén (guitar and vocals), Marc Lloret (keyboards and vocals), Dani Vega (guitar), Alfons Serra (drums and vocals) and Xavi Caparrós (bass and vocals). Their first two albums, recorded in English, struck a balance between innovation, experimentation and melody, quickly attracting the attention of critics and the general public. Their third album started their career in Catalan and reconfirmed their style: clean sounds, clear and transparent lines which hide, behind their immediacy, rawer and more direct lyrics, which remain close to their literary inclination. They also work with the group Oscar D'aniello (Delafé), another of their founder members, now known as Delafé y las Flores Azules. "A song is a means of creating some kind of feeling."

MONGE, EMILIANO
CIUDAD DE MÉXICO, 06.01.1978.

O | *Arrastrar esa sombra (2008), Morirse de memoria (2009).* **M |** *Efrén Hernández, Juan Rulfo, Emmanuel Bove, Antonio Di*

Benedetto, Russell Banks, Kenzaburō Ōe, Fiódor Dostoievski. **C |** *Antonio Ortuño, Daniela Tarazona, Rodrigo Hasbún.*

ESCRITOR. Valedor del lenguaje por encima de todo y dueño de una prosa precisa y cargada de potentes imágenes, es uno de los autores más virtuosos que han aparecido en América Latina en los últimos tiempos. Sus dos libros publicados hasta hoy han merecido comentarios como este, de su compatriota José Agustín: «Si hoy fuera joven, así me gustaría escribir». «Preferiría enumerar los temas que siempre me han obsesionado, pues estos son los materiales de mi obra: soledad, cordura, olvido, miedo, vigilia, locura, sueño, violencia, intimidad, memoria. Y enumerar también las maneras que utilizo para hacer con todos estos un texto en el que siempre importan más la forma y el volumen que la historia: doblando el lenguaje, traslapando hechos y sucesos, rompiendo la secuencia lógica del tiempo, retando los límites del ritmo, desarmando las palabras, poniendo siempre en el centro al silencio».

ESCRIPTOR. Valedor del llenguatge per damunt de tot i amo d'una prosa precisa i carregada de potents imatges, és un dels autors més virtuosos que han aparegut a l'Amèrica Llatina en els últims temps. Els seus dos llibres publicats fins avui han merescut comentaris com aquest, del seu compatriota José Agustín: «Si avui fos jove, m'agradaria escriure així». «M'estimaria més enumerar els temes que sempre m'han obsessionat, ja que són els materials de la meva obra: solitud, seny, oblit, por, vigília, bogeria, somni, violència, intimitat, memòria. I enumerar també les maneres que faig servir per fer amb tots ells un text en què sempre importen més la forma i el volum que la història: doblegant el llenguatge, encavalcant fets i successos, trencant la seqüència lògica del temps, desafiant els límits del ritme, desarmant les paraules, posant sempre en el centre el silenci».

WRITER. A champion of language above all else and the bearer of an accurate prose, loaded with strong images, he is one of the most virtuous authors to have appeared in Latin America in recent times. The two books he has published so far have earned comments such as this one from his compatriot José Agustín: "If I were still young, that is how I would like to write." "I would prefer to list the themes which have always interested me, as these are the material for my work: Solitude, common sense, oblivion, fear, vigilance, madness, dreams, violence, intimacy, memory. And also listing the ways I use to make all of this a text in which form and volume are always much more important than the story: Dubbing the language, overlapping facts and events, breaking up the logical sequence of time, forcing the limit of rhythm, disarming words, always placing silence at the centre."

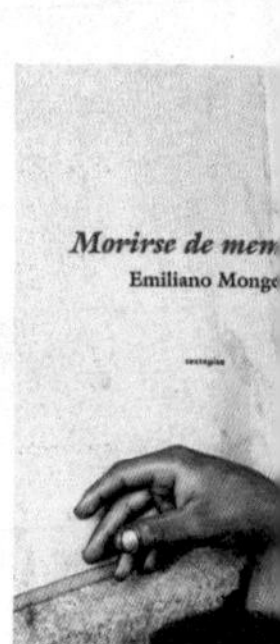

MONZÓ, MARC
BARCELONA, 16.07.1973.

O | *1 Point Earrings (2001), Flat Brooch (2003), Electroforming (2004), Black Star (2006), Fire (2010), White Form (2011).* **M |** Maestros: *Escola Massana.* Influencias: *Mi entorno diario.* Referentes: *Peter Kowald, Alice Coltrane, Ettore Sottsass.* **C |** *Bernhard Schobinger, Hans Stofer, Volker Atrops.*

DISEÑADOR DE JOYAS. Formado en la Escuela Massana de Barcelona, su obra forma parte de las colecciones del Museu de les Arts Decoratives de la misma ciudad y, en Holanda, de la Françoise van den Bosch Foundation y del Stedelijk Museum's-Hertogenbosch. Hay dos libros dedicados a su obra: *Marc Monzó Jeweler*, publicado por Klimt 02 y diseñado por el estudio Setanta, y *Marc Monzó 1mm*, edición limitada publicada y diseñada por Setanta. Desde 1995, sus creaciones han sido exhibidas en más de un centenar de museos, centros de arte y galerías de todo el mundo, como el Museum Of Decorative Arts de Nueva York, el Danish Museum Of Art & Design de Copenhague, el CaixaForum de Barcelona o la Gallery Deux Poissons de Tokio. En 2006 ganó el Premio de Diseño otorgado por el Colegio de Joyeros de Cataluña. «Su método parece sugerir la convicción de que el verdadero conocimiento del mundo procede de la multiplicidad de las miradas arrojadas sobre él. Mientras que ciertos atributos de los objetos solo pueden ser apreciados por el análisis detallado, otros requieren una visión desapasionada, de reojo o desde la ventanilla de un avión» (Love Jönsson).

DISSENYADOR DE JOIES. Format a l'Escola Massana de Barcelona, la seva obra forma part de les col·leccions del Museu de les Arts Decoratives de la mateixa ciutat i, a Holanda, de la Françoise van den Bosch Foundation i del Stedelijk Museum's-Hertogenbosch. Hi ha dos llibres dedicats a la seva obra: *Marc Monzó Jeweler*, publicat per Klimt02 i dissenyat per l'estudi Setanta, i *Marc Monzó 1mm*, edició limitada publicada i dissenyada també per Setanta. Des del 1995, les seves creacions han estat exhibides a més d'un centenar de museus, centres d'art i galeries de tot el món, com el Museum of Decorative Arts de Nova York, el Danish Museum of Art & Design de Copenhaguen, el CaixaForum de Barcelona o la Gallery Deux Poissons de Tokio. El 2006 va guanyar el Premi de Disseny atorgat pel Col·legi de Joiers de Catalunya. «El seu mètode sembla suggerir la convicció que el veritable coneixement del món procedeix de la multiplicitat de les mirades llançades damunt seu. Mentre que certs atributs dels objectes només poden ser apreciats per l'anàlisi detallat, uns altres requereixen una visió desapassionada, de reüll o des de la finestreta d'un avió» (Love Jönsson).

JEWELLERY DESIGNER. Trained at the Massana School in Barcelona, his work is part of collections at the Museu de las Arts Decoratives in the same city, and in the Netherlands, the Françoise van den Bosch Foundation and the Stedelijk Museum's Hertogenbosch. Two books have been devoted to his work: *Marc Monzó Jeweler*, published by Klimt 02 and designed by the Setanta studio, and *Marc Monzó 1mm*, a limited edition published and designed by Setanta. Since 1995, his creations have been exhibited in over one hundred museums, art centres and galleries around the world, such as the Museum of Decorative Arts in New York, the Danish Museum of Art & Design in Copenhagen, CaixaForum in Barcelona or the Deux Poissons Gallery in Tokyo. In 2006 he won the Design Award granted by the Catalonian Official School of Jewellers. "His method seems to suggest the conviction that true knowledge of the world comes from the multiplicity of those looking at it. While certain attributes of objects can only be appreciated under a detailed examination, others required a dispassionate view, a glance, a look from the window of a plane." (Love Jönsson).

MONZÓ, QUIM
BARCELONA, 24.03.1952.

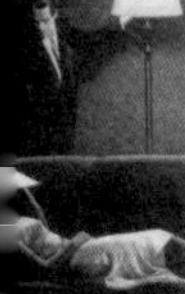

O | *Uf, va dir ell (1978), Olivetti, Moulinex, Chaffoteaux et Maury (1980), Benzina (1983), L'illa de Maians (1985), La magnitud de la tragèdia (1989), El perquè de tot plegat (1993), Guadalajara (1996), Vuitanta-sis contes (1999), El millor dels mons (2001), Tres Nadals (2003), Mil cretins (2007).* **N |** *El cobrador, de Rubem Fonseca; El regimiento extraviado, de Italo Calvino; Continuidad de los parques, de Julio Cortázar; El último viaje del buque fantasma, de Gabriel García Márquez; Todos los hombres son iguales, de Adolfo Bioy Casares; Los asesinos, de Charles Bukowski; El amor es ciego, de Boris Vian; Instrucciones para subir una escalera, de Julio Cortázar; La revolución, de Sławomir Mrożek; Invasión sutil, de Pere Calders; Un accidente pedestre, de Robert Coover; Muchacha que cae, de Dino Buzzati; The cliff (El acantilado), de Charles Baxter.*

ESCRITOR. Es un maestro del cuento, reconocido así en las más de veinte lenguas a las que su obra ha sido traducida, y uno de los grandes nombres de la literatura española que se escribe en catalán. Aunque no le interesa la teoría ni escribe ensayos literarios —prefiere el periodismo—, muchos de sus cuentos encajan perfectamente con las estructuras y técnicas canónicas del género que se enseñan en las escuelas de escritura. El director de la legendaria revista barcelonesa *Quimera*, Jaime Rodríguez Z., afirma, por ejemplo, que quien lee a Monzó de manera honesta, «con la cabeza pero también con las tripas», se convierte en mayor o menor medida en un acólito, en un creyente o, como mínimo, en un defensor de su obra. «Hay gente que escribe desde un plano metódico, y sus vivencias casi no intervienen en la construcción del texto. Hay otra clase de escritor que escribe so-

bre aquello que le pasa. Yo soy de este segundo tipo. Cuando era más joven, iba a bares; cuando me he hecho mayor, he comenzado a cambiar los bares por los hospitales. Es evidente que mi camino y el de mis relatos andan en paralelo».

ESCRIPTOR. És un mestre del conte, reconegut així en les més de vint llengües a les quals la seva obra ha estat traduïda, i un dels grans noms de la literatura espanyola que escriu en català. Per bé que no li interessa la teoria ni escriu assajos literaris —s'estima més el periodisme—, molts contes seus encaixen perfectament amb les estructures i tècniques canòniques del gènere que ensenyen a les escoles d'escriptura. El director de la llegendària revista barcelonina *Quimera*, Jaime Rodríguez Z., afirma, per exemple, que qui llegeix Monzó d'una manera honesta, «amb el cap però també amb l'estómac», es converteix en major o menor mesura en un acòlit, en un creient o, com a mínim, en un defensor de la seva obra. «Hi ha gent que escriu a partir d'un pla metòdic, i les seves vivències no intervenen gaire en la construcció del text. Hi ha una altra mena d'escriptor que escriu sobre allò que li passa. Jo sóc d'aquest segon tipus. Quan era més jove anava a bars i quan em vaig fer més gran vaig començar a canviar els bars pels hospitals. És evident que el meu camí i el dels meus relats és paral·lel».

WRITER. He is a master of storytelling, recognised as such in the more than twenty languages into which his work has been translated, and is one of the great names in Spanish literature written in Catalan. Although he is not interested in theory, nor writes literary essays – he prefers journalism - , many of his stories fit perfectly into the structures and canonical theories of the genre as taught in writing schools. The editor of the legendary Barcelona journal *Quimera*, Jaime Rodríguez Z., states, for example, that someone who reads Monzó honestly "with their head, but also with their gut," becomes something of an acolyte, a believer, or at least a defender of his work. "There are people who write from a methodical level, and their lives barely affect the building up of the text. Then there is another type of author who writes about things that happen to him. I'm of the second type. When I was younger, I used to go to bars; as I get older, I have started to swap bars for hospitals. Obviously the route I take and that of my stories run parallel to each other."

MUNT, SILVIA
BARCELONA, 24.03.1957.

O | *Como directora: Déjeme que le cuente (1998, cortometraje), Lalia (1999, cortometraje), Quia (2001, película para televisión), Gala. Elena Dimitrievna Diakonova (2003, largometraje documental), Las hijas de Mohamed (2004, película para televisión, CIVIS ARD Media Prize de Alemania al mejor telefilm europeo del año), Cosas que pasan (2006, película para televisión), Pretextos (2008, largometraje de ficción, Biznaga de Plata a la mejor dirección en el Festival de Málaga), Bajo el mismo cielo (2008), Una comedia española (2009, teatro), Mar de plástico (2011, película para televisión), Meublé (2011, película para televisión). Como actriz: La plaza del Diamante (Francesc Bellmunt, 1981), Sal gorda (Fernando Trueba, 1983), El rey del río (Manuel Gutiérrez Aragón, 1994), Éxtasis (Mariano Barroso, 1995), Secretos del corazón (Montxo Armendáriz, 1998)...*

ACTRIZ Y DIRECTORA DE TEATRO, cine y televisión, además de guionista. Titulada en Ballet Clásico por la Royal Ballet de Londres y fundadora del Ballet Contemporáneo de Barcelona, el arte ha estado siempre presente en su vida como bailarina, coreógrafa y actriz de cine y televisión, como productora y actriz de teatro, y, desde finales de los noventa, como directora y guionista. Ha sido galardonada con dos premios Goya: a la mejor actriz, por su papel en *Alas de mariposa*, de Juanma Bajo Ulloa, y al mejor cortometraje documental por *Lalia*, escrito y dirigido por ella misma, y con el que obtuvo también el premio United Nations World Forum on Children's Television. Como actriz también ha sido nominada a un Goya por su trabajo en *La pasión turca*, de Vicente Aranda. A lo largo de su trayectoria ha recibido unos cuarenta premios tanto nacionales como internacionales.

ACTRIU I DIRECTORA DE TEATRE, cinema i televisió, a més de guionista. Titulada en Ballet Clàssic per la Royal Ballet de Londres i fundadora del Ballet Contemporani de Barcelona, l'art sempre ha estat present a la seva vida, com a ballarina, coreògrafa i actriu de cinema i televisió; productora i actriu de teatre, i, des de finals dels noranta, com a directora i guionista. Ha estat guardonada amb dos Premis Goya: a la millor actriu, pel seu paper a *Alas de mariposa*, de Juanma Bajo Ulloa, i al millor curtmetratge documental, per *Lalia*, escrit i dirigit per ella mateixa, amb el qual va obtenir també el premi United Nations World Forum on Children's Television de les Nacions Unides. Com a actriu també ha estat nominada als Goya pel seu treball a *La pasión turca*, de Vicente Aranda. Al llarg de la seva trajectòria ha rebut una quarantena de premis tant nacionals com internacionals.

ACTRESS AND DIRECTOR OF THEATRE, film and television. Scriptwriter. Trained in Classical Ballet at the Royal Ballet in London, and founder of the Contemporary Ballet in Barcelona, art has always been in her life, as a dancer, choreographer and film/television actress; theatre producer and actress, and since the late nineties, a director and scriptwriter. She has received two Goya Awards: for Best Actress, for her role in *Alas de mariposa*, by Juanma Bajo Ulloa and for Best Short Documentary for *Lalia* written and directed by her, which also won the United Nations World Forum on Children's Television Award. As an actress she has also been nominated for a Goya for her work in *La passion turca*, by Vicente Aranda. Over the course of her career she has received some forty awards both nationally and overseas.

MÜRFILA
(MAR ORFILA)
BARCELONA, 19.03.1977.

O | *Vamos a hacer pupita (2004), Miss Líos (2007), I love Ü (2010).* **M |** *Nirvana + Madonna.* **C |** *Muse, Biffy Clyro, Arcade Fire, Faith No More, Weezer.*

CANTANTE Y MÚSICA DE ROCK. «Rock con mayúsculas, rock como manera de vivir». Con tres discos editados, *I love Ü*, su trabajo más reciente, incluye una serie televisiva para Internet de carácter vagamente autobiográfico en la que dibuja todas las melodías y letras del disco, y critica «desde dentro» el negocio de la música. Un disco convertido en comedia de situación, o al revés, propio de una creadora interdisciplinar que además de componer todos sus temas, realiza videoclips y audiovisuales y se interpreta a sí misma o a *La Chari*, una artista «choni» con la que rebasa todos los límites posibles en el escenario. «Energía en estado puro».

CANTANT I MÚSIC DE ROCK. «Rock amb majúscules, rock com a manera de viure». Amb tres discos editats, *I love Ü*, el seu treball més recent, inclou una sèrie televisiva per a Internet de caràcter vagament autobiogràfic en què dibuixa totes les melodies i lletres del disc, i critica «des de dins» el negoci de la música. Un disc convertit en sitcom, o a l'inrevés, propi d'una artista interdisciplinària que, a més de compondre tots els seus temes, realitza videoclips i audiovisuals i s'interpreta a si mateixa o a *La Chari*, una artista «choni» amb què depassa tots els límits possibles a l'escenari. «Energia en estat pur».

ROCK SINGER AND MUSICIAN. "Rock with capital letters, rock as a way of life." With three published albums, *I love Ü*, her most recent work, includes a television series for the Internet, of a vaguely biographical nature, in which she draws all the melodies and lyrics of the album, and criticises the music industry "from the inside." An album turned sitcom - or the other way around – from a multi-talented artist who in addition to composing all her songs, makes videoclips and audiovisuals playing herself or *La Chari* a "choni" artist with whom she pushes all the possible boundaries on stage. "Pure energy."

MX_SI
HÉCTOR MENDOZA RAMÍREZ: TAMPICO, MÉXICO, 22.11.1974.
MARA PARTIDA MUÑOZ: CIUDAD DE MÉXICO, 18.03.1974.
MÓNICA JUVERA JIMÉNEZ: CIUDAD OBREGÓN, MÉXICO, 22.02.1974.
BORIS BEZAN: KRANJ, ESLOVENIA, 26.07.1972.

O | *En construcción: Centro Federico García Lorca, en Granada; auditorio municipal de Lucena, en Córdoba; Centro de Creación Contemporánea Rog, en Ljubljana, Eslovenia; biblioteca municipal*

Vilanova, en Barcelona. En fase de planeamiento: Europan 8, en Gotemburgo, Suecia. **M |** *Mathias Goeritz, Marcel Breuer, Luis Barragán, Jože Plečnik.* **C |** *Álvaro Siza, Antonio Jiménez Torrecillas, Bevk Perović, Josep Lluís Mateo, Kazuyo Sejima.*

ARQUITECTOS. Su paso de «cuatro jóvenes arquitectos llegan a Barcelona en busca de una oportunidad» a «cuatro jóvenes arquitectos sorprenden al mundo al vencer en un concurso a estrellas de la arquitectura moderna como Norman Foster o David Chipperfield» fue apoteósico. Ocurrió en 2005, cuando su proyecto para construir el Centro Federico García Lorca de Granada resultó efectivamente el ganador. Desde entonces, el trabajo bastante inclinado a lo plástico de este colectivo formado por tres mexicanos y un esloveno no deja de sorprender. «La temática que fundamenta el trabajo de MX_SI radica en la continua exploración de la esencia arquitectónica entendida como consecuencia lógica e integral del diálogo entre programa, estructura, geometría y expresión espacial».

ARQUITECTES. El seu pas de «quatre joves arquitectes arriben a Barcelona a la recerca d'una oportunitat» a «quatre joves arquitectes sorprenen el món en guanyar en un concurs a estrelles de l'arquitectura moderna com Norman Foster o David Chipperfield» va ser apoteòsic. Va succeir el 2005, quan el seu projecte per construir el Centre Federico García Lorca de Granada va resultar efectivament el guanyador. Des d'aleshores, el treball bastant inclinat a allò és plàstic d'aquest col·lectiu format per tres mexicans i un eslovè no deixa de sorprendre. «La temàtica que fonamenta el treball de MX_SI rau en la continua exploració de l'essència arquitectònica entesa com a conseqüència lògica i integral del diàleg entre programa, estructura, geometria i expressió espacial».

ARCHITECTS. Their metamorphosis from being "four young architects who arrive in Barcelona in search of opportunity" to "four young architects who surprise the world by defeating in a contest such stars of modern architecture as Norman Foster and David Chipperfield" was tremendous. It happened in 2005, after their construction design for the Centro Federico García Lorca de Granada was selected as the winner. Ever since, the work of this group formed by three Mexicans and one Slovenian, which leans heavily towards the plastic arts, has not ceased to surprise. "The subject matter at the heart of the work of MX_SI lies in the continuous exploration of the essence of architecture, understood as the logical and integral consequence of the dialogue between programme, structure, geometry and spatial expression."

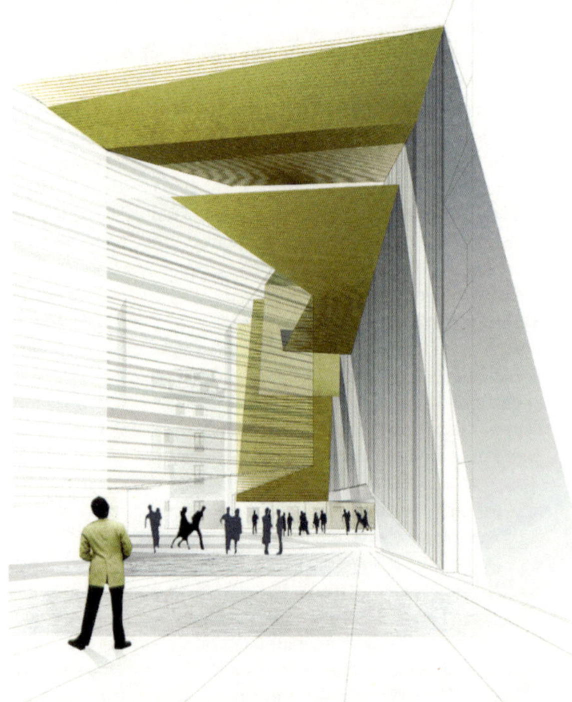

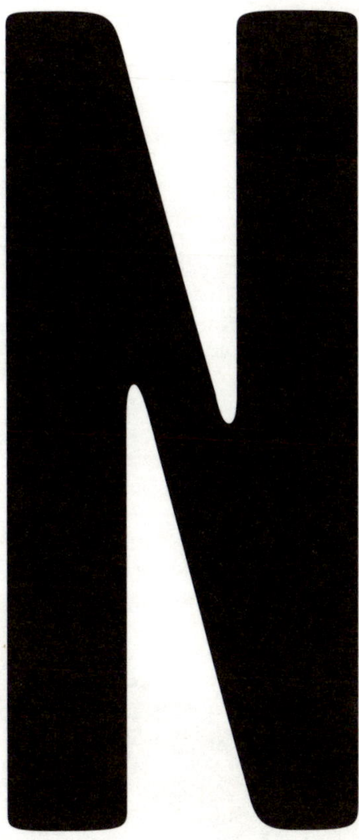

N

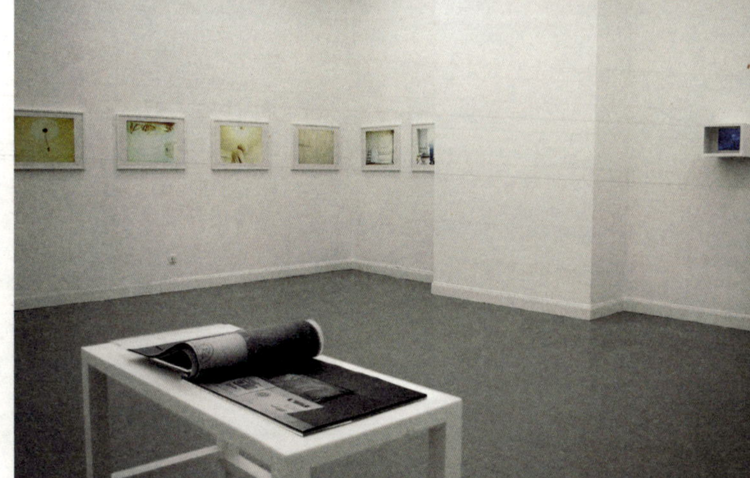

ANDREA NACACH, *REVOLVER*, GALERÍA VANGUARDIA BILBAO, 2010.

NACACH, ANDREA
BUENOS AIRES, 19.04.1975.

O | *Paloma (2001), Familia (2002-06), Séptimo Piso (2006), Verano del 2050 (2006), Behavior (2006-07), Revolver (2008), $42.75 NYC-BCN (2008), Metrónomo #1 (2009, con Iván Marino).* **M |** *Caravaggio, Johannes Vermeer, Modigliani.* **C |** *Marcel Broodthaers, Bernd & Hilla Becher, Cildo Meireles, Janet Cardiff & George Bures Miller, Liliana Porter, William Kentridge, Jorge Macchi, Chen Chieh-jen, Tomas Saraceno.*

ARTISTA VISUAL. Con la fotografía como base de su trabajo, despliega este medio en formatos muy diferentes como libros-objeto, series fotográficas, vídeo, instalaciones y objetos fotográficos. Ha expuesto en galerías y centros de arte de Europa y América, y ha obtenido becas de la Fundación Rockefeller, la Fundación Antorchas y el Centro Nacional de las Artes de México, entre otras. Estudió diseño gráfico en la Universidad de Buenos Aires y fotografía en la Escuela Nacional de Fotografía (ENFO) de Argentina. Desde 2002 reside en Barcelona, donde colabora con Antoni Muntadas en diversos proyectos. «Me interesa reflexionar sobre las relaciones humanas y el contexto en que las personas habitan. La memoria, los espacios, los traslados, las pérdidas, las ausencias y las transformaciones están dentro de las propuestas que trabajo».

ARTISTA VISUAL. Amb la fotografia com a base del seu treball, desplega aquest mitjà en formats molt diversos com llibres-objecte, sèries fotogràfiques, vídeo, instal·lacions i objectes fotogràfics. Ha exposat en galeries i centres d'art d'Europa i Amèrica, i ha obtingut beques de la Fundació Rockefeller, la Fundació Antorchas i el Centre Nacional de les Arts de Mèxic, entre d'altres. Va estudiar disseny gràfic a la Universitat de Buenos Aires i fotografia a l'Escola Nacional de Fotografia (ENFO) d'Argentina. Des del 2002 viu a Barcelona, on col·labora amb Antoni Muntadas en diversos projectes. «M'interessa reflexionar sobre les relacions humanes i el context en el qual viuen les persones. La memòria, els espais, els trasllats, les pèrdues, les absències i les transformacions formen part de les propostes que treballo».

VISUAL ARTIST. With photography as the basis for her work, she uses this medium in a wide range of formats such as book-objects, photographic series, video, installations and photographic object. She has exhibited in galleries and art centres in Europe and America, and has received grants from the Rockefeller Foundation, the Antorchas Foundation and the Mexico National Art Centre, among others. She studied graphic design at the University of Buenos Aires, and photography at the National School of Photography (ENFO) of Argentina. Since 2002 she has lived in Barcelona, where she is working with Antoni Muntadas on a number of projects. "I like to reflect on human relationships and the contexts which people inhabit. Memory, spaces, moves, losses, absences and transformation are part of the proposals I work with."

NATS NUS
(TONI MIRA Y CLAUDIA MORESO)
BARCELONA, 1987.

O | *Strangers in the Night (1989), Bolero (1994), Caixes (1998), Ful (2001), Loft (2003), Slot (2007), Momentari (2008), En attendant l'inattendu (2010).* **M |** *Gilberto Ruiz Lang, Àngels Margarit, Pina Bausch, Philippe Genty.* **C |** *Àngels Margarit, Mal Pelo, Batsheva Dance Company, Pina Bausch.*

COMPAÑÍA DE DANZA CONTEMPORÁNEA. El cuerpo en armonioso movimiento no es el único lenguaje que emplean Toni Mira y Claudia Moreso en Nats Nus. La interacción con la magia, los textos, el humor o el vídeo son la clave para compartir con el público su «particular visión del hombre enfrentado con la realidad». Sus espectáculos para niños buscan transmitir el gusto por la danza desde pequeños. «Poesía visual, magia, comicidad, ironía y ritmo».

COMPANYIA DE DANSA CONTEMPORÀNIA. El cos en harmoniós moviment no és l'únic llenguatge que emprèn Toni Mira i Claudia Moreso a Nats Nus. La interacció amb la màgia, els textos, l'humor o el vídeo són la clau per compartir amb el públic la seva «particular visió de l'home enfrontat amb la realitat». Els seus espectacles per a nens busquen transmetre un gust per la dansa des de petits. «Poesia visual, màgia, comicitat, ironia i ritme».

CONTEMPORARY DANCE COMPANY. The body in harmonious movement is not the only language used by Toni Mira and Claudia Moreso in Nats Nus. Interaction with magic, text, humour and video is their key to sharing their "particular vision of man versus reality" with the public. Their children's shows aim to instil a love for dance from an early age. "Visual poetry, magic, humour, irony and rhythm."

NOONE, THOMAS
LONDRES, 08.01.1971.

O | *Fútil (2004), Crush-Crease (2005), Mur (2007), Bound (2009), The Room (2008-10).* **M |** *Ohad Naharin, Jiri Kylian, Mats Ek y Lloyd Newson.* **C |** *Guy Weizman y Hofesh Shechter.*

BAILARÍN Y COREÓGRAFO. Se inicia en la danza en la Rambert School de Londres. Como bailarín, empieza con las compañías holandesas Djazzex, Itzik Galili y Reflex Dance, antes de trasladarse a Bélgica para trabajar con Charleroi Dance. En Barcelona ha bailado con las compañías Metros y Gelabert-Azzopardi. En 1999 gana el premio Ricard Moragas con la pieza *Still* y, un año más tarde, el Certamen Coreográfico de Madrid con *Credo*. En 2001 ▶

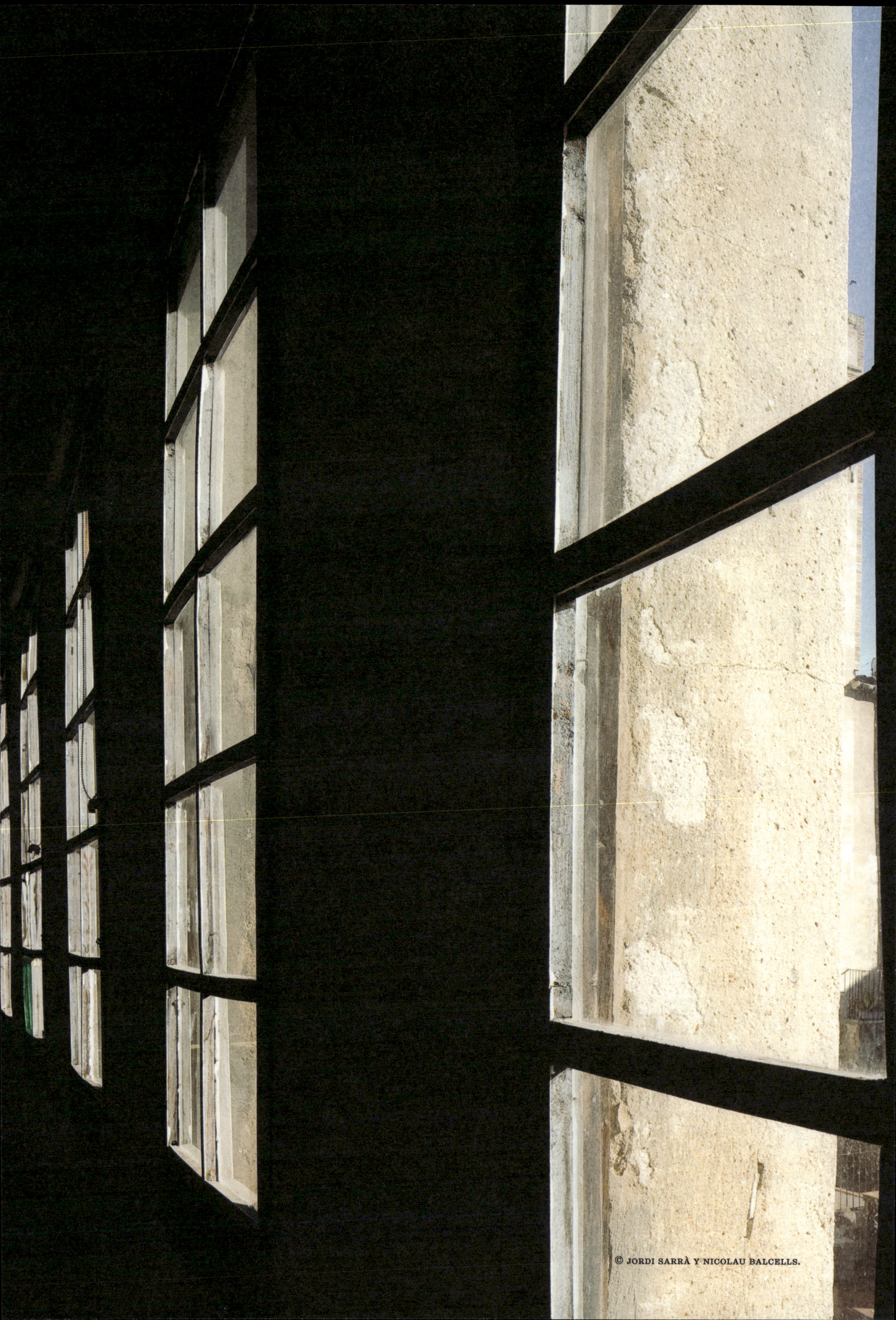

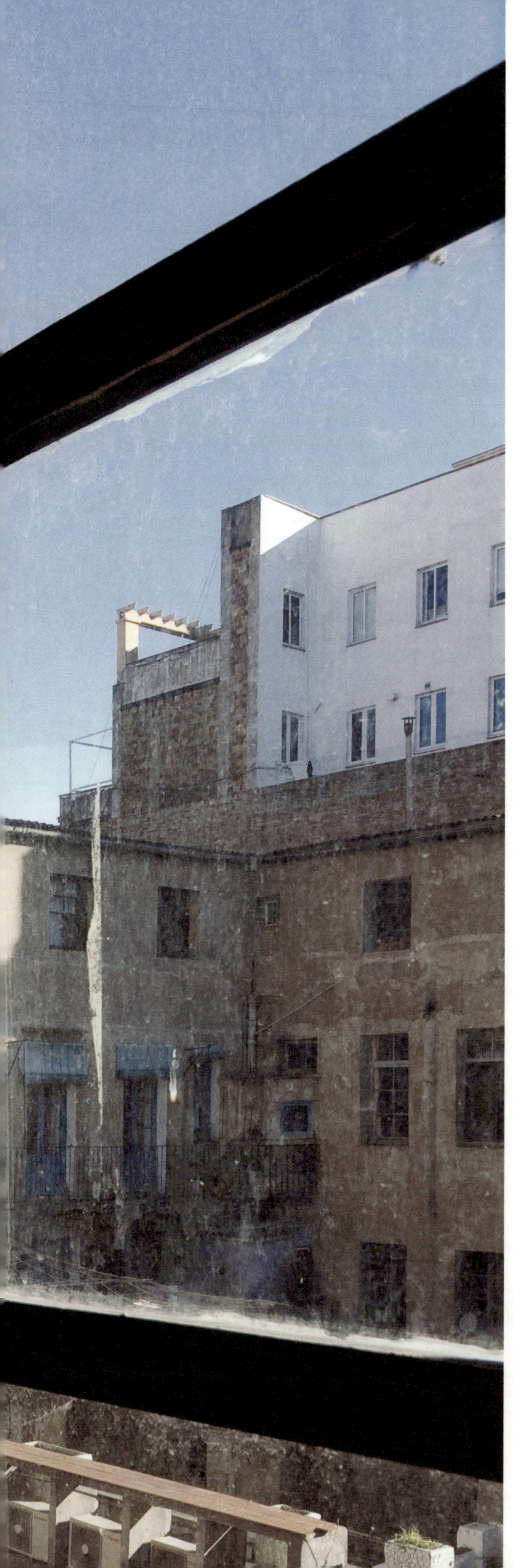

LA PODEROSA

RIERETA, 18 | CIUTAT VELLA, 08001 BARCELONA

www.lapoderosa.es | *+34 93 443 19 80* | *info@lapoderosa.es*

ESPACIO DE CREACIÓN, investigación y agitación cultural («un espacio para la danza y sus contaminantes») gestionado por el colectivo Las Santas. Fundado en el año 2000 para encontrar nuevas vías de continuidad artística y derrocar formulaciones estáticas en torno a la danza y sus manifestaciones (Las Santas *dixit*), La Poderosa es hoy un lugar de trabajo orientado a impulsar proyectos de creación y acercar la danza a las nuevas generaciones a través de actividades de formación. Es también un espacio para la experimentación, que desarrolla y acoge propuestas escénicas (y paraescénicas) inclasificables, «donde la contaminación, la ambivalencia, la fuga y la nada son bienvenidas».

ESPAI DE CREACIÓ, investigació i agitació cultural («un espai per a la dansa i els seus contaminants») gestionat pel col·lectiu Las Santas. Fundat el 2000 per trobar noves vies de continuïtat artística i enderrocar formulacions estàtiques pel que fa a la dansa i les seves manifestacions (Las Santas *dixit*), La Poderosa actualment és un lloc de treball orientat a impulsar projectes de creació i a acostar la dansa a les noves generacions a través d'activitats de formació. És també un espai per a l'experimentació, que desenvolupa i acull propostes escèniques (i para-escèniques) inclassificables, «on la contaminació, l'ambivalència, la fuga i el no-res són benvinguts».

SPACE OF CREATION, research and cultural agitation ("a space for dance and its polluters") managed by the collective Las Santas. Established in the year 2000 to find new ways of artistic continuity and to overthrow static formulations surrounding dance and its forms of expression (Las Santas *dixit*), La Poderosa is today a working place that aims to promote creative projects and to bring dance closer to the new generations through training activities. It is also a space for experimentation, which develops and hosts scenic (and para-scenic) proposals that defy classifications, "where contamination, ambivalence, escape and nothingness are all welcome."

▸ forma Thomas Noone Dance (TND), con la que ha creado *Credo, Loner, Maktub, Triptych, Fútil, Crush-Crease, Mur, Four, Tort, The Room (I, II y III), Bound* y *Glitch.* Ha colaborado con compositores, otros coreógrafos y otras compañías, creando piezas de pequeño y gran formato como *Hurt,* para Norrdans; *Three Futile Stories,* para Dantzaz; *Before,* con Sol Picó; *Buit,* para el Ballet de Teatres de la Generalitat; *Within,* para StopGap o *Judder,* para Verve. Desde 2005 es asesor del SAT! Teatre de Barcelona, con la que organiza el festival DanSAT! «Mi trabajo se concentra en el movimiento en el espacio escénico, sin texto ni artificio teatral. Eso genera emoción solo con el cuerpo: verlo desplazarse, tirarse o entrar en contacto con otro. Un tipo de danza pura, estética y altamente física».

BALLARÍ I COREÒGRAF. S'inicia en dansa a la Rambert School de Londres. Com a ballarí, comença amb les companyies holandeses Djazzex, Itzik Galili i Reflex Dance, abans de traslladar-se a Bèlgica per treballar amb Charleroi Dance. A Barcelona ha ballat amb les companyies Metros i Gelabert-Azzopardi. El 1999 guanya el premi Ricard Moragas amb la peça *Still* i, un any més tard, el Certamen Coreogràfic de Madrid amb *Credo.* El 2001 forma la Thomas Noone Dance (TND), amb la qual ha creat *Credo, Loner, Maktub, Triptych, Fútil, Crush-Crease, Mur, Four, Tort, The Room (i, ii i iii), Bound* i *Glitch.* Ha col·laborat amb compositors, altres coreògrafs i altres companyies, creant peces de petit i gran format com *Hurt,* per a Norrdans; *Three Futile Stories,* per a Dantzaz; *Before,* amb Sol Picó; *Buit,* per al Ballet de Teatres de la Generalitat; *Within,* per a StopGap o *Judder,* per a Verve. Des del 2005 és assessor del SAT! Teatre de Barcelona, amb el qual organitza el festival

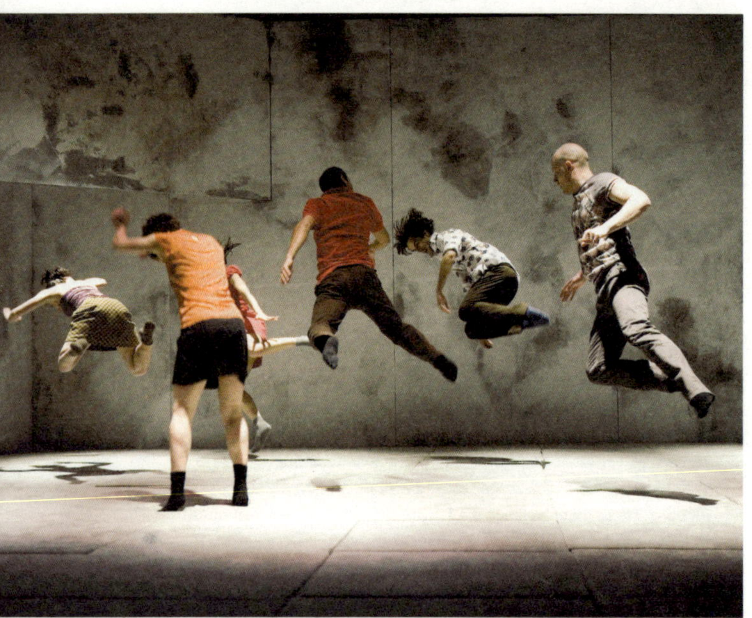

THOMAS NOONE, *THE ROOM.* © MANU LOZANO.

DanSAT! «El meu treball es concentra en el moviment a l'espai escènic, sense text ni artifici teatral. Això genera emoció només amb el cos: veure'l desplaçar-se, llençar-se o entrar en contacte amb un altre cos. Un tipus de dansa pura, estètica i altament física».

DANCER AND CHOREOGRAPHER. He started dancing at the Rambert School in London. As a dancer, he started out with the Dutch companies Djazzex, Itzik Galili and Reflex Dance, before moving to Belgium to work for Charleroi Dance. In Barcelona he has dance with the companies Metros and Gelabert-Azzopardi. In 1999 he won the Ricard Moragas award for the piece *Still* and, one year later, he won the Madrid Choregraphic Contest for *Credo.* In 2001 he created Thomas Noone Dance (TND), which has produced *Credo, Loner, Maktub, Triptych, Fútil, Crush-Crease, Mur, Four, Tort, The Room (I, II and III), Bound* and *Glitch* He has worked with composers, fellow choreographers and other companies, to produce small and large format pieces such as *Hurt* for Norrdans; *Three Futile Stories* for Dantzaz; *Before,* with Sol Picó; *Buit,* for the Teatres de la Generalitat Ballet; *Within,* for StopGap, or *Judder* for Verve. Since 2005 he has been an advisor for SAT! Teatre in Barcelona, with whom he organises the DanSAT! Festival. "My work focuses

on movement on stage, without text or any theatrical artifice. This creates emotions using just the body: seeing it move, throw itself around, or come into contact with another. A pure, aesthetic and highly physical type of dance."

NÚÑEZ, ALICIA
FIGUERAS, GERONA, 10.04.1955.

O | *Otto Zutz Club (1985), reforma del Hotel Ritz (1990), escenarios Lluís Llach (2007-08), actualización del Hotel Lancaster de París (2009), nuevo edificio: Hotel Maricel. Hospes Hoteles Mallorca (2009), restauración de la Torre Bellesguard de Gaudí (2010).*
M | *Frank Lloyd Wright, Mies van de Rohe, Philip Johnson, Jean Prouvé y el arte del siglo XX y la literatura de todos los tiempos.*
C | *Marcio Mogan, Kengo Kuma, Olson Kundig, Bernardes Jacobsen, Antonio Citterio, Piero Lissoni.*

INTERIORISTA. Desde Alicia Núñez Associats, su estudio en Barcelona, trabaja por toda Europa y desarrolla proyectos de arquitectura, interiorismo, diseño, fotografía e iluminación. Con una larga experiencia creativa basada en tres pilares: innovación, flexibilidad y austeridad, y siempre con una aspiración espacial: crear bienestar y felicidad, ha diseñado viviendas autosuficientes, que aprovechan al máximo las cualidades del entorno; ha reformado lugares emblemáticos de Barcelona, como el Hotel Ritz o la sala Otto Zutz; ha sido ganadora de dos premios FAD de interiorismo, y ha diseñado numerosas escenografías para cine, teatro, publicidad, conciertos y exposiciones. Le gustan los ambientes armónicos, la arquitectura bioclimática («más cerca de la arquitectura vernácula, adaptada a las necesidades del entorno y lejos de los monstruos espectaculares de la era de la climatización») y el diseño simple, funcional, humano, sin estridencias, lejos de etiquetas o modas efímeras. «Para diseñar, hay que utilizar a la vez la razón y el corazón apasionado, entonces la obra resultará sugerente e innovadora. Una aspiración espacial: crear bienestar y felicidad».

INTERIORISTA. Des d'Alícia Núñez Associats, el seu estudi de Barcelona, treballa per tot Europa desenvolupant projectes d'arquitectura, interiorisme, disseny, fotografia i il·luminació. Amb una llarga experiència creativa basada en tres puntals: innovació, flexibilitat i austeritat, i sempre amb una aspiració espacial: crear benestar i felicitat, ha dissenyat habitatges autosuficients, que aprofiten al màxim les qualitats de l'entorn; ha reformat llocs emblemàtics de Barcelona, com l'Hotel Ritz o la sala Otto Zutz; ha estat guanyadora de dos premis FAD d'interiorisme, i ha dissenyat nombroses escenografies per a cinema, teatre, publicitat, concerts i exposicions. Li agraden els ambients harmònics, l'arquitectura bioclimàtica («més pròxima a l'arquitectura vernacla, adaptada a les necessitats de l'entorn, i allunyada dels monstres espectaculars de l'era de la climatització») i el disseny simple, funcional, humà, sense estridències, mantingut a distància d'etiquetes o modes efímeres. «Per dissenyar, cal fer servir al mateix temps la raó i el cor apassionat, aleshores l'obra serà suggeridora i innovadora. Una aspiració espacial: crear benestar i felicitat».

INTERIORS DESIGNER. From Alícia Núñez Associats, her studio in Barcelona, she works all over Europe designing projects in architecture, interior design, design, photography and lighting. She has lengthy experience based on three main pillars: innovation, flexibility and austerity, and always with a spatial aspiration: creating wellbeing and happiness. She has designed self-sufficient homes, which make the very most of the surrounding resources; she has refurbished emblematic places in Barcelona, such as the Hotel Ritz or the Otto Zutz rooms; she has won two FAD awards from interior design and has design numerous sets for film, theatre, advertising, concerts and exhibitions. She likes harmonious settings, bio-climatic architecture ("close to vernacular architecture, adapted to the needs of the surroundings and far from the spectacular monsters of the air conditioning era") and simple functional, human design, with no glare, a far cry from labels or fleeting trends. "To design, you have to use reason and passion at the same time, to make the work is suggestive and innovative. A spatial aspiration: creating wellbeing and happiness."

OBSKENÉ
BARCELONA, 20.12.2008.

O | *Privat Reservat (2008), Circ de la Lluna (2010), Buenos Aires (2011), Hamlet és mort. No hi ha força de gravetat (2011).* **M |** *Brecht, Beckett, Fluxus.* **C |** *Arsenic, Mladinsko, Castellucci y Rimini Protokoll.*

COMPAÑÍA TEATRAL. Fundado por Constanza Aguirre (1978), Judith Pujol (1980) y Ricard Soler (1982), el colectivo huye de la primacía del texto, del autor o del director. Más flexibles que las viejas compañías de actores, dirigen a cuatro o a dos manos (Pujol, Soler) y la *troupe* se redefine en cada montaje. Entienden las artes escénicas como un auténtico trabajo en equipo donde cada agente aporta al grupo desde su especialidad. En su haber ya tienen el Premio Injuve 2010 del Ministerio de Igualdad y el Premio a mejor actriz de la 15ª Muestra de Teatro de Barcelona. «Obskené remite a obsceno, palabra de raíz griega que significa fuera de escena. Queremos mostrar aquello que hasta ahora se ha ocultado entre bambalinas. Buscamos una creación obscena y descarada».

COMPANYIA TEATRAL. Fundat per Constanza Aguirre (1978), Judith Pujol (1980) i Ricard Soler (1982), el col·lectiu fuig de la primacia del text, de l'autor o del director. Més flexibles que les antigues companyies d'actors, dirigeixen a quatre o a dues mans (Pujol, Soler) i la *troupe* es redefineix en cada muntatge. Entenent les arts escèniques com un autèntic treball en equip en què cada agent aporta al grup des de la seva especialitat. A les seves mans ja hi tenen el Premi Injuve 2010 del Ministeri d'Igualtat i el Premi a millor actriu de la 15ª Mostra de Teatre de Barcelona. «Obskené es refereix a obscè, paraula que en la seva arrel grega vol dir fora d'escena. Projecte Obskené vol mostrar a escena allò que fins ara s'ha amagat entre cametes. Busquem una creació obscena i descarada».

THEATRE COMPANY. Founded by Constanza Aguirre (1978) Judith Pujol (1980) and Ricard Soler (1982), this collective shies away from the primacy of the text, the author or the director. More flexible that the old theatre companies, they direct all together or in pairs (Pujol, Soler) and the *troupe* is redefined in each montage. They understand scenic art as a true team effort in which each person brings a different speciality to the group. They are now in possession of the Injuve 2010 Award from the Ministry for Equality and the Award for Best Actress at the 15th Barcelona Theatre Award. "Obskené refers back to obscene, a word of Greek origin meaning 'off-stage.' We want to show what has until now been hidden behind the scenes. We are looking for an obscene and shameless creation."

DE ORBE, JOSÉ MARÍA
SAN SEBASTIÁN, 03.03.1958.

O | *La línea recta (2006), Aita (2010).* **M |** *Luis Buñuel, Ozu, Antonioni, Bresson, Rossellini, Olmi, Godard...* **C |** *Hou Hsiao-Hsien, Tsai Ming-Liang, Pedro Costa, Peleshyan, Jem Cohen, Ulrich Seidl, Hong Sang-soo, Shinji Aoyama...*

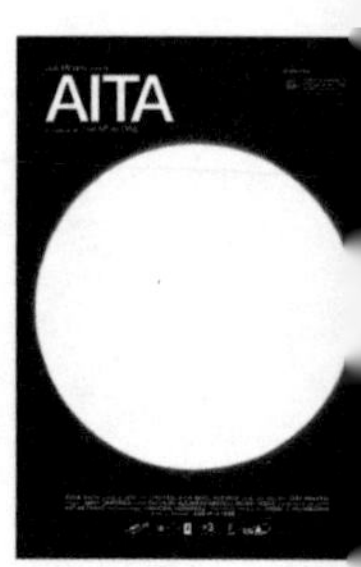

DIRECTOR, GUIONISTA Y PRODUCTOR DE CINE. Inicia su actividad como productor, con *Héctor, el estigma del miedo,* de Carlos Pérez Ferré, seleccionada para la Berlinale de 1982. Dos años después obtiene una beca para estudiar dirección en el American Film Institute de Los Ángeles. Al volver, dirige anuncios, varios de ellos premiados en festivales internacionales, y rueda películas experimentales, aún inéditas. Abre un estudio-taller y realiza instalaciones (en 2005 expone *Ausencias* en la Galería Peyroncely de Madrid y, en 2010, *Salinas,* en Menorca). En el año 2000 conoce al director barcelonés Jaime Rosales y juntos fundan la productora Fresdeval Films. En paralelo, en 2006 escribe y dirige su primer largometraje de ficción, *La línea recta,* sobre la vida de una joven en un barrio de la periferia de Barcelona. Con la segunda, *Aita,* producida por Luis Miñarro, obtiene la Concha de Plata a la mejor fotografía en el Festival de San Sebastián y el premio a la mejor película en el FICUNAM de México. *Aita* se exhibe en la Tate Modern de Londres junto con las películas de Pere Portabella. «Todo es un estado de ánimo».

DIRECTOR, GUIONISTA I PRODUCTOR DE CINEMA. Inicia la seva activitat com a productor amb *Héctor, el estigma del miedo,* de Carlos Pérez Ferré, seleccionada per a la Berlinale del 1982. Dos anys més tard obté una beca per estudiar direcció a l'American Film Institute de Los Angeles. En tornar, dirigeix anuncis, alguns dels quals van ser premiats a festivals internacionals, i roda pel·lícules experimentals, encara inèdites. Obre un estudi-taller i fa instal·lacions (el 2005 exposa *Ausencias* a la galeria Peyroncely de Madrid i, el 2010, *Salinas,* a Menorca). L'any 2000 coneix el director barceloní Jaime Rosales i funden plegats la productora Fresdeval Films. En paral·lel, el 2006, escriu i dirigeix el seu primer llargmetratge de ficció, *La línia recta,* sobre la vida d'una jove en un barri de la perifèria de Barcelona. Amb la segona, *Aita,* produïda per Luis Miñarro, obté la Concha de Plata a la millor fotografia al Festival de Sant Sebastià i el premi a la millor pel·lícula al FICUNAM de Mèxic. *Aita* s'exhibeix a la Tate Modern de Londres al costat de les pel·lícules de Pere Portabella. «Tot és un estat d'ànim».

FILM DIRECTOR, PRODUCER AND SCRIPTWRITER. He started his work as a producer, with *Héctor, el estigma del miedo,* directed by Carlos Pérez Ferré, which was selected for the 1982 Berlinale. Two years later he obtained a grant to study film directing at the American Film Institute in Los Angeles. Upon his return, he directed advertisements, several of which received international awards, and he made experimental films, as yet unpublished. He opened a studio workshop and completed installations (in 2005 he exhibited *Ausencias at the* Galería Peyroncely in Madrid and, in 2010, *Salinas* in Menorca). In 2000 he met the Barcelona director Jaime Rosales, and together they founded the production company Fresdeval Films. Simultaneously, in 2006 he wrote and directed his first full length feature film, *La línea recta,* about the list of a youth in a district on the outskirts of Barcelona. With the second film, *Aita,* produced by Luis Miñarro, he obtained the Concha de Plata for best photography at the San Sebastián Festival and the award for best film at FICUNAM in Mexico. *Aita* is on show at the Tate Modern in London alongside films by Pere Portabella. "Everything is an emotional state."

ORIOL, JORDI
BARCELONA, 22.07.1979.

O | *Como autor y director: Digestiones mentales (2006), Concierto para seis oficinistas y un loro (2006), OB-sessions (2007), Ara estem d'acord estem d'acord (2008), El Titol no mata (2008), Prometeu No Res (2009), Home-Natja (2010-11).* **M |** *Samuel Beckett, Bertolt Brecht, Heiner Müller, Tadeusz Kantor, Bob Wilson, Krystian Lupa,*

Complicite, The Wooster Group. **C |** *Theatre O, Shunt Collective, Need-Company, Jan Lawers, Thomas Ostermeier, Romeo Castellucci, Sasha Waltz, Carles Santos, Xavier Albertí, Andrés Lima, Martin Wuttke.*

AUTOR, ACTOR Y DIRECTOR DE TEATRO, ADEMÁS DE MÚSICO. Licenciado por el Institut del Teatre de Barcelona (Premio Extraordinario 2007), también se ha formado como actor en el Estudio Nancy Tuñón y el Col·legi del Teatre, y, como músico, en el Aula de Música Moderna y el Taller de Músics. Ha escrito y dirigido, entre otras obras, *OB-sessions* (Premio Injuve 2007 de propuestas escénicas), *Ara estem d'acord estem d'acord, Prometeu No Res* u *Home-Natja.* Ha dirigido, por ejemplo, *Three More Sleepless Nights,* de Caryl Churchill, en el Barn Theatre de Londres. Es director artístico del musical *L'Ocell de Foc,* con la Banda Municipal de Barcelona, y ha sido ayudante de dirección de Stefan Metz. Como actor, ha aparecido en obras suyas como *Ara estem...* y *La caiguda d'Amlet* (dirigida por Xavier Albertí), y en televisión, en series como *Majoria absoluta y Setze dobles,* de TV3. Como músico, ha formado parte de cuartetos de cámara y *jazz,* Big Bands, bandas de *funky* y música disco, y UNISO. Fue fundador de Heliogàbal y AREAtangent, y ahora lo es de Indi Gest. Imparte clases de interpretación poética en el CaixaForum de Barcelona. «Como diría Harold Bloom: "Todo gran poema es una mala lectura, una mala interpretación, de un gran poema anterior". Y cito a otros para explicarme. Para expresarme. Para entenderme. Busco la manera de decir las cosas. Palabras. Otras palabras. Mis palabras. Escribo lo que ya está dicho. Me baso en otros para empezar de algún sitio. Escribo lo que leo. Leo lo que escribo, lo que digo, lo que creo. Quiero escribirme y reescribo a los demás. Y me doy cuenta de que los demás ya me han escrito. Busco en mí aquello único, original. Y nunca es el "qué", sino el "cómo". Todos estamos hechos de lo mismo, los mismos elementos. Lo único que nos distingue es la forma».

AUTOR, ACTOR I DIRECTOR DE TEATRE, I MÚSIC, TAMBÉ. Llicenciat per l'Institut del Teatre de Barcelona (Premi Extraordinari 2007), també s'ha format com a actor a l'Estudi Nancy Tuñón i al Col·legi del Teatre; i, com a músic, a l'Aula de Música Moderna i al Taller de Músics. Ha escrit i dirigit, entre altres obres, *OB-sessions* (Premi Injuve 2007 de propostes escèniques), *Ara estem d'acord estem d'acord, Prometeu No Res* o *Home-Natja.* Ha dirigit, per exemple, *Three More Sleepless Nights,* de Caryl Churchill, al Barn Theatre de Londres. És director artístic del musical *L'Ocell de Foc,* amb la Banda Municipal de Barcelona, i ha estat ajudant de direcció de Stefan Metz. Com a actor, ha aparegut en obres seves com *Ara estem...* i *La caiguda d'Amlet* (dirigida per Xavier Albertí), i a la televisió, en sèries com *Majoria absoluta i Setze dobles,* de TV3. Com a músic, ha format part de quartets de cambra i *jazz,* Big Bands, grups de *funky* i música disco, i UNISO. Va ser fundador de l'Heliogàbal i d'AREAtangent, i ara ho és de l'Indi Gest. Imparteix classes d'interpretació poètica al CaixaForum de Barcelona. «Com diria Harold Bloom: "Tot gran poema és una mala lectura, una mala interpretació, d'un gran poema anterior". I cito el que han dit altres persones per explicar-me. Per expressar-me. Per entendre'm. Busco la manera de dir les coses. Paraules. Altres paraules. Les meves paraules. Escric allò que ja està dit. Em baso en els altres per començar des d'algun lloc. Escric allò que llegeixo. Llegeixo allò que escric, que dic, que crec. Vull escriure'm i reescric als altres. I m'adono que els altres ja m'han escrit. Busco en mi mateix allò únic, original. I mai és el "què", sinó el "com". Tots estem fets de la mateixa cosa, els mateixos elements. L'única cosa que ens diferencia és la forma».

AUTHOR, ACTOR AND THEATRE DIRECTOR, AND MUSICIAN. A graduate from the Institut del Teatre in Barcelona (Extraordinary Award 2007), he also trained as an actor at the Nancy Tuñón Studio and the Col·legi del Teatre and, as a musician, at the Modern Music School and the Taller de Músics. He has written and directed, amongst other things, *OB-sessions* (Injuve Award 2007), *Ara estem d'acord estem d'acord, Prometeu No Res* or *Home-Natja.* For example, he has directed *Three More Sleepless Nights* by Caryl Churchill, at the Barn Theatre in London. He is the artistic director for the musical *L'Ocell de Foc,* with the Municipal Band of Barcelona, and has been assistant director for Stefan Metz. As an actor he has appeared in his own works such as *Ara estem...* and *La caiguda d'Amlet* (directed by Xavier Albertí) and, on television, in serials such as *Majoria absoluta* and *Setze dobles,* on TV3. As a musician, he has been part of chamber and jazz quartets, Big Bands, funky and disco bands, and UNISO. He is the founder of Heliogábal and AREAtangent and has now founded Indi Gest. He teaches poetic interpretation classes at CaixaForum in Barcelona. "As Harold Bloom would say: 'All great poems are a poor reading, a poor interpretation of a previous great poem.' I quote others to explain myself. To express myself. To understand myself. I am looking for a way to say things. Words. Other words. My words. I write what has already been said. I base my work on that of others to start somewhere. I write what I read. I read what I write, what I say, what I believe. I want to write myself, and I re-write others. And I realise that others have already written about me. I am looking for something unique, original in myself. It is never 'what' but 'how.' We are all made of the same thing, the same elements. All that makes us different is the shape."

OTERO, MIQUI
BARCELONA, 03.04.1980.

O | *Hilo musical (2010), La cápsula del tiempo (próxima publicación).* **M |** *Colin MacInnes, Molière, Kurt Vonnegut, Greil Marcus, Kingsley Amis, Juan Marsé, Julio Verne, Ray Bradbury, Francisco Casavella.* **C |** *David Sedaris, Jonathan Ames, Santiago Lorenzo, Kiko Amat, Laura Fernández, Pablo Rivero, Javier Calvo, George Saunders.*

ESCRITOR Y PERIODISTA. Se le suele etiquetar como agitador cultural y no es para menos. Organiza clubes cinéfilo-musicales como *Our Favourite Club* y ciclos culturales con bandas de su ciudad. Dirige la sección de cultura del diario *ADN,* edita «pequeños grandes discos» con el sello Doble Vida y no hay revista musical en nuestro país en la que no haya publicado. Además escribe en fanzines o volúmenes colectivos como *Una Risa Nueva,* editado por Jordi Costa. Pero todas esas flechas confluyen en la diana de su obsesión: la narrativa, en cuyo debut no ha cosechado más que elogios. «La búsqueda de una voz que toma su tono de chistes callejeros, sociología popular, lecturas anticanon, estribillos de música pop y honestidad o fantasía de barra de bar. Todo sobre la idea de que carácter es destino y de una única certeza: nos vamos a morir, pero no seremos los únicos».

ESCRIPTOR I PERIODISTA. Se'l sol etiquetar d'agitador cultural i no n'hi ha per menys. Organitza clubs cinèfilo-musicals com *Our Favourite Club* i cicles culturals amb grups de la seva ciutat. Dirigeix la secció de cultura del diari *ADN,* edita «petits grans discos» amb el segell Doble Vida i no hi ha cap revista musical al nostre país on no hagi publicat. A més escriu en fanzines o volums col·lectius com *Una Risa Nueva,* editat per Jordi Costa. Però totes aquestes sagetes conflueixen a la diana de la seva obsessió: la narrativa, en el debut de la qual no ha conreat cap altra cosa que no fos elogis. «La recerca d'una veu que treu el seu to d'acudits de carrer, sociologia popular, lectures anticànon, tonades de música pop i honestedat o fantasia de barra de bar. Tot sobre la idea que caràcter és destí i d'una única certesa: ens acabarem morint, però no serem pas els únics».

AUTHOR AND JOURNALIST. He tends to be labelled as a cultural stirrer – and this is well deserved. He runs film and music clubs such as *Our Favourite Club* and cultural events with bands from his city. He runs the cultural section of the daily newspaper *ADN,* he edits "small great records" under the Doble Vida label and he has been published in every music magazine in the country. He also writes for fanzines or collective volumes such as *Una Risa Nueva,* edited by Jordi Costa. But all these arrows converge on the target of his obsession: narrative, the debut of which has received nothing but praise. "The search for a voice which adopts the tone of street jokes, popular sociology, anti-tax lecture, choruses from pop music and the honesty or fantasy of a bar. All about the idea of character as destiny and of a single certainty: we are going to die – but we aren't the only ones."

OUTUMURO, MANUEL
A MERCA, ORENSE, 09.09.1949.

O | *Remakes, cuando el cine encontró a la moda (2008 y 2009, exposición en el festival de cine de San Sebastián), fotografías del Fondo Balenciaga para el museo del mismo nombre (2010).* **M |** *Richard Avedon, Ansel Adams, Paul Strand, José Ortiz Echagüe, August Sander.* **C |** *Paolo Roversi, David Seidner.*

FOTÓGRAFO. Estudió diseño gráfico, pero acabó convirtiéndose en uno de los fotógrafos de moda más destacados de Europa. Clásico y atemporal, apenas levemente vanguardista, su trabajo aparece a menudo en revistas como *Vogue, Elle, Zest* o *Woman.* Por delante de su cámara han pasado también un gran número de actores y directores del cine español. «Mis obras son encargos que trato de realizar lo más honestamente posible: fotos que cumplan la función para la que han sido solicitadas sin traicionar mi manera de entender la fotografía».

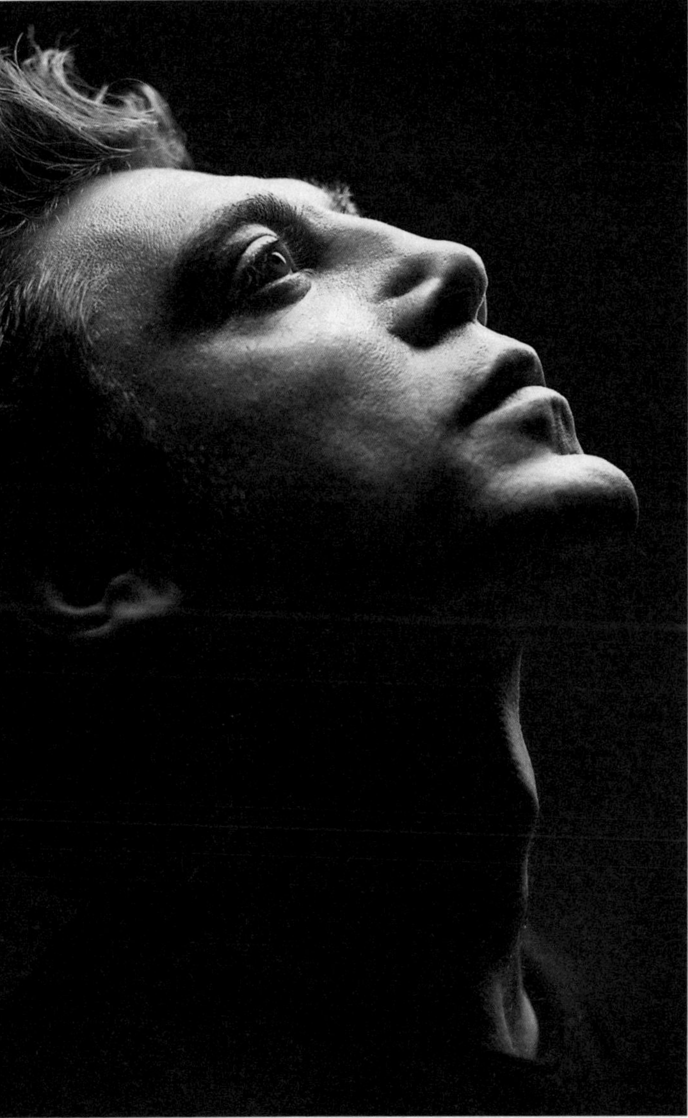

MANUEL OUTUMURO, *BARDEM.*

FOTÒGRAF. Va estudiar disseny gràfic, però va acabar esdevenint un dels fotògrafs de moda més destacats d'Europa. Clàssic i atemporal, tot just lleugerament avantguardista, el seu treball apareix sovint en revistes com Vogue, Elle, Zest o Woman. Per davant de la seva càmera també hi han passat un gran nombre d'actors i directors del cinema espanyol. «Les meves obres són encàrrecs que miro de fer tan honestament com m'és possible: fotografies que compleixin una funció per a la qual han estat sol·licitades sense trair la meva manera d'entendre la fotografia».

PHOTOGRAPHER. A student of graphic design, he nonetheless he came to be one of the most outstanding fashion photographers in Europe. Classical yet timeless, only marginally avant-garde, his work appears frequently in such magazines as *Vogue, Elle, Zest* and *Woman.* He has also photographed many Spanish film actors and directors. "My work consists of assignments that I try to carry out as honestly as possible: photographs that serve the purpose for which they have been requested without betraying my own personal understanding of photography."

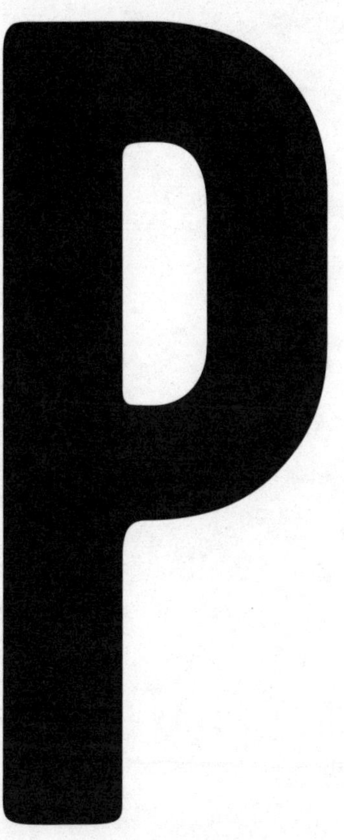

PALOMAR, ENRIC
BADALONA, BARCELONA, 12.04.1964.

O | *Poemas del exilio (2003), La cabeza del Bautista (2009, ópera), Juana (2009, ópera), Negro Goya (2011, ballet), Concierto para piano y orquesta (2011).*

COMPOSITOR. Estudió en el Conservatorio de Barcelona y amplió su formación con Benet Casablancas y J. A. Amargós. Ha escrito numerosas óperas, entre las que destacan *Ruleta* (1998), con libreto de Anna Maria Moix y Rafael Sender, y *Juana* (2005), con libreto de Rebecca Simpson, estrenada en la Oper Halle, Alemania. En 2009 debuta en el Gran Teatre del Liceu, que le encargó la ópera *La cabeza del Bautista,* sobre el texto homónimo de Ramón del Valle-Inclán. Es un creador cercano también al *jazz* y la música popular, en especial al flamenco. Compuso *Poemas del exilio* para Miguel Poveda, sobre textos de Rafael Alberti. En la actualidad es director artístico del Taller de Músics de Barcelona. Su *ballet Negro Goya,* del Ballet Nacional de España, con coreografía de José Antonio, se ha estrenado en los Jardines del Generalife de la Alhambra, dentro del Festival Internacional de Música y Danza Granada, en julio del 2011.

COMPOSITOR. Va estudiar al Conservatori de Barcelona i va ampliar la seva formació amb Benet Casablancas i J. A. Amargós. Ha escrit nombroses obres de cambra, entre les quals destaquen les òperes *Ruleta* (1998), amb llibret d'Anna Maria Moix i Rafael Sender, i *Juana* (205), amb llibret de Rebecca Simpson, estrenada a l'Oper Halle, Alemanya. El 2009 debuta al Gran Teatre del Liceu, que li va encarregar l'òpera *La cabeza del Bautista,* sobre el text homònim de Ramón del Valle-Inclán. És un creador pròxim, també, al jazz i a la música popular, en especial al flamenc. Va composar *Poemas del exilio* per a Miguel Poveda sobre textos de Rafael ▶

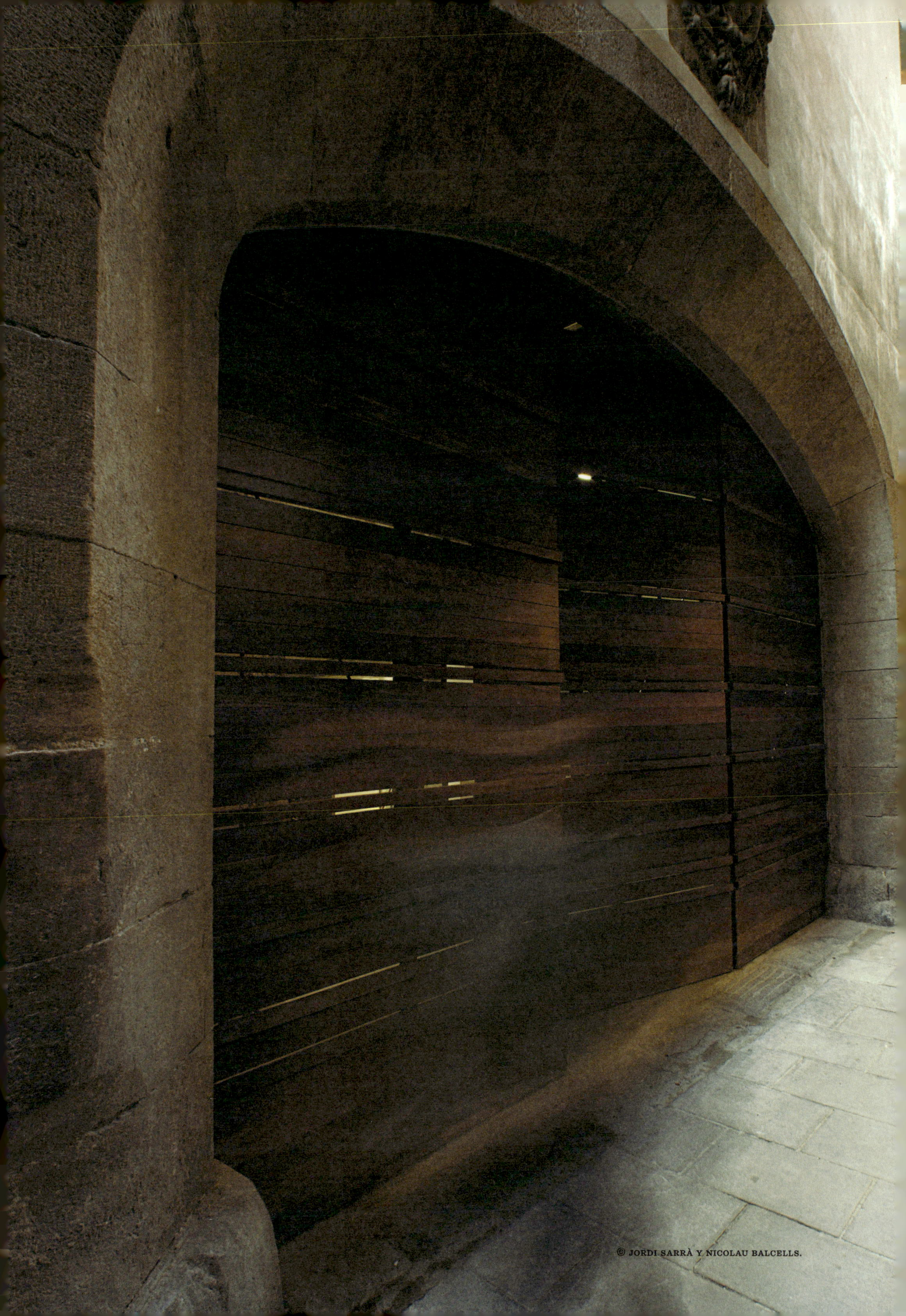

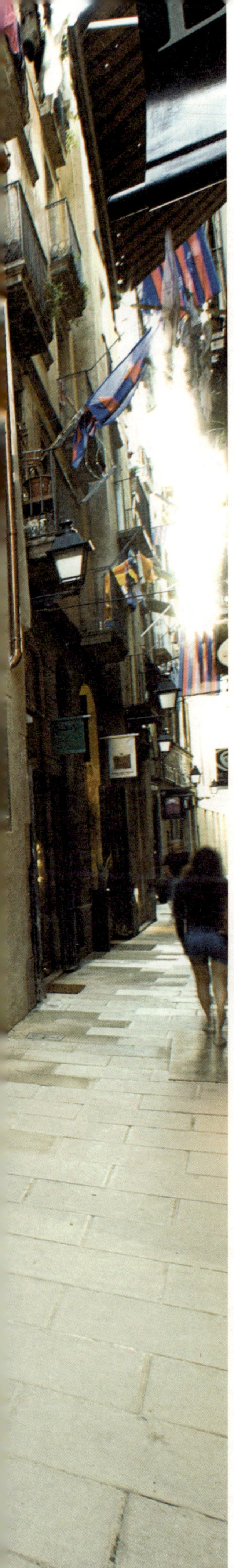

LA SECA

FLASSADERS, 40 | CIUTAT VELLA, 08003 BARCELONA

www.espaibrossa.com | +34 93 315 15 96 | info@espaibrossa.com

CENTRO PARA LA CREACIÓN, investigación y difusión de las artes escénicas y parateatrales. El Espai Brossa gestionará el espacio, un edificio de tres pisos donde se encontraba la fábrica de moneda de Barcelona, en funcionamiento entre los siglos XV y XIX. Se trata de una finca histórica que ha sido rehabilitada como equipamiento cultural y contará con una sala de presentación y espacios de ensayo y producción.

CENTRE PER A LA CREACIÓ, investigació i difusió de les arts escèniques i parateatrals. L'espai Brossa gestionarà l'espai, un edifici de tres plantes en el qual hi havia hagut la fàbrica de moneda de Barcelona que va estar en funcionament entre els segles XV i XIX. Es tracta d'una finca històrica que ha estat rehabilitada com a equipament cultural i comptarà amb una sala de presentació i espais d'assaig i producció.

CENTER FOR THE CREATION, research and promotion of scenic and quasi-dramatic arts. The Espai Brossa will manage the space, a three-story building that used to house Barcelona's coin factory, which worked between the XV and the XIX centuries. This is a historic farm that has been refashioned as a cultural complex and it will feature a lecture hall and rehearsal and production areas.

▶ Alberti. Actualment és director artístic del Taller de Músics de Barcelona. El seu *ballet Negro Goya*, del Ballet Nacional d'Espanya, amb coreografia de José Antonio, es va estrenar el juliol del 2011 als Jardins del Generalife de l'Alhambra, dins del Festival Internacional de Música i Dansa de Granada.

COMPOSER. He studied at the conservatory in Barcelona and completed his training with Benet Casablancas and J. A. Amargós. He has written chamber pieces, including the operas *Ruleta* (1998), with libretto by Anna Maria Moix and Rafael Sender and *Juana* (2005), with libretto by Rebecca Simpson, which opened at the Oper Halle in Germany. In 2009 he debuted at the Gran Teatre del Liceu with the opera Liceu *cabeza del Bautista*, based on the homonymous text by Ramón del Valle-Inclán. He is a creator with close ties to jazz and popular music, in particular flamenco. He composed *Poemas del exilio* for Miguel Poveda, based on Rafael Alberti. He is currently the artistic director at the Taller de Músics in Barcelona. His ballet *Negro Goya* by the Spanish National Ballet, with choreography by José Antonio, he will have his work performed at the Generalife Gardens at the Alhambra as part of the International Music and Dance Festival in Granada in July 2011.

PÀMIES, SERGI
PARÍS, 26.01.1960.

O | *T'hauria de caure la cara de vergonya (1986), Infecció (1987), La primera pedra (1990), L'instint (1993), Sentimental (1995), La gran novel·la sobre Barcelona (1999), L'últim llibre de Sergi Pàmies (2000), Si menges una llimona sense fer ganyotes (2006), La bicicleta estàtica (2010).*

ESCRITOR. Hijo de la también escritora Teresa Pàmies, vivió en París hasta los once años y aprendió el catalán como segundo idioma, que él convertiría en su lengua literaria. Su primera profesión fue la de contable. En 1989, después de haber mantenido una vida paralela como escritor y de haber publicado sus dos primeros libros de cuentos, decidió dedicarse por completo a la literatura. Desde entonces ha publicado otras cuatro colecciones de cuentos, tres novelas, ha escrito el guion de una radionovela junto con Kim Monzó, y ha traducido a autores como Apollinaire, Kristof, Nothomb y Pennac, entre otros. Su obra, valorada por su gran vigor expresivo y un agudo sentido de la ironía, ha sido traducida a una media docena de idiomas y ha recibido importantes premios como el Ciutat de Barcelona, la Lletra d'Or, el Premio Setenil o el Premi Crítica Serra d'Or. Colabora en espacios televisivos, radiofónicos y en la prensa escrita.

ESCRIPTOR. Fill de la també escriptora Teresa Pàmies, va viure a París fins als onze anys i va aprendre el català com a segona llengua, que ell convertiria en la seva llengua literària. La seva primera professió va ser la de comptable. El 1989, després d'haver mantingut una vida paral·lela com a escriptor i d'haver publicat els seus dos primers llibres de contes, va decidir dedicar-se del tot a la literatura. Des d'aleshores ha publicat quatre col·leccions de contes més, tres novel·les, ha escrit el guió d'una radionovel·la amb Quim Monzó, i ha traduït autors com Apollinaire, Kristof, Nothomb, Pennac, entre d'altres. La seva obra, valorada pel seu gran vigor expressiu i l'agut sentit de la ironia, ha estat traduïda a mitja dotzena de llengües i ha rebut importants premis com el Ciutat de Barcelona, el Lletra d'Or, el Premi Setenil o el Premi Crítica Serra d'Or. Col·labora en espais televisius, radiofònics i a la premsa escrita.

WRITER. Son of the fellow author Teresa Pàmies, he lived in Paris until the age of eleven and learned Catalan as his second language – which he then converted in his literary language. His first job was as an accountant. In 1989, having led a parallel life as a writer and published his first two books of short stories, he decided to work full time as a writer. Since then he has published a further four collections of short stories, three novels, has written the script for a radio drama with Kim Monzó, and has translated the work of authors such as Apollinaire, Kristof, Nothomb, Pennac and others. His work, valued for his expressive thoroughness and a sharp sense of irony, has been translated into half a dozen languages and has received important awards such as the Ciutat de Barcelona, the Lletra d'Or, the Premi Setenil or the Premi Ciutat Serra d'Or. He also works on television, radio and in the press.

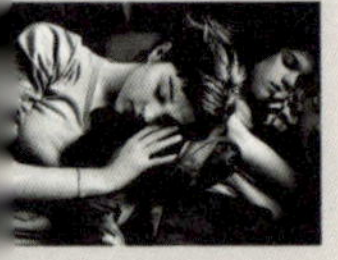

PANDORA
BARCELONA, 10.2007.

O | *Deporte paralímpico, deporte sin límites (2007), Megalópolis (2009-2010), ZOO-lógicos (en proceso).* **M |** *Noorimages, Magnum, VU, Garapa, Cia De Foto, Supay Fotos, Versus Photo.* **C |** *Emilio Morenatti, Txema Salvans, Alfredo Cáliz.*

COLECTIVO DE FOTÓGRAFOS DOCUMENTALISTAS (Sergi Cámara, Tatiana Donoso, Héctor Mediavilla, Fernando Moleres y Alfonso Moral) que han fundado una agencia bajo un ideal común: considerar la imagen como una poderosa herramienta de comunicación. Los derechos humanos, la inmigración ilegal, la explotación infantil, la vida diaria en las grandes ciudades, la fe y los comportamientos religiosos son sus focos de atención; y Senegal, Somalia, Afganistán, Irán, Bolivia, México y Brasil, algunos de los escenarios donde los sitúan. «Fotógrafos documentalistas que deciden unir sus miradas para mostrar diferentes realidades del mundo actual».

COL·LECTIU DE FOTÒGRAFS DOCUMENTALISTES que han fundat una agència sota un ideal comú: considerar la imatge com una poderosa eina de comunicació. Els drets humans, la immigració il·legal, l'explotació infantil, la vida diària a les grans ciutats, la fe i els comportaments religiosos són els seus focus d'atenció; i el Senegal, Somàlia, l'Afganistan, l'Iran, Bolívia, Mèxic i el Brasil, alguns dels escenaris on els situen. «Fotògrafs documentalistes que decideixen unir les seves mirades per mostrar diferents realitats del món actual».

GROUP OF DOCUMENTARY PHOTOGRAPHERS who founded an agency under a common ideal: Believing the image to be a powerful tool for communication. Human rights, illegal immigration, child labour, daily life in the city, faith and religious behaviour are they main focus points: and Senegal, Somalia, Afghanistan, Iran, Bolivia, Mexico and Brazil are some of the settings they use. "Documentary photographers who opted for combining their lenses to reveal different realities of the modern world."

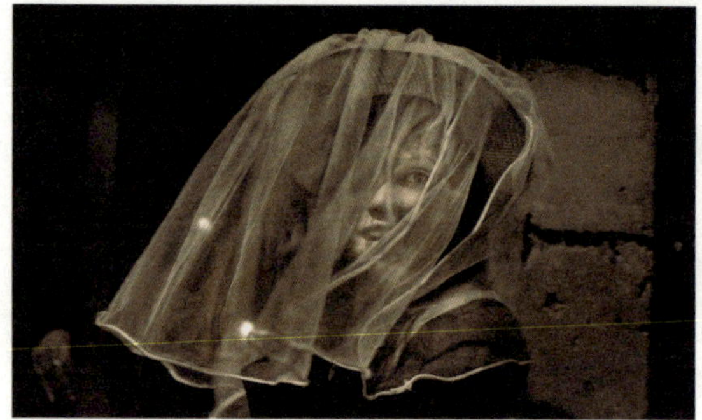

PANDORA, *CÉCILIA NOCHEMUERTITOS.* © HÉCTOR MEDIAVILLA.

PARRA, HÈCTOR
BARCELONA, 17.04.1976.

O | *Abîme-Antigone IV (2002), Karst-Chroma II (2006), Tentatives de Réalité (2007), Zangezi (2007), Piano Trio Nº 2-Knotted Fields (2007), Sirrt die Sekunde (2008), Hypermusic Prologue-a projective opera in seven planes (2009), Piano Sonata (2010), Caressant l'Horizon (2011).* **M |** *Jonathan Harvey, Brian Ferneyhough, Michael Jarrell, Beat Furrer, Helmut Lachenmann, Joan Guinjoan, David Padrós, Carles Guinovart, María Jesús Crespo, Francesc Miñarro.* **C |** *Pierre Strauch, Alberto Posadas, Elena Mendoza, José María Sánchez-Verdú, Agustí Charles, Händl Klaus, Matthew Ritchie.*

COMPOSITOR. Se formó a caballo entre Barcelona, Ginebra y París con maestros de la talla de Brian Ferneyhough o Jonathan Harvey. Ha recibido encargos de importantes instituciones como la Academia de las Artes de Berlín, el Estado francés o el ensemble Intercontemporain, y numerosos premios internacionales, entre ellos el Ernst von Siemens Composition Prize 2011. En 2008 se convirtió en el compositor más joven del prestigioso sello Kairos. Y en la actualidad es compositor residente en el Ircam de París y ocupa la cátedra de Composición Electroacústica del Conservatorio Superior de Aragón. «Intento propiciar la emergencia de una polifonía de estados psicológicos, la cristalización de una topología sonora extremadamente plástica sobre la que podamos movernos con gran libertad».

COMPOSITOR. Es va formar entre Barcelona, Ginebra i París amb mestres de la talla de Brian Ferneyhough o Jonathan Harvey. Ha rebut encàrrecs d'institucions importants com l'Acadèmia de les Arts de Berlín, l'Estat francès o l'Ensemble Intercontemporain, i nombrosos premis internacionals, entre els quals l'Ernst von Siemens Composition Prize 2001. El 2008 va esdevenir el compositor més jove del prestigiós segell Kairos, i actualment és compositor resident a l'Ircam de París i ocupa la càtedra de Composició Electroacústica del Conservatori Superior d'Aragó. «Intento propiciar l'emergència d'una polifonia d'estats psicològics, la cristal·lització d'una topologia sonora extremament plàstica sobre la qual ens puguem moure amb gran llibertat».

COMPOSER. He trained straddled between Barcelona, Geneva and Paris with maestros of the prestige of Brian Ferneyhough or Jonathan Harvey. He has worked for important institutions such as the Academy of Arts in Berlin, the French State or the Intercontemporain ensemble, and has received a number of international awards, including the Ernst von Siemens Composition Prize 2011. In 2008 he became the youngest composer to receive the prestigious Kairos seal. He is currently resident composer at Ircam in Paris and holds the academic seat for Electroacoustic Composition at the Conservatory of Aragon. "I try to transmit the emergence of a polyphony of psychological states, the crystallisation of an extremely plastic topology of sound over which we can move freely."

PARROT, MARC
BARCELONA, 14.05.1967.

O | *Solo para locos (1993), Solo para niños (1995), Rompecabezas (2001), Dos maletas (2003), Mentider (2005), Interferència (2007) y Avions (2009).* **M |** *Tom Waits, David Byrne y Peter Gabriel.* **C |** *Eels y Beck.*

MÚSICO, COMPOSITOR, CANTANTE Y PRODUCTOR. Su carrera musical comienza en 1990 con el grupo Regreso A Las Minas, con el que edita un álbum homónimo. *Solo para locos* (1993) es su primer trabajo como solista, al que le sigue *Solo para niños*. Autor de numerosas sintonías para televisión, hemos podido verle como director de una coral de abuelos en *Casal Rock* (TV3) y ha compuesto la música que escuchamos en el *Club Super3*. Entre sus últimos trabajos destaca un disco homenaje a la Nova Cançó, *50NC* (2009), y el libro infantil *¿Qué me está pasando?*, junto a la pintora Eva Armisén, para el que ha compuesto tanto la letra como la música. Destaca asimismo como productor, labor que ejerce desde su estudio Grabaciones Silvestres, por donde ya han pasado numerosos artistas. «Agujeros negros y polvo interestelar».

MÚSIC, COMPOSITOR, CANTANT I PRODUCTOR. La seva carrera musical comença el 1990 amb el grup Regreso a las minas, amb el qual edita un àlbum homònim. *Solo para locos* (1993) és el seu primer treball com a solista, al qual el segueix *Solo para niños*. Autor de nombroses sintonies per a televisió, hem pogut veure'l com a director d'una coral d'avis a *Casal Rock* (TV3) i ha compost la música que escoltem al *Club Super3*. Entre els seus darrers treballs destaca un disc homenatge a la Nova Cançó, *50NC* (2009), i el llibre infantil *Què m'està passant?*, al costat de la pintora Eva Armisén, per al qual ha compost tant la lletra com la música. Destaca, així mateix, com a productor, tasca que exerceix des del seu estudi Grabaciones Silvestres, pel qual ja han passat nombrosos artistes. «Forats negres i pols interestel·lar».

MUSICIAN, SINGER, SONGWRITER AND PRODUCER. His musical career started in 1990 with the group Regreso a Las Minas, releasing an album of the same name. *Solo para locos* (1993) was his first solo work, followed by *Solo para niños*. Author of a large number of tunes for television, we have seen him as the conductor of a pensioners' choir in *Casal Rock* (TV3) and he composed the music for *Club Super3*. He most recent work includes a tribute album for the Nova Cançó, *50NC* (2009) and the children's book *¿Qué me está pasando?*, written with the artist Eva Armisén, for which he wrote both the lyrics and the music. He is also an admired producer. He works in this field via his studio Grabaciones Silvestres, which has welcomed a large number of artists. "Black holes and interstellar dust."

PASCUAL, ÀNGEL
MONISTROL DE CALDERS, BARCELONA, 06.09.1964.

M | *Ferran Adrià, Michel Bras, Santi Santamaría.* **C |** *Nandu Jubany, Joan Roca, Daniel Benzina.*

CHEF. Autodidacta a mucho orgullo y creativo por defecto, es un defensor de esa máxima de toda la vida que dice que la cocina se lleva en el corazón. Tras dieciséis años en la villa de Prats de Lluçanès, al pie de los Pirineos, donde obtuvo su primera estrella Michelin, decidió trasladarse a Barcelona, al corazón mismo del mercado de la Barceloneta, esta vez a un paso del mar. Allí, con su restaurante Lluçanès, ha sumado su segunda Michelin y empieza a perfilarse como uno de los grandes de la cocina catalana. «Orígenes, humildad y creatividad más evolución y técnica».

XEF. Autodidacta orgullós de ser-ho i creatiu per defecte, és un defensor d'aquella màxima de tota la vida que diu que la cuina es duu al cor. Després de setze anys a la vila de Prats de Lluçanès, al peu dels Pirineus, on va obtenir la seva primera estrella Michelin, va decidir traslladar-se a Barcelona, al cor mateix del mercat de la Barceloneta, aquest cop a una passa del mar. Allà, amb el seu restaurant Lluçanès, ha sumat la seva segona Michelin i es comença a perfilar com un dels grans de la cuina catalana. «Orígens, humilitat i creativitat més evolució i tècnica»

CHEF. Self-taught and proud of it, and creative by default, he is a defender of that lifelong maxim which claims that cooking comes from the heart. After sixteen years in the village of Prats de Lluçanès, at the foot of the Pyrenees, where he obtained his first Michelin star, he decided to move to Barcelona, the very heart of the Barceloneta market, this time just a stone's throw from the sea. There, with his restaurant Lluçanès, he has earned himself another Michelin star and started to make a name for himself as one of the greats of Catalan cuisine. "Origins, humility and creativity, plus evolution and technique."

PASTOR, JORDI
BARCELONA, 25.04.1977.

O | *Padre (2004), Reacción (2005), Encuentro (2007), Vaquero (2009).* **M |** *David Mazzucchelli, Will Eisner, Graham Greene, David Lynch, Grant Morrison.* **C |** *Sagar Forniés, Claudio Stassi, Marcos Prior, Daniel Serrano, Josep Casanovas, Giovanni Di Gregorio.*

DIBUJANTE DE CÓMIC, guionista y director de cortometrajes. Apasionado de las viñetas desde que tiene memoria, lleva casi la mitad de su vida dibujándolas. También trabaja como *storyboarder* y como ilustrador de libros infantiles y para distintas *publicaciones*. Junto a Albert Miró fundó SIS92, una pequeña productora que actualmente dirige y con la que ha realizado una quincena de cortos. Sus cómics se caracterizan por la limpieza de su estilo y por su firme pulso narrativo. El último de ellos, *Vaquero*, es una suerte de *western* en la Barcelona actual protagonizado por un inmigrante brasileño. «No hay que parar nunca...».

DIBUIXANT DE CÒMIC, guionista i director de curtmetratges. Apassionat de les vinyetes des que té memòria, fa gairebé mitja vida seva que en dibuixa. També treballa com a *storyboarder* i com a il·lustrador de llibres infantils i per a diverses publicacions. Al costat d'Albert Miró va fundar SIS92, una petita productora que actualment dirigeix i amb la qual ha realitzat una quinzena de curts. Els seus còmics es caracteritzen per la netedat del seu estil i el seu ferm pols narratiu. El darrer, *Vaquero*, és una mena de *western* a la Barcelona actual protagonitzat per un immigrant brasiler. «No cal aturar-se mai...».

COMIC WRITER, scriptwriter and director of short films. A fan of cartoons for as long as he can remember, he has been drawing them for almost half his lifetime. He also works as a *storyboarder* and illustrator for children's books and other publications. He founded SIS92, with Albert Miró. He currently manages this small production company, with which he has completed some fifteen short films. His comic are noted for their clean syle and strong narrative thread. The most recent of these *Vaquero*, is a sort Western based in modern day Barcelona, featuring a Brazilian immigrant. "You must never stop..."

PASTOR, PERICO
LA SEU D'URGELL, LÉRIDA, 29.01.53.

M | *Fra Angelico, Picasso, Matisse, Klee, Duchamp, Alechinsky, y… ¿cómo se llamaba el chico aquel que pintó Altamira?* **C |** *Pere Llobera, Ramón Enrich.*

PINTOR E ILUSTRADOR. No estudió nada que tuviera que ver con su oficio, salvo clases con Francesc Todó y, de litografía, con Daniel Argimón en el Conservatori de les Arts del Llibre. En 1976 se mudó a Nueva York, donde vivió durante doce años y trabajó como ilustrador para *The New York Times* y revistas como *Harper's, Village Voice* o *Vogue*. Su primera exposición fue en 1980, en el famoso Cornelia Street Cafe de Manhattan; desde entonces, su obra ha dado la vuelta al mundo. Actualmente vive en Barcelona dedicado a la pintura y eventualmente publica ilustraciones en diarios, revistas y libros. En 2010, La Pedrera expuso gran parte de sus dibujos realizados para la *Biblia ilustrada* que la Enciclopèdia Catalana publicó en 2007. «Siempre he pensado que ilustrar es, sobre todo, leer».

PINTOR I IL·LUSTRADOR. No va estudiar res que tingués a veure amb el seu ofici, tret de les classes amb Francesc Todó i, de litografia, amb Daniel Argimón al Conservatori de les Arts del Llibre. El 1976 es va mudar a Nova York, on va viure durant dotze anys i va treballar fent d'il·lustrador per a *The New York Times* i revistes com *Harper's, Village Voice* o *Vogue*. La seva primera exposició va ser el 1980, al famós Cornelia Street Cafe de Manhattan; d'aleshores ençà, la seva obra ha fet la volta al món. Actualment viu a Barcelona dedicat a la pintura i eventualment publica il·lustracions en diaris, revistes i llibres. El 2010, La Pedrera va exposar una bona part dels seus dibuixos realitzats per a la *Bíblia il·lustrada* que la Enciclopèdia Catalana va publicar el 2007. «Sempre he pensat que il·lustrar és, sobretot, llegir».

PAINTER AND ILLUSTRATOR. His studies bore no relation to his eventual line of work, except for classes with Francesc Todó and, in lithography, with Daniel Argimón at the Conservatori de les Arts del Llibre. In 1976 he moved to New York, where he lived for twelve years and worked as an illustrator for the *New York Times* and magazines such as *Harper's, Village Voice* or *Vogue*. His first exhibition was in 1980, at the famous Cornelia Street Café in Manhattan; since then his work has travelled all over the world. He currently lives in Barcelona, devoting himself to painting, and the occasional illustration published in newspapers, magazines and books. In 2010, La Pedrera exhibited a large proportion of his work for the *Illustrated bible* published by the Enciclopèdia Catalana in 2007. "I have always thought that illustration is, above all, reading."

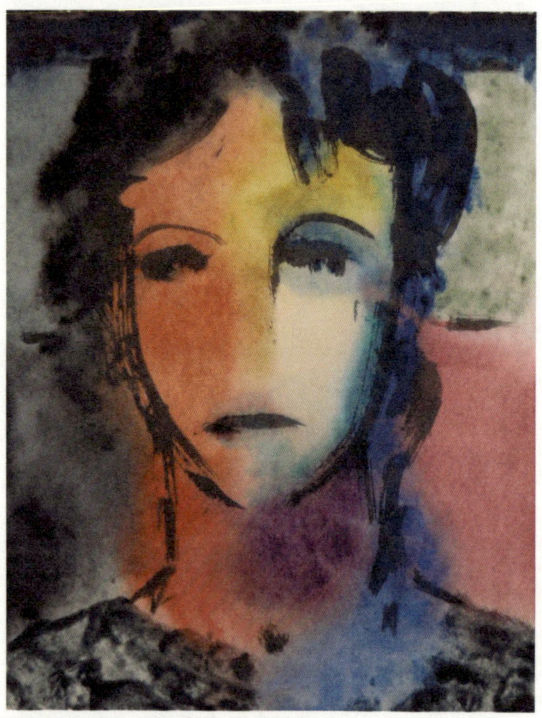

PERICO PASTOR, *ELLA*, 2010. 49 x 62 CM.

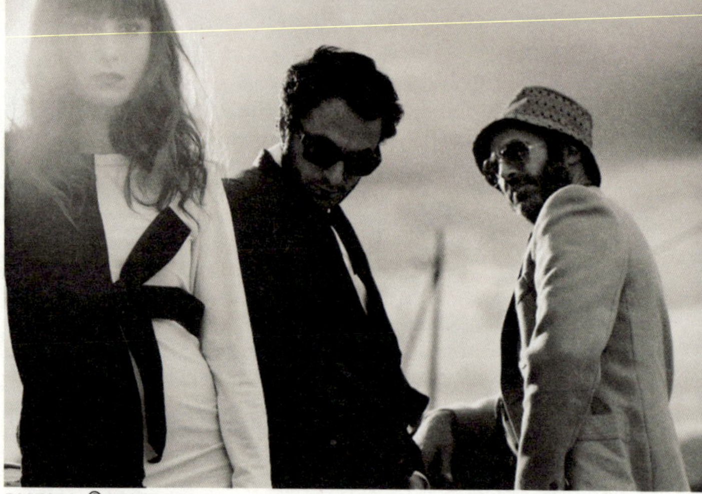

PASTORA. © MUSIC BUS.

PASTORA
CAÏM: FORMENTERA, ISLAS BALEARES, 26.08.1974.
PAUET: FORMENTERA, ISLAS BALEARES, 24.02.1971.
DOLO: BARCELONA, 10.09.1974.

O | *Trip show audio visual tecno simfònic (1998), Cosmossama (2000), Pastora (2004), La vida moderna (2005), Circuitos de lujo (2008), Un viaje en noria (2011).* **M |** *Caïm: Jimi Hendrix, Led Zeppelin, Massive Attack. Pauet: Pau Malvido, H. R. Giger, René Magritte. Dolo: Portishead, Massive Attack, Moloko, Martirio.* **C |** *Caïm: Norah Jones, John Mayer, Goldfrapp. Pauet: Enric Majoral, Cristian Oliver Maus, Kat Komplex. Dolo: Roisin Murphy, Erykah Badu.*

MÚSICOS. Dolo, Caïm y Pauet le dan vida a Pastora, grupo barcelonés formado en 1996 que fusiona la música con imágenes grabadas y proyectadas en vivo. Caïm y Pauet comenzaron con una propuesta más tecnológica, la que, con la incorporación de Dolo como vocalista y letrista, transformaron en una fusión de sonidos acústicos con vídeos. Su crecimiento profesional les ha permitido el lanzamiento de seis discos. Componen toda su música y recuperan el sonido de la guitarra, lo que los hace esencialmente españoles. «Música melódica y paisajística con aire melancólico» (Caïm). «Preparar la improvisación en lo visual» (Pauet). «Pop electrónico que virtúa lo cotidiano» (Dolo).

MÚSICS. Dolo, Caïm i Pauet donen vida a Pastora, un grup barceloní format el 1996 que fusiona la música amb imatges gravades i projectades en viu. Caïm i Pauet van començar amb una proposta més tecnològica que, amb la incorporació de Dolo com a vocalista i lletrista, van transformar en una fusió de sons acústics amb visuals. El seu creixement professional els ha permès el llançament de sis discos. Componen tota la seva música i recuperen el so de la guitarra, cosa que els fa essencialment espanyols. «Música melòdica i paisatgística amb un aire melancòlic» (Caïm). «Preparar la improvisació en allò visual» (Pauet). «Pop electrònic que confereix virtut a allò quotidià» (Dolo).

MUSICIANS. Dolo, Caïm and Pauet are Pastora, a Barcelona group formed in 1996 which mixes music with recorded images screened live. Caïm and Pauet started out with a more technological-style proposal, which, when Dolo joined them as a vocalist and lyric writer, they transformed into a fusion of acoustics and videos. Their professional growth has led them to launch six albums. They write all their own music and recover the sound of the guitar, which makes them essentially Spanish. "Melodic landscape music with a melancholy air" (Caïm). "Preparing visual improvisation" (Pauet). "Electronic pop which virtuises daily life" (Dolo).

PEDRALS, JOSEP
BARCELONA, 1979.

O | *Els buits enutjosos (1999), Escola italiana (2003), Eclosions (2005, con fotos de Ester Andorrà), El furgatori (2006), En l'iai, adéu! (2006, con ilustraciones de Marc Torrent), En/doll (2007, libro-disco con Guillamino), El motí (2007, CD con música de Josep Vila).*

POETA Y DRAMATURGO. Desde la publicación de su primer libro en 1999, ha participado en más de mil recitales, festivales y ciclos de poesía por Europa y América. Ha trabajado en poesía para niños y dirigido espacios literarios en prensa, radio y televisión. Ha publicado un libro-disco con Guillamino. Ha estrenado diversas obras de teatro (*Estat major, Entremès, Ecs!...*) y el espectáculo transdisciplinar *Wamba va!* Desde 2001 coordina el ciclo de recitales poéticos del bar Horiginal desde la asociación Horinal (Obrador de Recitacions I Noves Actituds Literàries). En la actualidad trabaja con la banda Els Nens Eutròfics y colabora con el diario *Ara*. «Se dice el artista, por enésima vez, que se puede ser pésimo, nunca: pesimista».

POETA I DRAMATURG. Des de la publicació del seu primer llibre el 1999, ha participat en més de mil recitals, festivals i cicles de poesia per Europa i Amèrica. Ha treballat en poesia per a nens i ha dirigit espais literaris a la premsa, la ràdio i la TV. Ha publicat un llibre-disc amb Guillamino. Ha estrenat diverses obres de teatre (*Estat major, Entremès, Ecs!...*) i l'espectacle transdisciplinar *Wamba va!* Des del 2001 coordina el cicle de recitals poètics del bar Horiginal des de l'associació Horinal (Obrador de Recitacions I Noves Actituds Literàries). Actualment treballa amb el grup Els Nens Eutròfics i collabora al diari *Ara*. «Es diu l'artista, per cop enèsim, que es pot ser pèssim, mai: pessimista».

POET AND PLAYWRIGHT. Since the publication of his first book in 1999, he has taken part in over a thousand recitals, festivals and poetry cycles in Europe and America. He has worked on poetry for children and has directed literary programmes for the press, radio and TV. He has published a record-book with Guillamino. He has had different plays taken to the theatre (*Estat major, Entremès, Ecs!...*) and the multi-disciplined show *Wamba va!* Since 2001 she has coordinated poetry recitals at the Horiginal bar through the Horinal association (Obrador de Recitacions I Noves Actituds Literàries). He currently works with the band Els Nens Eutròfics and on the daily publication *Ara*. "It is said that the artist, over and over again, that can never be terrible, never: a pessimist."

PELLICER, XAVIER
BARCELONA, 02.12.1966.

O | *Àbac. La cocina de Xavier Pellicer (2009), Grandes platos para treinta obras maestras de la pintura (2009).* **M |** *Jacques Maximin, Jean-Jacques Simon, Juan Mari Arzak, Santi Santamaria.* **C |** *Joan Roca, René Redzepi, Ramon Freixa, Andoni Luis Aduriz, Martín Berasategui.*

CHEF. Discípulo de Santi Santamaria y abanderado también de una cocina natural con productos de temporada, durante una década dirigió su propio restaurante, Àbac, con el que obtuvo, entre otros galardones, dos estrellas de la guía Michelin. En 2010 volvió al Can Fabes de su maestro, dueño ya de un estilo propio, con dos libros en su haber y esta vez como codirector, además de jefe de cocina. De raíces clásicas y valedor del producto por encima de todo, personalmente se ubica en un punto intermedio entre los chefs más tradicionales y los de vanguardia. «Cada uno tiene su estilo, pero, al fin y al cabo, todos somos cocineros y compartimos la misma filosofía. Si en este sentido simbolizo ser un puente, bienvenido sea».

XEF. Deixeble de Santi Santamaria i també capdavanter d'una cuina natural amb productes de temporada. Durant una dècada va dirigir el seu propi restaurant, Àbac, amb el qual va obtenir, entre altres guardons, dues estrelles de la guia Michelin. El 2010 va tornar al Can Fabes del seu mestre, amo ja d'un estil propi, amb dos llibres fets i aquest cop com a codirector, a més de cap de cuina. D'arrels clàssiques i valedor del producte per damunt de tot, personalment se situa en un punt intermig entre els xefs més tradicionals i els d'avantguarda. «Cadascú té el seu estil, però, al cap i a la fi, tots som cuiners i compartim la mateixa filosofia. Si en aquest sentit simbolitzo ser un pont, benvingut sigui».

CHEF. Disciple of Santi Santamaria and standard-bearer for natural cooking with seasonal products, for ten years he ran his own restaurant, Àbac, earning, in addition to other awards, two Michelin Guide stars. In 2010, by then a master himself with his own style and two books under his belt, he returned to Can Fabes, the restaurant of his teacher, this time as co-manager and executive chef. A champion of the product above all else, his roots are classical and he situates himself at the midpoint between traditional and avant-

garde chefs. "Everyone has their own style, but at the end of the day we're all chefs and we share the same philosophy. If in this sense I represent a bridge, then all the better."

PEREJAUME
SANT POL DE MAR, BARCELONA, 20.01.1957.

M | *Todos y todo.* **C |** *Ídem.*

ARTISTA PLÁSTICO Y ESCRITOR. Su carrera comienza a mediados de los años setenta como pintor. Su obra ha estado siempre marcada por su realidad más inmediata, con especial atención a las aproximaciones que la cultura ha llevado a cabo desde el campesinado, la antropología y las artes en general. En los años ochenta comienza a experimentar con otros lenguajes, como la fotografía, los vídeos o las *performances*. Su trabajo ha merecido numerosos premios, como el Nacional de Artes Plásticas de 2006. En la actualidad combina su producción artística con la escritura ensayística y poética.

ARTISTA PLÀSTIC I ESCRIPTOR. La seva carrera comença a mitjans dels anys setanta com a pintor. La seva obra ha estat sempre marcada per la seva realitat més immediata, amb especial atenció a les aproximacions que la cultura ha dut a terme des de la pagesia, l'antropologia i les arts en general. Als anys vuitanta comença a experimentar amb altres llenguatges, com ara la fotografia, els vídeos o les *performances*. El seu treball ha merescut nombrosos premis, com el Nacional d'Arts Plàstiques del 2006. Actualment combina la producció artística amb l'escriptura assagística i poètica.

VISUAL ARTIST AND WRITER. His career started in the mid-1970's as a painter. His work has always been marked by his most immediate reality, with special attention to the approximations of culture from the country style, anthropology and arts in general. In the 1980's he started to experiment with other languages, such as photography, videos and *performances*. His work has earned a large number of awards, such as the National Plastic Art Award 2006. He currently combines his artistic production with essay writing and poetry.

PÉREZ CRUZ, SILVIA
PALAFRUGELL, GERONA, 15.02.1983.

O | *Covava l'ou de la mort blanca (2009, musicalización e interpretación del poema de Maria Mercè Marçal), proyecto Immigrasons (2007, gira, disco y documental Terra d'esperança), música para espectáculos de danza de Damián Muñoz, Sol Picó y el bailarín Israel Galván, banda sonora de la obra de teatro Unas voces (con Las Migas), cantante en El jardí dels cinc arbres. Discos: We sing Bill Evans, Las reinas del matute (con Las Migas), Rompiendo aguas, En la imaginación (con Javier Colina), Un sordo s'ho escoltava...* **M |** *Mi madre Gloria Cruz, mi padre Cástor Pérez, Manel Mañogil Lucas, Llibert Fortuny, Eladio Reinón, Marc Turner, Bill McHenry, Carme Canela, Rubén López, Gabriel Brnčić, Joan Loureiro, Agustí Fernández, Joan Díaz...* **C |** *Caetano Veloso, Marisa Monte, Johnny Michel, Hermeto Pascoal, Brad Mehldau,, Jorge Rossy, Eliseo Parra, Toti Soler, Javier Colina, Feliu Gasull, Aleix Tobias, Sergi Sirvent, Björk, Jaume Llombart, Raúl Fernández, Mayte Martín, Alfred Artigas, Javier Galiana, Laia Cagigal, Julianne, Santi de la Rubia, Coetus...*

CANTANTE Y COMPOSITORA. Hija de artistas, desde pequeña estudia solfeo, piano y saxo clásico en la escuela de música Rita Ferrer de Palafrugell. A los dieciocho se traslada a Barcelona, se matricula en el Taller de Músics y, un año más tarde, en la ESMUC, donde se licencia en la especialidad de canto de *jazz*. Su necesidad de expresarse con mayor libertad hace que busque nuevos recursos en el flamenco, el fado, el folclore argentino, el folclore de la península y la música tradicional catalana. A esta formación le acompaña una dilatada experiencia en directo sobre escenarios de todo el mundo, con músicos como Javier Colina, Toti Soler, Eliseo Parra, Duquende, Chicuelo, Refree, Pancho Amat, Perico Sambeat, Feliu Gasull, Joan Díaz, Joan Monné... En el 2009 recibe el premio Altaveu por la versatilidad de su voz y ese mismo año gana el premio de composición Miquel Martí i Pol. «Por más complicada que sea la música, finalmente quiero que parezca un cuento, como los que me contaba la *mama*. En mi caso, la música, además de ▸

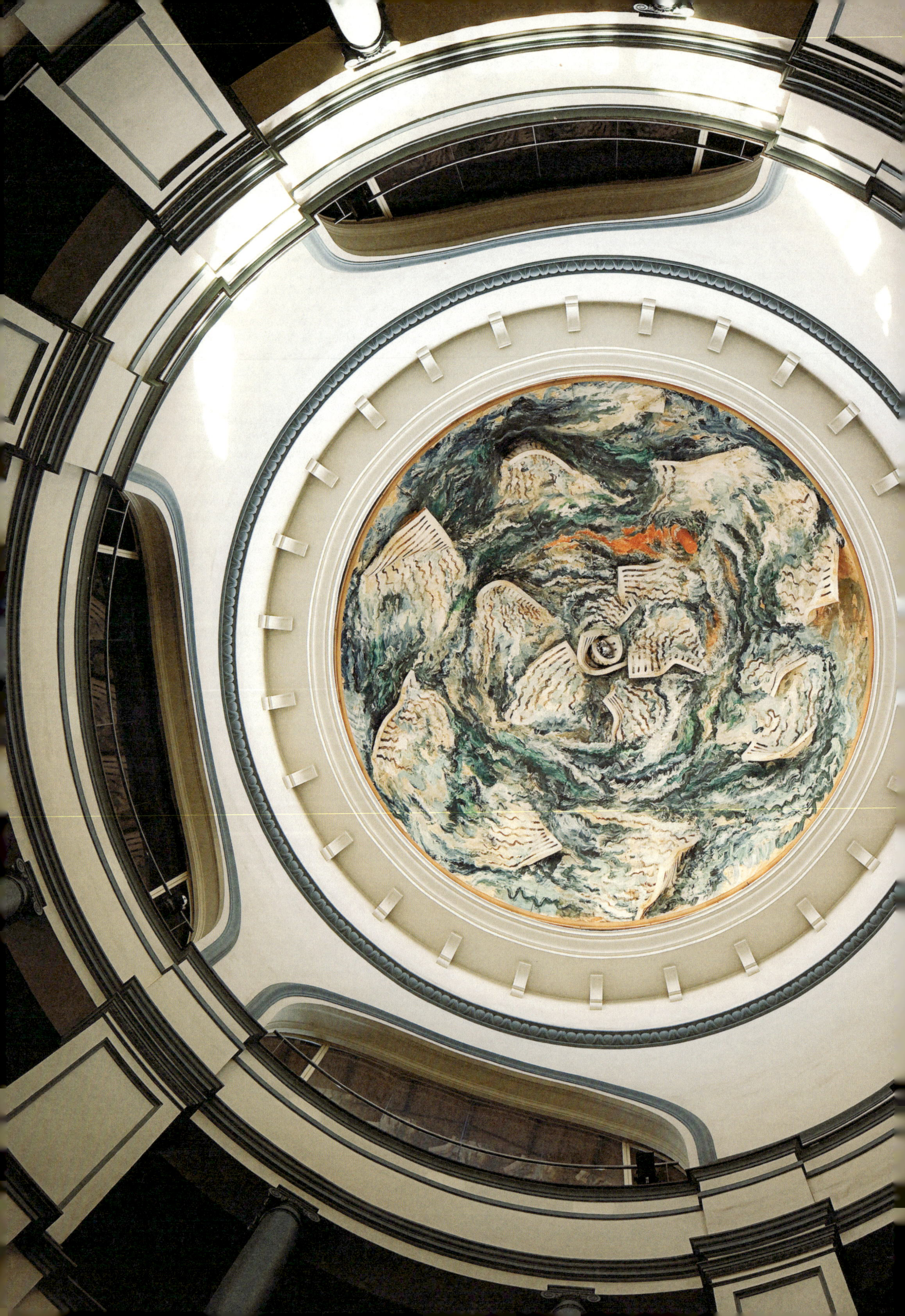

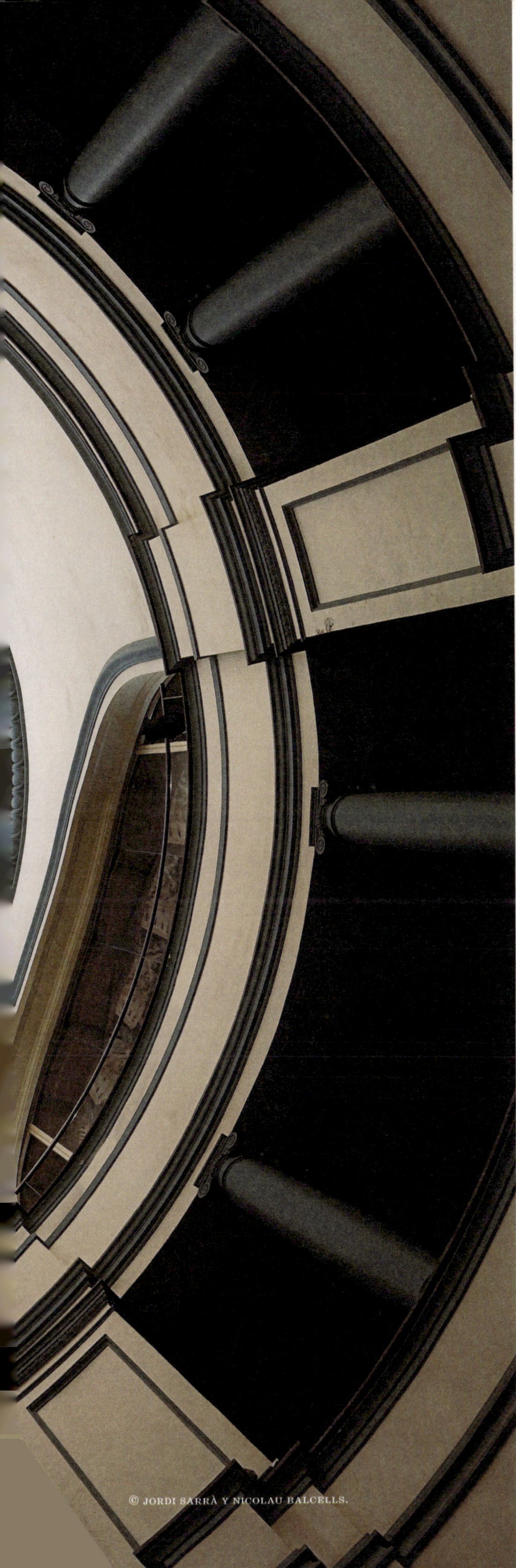

MERCAT DE LES FLORS

O CENTRE DE LES ARTS DEL MOVIMENT
LLEIDA, 59 | BARRIO DE POBLE SEC, 08004 BARCELONA

www.mercatflors.org | +34 93 426 18 75 | info@mercatflors.cat

FUNDADO EN 1985 COMO TEATRO MUNICIPAL, desde 2007 se ha convertido en un consorcio integrado por distintas administraciones públicas, dedicado a la investigación, producción, creación y difusión de la danza y otras artes del movimiento. A principios de 2011 fue inaugurada la Sala Pina Bausch, en homenaje a la destacada figura de la danza contemporánea, que está pensada para acoger espectáculos coreográficos y actividades de pequeño formato, y también como sala de ensayo y residencia de creación para compañías. El Mercat es un centro de referencia en su campo, que destaca por ser un espacio de libertad escénica en la relación entre el artista y el espectador, y ofrece también programas educativos tanto para profesionales como para el público *amateur* de todas las edades. Uno de sus objetivos principales es dar valor al elemento popular en la danza a través de sus múltiples expresiones, desde el flamenco hasta el *hip hop*.

ES VA FUNDAR EL 1985 COM A TEATRE MUNICIPAL, des del 2007 s'ha convertit en un consorci integrat per diverses administracions públiques, dedicat a la investigació, producció, creació i difusió de la dansa i altres arts del moviment. A començaments del 2011 es va inaugurar la Sala Pina Bausch, en homenatge a la destacada figura de la dansa contemporània, pensada per acollir espectacles coreogràfics i activitats de petit format, i també com a sala d'assaig i residència de creació per a companyies. El Mercat és un centre de referència en el seu camp, que destaca per ser un espai de llibertat escènica en la relació entre l'artista i l'espectador, i ofereix també programes educatius tant per a professionals com per al públic *amateur* de totes les edats. Un dels seus objectius principals és donar valor a l'element popular en la dansa a través de les seves múltiples expressions, del flamenc al *hip hop*.

ESTABLISHED IN 1985 AS A MUNICIPAL THEATRE, since 2007 it has become a consortium made of different public administrations, devoted to the research, production, creation and dissemination of dance and other kinetic arts. The Pina Bausch Hall was inaugurated at the beginning of 2011, as a tribute to the outstanding figure of contemporary dance, and it is intended to host choreographic spectacles and small format activities as well as to act as rehearsal hall and creative residency for companies. The Mercat is a point of reference in its field, which stands out because it is a space of scenic freedom in relation to the artist and the spectator, and it also offers educational programs both for professionals and for an *amateur* audience of all ages. One of the main aims is to increase the value of the popular element in dance through its multiple expressions, from flamenco to hip hop.

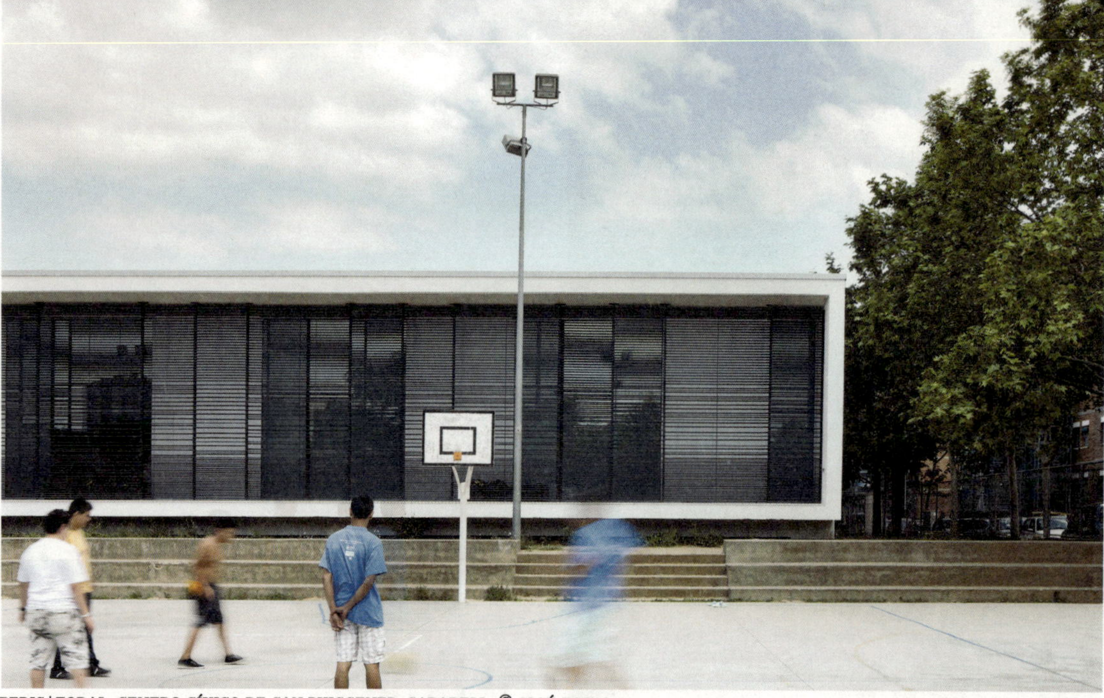

PERIS+TORAL, CENTRO CÍVICO DE CAN PUIGGENER, SABADELL. © JOSÉ HEVIA.

▶ ser una necesidad individual, es también algo para compartir, y en un día de suerte, para emocionar».

CANTANT I COMPOSITORA. Filla d'artistes, des de petita estudia solfeig, piano i saxo clàssic a l'Escola de Música Rita Ferrer de Palafrugell. Als divuit anys es trasllada a Barcelona, es matricula al Taller de Músics i, un any més tard, a l'ESMUC, on es llicencia en l'especialitat de cant de *jazz*. La seva necessitat d'expressar-se amb una major llibertat la du a buscar nous recursos en el flamenc, el fado, el folklore argentí, el folklore de la península i la música tradicional catalana. A aquesta formació l'acompanya una dilatada experiència en directe sobre escenaris de tot el món, amb músics com Javier Colina, Toti Soler, Eliseo Parra, Duquende, Chicuelo, Refree, Pancho Amat, Perico Sambeat, Feliu Gasull, Joan Díaz, Joan Monné... El 2009 rep el premi Altaveu per la versatilitat de la seva veu i guanya el premi de composició Miquel Martí i Pol. «Per més complicada que sigui la música, finalment vull que sembli un conte com els que m'explicava la *mama*. En el meu cas, la música, a més de ser una necessitat individual, també és per compartir, i en un dia de sort, per emocionar».

SINGER AND SONGWRITER. The daughter of artists, since she was a child she has studied music, piano and classical saxophone at the Rita Ferrer School of Music in Palafrugell. At eighteen she moved to Barcelona and registered at the Taller de Músics and, one year later she joined ESMUC, where she graduated specialising in jazz singing. He need to express herself with greater freedom led her to search for new material in flamenco, fado and Argentinean folklore, peninsular folklore and traditional Catalonian music. This training is complemented by ample experience in live performing on stages around the world, with musician such as Javier Colina, Toti Soler, Eliseo Parra, Duquende, Chicuelo, Refree, Pancho Amat, Perico Sambeat, Feliu Gasull, Joan Díaz, Joan Monne... In 2009 she received the Altaveu award for the versatility of her voice, and that same year she won the Miquel Martí i Pol award for composition. "No matter how complicated music may seem, I finally want it to seem like a story, like the ones my *mama* used to tell me. In my case, music, as well as being an individual need, is also something to share, and on a good day, for causing emotions."

PERIS+TORAL

MARTA PERIS EUGENIO: PALMA DE MALLORCA, 21.10.1972.
JOSÉ MANUEL TORAL: MADRID, 11.11.1978.

O | *36 viviendas sociales en Can Caralleu, Barcelona (2005-08); ampliación del centro cívico Can Puiggener, Sabadell, (2006-10); 34 viviendas sociales en La Teixonera, Barcelona (2007-...); 105 viviendas sociales, CAP y casal en Glòries, Barcelona (2008-...); 42* *viviendas sociales en Son Servera, Mallorca (2009-...).* **M |** *Le Corbusier, Louis Kahn y Alvar Aalto, Melnikov, Lewerentz, el Team 10 (especialmente A&P Smithson), Enric Miralles, Esteban Bonell.* **C |** *Kazuyo Sejima, Ryue Nishizawa, Peter Zumthor.*

ARQUITECTOS. Sus nombres son sinónimo de la nueva arquitectura social que ha comenzado a abrirse campo, no solo en España, como respuesta al criterio de obra-espectáculo tan predominante en los últimos tiempos. Según sus propias palabras, en su trabajo hay una presencia recurrente de espacios intermedios, habitaciones comunicantes y dobles circulaciones, así como una búsqueda de profundidad visual a través de ejes diagonales; elementos, dicen, que se van contagiando de unos proyectos a otros y estableciendo líneas de continuidad reconocibles entre ellos. «El estudio Peris+Toral Arquitectes se interesa por la obra social a la que trata de acceder a través de concursos. Es quizá el único territorio donde es posible distanciarse de los criterios mercantilistas, pues las estrictas y necesarias limitaciones de superficie y precio precisan de estrategias y mecanismos que logren dilatar el espacio percibido por el habitante más allá de sus límites objetivos».

ARQUITECTES. Els seus noms són sinònim de la nova arquitectura social que ha començat a obrir-se espai, no només a Espanya, com a resposta al criteri d'obra-espectacle tan predominant en els darrers temps. Segons les seves pròpies paraules, en el seu treball hi ha una presència recorrent d'espais intermedis, habitacions comunicants i dobles circulacions, així com la recerca de profunditat visual a través d'eixos diagonals; elements, diuen, que es van contagiant d'uns projectes als altres establint línies de continuïtat recognoscibles entre ells. «L'estudi Peris+Toral Arquitectes s'interessa per l'obra social, a la qual procura accedir a través de concursos. És potser l'únic territori on és possible distanciar-se dels criteris mercantilistes, ja que les estrictes i necessàries limitacions de superfície i preu necessiten estratègies i mecanismes que aconsegueixin dilatar l'espai percebut per l'habitant més enllà dels seus límits objectius».

ARCHITECTS. Their names are synonymous with the new social architecture that has begun to make a name for itself, not only in Spain, as a response to the prevailing work-performance criteria of recent years. In their own words, there is a recurring presence in their work of intermediate spaces, connecting rooms and double circulations, as well as a search for visual depth through diagonal axes; elements, they say, which spread infectiously from project to project, establishing recognizable lines of continuity between them. "Peris+Toral Arquitectes is interested in social work, which it seeks to gain access to through contests. It is perhaps the only area where you can distance yourself from commercial criteria, for the rigid and necessary limitations of surface area and cost demand strategies and mechanisms that enable prolonging the space perceived by inhabitants beyond their objective limits."

PICÓ, SOL
ALCOY, ALICANTE, 11.05.1967.

O | *Bésame el cactus (2000-01), Amor diesel (2002), La dona manca o Barbi superstar (2003), Paella mixta (2004), La Divadivina (2004), La prima de Chita (2006), Las Doñas (2007-08), Sirena a la plancha (2008), El llac de les mosques (2009).* **M |** *Todos los profesores con los que he estudiado.* **C |** *La La La Human Steps, Israel Galván.*

BAILARINA Y COREÓGRAFA, fundadora de la compañía de danza que lleva su nombre. Su lenguaje expresivo se inscribe en una línea de mestizaje en la que interactúan la heterodoxia, el humor y la experimentación, como cuando hizo flamenco con zapatillas de punta o puso unas excavadoras a bailar. «Mi obra se basa en todas y cada una de las vivencias que acumulo día a día. Fisicalidad, velocidad y rabia a punta pala».

BALLARINA I COREÒGRAFA, fundadora de la companyia de dansa que duu el seu nom. El seu llenguatge expressiu s'inscriu en una línia de mestissatge en què interactuen l'heterodòxia, l'humor i l'experimentació, com quan va fer flamenc amb sabatilles de punta o va fer ballar unes excavadores. «La meva obra es basa en totes i cadascuna de les vivències que acumulo de dia en dia. Fisicalitat, velocitat i ràbia a dojo».

DANCER AND CHOREOGRAPHER, founder of the dance company that bears her name. Her expressive language is a blend of iconoclasm, humour and experimentation, like when she danced flamenco in ballet shoes or made excavators dance. "My work is based on each and every experience that I accumulate day to day. Physicality, speed and loads of fury."

PINÓS, CARME
BARCELONA, 23.06.1954.

O | *Parque cementerio de Igualada, Barcelona (1985-91, con Enric Miralles), escuela-hogar en Morella, Castellón (1986-94, con Enric Miralles), ajardinamiento y pasarela peatonal en Petrer, Alicante (1991-99), torre de oficinas Cube, Guadalajara, México (2002-05), delegación territorial de la Generalitat de Catalunya en las tierras del Ebro, Tortosa (2005-12), urbanización de la Plaza de la Gardunya: Escola Massana, edificio de viviendas y remodelación de la fachada posterior del mercado de La Boquería, Barcelona (2006-...), CaixaForum Zaragoza (2008-13), edificio de departamentos en la Universidad de Económicas del Nuevo Campus de Viena (2008-13).* **M |** *Creo que Le Corbusier está siempre en mi subconsciente.* **C |** *Todos y ninguno en particular.*

ARQUITECTA. Tras alcanzar el reconocimiento internacional junto a Enric Miralles, funda su propio estudio en 1991. Entre sus obras destacan la pasarela peatonal de Petrer en Alicante, el paseo marítimo Juan Aparicio en Torrevieja o la torre Cube en Guadalajara, México, con la que obtuvo el Premio de la Bienal Española de Arquitectura en 2007 y cuya maqueta fue adquirida para la colección permanente del MoMA, entre otros reconocimientos internacionales. En 2008 recibió el Premio Nacional de Arquitectura de la Generalitat de Cataluña por su trayectoria profesional. Desde ese año es miembro del Patronato del Museo Nacional de Arquitectura y Urbanismo de España y, desde 2009, del consejo académico de la Escuela de Máster y Posgrados de Arquitectura de la UPC. También ha sido profesora invitada en la Universidad de Illinois, la Kunstakademie de Dusseldorf, la Universidad de Columbia, la École Polytechnique Fédérale de Lausanne, la Harvard University Graduate School of Design, la Accademia di Architettura di Mendrisio en Suiza y la Universidad de Roma Tre, entre otras. «He intentado siempre que la relación entre la arquitectura y el contexto geográfico y social sea el elemento que determine el arte de proyectar. No hay reglas preestablecidas más allá de las que cada uno descubre a lo largo del proceso de comprensión de lo que nos rodea y la reinterpretación del programa. Procuro que mis proyectos se

sinteticen con esquemas muy simples y reglas muy claras, aunque dando juego a muchas posibilidades».

ARQUITECTA. Després d'assolir el reconeixement internacional al costat d'Enric Miralles, funda el seu propi estudi el 1991. Entre les seves obres destaquen la passarel·la per a vianants de Petrer, a Alacant, el passeig marítim Juan Aparicio, a Torrevieja, o la torre Cube, a Guadalajara, Mèxic, amb què va obtenir el Premi de la Biennal Espanyola d'Arquitectura 2007 i la maqueta de la qual va ser adquirida per a la col·lecció permanent del MoMA, entre d'altres reconeixements internacionals. El 2008 va rebre el Premi Nacional d'Arquitectura de la Generalitat de Catalunya per la seva trajectòria professional. Des d'aquell any és membre del Patronat del Museu Nacional d'Arquitectura i Urbanisme d'Espanya i, des del 2009, del consell acadèmic de l'Escola de Màsters i Postgraus d'Arquitectura de la UPC. També ha estat professora convidada a la Universitat de Illinois, la Kunstakademie de Düsseldorf, la Universitat de Columbia de Nova York, l'École Polytechnique Fédérale de Lausanne, la Harvard University Graduate School of Design, l'Accademia di Architettura di Mendrisio, a Suïssa, i la Universitat de Roma Tre, entre d'altres. «Sempre he procurat que la relació entre l'arquitectura i el context geogràfic i social sigui l'element que determini l'art de projectar. No hi ha regles preestablertes més enllà d'aquelles que cadascú descobreix durant el procés de comprensió d'allò que ens envolta i la reinterpretació del programa. Procuro que els meus projectes se sintetitzin amb esquemes molt simples i regles molt clares, per bé que donant joc a moltes possibilitats».

ARCHITECT. After obtaining international recognition alongside Enric Miralles, she set up her own studio in 1991. Her works include the Petrer footbridge in Alicante, the Juan Aparicio sea front in Torrevieja or the Cube tower in Guadalajara, Mexico, which earned her the Spanish Architecture Biennial Award in 2007, and the model for which was acquired for the permanent collection at MoMA, in addition to other international awards. In 2008 she received the National Prize for Architecture from the Catalonian Generalitat for her professional career. Since then she has been a member of the Spanish National Museum Trust for Architecture and Urban Development and, since 2009, she has sat on the academic committee for the School of Masters and Post Graduate Degrees in Architecture at the UPC. She has also acted as guest tutor at the University of Illinois, the Kunstakademie in Dusseldorf, the University of Colombia in New York, l'Ecole Polytechnique Fédérale de Lausanne, the Harvard University Graduate School of Design, the Accademia di Architettura di Mendrisio in Switzerland and the Roma Tre University, among others. "I have always tried to make the relationship between architecture and the geographical and social context the element which determines the art of projection. There are no pre-established rules beyond those which one discovers during the process of understanding the world around us and re-interpreting the programme. I aim for my projects to synthesise with very simple patterns and very clear rules, although bringing lots of different possibilities into play."

PIQUERAS, ROBERTO
SABADELL, BARCELONA, 23.02.1985.

O | *Camiseta Pixel (verano 2008), abrigo acolchado verde (invierno 2009), vestido Body Mirror (invierno 2011), camiseta oversize Barbie & Ken (verano 2011).* **M |** *Martin Margiela, Jean-Charles de Castelbajac.* **C |** *Brian Lichtenberg, Franc Fernández, Charlie Le Mindu.*

DISEÑADOR DE MODA. A la hora de vestir, nada es imperdonable si vas cómodo. Partidario de ideas-fuerza tan llenas de sentido común como esta, él las aplica a su trabajo en forma de prendas básicas y nombres como BCN Paraíso: un lugar en el que todo el mundo viste sus diseños a diario. «Unisex unisize oversize sport».

DISSENYADOR DE MODA. A l'hora de vestir, res no és imperdonable si vas còmode. Partidari d'idees-força tan plenes de sentit comú com aquesta, ell les aplica al seu treball en forma de peces bàsiques i noms com BCN Paraíso: un lloc on tothom duu els seus disseny diàriament. «Unisex unisize oversize sport».

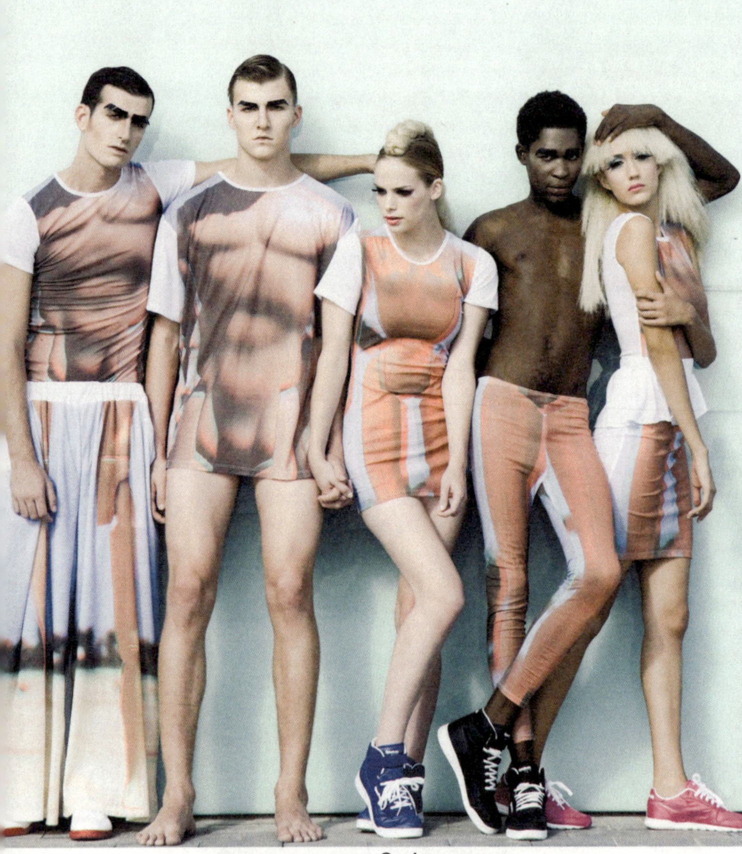

ROBERTO PIQUERAS. © CÉSAR SEGARRA.

FASHION DESIGNER. When it comes to clothes, nothing is unforgivable as long as it's comfortable. A proponent of power ideas as brimming with common sense as this one, he applies them to his work in the form of basic garments and such names as BCN Paraíso: a place where everyone wears his designs every day. "Unisex unisize oversize casual."

PLA, ALBERT
SABADELL, BARCELONA, 22.09.1966.

O | *Ho sento molt (1989), Aquí s'acaba el que es donava (1990), No solo de rumba vive el hombre (1992), Supone Fonollosa (1995), Veintegenarios en Alburquerque (1997), Anem al llit? (2002), Cançons d'amor i droga (2003), Vida y milagros (2006), La diferencia (2008).* **M |** *Una canción de por aquí, una canción de por allá.* **C |** *Robe, Gerard Quintana, Joan Miquel Oliver, Los Delinqüentes.*

COMPOSITOR, CANTANTE Y GUITARRISTA. Es un creador inconfundible, dotado de una imaginación desbordante y un espíritu al mismo tiempo lúdico, polémico, algo pueril y burlón. Ha colaborado en películas de Álex de la Iglesia, Juanma Bajo Ulloa, Albert Serra e Isabel Coixet; ha coproducido un documental sobre el artista y músico Pepe Sales; su canción «Sufre como yo» fue incluida en la banda sonora de *Carne trémula*, de Pedro Almodóvar; y, como actor, fue el protagonista de la obra teatral *Caracuero*, del alemán Helmut Krausser. «No tengo ni idea. Jamás me pondría a pensar en una cosa así».

COMPOSITOR, CANTANT, GUITARRISTA. És un creador inconfusible, dotat d'una imaginació desbordant i un esperit al mateix temps lúdic, polèmic, una mica pueril i burleta. Ha col·laborat en pel·lícules d'Álex de la Iglesia, Juanma Bajo Ulloa, Albert Serra i Isabel Coixet; ha coproduït un documental sobre l'artista i músic Pepe Sales; la seva cançó «Sufre como yo» va ser inclosa en la banda sonora de *Carne trémula*, de Pedro Almodóvar; i, com a actor, va ser el protagonista de l'obra teatral *Caracuero*, de l'alemany Helmut Krausser. «No en tinc ni idea. No em posaria mai a pensar en una cosa així».

SINGER, SONGWRITER AND GUITARIST. He is an unmistakable creator, gifted with an overflowing imagination and a spirit which is at playful, polemic, childish and teasing all at once. He has been involved with films by Álex de la Iglesia, Juanma Bajo Ulloa, Albert Serra and Iglesia Coixet; he has co-produced a documentary on the artist and musician Pepe Sales; his song *"Sufre como yo"* was included on the soundtrack for *Carne trémula*, by Pedro Almodóvar; and as an actor his played the leading role in the play *Caracuero*, by the German Helmut Krausser. "I have no idea. I would never begin to think about something like that."

PLADEMUNT, ALEIX
GERONA, 1980.

O | *Des-habitat (2004), Espacios comunes (2005), Espectadores (2006), Nada (2007), DubaiLand (2008), Small Dreams (2009), Tot (2009), We are Here (2009), Almost There (2010).*

FOTÓGRAFO. Con estudios de Ingeniería Técnica en la Universidad de Gerona, de Fotografía en la Politécnica de Cataluña y de posgrado en Puebla, México, en 2004 realizó su primera exposición individual en Barcelona y, desde entonces, su nombre no ha dejado de aparecer cada vez que se habla de los nuevos talentos de la fotografía española actual. Su forma de hablar del ser humano sin que a veces aparezca ni una sola persona en sus imágenes es, como mínimo, sorprendente. «No me interesa hacer una foto bonita porque me agrade el lugar o tal o cual luz. Me interesa cuestionar, que la foto te genere algo cuando la veas, una pregunta. Que haya un interrogante en el que la gente pueda entrar y terminar la lectura de la imagen por sí misma».

FOTÒGRAF. Amb estudis d'Enginyeria Tècnica a la Universitat de Girona, de Fotografia a la Politècnica de Catalunya i de postgrau a Puebla, Mèxic, el 2004 va fer la seva primera exposició individual a Barcelona i, d'aleshores ençà, el seu nom no ha deixat d'aparèixer cada cop que es parla de nous talents de la fotografia espanyola actual. La seva manera de parlar de l'ésser humà sense que a vegades aparegui ni una sola persona en les seves imatges és, com a mínim, sorprenent. «No m'interessa fer una foto maca perquè m'agrada el lloc o perquè m'agrada aquella llum. M'interessa qüestionar, que la foto et generi alguna cosa quan la vegis, una pregunta. Que hi hagi un interrogant on la gent hi pugui entrar i acabar-ne la lectura de la imatge per ella mateixa».

PHOTOGRAPHER. With studies in Technical Engineering at the University of Gerona, in Photography at the Polytechnic University and postgraduate studies in Puebla Mexico, in 2004 he completed his first individual exhibition in Barcelona and, since then his name has appeared continuously each time we talk about new talent in current Spanish photography. His way of talking about human beings sometimes without a single person appearing in his pictures, is surprising to say the least. "I'm not interested in taking a pretty photo, because I like the place or this or that light. I'm interested in questions, in the photo generating something in you when you see it, a question. For there to be a question mark which people can enter and finish off reading the image for themselves."

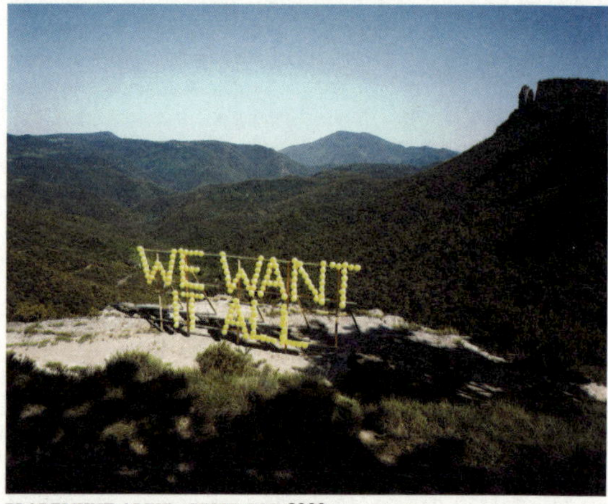

PLADEMUNT ALEIX, *SERIE TOT*, 2009.

PLANA, DAVID
MANLLEU, BARCELONA, 27.11.1969.

O | *Mala sangre (1997), Pequeña muerte (1998), Después viene la noche (2001), La dona incompleta / La mujer incompleta (2001), El paraíso olvidado (2002), ¡Esto no es vida! (2003), Criaturas (2003), Boris Godunov (2008). En televisión: La memoria de los caracoles (1999), Moncloa, ¿dígame? (2001), Jet Lag (2001).* **M |** *Thomas Bernhard, Philip Roth, Ingmar Bergman.* **C |** *José Sanchis Sinisterra, Sergi Belbel, Lluïsa Cunillé, Jordi Galceran, Juan Mayorga.*

ACTOR Y DIRECTOR. Se formó como actor y autor en el Institut del Teatre de Barcelona. En 1997 participó en el Seminario de Escritura Teatral en San Miniato al Monte (Italia). Su vida profesional incluye la dirección y actuación en obras de teatro, y en series de radio y televisión. Con su obra *La dona incompleta* fue finalista en los Premios Max en 2001 como mejor autor en lengua catalana. Es director argumental de la serie *La Riera*. En 1997 recibió el premio Serra d'Or al Mejor Texto Teatral por *Mala sangre* (obra que dirigió) y en 1998 fue Premio Butaca al mejor texto del año. «La creación de historias, la seducción del espectador a través de la narración».

ACTOR I DIRECTOR. Es va formar com a actor i autor a l'Institut del Teatre de Barcelona. El 1997 va participar al Seminari d'Escriptura Teatral de San Miniato al Monte (Itàlia). La seva vida professional inclou l'actuació i direcció en obres de teatre, i sèries de ràdio i televisió. Amb l'obra *La dona incompleta* va ser finalista als Premis Max del 2001 com a millor autor en llengua catalana. És director argumental de la sèrie *La Riera*. El 1997 va rebre el premi Serra d'Or al Millor Text Teatral per *Mala sang* (obra que va dirigir) i el 1998 va ser Premi Butaca al millor text de l'any. «La creació d'històries, la seducció de l'espectador a través de la narració».

ACTOR AND DIRECTOR. He trained as an actor at the Institute of Theatre in Barcelona. In 1997 he took part in the Dramatic Writing Seminar at San Miniato al Monte (Italy). His professional life includes acting and directing plays, and serials for radio and television. With his play *La dona incompleta* he was shortlisted for the Max Award for best author in Catalan in 2001. He is the dramatic director for the series *La Riera*. In 1997 he received the Serra d'Or award for the best script for *Mala sangre* (which he also directed) and in 1998 he received the Butaca Award for best script of the year. "The creation of stories, the seduction of the spectator through narrative."

PLANA, TANIT
BARCELONA, 19.10.1975.

O | *Iaios (2000-08), Per sempre (2007-10).* **M |** *Diane Arbus, Nan Goldin, Anders Petersen, Rineke Dijkstra, Alec Soth, Jeff Wall, Joan Fontcuberta.* **C |** *Txema Salvans, Aleix Plademunt, Roger Guaus.*

FOTÓGRAFA. Su nacimiento profesional, *Iaios*, fue un ensayo de ocho años en el que acompañó a sus abuelos hasta su muerte. Mientras trabajaba en él, recibió el premio Descubrimientos PHotoEspaña 2002 y expuso de forma individual en PHE 2003 y en Terre d'Imatges de Biarritz en 2004. Recientemente ha descubierto «los poderes del trabajo en equipo y la potencia de la fotografía activista», que le están llevando a valorar la posibilidad de «dejar de ser artista para convertirme en cirujana social». «Soy una enviada especial a zonas de conflictos personales, familiares, domésticos e íntimos: he ido hasta allí, los he estudiado, los he fotografiado y los he filmado; después he intentado explicar qué he visto y sentido».

FOTÒGRAFA. El seu naixement professional, *Iaios*, va ser un assaig desenvolupat durant vuit anys, durant els quals va acompanyar els seus avis fins a la mort. Mentre hi treballava, va rebre el premi Descobriments PHotoEspaña 2002 i va exposar de manera individual a PHE 2003 i a Terre d'Images de Biarritz, l'any 2004. Recentment ha descobert «els poders del treball en equip i la potència de la fotografia activista», que l'estan duent a valorar la possibilitat de «deixar de ser artista per convertir-me en cirurgiana social». «Sóc una enviada especial a zones de conflicte personals, familiars, domèstics i íntims: he anat fins allà, els he estudiat, els he fotografiat i els he filmat; després he intentat explicar què he vist i sentit».

PHOTOGRAPHER. Her professional debut, *Iaios*, was an photo essay of the eight years she spent documenting her grandparents until their death. While working on it, she received the 2002 Descubrimientos PHotoEspaña Award and had solo exhibitions in the 2003 PHE and the 2004 Biarritz Terre d'Imatges. Recently she discovered "the strengths of teamwork and the power of activist photography," which has led her to consider the possibility of "ceasing to be an artist and becoming a social surgeon instead." "I'm a special correspondent in areas of personal, family, domestic and private conflict: I've been there, I've studied them, I've filmed them. Then I've tried to explain what I saw and felt."

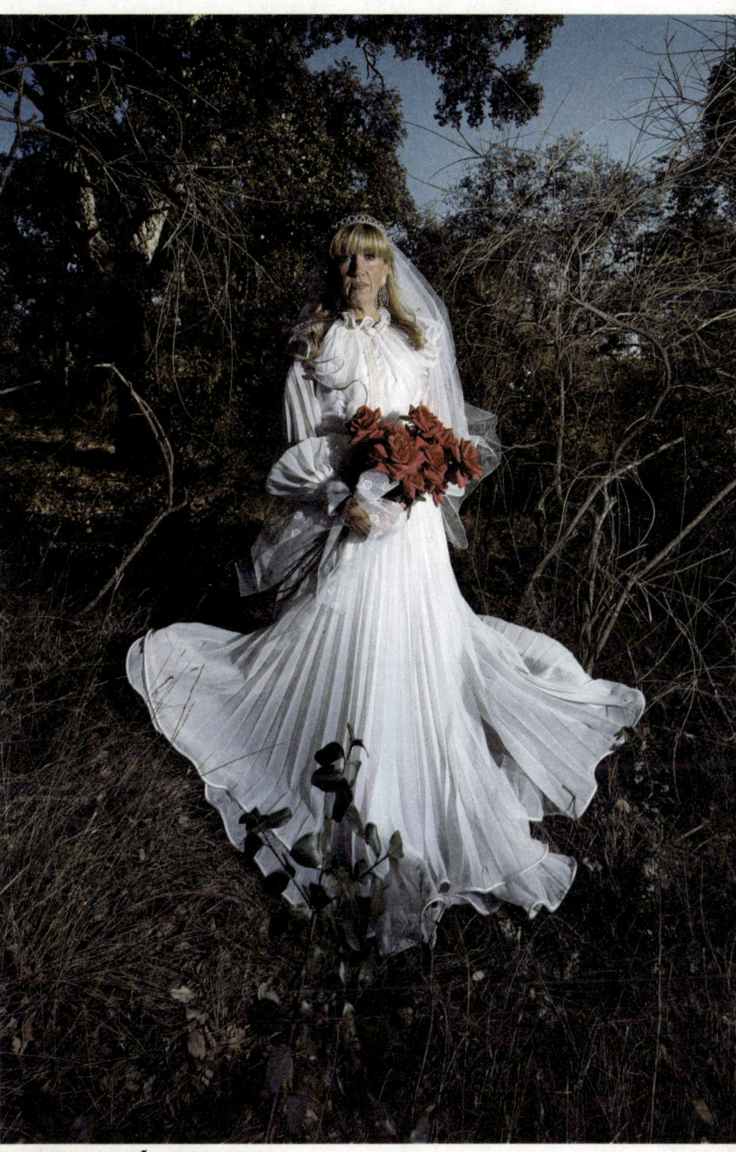

TANIT PLANA, *TOÑI, DE PER SEMPRE.*

PLENSA, JAUME
BARCELONA, 23.08.1955.

O | *Auch (1991, en Auch, Francia), Blake in Gateshead (1996, en Gateshead, Inglaterra), Seven Deities of Good Fortune (2000, en Tokio), The Crown Fountain (2004, en Chicago), Breathing (2005, en Londres), Conversation à Nice (2007, en Niza), El alma del Ebro (2008, en Zaragoza), Dream (2009, en Liverpool), World Voices (2009, en Dubai), Ogijima's Soul (2010, en Ogijima, Japón), Awilda in Salzburg (2010, en Salzburgo, Austria), Tolerance (2011, en Houston).* **M |** *Shakespeare, Miró, Blake, Calder, Valente, Canetti...* **C |** *Tàpies.*

ARTISTA PLÁSTICO. Reconocido internacionalmente por sus esculturas públicas, exhibidas en ciudades de Francia, Inglaterra, Es- ▶

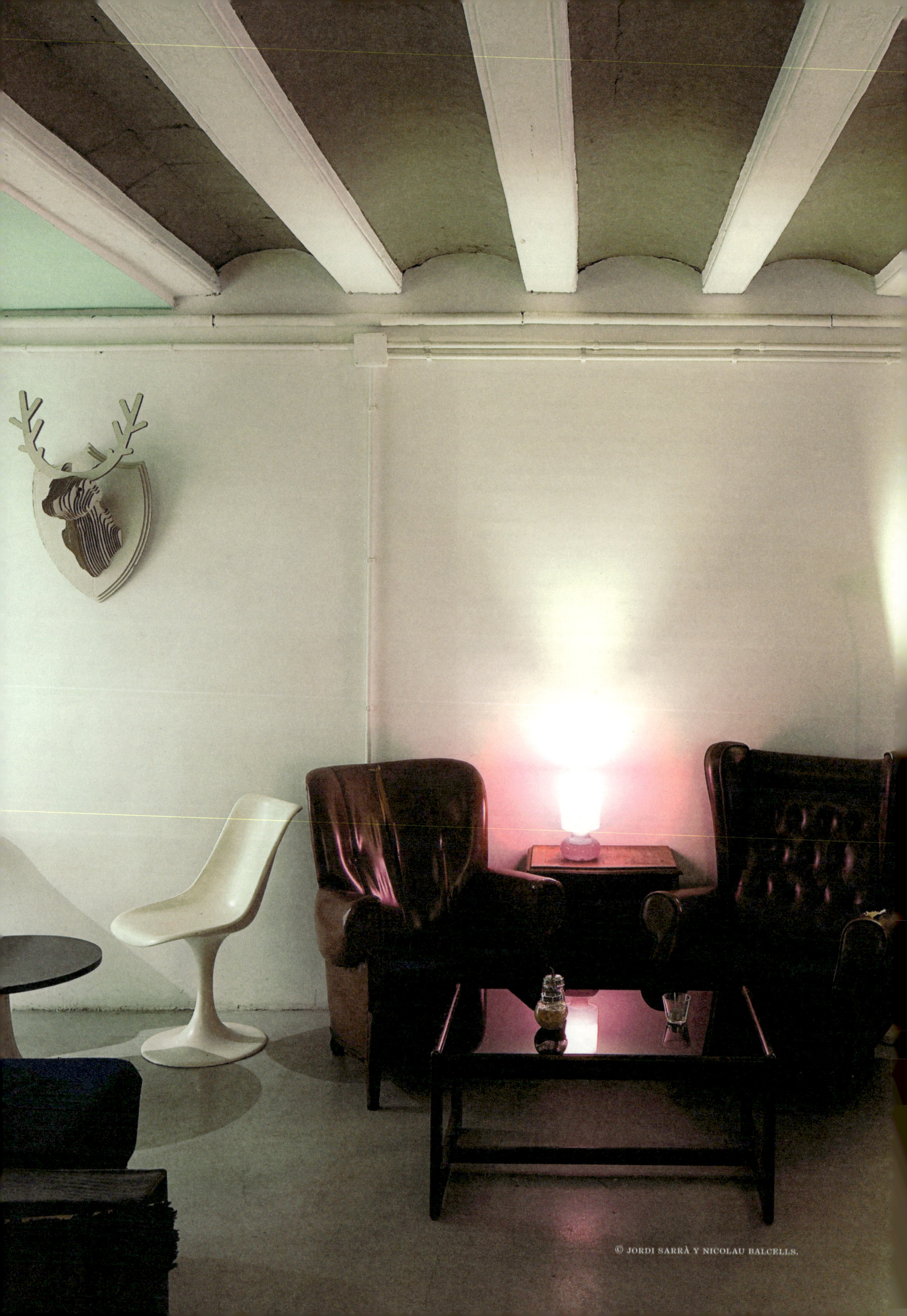

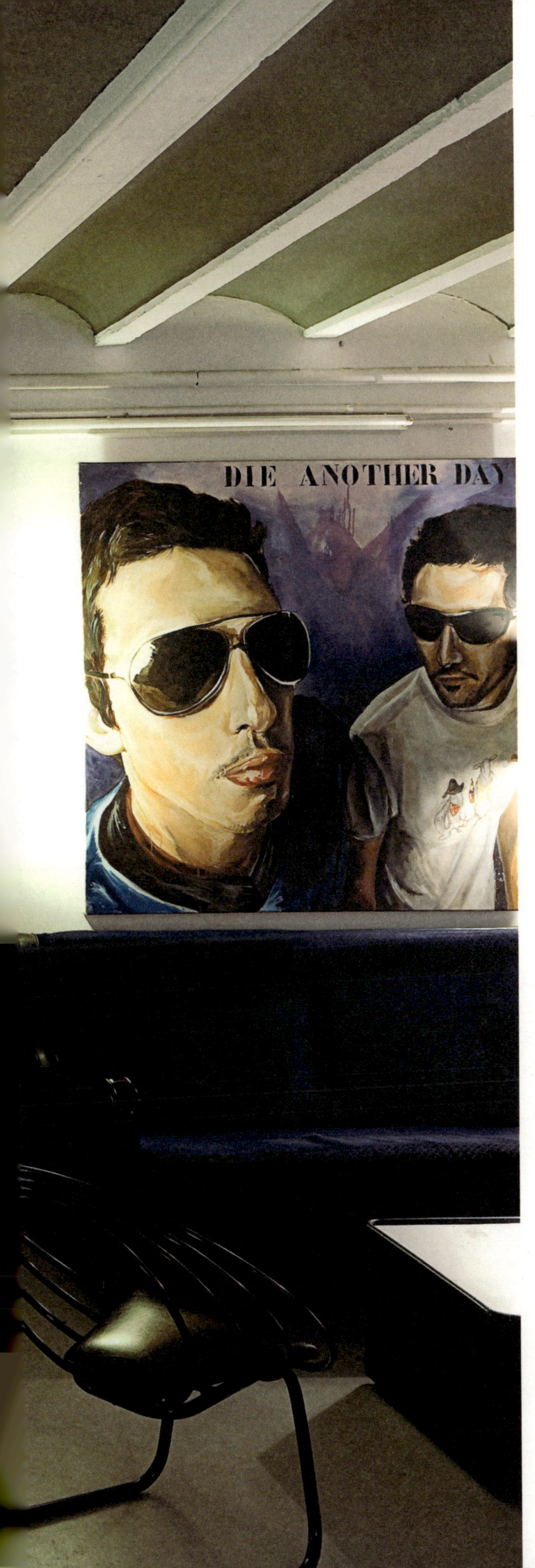

MISCELANEA

GUÀRDIA, 10 | CIUTAT VELLA, 08001 BARCELONA

www.miscelanea.info | +34 93 317 93 98 | info@miscelanea.info

ESPACIO ARTÍSTICO MULTIDISCIPLINAR dedicado a difundir el trabajo creativo y las expresiones artísticas contemporáneas en Barcelona. Nace en 2004 como organización sin ánimo de lucro, y desde entonces ofrece una programación permanente de exposiciones de arte, proyección de audiovisuales, conferencias, conciertos y espectáculos musicales, y todo tipo de manifestaciones culturales de carácter independiente. Como ellos dicen, «Miscelanea es, como su propio nombre indica, una mezcla de cosas distintas o de géneros diferentes, materias que en muchos casos pueden parecer inconexas» pero que cobran sentido en su intención de «acercar la creación contemporánea al público».

ESPAI ARTÍSTIC MULTIDISCIPLINARI dedicat a difondre el treball creatiu i les expressions artístiques contemporànies a Barcelona. Neix el 2004 com a organització sense ànim de lucre, i des d'aleshores ofereix una programació permanent d'exposicions d'art, projecció d'audiovisuals, conferències, concerts i espectacles musicals, i tota mena de manifestacions culturals de caràcter independent. Com ells mateixos diuen, «Miscelanea és, com el seu propi nom indica, una mescla de coses diverses o de gèneres diferents, matèries que en molts casos poden semblar inconnexes» però que adquireixen sentit en la seva intenció d'«apropar la creació contemporània al públic».

MULTI-DISCIPLINARY ARTISTIC SPACE devoted to the dissemination of creative work and contemporary artistic expressions in Barcelona. It started in 2004 as a non-profit organization and since then it has offered a permanent program of art exhibitions, audiovisual screenings, conferences, concerts and musical shows, and all sorts of cultural forms of expression independent in nature. In their own words "Miscelanea is, faithful to its name, a blend of different things, of different genres, matters that often can appear unconnected" but that gain meaning through their intention to "bring contemporary creations closer to the public."

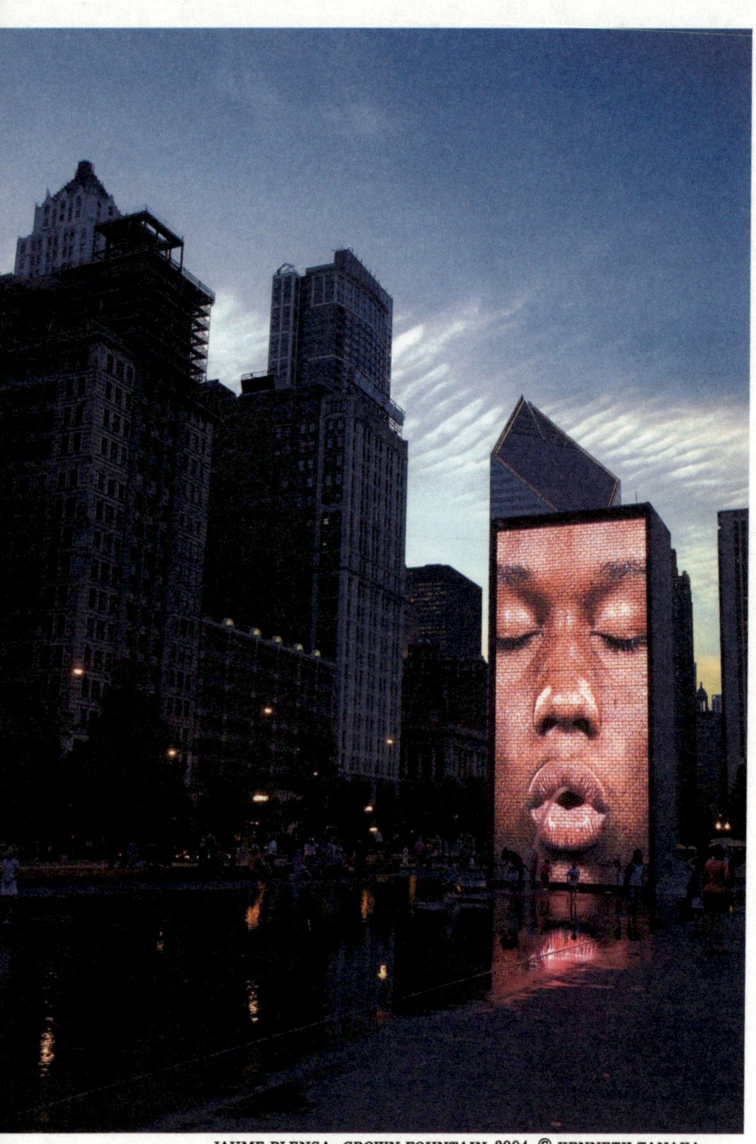

▶ paña, Japón, Corea, Canadá, Alemania o Estados Unidos, su obra abarca también el dibujo, el grabado, la instalación, la escenografía, el vídeo y el sonido. Desde 1980, el año de su primera exposición en Barcelona, vive y trabaja entre Berlín, Bruselas, Londres, París, Chicago y otras ciudades de Estados Unidos. Ha obtenido numerosos reconocimientos, como el Chevalier des Arts de Francia, el Premi Nacional d'Arts Visuals de Catalunya o el Doctor Honoris Causa de la School of the Art Institute of Chicago, y su obra ha sido exhibida en museos y centros de arte de Europa, América y Asia. Ha sido profesor en la Escuela de Bellas Artes de París y actualmente lo es en la School of the Art Institute of Chicago. Es invitado con frecuencia a dar clases y conferencias en escuelas de arte y universidades. «Cada ser humano es un "lugar". Cada mujer, hombre, niño, viejo es un espacio habitable en sí mismo que se desplaza y desarrolla; un "lugar" en tiempo, en geografía, en volumen y en color. Ciudades enteras edificadas con cuerpos abriéndose y cerrándose como puertas. Luces que parpadean. Cada vez que un ser humano muere, una casa se cierra y se pierde un "lugar". Mi obra es su memoria. La fijación congelada de tantos y tantos cuerpos desarrollándose y desapareciendo en la fugacidad de la luz. Mi obra es su volumen».

ARTISTA PLÀSTIC. Reconegut internacionalment per les seves escultures públiques, exhibides a ciutats de França, Anglaterra, Espanya, Japó, Corea, Canadà, Alemanya o els Estats Units, la seva obra comprèn també el dibuix, el gravat, la instal·lació, l'escenografia, el vídeo i el so. Des del 1980, l'any de la seva primera exposició a Barcelona, viu i treballa entre Berlín, Brussel·les, Londres, París, Chicago i altres ciutats dels Estats Units. Ha obtingut nombrosos reconeixements com el Chevalier des Arts de França, el Premi Nacional d'Arts Visuals de Catalunya o el Doctor Honoris Causa de la School

of the Art Institute de Chicago, i la seva obra ha estat exhibida a museus i centres d'art d'Europa, Amèrica i Àsia. Ha estat professor a l'Escola de Belles Arts de París i actualment ho és a la School of the Art Institute de Chicago. El conviden sovint a impartir classes i conferències a escoles d'art i universitats. «Cada ésser humà és un "lloc". Cada dona, home, nen o vell és un espai habitable en si mateix que es desplaça i desenvolupa; un "lloc" en temps, en geografia, en volum i en color. Ciutats senceres edificades amb cossos obrint-se i tancant-se com portes. Llums que parpellegen. Cada cop que un ésser humà mor, una casa es tanca i es perd un "lloc". La meva obra és la seva memòria. La fixació congelada de tants i tants cossos desenvolupant-se i desapareixent en la fugacitat de la llum. La meva obra és un volum».

PLASTIC ARTIST. He is internationally recognised for his public sculptures, exhibited around France, the UK, Spain, Japan, Korea, Canada, Germany or the United States, although his work also includes sketching, painting and installations, scenography, video and sound. Since 1980, the year of his first exhibition in Barcelona, he has lived and worked in Berlin, Brussels, London, Paris, Chicago and other parts of the United States. He has obtained numerous recognitions for his work, such as the Chevalier des Arts in France, the Premi Nacional d'Arts Visuals in Catalonia and the Doctor Honoris Causa from the School of the Art Institute in Chicago, and his work has been exhibited in museums and art centres in Europe and America. He has taught at the School of Fine Art in Paris, and is currently a tutor at the School of the Art Institute in Chicago. He is frequently invited to give classes and conferences at art schools and universities. "Every human being is a 'place.' Every woman, man, child or elderly person is an inhabitable space in his or herself which moves and develops; a 'place' in time, in geography, in volume and in colour. Whole cities built from bodies, opening and closing like doors. Lights flickering. Every time a human being dies, a house is closed and a 'place' is lost. My work is the memoir of that. The setting in stone of so many bodies developing and disappearing in the fleeting light. My work is the volume of that."

PONS, JOSEP
PUIG-REIG, BARCELONA, 14.06.1957.

O | *Cofundador de la Orquestra de Cambra Teatre Lliure (1985), director musical de las ceremonias de los Juegos Olímpicos de Barcelona (1992), director de la Orquesta Ciudad de Granada (1994-04), director de la Orquesta Nacional de España (2003-...).* **M |** *Ireneu Segarra, Antoni Ros-Marbà, Josep Soler i Sardà.* **C |** *Simon Rattle.*

DIRECTOR DE ORQUESTA. Es el actual director de la Orquesta Nacional de España. Inicia su formación musical en la Escolanía del Monasterio de Montserrat, y más adelante estudia composición y dirección con maestros como Josep Soler y Antoni Ros-Marbà. En 1985 fue uno de los fundadores de la Orquestra de Cambra del Teatre Lliure, y en 1992 fue el director musical de las ceremonias de los Juegos Olímpicos de Barcelona. Ha recibido, entre otros galardones, el Premio Nacional de Música cuando dirigía la Orquesta Ciudad de Granada, y el Ciutat de Barcelona. «Ser un músico entre músicos».

DIRECTOR D'ORQUESTRA. És l'actual director de l'Orquestra Nacional de España. Inicia la seva formació musical a l'Escolania del Monestir de Montserrat, i més endavant estudia composició i direcció amb mestres com Josep Soler i Antoni Ros-Marbà. El 1985 va ser un dels fundadors de l'Orquestra de Cambra del Teatre Lliure, i el 1992 va ser el director musical de les cerimònies dels Jocs Olímpics de Barcelona. Ha rebut, entre altres guardons, el Premi Nacional de Música quan dirigia l'Orquesta Ciudad de Granada, i el Ciutat de Barcelona. «Ser un músic entre músics».

ORCHESTRA CONDUCTOR. Currently he is the music director of the National Orchestra of Spain. He received his early musical training with the Escolanía Boy's Choir in Montserrat, and later studied composing and conducting with such master conductors as Josep Soler and Antoni Ros-Marbà. In 1985, he was one of the founders of the Orquestra de Cambra Teatre Lliure, and in 1992 he was the musical director for the ceremonies of the Barcelona Olympic Games. He has received, among other awards, the National Music Award, when he was conductor of the City of Granada Orchestra, and the City of Barcelona Award. "To be a musician among musicians."

PONSA, MIRIAM
MANRESA, BARCELONA, 24.02.1973.

O | *Pont Neuf, Christo and Jean Claude (1975-85, París) y Woven branch circular arch Langholm, Andy Goldsworthy (1986, Dumfriesshire, Inglaterra).* **M |** *Jean Tinguely, Jackson Pollock, Pablo Picasso y Giacometti.* **C |** *Junya Watanabe, Comme des Garçons, Undercover, Dries Van Noten, Antonio Marras y Miguel Adrover.*

DISEÑADORA. Procede de una familia con una vieja tradición textil que se remonta a principios del siglo XIX, tradición que se ha transmitido de generación en generación hasta nuestros días. Miriam Ponsa es una colección de autor que no sigue tendencias, sino que plasma su fuerte identidad en todo lo que hace, y que tiene una clara inspiración del pasado, de la época industrial, reinventando prendas típicas de trabajo y usando detalles de la época. La firma se reconoce por su investigación con texturas y por la aplicación de técnicas artesanales. Recientemente ha sido premiada en la 080 Barcelona Fashion. «La inspiración existe, pero tiene que encontrarte trabajando» (Pablo Picasso).

DISSENYADORA. Procedeix d'una família amb una antiga tradició tèxtil que es remunta a principis del segle XIX, tradició que s'ha transmès de generació a generació fins a avui. Miriam Ponsa és una col·lecció d'autor que no segueix tendències, sinó que plasma la seva forta identitat en tot allò que fa, i que té una clara inspiració del passat, de l'època industrial, reinventant peces de roba típiques de feina i fent servir detalls de l'època. La firma es reconeix per la seva investigació amb textures i per l'aplicació de tècniques artesanals. Recentment ha estat premiada a la 080 Barcelona Fashion. «La inspiració existeix, però t'ha de trobar fent feina» (Pablo Picasso).

DESIGNER. She comes from a family with a long tradition in textiles dating back to the early 19th century, which has been passed down along the generations right up to the present day. Miriam Ponsa is an exclusive designer who does not follow trends, but which manifests a strong identity in everything she does, and who has a clear inspiration from the past, from the industrial era, reinventing typical work clothing and using details from that time. Her brand stands out for its experimentation with textures and the use of traditional techniques. She recently received an award at the 080 Barcelona Fashion. "Inspiration exists, but it has to find you working." (Pablo Picasso).

PORTET, QUIMI
VIC, BARCELONA, 10.10.1957.

O | *Persones estranyes (1987), Hoquei sobre pedres (1997), Cançoner electromagnètic (1999), Acadèmia dels somnis (2001), La Terra és plana (2004), Matem els dimarts i els divendres (2007), Viatge a Montserrat (2009).* **M |** *Jaume Sisa, Pau Riba, Toti Soler, La Trinca, Ovidi Montllor.* **C |** *Adrià Puntí, Albert Pla, Santiago Auserón.*

GUITARRISTA, CANTANTE Y COMPOSITOR. Formó parte de bandas emblemáticas del rock y pop de los ochenta y noventa, como Los Burros y El Último de la Fila. Dueño de un surrealista sentido del humor, hoy continúa su andadura musical en solitario, firmando canciones en castellano y catalán. «A mí me parece que yo me dedico a la música popular contemporánea».

GUITARRISTA, CANTANT I COMPOSITOR. Va formar part de grups emblemàtics del rock i del pop dels vuitanta i noranta, com ara Los Burros i El Último de la Fila. Amo d'un surrealista sentit de l'humor, actualment continua el seu trajecte musical en solitari, firmant cançons en castellà i en català. «A mi em sembla que jo em dedico a la música popular contemporània».

GUITARIST, SINGER AND COMPOSER. He was a member of such emblematic eighties and nineties pop and rock bands as Los Burros and El Último de la Fila. Possessor of a surrealistic sense of humour, today he continues his musical career as a solo artist, composing songs in Spanish and Catalan. "As far as I can tell, I'm in the business of contemporary pop."

POVEDA, MIGUEL
BADALONA, BARCELONA, 13.02.1973.

O | *Viento del Este (1995), Suena flamenco (1998), Zaguán (2001), Poemas del exilio de Rafael Alberti (2003), Desglaç (2005), Tierra de calma (2006), Cante i orquestra (2009), Coplas del querer (2009).* **M |** *Antonio Mairena, Pastora Pavón, Carbonerillo, Manolo Caracol, La Paquera, Fernanda y Bernarda de Utrera, Camarón, Enrique Morente...* **C |** *Carmen Linares, Mayte Martín, Jesús Méndez, José Valencia, Antonio Reyes, Luis el Zambo...*

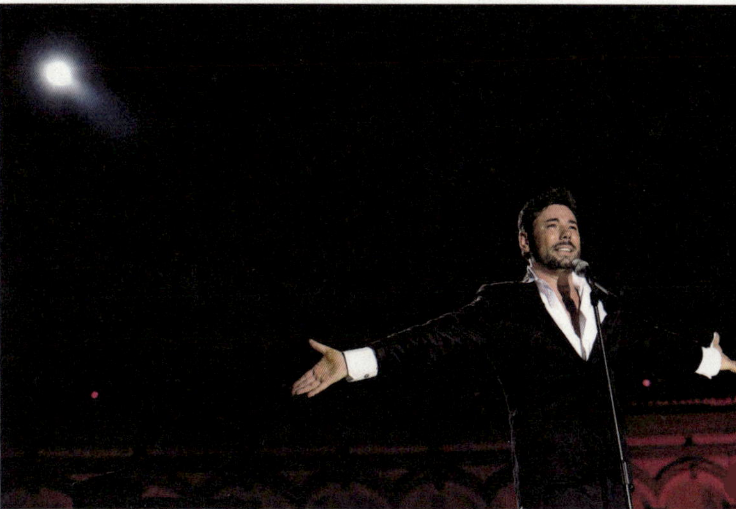

MIGUEL POVEDA. © MAXI DEL CAMPO.

CANTAOR. A los quince años empieza a cantar en el entorno de las peñas flamencas de Cataluña. En 1993, tras ganar cuatro premios (el Lámpara Minera, el más preciado del mundo flamenco, y tres más en las modalidades de La Soleá, La Cartagenera y La Malagueña, en el Festival Nacional del Cante de las Minas de La Unión, Murcia), inicia su carrera como profesional. Con un total de ocho discos grabados hasta la fecha, ha cantado en escenarios de todo el mundo junto a multitud de artistas y ha participado en varias películas, como *Los abrazos rotos,* de Pedro Almodóvar, o *Fados,* de Carlos Saura. En 2007 recibió el Premio Nacional de Música en la modalidad de Interpretación y, en 2011, el Nacional de Cultura de Cataluña. Alguno de los temas de *Desglaç,* su álbum inspirado en textos de clásicos poetas catalanes, son composiciones suyas. «El flamenco es una de las músicas más bellas y complejas jamás creada por el ser humano».

CANTAOR. Als quinze anys comença a cantar a l'entorn de les penyes flamenques de Catalunya. El 1993, després de guanyar quatre premis (el Lámpara Minera, el més preat del món flamenc, i tres més en les modalitats de la Soleá, la Cartagenera i la Malagueña, al Festival Nacional del Cante de las Minas de La Unión, Múrcia), inicia la seva carrera com a professional. Amb un total, fins avui, de vuit discos gravats, ha participat en diverses pel·lícules, com ara *Los abrazos rotos,* de Pedro Almodóvar, o *Fados,* de Carlos Saura. El 2007 va rebre el Premi Nacional de Música en la modalitat d'Interpretació i, el 2011, el Nacional de Cultura de Catalunya. Alguns temes de *Desglaç,* el seu àlbum inspirat en textos de poetes catalans clàssics, són composicions seves. «El flamenc és una de les músiques més belles i complexes que mai hagi creat l'ésser humà».

FLAMENCO SINGER. He started singing in flamenco clubs in Catalonia at the age of fifteen. In 1993, after winning four awards (the Lámpara Minera – the most highly valued Flamenco award, and three others for the La Soleá, La Cartagenera and La Malagueña categories at the Cante de las Minas National Festival in La Unión (Murcia)), he began his professional career. With a total of eight albums recorded so far, he has sung on stages all around the world alongside a multitude of artists, and has starred in several films, such as *Los abrazos rotos* by Pedro Almodóvar, or *Fados* by Carlos Saura. In 2007 he received the National Music Prize in the Performance category and in 2011, he received the Catalonian National

Culture Award. Some of the tracks on *Desglaç*, his album inspired by texts from classical Catalonian poets, are his own compositions. "Flamenco is one of the most beautiful and complex forms of music ever created by mankind."

PUIG, FERMÍ
GRANOLLERS, BARCELONA, 13.01.1959.

O | *Cuinetes (2009).* **M** | *Jean-Paul Vinay, Joel Robuchon, Alain Ducasse.* **C** | *Ferran Adrià, Joan Roca, Quique Dacosta.*

CHEF. Valedor de la cocina francesa, «no porque en un momento dado de su historia fueran muy buenos, sino porque llevan siglos venerando el arte de comer», y de la catalana, «porque la cocina es como una lengua, siempre partimos de la propia y siempre acabamos regresando a ella», el chef de los restaurantes Drolma, del Hotel Majestic, y Petit Comité, toma para sí el concepto de *neoclásico* y adapta la gran tradición culinaria occidental a los gustos de hoy. Galardonado por Drolma con una estrella Michelin, cada jueves conduce un programa de radio en RAC1 llamado *Cuinetes,* que en 2009 se convirtió también en un libro del mismo nombre. «Somos depositarios de una tradición culinaria que es un bien cultural y tenemos la obligación de ponerla en la mesa pública al más alto nivel».

XEF. Valedor de la cuina francesa, «no perquè en un moment donat de la seva història fossin molt bons, sinó perquè porten segles venerant l'art del menjar», i de la catalana, «perquè la cuina és com una llengua, sempre partim de la pròpia i sempre hi acabem tornant», el xef dels restaurants Drolma, de l'hotel Majestic, i Petit Comité, adopta per a si mateix el concepte de *neoclàssic* i adapta la gran tradició culinària occidental als gustos d'avui. Guardonat amb una estrella Michelin pel Drolma, cada dijous condueix un programa de ràdio a RAC1 anomenat *Cuinetes,* que el 2009 es va convertir també en un llibre homònim. «Som dipositaris d'una tradició culinària que és un bé cultural i tenim l'obligació de posar-la a la taula pública al més alt nivell».

CHEF. Champion of French cuisine, "not because at certain times in their history they were very good, but because for centuries they have worshipped the art of eating," and Catalonian cuisine, "because food is like a language, we always start out with our own and always end up coming back to it," the chef at the Drolma, Hotel Majestic and Petit Comité restaurants has taken as his own the concept of *neoclassicism* and adapted the great Western culinary tradition to the tastes of today. Recipient of a Michelin star for *Drolma*, every Thursday he runs a radio programme on RAC1 called *Cuinetes*, which in 2009 also became a book of the same name. "We have been entrusted with a culinary tradition which is a cultural heritage, and we have an obligation to serve it up to the public at the highest level."

PUIG, MIQUI
GRANOLLERS-L'AMETLLA DEL VALLÉS, BARCELONA, 27.06.1968.

O | *Encasadenadie (1992, con Los Sencillos), Casualidades (2004), Miope (2007), Mis favoritas (2008), Impar (2008), Homenaje a Barcelona (2010).* **M** | *Edwyn Collins, Marvin Gaye, Gato Pérez; Paul Weller, Jaume Sisa, Luke Haines, Saint Etienne, Ray Davies, El Último de la Fila, Radio Futura, Carlos Berlanga, Giorgio Moroder, Vincent Montana Jr., Tommy Hunt, The Action, Working Week, DExy's Midnight Runners, Everything but the Girl, Elvis Costello, Joe Jackson, Stereolab.* **C** | *Mishima, La Brigada, Los Brioles, The Pepper Pots.*

MÚSICO, COMPOSITOR Y CANTANTE. Durante dieciséis años formó parte del grupo Los Sencillos, con el que firmó seis álbumes y canciones como la memorable *Bonito es.* Tras la grabación de un directo con la colaboración de su amiga Alaska, reinició su carrera musical como solista y *DJ.* En esta última faceta, además de sus presentaciones en el Sónar o el Primavera Sound, es muy recordada su sesión en la fiesta privada que se celebró tras el concierto de Bruce Springsteen en 2002. En su *blog* dice padecer «una incurable enfermedad llamada bulimia cultural». Con todo, no son pocas sus apariciones en la pantalla, como jurado en *realities* musicales como *Factor X* o *Tienes talento,* y como actor de series y cortometrajes.

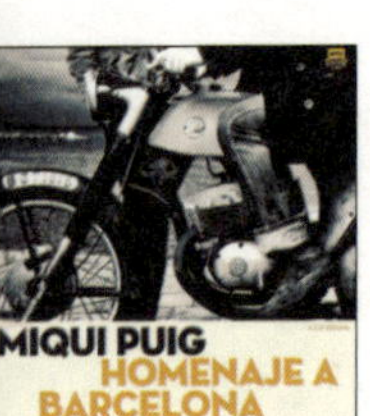

«Mi obra (suma de trabajos realizados) es fruto de la artesanía y el respeto aplicado a la canción».

Músic, compositor i cantant. Durant setze anys va formar part del grup Los Sencillos, amb el qual va signar sis àlbums i cançons com la memorable *Bonito es.* Després de la gravació d'un directe amb la col·laboració de la seva amiga Alaska, va reiniciar la seva carrera musical com a solista i DJ. En aquesta darrera faceta, a més de les seves presentacions a Sónar o Primavera Sound, és molt recordada la seva sessió de la festa privada que es va celebrar després del concert de Bruce Springsteen el 2002. En el seu *blog* diu que pateix «una malaltia incurable anomenada bulímia cultural». Amb tot, no són poques les seves aparicions a la pantalla com a jurat de *realities* musicals com *Factor X* o *Tienes talento,* i com a actor de serials i curtmetratges. «La meva obra (suma de treballs realitzats) és fruit de l'artesania i el respecte aplicat a la cançó».

SINGER, SONGWRITER AND MUSICIAN. For sixteen years he was a member of the group Los Sencillos, with whom he released six albums and songs such as the memorable *Bonito es.* After a live recording in collaboration with his friend Alaska, he re-vamped his musical career as a solo artist and DJ. As a DJ, in addition to his presentation at the Sonar festival or Primavera Sound, his session at the private party held after the Bruce Springsteen concert in 2002 is well remembered. On his blog he says he suffers from "an incurable illness called cultural bulimia". He has clocked up a large number of on screen appearances, acting as a judge on musical reality shows such as *Factor X* or *Tienes talento* ("You've got talent") and as an actor in serials and short films. "My work (in total) is the fruit of craft and respect applied to song."

RAMIS, LLUCIA
PALMA DE MALLORCA, 23.04.1977.

O | *Coses que et passen a Barcelona quan tens 30 anys (2008), Egosurfing (2010).* **M** | *Saul Bellow, Natalia Ginzburg, Andreu Vidal, Ann Sexton, Josep Pla, Cervantes, Jean Rhys, Mercè Rodoreda, Chéjov, Lao Tsé, Nabokov, Truman Capote, Cioran, Denton Welch.* **C** | *Richard Yates, Coetzee, V. S. Naipaul, Alice Munro, Ann Beattie, Sergi Pàmies, Jim Dodge, Enrique Vila-Matas, Roberto Bolaño, Elena Ferrante, Cristóbal Serra, Daniel Clowes.*

PERIODISTA Y ESCRITORA. Hay quien cree que afiló su ácida prosa en sus legendarias crónicas para *El Mundo* de Cataluña, pero antes de sacarle punta al mundillo literario ya había sido jefa de redacción de la revista *Quimera* y brillado en varios medios. En todo caso, le bastaron solo dos novelas —la última de ellas, Premio Josep Pla 2010— para granjearse un lugar incuestionable en la narrativa catalana. En la actualidad colabora además en *El Periódico de Catalunya* y RAC1, y dirige y presenta el programa sobre libros *Això no és Islàndia* en la cadena autonómica IB3. «Me gustaría transmitir que, tras la frivolidad, hay una herida profunda que no cicatrizará precisamente porque permanece oculta. Quiero que te rías con angustia».

PERIODISTA I ESCRIPTORA. Hi ha qui creu que va esmolar la seva prosa àcida a les seves llegendàries cròniques per a *El Mundo* de Catalunya, però abans de treure suc al món literari ja havia estat cap de redacció de la revista *Quimera* i havia brillat en diversos mitjans. En tot cas, en va tenir prou només amb dues novel·les —la darrera, premi Josep Pla 2010— per guanyar-se un lloc inqüestionable en la narrativa catalana. Actualment, a més, col·labora a *El Periódico de Catalunya* i RAC1, i dirigeix i presenta el programa de llibres *Això no és Islàndia* a la cadena autonòmica IB3. «M'agradaria transmetre que, rere la frivolitat, hi ha una ferida profunda que no cicatritzarà precisament perquè roman oculta. Vull que riguis amb neguit».

JOURNALIST AND WRITER. Some people believe that she sharpened up his acidic prose in her legendary chronicles for *El Mundo* in Catalonia, yet prior to picking apart the literary world she had already worked as the news desk manager for the magazine *Quimera* and shone in a number of media positions. Nevertheless, just two novels – the latest receiving the Josep Pla 2010 Award – were enough to earn her an indisputable place in Catalonian narrative. She also currently works for *El Periódico de Catalunya* and RAC1,, and directs and presents the programme on books *Això no és Islàndia* on the regional channel IB3. "I would like to transmit that, behind the frivolity, there is a deep wound will cannot heal precisely because it remains hidden. I want you to laugh with anguish."

RAPPOPORT, OLIVER
MÁLAGA, 26.08.1980.

O | *Satrotupeco (2003), Laberinto (2003), No hay olvido (2004, videoinstalación de Juan García y Antonia Torres), Catarsis I, II, III y IV (2004-09), Identités (2005-06), La degradación de los rasgos (2005-06), Distancia, recuerdos y olvido (2006), Introspección (2007), Mini descarga (2007), Remix für Folkmar (2008), Senderos (2008), Metanoia (2009), Reflejos del silencio (2009-10).* **M |** *Influencias: Beethoven, Stockhausen, Berio, Lachenmann. Maestros: Lachenmann, Charles, Naón y Brnčić.* **C |** *Mauricio Sotelo, José Manuel López López, Beat Furrer, Jonathan Harvey, Magnus Lindberg…*

COMPOSITOR. Titulado por la ESMUC de Barcelona y el Conservatorio Superior de Música y Danza de París, amplía sus estudios en el Institut de Recherche et Coordination Acoustique/Musique, la Technische Universität de Berlín y la Kings College de Londres. Ha estudiado con Helmut Lachenmann, Agustí Charles, Luis Naón, Gabriel Brnčić, Walter Zimmermann o Emmanuel Nunes, y ha participado en cursos impartidos por Jonathan Harvey, José Manuel López López, Yan Maresz, Mauricio Sotelo, Magnus Lindberg o Rob Keeley. Seleccionado por la Société Internationale pour la Musique Contemporaine y compositor residente del Centro para la Difusión de la Música Contemporánea y del JIC (Jóvenes Intérpretes Catalanes), ha recibido premios y becas como el Franz Liszt-stipendiat de Weimar o el Premio de Composición del Instituto Nacional de las Artes Escénicas y de la Música, y encargos del coro de la Catedral de Barcelona, el grupo BCN 216, la fundación Phonos, el festival Nous Sons o el Auditorio Nacional, entre otros.

COMPOSITOR. Titulat per l'ESMUC de Barcelona i el Conservatori Superior de Música i Dansa de París, amplia els seus estudis a l'Institut de Recherche et Coordination Acoustique/Musique, la Technische Universität de Berlín i la Kings College de Londres. Ha estudiat amb Helmut Lachenmann, Agustí Charles, Luis Naón, Gabriel Brnčić, Walter Zimmermann o Emmanuel Nunes, i ha participat a cursos impartits per Jonathan Harvey, José Manuel López López, Yan Maresz, Mauricio Sotelo, Magnus Lindberg o Rob Keeley. Seleccionat per la Société Internationale pour la Musique Contemporaine i compositor resident del Centre per a la Difusió de la Música Contemporània i del JIC (Joves Intèrprets Catalans), ha rebut premis i beques com el Franz Liszt Stipendium de Weimar o el Premi de Composició de l'Institut Nacional de les Arts Escèniques i de la Música, i encàrrecs del cor de la Catedral de Barcelona, el grup BCN 216, la Fundació Phonos, el festival Nous Sons o l'Auditorio Nacional, entre d'altres.

COMPOSER. Having qualified at the EsMUC in Barcelona and the Conservatory of Music and Dance in Paris, he completed his studies at the Institut de Recherche et Coordination Acoustique/Musique, the Technische Universität in Berlin and Kings College in London. He has studied under Helmut Lachenmann, Agustí Charles, Luis Naón, Gabriel Brnčić, Walter Zimmermann o Emmanuel Nunes, and has completed courses taught by Jonathan Harvey, José Manuel López López, Yan Maresz, Mauricio Sotelo, Magnus Lindberg or Rob Keeley. Selected by the Société Internationale pour la Musique Contemporaine and resident composer at the Centre for the Dissemination for Conterrmporary Music and JIC (Jóvenes Intérpretes Catalanes), he has received awards and grants such as the Franz Liszt-stipendiat de Weimar or the Composition Award from the National Institute of Scenic Arts and Music, and pieces for the Barcelona Cathedral Choir, the group BCN 216, the Phonos Foundation, the Nous Sons Festival or the Auditorio Nacional, among others.

RAULE
(RAÚL ANISA ARSÍS)
BARCELONA, 10.11.1971.

O | *Vidas a contraluz (2006), La conjetura de Poincaré (2008), Jazz Maynard 1, 2, 3 y 4 (2007-10).* **M |** *Frank Miller, Alan Moore, Felipe H. Cava, Carlos Sampayo, Kazuo Koike, Gonzalo Calcedo, Richard Matheson, Hayao Miyazaki, John Carpenter.* **C |** *Warren Ellis, Garth Ennis, Grant Morrison, F. De Felipe, Christophe Blain, Naoki Urasawa, M. Night Shyamalan, Quentin Tarantino.*

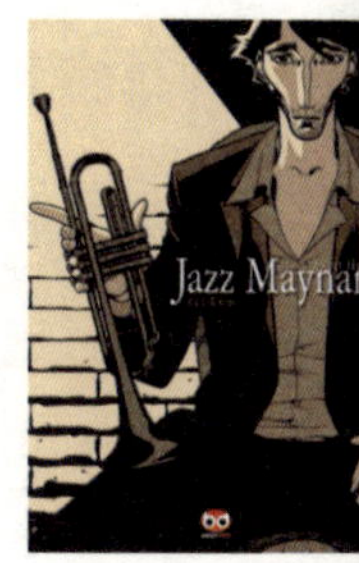

GUIONISTA DE CÓMICS. Estudia dibujo en la Escola Joso, pero no tarda en descubrir que lo suyo no es el lápiz y se decanta por la escritura. Participa en diversos fanzines y escribe, junto al dibujante Miguel Chaves, *Violencia Sónica.* A finales de los noventa comienza su colaboración con el dibujante Roger Ibáñez, con quien publica *Otaku, Amores Muertos* y *Cabos Sueltos,* entre otras obras. Y es a partir de 2007 que el dúo Raule & Roger da lo mejor de sí con *Jazz Maynard,* una lograda serie negra ambientada en el mítico Raval de Barcelona que se traduce al francés, alemán e italiano. «Entretener al lector sin insultar su inteligencia y sorprenderlo en cada página, ese es mi único afán cuando escribo».

GUIONISTA DE CÒMICS. Estudia dibuix a l'Escola Joso, però no triga a descobrir que el seu fort no és pas el llapis i es decanta per l'escriptura. Participa en diversos fanzines i escriu, al costat del dibuixant Miguel Chávez, *Violencia Sónica.* A finals dels noranta comença la seva col·laboració amb el dibuixant Roger Ibáñez, amb qui publica *Otaku, Amores Muertos* i *Cabos Sueltos,* entre altres obres. I és a partir del 2007 que la dupla Raule & Roger dóna el millor de si amb *Jazz Maynard,* una reeixida sèrie negra ambientada al mític Raval de Barcelona que es tradueix al francès, l'alemany i l'italià. «Entretenir el lector sense insultar la seva intel·ligència i sorprendre'l a cada pàgina, aquest és el meu únic afany quan escric».

COMIC SCRIPTWRITER. He studied drawling at the Joso School, but did not take long to discover that his strength wasn't in his work with a pencil, and turn his hand to writing. He became involved in a number of fanzines and wrote *Violencia Sónica* with the artist Miguel Chaves. In the late 1990's he started working with the artist Roger Ibánez, with whom he published *Otaku, Amores Muertos* and *Cabos Sueltos,* among other works. It was from 2007 onwards that the duo Raule & Roger reached its peak with *Jazz Maynard,* a brilliant black series set in the mythical Raval area of Barcelona, translated into French, German and Italian. "Entertaining readers without insulting their intelligence and surprising them on each page. That is my only objective when I am writing."

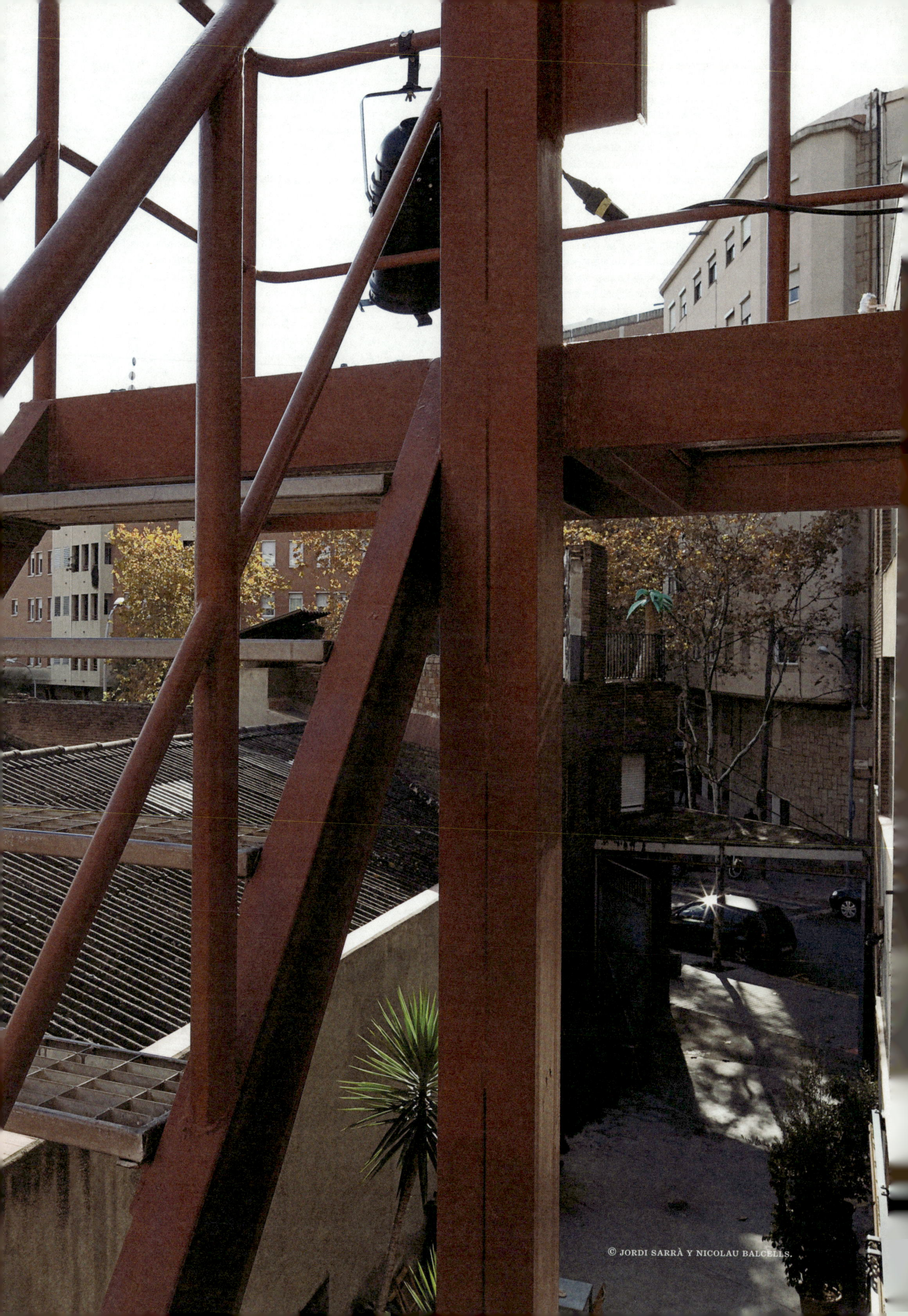
© JORDI SARRÀ Y NICOLAU BALCELLS.

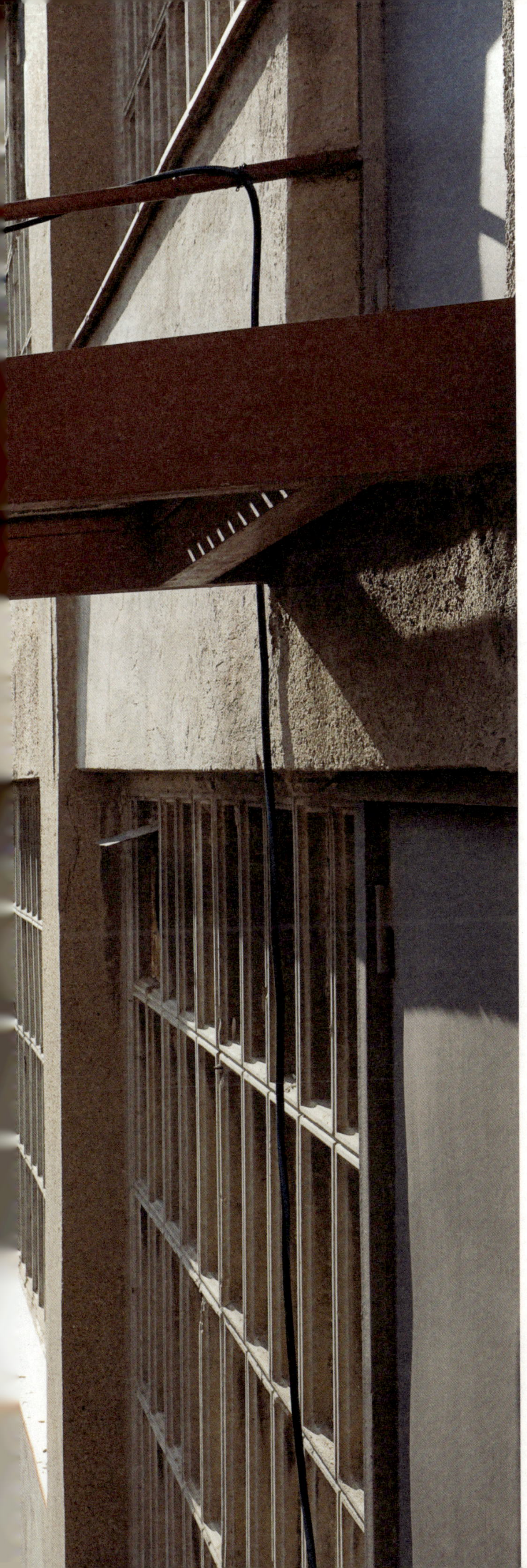

NAU IVANOW

HONDURAS, 28-30 | LA SAGRERA, 08027 BARCELONA

www.nauivanow.com | +34 93 340 74 68 | nauivanow@nauivanow.com

UN ESPACIO DEDICADO A LA CREACIÓN, producción y difusión de la cultura contemporánea. Situado en la antigua fábrica de pinturas Ivanow, que fue construida en 1967 y tres décadas después se convirtió en un centro cultural de uso ciudadano, desde 1998 se ha propuesto (gracias a la iniciativa del arquitecto y fotógrafo Xavier Basiana) ser un referente en la actividad cultural que se lleve a cabo en el barrio de La Sagrera. Nau Ivanow ofrece hoy un lugar de encuentro a todos los que tengan interés por las diferentes manifestaciones de la cultura contemporánea. Ha sido escenario de numerosas exposiciones de fotografía y artes plásticas, tertulias literarias, proyecciones de cine y videoarte, espectáculos de teatro, conciertos, charlas y debates sobre el pensamiento moderno, e incluso rodajes. Actualmente se consolida como lugar de creación y encuentro de diversos colectivos.

UN ESPAI DEDICAT A LA CREACIÓ, producció i difusió de la cultura contemporània. Situat a l'antiga fàbrica de pintures Ivanow, que va ser construïda el 1967 i tres dècades més tard es va convertir en un centre cultural d'ús ciutadà, des del 1998 s'ha proposat (gràcies a la iniciativa de l'arquitecte i fotògraf Xavier Basiana) ser un referent en l'activitat cultural que es du a terme al barri de La Sagrera. Nau Ivanow ofereix avui un lloc de trobada a tots aquells que tinguin interès en les diverses manifestacions de la cultura contemporània. Ha estat escenari de nombroses exposicions de fotografia i arts plàstiques, tertúlies literàries, projeccions de cinema i vídeoart, espectacles de teatre, concerts, xerrades i debats sobre el pensament modern, i fins i tot, rodatges. Actualment es consolida com a lloc de creació i trobada de diversos col·lectius.

A SPACE DEVOTED TO THE CREATION, production and dissemination of contemporary culture. Located in the old Ivanow paint factory, which was built in 1967 and turned into a cultural center for the general public three decades later, it seeks since 1998 (thanks to the initiative of the architect and photographer, Xavier Basiana) to be a point of reference in the cultural agenda of the neighborhood of La Sagrera. Nau Ivanow currently acts as meeting point for anyone with an interest in the different forms of expression of contemporary culture. It has hosted numerous photography and plastic arts exhibitions, literary forums, cinema and videoart screenings, plays, concerts, talks and debates about modern thought and even filmings. Presently it is establishing its reputation as a creative place and meeting point for different groups.

RAURICH, ALBERT
BARCELONA, 14.07.1970.

M | *Ferran Adrià, Albert Adrià, Oriol Castro, Juan Mari Arzak, Andoni Luis Aduriz, Joan Roca, Hiroyoshi Ishida, Flavio Ori.* **C** | *Josean Martínez Alija, Rafa Peña, Eneko Atxa, Víctor Arguinzóniz, René Redzepi, Sergi Arola, Grant Achatz, Carlo Cracco, Jordi Vilà, Enrico Cerea, Koldo Rodero, Paco Pérez.*

CHEF. De 1999 a 2007 fue el jefe de cocina de elBulli de Ferran Adrià, y al año siguiente inauguró un local de dos ambientes al lado del hotel Casa Camper en el barrio del Raval. Su nombre es ilustrativo: Dos Palillos, el encuentro de dos culturas culinarias que comparten el «arte del tapeo», la asiática y la española. Según él, nunca había pensado en ese punto de unión hasta que tuvo que realizar algunos viajes a Tokio junto a Adrià. Allí tomó contacto con el célebre Yukio Hattori y *voilà*, o mejor dicho, *sugoi*, se le ocurrió la idea. En Dos Palillos, cada salón cuenta con una decoración según el tipo de tapeo, y los platos se distribuyen según la técnica de preparación: frío, frito, plancha, *wok*, parrilla y vapor. «¡Valor! La evolución de la cocina no la pueden hacer solo los cocineros. La tienen que hacer también los comensales. Si ellos están estancados, la cocina no evolucionará».

XEF. Del 1999 al 2007 va ser el cap de cuina d'elBulli de Ferran Adrià, i l'any següent va inaugurar un local de dos ambients al costat de l'hotel Casa Camper, al barri del Raval, el nom del qual és il·lustratiu: Dos Palillos, la trobada de dues cultures culinàries que comparteixen l'«art del tapeig», l'asiàtica i l'espanyola. Segons ell, mai no havia pensat en aquest punt d'unió fins que va haver de fer uns quants viatges a Tokio amb Adrià. Allà va prendre contacte amb el cèlebre Yukio Hattori i *voilà*, o més ben dit, *sugoi*, se li va ocórrer la idea. A Dos Palillos cada saló compta amb una decoració segons el tipus de tapeig, i els plats es distribueixen segons la tècnica de preparació: fred, fregit, planxa, wok, graella i vapor. «Valor! L'evolució de la cuina no la poden fer només els cuiners, l'han de fer també els comensals. Si ells estan estancats, la cuina no evolucionarà».

CHEF. From 1999 to 2007 he was head chef at Ferran Adrià's elBulli, and the following year he opened a dual atmosphere establishment next to the Casa Camper hotel in the Raval district. Its name is illustrative: Dos Palillos (*Two chopsticks*), an encounter between two food cultures which share the "art of tapas," Asian and Spanish. He says he had never thought about this combination until had to travel a few times to Tokyo with Adrià. There he came into contact with the famous Yukio Hattori, and *viola*, or rather *sugoi*, he had the idea. At Dos Palillos, each room is decorated according to the type of tapas, and the dishes are arranged by preparation technique: Cold, fried, seared, wok, grilled and steamed. "*Bon courage*! The evolution of cuisine is not only down to chefs. Diners have to do it too. If they are stuck in a rut, the cooking does not evolve."

RECHA, MARC
HOSPITALET DE LLOBREGAT, BARCELONA, 18.10.1970.

O | *El cielo sube (1991), L'arbre de les cireres (1998), Pau i el seu germà (2001), Les mans buides (2003), Dies d'agost (2006), Petit indi (2009).*

DIRECTOR Y GUIONISTA DE CINE. De formación autodidacta, su aprendizaje cinematográfico está ligado a las salas de exhibición, su segunda casa desde que tenía once años. Con su primer largometraje, *El cielo sube*, el único rodado en castellano, empezó a perfilarse ya como el gran autor realista, alejado de los efectos especiales, que confirmaría con *L'arbre de les cireres*, Premio de la Crítica en el Festival de Cinema de Catalunya, y sobre todo con *Pau i el seu germà*, que resultó finalista de la Palma de Oro en Cannes y es la única película en catalán que ha conseguido hasta hoy dicho reconocimiento. «Lo importante es seguir soñando, vivir un mundo paralelo en la pantalla. Y si es en Scope, mejor».

DIRECTOR I GUIONISTA DE CINEMA. De formació autodidacta, el seu aprenentatge cinematogràfic està lligat a les sales d'exhibició, la seva segona casa des que tenia onze anys. Amb el seu primer llargmetratge, *El cielo sube*, l'únic que ha rodat en castellà, ja es va començar a perfilar com el gran autor realista, allunyat dels efectes especials, que confirmaria amb *L'arbre de les cireres*, Premi de la

Crítica en el Festival de Cinema de Catalunya, i sobretot amb *Pau i el seu germà*, que va resultar finalista de la Palma d'Or a Cannes i que fins ara és l'única pel·lícula en català que ha aconseguit aquest reconeixement. «Allò important és seguir somiant, viure un món paral·lel a la pantalla. I si és en Scope, millor».

FILM DIRECTOR AND SCRIPTWRITER. Self-taught, his learning in film is connected to exhibition centres – his second home from the age of eleven. With his first full length feature film, *El cielo sube*, the only one filmed in Spanish, he started to be known as a great realist author, removed from special effects, which he would then confirm with *L'abre de les cireres*, winner of the Critics Award at the Catalonian Film Festival, and above all with *Pau i el seu germà*, which was a candidate for the Palm d'Or in Cannes and is the only film in Catalan to have ever received this acknowledgment. "The important thing is to keep on dreaming, liviing a parallel world on screen. And if it's at Scope, so much the better."

REFREE
(RAÜL FERNÁNDEZ)
BARCELONA, 21.10.1976.

O | *La Matrona (2005), Matilda (2010).* **M** | *Caetano Veloso, The Beatles, Van Dyke Parks, Béla Bartók, Serrat, Vainica Doble y Steve Reich.* **C** | *Jon Brion, Thomas Newman, Sufjan Stevens, Dario Marianelli y Marc Ribot.*

MÚSICO. Bajo el nombre de *Refree*, se ha convertido poco a poco, sin prisas, mediante el trabajo de un artesano meticuloso, en una de las personalidades indispensables de la música en España. Creador incansable, ha forjado una carrera que se bifurca en distintos frentes con la misma intensidad: el de compositor, el de productor y el de intérprete. Desde que en 2007 editó *Els invertebrats*, su cuarto disco, ha vivido posiblemente los años más intensos y trepidantes de su vida profesional: ha producido discos (Nacho Umbert, Las Migas o El Hijo); ha dirigido y arreglado el espectáculo *OJO con La Mala*, con La Mala Rodríguez; ha tocado con Josh Rouse durante sus giras americana y europea, y ha escrito la banda sonora de la serie de TV3 *Infidels*. «La canción es lo que me interesa trabajar, y pienso que este género es mucho más moldeable de lo que se estila. Queda mucho por explorar, y es una de las razones por las que quiero sentirme un artesano de la música. No deberíamos perder nunca de vista la canción, aunque nos movamos en el terreno más abstracto que podamos imaginar».

MÚSIC. Sota el nom de Refree, poc a poc ha esdevingut, sense presa, amb el treball d'un artesà meticulós, una de les personalitats indispensables de la música feta al nostre país. Creador incansable, ha forjat una carrera que es bifurca, amb la mateix intensitat, en diversos fronts: el de compositor, el de productor i el d'intèrpret. Des que el 2007 va editar *Els invertebrats*, el seu quart disc, ha viscut possiblement els anys més intensos i trepidants de la seva vida professional: ha produït discos (Nacho Umbert, Las Migas o El Hijo); ha dirigit i arranjat l'espectacle OJO con *La Mala*, amb La Mala Rodríguez; ha tocat amb Josh Rouse durant les seves gires americana i europea; i ha escrit la banda sonora de la sèrie de TV3 *Infidels*. «La cançó és el que m'interessa treballar, i penso que aquest gènere és molt més flexible del que s'estila. Queda molt per explorar, i és una de les raons per les quals vull sentir-me un artesà de la música. No hauríem de perdre mai de vista la cançó, encara que ens moguem en el terreny més abstracte que puguem imaginar».

MUSICIAN. Under the name of *Refree*, he has slowly but surely become, in the style of a meticulous craftsman, one of the indispensable characters on the music scene in our country. A tireless creator, he has forged a career which forks into different branches with the same level of intensity in all: composer, producer and performer. Since he edited *Els invertebrats*, his fourth album, in 2007, he has lived possibly the most intense and intrepid years of his professional career: he has produced albums (Nacho Umbert, Las Migas or El Hijo); he has directed and arranged the show *OJO con La Mala*, with La Mala Rodríguez; he has played with Josh Rouse on his American and European tours, and he has written the soundtrack for the TV3 television production *Infidels*. "I like working on songs, and

I believe that this genre is much more malleable than we are given to believe. There is still so much to explore, and this is one of the reasons why I want to feel like a craftsman of music. We mustn't ever lose sight of songs, even if we move in the most abstract terriain we can possibly imagine."

RIBAS, XAVIER
BARCELONA, 09.08.1960.

O | *Xavier Ribas (1998, monografía), Blink. 100 Photographers 10 Curators 10 Writers (2002), Xavier Ribas, Santuario (2005, monografía), Greenhouse (2006, DVD), PhotoArt. Photography in the 21st Century (2008), Habitus (Belfast, 2009, exposición individual), Time as Matter (Barcelona, 2009, exposición colectiva), Nature as Artifice (Nueva York, 2009, exposición colectiva).* **M |** *Walter Evans, August Sander, Robert Frank, William Eggleston, William Faulkner, Walter Benjamin, Albert Camus, Michel Foucault, Robert Smithson, Le Corbusier, Goya, Monteverdi, Bach, Béla Bartók, Pasolini, Bergman, Tarkovski, Dostoievski, Dickens, Joyce, Beckett, Carver...* **C |** *John Gossage, Paul Graham, Iain Sinclair, Patrick Keiller, Chris Petit, David Harvey, Mike Davis, Michel de Certeau, Richard Sennett, Slavoj Žižek, Samir Amin, Michael Hanecke, Allan Sekula, Werner Herzog, Hans-Ulrich Obrist, Antoni Muntadas, Harun Farocki, Lars von Trier, Marc Recha, Santiago Cirugeda, Krzysztof Kieslowski, María Ruido, Lara Almarcegui, Bleda y Rosa, Rodrigo García, Juan Navarro, Walid Raad, Esbjörn Svensson Trio, Richmond Fontaine, Ursula Biemann, Stalker, London Sound Survey, The Wire, WikiLeaks...*

FOTÓGRAFO. Formado en Antropología Social en la Universidad de Barcelona y Fotografía Documental en la Newport School of Art, Media and Design de Gran Bretaña. Su obra forma parte de las colecciones de una veintena de museos y centros de arte de Europa, como el Stedelijk Museum de Ámsterdam, la Fotocollectie Universiteit Leiden de Holanda, el MACBA, el CAAC de Sevilla, el MUSAC de León, o el CGAC de Santiago de Compostela. Ha recibido el Premio Leica de PHotoEspaña (1998) y numerosos encargos fotográficos de instituciones como el Centre National des Arts Plastiques de Francia, la International Photography Research Network Fellowship, el Fondo Fotográfico Universidad de Navarra, la Universidad de Toulouse o la Fundación Telefónica. Desde 2000 es profesor de la Universidad de Brighton, Inglaterra, y desde 2004 de la Politécnica de Valencia. Vive entre Brighton y Barcelona. «Territorio, periferias, vacíos urbanos, vida cotidiana, memoria, rastros, violencia...: "El olvido es como un desaguadero que protege al mundo de las inundaciones" (William Faulkner)».

FOTÒGRAF. Format en Antropologia Social a la Universitat de Barcelona i Fotografia Documental a la Newport School of Art, Media and Design de la Gran Bretanya. La seva obra forma part de les col·leccions d'una vintena de museus i centres d'art d'Europa, com el Stedelijk Museum d'Amsterdam i la Fotocollectie Universiteit Leiden d'Holanda, el MACBA de Barcelona, el CAAC de Sevilla, el MUSAC de Lleó, o el CGAC de Santiago de Compostela. Ha rebut el Premi Leica de PHotoEspaña (1998) i nombrosos encàrrecs fotogràfics d'institucions com el Centre National des Arts Plastiques de França, la International Photography Research Network Fellowship, el Fons Fotogràfic Universitat de Navarra, la Universitat de Toulouse o la Fundació Telefónica. Des del 2000 és professor de la Universitat de Brighton, Anglaterra, i des del 2004 de la Politècnica de València. Viu a Brighton i a Barcelona. «Territori, perifèries, buits urbans, vida quotidiana, memòria, rastres, violència...: "L'oblit és com un desguàs que protegeix el món de les inundacions" (William Faulkner)».

PHOTOGRAPHER. Trained in Social Anthropology at the University of Barcelona and Documentary Photography at the Newport School of Art, Media and Design in the UK. His work is part of the collections of some twenty museums and art centres in Europe, such as the Stedelijk Museum in Amsterdam and the Fotocollectie Universiteit Leiden in the Netherlands, MACBA in Barcelona, CAAC in Seville, MUSAC in León, of CGAC in Santiago de Compostela. He received the Leica Award at PHotoEspaña in 1998 and a number of photographic commissions from institutions such as the Centre National des Arts Plastiques in France, the International Photography Research Network Fellowship, the Photography Fund of University of Navarre, the University of Toulouse or the Telefónica Foundation. Since 2000 he has been a tutor at the University of Brighton, in the UK and since 2004 at the Polytechnic in Valencia. He lives between Brighton and Barcelona. "Territory, periphery, urban space, daily life, memory, traces, violence...: 'Oblivion is like an overflow which protects the world from flooding' (William Faulkner)."

RIBERA, LEANDRE
RUBÍ, BARCELONA, 28.04.1966.

O | *AH Siii (1986), A concretar (1989), Horakronovis (1992), Streettease (1996), Fragile (1999), Madame et Monsieur (2000), Desbandada (2003), Play (2004), Rodó (2005), Démodés (2007), Petit (2008), Chez Leandre (2009), Limbus (2010).*

ACTOR, DRAMATURGO, MIMO Y PAYASO. Su andadura artística comienza en la compañía de teatro La Tal, de la que fue miembro fundador y con la que creó e interpretó numerosos espectáculos. Viajero incansable y ocasional actor de televisión, en 1993 descubre el teatro de calle pasando el sombrero en Australia, y crea su personaje *Leandre*, con el que desarrolla el solo *Streettease*. Más tarde forma la Compañía Leandre-Claire junto a la bailarina Claire Ducreux y crea y actúa en *Fragile* (Premio del Festival de Teatro de Calle de Valladolid, Premio del Público del Festival de Teatro de Calle de Vila-Real, segundo premio de la Fira del Teatre al Carrer de Tàrrega) o *Madame et Monsieur*. Por *Rodó*, uno de sus más recientes espectáculos, obtiene el Premio Nacional de Circo de Cataluña en 2006. «La risa destruye las murallas».

ACTOR, DRAMATURG, MIM I PALLASSO. El seu trajecte artístic comença a la companyia de teatre La Tal, de la qual va ser-ne membre fundador i amb la qual va crear i interpretar nombrosos espectacles. Viatger incansable i actor ocasional de TV, el 1993 descobreix el teatre de carrer passant el barret a Austràlia i crea el seu personatge *Leandre*, amb el qual desenvolupa el solo *Street-tease*. Més tard forma la Cia. Leandre-Claire al costat de la ballarina Claire Ducreux i crea i actua a *Fragile* (Premi del Festival de Teatre de Carrer de Valladolid, Premi del Públic del Festival de Teatre de Carrer de Vila-Real, segon premi de la Fira de Teatre al Carrer de Tàrrega) o *Madame et Monsieur*. Per *Rodó*, un dels seus espectacles més recents, va obtenir, el 2006, el Premi Nacional de Circ de Catalunya. «El riure destrueix les muralles».

ACTOR, PLAYWRIGHT, MIME AND CLOWN. His artistic career started out with the theatre company La Tal, of which he was a founder member and with which he created and performed a large number of shows. A tireless traveller and occasional TV actor, in 1993 he discovered street theatre while passing the cap around in Australia and creating his character *Leandro*, who he used to develop his solo act, *Street-tease*. Later he formed the Leandro-Claire Company with the dancer Claire Ducreux and created and acted in *Fragile* (Winner of the Street Theatre Festival in Valladolid, the Public Award at the Street Theatre Festival in Vila-Real, and second prize at the Fira del Teatre al Carrer de Tàrrega) or *Madame et Monsieur*. For *Rodó*, one of his most recent shows, he obtained the National Catalonian Circus Award in 2006. "Laughter breaks down walls."

RIERA, DANIEL
OLOT, GERONA, 29.04.1970.

O | *La reineta (2000), Benjamín (2003), Youssef (2005), The PJ (2008, para Fantastic Man), Hunting nightly (2008, para Hercules), Jumpers (2009, para The Gentlewoman), Rossy de Palma in Alaïa's Kitchen (2009, para Stiletto Magazine), Tall'N'Small (2010, para The Gentlewoman), DeVohn Eugene Walker (2010, para Candy Magazine), Laura in the beach with Vivienne Westwood skirt (2010, para A Perfect Magazine).* **M |** *Will McBride, Hervé Guibert, Diane Arbus, Bruce Weber, Irving Penn, F. Holland Day, Cecil Beaton.* **C |** *Txema Salvans, Tanit Plana, Nacho Alegre, Xevi Muntané, Txema Yeste, Paco y Manolo.*

FOTÓGRAFO. Aunque a lo largo de su carrera ha desarrollado temáticas muy diversas, incluso clásicas, como paisajes, bodegones y retratos, su vinculación con la moda y con las publicaciones internacionales más importantes en ese campo lo han convertido en

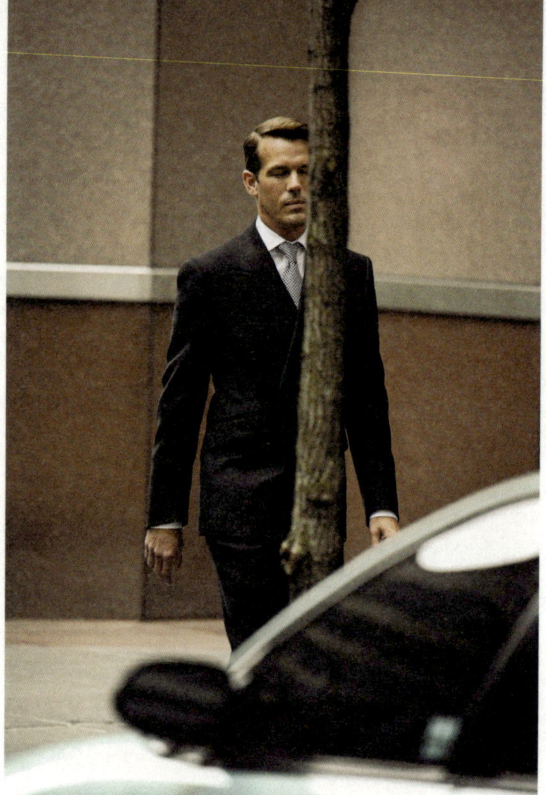

DANIEL RIERA, *THE CITY SUITS. SERIE FOR FANTASTIC MAN Nº10, PAGE 174*, 2009. STYLING: JODIE BARNES. GROOMING: DENNIS GOTS. MODEL: MATTHEW MONEYPENNY.

un referente. Eso sí, «teniendo claro que más que beber de la moda, bebo de la fotografía». «Comparto la cultura mediterránea en la que vivo. Hay algo lúdico y optimista en mi trabajo, está muy conectado a lo físico y al placer, y acaba siendo una reflexión sobre la belleza y la fugacidad, temas clásicos fotográficos, por mucho que sean documentos del aquí y ahora».

FOTÒGRAF. Encara que durant la seva carrera ha desenvolupat temàtiques molt diverses, fins i tot clàssiques, com ara paisatges, bodegons i retrats, la seva vinculació amb la moda i amb les publicacions internacionals més importants en aquest terreny l'han convertit en un referent. Això sí, «tenint clar que més que beure de la moda, bec de la fotografia». «Comparteixo la cultura mediterrània en la qual visc. Hi ha alguna cosa lúdica i optimista en el meu treball, està molt connectat a allò que és físic i al plaer, i acaba sent una reflexió sobre la bellesa i la fugacitat, temes clàssics fotogràfics, per més que són documents de l'ara i aquí».

PHOTOGRAPHER. While over the course of his career he has explored diverse aesthetic subject matter, including such classical categories as landscape, still life and portraiture, his connection with fashion and the most prestigious international fashion publications has made him a touchstone in this field. Still, "rather than being nourished by fashion," he says, "I look to photography for inspiration." "I partake in the Mediterranean culture in which I live. There is something playful and optimistic in my work. It's very connected to physicality and pleasure, and at the end of the day is a reflection on beauty and transience, which are classical themes of photography, even if they are documents of the here and now."

RIERA, MARTÍ
BARCELONA, 13.06.1955.

O | *Tony Nuevaola (con Rodolfo), Lola Lista contra los N.A.D.A. (con Rodolfo), La Edad Contemporánea (con Onliyú), Pepe Brocha, Taxista, Doctor Vértigo, Historias de realismo sucio, Calvario Hills.* **M** | *Chester Gould, Robert Crumb, Art Spiegelman, Gilbert Shelton, Will Eisner.* **C** | *Miguel Gallardo, Max, Nazario.*

AUTOR DE CÓMIC. Conocido también como Martí, es todo un clásico moderno del cómic *underground*. Formado en la Escuela Massana de Barcelona, publicó en el número uno de *El Víbora*, en 1979, y desde entonces se convirtió en uno de los referentes de ese fanzine, junto

a otros autores como Nazario o Max. Muchas de sus historias *(Tony Nuevaola, Lola Lista contra los N.A.D.A., La Edad Contemporánea, Pepe Brocha...)* son consideradas hoy míticas de esa época, aunque gran parte de su leyenda se debe a *Taxista*, un extraño conductor de taxi devenido justiciero de los bajos fondos de la ciudad con el que Martí traza su visión de la mezquindad y el esperpento humanos. La editorial Glénat ha recogido las aventuras de *Taxista* en un solo tomo. En 2010, el Espacio E.T de Barcelona presentó una exposición de sus originales con el título de *La España Negra*. «Provocar al lector».

AUTOR DE CÒMIC. Conegut també com a Martí, és tot un clàssic modern del còmic *underground*. Format a l'Escola Massana de Barcelona, va publicar al número u d'*El Víbora*, el 1979, i d'aleshores ençà va esdevenir un dels referents d'aquest fanzine, al costat d'altres autors com Nazario o Max. Moltes històries seves *(Tony Nuevaola, Lola Lista contra los N.A.D.A., La Edad Contemporánea, Pepe Brocha...)* són considerades avui dia mítiques d'aquella època, tot i que gran part de la seva llegenda es deu a *Taxista*, un estrany conductor de taxi convertit en justicier dels baixos fons de la ciutat amb el qual Martí traça la seva visió de la mesquinesa i l'esperpent humans. L'editorial Glénat ha aplegat les aventures de *Taxista* en un sol volum. El 2010, l'Espacio E.T. de Barcelona va presentar una exposició dels seus originals amb el títol *La España Negra*. «Provocar el lector».

COMIC WRITER. Also known as Martí, he is a true modern classic of the underground comic. He trained at the Massana School in Barcelona, and published his work in the first edition of *El Víbora* in 1979, and since then has become one of the major reference points for this fanzine, together with other authors such as Nazario or Max. Many of her stories *(Tony Nuevaola, Lola Lista contra los N.A.D.A., La Edad Contemporánea, Pepe Brocha...)* are today considered mythical pieces from that era, although a large part of his fame is thanks to *Taxista*, a strange taxi driver turned judge for the lowest parts of the city with which Martí traces his vision of human meanness and grotesqueness. The Glénat publishers have collated the *Taxista* adventures into one volume. In 2010, the E.T. Space in Barcelona presented an exhibition of his original work under the titles *La España Negra*. "Provoking the reader."

RIERA, PERE
CANET DE MAR, BARCELONA, 07.06.1974.

O | *Desclassificats (2006), El factor Luxemburg (2007), Casa Calores (2008), Lluny de Nuuk (2010).* **M** | *Friedrich Dürrenmatt, Arthur Miller.* **C** | *Carles Batlle, Josep Maria Benet i Jornet, Jaume Melendres, Peter Morgan.*

DRAMATURGO. Licenciado en Dramaturgia y Dirección por el Institut del Teatre y en Historia del Arte por la Universidad de Barcelona. Compagina la dramaturgia con la actividad académica y la escritura de guiones para series de televisión. Además de obras de teatro, ha realizado dramaturgias operísticas para la Joven Compañía del Conservatorio Superior de Música del Liceu. Es miembro de los consejos de redacción de las revistas *Pausa* y *Estudis Escènics*, y del consejo asesor del Festival Shakespeare de Mataró. Es autor del ensayo de pedagogía teatral *Hacer teatro. Manual de artes escénicas.* «Mis obras no hablan de mí. Es justo que yo no hable de ellas. Que cada cual se defienda solo».

DRAMATURG. Llicenciat en Dramatúrgia i Direcció per l'Institut del Teatre i en Història de l'Art per la Universitat de Barcelona. Compagina la dramatúrgia amb l'activitat acadèmica i l'escriptura de guions per a sèries de televisió. A més d'obres de teatre, ha realitzat dramatúrgies operístiques per a la Jove Companyia del Conservatori Superior de Música del Liceu. És membre dels consells de redacció de les revistes *Pausa* i *Estudis Escènics*, i del consell assessor del Festival Shakespeare de Mataró. És autor de l'assaig de pedagogia teatral *Fem teatre. Manual d'arts escèniques.* «Les meves obres no parlen de mi. És just que jo no parli d'elles. Que cadascú es defensi sol».

PLAYWRIGHT. A graduate in Dramatic Art and Directing from the Institut del Teatre, and in History of Art from the University of Barcelona. He combines his work in the theatre with his teaching activity and script writing for television series. In addition to plays, he has created operatic productions for the Youth Company at the Senior Music Conservatory at the Liceu. He sits on the editorial committees for the magazines *Pausa* and *Estudis Escènics*, and is a board member for the Mataró Shakespeare Festival. He is the author of the educational theatre essay *Hacer teatro. Manual de artes escénicas.* "My work doesn't talk about me. It's only fair that I don't talk about it either. Let each one defend themselves."

RIGOLA, ÀLEX
BARCELONA, 24.04.1969.

O | *El procés (de Kafka, 1997), Troianes (de Eurípides, 1998), Titus Andrònic (de Shakespeare, 2000), Ubú Rey (de Alfred Jarry, 2002), Santa Joana dels Escorxadors y Santa Juana de los mataderos (de Brecht, 2004), 2666 (de Roberto Bolaño, 2007), Días mejores (de Richard Dresser, 2009), Gata sobre teulada de zinc calenta (de Tennessee Williams, 2010).* **M |** *Frank Castorf, Romeo Castellucci, Jan Lauwers, Jan Fabre.* **C |** *Thomas Ostermeier.*

DIRECTOR ARTÍSTICO. Pese a su juventud, es uno de los grandes nombres del teatro contemporáneo en Barcelona. Director artístico del Teatre Lliure desde el año 2003 y director de la sección de teatro de La Bienal de Venecia, ha dirigido y adaptado obras de Shakespeare, Tennessee Williams, Tom Stoppard, y clásicos de la ópera como *Der Fliegende Holländer*, de Wagner. «Emoción + contenido. Es una búsqueda de la reflexión constante partiendo de la emoción y casi nunca consiguiéndolo».

DIRECTOR ARTÍSTIC. Tot i la seva joventut, és un dels grans noms del teatre contemporani a Barcelona. Director artístic del Teatre Lliure des de l'any 2003 i director de la secció de teatre de La Biennale de Venècia, ha dirigit i adaptat obres de Shakespeare, Tennessee Williams, Tom Stoppard, i clàssics de l'òpera com *Der Fliegende Holländer*, de Wagner. «Emoció + contingut. És una recerca de la reflexió constant partint de l'emoció i gairebé mai aconseguint-ho».

ARTISTIC DIRECTOR. Despite his youth, he is one of the major figures in Barcelona contemporary theatre. As the artistic director of the Lliure Theatre since 2003, he has directed and adapted for the stage works by Shakespeare, Tennessee Williams, Tom Stoppard and such opera classics as Wagner's *Der Fliegende Holländer*. "Emotion + content. An often never-ending search involving constant reflection on the basis of emotion."

RIOT ÜBER ALLES
(ÓSCAR VALERO)
BARCELONA, 11.06.1979.

O | *El plan cáustico (2005), Hierro lamido (2008), La multitudes sois un estorbo (2008, 40 monotipos), Veritas Odium Parit (2010), Do you want total war? (2010, 12 serigrafías a tres tintas de gran tamaño).* **M |** *Burroughs, Dennis Cooper, Cortázar, Pere Calders, Leopoldo María Panero, Leonard Cohen, Georg Lichtenberg, Francis Bacon, Basquiat, Raymond Pettibon, Grosz, Otto Dix, Schiele, Diane Arbus, David Hockney, Caravaggio, Goya.* **C |** *Rai Escalé, Philippe Jusforgues, Nico Nubiola, Kinki Texas, Sebastià Jovani, Robert Juan-Cantavella, Debens, Blue, Socotoba.*

ARTISTA PLÁSTICO Y POETA. Graduado por el centro Pau Gargallo de Badalona, comenzó la búsqueda de su identidad estética a los diecinueve años con grandes murales y progresó hacia distintos ámbitos y formatos. En la actualidad se gana la vida, a su pesar, como diseñador gráfico. Ha publicado tres poemarios ilustrados y fundó, junto a Rai Escalé y Katy Vives Phipps, la galería EAT MEAT, donde aún continúa su búsqueda. Inclasificable y provocador, se define como un reaccionario ávido de exceso y herejía. Lo cierto es que la fuerza de su obra, tanto pictórica como literaria, no deja a nadie indiferente. «Mi obra no es la de un artista, sino la de un politoxicómano ocurrente. Cosa que evidentemente niego. No importa lo que seas, lo que importa es lo que los demás creen que eres».

ARTISTA PLÀSTIC I POETA. Diplomat al centre Pau Gargallo de Badalona, va començar la recerca de la seva identitat estètica als dinou anys amb grans murals i va progressar cap a diferents àmbits i formats. Actualment es guanya la vida, a desgrat seu, com a dissenyador gràfic. Ha publicat tres reculls de poemes il·lustrats i va fundar, al costat de Rai Escalé i Katy Vives Phipps, la galeria EAT MEAT, on prossegueix la seva recerca. Inclassificable i provocador, es defineix com un reaccionari àvid d'excés i d'heretgia. El que és cert és que la força de la seva obra, tant pictòrica com literària, no deixa ningú indiferent. «La meva obra no és la d'un artista, sinó la d'un politoxicòman ocurrent. Cosa que evidentment nego. Tan és què siguis, el que és important és allò que els altres creuen que ets».

PLASTIC ARTIST AND POET. Upon leaving the Pau Garallo in Badalona, he started searching for his aesthetic identity aged nineteen with large murals, and he progressed towards different themes and formats. He currently earns a living – despite himself – as a graphic designer. He has published three illustrated poetry collections and founded, together with Rai Escalé and Katy Vives Phipps, the EAT MEAT Gallery, where he continues his search. Unclassifiable and provocative, he defines himself as a reactionary keen on excess and heresy. What is certain is that the force of his work – both pictoric and literary, leaves no-one indifferent. "My work is not one of an artist, but of an occasional multi-drug addict. Obviously I deny this. It doesn't matter what you are. What is important is what others think you are."

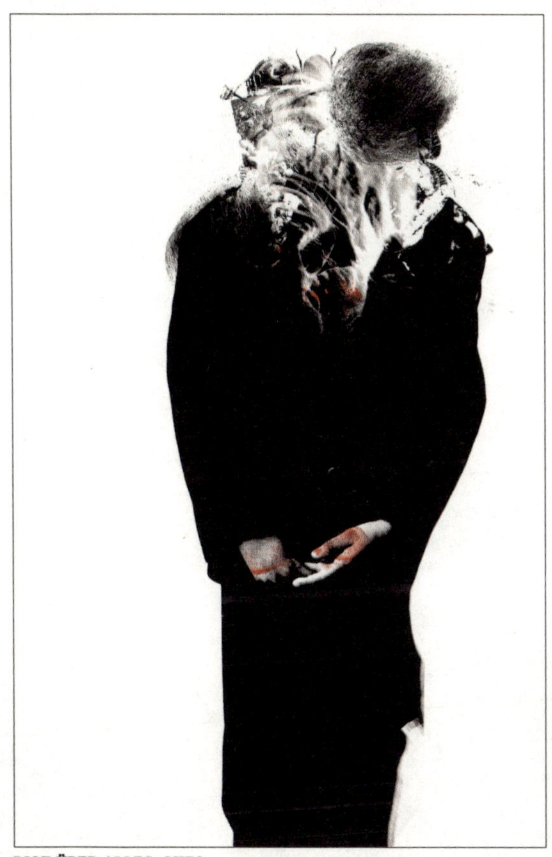

RIOT ÜBER ALLES, *LUTO.*

RIUS, NURIA
BARCELONA, 11.08.1979.

O | *Bailando (2002), Música de automóvil (2002), It's a perfect day (2003), Contigo aprendí (2005), What can I do? (2006), I'm nothing (2006).* **M |** *Alberto García-Alix, Duane Michals, Diane Arbus, David Hamilton, Sally Mann.* **C |** *Ryan McGinley, Wing Shya, Wolfgang Tillmans, Gavin Watson, Skye Parrott.*

FOTÓGRAFA. En 2002 gana el premio Lux Junior de la agencia AFP con la serie *Bailando*, una aproximación íntima a los pies, con fotos en blanco y negro de alto contraste y grano saturado. En 2005 es seleccionada por Descubrimientos de PHotoEspaña por su cuarta serie titulada *Contigo aprendí.* Su obra ha sido expuesta en San Sebastián, Bilbao, Lisboa, Atenas, Londres, Ámsterdam y Barcelona; incluida en libros como *Salmones en Barcelona. Tomo II,* y publicada en revistas de varios países. Es también la editora de contenidos de la revista de arte y tendencias *lamono.* «La fotografía es una conversación eterna con la luz».

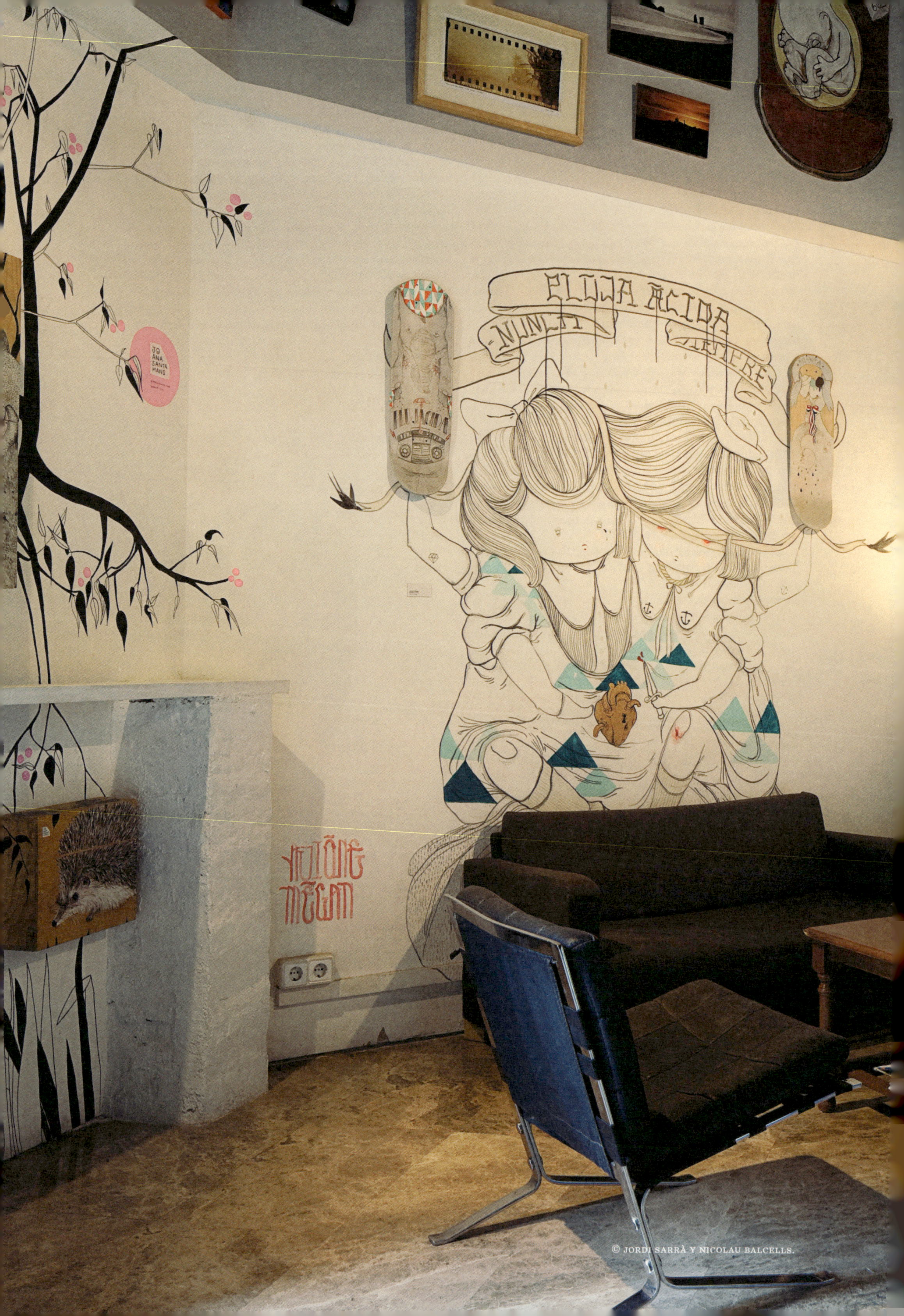

PLUJA ACIDA
NUNCA
ANA SANTA MANS

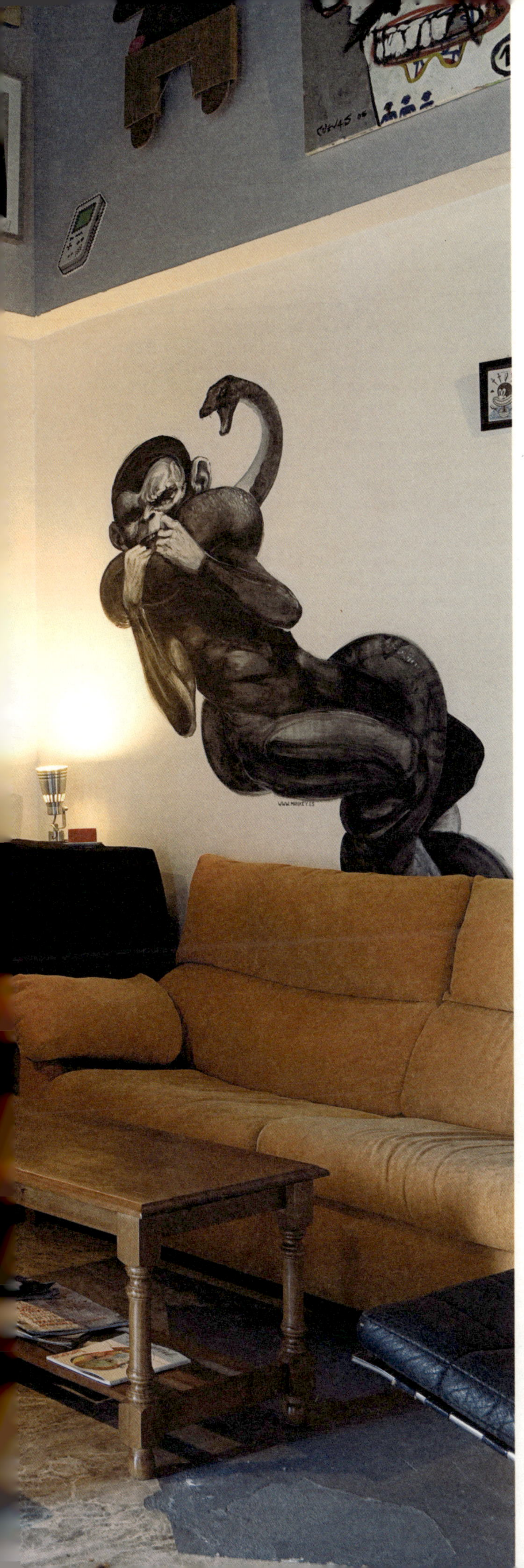

NIU

ALMOGÀVERS, 208 | POBLENOU, 08018 BARCELONA

www.niubcn.com | +34 93 356 88 11 | info@niubcn.com

UN ESPACIO ARTÍSTICO DEDICADO A LA CULTURA AUDIOVISUAL.
Produce y difunde proyectos audiovisuales, multimedia, de arte digital y de música contemporánea independiente. Se centra en estudiar la cultura audiovisual a partir de la incorporación de la tecnología digital en el arte, el diseño y la comunicación. También ofrece formación para artistas emergentes, espacios de trabajo, ensayo y exhibición, y servicios que van desde el alojamiento web y la asesoría contable hasta la gestión de eventos, festivales y gabinete de prensa. Cuenta además con una radio *online*.

ESPAI ARTÍSTIC DEDICAT A LA CULTURA AUDIOVISUAL. Produeix i difon projectes audiovisuals, multimèdia, d'art digital i de música contemporània independent. Se centra en l'estudi de la cultura audiovisual a partir de la incorporació de la tecnologia digital a l'art, el disseny i la comunicació. També ofereix formació per a artistes emergents, espais de treball, assaig i exhibició, i serveis que van de l'allotjament web a l'assessoria comptable, la gestió d'actes, festivals i gabinet de premsa. Compta, a més, amb una emissora de ràdio *online*.

AN ARTISTIC SPACE DEVOTED TO AUDIOVISUAL CULTURE. It produces and disseminates audiovisual and multimedia projects, digital art and independent contemporary music, It focuses on studying audiovisual culture from the incorporation of digital technology in art, design and communication. It also offers training for emerging artists, working, rehearsal and exhibition spaces, and services that span from web hosting and accounting consulting to the management of events, festivals and press rooms. It also has an online radio.

▶ **FOTÒGRAFA.** El 2002 guanya el premi Lux Junior de l'agència AFP amb la sèrie *Bailando*, una aproximació íntima als peus, amb fotografies en blanc i negre d'alt contrast i gra saturat. El 2005 és seleccionada per Descobriments de PHotoEspaña per la seva quarta sèrie titulada *Contigo aprendí*. La seva obra ha estat exposada a Sant Sebastià, Bilbao, Lisboa, Atenes, Londres, Amsterdam i Barcelona; inclosa en llibres com *Salmones en Barcelona. Tomo II*, i publicada en revistes de diversos països. És també l'editora de continguts de la revista d'art i tendències *lamono*. «La fotografia és una conversa eterna amb la llum».

PHOTOGRAPHER. In 2002 she won the Lux Junior award from the agency AFP for her series *Bailando*, an intimate look at feet, with shots in black and white, with strong contrasts and high saturation. In 2005 she was chosen for the Discoveries section of PHotoEspaña for her fourth series, entitled *Contigo aprendí*. Her work has been exhibited in San Sebastián, Bilbao, Lisbon, Athens, London, Amsterdam and Barcelona; including in books such as *Salmones en Barcelona. Tomo II*, and she has been published in magazines in a number of different countries. She is also the content editor for the art and trends magazine *lamono*. "Photography is a constant conversation with light."

ROBUSTELLA, KRIZIA
ÁMSTERDAM, 21.12.1984.

O | *Love me and love my dog (primavera-verano 2009, en Cibeles Fashion Week), Eat in or take away (otoño-invierno 2009-10, en Cibeles Fashion Week), Kermesse (primavera-verano 2010, en Cibeles Fashion Week), Bang bang carajillo gang (otoño-invierno 2010-11, en 080 Barcelona Fashion), Beautiful beach (primavera-verano 2011, en 080 Barcelona Fashion), Road club lovers (otoño-invierno 2011-12, en 080 Barcelona Fashion).* **M |** *Me influye cualquier cosa cotidiana, de la calle. Busco inspiración en historias y personajes, añadiéndoles siempre un toque de ironía.* **C |** *KTZ, Jeremy Scott, Yohji Yamamoto, Bernhard Willhelm...*

DISEÑADORA DE MODA. Lleva toda la vida en Barcelona. Desde pequeña jugó entre prendas de vestir: su madre, mayorista de moda italiana, le dejaba montar escaparates en las ferias a las que asistía. Al terminar sus estudios, con el proyecto final a cuestas, se presentó a concursos en los que obtuvo buenos resultados. Una cosa llevó a otra y así acabó presentando sus colecciones en Ego de Cibeles, Cibeles Fashion Week, 080 Barcelona y London Fashion Week. Actualmente tiene su propia tienda en Barcelona, junto a un espacio donde, además de ser taller, cada mes organiza eventos relacionados con la moda. Define su estilo como *sport deluxe*: prendas deportivas con toques lujosos para llevar una noche de fiesta o un domingo en el campo. Su colección otoño- invierno 2011-2012 ganó los premios a la mejor colección hombre y mejor colección mujer en el 080 Barcelona Fashion de febrero de 2011. «La moda es un mundo de perras».

DISSENYADORA DE MODA. Porta tota la vida a Barcelona. De petita ja jugava entre peces de vestir: la seva mare, majorista de moda italiana, li deixava muntar aparadors a les fires a les quals assistia. En acabar els seus estudis, amb el projecte final a coll, es va presentar a concursos, en els quals va obtenir bons resultats. Una cosa va dur a l'altra i així va acabar presentant les seves col·leccions a Ego, de Cibeles, Cibeles Fashion Week, 080 Barcelona i London Fashion Week. Actualment té la seva pròpia botiga a Barcelona, al costat d'un espai on, a més del taller, cada mes organitza actes relacionats amb la moda. Defineix el seu estil com a *sport deluxe*: peces esportives amb tocs luxosos per dur una nit de festa o un diumenge al camp. La seva col·lecció Tardor-Hivern 2011-12 va guanyar els premis a la millor col·lecció home i millor col·lecció dona al 080 Barcelona Fashion del febrer del 2011. «La moda és un món de gossos».

FASHION DESIGNER. She has spent her entire life in Barcelona. As a child she used to play among clothes: her mother was a retailer of Italian fashion and used to let her set up displays at exhibitions. Upon completing her studies, with her final project behind her, she entered contests and obtained good results. One thing led to another, and this is how she ended up presenting her collections at Ego de Cibeles, Cibeles Fashion Week, 080 Barcelona and London Fashion Week. She now has her own store in Barcelona,

alongside a space where, in addition to acting as a workshop, she runs monthly fashion related events. She defines her style as *sport deluxe*: sporty clothing with a luxury finish, for wearing to a party or for a day in the countryside. Her Autumn – Winter 2011-12 collection won awards for the best men's and women's collection at 080 Barcelona Fashion in February 2011. "Fashion is a dog eats dog world."

RODRÍGUEZ, PEDRO
SEVILLA, 03.10.1973.

O | *El gran libro del miedo (2005), El gran libro de las aventuras (2006), Omar el navegante: Jinn-el-Rais (2006), Las aventuras imaginarias del joven Verne (2009), Historias para no dormir (2010), A Vampire is Comming to Dinner! (2010), The Elves and the Shoemaker (2010).* **M |** *Caravaggio, Delacroix, Toulouse-Lautrec, Maurice Sendak, Jim Flora, Hugo Pratt, Will Eisner, Max...* **C |** *Sergio Mora, Ed, Christophe Blain, Bastien Vivès.*

ILUSTRADOR Y AUTOR DE CÓMIC. Antes de consagrarse en el mundo del cómic y la ilustración, fue percusionista y letrista del grupo Jarana, con el que lanzó un disco. De la música saltó a la creación de *storyboards*, la animación y el videoclip, hasta que pudo dedicarse a lo que realmente le gusta: el dibujo. En 2005 fue revelación en los Premios del Salón del Còmic de Barcelona. Con *Historias para no dormir* obtuvo el premio Crayon d'Or en Francia, y con *Las aventuras imaginarias del joven Verne*, álbum realizado junto a Jorge García, fue seleccionado para participar en el Festival de Angulema (Francia), en 2011. «Me considero un obrero del lápiz, solo busco mejorar mi trabajo día a día, con la esperanza de no dejar jamás de aprender».

IL·LUSTRADOR I AUTOR DE CÒMIC. Abans de consagrar-se en el món del còmic i la il·lustració, va ser percussionista i lletrista del grup Jarana, amb qui va llançar un disc. De la música va saltar a la creació de *storyboards*, l'animació i el videoclip, fins que es va poder dedicar a allò que realment li agrada: el dibuix. El 2005 va ser revelació als Premis del Saló del Còmic de Barcelona. Amb *Historias para no dormir* va obtenir el premi Crayon d'Or a França, i amb *Las aventuras imaginarias del joven Verne*, àlbum realitzat al costat de Jorge García, va ser seleccionat per participar al Festival Angulema de França el 2011. «Em considero un obrer del llapis, només busco millorar el meu treball dia a dia, amb l'esperança de no deixar d'aprendre mai».

COMIC WRITER AND ILLUSTRATOR. Before establishing himself in the world of comics and illustration, he was a percussionist and lyric writer for the group Jarana, with whom he released an album. From music he made the move to storyboard creation, animation and videoclips, until he managed to work in what he really enjoyed: drawing. In 2005 he was a revelation at the Saló del Còmic Awards in Barcelona. With *Historias para no dormir* he obtained the Crayon d'Or award in France, and with *Las aventuras imaginaries del joven Verne*, an album completed with Jorge García, he was selected to take part in the Angulema Festival in France in 2011. "I consider myself a worker of the pencil. All I wish for is to improve my work every day, in the hope of Çnever stopping learning."

RODRÍGUEZ-GERADA, JORGE
SANTA CLARA, CUBA, 05.02.1966.

O | *Series: Expectation (2008) e Identities (2002-..., work in progress).* **M |** *Leonardo da Vinci, Jean Giraud, Marcel Duchamp, John Heartfield, Ana Mendieta, Chris Burden, Barbara Kruger, Mark Pauline, Christo and Jeanne-Claude, Joseph Beuys & Anselm Kiefer.* **C |** *Blu, Swoon, Ana Álvarez-Errecalde y Evan Roth.*

ARTISTA PLÁSTICO. Aunque nacido en Cuba, con tan solo cuatro años emigró con su familia a Estados Unidos, a la ciudad de Nueva Jersey. En 1989 funda junto a otros artistas el grupo Artfux, activo hasta 1992. Tras la ruptura surge Cicada Corps, una colaboración entre distintos creadores que, con sus exposiciones y *performances*, llamaron la atención de la crítica y los medios. En 2002 comenzó *Identity Series*, retratos gigantes de gente anónima colgados en las paredes de edificios de todo el mundo. En la actua-

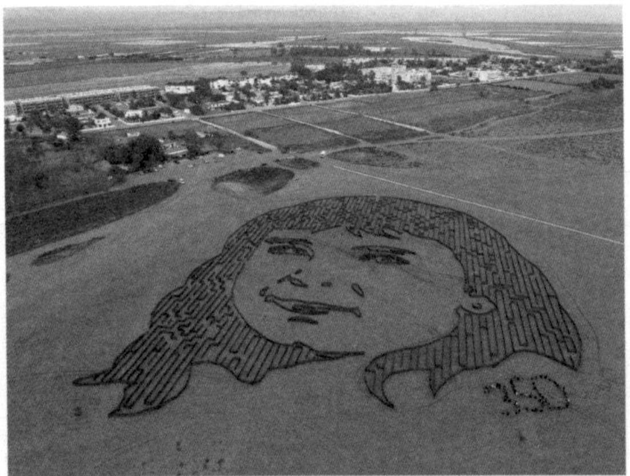

JORGE RODRÍGUEZ-GERADA, *GALLA 350 EARTH.*

lidad, vive entre Nueva York y Barcelona. «Con mi obra trato de generar una preocupación empática por el ser humano que sirva de punto de partida hacia cambios sociales positivos».

ARTISTA PLÀSTIC. Tot i que nascut a Cuba, amb tan sols quatre anys va emigrar amb la família als Estats Units, a la ciutat de Nova Jersey. El 1989 funda, al costat d'altres artistes, el grup Artfux, actiu fins el 1992. Després de la ruptura sorgeix Cicada Corps, una col·laboració entre diversos creadors que, amb les seves exposicions i performances, van cridar l'atenció de la crítica i els mitjans. El 2002 va començar *Identity Series*, retrats gegants de persones anònimes penjats a les parets d'edificis de tot el món. Actualment viu entre Nova York i Barcelona. «Amb la meva obra procuro generar una preocupació empàtica per l'ésser humà que serveixi de punt de sortida cap a canvis socials positius».

PLASTIC ARTIST. Although he was born in Cuba, at the age of just four he emigrated to New Jersey, USA with his family. In 1989 he founded, together with other artists, the group Artfux, which remained active until 1992. After the breakup he started Cicada Corps, a collaboration between different creators which attracted the attention of the critics and the media with its exhibitions and *performances*. In 2002 he began *Identity Series*, giant portraits of anonymous people hanging on the walls of buildings all over the world. He currently lives between New York and Barcelona. "With my work I try to generate an empathetic concern for human beings which acts as a starting point for positive social change."

ROMA, VALENTÍN
SABADELL, BARCELONA, 14.04.1970.

O | *Jack El Decorador (2008, con Iván de la Nuez), Fa(u)ces (2011).* **M |** Antoni Muntadas, Joan Hernández Pijuán, Eugeni Bonet. **C |** Pedro G. Romero, Sitesize (Joan Vila-Puig y Elvira Pujol), Daniel G. Andújar.

ESCRITOR Y COMISARIO DE ARTE. Licenciado por la Universidad Autónoma de Barcelona y doctorado por la Pompeu Fabra, es también profesor de estética y cibercultura. Es autor de *Fa(u)ces* y coautor de *Jack El Decorador,* un libro sobre el diseño y Manuel Vázquez Montalbán. Ha comisariado numerosas exposiciones —la última de ellas, *Humano, demasiado humano,* incluyó a artistas como Dali, Picasso, Tàpies, Palazuelo, entre otros— y, en 2009, un jurado integrado por Manuel Borja-Villel, Ignasi Aballí, Daniela Ferretti, Marta Gili, Chus Martínez y Vicent Todolí lo eligieron como el comisario para el pabellón de Cataluña en la Bienal de Venecia de ese año. «Como diría Foucault, me gustaría pensar mi trabajo como el de un artificiero, es decir, alguien que no cree de forma estricta en la destrucción pero que sin embargo estudia todas aquellas condiciones morfológicas idóneas para que las bombas sean efectivas».

ESCRIPTOR I COMISSARI D'ART. Llicenciat per la Universitat Autònoma de Barcelona i doctorat per la Pompeu Fabra, és també professor d'estètica i cibercultura. És autor de *Fa(u)ces* i coautor de *Jack El Decorador*, un llibre sobre el disseny i Manuel Vázquez Montalbán. Ha comisariat nombroses exposicions —la darrera, *Humano, demasiado humano,* va incloure artistes com ara Dalí, Pi-

casso, Tàpies i Palazuelo, entre d'altres— i, el 2009, un jurat integrat per Manuel Borja-Villel, Ignasi Aballí, Daniela Ferretti, Marta Gili, Chus Martínez i Vicent Todolí, el va escollir comissari del pavelló de Catalunya a la Biennal de Venècia d'aquell mateix any. «Com diria Foucault, m'agradaria pensar la meva feina com la d'un artificier, és a dir, algú que no creu d'una manera estricta en la destrucció però que no obstant això estudia totes les condicions morfològiques idònies perquè les bombes siguin efectives».

WRITER AND CURATOR. A graduate from the Autonomous University of Barcelona, and with a doctorate from the Pompeu Fabra University, he is also a tutor of aesthetics and cyber-culture. He wrote *Fa(u)ces* and co-wrote *Jack El Decorador,* a book on design and Manuel Vázquez Montalbán. He has curated a large number of exhibitions – the latest of these, *Humano, demasiado humano,* included artists such as Dali, Picasso, Tàpies, Palazuelo, among others – and in 2009 a jury consisting of Manuel Borja-Villel, Ignasi Aballí, Daniela Ferretti, Marta Gili, Chus Martínez and Vicent Todolí elected him as the curator for the Catalonia pavilion for the Venice Biennial for that year. "As Foucault would say, I would like to think of my work as that of an bomb disposal expert...i.e. someone who does not strictly believe in destruction, but nevertheless studies all the ideal morphological conditions required for bombs to be effective."

ROMERO, PEDRO G.
ARACENA, HUELVA, 19.04.1964.

O | *Magatzem d'idees (1986, exposición), La sección áurea (1988-89, exposición), ¿Llegaremos pronto a Sevilla? (1996, ciclo de exposiciones), El fantasma y el esqueleto (1999, proyecto y libro), Archivo F.X.: La setmana tràgica (2002, libro), Los trabajos (2004, archivo y exposición), Lo viejo y lo nuevo. ¿Qué hay de nuevo, viejo? (2004, archivo y exposición), La ciudad vacía (2006, archivo, exposición y libro), Silo (archivo y exposición).* **M |** *Los muertos: Raymond Roussel; Juan de Mairena y Marcel Duchamp; Mnemosyne, Passagenwerk y Documents.* **C |** *Isidoro Valcárcel Medina, Juan Luis Moraza, Archivo Caminante, Isaías Griñolo, Oier Etxeberria, Simon Wachsmuth, Israel Galván, Ricardo Basbaum, Proyecto Lorca, PRPC, Zbyněk Baladrán, Bulegoak, Sistema Tango, Ayreen Anastas, René Gabri, The Atlas Group, Flop...*

ARTISTA. Trabaja como tal desde los años ochenta, y su obra forma parte de las colecciones permanentes de centros de arte como la Fundació "La Caixa", el MNCARS, el Centro-Museo Vasco de Arte Contemporáneo (ARTIUM) y el MACBA. También dirige los trabajos del bailaor Israel Galván. Indócil e inconformista, convencido de que la auténtica capital del mundo del arte es *el capital* y tocado del «mal de archivo», uno de sus proyectos se titula, precisamente, *Archivo F.X.,* un repositorio comunitario de imágenes de la iconoclastia antisacramental en España entre 1845 y 1945. Vive en Sevilla y trabaja en Barcelona. «Gran parte de mi trabajo ha tenido que ver con la institución; entendiendo como tal no solo al Museo, también los Movimientos Sociales son una institución. Abandonar la principal institución Arte, ese triángulo perverso estudio-galería-mercado, es parte de mi trabajo, aunque cada paso que me alejo es también una práctica instituyente».

ARTISTA. Treballa com a tal des del anys vuitanta, i la seva obra forma part de les col·leccions permanents de centres d'art com ara la Fundació "La Caixa", el MNCARS, el Centre-Museu Basc d'Art Contemporani (ARTIUM) i el Macba. També dirigeix els treballs del *bailaor* Israel Galván. Indòcil i inconformista, convençut que l'autèntica capital del món de l'art és *el capital* i tocat del «mal d'arxiu», un dels seus projectes es titula precisament *Archivo F.X.,* un reposador comunitari d'imatges de la iconoclàstia antisacramental a Espanya entre el 1845 i el 1945. Viu a Sevilla i treballa a Barcelona. «Una gran part del meu treball ha tingut a veure amb la institució; entenent com a tal no sols el Museu, també els Moviments Socials són una institució. Abandonar la principal institució Art, aquest triangle pervers estudi-galeria-mercat, és part del meu treball, per bé que cada passa que me n'allunyo és també una pràctica que institueix».

ARTIST. He has worked in this role since the 1980s, and his pieces form part of the permanent collections at art centres such as the "La Caixa" Foundation, MNCARS, the Basque Modern Art Museum (ARTIUM) and Macba. He also directs works by the dancer Israel Galván. Untamed and non-conformist, convinced that the art world's true capital is the capital and touched with the "archive illness," one of his projects is indeed named *Archivo F.X.*, a community repository of images from the anti-sacramental iconoclasm in Spain from 1845 to 1945. He lives in Seville and works in Barcelona. "A large part of my work has been related to institutions: meaning not only Museums, but also Social Movements which are and institution. It is part of my work to leave that main institution which is Art, that perverse studio-gallery-market triangle, although each step I take in the other direction is also an institutionalising process."

RONCAGLIOLO, SANTIAGO
LIMA, 29.03.1975.

O | *El príncipe de los caimanes (2002, 2006), Pudor (2004), Abril rojo (2006), La cuarta espada (2007), Memorias de una dama (2009), Tan cerca de la vida (2010).* **M |** *Cambio de influencias para cada libro. De hecho, lo que yo hago es más común en los directores de cine que en los escritores.* **C |** *Daniel Alarcón, Andrés Neuman, Juan Gabriel Vásquez.*

ESCRITOR. Si *Pudor*, novela llevada al cine por Tristán Ulloa, lo situó en la *pole position* de los autores más interesantes aparecidos en los últimos tiempos, *Abril rojo*, con la que dos años después ganó el Premio Alfaguara de Novela 2006, significó su precoz consagración internacional. Periodista de oficio y gran aficionado al cómic y al cine, su obra abarca también el gran reportaje (*La cuarta espada*), la dramaturgia y la literatura infantil (*Matías y los imposibles*). «La esencia de mi obra es explorar nuevas posibilidades, disfrazarme de nuevos personajes. Cambiar de esencia para cada libro».

ESCRIPTOR. Si *Pudor*, novel·la duta al cinema per Tristán Ulloa, el va situar en la *pole position* dels autors més interessants apareguts els darrers temps, *Abril rojo*, amb què dos anys més tard va guanyar el Premi Alfaguara de Novel·la 2006, va significar la seva precoç consagració internacional. Periodista d'ofici i gran afeccionat al còmic i al cinema, la seva obra comprèn també el gran reportatge (*La cuarta espada*), la dramatúrgia i la literatura infantil (*Matías y los imposibles*). «L'essència de la meva obra és explorar noves possibilitats, disfressar-me de nous personatges. Canviar d'essència per a cada llibre».

WRITER. If *Pudor*, a novel taken to the cinema by Tristán Ulloa, placed him at the lead of the most interesting authors of recent times, *Abril rojo*, which two years later earned him the Alfaguara Novel Prize 2006, led to his early international consolidation. Originally a journalist and huge fan of comics and film, his work also covers large scale reporting (*La cuarta espada*), drama and children's literature (*Matías y los imposibles*). "The essence of my work is to explore new possibilities, to dress up as new characters. Changing essence for each book."

ROSALES, JAIME
BARCELONA, 02.01.1970.

O | *Las horas del día (2003), La soledad (2007), Tiro en la cabeza (2008).* **M |** *Tarkovsky, Bresson, Nicholas Ray.* **C |** *Lars von Trier, Carlos Reygadas, Bin Wang.*

DIRECTOR, GUIONISTA Y PRODUCTOR DE CINE. Tras licenciarse en Empresariales en ESADE, estudia cine en la escuela de San Antonio de los Baños de Cuba y más adelante, ya totalmente ganado por ese arte, se instala en Australia para continuar con sus estudios cinematográficos. Su primera película, *Las horas del día*, obtuvo el Premio de la Crítica Internacional en el Festival de Cannes. La segunda se alzó con dos Goya: a la mejor película y a la mejor dirección. Y la tercera y hasta ahora última película estrenada, *Tiro en la cabeza*, ganó el premio que otorga la Federación Internacional de Críticos de Cine en el Festival de San Sebastián. Su nombre también aparece como productor, además de en sus propias películas, en otros tres largometrajes. «Si algo caracteriza al cine de Jaime

Rosales es su perspectiva ética» (José María Aresté).

DIRECTOR, GUIONISTA I PRODUCTOR DE CINEMA. Després de llicenciar-se en Empresarials a ESADE, estudia cinema a l'escola de San Antonio de los Baños de Cuba i més endavant, ja del tot entregat a aquest art, s'instal·la a Austràlia per continuar amb els seus estudis cinematogràfics. La seva primera pel·lícula, *Las horas del día*, va obtenir el Premi de la Crítica Internacional al Festival de Cannes. La segona es va alçar amb dos Goya: a la millor pel·lícula i a la millor direcció. I la tercera i fins ara darrera pel·lícula estrenada, *Tiro en la cabeza*, va guanyar el premi que atorga la Federació Internacional de Crítics de Cinema en el Festival de Sant Sebastià. El seu nom també apareix com a productor en uns altres tres llargmetratges, a més de per a les seves pròpies pel·lícules. «Si hi ha alguna cosa que caracteritzi el cinema de Jaime Rosales és la serva perspectiva ètica» (José María Aresté).

FILM DIRECTOR, PRODUCER AND SCRIPTWRITER. After graduating in Business Studies from ESADE, he studied film at the San Antonio de los Baños School in Cuba, and later, by now totally won over by the film industry, he settled in Australia to continue his cinematography studies. His first film, *Las horas del día*, obtained the International Critics' Award at the Cannes Film Festival. The second obtained two Goyas: for best film and best director. And the third and latest film to date, *Tiro en la cabeza* won the prize from the International Critics' Federation at the San Sebastián Film Festival. His name also appears as the producer, not only of his own films, but of three other feature films. "If anything characterises the films of Jaime Rosales it is his ethical perspective." (José María Aresté).

RUIZ, FRANCESC
BARCELONA, 07.09.1971.

O | *The Green Detour (2010, cómic seriado en el que el lector tiene que seguir la trama de la propia narración para dar con el lugar donde se distribuye el siguiente número), Gasworks Yaoi (2010).* **M |** *Carl Barks, Jim Shaw, Henry Darger, Kenneth Anger, Ad Reinhardt, Tom of Finland, Dan Graham, Lina Bo Bardi y Ernő Rubik.* **C |** *Simon Denny, Henrik Olesen, Wisut Ponnimit, Maki Murakami, Tris Vonna-Michell, Bestué-Vives, Julia Montilla, Efrén Álvarez y Josephine Meckseper.*

ARTISTA PLÁSTICO. Su trabajo, centrado desde los años noventa en el dibujo, ha derivado en una práctica que utiliza el cómic como medio expandido. Aplicando ciertas estrategias provenientes de la tradición del arte conceptual y del situacionismo, crea instalaciones e intervenciones vinculadas a contextos específicos. Entre sus últimas exposiciones individuales se encuentran *Gasworks Yaoi* (en Gasworks, Londres, 2010), una instalación que recrea a partir de 5 000 publicaciones ficticias una librería especializada en cómic yaoi; *The Paper Trail*, en el Contemporary Image Collective de El Cairo (2010), y *Big Boom*, en el Centre d'Art La Panera (2008). Entre las colectivas recientes en las que ha participado destaca *The Graphic Uncoscious*, en la Temple Gallery de Philadelphia (2010). Además, ha realizado residencias en Gasworks, Londres; el CIC de

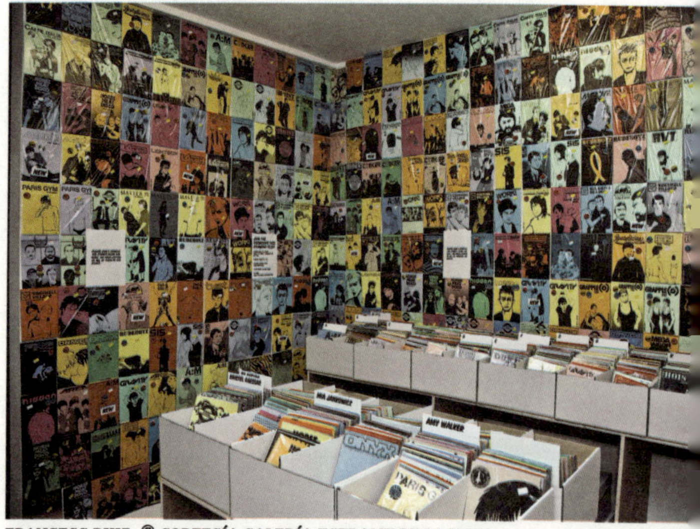

FRANCESC RUIZ. © CORTESÍA GALERÍA ESTRAMY-DE LA MOTA.

El Cairo, o en el Frankfurter Kunstverein. «Me interesan las historias del cómic árabe y latinoamericano, el esperpento, el *detournement* y la deriva, Barcelona, la parodia porno, el pastiche y el comisariado experimental, entre otras cosas».

ARTISTA PLÀSTIC. El seu treball, centrat des dels anys noranta en el dibuix, ha derivat en una pràctica que fa servir el còmic com a mitjà expandit. Aplicant certes estratègies provinents de la tradició de l'art conceptual i del situacionisme, crea instal·lacions i intervencions lligades a contextos específics. Entre les seves darreres exposicions individuals hi ha *Gasworks Yaoi*, a Gasworks, Londres (2010), una instal·lació que recrea, a partir de 5 000 publicacions fictícies, una llibreria especialitzada en còmic *yaoi; The Paper Trail*, al Contemporary Image Collective de El Caire (2010), i *Big Boom*, al Centre d'Art La Panera (2008). Entre les col·lectives recents en què ha participat destaca *The Graphic Unconscious*, a la Temple Gallery de Filadèlfia (2010). A més, ha fet residències a Gasworks, Londres; CIC; El Caire; o Frankfurter Kunstverein, a Frankfurt. «M'interessen les històries del còmic àrab i llatinoamericà, l'esperpent, el *detournement* i la deriva, Barcelona, la paròdia porno, el pastitx i el comissariat experimental, entre altres coses».

PLASTIC ARTIST. His work, which since the 1990's has focused on drawing, has taken on a style which uses the comic as an expanded method. Applying certain strategies taken from the tradition of conceptual art and situationalism, he creates installations and interventions connected to specific contexts. His recent individual collections include *Gasworks Yaoi* (at Gasworks, London, 2010), an installation which uses 5 000 fictitious publications to recreate a specialist *yaoi* comic store; *The Paper Trail*, at the Contemporary Image Collective in Cairo (2010), and *Big Boom*, at the Centre d'Art La Panera (2008). He has been involved in collective exhibitions such as *The Graphic Unconscious*, at the Temple Gallery in Philadelphia (2010). He has also held residential positions at Gasworks, in London; the CIC in Cairo, or at the Frankfurter Kunstverein. "I am interested in Arab and Latin American comic stories, the grotesque, *detournement* and drifting, Barcelona, the porn parody, pastiche and experimental curating, amongst other things."

RUIZ GELI, ENRIC
FIGUERAS, GERONA, 23.02.1968.

O | *NY Aquarium (2007), Villa Nurbs (2009), Media-TIC (2009), Hotel Forest (2009), elBulli Foundation (2011-...).* **M |** *La escuela de Barcelona de los años noventa, Gaudí, A. de la Sota, F. Ll. Wright, James Turrell, Renzo Piano, Soleri...* **C |** *Bob Wilson, Metapolis, Vito Acconci, Ferran Adrià, Diller Scofidio + Renfro, Tecnalia, CITA, Mark Burry, Amid Cero9, Toni Segarra, Bartlett, AA, Servo, Greg Lynn...*

ARQUITECTO. Licenciado por la Escola Tècnica Superior d'Arquitectura de Barcelona, sus obras defienden un diseño ecológico en el que los edificios, además de ser sostenibles, sean también autónomos, capaces de producir su propia energía. Esta visión telúrica e integradora de la arquitectura se plasma en un afán investigador por encontrar nuevos materiales y nuevas formas de expresión para crear edificios «vivos» que coexistan sin interferencias con su entorno. Para Ruiz Geli todo es arquitectura, lo que también le ha llevado a diseñar escenografías y exposiciones. En la actualidad se encuentra en proceso de creación de las instalaciones que acogerán la Fundación elBulli. «EEE *towards* E: Entornos Energéticos y Experiencias hacia la Empatía».

ARQUITECTE. Llicenciat per l'Escola Tècnica Superior d'Arquitectura de Barcelona, les seves obres defensen un disseny ecològic en què els edificis, a més de ser sostenibles, siguin també autònoms, capaços de produir la seva pròpia energia. Aquesta visió tel·lúrica i integradora de l'arquitectura es plasma en un afany investigador de trobar nous materials i noves formes d'expressió per crear edificis «vius» que coexisteixin sense interferències amb el seu entorn. Per a Ruiz Geli tot és arquitectura, cosa que també l'ha dut a dissenyar escenografies i exposicions. Actualment es troba en procés de creació de les instal·lacions que acolliran la Fundació elBulli. «EEE *towards* E: Entorns Energètics i Experiències envers l'Empatia».

ARCHITECT. A graduate from the Technical School of Architecture in Barcelona, his work supports an ecological design in which buildings, in addition to being sustainable, must also be independent, capable of generating their own energy. This telluric and integrated vision of architecture comes together in a desire for research into new materials and new forms of expression to create "living" buildings which exist alongside their surroundings without interference. For Ruiz Geli, everything is architecture, which also leads him to design scenery and exhibitions. He is currently in the process of creating the installations which will house the elBulli Foundation. "EEE *towards* E: Entornos Energéticos y Experiencias hacia la Empatía (Energy Surroundings and Experiences towards Empathy)."

RUIZ, MARIO
ALICANTE, ESPAÑA, 13.08.1965.

O | *Silla de oficina operativa y confidente Dis (2003, para Dynamobel), altavoces inalámbricos So Line (2005, para Vieta), cafetera M270 (2005, para MokaExpress), colección mobiliario de oficina Corner (2006, para Citterio), colección de mobiliario de exterior Flat (2007, para Gandia Blasco), programa de mobiliario de oficina QADRO (2008, para Steelcase), sofá Otium (2010, para lapalma), lámparas EDA (2010, para Metalarte).* **M |** *Viajar, cocinar, la estética de los aviones, Ray y Charles Eames, la buena arquitectura, la cultura japonesa.* **C |** *Claesson Koivisto Rune, Luca Nichetto, Antonio Citterio, Giulio Ridolfo, Vincent van Duysen.*

DISEÑADOR. Graduado en Diseño Industrial por la escuela Elisava de Barcelona, comienza su carrera profesional por cuenta propia en 1995. Hasta 2003 realiza sobre todo proyectos de mobiliario de oficina y dentro del mundo de la tecnología. Actualmente, el estudio Mario Ruiz lleva a cabo proyectos en sectores muy diversos: tecnología, mobiliario, iluminación y gráfica aplicada, con incursiones en interiorismo, arquitectura efímera y elementos para la arquitectura. Su oficio y experiencia multidisciplinar le ha valido la confianza de algunas de las firmas más importantes en cada sector, para las que también actúa como director creativo. Su labor ha sido reconocida con más de cuarenta galardones en Europa y Estados Unidos, entre ellos varios premios Red Dot, IF, Design Plus, Wallpaper Awards y Delta de Plata Adi-fad. La editorial Actar publicó en 2004 *Mario Ruiz/Costa Design*, la primera monografía sobre su trabajo. «Creo en la palabra honestidad. Desde el comienzo hasta el fin del proyecto, desde la relación con el cliente hasta la naturaleza del objeto. Me interesan los productos honestos, auténticos, que nacen con una misión y que la cumplen».

DISSENYADOR. Graduat en Disseny Industrial per l'escola Elisava de Barcelona, comença la carrera professional pel seu compte el 1995. Fins el 2003 fa, sobretot, projectes de mobiliari d'oficina i en el món de la tecnologia. Actualment, l'estudi Mario Ruiz duu a terme projectes en sectors molt diversos: tecnologia, mobiliari, il·luminació i gràfica aplicada, amb incursions a l'interiorisme, l'arquitectura efímera i els elements per a l'arquitectura. El seu ofici i l'experiència multidisciplinar li han valgut la confiança d'algunes de les firmes més importants a cada sector, per a les quals també actua com a director creatiu. La seva tasca ha estat reconeguda amb més de quaranta guardons a Europa i els Estats Units, entre els quals, diversos premis Red Dot, IF, Design Plus, Wallpaper Awards i Delta de Plata Adi-Fad. L'editorial Actar va publicar el 2004 *Mario Ruiz/Costa Design*, la primera monografia sobre el seu treball. «Crec en la paraula honestedat. De l'inici a la fi del projecte, de la relació amb el client a la naturalesa de l'objecte. M'interessen els productes honestos, autèntics, que neixen amb una missió i l'acompleixen».

DESIGNER. A graduate in Industrial Design from the Elisava school in Barcelona, he started his freelance career in 1995. Up to 2003 he mainly completed projects for office furnishing and technology. Today, the Mario Ruiz studio completes projects in a range of different sectors: technology, furnishing, lighting and applied graphics, with inroads into interior design, ephemeral architecture, and architectural elements. His trade and experience in a range of fields has earned him the trust of some of the most important brands in each sector, for whom he also acts as creative director. His work has ▶

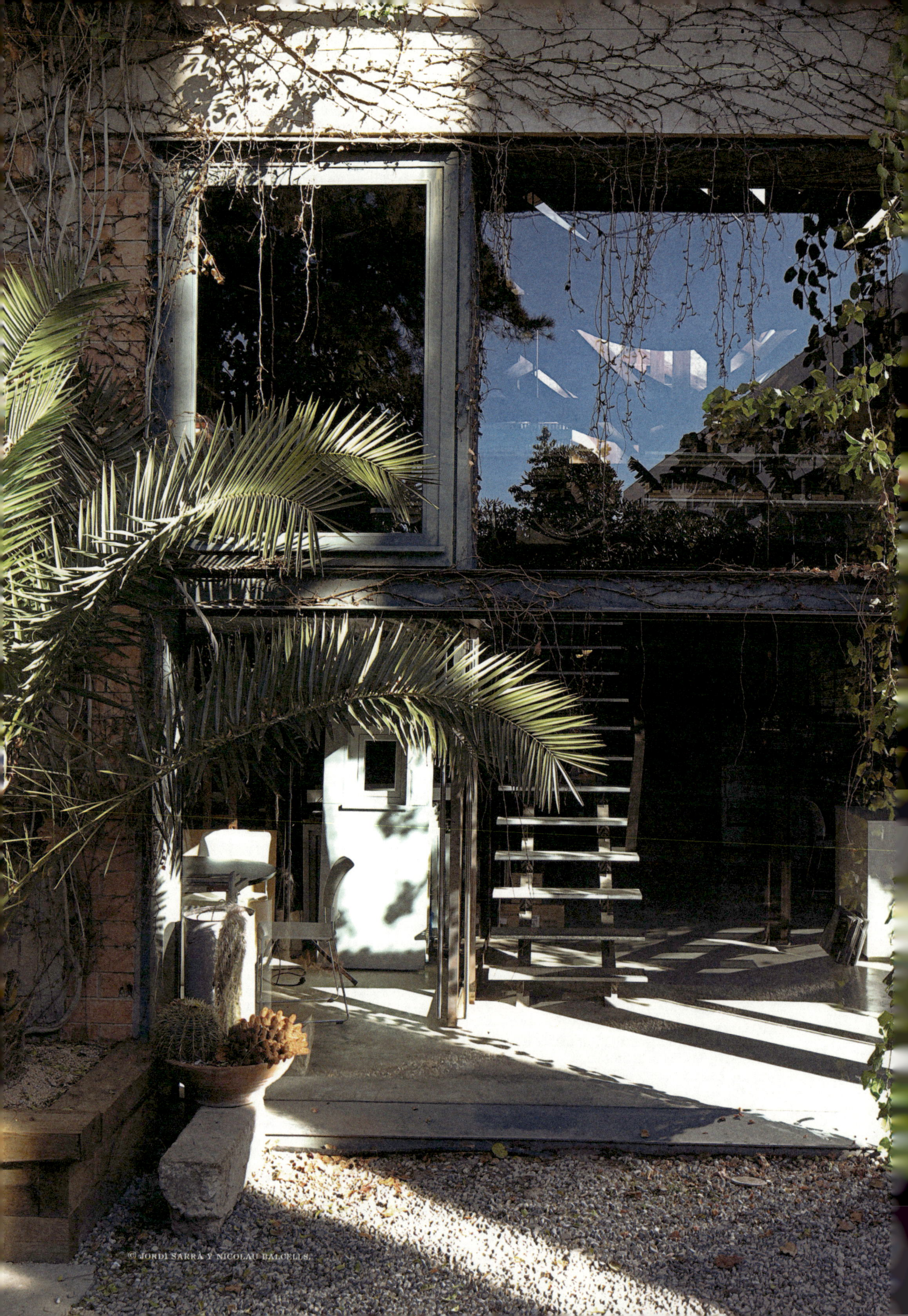
© JORDI SARRÀ Y NICOLAU BALCELLS.

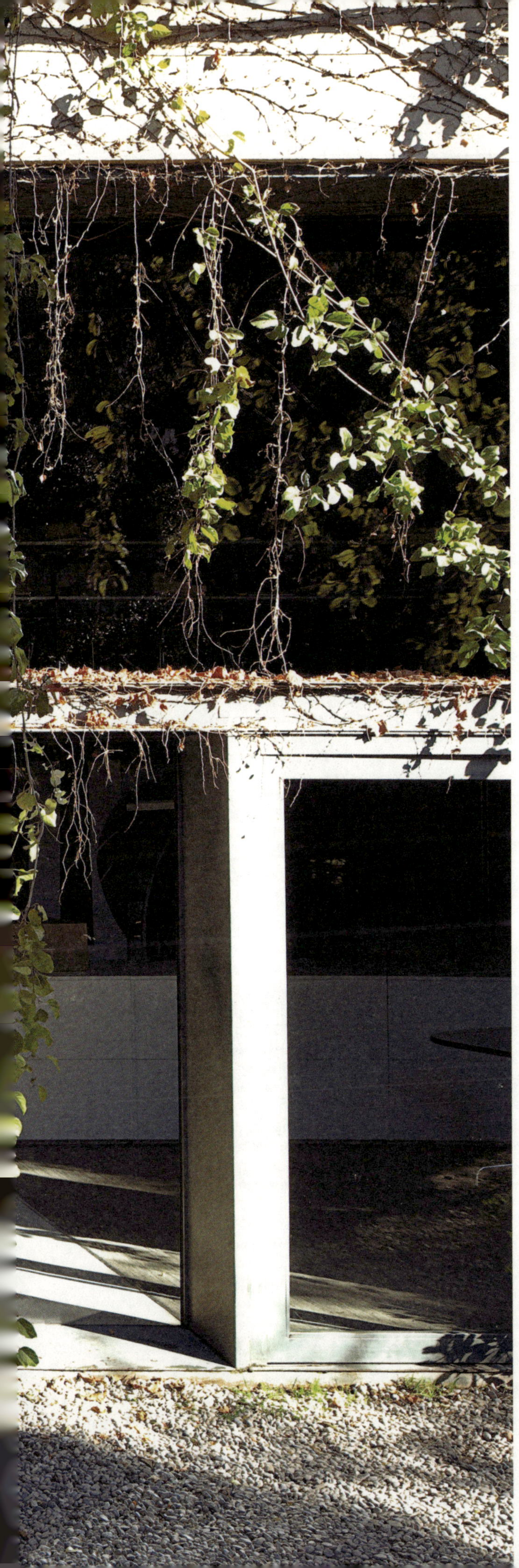

PALO ALTO

PELLAIRES, 30-38 | POBLENOU, 08019 BARCELONA
www.paloaltobcn.org | +34 671 23 05 45 | olga@paloaltobcn.org

FUNDACIÓN CREADA EN 1997 y situada en un antiguo complejo fabril que actualmente acoge diecinueve estudios de creación en Barcelona. Una edificación llena de memoria (sobre todo del pasado industrial de la ciudad a lo largo del siglo XIX), que alguna vez fue sede de un conjunto de fábricas textiles, y que se ha convertido hoy en una auténtica «isla urbana» de espacios confortables, llenos de luz y con vistas a un jardín compartido. Allí, creadores de diversos ámbitos desarrollan sus proyectos con un objetivo común: «rehabilitar para recuperar» un lugar de trabajo bajo un sentido de pertenencia. Las instalaciones cuentan además con dos áreas de 350 y 100 metros cuadrados, respectivamente, destinadas a exposiciones de arte, presentaciones de libros y toda clase de eventos culturales. Las calles interiores del recinto han sido ajardinadas siguiendo un proyecto ecológico y paisajístico de Pepichek Farriol.

FUNDACIÓ CREADA EL 1997 i situada en un antic complex fabril que actualment acull dinou estudis de creació de Barcelona. Una edificació plena de memòria (sobretot del passat industrial de la ciutat al llarg del segle XIX), que en algun moment va ser la seu d'un conjunt de fàbriques tèxtils, ha esdevingut avui una autèntica «illa urbana» d'espais confortables, plens de llum i amb vistes a un jardí compartit, on creadors de diversos àmbits desenvolupen els seus projectes amb un objectiu comú: «rehabilitar per recuperar» un lloc de treball sota un sentit de pertinença. Les instal·lacions compten, a més, amb dues àrees de tres-cents cinquanta i cent metres quadrats, respectivament, destinades a exposicions d'art, presentacions de llibres i tota mena d'actes culturals. Els carrers interiors del recinte han estat enjardinats seguint un projecte ecològic i paisatgístic de Pepichek Farriol.

FOUNDATION ESTABLISHED IN 1997 and located at the old factory premises that presently is home to nineteen creative studios in Barcelona. A building full of memory (especially in relation to the industrial past of the city throughout the XIX century), that once upon a time lodged a complex of clothing factories and that these days has become a true "urban island" of comfortable spaces, full of light and with views into shared gardens. There, creators from various fields develop their projects with a shared goal: "rehabilitate to recover" a working place through a sense of belonging. The facilities also boast two areas of 350 and 100 square meters, respectively, devoted to art exhibitions, book launches and all sorts of cultural events. The internal lanes of the premises have been landscaped following an ecological and scenic project by Pepichek Farriol.

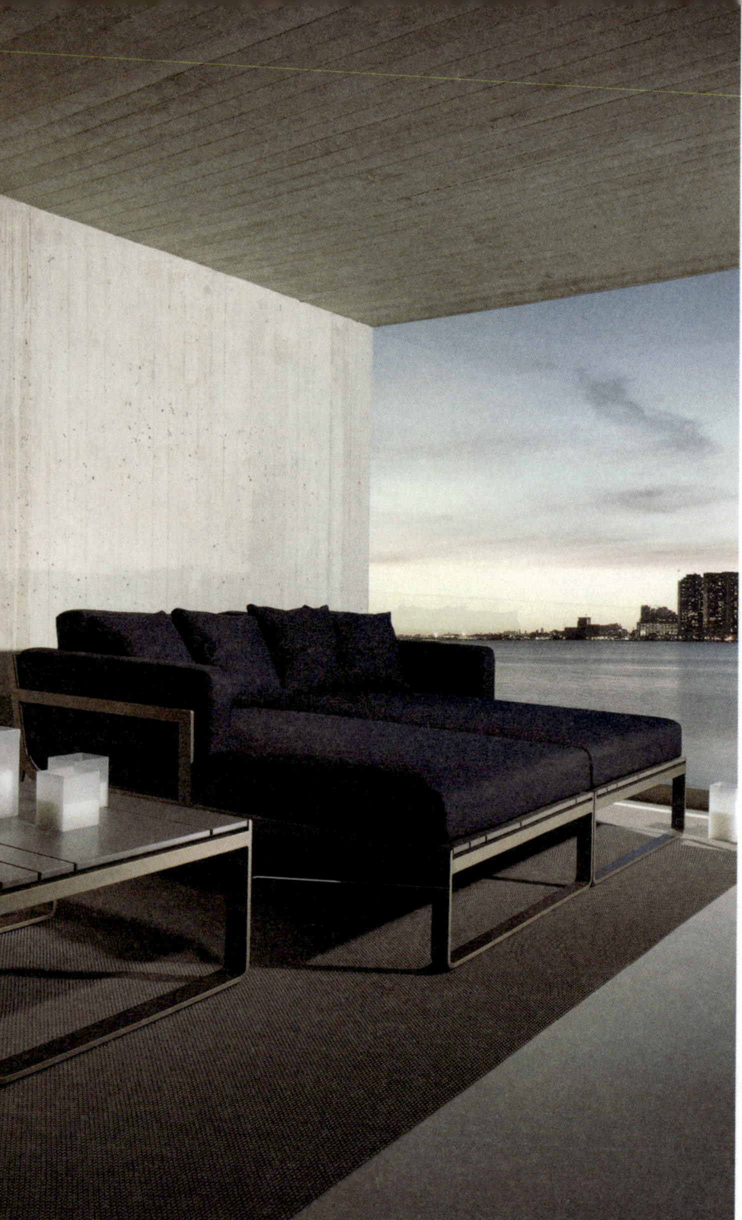

MARIO RUIZ, *SOFÁ MODULAR, MESA FLAT BRONCE.*

▶ been recognised with over forty awards in Europe and the United States, including Red Dot, IF, Design Plus, Wallpaper Awards and Delta de Plata Adi-fad. In 2004 the first ever monograph on his work, *Mario Ruiz/Costa Design* was published by Actar. "I believe in the word honesty. For the duration of the project, from the relationship with the client to the nature of the object. I am interested in honest, authentic products, who are born with a mission and fulfil it."

RUIZ ZAFÓN, CARLOS
BARCELONA, 25.09.1964.

0 | *Trilogía de la Niebla: El príncipe de la niebla (1993), El palacio de la medianoche (1994) y Las luces de septiembre; Marina (1999); La sombra del viento (2001); El juego del ángel (2008).*

ESCRITOR. Es uno de los más leídos en todo el mundo. Hasta 2001 era un autor de libros de narrativa juvenil y escribía guiones de cine en Los Ángeles, ciudad en la que vive desde 1993. Ese año apareció *La sombra del viento* y se convirtió en un *bestseller* mundial, con más de diez millones de ejemplares vendidos, ediciones que se han ido sucediendo una tras otra hasta perder la cuenta, traducciones a cerca de cuarenta idiomas y varias adaptaciones cinematográficas que todavía, como si de otro de los misterios del libro se tratara, no se han convertido en película. Uno de sus méritos indiscutibles es que ha transformado la Barcelona de las artes, el diseño y la arquitectura en, también, una ciudad literaria. «Lo que escribes es lo que más se te parece».

ESCRIPTOR. És un dels més llegits a tot el món. Fins el 2001 era un autor de llibres de narrativa juvenil i escrivia guions de cinema a

Los Angeles, ciutat on viu des del 1993. Aquell mateix any va aparèixer *La sombra del viento* i es va convertir en un *bestseller* mundial, amb més de deu milions d'exemplars venuts, edicions que s'han anat succeint una darrere l'altra fins a perdre'n el compte, traduccions a unes quaranta llengües i diverses adaptacions cinematogràfiques que encara no s'han convertit, com si d'un altre dels misteris del llibre es tractés, en una pel·lícula. Un dels seus mèrits indiscutibles és que ha transformat la Barcelona de les arts, el disseny i l'arquitectura en, també, una ciutat literària. «Allò que escrius és allò que més se t'assembla».

WRITER. He is one of the most widely read authors in the world. Until 2001 he was an author of children's narrative and a scriptwriter in Los Angeles, where he has lived since 1993. In that year he published *La sombra del viento*, which became a world bestseller, selling over ten million copies, with countless editions coming one after the other, translation into almost forty languages and a number of film adaptations which still have not been filmed, rather like another of those book mysteries. One of his indisputable merits is that his has made the Barcelona of the arts, design and architecture also a literary city. "What you write is what is most like you."

RUSCALLEDA, CARME
SANT POL DE MAR, BARCELONA, 1952.

0 | *Deu anys de cuina al Sant Pau. 1988-1998 (1998), Cuinar per ser feliç (2002), Un any amb Carme Ruscalleda (2004), CR20. Los veinte años del Sant Pau (2009).*

COCINERA. Hija de una familia emprendedora y de vocación gastronómica, hacia 1975 trabajaba en la charcutería de sus padres junto a su marido Toni Balam y «en aquel establecimiento sentimos el coraje de los autodidactas para crear, en 1988, el Sant Pau-Carme Ruscalleda», un restaurante situado en Sant Pol de Mar que une la originalidad a la calidad. Lo que vino después es historia conocida: en 1991 consiguió su primera estrella Michelin y actualmente es la única mujer en el mundo que posee seis, tres por el Sant Pau, dos por el restaurante que abrió en Tokio en 2004, y una más por el flamante MOments, del Hotel Mandarin Oriental de Barcelona. «La cocina que ofrecemos en Carme Ruscalleda-Sant Pau, además de ser sana y nutritiva, también constituye una expresión cultural, sensorial y artística, capaz de emocionar incluso a los comensales que se sientan a la mesa sin expectativas gastronómicas».

CUINERA. Filla d'una família emprenedora i de vocació gastronòmica, cap al 1975 treballava a la xarcuteria dels seus pares al costat del seu marit Toni Balam i «en aquell establiment van sentir el coratge dels autodidactes per crear el 1988 el Sant Pau-Carme Ruscalleda», un restaurant situat a Sant Pol de Mar que uneix l'originalitat amb la qualitat. Què va venir després és una història coneguda: el 1991 va aconseguir la seva primera estrella Michelin i actualment és l'única dona al món que en posseeix sis, tres pel Sant Pau, dos pel restaurant que va obrir a Tòkio el 2004 i una més pel flamant Moments, de l'Hotel Mandarin Oriental de Barcelona. «La cuina que oferim a Carme Ruscalleda-Sant Pau, a més de ser sana i nutritiva, també constitueix una expressió cultural, sensorial i artística, capaç d'emocionar fins i tot els comensals que s'asseuen a taula sense expectatives gastronòmiques».

CHEF. Born into a family of entrepreneurs and with a strong gastronomic vocation, in 1975 she was working in her parents' charcuterie with her husband Toni Balam, and "in that shop we felt the courage of the self-taught which led us to create the Sant Pau-Carme Ruscalleda in 1988." This restaurant in Sant Pol de Mar combines originality with quality. What came next is well known: In 1991 she obtained her first Michelin star, and she is currently the only woman in the world to hold six – three for Sant Pau, two for the restaurant she opened in Tokyo in 2004, and another for the smart new *Moments*, at the Hotel Mandarin Oriental in Barcelona. "As well as healthy and nutritious, the cuisine we offer at Carme Ruscalleda-Sant Pau also constitutes a cultural, sensorial and artistic expression, able to rouse even those guests who come to the table without any gastronomic expectations."

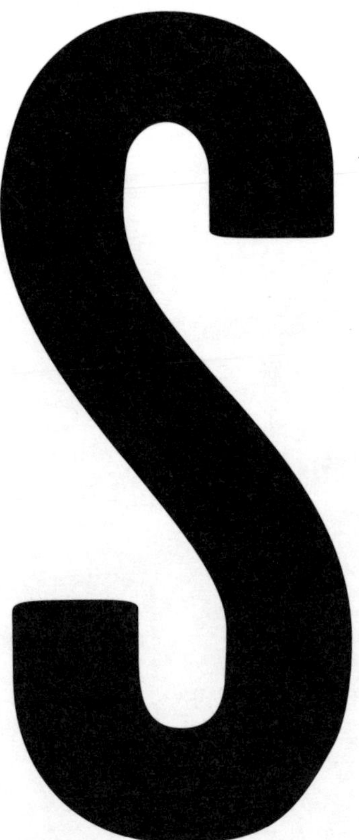

SÁEZ, JUANJO
LA SAGRERA, BARCELONA, 1972.

O | *Buenos tiempos para la muerte (2000), Dentro del sombrero (2001), Viviendo del cuento (2004), El arte. Conversaciones imaginarias con mi madre (2006), Yo. Otro libro egocéntrico de... (2010).*

AUTOR DE CÓMIC, ILUSTRADOR Y DISEÑADOR. Mientras estudiaba arte en la Escuela Massana, publicó sus primeros dibujos y tiras en el fanzine *Círculo primigenio* que editaba junto a sus amigos, y poco después, ya profesionalmente, sus primeras ilustraciones en revistas como *Rockdelux*. Paralelamente, los *flyers* que le encargaban algunas salas de baile de Barcelona —ciudad a la que su obra está muy ligada— le fueron dando una creciente notoriedad como diseñador. Ha ilustrado y diseñado carteles de festivales y portadas de discos —como la ilustración que aparece en el *Singles 93-03,* de The Chemical Brothers—, ha ganado premios internacionales de publicidad, ha formado parte de una retrospectiva del diseño español en el MNCARS y ha sido incluido en la *Enciclopedia del diseño* de Mariscal. En su campo, es un joven referente. «Dibujando».

AUTOR DE CÒMIC, IL·LUSTRADOR I DISSENYADOR. Mentre estudiava art a l'Escola Massana, va publicar els seus primers dibuixos i tires al fanzine *Círculo Primigenio,* que editava amb els seus amics, i poc després, ja professionalment, les seves primeres il·lustracions en revistes com *Rockdelux.* Paral·lelament, els *flyers* que li encarregaven algunes sales de ball de Barcelona —ciutat a la qual la seva obra està molt lligada— li van anar donant una creixent notorietat com a dissenyador. Ha il·lustrat i dissenyat cartells de festivals i portades de discos —com la il·lustració que apareix a *Singles 93-03,* de The Chemical Brothers—, ha guanyat premis internacionals de publicitat, ha format part d'una retrospectiva del disseny espanyol al MNCARS i ha estat inclòs a la *Enciclopedia del diseño* de Mariscal. En el seu camp, és un jove referent. «Dibuixant».

COMIC AUTHOR, ILLUSTRATOR AND DESIGNER. While studying are at the Massana School, he published his first drawings and comic strips in the *Círculo Primigenio* fanzine, edited by him and his friends, and shortly afterwards, by now a professional, his first illustrations appeared in publications such as *Rockdelux.* Meanwhile, his flyers ordered for some dance halls in Barcelona - a city to which his work is strongly connected - brought him increasing fame as a designer. He has illustrated and designed posters for festivals and record sleeves - such as the illustration

found on *Singles 93-03* by The Chemical Brothers -, and has received international awards for advertising, and has taken part in a retrospective study of Spanish design at MNCARS and has been included in Mariscal's *Design Encyclopaedia.* He is a young benchmark in his speciality. "Drawing."

SALAS, FERNANDO
SEVILLA, 19.12.1950.

O | *Showroom Twenti (1986), showroom Roberto Verino (1990), oficinas Silver Sanz (1993), tienda Zas Two Diagonal (2003), silla Clip (2004), El Molino (2010).* **M |** *Mies van der Rohe, Le Corbusier, Glenn Murcutt, Carlo Mollino, Hans J. Wegner, Charles & Ray Eames, Isamu Noguchi...* **C |** *Pepe Cortés, Pilar Libano, Isabel López Vilalta.*

DISEÑADOR E INTERIORISTA. De formación autodidacta, a los catorce años ingresó como aprendiz en el estudio MBM Arquitectes, el más famoso y avanzado de los años sesenta. Tras firmar su primer gran proyecto —el bar Dúplex de Valencia— con Javier Mariscal, en 1975 fundó su propio estudio y, desde entonces, su reputación de diseñador sensato y riguroso con un leve toque artístico ha ido creciendo hasta convertirlo en un referente. «El mayor reto se basa en conseguir la armonía. "Trabaja como eres", "se diseña como se es". El coherente diálogo entre las formas y los materiales es fundamental».

DISSENYADOR I INTERIORISTA. De formació autodidacta, als catorze anys va ingressar com a aprenent a l'estudi MBM Arquitectes, el més famós i avançat dels anys setanta. Després de signar el seu primer gran projecte —el bar Dúplex de València— amb Javier Mariscal, el 1975 va fundar el seu propi estudi i, des d'aleshores, la seva reputació de dissenyador sensat i rigorós amb un lleuger toc artístic ha anat creixent fins a convertir-lo en un referent. «El repte més gran es basa en aconseguir l'harmonia. "Treballa com ets", "es dissenya com s'és". El coherent diàleg entre les formes i els materials és fonamental».

DESIGNER AND INTERIOR DESIGNER. Self-trained, he started as an apprentice aged fourteen at the studio *MBM Arquitectes,* the most famous and advanced studio of the 1960s. After signing his first major project – Duplex Bar in Valencia – with Javier Mariscal, in 1975 he opened his own studio and since then his reputation as a sensible and thorough designer with a light touch has grown to make him a figurehead. "The greatest challenge is based on harmony. 'Work as you are', 'design as you are'. The coherent dialogue between forms and material is fundamental."

SALGOT, JOSÉ ANTONIO
AIGUAFREDA, BARCELONA, 15.01.1953.

O | *Serenata a la luz de la luna (1978), Mater amatísima (1980), Estación central (1989), Dama de Porto Pim (2001), Myway (2007).* **M |** *Francis Ford Coppola, Martin Scorsese, Alain Resnais, John Huston.* **C |** *Michael Mann, Alejandro González Iñárritu, Bigas Luna.*

DIRECTOR, GUIONISTA Y PRODUCTOR DE CINE. Conocido también como Toni, Pep o J. A. Salgot, excepto de cine, tiene estudios de casi todo: filosofía, sociología, empresariales... Se licenció finalmente en Económicas, es máster por el ESADE y titulado en artes gráficas. Ha desempeñado toda clase de trabajos, incluido el de promotor de salas de concierto, y es también un destacado pintor que ha expuesto en España, Suiza y Alemania. Su primer cortometraje en 35 mm, *Madison,* obtuvo el Premio Sant Jordi de la Generalitat, y su primer largo, *Serenata a la luz de la luna,* el Premio de Cine Iberoamericano de Huelva. Con el segundo, *Mater amatísima,* le llegó la rápida consagración: película de culto, ganadora de varios Goya y seleccionada para Cannes, fue adquirida por el MoMA de Nueva York para su fondo permanente. En 2005 puso en marcha Alguienvoló Audiovisuals & Arts, compañía con la que ha producido *Fum, Fum, Fum,* de Roger Lapuente; *Pepe Sales. Pobres, pobres,* de Albert Pla y Lulú Martorell, y *Myway* (2007), escrita, producida y dirigida por él mismo. «La exploración allí donde acaba la normalidad y empieza lo extraordinario».

DIRECTOR, GUIONISTA I PRODUCTOR DE CINEMA. Conegut també com a Toni, Pep o J. A. Salgot, menys de cinema, té estudis de

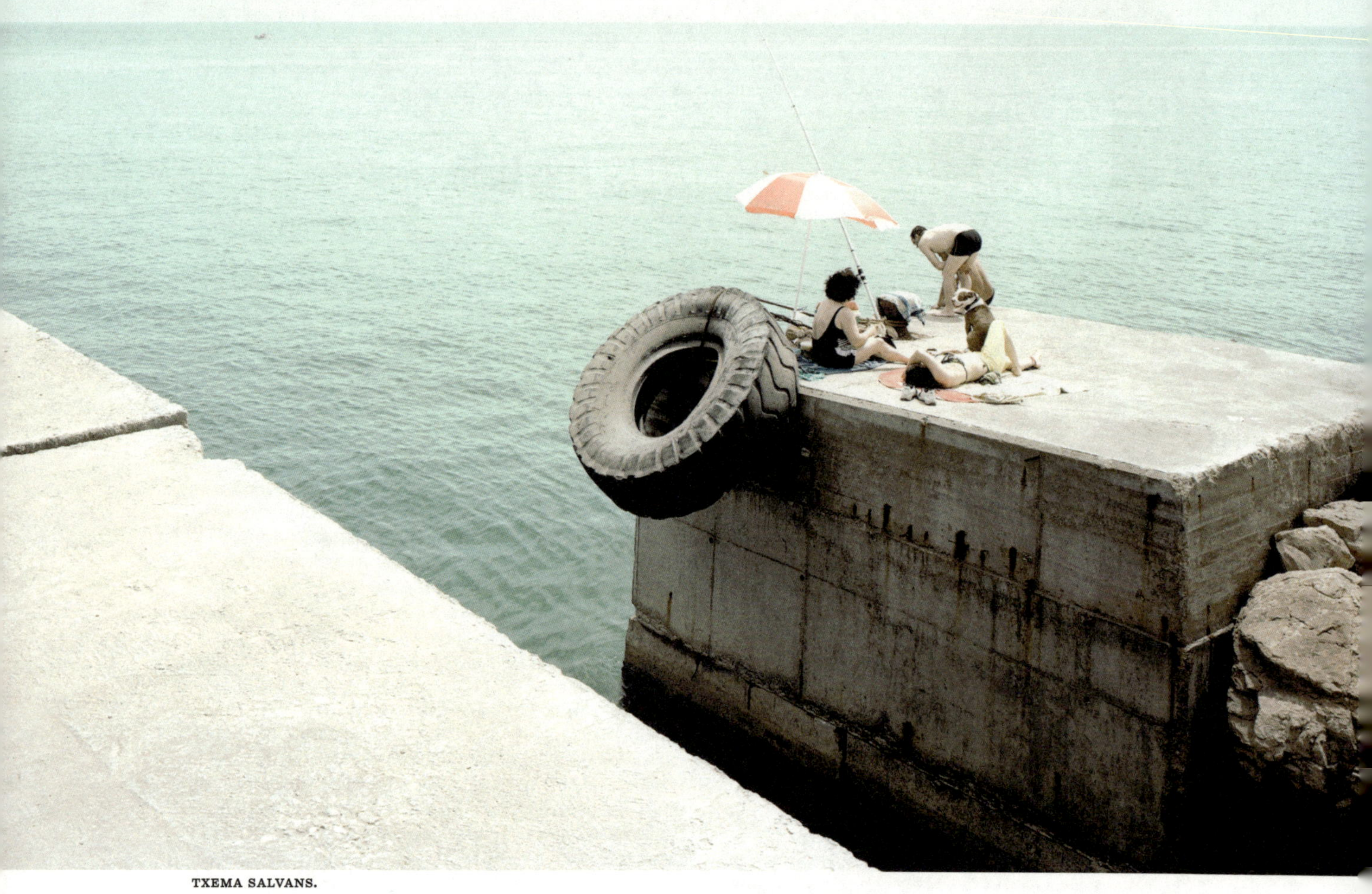

TXEMA SALVANS.

SALVANS, TXEMA
BARCELONA, 14.01.1971.

O | *Nice to Meet You, Extrarradio (I y II), I Love My Car, Spanish hits, Sunday, Camping, Neverland, El vacío que nos contiene.* **M |** *Cristina García Rodero, Carl de Keyzer, Charles Darwin, Josef Koudelka, Weegee, Robert Frank...* **C |** *Michael Ackerman, Richard Billingham, Pieter Hugo.*

FOTÓGRAFO. Ganador por *Nice to Meet You* del Premio PHotoEspaña al mejor libro de fotografía española del año 2005, su obra se centra en la fotografía de la vida normal de determinadas personas —su novia aprendiendo a usar un electrodoméstico, su abuela cosiendo una funda para cubrir el televisor, una barbacoa familiar o un hombre recibiendo un tratamiento de quimioterapia—, pero también en la reflexión crítica sobre la fascinación por lo cotidiano. «La fotografía me permite dar intensidad a la experiencia de estar plenamente presente en cada lugar y en cada momento. Cuando fotografío no solo constato, sino que proyecto al mismo tiempo un juicio sobre la realidad. Cada vez más, busco situar mis imágenes en su estatus paradójico entre lo que muestran y lo que sugieren. Y todo esto en el ámbito físico y emocional mas próximo a mí».

FOTÒGRAF. Guanyador per *Nice to meet you* del Premi PHotoEspaña al millor llibre de fotografia espanyola de l'any 2005, la seva obra se centra en la fotografia de la vida normal de determinades persones —una barbacoa familiar, un home rebent un tractament de quimioteràpia, la seva xicota aprenent a fer servir un electrodomèstic o la seva àvia cosint una funda per cobrir el seu televisor—, però també en la reflexió crítica sobre la fascinació pel que és quotidià. «La fotografia em permet donar intensitat a l'experiència de ser plenament present en cada lloc i en cada moment. Quan fotografio no només constato, sinó que projecto al mateix temps un judici sobre la realitat. Cada cop

---

gairebé tot: filosofia, sociologia, empresarials... Es va acabar llicenciant en Econòmiques, és màster d'Esade i titulat en arts gràfiques. Ha fet tota mena de feines, inclosa la de promotor de sales de concert, i també és un pintor destacat que ha exposat a Espanya, Suïssa i Alemanya. El seu primer curtmetratge en 35 mm, *Madison*, va obtenir el Premi Sant Jordi de la Generalitat, i el seu primer llarg, *Serenata a la luz de la luna*, el Premi de Cinema Iberoamericà de Huelva. Amb el segon, *Mater amatísima*, li va arribar la ràpida consagració: pel·lícula de culte, guanyadora de diversos Goya i seleccionada al festival de Cannes, va ser adquirida pel MoMA de Nova York per al seu fons permanent. El 2005 va engegar Alguienvoló Audiovisuals & Arts, companyia amb què ha produït *Fum, Fum, Fum*, de Roger Lapuente; *Pepe Sales. Pobres, pobres*, d'Albert Pla i Lulú Martorell; i *Myway* (2007), escrita, produïda i dirigida per ell mateix. «L'exploració allà on acaba la normalitat i comença el que és extraordinari».

FILM DIRECTOR, PRODUCER AND SCRIPTWRITER. Also known as Toni, Pep or J.A. Salgot, he has studied almost all fields except for film: philosophy, sociology, business studied... he finally graduated in Economics, and has a Masters from ESAFE and a graphic arts qualification. He has worked in all kinds of job positions, including as a concert hall promoter. He is also a notable painter who has given exhibitions in Spain, Switzerland and Germany. His first 35 mm short film, *Madison*, received the Sant Jordi Award from the Catalonian Generalitat, and his first full length film, *Serenata a la luz de la luna*, received the Huelva Spanish and Latin American Film Award. With the latter, *Mater amatísima*, he achieved rapid consecration: a cult film, winner of several Goya and selected at Cannes, it was bought by MoMA in New York for their permanent collection. In 2005 he started Alguienvolo Audiovisuals & Arts, the company with which he has produced *Fum, Fum, Fum* by Roger Lapuente; *Pepe Sales. Pobres, pobres,* by Albert Pla and Lulú Martorell, and *Myway* (2007), written, produced and directed by himself. "Exploration wherever normality ends and the extraordinary begins."

més, busco situar les meves imatges en el seu estatus paradoxal entre el que mostren i el que suggereixen. I tot això en l'àmbit físic i emocional que m'és més proper».

PHOTOGRAPHER. Winner of the PHotoEspaña Award for the best Spanish photography book 2005, for *Nice to meet you*, his work focuses on the photography of the normal life of certain people – a family barbecue, a man receiving chemotherapy, his girlfriend learning how to use a domestic appliance or his grandmother sewing a cover for her television – but also on a critical reflection on fascination for daily events. "Photography allows me to intensify the experience of being fully present in each place and time. When I take photographs I don't only verify, but at the same time I project a judgement of reality. Once again I try to locate my images in their paradoxical status between what they show and what they suggest. And all this in the closest physical and emotional setting to me."

SANS, RÓMULO B.
BARCELONA, 13.08.1968.

O | *The H Magazine (2001-), Collapse (2011, exposición).* **M |** *Donald Schneider (Vogue Paris), Matthias Vriens, David Bailey, Béla Tarr.* **C |** *David LaChapelle, Matthias Vriens, Jim Buck.*

FOTÓGRAFO Y DIRECTOR DE ARTE. Creció en una familia de arquitectos y artistas catalanes, muy influenciado por su abuelo, el pintor surrealista Jaume Sans. A finales de los ochenta se traslada a Estados Unidos, primero a Filadelfia, luego a San Francisco y finalmente a Nueva York, donde inicia sus colaboraciones para revistas como *Vogue Man* o *Vogue Paris*. Posteriormente se muda a La Habana, donde además de concentrarse en su trabajo creativo, funda *The H Magazine* —hoy convertida en referencia obligada de la nueva Habana—, colabora con David Bailey, Matthias Vriens o Alberto Figueroa, imparte talleres en la Escuela de Cine de San Antonio de los Baños y publica en *The New York Times, Details Mag, Colors* (Special Mention Honor 2007), *GEO Magazine* o la BBC. Recientemente, y tras algunas exposiciones de formato espectacular en La Habana, ha abandonado su encierro cubano y vive a caballo entre Nueva York y Barcelona. «Fuck more, bitch less».

FOTÒGRAF I DIRECTOR D'ART. Va créixer en una família d'arquitectes i artistes catalans, molt influenciat pel seu avi, el pintor surrealista Jaume Sans. A finals dels vuitanta es trasllada als Estats Units, primer a Filadèlfia, després a San Francisco i finalment a Nova York, on inicia les seves col·laboracions per a revistes com *Vogue Man* o *Vogue Paris*. Posteriorment es muda a L'Havana, on a més de concentrar-se en el seu treball creatiu, crea *The H Magazine* —avui convertida en referència obligada de la nova Havana—, col·labora amb David Bailey, Mathias Vriens o Alberto Figueroa, imparteix tallers a l'Escola de Cinema de San Antonio de Los Baños i publica a *The New York Times, Details Mag, Colors* (Special mention honor 2007), *GEO Magazine* o la BBC. Recentment, i després d'unes quantes exposicions de format espectacular a L'Havana, ha abandonat el seu recolliment cubà i viu a cavall de Nova York i Barcelona. «Fuck more, bitch less».

PHOTOGRAPHER AND ART DIRECTOR. He grew up in a family of Catalan architects and artists and was heavily influenced by his grandfather, the surrealist painter Jaume Sans. He moved to the United States in the late 1980s, first to Philadelphia, then to San Francisco and finally to New York, where he began contributing to magazines such as *Vogue Man* and *Vogue Paris*. Later he moved to Havana, where in addition to focusing on his creative work he founded *The H Magazine* Ðtoday an undeniable frame of reference in the new HavanaÐ, collaborates with David Bailey, Mathias Vriens and Alberto Figueroa, and offers workshops at the film school Escuela de Cine de San Antonio de Los Baños. His work appears in *The New York Times, Details Mag, Colors* (Special mention honour 2007), *GEO Magazine* and on the BBC. Recently, after several spectacular exhibitions in Havana, he emerged from his self-imposed Cuban exile and now lives in New York and Barcelona. "Fuck more, bitch less."

SANTOS DE VERACRUZ
SANTA COLOMA DE GRAMENET, BARCELONA, 1975.

O | *Flamenco (2002, 2003), Passion (2004).*

«PINTAOR», palabra que resume su trabajo plástico y su papel como miembro de la banda de rumba catalana Muchachito Bombo Infierno, con la que pinta en el escenario en pleno concierto. Como de niño era muy inquieto, sus padres le regalaban lápices de colores y hojas de papel para que pintara. Así publicó por primera vez a los once años en el fanzine *Kömikase*. Ha participado del colectivo Gazpacho Factory, ha producido un programa sobre historietas para la «radio libre» de su barrio de Santa Coloma y, con *El Puñalito*, un fanzine creado con amigos en el año 2000, fue finalista en el Salón del Cómic de Barcelona en la categoría de mejor fanzine del año. Cuando el primero de sus libros, originalmente editado en Francia, apareció en castellano, el CCCB organizó una exposición de su obra. «Escuché una vez que un color es como una sola nota, dos son un acorde. No sé si me lo dijo Matisse o un daltónico, pero a mí me gusta la frase».

«PINTAOR», paraula que resumeix el seu treball plàstic i el seu paper com a membre del grup de rumba catalana Muchachito Bombo Infierno, amb el qual pinta a l'escenari en ple concert. Com que de petit era molt inquiet, els seus pares li regalaven llapis de colors i fulls de paper perquè pintés. Així va publicar per primer cop als onze anys al fanzine *Kömikase*. Ha participat del col·lectiu Gazpacho Factory, ha produït un programa sobre historietes per a la «ràdio lliure» del seu barri de Santa Coloma i, amb *El Puñalito*, un fanzine creat amb amics l'any 2000, va ser finalista al Saló del Còmic de Barcelona en la categoria de millor fanzine de l'any. Quan el primer dels seus llibres, originalment editat a França, va aparèixer en castellà, el CCCB va organitzar una exposició de la seva obra. «Un cop vaig sentir a dir que un color és com una sola nota; dos, són un acord. No sé si m'ho va dir Matisse o un daltonià; però a mi, la frase m'agrada».

"PINTAOR", a word which sums up his artwork and his role as a member of the Catalan rumba band *Muchachito Bombo Infierno*, with which he paints the stage mid-concert. As he was a restless child, his parents used to give him coloured pencils and sheets of paper so he could draw. At the age of eleven he was published for the first time in the fanzine *Kömikase*. He has been involved in the collective *Gazpacho Factory*, he has produced a programme on stories for the local radio in his neighbourhood of Santa Coloma and, with *El Puñalito* a fanzine which he set up with some friends in 2000, he was a finalist at the Barcelona Comic Exhibition in the category Best Fanzine of the Year. When his first book – originally published in France - appeared in Spanish, the CCCB organised an exhibition of his work. "I once heard that a colour is like a single note, two are a chord. I don't know if it was Matisse or someone who was colour blind, but I like it."

SANZ QUINTANA, JOSEP
BARCELONA, 08.05.1977.

O | *I. Triphonie (2006), King Lear (2008), Azimuth/Crisis/... (2007-11).* **M |** *H. Lachenmann, K. Stockhausen, M. Hidalgo, Beethoven, A. Bruckner, J. S. Bach, C. Monteverdi.* **C |** *W. Mitterer, B. Lang, E. Poppe.*

COMPOSITOR. Estudia piano y composición en Barcelona antes de trasladarse a Stuttgart, Alemania, para continuar su formación en teoría y composición. Desde 2008 es profesor del Conservatorio Superior de Música de Aragón y compagina la docencia con la composición. Ha recibido numerosos premios, como el Joan Guinjoan, y becas como la Hezekiah von Wardwell de la fundación Alexander von Humboldt o la beca de residencia de la Akademie Schloss Solitude. Sus composiciones incluyen *I. Triphonie,* para el Trio Accanto, *King Lear,* para los Neue Vocalsolisten, o *Azimuth/Crisis/...,* para el Ensemble Modern. «Mi trabajo se centra en buscar la expresión del animal anterior al ser social, dejando rastro de la propia experiencia».

COMPOSITOR. Estudia piano i composició a Barcelona abans de traslladar-se a Stuttgart per continuar la seva formació en teoria i composició. Des del 2008 és professor del Conservatori Superior de Música d'Aragó, i compagina la docència amb la composició. Ha rebut nombrosos premis, com el Joan Guinjoan, i beques com l'Hezekiah Wardwell de la Fundació Alexander von Humboldt o la beca de residència de l'Akademie Schloss Solitude. Les seves composicions inclouen *I. Triphonie*, per al Trio Accanto, *King Lear*, per als Neue Vocalsolisten, o *Azimuth/Crisis/...*, per a l'Ensemble Modern. «El meu treball se centra en buscar l'expressió de l'animal anterior a l'ésser social, deixant rastre de la pròpia experiència».

COMPOSER. He studied piano and composition in Barcelona before moving to Stuttgart to continue his training in music theory and composition. Since 2008 he has taught at the Conservatory of Music in Aragon, and combines his teaching activity with composition. He has received numerous awards, such as the Joan Guinjoan, and grants such as the Hezekiah von Wardwell from the Alexander von Humboldt Foundation or the residential scholarship from the Akademie Schloss Solitude. His compositions include *I. Triphonie*, for the Trio Accanto, *King Lear*, for the Neue Vocalsolisten, or *Azimuth/Crisis/...*, for the Ensemble Modern. "My work focuses on searching for the expression of the animal prior to the social being, leaving the mark of experience itself."

SAURA MARTÍ, JOAN
MOLINS DE REI, BARCELONA, 14.09.1954.

O | *Composiciones para danza con coreografías de Àngels Margarit, Andrés Corchero, Toni Mira...* **M |** *J. S. Bach, Karlheinz Stockhausen, John Cage, Bernard Parmegiani, Gabriel Brnčić y Frank Zappa.* **C |** *Fred Frith y John Zorn.*

MÚSICO. Desde los años setenta ha formado parte de varios grupos (Blay Tritono, Koniec, Trio Local, Araki, Les Anciens, etc.) que, partiendo de la música popular, el *jazz* y el rock, han incorporado la experimentación como elemento primordial. A partir de los años noventa aumenta su dedicación e interés por la música electrónica, que desarrolla tanto en estudio como en directo, actuando con los más grandes improvisadores: Butch Morris, Evan Parker, Peter Kowald, Carlos «Zíngaro» Alves o Agustí Fernández. «La poética en las entrañas del sonido».

MÚSIC. Des dels anys setanta ha format part de diversos grups (Blai Tritono, Koniec, Trio Local, Araki, Les Anciens, etc.) que, partint de la música popular, el *jazz* i el rock, han incorporat l'experimentació com a element primordial. A partir dels anys noranta augmenta la seva dedicació i interès per la música electrònica, que desenvolupa tant a l'estudi com en directe, actuant amb els més grans improvisadors: Butch Morris, Evan Parker, Peter Kowald, Carlos *Zíngaro* Alves o Agustí Fernández. «La poètica a les entranyes del so».

MUSICIAN. Since the 1970's he has been in a number of groups (Blai Tritono, Koniec, Trio Local, Araki, Les Anciens, etc.) which, based on pop music, jazz and rock have included experimentation as a key element. From the 1990's onwards he turned his dedication and interest towards electronic music, which he develops both in the studio and live, performing with the greatest improvisers: Butch Morris, Evan Parker, Peter Kowald, Carlos *Zíngaro* Alves or Agustí Fernández. "Poetry in the entrails of sound."

SCHVARZSTEIN, ADRIÁN
BUENOS AIRES, 31.10.1967.

O | *Call me Maria, The Green Man, The Bed, Dans, Kamchàtka, Circus Klezmer, La barca.* **M |** *Darío Fo.*

ACTOR Y DIRECTOR DE CIRCO Y TEATRO. Artista multidisciplinar y nómada (se define como una mezcla de español, argentino e italiano), estudió Commedia dell'Arte con Antonio Fava en Italia, pero su verdadera formación como actor se desarrolló en Israel, donde colaboró con grupos callejeros, circos y programas de televisión. Después de una larga experiencia con el circo belga Ronaldo, donde trabajó hasta 1999, en 2004 fundó Circus Klezmer, que aún sigue de gira. A través de la mímica, une los recursos circenses (humor, magia, acrobacias, malabarismos...) en actuaciones donde los espectadores son esenciales. Crea también espectáculos de música barroca, en particular con el grupo Le Tendre Amour. «Nunca olvido una cara, pero contigo haré una excepción» (Groucho Marx).

ACTOR I DIRECTOR DE CIRC I TEATRE. Artista multidisciplinari i nòmada (es defineix com una mescla d'espanyol, argentí i italià), va estudiar *commedia dell'arte* amb Antonio Fava a Itàlia, però la seva veritable formació com a actor es va desenvolupar a Israel, on va collaborar amb grups de carrer, circs i programes de televisió. Després d'una llarga experiència amb el circ belga Ronaldo, on va treballar fins al 1999, el 2004 va fundar Circus Klezmer, que encara va de gira. A través de la mímica, uneix els recursos circenses (humor, màgia, acrobàcies, malabarismes...) en actuacions on els espectadors són essencials. Crea també espectacles de música barroca, en particular amb el grup Le Tendre Amour. «Mai no oblido una cara, però amb tu faré una excepció» (Groucho Marx).

CIRCUS AND THEATRE DIRECTOR AND ACTOR. A multi-skilled and nomadic artist (he describes himself as a mix of Spanish, Argentinean and Italian), he studies Commedia Dell'Arte with Antonio Fava in Italy, although his real training as an actor took place in Israel, where he worked with street performers, circus artists and television programmes. After a lengthy experience with the Belgian circus Ronaldo, where he worked until 1999, in 2004 he founded the Klezmer Circus, which is still touring. Through mime, he combines circus skills (humour, magic, acrobatics, juggling...) in performances where the audience plays an essential role. He also creates Baroque music shows, in particular with the group Le Tendre Amour. "I never forget a face, but for you I'll make an exception." (Groucho Marx).

SERRA, ALBERT
BANYOLES, GERONA, 09.10.1975.

O | *Honor de cavalleria (2006), El cant dels ocells (2008), Els noms de Crist (2010), El Senyor ha fet en mi meravelles (2011), Història de la meva mort (2012).* **M |** *Ninguno.* **C |** *Ninguno.*

DIRECTOR Y PRODUCTOR DE CINE. Tras estudiar Filología Hispánica, Teoría de la Literatura y Literatura Comparada en Barcelona, en 2003 comienza su carrera como director. Ha trabajado siempre con actores no profesionales, partiendo de conceptos artificiosos y muy elaborados, pero nada dramatizados. Después de adaptar libremente *Don Quijote* y *La Biblia*, actualmente prepara una película sobre las memorias de Casanova y la leyenda del conde Drácula. «Pureza y autenticidad».

DIRECTOR I PRODUCTOR DE CINEMA. Després d'estudiar Filologia Hispànica i Teoria de la Literatura i Literatura Comparada a Barcelona, el 2003 inicia la seva carrera com a director. Ha treballat sempre amb actors no professionals, partint de conceptes artificiosos i molt elaborats, però gens dramatitzats. Després d'adaptar lliurement *El Quixot* i *La Bíblia*, actualment prepara una pel·lícula sobre les memòries de Casanova i la llegenda del comte Dràcula. «Puresa i autenticitat».

DIRECTOR AND FILM PRODUCER. After studying Hispanic Languages, Literary Theory and Comparative Literature in Barcelona, in 2003 he started his career as a director. He has always worked with amateur casts, based on artificial and highly elaborate, yet not dramatised, concepts. Having made a free adaptation of *Don Quijote* and The Bible, he is now preparing a film on the memoirs of Casanova and the legend of Count Dracula. "Purity and authenticity."

SERRA, TONI
MANRESA, BARCELONA, 17.09.1960.

O | *Wahab (1994), Minnesota 1943 (1995), Fez. Ciudad Interior (2002), Istishara Archives (2004), Last Night Dhikr (2007), Al barzaj (2010).* **M |** *Ibn Arabi, Mahmud Shabistari, Najmuddin Kubra, Guy Debord, Georges Bataille, Michel Foucault, William Burroughs.*

VIDEOARTISTA. Estudió Filosofía e Historia del Arte en la UB y se especializó en vídeo en la Film and Video Arts de Nueva York. Es miembro fundador desde 1994 del Observatorio de Vídeo No Identificado (OVNI), del que se encarga de la programación y en donde desarrolla su investigación. Su trabajo se centra en la creación de vídeos de autor, de textos y en la exploración de otros *submedia*. Su obra se ha proyectado internacionalmente y, entre otros premios, tiene en su haber: el Imaginne Leggera Palermo, el Ciudat de Barcelona, el Premio Nacional de Cataluña y el Nam June Paik de vídeo

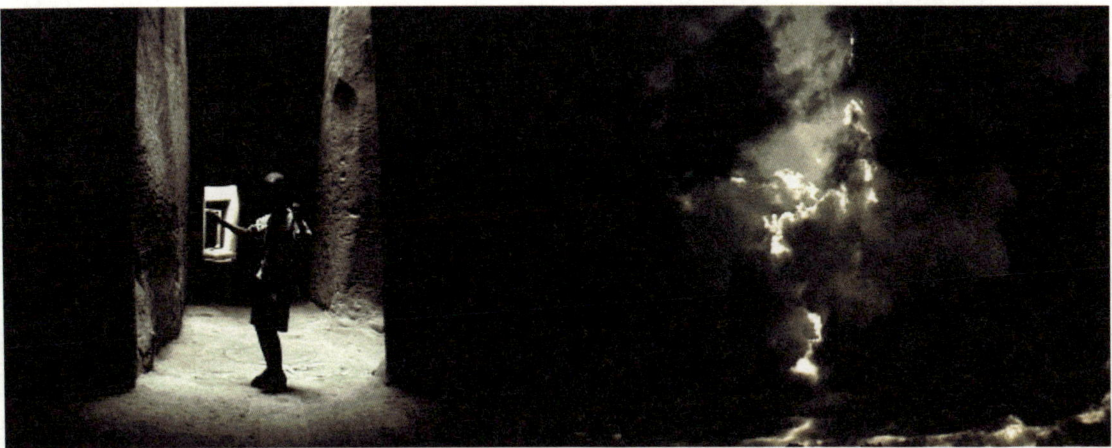

TONI SERRA, *BARZAJ DIPTIC.*

2006. «Exploro una tierra de nadie entre el ensayo experimental y la poesía, con la presencia constante de la noción de trance y de las realidades del sueño, en un eje de tensión que va de la experiencia interior a la crítica social».

VIDEOARTISTA. Va estudiar Filosofia i Història de l'Art a la UB i es va especialitzar en vídeo a la Film and Video Arts de Nova York. És membre fundador, des del 1994, de l'Observatori de Vídeo No Identificat (OVNI), on s'encarrega de la programació i desenvolupa la seva investigació. El seu treball se centra en la creació de vídeos d'autor, de textos i en l'exploració d'altres submèdia. La seva obra s'ha projectat internacionalment i, entre altres premis, ha rebut l'Imagenne Leggera Palermo, el Ciutat de Barcelona, el Premi Nacional de Catalunya i el Nam June Paik de vídeo 2006. «Exploro una terra de ningú entre l'assaig experimental i la poesia, amb la presència constant de la noció de trànsit i de les realitats del somni, en un eix de tensió que va de l'experiència interior a la crítica social».

VIDEO ARTIST. He studied Philosophy and History of Art at the UB and specialised in video at the Film and Video Arts in New York. He is a founder member, since 1994 of the Unidentified Video Observatorio (OVNI), in charge of programmes and from where he runs his research. His work focuses on the creation of unique videos, texts and the exploration of other sub-media. His work has been projected internationally and, among other awards, holds: the Imagenne Leggera Palermo, the Ciudad de Barcelona, the Catalonian National Award and the Nam June Paik Video Award 2006. "I explore a no man's land between experimental essay and poetry, with the constant presence of the notion of trance and the realities of dreams, in tension running from the internal experience of social criticism."

SERRANO, ÀLEX
BARCELONA, 11.09.1974.

O | *DNS (2004), Back (2006), Autopsia 1ª parte (2006), Mil tristes tigres. Autopsia 2ª parte (2006), Europa. Autopsia 3ª parte (2007), Artefacto (2008), Contra.Natura (2008), Nada (2009), Immut (2009), Memo (2010), Katastrophe (2011).* **M |** *Víctor Molina.* **C |** *Mis amigos y Jérôme Bel, The Wooster Group, Charlie Kaufman, Forced Entertainment, Abbas Kiarostami, Atom Egoyan.*

ARTISTA ESCÉNICO y fundador de la Agrupación Señor Serrano. Tras iniciar su andadura profesional en el mundo de la comunicación y la publicidad, estudia en el Instituto del Teatro de Barcelona y se decanta por las artes escénicas. Desde la fundación de Señor Serrano en 2006 con el espectáculo *Autopsia 1ª parte,* cada nuevo proyecto del grupo ha supuesto un desafío a su espíritu innovador y experimental, así como no pocos premios y reconocimientos. Señor Serrano propone una danza de ideas y lenguajes que difícilmente puede dejar a alguien indiferente. A título personal, ha colaborado con Àlex Rigola y la banda Standstill, entre otros. «Trabajamos en la creación de proyectos escénicos basados en la experimentación, el juego y la búsqueda de nuevos lenguajes. Sabemos que esto suena a tópico, pero así se llama lo que nos gusta hacer».

ARTISTA ESCÈNIC i fundador de l'Agrupación Señor Serrano. Un cop iniciada la seva trajectòria professional en el món de la comunicació i la publicitat, estudia a l'Institut del Teatre de Barcelona i es decanta per les arts escèniques. Des de la fundació de Señor Serrano el 2006 amb l'espectacle *Autopsia 1ª parte,* cada nou projecte del grup ha suposat un desafiament a l'esperit innovador i experimental, així com no pocs premis i reconeixements. Señor Serrano proposa una dansa d'idees i llenguatges que difícilment pot deixar algú indiferent. A títol personal, ha col·laborat amb Àlex Rigola i el grup Standstill, entre d'altres. «Treballem en la creació de projectes escènics basats en l'experimentació, el joc i la recerca de nous llenguatges. Sabem que això sona a tòpic, però així és com es diu el que ens agrada fer».

SCENIC ARTIST and founder of the Agrupación Señor Serrano. Having started his career in media and advertising, he studied at the Barcelona Theatre Institute, opting for scenic art. Since the foundation of the Señor Serrano in 2006 with the show *Autopsia 1ª parte,* each new project by this group has presented a challenge for its innovative and experimental spirit, as well as earning a large number of awards and recognition. Señor Serrano proposes a dance of ideas and languages which cannot leave one indifferent. At personal level, he has worked with Àlex Rigola and the band Standstill, among others. "We are working on the creation of scenic projects based on experimentation, playfulness and the search for new languages. We know this sounds clichéd, that is what we like to do is called."

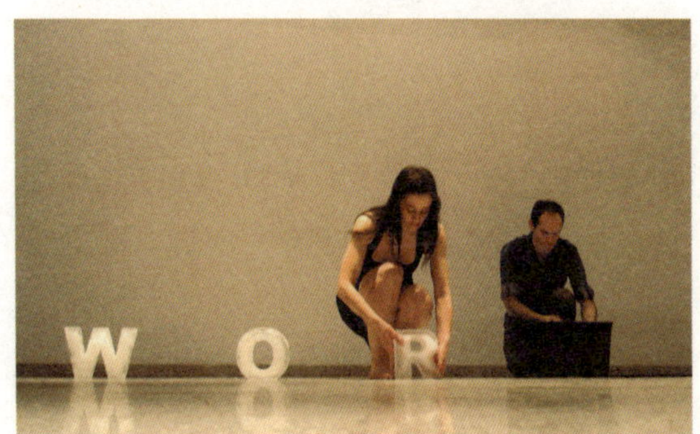

ÀLEX SERRANO, *ARTEFACTO,* 2009. © MARTÍ SANCHEZ FIBLA.

SERRAT, SERGI
BARCELONA, 02.06.1976.

O | *Vivienda unifamiliar en Caldes de Malavella (2003-05, con Marcos Catalán), 85 viviendas tuteladas para gente mayor y un centro cívico en Can Travi (2004-09), recuperación de la «zona cero» de El Carmel, 20 viviendas de alquiler para jóvenes y una plaza (2006-..., con José Zabala), comisaría de policía en Salt (2008-10, con Josep Ferrando).* **M |** *Jordi Badia, de BAAS Arquitectes; Marcel Breuer, Vilanova Artigas, Eduardo de Almeida, Bonet Castellana...* **C |** *Caruso St John, Sergison Bates, Pau Pérez, Rick Joy.*

ARQUITECTO. Formado durante cinco años en el prestigioso estudio BAAS de Jordi Badia, su nombre se situó bajo la luz pública cuando se construyeron sus luminosas 85 viviendas tuteladas para gente ▶

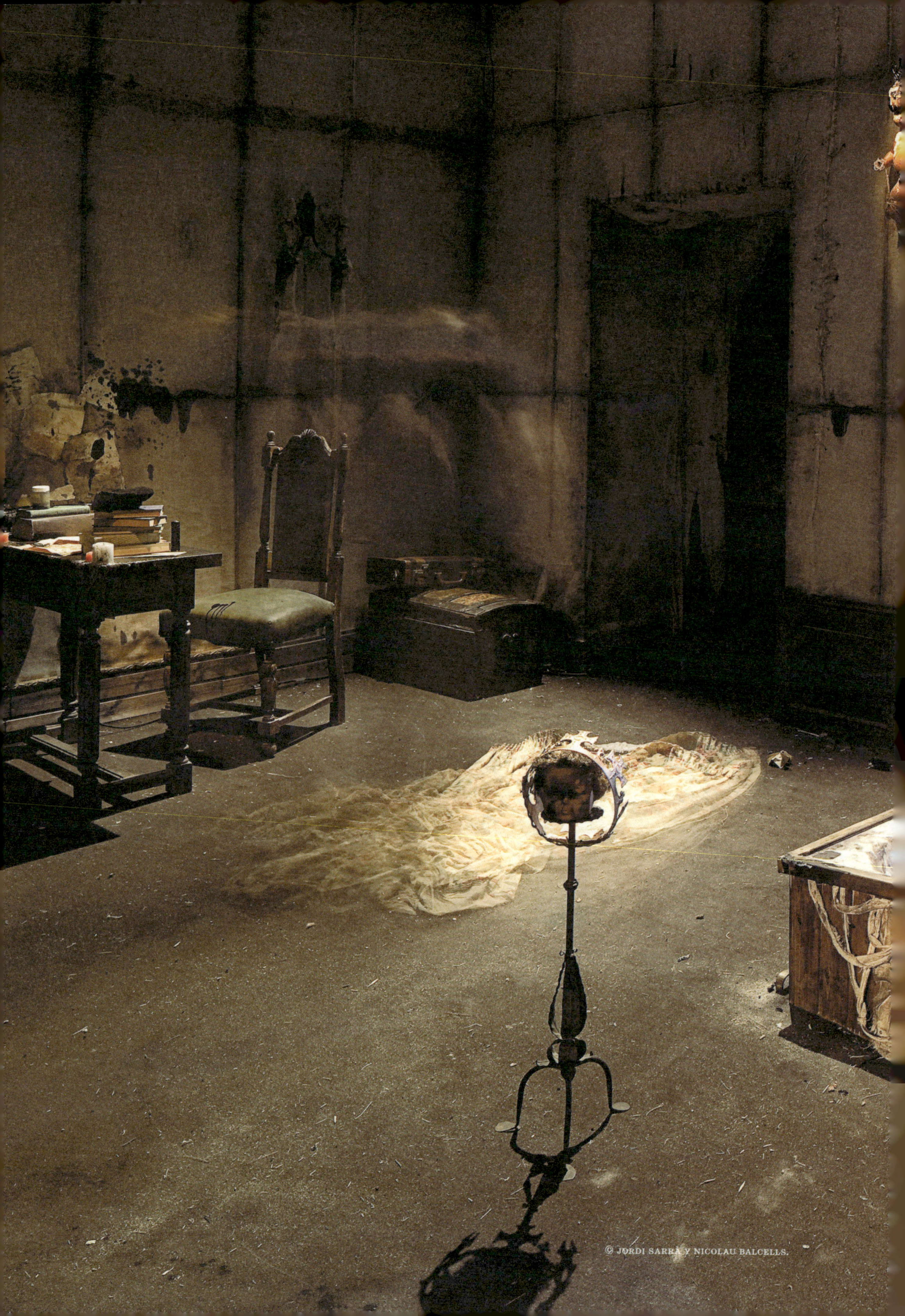
© JORDI SARRÀ Y NICOLAU BALCELLS.

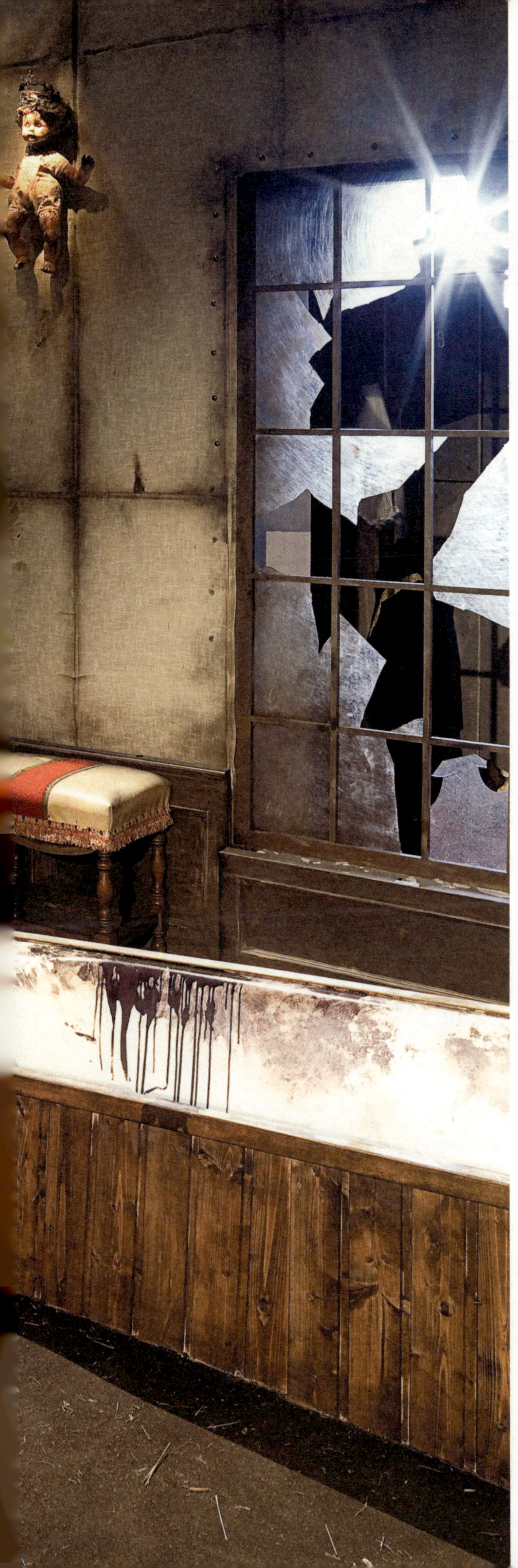

SALA ATRIUM

CONSELL DE CENT, 435, BAJOS | 08009 BARCELONA

www.atrium.cat | *+34 93 213 69 26* | *atrium@atrium.cat*

NUEVA SALA DE TEATRO CONTEMPORÁNEO inaugurada a principios de 2011. Es el pilar del proyecto del mismo nombre, y está formada por el Estudi, un espacio para la reflexión y perfeccionamiento del actor, y la Productora, encargada de la gestión, organización y planificación de los espectáculos que se programan en la sala. Por sus características, propone una relación muy cercana con el público y ofrece una línea coherente de trabajo en todos los aspectos que hacen posible el desarrollo de las artes escénicas (estudio, producción y exhibición). Su nombre proviene justamente de *atrium* o atrio, el punto de encuentro y de diálogo de las antiguas casas romanas.

NOVA SALA DE TEATRE CONTEMPORANI inaugurada a començaments del 2011. És el puntal del projecte del mateix nom, i està formada per l'Estudi, un espai per a la reflexió i perfeccionament de l'actor, i la Productora, encarregada de la gestió, organització i planificació dels espectacles que es programen a la Sala. Per les seves característiques, proposa una relació molt propera amb el públic i ofereix una línia coherent de treball en tots els aspectes que fan possible el desenvolupament de les arts escèniques (estudi, producció i exhibició). El seu nom ve justament d'*atrium* o atri, el punt de trobada i de diàleg que hi havia a les cases romanes de l'antiguitat.

NEW PLAYHOUSE FOR CONTEMPORARY THEATRE inaugurated towards the beginning of 2011. It is the cornerstone of its homologous project and it is formed by the Estudi, a space for actors to ponder about and refine their trade, and the Productora, in charge of managing, organizing and planning the shows that take place in the venue. Given its characteristics, it proposes a close relation with the audience and it offers a coherent line of work in all the aspects that enable the development of scenic arts (studio, production, exhibition). It derives its name from the *atrium*, a place to meet and converse in ancient Roman homes.

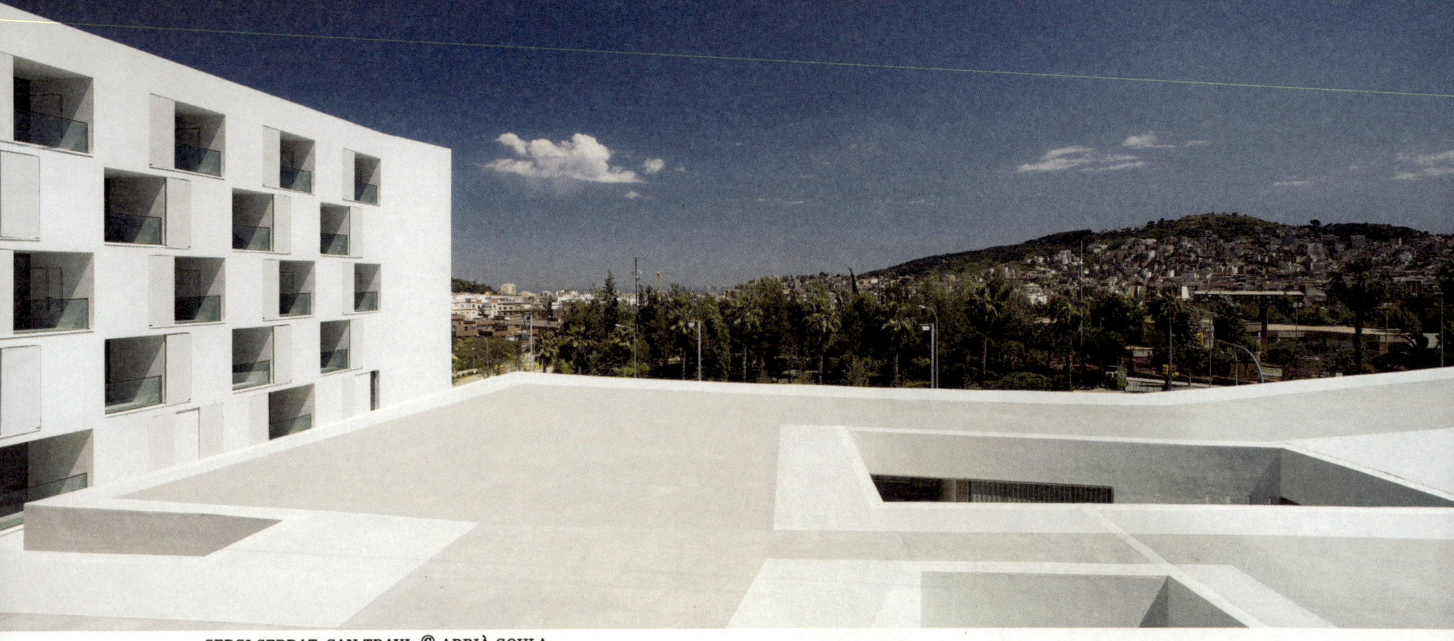

SERGI SERRAT, CAN TRAVI. © ADRIÀ GOULA.

▶ mayor en el barrio de Can Travi. Mientras se llevaba a cabo ese proyecto, formó equipo con el también arquitecto José Zabala y juntos presentaron la idea que resultó ganadora para la recuperación de El Carmel, barrio mítico, entre otras razones, porque allí *vive* el personaje Pijoaparte en la novela *Últimas tardes con Teresa*, de Juan Marsé. «Nos interesa la arquitectura tranquila, amable y sincera con el contexto, capaz de generar ciudad. Con cada proyecto, cada pregunta que nos hacemos, intentamos hacer un ejercicio de responsabilidad que transforme las restricciones del lugar, del programa y del presupuesto en diseños sencillos y adecuados a las circunstancias, con el usuario como objetivo final».

ARQUITECTE. Format durant cinc anys al prestigiós estudi BAAS de Jordi Badia, el seu nom es va situar sota la llum pública quan es van construir els seus lluminosos 85 habitatges tutelats per a gent gran al barri de Can Travi. Mentre es duia a terme aquest projecte, va formar equip amb el també arquitecte José Zabala i junts van presentar la idea que va ser guanyadora per a la recuperació del Carmel, barri mític, entre altres raons, perquè hi *viu* el personatge Pijoaparte en la novel·la *Últimas tardes con Teresa*, de Juan Marsé. «Ens interessa l'arquitectura tranquil·la, amable i sincera amb el context, capaç de generar ciutat. Amb cada projecte, cada pregunta que ens fem, intentem fer un exercici de responsabilitat que transformi les restriccions del lloc, del programa i del pressupost en dissenys senzills i adequats a les circumstàncies, amb l'usuari com a objectiu final».

ARCHITECT. After training for five years at Jordi Badia's prestigious BAAS Studio, he shot into the limelight with the construction of his 85 luminous sheltered homes for the elderly in the Can Travi neighbourhood. While this project was being completed, he teamed up with fellow architect José Zabala, and together they presented the idea which was eventually chosen for the restoration of El Carmel – a well-known district, among other reasons because it is the home of the character Pijoaparte in the Juan Marsé novel *Últimas tardes con Teresa*. "We are interested in calm architecture, which is friendly and sincere with the context, and able to create a town. With each project, each question we ask ourselves, we try to complete an exercise in responsibility which transforms the restrictions of place, programme and budget in simple, designs which are appropriate for the circumstances, with the user as the final objective."

SHANG, SALOMÓN
BARCELONA, 07.10.1976.

O | *Metropolitan (2001), Madre Cuba (2004), Cineclub (2009), Bang, baby, bang (2011).* **M |** *Andréi Tarkovski, Dario Fo, Marcel Marceau, Charles Chaplin.* **C |** *Theo Angelopoulos, David Mamet, Haruki Murakami.*

REALIZADOR. Nacido en el seno de una familia de payasos españoles, los Rudi Llata, pasa su infancia y adolescencia en continua gira entre España y el resto del mundo y recibe una amplia formación circense y escénica. A los veinte años decide estudiar cine en Barcelona y Cuba. Apenas dos años después ya rueda su primera película, *Después de la luz*. Hasta la fecha ha realizado más de una veintena de largometrajes, entre películas y documentales, y en la actualidad dirige su propia productora. Además de director es guionista y actor. Su máxima aspiración es derribar los clichés cinematográficos. «En mis películas siempre hay una constante que se renueva, pero se mantiene: la transgresión de los arquetipos».

REALITZADOR. Nascut en el si d'una família de pallassos espanyols, els Rudi-Llata, passa la infància i l'adolescència de gira constant entre Espanya i la resta del món i rep una àmplia formació circense i escènica. Als vint anys decideix estudiar cinema a Barcelona i Cuba. Tots just dos anys més tard ja roda la seva primera pel·lícula, *Després de la luz*. Fins avui ha realitzat més d'una vintena de llargmetratges, entre pel·lícules i documentals, i actualment dirigeix la seva pròpia productora. A més de director, és guionista i actor. La seva màxima aspiració és enderrocar els clixés cinematogràfics. «A les meves pel·lícules sempre hi ha una constant que es renova, però es manté: la transgressió dels arquetips».

PRODUCER. Born into the heart of a family of Spanish clowns, the Rudi Llata, he spent his childhood and teenage years constantly touring Spain and the rest of the world, receiving broad training in circus and performing arts. At the age of twenty he decided to study film in Barcelona and Cuba. Just two years later he was already shooting his first film, *Después de la luz*. Since then he has completed over twenty full length films and documentaries, and he currently runs his own production company. He is also a scriptwriter and actor. His maximum aspiration is to break down cinematographic clichés. "In my films there is always a constant theme which is renewed, but maintained: the transgression of archetypes."

SIDONIE
BARCELONA, 1997.

O | *Sidonie (2001), Shell Kids (2003), Fascinado (2005), Costa Azul (2007), El incendio (2009).*

GRUPO DE ROCK: Marc Ros, Jesús Senra, Axel Pi. En 1997, dos chicos viajan a Londres. Conocen a un tercero en una tienda de discos. En la conversación ya notan una afinidad musical: Bowie, Harrison y Syd Barrett, de Pink Floyd. Poco después se vuelven a encontrar en Barcelona. Tras tocar en salas y festivales, graban un álbum para un sello independiente que lleva el nombre del grupo. Un éxito inesperado; dos de sus temas son empleados para musicalizar sendos *spots* publicitarios, y por uno de ellos se desata una polémica. Hasta su segundo disco, cantan en inglés. Desde el tercero y hasta hoy, en castellano. «Nunca hemos querido repetir lo que ya habíamos hecho anteriormente. Ahí está la gracia, ¿no?».

GRUP DE ROCK: Marc Ros, Jesús Senra i Axel Pi. El 1997, dos nois viatgen a Londres. En coneixen un tercer en una botiga de discos. En la conversa ja noten una afinitat musical: Bowie, Harrison i Syd Barrett, de Pink Floyd. Poc temps més tard es tornen a trobar a Barcelona. Després de tocar en sales i festivals, graven un àlbum per a un segell independent que duu el nom del grup. Un èxit inesperat; dos dels seus temes es fan servir per musicar sengles espots publicitaris, i per un d'ells esclata una polèmica. Fins al seu segon disc, canten en anglès. Des del tercer i fins avui, en castellà. «Mai hem volgut repetir el que ja havíem fet anteriorment. En això està la gràcia, no?»

ROCK GROUP: Marc Ros, Jesús Senra and Axel Pi. In 1997, two young men travelled to London. They met a third in a record store. As they talked they already felt a shared taste in music: Bowie, Harrison and Syd Barrett, from Pink Floyd. Shortly afterwards they met up again in Barcelona. After playing at clubs and festivals, they recorded an album for an independent label with the same name as the group. An unexpected success: two of their tracks were used for advertising spots, and one of them created controversy. Their first and second album were sung in English. From the third onwards, they have sung in Castilian. "We wanted never to repeat what we'd already done before. That's what makes it fun, isn't it?"

SITESIZE
BARCELONA, 2002.

0 | *Riu Ripoll (2002-03), Poble9, transformación local (2003), VALLS-T (2003), SIT Manresa. Servei d'Interpretació Territorial (2005-06), Pasaje Chile_Calle Barcelona. Imaginarios cruzados (2007-08), Narracions metropolitanes_Aula permanent (2009, Bienal de Venecia), AMPIN. Habitar la palabra (2010, en Valparaíso, Chile).*

PLATAFORMA creada por Joan Vila-Puig y Elvira Pujol Masip para desarrollar proyectos colaborativos de creación y mediación que aborden las tensiones identitarias, geográficas y económicas en las ciudades contemporáneas. Su lugar de trabajo habitual es la región metropolitana de Barcelona y, debido a los distintos registros y escalas de sus propuestas, su trabajo presenta varias líneas de actuación, aunque siempre centradas en las prácticas de producción cultural autónoma y la investigación de nuevas geografías territoriales y paisajísticas. «Nuestro objetivo es generar instrumentos de conocimiento crítico basado en formas colectivas de pensamiento y acción, con la finalidad de generar espacios de diálogo y poner en marcha procesos de acción/creación colaborativa. Nuestro contexto de trabajo es el ámbito local como espacio privilegiado de experimentación y proposición».

PLATAFORMA creada per Joan Vila-Puig i Elvira Pujol Masip per desenvolupar projectes col·laboratius de creació i mediació que comprenen les tensions identitàries, geogràfiques i econòmiques en les ciutats contemporànies. El seu lloc de treball habitual és la regió metropolitana de Barcelona i, degut als diferents registres i escales de les seves propostes, el seu treball presenta diverses línies d'actuació, per bé que sempre centrades en les pràctiques de producció cultural autònoma i la investigació de noves geografies territorials i paisatgístiques. «El nostre objectiu és generar instruments de coneixement crític basat en formes col·lectives de pensament i acció, amb la finalitat de generar espais de diàleg i engegar processos d'acció/creació col·laborativa. El nostre context és l'àmbit local com a espai privilegiat d'experimentació i proposta».

PLATFORM created by Joan Vila-Puig and Elvira Pujol Masip to develop joint creation and mediation projects covering the identity, geographical and economic tensions in modern cities. Its usual workplace is the metropolitan area of Barcelona and given the different registers and scales of its proposals, its work presents several courses of action, although always focused on independent cultural production practices and research into new territorial and landscaping geographies. "Our purpose is to generate instruments for critical knowledge based on collective forms of thought and action, in order to create spaces for dialogues and set up collaborative action/creation processes. Our work context is the local setting as a privileged place for experimentation and proposals."

SIXEART
BADALONA, BARCELONA, 09.11.1975.

0 | *Exposiciones: Gen Art Vanguard New Contemporary Art Fair (Miami, 2008), Street Art at the Tate Modern (Londres, 2008), De Chillida a Sixeart, Galería Mayoral (Barcelona, 2009), Batalla Perdida/Lost Battle, A.L.I.C.E. Gallery (Bruselas, 2009), Sueñan las gallinas con ser humanas, Rojo Art Space (San Pablo, Brasil, 2009), Guerreros, N3 Galería (Madrid, 2009), Identitat's, Proyecto de cohesión social a través del arte (Badalona, 2010), Nuevo Mundo, Transmutación Intercontinental, A.L.I.C.E. Gallery (Bruselas, 2010).* **M |** *Picasso, Miró, Jean-Michel Basquiat, Keith Haring, Akira Toriyama.* **C |** *Germán Bel, Nano4814.*

GRAFITERO Y ARTISTA PLÁSTICO. Nacido Sergio Hidalgo y conocido también como Sixe Art, sus primeros grafitis aparecen en Barcelona a finales de los ochenta. Posteriormente experimenta con la pintura y la escultura, y siente la necesidad de tener un taller propio para poder trabajar con nuevos materiales y soportes. De su universo colorista y geométrico se ha dicho que suele dar cuenta de una visión romántica de la infancia, melancólica de su ciudad y preocupada por la evolución, la manipulación genética y sus consecuencias. O como él dice, un romanticismo por el mundo que queda atrás y por las imágenes que se pierden en el tiempo, incluidas las cosmovisiones de culturas ancestrales. Su consagración llegó cuando la Tate Modern de Londres lo convocó para pintar una de sus paredes. «Primero vino el grafiti y luego la pintura de estudio. Pero las dos están unidas y se alimentan una a la otra. De esta manera tengo muchas más herramientas plásticas para poder expresarme».

GRAFITER I ARTISTA PLÀSTIC. Nascut Sergi Hidalgo i conegut també com a Sixe Art, els seus primers grafitis apareixen a Barcelona a finals dels vuitanta. Posteriorment experimenta amb la pintura i l'escultura, i sent la necessitat de tenir un taller propi per poder treballar amb nous materials i suports. Del seu univers colorista i geomètric, se n'ha dit que sol retre comptes d'una visió romàntica de la infància, melancòlica de la seva ciutat i preocupada per l'evolució, la manipulació genètica i les seves conseqüències. O com ell mateix diu, un romanticisme pel món que queda enrere i per les imatges que es perden en el temps, incloses les cosmovisions de cultures ancestrals. La seva consagració va arribar quan la Tate Modern de Londres el va convocar per pintar una de les seves parets. «Primer va venir el grafiti i després la pintura d'estudi. Però les dues estan unides i s'alimenten una a l'altra. D'aquesta manera tinc moltes més eines plàstiques per poder-me expressar».

GRAFFITI AND PLASTIC ARTIST. Born Sergio Hidalgo and known also as Sixe Art, his first pieces of graffiti appeared in Barcelona in the late 1980's. He later started to experiment with painting and sculpture, and felt the need to have his own studio in order to work with new materials and formats. It has been said of his colourist and geometrical universe that he tends to reflect a romantic vision of childhood, melancholic for his city and concerned about genetic engineering and its consequences. Or as he says himself, romanticism for the world left behind and for the images lost in time, including cosmovisions of ancestral cultures. His true defining moment came when he was asked to paint a wall at the Tate Modern in London. "First came the graffiti and the studio painting. But the two are unites and feed off each other. This means that I have many more plastic tools with which to express myself."

SOCATOBA
(SONIA CARBALLO)
BADAJOZ, 21.09.1979.

0 | *Tu dolor, mi vida (2003), Dentro de mí (2003), Soldaditos de plomo (2007), Santas, putas y diablos (2008), Formando parte de un paraíso (2009), Sentimientos encontrados (2009).* **M |** *Wolf Vostell, Boris Mikhailov, Nan Goldin, Marlene Dumas.* **C |** *Pilar Albarracín, Marcel Dzama, Jenny Saville, Vania, Elizabeth Peyton.*

ARTISTA PLÁSTICA. Licenciada en Bellas Artes por la Universidad de Sevilla, especialidad en pintura, se instaló en Barcelona, ciudad en la que actualmente trabaja como diseñadora gráfica e ilustradora

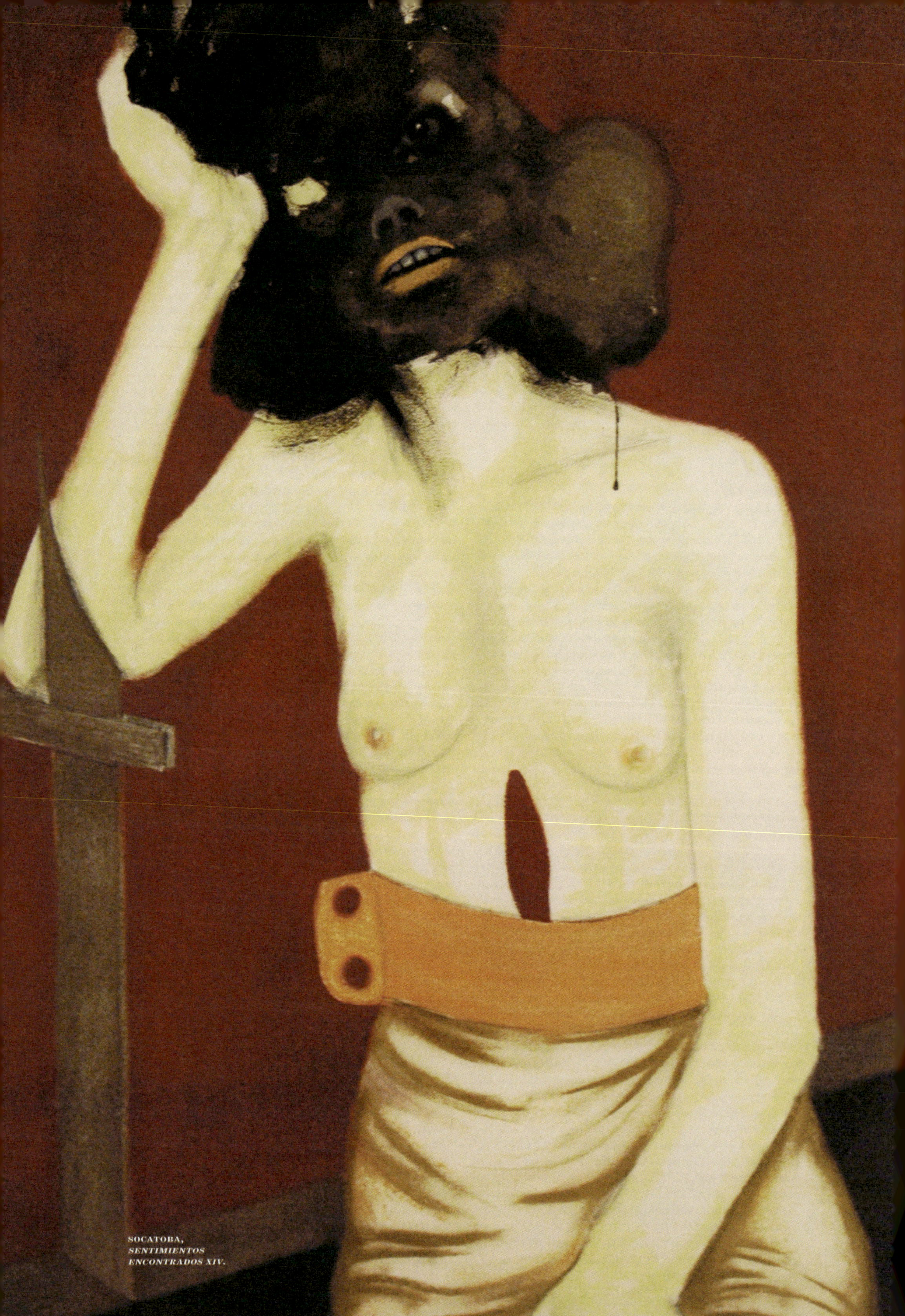

SOCATOBA,
SENTIMIENTOS
ENCONTRADOS XIV.

de moda, y crea. Su estilo pictórico oscila paradójicamente entre la crudeza y el detallismo, incorporando figuras geométricas o pequeñas distorsiones que producen un fuerte impacto visual. Ha exhibido su trabajo en numerosas galerías de Mallorca, Gerona, Madrid y Nueva York, y ha participado en varios festivales de arte contemporáneo como el BAC del CCCB o el Circa de Puerto Rico. «Mi obra se basa en la expresión de los sentimientos, en gritos a las injusticias ajenas y propias, en reflexiones ante acontecimientos cotidianos con el objetivo de que los espectadores no se queden indiferentes».

ARTISTA PLÀSTICA. Llicenciada en Belles Arts a la Universitat de Sevilla, especialitat de pintura, es va instal·lar a Barcelona, ciutat on actualment treballa com a dissenyadora gràfica i il·lustradora de moda, i crea. El seu estil pictòric oscil·la paradoxalment entre la cruesa i el detallisme, incorporant figures geomètriques o petites distorsions que produeixen un fort impacte visual. Ha exhibit el seu treball en nombroses galeries de Mallorca, Girona, Madrid i Nova York, i ha participat en diversos festivals d'art contemporani com el BAC del CCCB o el Circa de Puerto Rico. «La meva obra es basa en l'expressió dels sentiments, en crits a les injustícies alienes i pròpies, en reflexions davant d'esdeveniments quotidians amb l'objectiu que els espectadors no quedin indiferents».

PLASTIC ARTIST. She graduated in Fine Art from the University of Seville, specialising in painting. She settled in Barcelona, where she now works and creates as a graphic designer and fashion illustrator. Her pictoric style wavers paradoxically between rawness and detail, including geometrical shapes or small distortions which result in a strong visual impact. Her work has been exhibited in numerous galleries in Mallorca, Gerona, Madrid and New York, and she has been involved in several contemporary art festivals such as BAC and CCCB or the Circa in Puerto Rico. "My work is based on the expression of feelings, shouting out about their own injustices and those of others, in reflections on daily events in order to stop spectators from feeling indifferent."

SOLÉ VENDRELL, CARME
BARCELONA, 01.08.1944.

O | *Pedro y su roble (1979), serie de dibujos animados Víctor & María (1981), The boy with the Umbrella (1981), Raspall (1981), La lluna d'en Joan (1981), Jo les volia (1984), Los niños del mar (1991), La luz es como el agua (1996), Un puñado de besos (2001), Magenta, la petita fada (2003), Ibtihal per la pau: mural para la paz encargado para el Fòrum de las Culturas (2004).* **M** | *Picasso, Miró, David McKee, Etienne Delessert.* **C** | *Wolf Erlbruch.*

ILUSTRADORA, PINTORA Y AUTORA de libros con calidad de exportación. Estudió en la Escuela Massana de Barcelona. Desde 1968, año en el que edita su primer libro, el número de títulos que ha ilustrado supera los ochocientos. La mayoría de sus dibujos están realizados para libros infantiles, aunque también se dedica a la pintura, escenografía, dramaturgia y dirección de teatro. Imparte cursos, colabora con revistas y fue fundadora de la Associació Professional d'Il·lustradors de Catalunya. Entre algunos de los premios que ha recibido se encuentra el Nacional de Ilustración en 1979, el Premio Lazarillo en 1981, el Catalònia 1984, el Critici in Erba 1992, y la Creu de Sant Jordi 2006, así como otros reconocimientos internacionales. «A mi entender, las imágenes de un libro son obras de arte cuando su creador busca dentro de sí mismo la expresión que le es propia y es capaz de conectar con ella, ofreciendo sus propias y genuinas formas de entender el arte y la vida».

IL·LUSTRADORA, PINTORA I AUTORA de llibres amb qualitat d'exportació. Va estudiar a l'Escola Massana de Barcelona. Des del 1968, any en què edita el seu primer llibre, el nombre de títols que ha il·lustrat és més de vuit-cents. La majoria dels seus dibuixos estan fets per a llibres infantils, per bé que també es dedica a la pintura, l'escenografia, la dramatúrgia i la direcció de teatre. Imparteix cursos, col·labora en revistes i va ser fundadora de l'Associació professional d'Il·lustradors de Catalunya. Entre els premis que ha rebut hi ha el Nacional d'Il·lustració el 1979, i el Premi Lazarillo el 1981, Catalònia 1984, Critici in Erba 1992, Creu de Sant Jordi 2006, així com

altres reconeixements internacionals. «Al meu entendre, les imatges d'un llibre són obres d'art quan el seu creador busca dins de si mateix l'expressió que li és pròpia i és capaç de connectar-hi, oferint les seves pròpies i genuïnes formes d'entendre l'art i la vida».

ILLUSTRATOR, PAINTER AND AUTHOR of books for export. She studied Industrial Design at the Massana School in Barcelona. Since 1968, when she published her first book, she has illustrated over eighty books. Most of her drawings are for children's books, although she also works in painting, stage, theatre and directing. She teaches courses, works on magazines, and founded the Associació professional d'Il·lustradors de Catalunya. Some of the awards she has received include the National Illustration Award in 1979 and the Lazarillo Award in 1981, Catalònia 1984 Critici in Erba 1992, Creu de Sant Jordi 2006, and other international recognitions. "As I understand it, the illustrations in a book are works of art, where the artist searches inside himself for the expression to suit them and to connect with it, offering its own, genuine ways of understanding art and life."

SÖRENSEN, CECILIA
HELSINKI, 05.07.1976.

O | *Cecilia Sörensen (2002-11), Pequeños Héroes / Customized Shirts (2002-11), Snoopy Collection (2005), Freedom of speech (2006, para Amnistía Internacional), My Room (2006), Portraits (2006-07).* **M** | *Martin Margiela, Madeleine Vionnet.* **C** | *Undercover.*

DISEÑADORA DE MODA. Innovadora en el uso de fibras naturales y materiales reciclados, y pionera del *eco-friendly style,* añade la ética a la estética para crear piezas minimalistas y de gran equilibrio formal. Después de graduarse con honores en la EATM|ESDi Barcelona/Southampton University y trabajar con Antonio Miró, en 2002 funda la marca que lleva su nombre. Sus diseños se encuentran en tiendas de España, Alemania, Dinamarca, Italia, Finlandia y Japón, y han sido galardonados con premios como el ModaFAD Young Designer of the Year o el Barcelona és Moda. «Lo bello en lo cotidiano, como una camisa blanca de algodón».

DISSENYADORA DE MODA. Innovadora en l'ús de fibres naturals i materials reciclats, i pionera de l'*eco-friendly style,* afegeix l'ètica a l'estètica per crear peces minimalistes i de gran equilibri formal. Després de graduar-se amb honors a l'EATM|ESDi Barcelona/Southampton University i treballar amb Antonio Miró, el 2002 va fundar la marca que duu el seu nom. Els seus disseny es troben en botigues d'Espanya, Alemanya, Dinamarca, Itàlia, Finlàndia i el Japó, i han estat guardonats amb premis com el ModaFAD Young Designer of the Year o el Barcelona és moda. «El que és bell en el que és quotidià, com una camisa blanca de cotó».

FASHION DESIGNER. Innovative in the use of natural fibres and recycled materials, as well as a pioneer in *eco-friendly style,* she adds ethics to aesthetics in the creation of minimalist pieces characterized by great formal balance. After graduating with honours from EATM|ESDi Barcelona/Southampton University and working with Antonio Miró, in 2002 she founded the brand that bears her name. Her designs, which can be found in stores in Spain, Germany, Denmark, Italy, Finland and Japan, have received such awards as the ModaFAD Young Designer of the Year Award and the Barcelona és Moda Award. "Beauty in daily life, like a white cotton shirt."

SOTO, MONTSERRAT
BARCELONA.

O | *Series: Paisaje secreto, Archivo de archivos (en colaboración con Gemma Colesanti), Tracking Madrid, Doom City.* **M** | *El Atlas de Gerhard Richter, Bernd & Hilla Becher, Nan Goldin, Diane Arbus, Walker Evans, Elliot Erwitt...* **C** | *David Goldblatt, Hiroshi Sugimoto, Louis Lawler, Daniela Rossell (preferentemente la primera época), Rodney Graham...*

FOTÓGRAFA. Durante sus estudios comienza a experimentar ya con la fotografía, que se convertirá en su principal medio de expresión. En 1989 recibe el diploma del centro de arte y diseño Escuela Massana. Un año después se licencia en la Escuela de Bellas Artes ▶

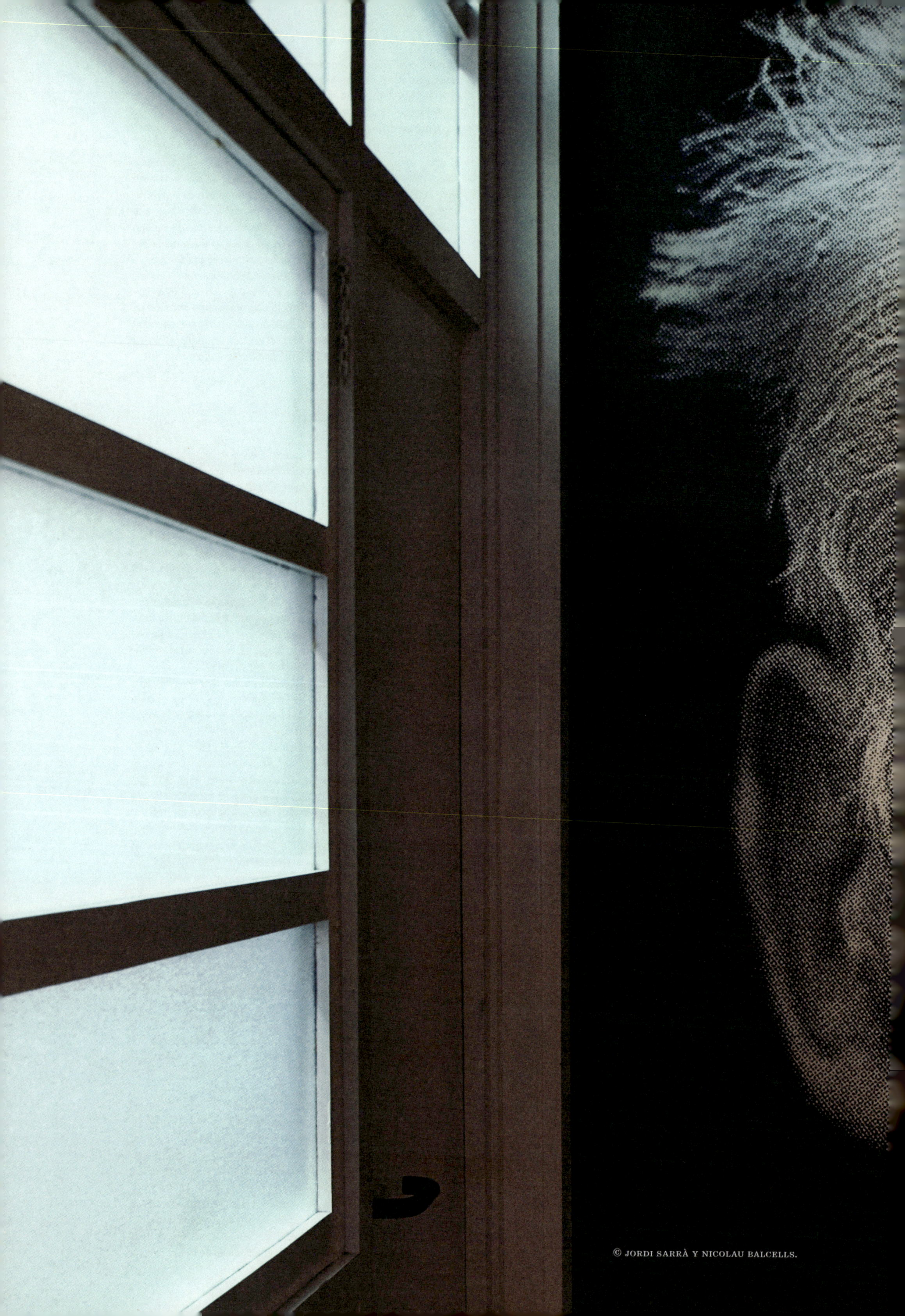

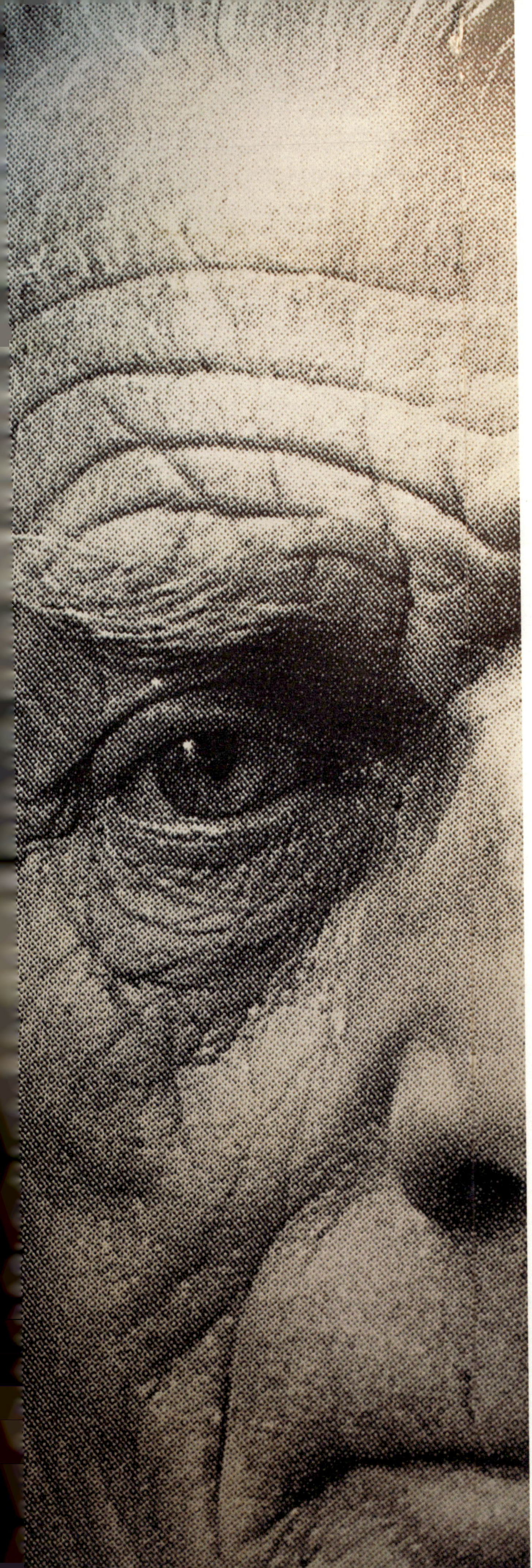

SALA BECKETT

OBRADOR INTERNACIONAL DE DRAMATÚRGIA
ALEGRE DE DALT, 55 BIS | BARRIO DE GRÀCIA, 08024 BARCELONA
www.salabeckett.cat | +34 93 284 53 12 | info@salabeckett.cat

ESPACIO DE EXPERIMENTACIÓN Y CREACIÓN TEATRAL dedicado a las artes escénicas contemporáneas. Además de un programa de apoyo a nuevos dramaturgos y creadores escénicos emergentes, organiza regularmente cursos, talleres y encuentros internacionales, entre otros programas de formación teórica y práctica para dramaturgos y, en un segundo plano, para actores y directores. La Sala Beckett/Obrador Internacional de Dramatúrgia es asimismo productora de sus propios espectáculos, a menudo basados en propuestas escénicas audaces e innovadoras. Por todo ello es reconocida como punto de encuentro entre creadores de teatro independientes y el público en general.

ESPAI D'EXPERIMENTACIÓ I CREACIÓ TEATRAL dedicat a les arts escèniques contemporànies. A més d'un programa de suport a nous dramaturgs i creadors escènics emergents, regularment organitza cursos, tallers i trobades internacionals, entre altres programes de formació teòrica i pràctica per a dramaturgs i, en un segon pla, per a actors i directors. La Sala Beckett/Obrador Internacional de Dramatúrgia és, així mateix, la productora dels seus propis espectacles, sovint basats en propostes escèniques audaces i innovadores. Per tot això és coneguda com a punt de trobada entre creadors de teatre independents i el públic en general.

A SPACE FOR DRAMATIC CREATION AND EXPERIMENTATION, devoted to contemporary scenic arts. As well as a program of support for new dramatists and emerging stage creators, it regularly organizes courses, workshops and international meetings, among other programs for theoretical and practical training for dramatists and, on a different level, for actors and directors. The Sala Beckett/Obrador Internacional de Dramatúrgia is also the producer of its own shows, often based in audacious and innovative stage proposals. For all these reasons it is renowned as the meeting point for independent theatre creators and the public at large.

▸ de Grenoble, Francia, y en 1992 presenta su instalación *Pasos* en el Espacio 13 de la Fundación Miró. Ese mismo año recibe una beca de la Generalitat de Catalunya para realizar una estancia en Nueva York, donde prepara la instalación *Sin nombre*, que presenta en la Sala Montcada de Barcelona en 1996. En este periodo comienza a definir las dos líneas de investigación de su proceso artístico: el viaje a través del paisaje y los espacios donde se desarrolla el arte. «Por escribir y hacer».

FOTÒGRAFA. Durant els seus estudis comença ja a experimentar amb la fotografia, que esdevindrà el seu principal mitjà d'expressió. El 1989 rep el diploma del centre d'art i disseny Escola Massana. Un any més tard es llicencia a l'Escola de Belles Arts de Grenoble, França, i el 1992 presenta la seva instal·lació *Pasos* a l'Espai 13 de la Fundació Miró. El mateix any rep una beca de la Generalitat de Catalunya per fer una estada a Nova York, on prepara la instal·lació *Sin nombre*, que presenta a la Sala Montcada de Barcelona el 1996. En aquest període comença a definir les dues línies d'investigació del seu procés artístic: el viatge a través del paisatge i els espais on es desenvolupa l'art. «Per escriure i fer».

PHOTOGRAPHER. While still a student, she began to experiment with photography, which would later become her main medium of expression. In 1989 she received a diploma from the Escuela Massana art and design centre. The following year she graduate from the School of Fine Art in Grenoble (France), and in 1992 she presented her installation *Pasos* in Espacio 13 at the Miró Foundation. The same year she received a grant from the Catalonian Generalitat for a prolonged stay in New York, where she prepared the installation *Sin nombre*, which she presented at the Sala Montcada in Barcelona in 1996. During this period she began to define two lines of investigation in her artistic process: Travelling through landscape and spaces where art is developed. "For writing and doing."

TAGLIABUE, BENEDETTA
MILÁN, 24.06.1963.

O | *Pabellón de España en la exposición de Shanghái (2010), mercado y barrio de Santa Caterina en Barcelona (1997-05), Parlamento de Escocia (1999-04), Torre de Gas Natural en Barcelona (1999-06), aulario de la Universidad de Vigo (1999-04), parque Diagonal Mar en Barcelona (1995-02) y HafenCity (Hamburgo, actualmente en proyecto).* **M |** *Enric Miralles, Le Corbusier, Arne Jacobsen, Louis Isadore Kahn, Saarinen y Alison & Peter Smithson.* **C |** *Muchísimos... Y no solo de mi generación, de los más jóvenes también he aprendido mucho.*

ARQUITECTA. Titulada por el Istituto Universitario di Architettura di Venezia (IUAV), completó sus estudios en Nueva York y en 1989 se instaló en Barcelona, donde aún reside. En 1991 se asocia con Enric Miralles, con quien funda el estudio Miralles Tagliabue EMBT, que ha diseñado proyectos en China, Alemania, Inglaterra u Holanda, entre otros muchos países. Sus obras han recibido numerosos premios; el último, la mención honorífica vitalicia que suponen los International Fellowship, otorgados por el Royal Institute of British Architects (RIBA) en su edición de 2010. En la actualidad compagina su labor profesional con la docencia en numerosas universidades y escuelas internacionales, como Columbia. En 2004 obtuvo el Doctorado Honoris Causa de la Facultad de Artes y Ciencias Sociales de la Napier University (Edimburgo, Escocia). «Con nuestra obra intentamos dejar los lugares mejor de como los hemos encontrado y, si es posible, a la gente más feliz. Personalmente me interesa la felicidad».

ARQUITECTA. Titulada per l'Istituto Universitario di Architettura di Venezia (IUAV), va completar els seus estudis a Nova York i el 1989 es va instal·lar a Barcelona, on encara viu. El 1991 s'associa amb Enric Miralles, amb qui funda l'estudi Miralles Tagliabue EMBT, que ha dissenyat projectes a la Xina, Alemanya, Anglaterra o Holanda, entre molts altres països. Les seves obres han rebut nombrosos premis; el darrer, la menció honorífica vitalícia que suposen els Internacional Fellowship, atorgats pel Royal Institute of British Architects (RIBA) en la seva edició del 2010. Actualment compatibilitza la seva tasca professional amb la docència en nombroses universitats i escoles internacionals, com ara Columbia. El 2004 va obtenir el Doctorat Honoris Causa de la Facultat d'Arts i Ciències Socials de la Napier University (Edimburg, Escòcia). «Amb la nostra obra procurem deixar els llocs millor que com els hem trobat i, si és possible, la gent més feliç. Personalment m'interessa la felicitat».

ARCHITECT. A graduate of the Istituto Universitario de Architettura di Venecia (IUAV), she completed her studies in New York, and in 1989 she settled in Barcelona, where she still lives. In 1991 she went into partnership with Enric Miralles, and together they founded the Miralles Tagliabue EMBT studio, which has completed projects in China, Germany, the UK and the Netherlands, among many other countries. Her work has received a number of awards; the latest being a lifelong honorary International Fellowship, granted by the Royal Institute of British Architects (RIBA) in 2010. She currently combines her professional activity with teaching at a number of universities and international schools, such as Columbia. In 2004 she was named Doctor Honoris Causa for the Faculty of Arts and Social Sciences at Napier University (Edinburgh). "With our work we try to leave places better than they were before and, if possible, make people happier. Personally I am interested in happiness."

TANIT, CLARA
GERONA, 16.08.1981.

O | *Wassalon (2007), ¿Quién ama a las fresas? (2010), La fête espagnole (2009, acrílico y collage sobre papel), Fusterlane (2010, para el fanzine Colibrí).* **M |** *Atak, Arnal Ballester, Goele Dewanckel.* **C |** *Lola Lorente, Jenni Rope, Gina Thorstensen.*

AUTORA DE CÓMIC E ILUSTRADORA. Estudió en la Escuela Massana de Arte y Diseño de Barcelona antes de viajar a Gante, Bélgica, donde se acabó de decantar por la historieta. *Wassalon,* su primer álbum, trata de una lavadora a la que no le gusta la labor que le ha tocado desempeñar y se rebela contra su destino; le mereció ser nominada al Premio Autor Revelación del Salón Internacional del Cómic de Barcelona. En 2009, en La Maison des auteurs de Angoulême, la ciudad francesa del cómic, completó su segundo álbum. «Hay que intentar dibujarlo todo: lo que hay fuera y lo que está dentro. Procurar que quede bonito, y si no, al menos divertido. Y si no conseguimos ni una cosa ni la otra, lo dejaremos estar durante un tiempo, para luego retomarlo... y así siempre».

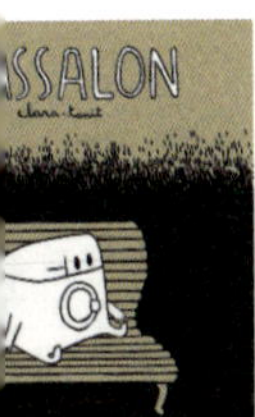

AUTORA DE CÒMIC I IL·LUSTRADORA. Va estudiar a l'Escola Massana d'Art i Disseny de Barcelona abans de viatjar a Gant, Bèlgica, on es va acabar de decantar per la historieta. *Wassalon*, el seu primer àlbum, va d'una rentadora a la qual no li agrada la feina que li ha tocat d'acomplir i es revela contra el seu destí; li va valdre ser nominada al Premi Autor Revelació del Saló Internacional del Còmic de Barcelona. El 2009, a La Maison des Auteurs d'Angoulême, la ciutat francesa del còmic, va completar el seu segon àlbum. «Cal mirar de dibuixar-ho tot: el que hi ha a fora i el que hi ha a dins. Procurar que quedi bonic, i si no, almenys, divertit. I si no aconseguim ni una cosa ni l'altra, ho deixarem estar durant un temps, per després reprendre-ho... i així sempre».

COMIC ARTIST AND ILLUSTRATOR. She studied at the Massana School of Art and Design in Barcelona before travelling to Gante in Belgium, where she eventually turned to the comic book. *Wassalon*, her first album, deals with a washing machine who doesn't like its role in life and rebels against fate; this earned her a nomination for the Revelation Award at the Barcelona International Comic Fair. In 2009, at La *Maison des Auteurs* in Angoulême, the French comic capital, she completed her second album. "You should try everything: what in outside and what is inside. Try to make it pretty, and if not, fun at least. And if you don't manage to do either, let it be for a time, and come back to it... and so on."

TEIXIDÓ, JORDI
BARCELONA, 22.04.1961.

O | *Mundana (1995), Autoretrat (2005), Reflexus (2009-...), Blava la mar (2010), Abecedari animat (2011).* **M** | *Segundo de Chomón, Zbigniew Rybczyński, Gandhi, Albert Einstein.* **C** | *Zbigniew Rybczyński (otra vez), María Elena Walsh, Gustavo Cerati, Amin Maalouf, Gabriel García Márquez.*

REALIZADOR AUDIOVISUAL, GUIONISTA Y ACTOR. Ha intervenido como actor en obras de teatro, danza y acciones interdisciplinarias (Zotal Teatre, Roseland Musical, entre otros), y escrito textos para diversos espectáculos (Christian Atanasiu, Zotal Teatre). Ha colaborado en la dirección de espectáculos de danza (Mal Pelo). Ha intervenido en recitales de polipoesía con la lectura de textos propios. Ha creado e interpretado con Ona Mestre *Ambra* y *Tot és Tat*, espectáculos de texto, voz y movimiento. Ha impartido cursos de videodanza y de animación con objetos y personas (*pixilación*). De 1999 a 2004 fue el realizador, junto a Mariana Jaroslavsky y Lucas Caraba, de *Escenes,* el programa semanal de actualidad cultural de BTV (Barcelona Televisió). Sus proyectos de vídeo de creación y videodanza (*Sopa Bàsica, Mundana, Trobat Temps Perdut...*) han sido exhibidos en muestras y festivales de todo el mundo. Actualmente escribe guiones para el programa infantil *Mic3,* de TV3 y, desde 2009, presenta el espectáculo *Reflexus,* de nuevas tecnologías, junto a Eloi Maduell y Santi Vilanova. «Jugar, jugar, jugar. Provocar risas o sonrisas. Crear complicidad con el espectador...».

REALITZADOR AUDIOVISUAL, GUIONISTA I ACTOR. Ha intervingut com a actor en obres de teatre, dansa i accions interdisciplinàries (Zotal Teatre, Roseland Musical, entre d'altres). Ha escrit textos per a diversos espectacles (Christian Atanasiu, Zotal Teatre). Ha col·laborat en la direcció d'espectacles de dansa (Mal Pelo). Ha intervingut en recitals de polipoesia llegint textos propis. Ha creat i interpretat amb Ona Mestre *Ambra* i *Tot és Tat*, espectacles de text, veu i moviment. Ha impartit cursos de vídeo-dansa i d'animació amb objectes i persones (pixilació). Del 1999 al 2004 va ser el realitzador, al costat de Mariana Jaroslavsky i Lucas Caraba, d'*Escenes,* el programa setmanal d'actualitat cultural de BTV (Barcelona Televisió). Els seus projectes de vídeo de creació i vídeo-dansa (*Sopa Bàsica, Mundana, Trobat Temps Perdut...*) s'han presentat a mostres i festivals de tot el món. Actualment escriu guions per al programa infantil *Mic3,* de TV3, i des del 2009, presenta l'espectacle *Reflexus,* de noves tecnologies, al costat d'Eloi Maduell i Santi Vilanova. «Jugar, jugar, jugar. Provocar rialles o somriures. Crear complicitat amb l'espectador...».

AUDIOVISUAL PRODUCER, SCRIPTWRITER AND ACTOR. As an actor, he has been involved in a range of multi-genre works, theatre and dance (Zotal Teatre, Roseland Musical, among others). He has written texts for a number of different shows (Christian Atanasiu, Zotal Teatre). He has worked on the directing of dance performances (Mal Pelo). He has also taken part in polypoetic recitals, reading his own texts. Together with Ona Mestre, he created and performed *Ambra y Tot és Tat*, which combine text, voice and movement. He has taught courses in video-dance and animation with objects and people (pixilation). Between 1999 and 2004 he was the producer, together with Mariana Jaroslavsky and Lucas Caraba of *Escenes*, the weekly cultural current affairs programme on BTV (Barcelona Televisió). He creative video and video dance *(Sopa Bàsica, Mundana, Trobat Temps Perdut...)* have been exhibited at shows and festivals all around the world. He currently writes scripts for the children's programme *Mic3,* on TV· and since 2009, he has presented the show *Reflexus,* on new technology, with Eloi Maduell and Santi Vilanova. "Play, play, play. Causing laughter and smiles. Complicity with the observer...."

TOLOZA-FERNÁNDEZ, TXALO
ANTOFAGASTA, CHILE, 10.07.1975.

O | *Usted no está aquí (2007, con Cristóbal Saavedra), Superpop (2008, con Lidia González Zoilo), Todos los grandes tienen problemas de piel (2010).* **M** | *Marina Abramovic, Francis Picabia, Kurt Schwitters, Marcel Duchamp, Romeo Castellucci, Wolf Vostell, El Santo, Sophie Calle, Nicanor Parra.* **C** | *Sonia Gómez, Agustín Fernández Mallo, Roger Bernat, Angélica Lidell, YesMen.org, Santiago Cirugeda, colectivo Micromusic, Surveillance camera players.*

VIDEOARTISTA, *PERFORMER* Y DIRECTOR ESCÉNICO. Formado como creador audiovisual en universidades de Santiago de Chile y Barcelona, sus instalaciones y piezas de vídeo han sido presentadas en festivales como el Sónar o el Crossing Festival de Pekín, y utilizadas por *performers* como Sonia Gómez o músicos como Equipo y subATAK para sus *live sessions* y espectáculos. Como director escénico, ha colaborado con autores teatrales como Roger Bernat y Lidia González Zoilo. Fundador del estudio MiPrimerDrop, también imparte talleres de videocreación. «Hacer de la videocreación y el trabajo en escena un trabajo conjunto, un *pas de deux*».

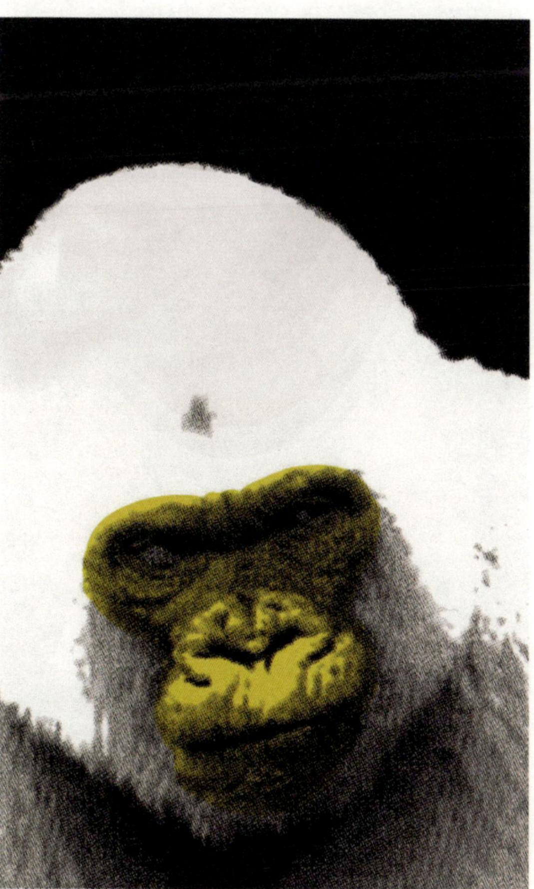

TXALO TOLOZA-FERNANDÉZ,
TODOS LOS GRANDES TIENEN PROBLEMA DE PIEL.

VIDEOARTISTA, DIRECTOR ESCÈNIC I VJ. Format com a creador audiovisual en universitats de Santiago de Xile i Barcelona, les seves instal·lacions han estat presentades en festivals com el Sónar o el SevillaFest i utilitzades per *performers* com Sonia Gómez i Joan Morey, o músics com Equipo i subATAK per a les seves *live sessions* i espectacles escènics. Com a director artístic, ha col·laborat amb autors teatrals com Roger Bernat. Fundador de l'estudi MiPrimerDrop, també imparteix tallers de videocreació. «Fer de la videocreació i el treball en escena un treball conjunt, un *pas de deux*».

VIDEO ARTIST, STAGE MANAGER AND VJ. Trained as an audiovisual artist in universities in Santiago and Barcelona, his installations have appeared in such festivals as Sónar and SevillaFest and used by such performers as Sonia Gómez and Joan Morey, as well as the musicians Equipo and subATAK for live sessions and stage shows. As an artistic director, he has collaborated with theatre artists such as Roger Bernat. Founder of the MiPrimerDrop studio, he also teaches workshops in video creation. "Making a joint task out of video creation and scenic work, a *pas de deux*."

TOMÁS, JOAN
BARCELONA, 18.04.1958.

O | *Devora dice no (1989, en el festival de títeres de Palermo), Lucía y el sexo (2000, cartel de la película), Enrique Morente (1999, retrato tomado en la casa museo de García Lorca), En el bosque las tortugas también se aman (2010, de la exposición Sin teatro, sin dinero, las tortugas también se aman).* **M |** *Richard Avedon, Robert Frank, Diane Arbus.* **C |** *Alberto García-Alix, agencias VU y Noor, Foto8 Magazine.*

FOTÓGRAFO. Intuitivo y precoz (su interés por la fotografía comenzó cuando tenía doce años), su primera etapa supuso una concentración creativa en el género documental, como lo prueban sus trabajos de fotoperiodismo y la fundación de la galería Primer Plano, en la que expuso por primera vez las imágenes de Agustí Centelles de la Guerra Civil Española. Actualmente combina ese interés con el retrato, y piensa que sus fotos parten siempre «desde el impulso y la emoción». «Todo da vueltas alrededor del acto fotográfico y de la emoción que conlleva... No hay nada después del acto fotográfico. Bueno, sí. Queda la imagen, un pálido reflejo de este complejo tejido que produce el encuentro de una mirada con la realidad».

FOTÒGRAF. Intuïtiu i precoç (el seu interès per la fotografia va començar quan tenia dotze anys), la seva primera etapa va suposar una concentració creativa en el gènere documental, com demostren els seus treballs en fotoperiodisme i la fundació de la galeria Primer

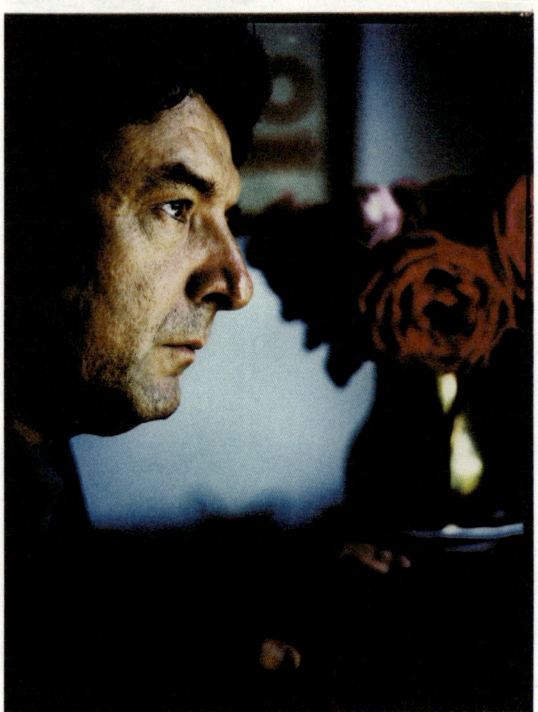

JOAN TOMÁS, *ENRIQUE MORENTE.*

Plano, on va exposar per primer cop les imatges d'Agustí Centelles de la Guerra Civil espanyola. Actualment combina aquest interès amb el retrat i pensa que les seves fotografies parteixen sempre «des de l'impuls i l'emoció». «Tot gira al voltant de l'acte fotogràfic i de l'emoció que comporta... No hi ha res després de l'acte fotogràfic. Bé, sí. Queda la imatge, un pàl·lid reflex d'aquest complex teixit que produeix la trobada d'una mirada amb la realitat».

PHOTOGRAPHER. Intuitive and precocious (his interest in photography started when he was twelve years old), his first phase represented a creative concentration on documentary work, as can be seen in his photojournalism work and the founding of the Primer Plano gallery, where he exhibited for the first time the Agustí Centelles images from the Spanish Civil War. He currently combines this interest with portraits, and believes that his photos are always created "out of emotion and impulse." "Everything moves around the act of photography and the emotion it brings with it... after the act of photography, there is nothing. Well, yes. There is the image – a pale reflection of this complex fabric which combines an outlook with reality."

TOMÀS, RAQUEL
BARCELONA, 15.11.1979.

O | *Requiem for Comaneci (2007), Apocalipsi life (2007), We (2008), La Peixera (2008-09), L'Home Estampa (2009-10).* **M |** *Beckett, Koltès, Jan Fabre, Pina Bausch, Bohumil Hrabal.* **C |** *Angélica Liddell.*

DRAMATURGA Y DIRECTORA. Con las licenciaturas de Lengua y Literatura y de Artes Escénicas en su haber, ha sabido combinar de manera armónica esas dos facetas: la escritura dramática y la dirección escénica, generalmente de sus propios textos. El último de ellos, *Asno y Mujer, espectáculo bodegón*, se llevó la beca Iberescena y fue estrenado en el Grec 2010 con el título de *L'Home Estampa*. Traduce obras teatrales y publica ensayos. Fue codirectora artística de Areatangent y en la actualidad también codirige la plataforma de experimentación y difusión de nuevos formatos Dramangular. «Dramaturgia y experimentación escénica: textos potentes que permitan la combinación escénica de lenguajes heterogéneos y contemporáneos».

DRAMATURGA I DIRECTORA. Amb les llicenciatures de Llengua i Literatura i d'Arts Escèniques a l'esquena, ha sabut combinar d'una manera harmònica aquestes dues facetes: l'escriptura dramàtica i la direcció escènica, generalment del seus propis textos. El darrer, *Asno y Mujer, espectáculo bodegón*, es va endur la beca Iberescena i es va estrenar al Grec 2010 amb el títol *L'Home Estampa*. Tradueix obres teatrals i publica assajos. Va ser codirectora artística d'Areatangent i actualment també codirigeix la plataforma d'experimentació i difusió de nous formats Dramangular. «Dramatúrgia i experimentació escènica: textos potents que permetin la combinació escènica de llenguatges heterogenis i contemporanis».

PLAYWRIGHT AND DIRECTOR. With degrees in Language and Literature and Scenic Arts under her belt, she has managed to combine these two skills in perfect harmony: dramatic writing and stage directing, generally for her own scripts. The most recent of these *Asno y Mujer, espectáculo bodegón*, received the Iberescena grant, and opened at the Grec 2010 Theatre under the name *L'Home Estampa*. She also translates plays and publishes essays. She was artistic co-director for *Areatangent* and currently co-directs the experimentation and new format distribution platform, *Dramangular*. "Play writing and scenic experimentation: strong texts which allow the scenic combination for heterogeneous and contemporary languages."

TOMEO, JAVIER
QUICENA, HUESCA, 09.09.1932.

O | *El castillo de la carta cifrada (1979), Amado monstruo (1984) y Los amantes de silicona (2008).* **M |** *Kafka, Poe, Beckett, Knut Hamsun, Ionesco...*

ESCRITOR Y DRAMATURGO. Se trata sin duda de uno de los escritores españoles más personales del siglo XX. Licenciado en

Derecho y Criminología por la Universidad de Barcelona, comienza su carrera como escritor bajo el seudónimo de Frantz Keller, escribiendo historias del oeste y de terror para la editorial Bruguera. *El cazador* (1967), que ya firmó con su verdadero nombre, fue la primera de una larga serie de novelas que le consagraron como una de las voces más originales y respetadas del panorama literario español. El reconocimiento definitivo le llega en los años ochenta, con la adaptación al teatro de algunas de sus novelas. «Labor omnia vincit».

ESCRIPTOR I DRAMATURG. És, sense dubte, un dels escriptors espanyols més personals del segle XX. Llicenciat en Dret i Criminologia per la Universitat de Barcelona, comença la seva carrera d'escriptor, sota el pseudònim Frantz Keller, escrivint històries de l'oest i de terror per a l'editorial Bruguera. *El cazador* (1967), que va signar ja amb el seu veritable nom, va ser la primera d'un llarg seguit de novel·les que el van consagrar com una de les veus més originals i respectades del panorama literari espanyol. El reconeixement definitiu li arriba els anys vuitanta, amb l'adaptació al teatre d'algunes de les seves novel·les. «Labor omnia vincit».

WRITER AND PLAYWRIGHT. He is without a doubt one of the most personal Spanish writers of the 20th century. A graduate in Law and Criminology from the University of Barcelona, he started his career writing under the pseudonym Frantz Keller, publishing with Westerns and horror stories edited by Bruguera. *El cazador* (1967), which he signed with his real name, was the first in a long series of novels which consecrated him as one of the most original and respected voices on the Spanish literary scene. His definitive recognition came in the 1980's, with the adaptation of some of his novels for the stage. "Labor omnia vincit."

TOMIC, SEMOLINIKA
OSIJEK, CROACIA, 27.01.1966.

O | *Body Safe(er) (1999), Géminis y Oxígeno (2001), ¿Dónde estamos? (2004), Lenin is mine? (2007), Descubriendo a Lenin en la Antártida (2007), Sexo, fútbol & otras cosas importantes... (2008).* **M** | *Diamanda Galás, Carmelo Salazar, Jan Fabre.* **C** | *Juan Navarro, Txalo Toloza-Fernández, Aimar Pérez Galí.*

DIRECTORA, COREÓGRAFA Y ACTRIZ. Instalada en Barcelona desde 1985, su verdadero nombre es Juliana Tomic Fajdetic. Preocupada por encontrar nuevas vías de expresión teatral, ha explorado el mundo de la música, la danza contemporánea y la *performance* en países como Holanda, India e Italia. Vinculada entre 1995 y 2003 a los inicios de La Fura dels Baus como actriz, coreógrafa y creadora, a partir de 1999 crea con su nombre su propia compañía. En 2003 funda el Antic Teatre y el centro de recursos artísticos asociado, que dirige desde entonces, labor por la que ha recibido importantes premios. «Desarrollo un trabajo personal basado en mi experiencia y la investigación continua, en una línea que conjuga teatro físico, danza, *performance*, danza aérea, acciones de calle, instalaciones y tecnología multimedia».

DIRECTORA, COREÒGRAFA I ACTRIU. Establerta a Barcelona des del 1985, el seu autèntic nom és Juliana Tomic Fajdetic. Preocupada per trobar noves vies d'expressió teatral, ha explorat el món de la música, la dansa contemporània i la *performance* a països com Holanda, Índia i Itàlia. Vinculada entre el 1995 i el 2003 als inicis de La Fura dels Baus, com a actriu, coreògrafa i creadora, a partir del 1999 crea amb el seu nom la seva pròpia companyia. El 2003 funda l'Antic Teatre i el centre de recursos artístics associat, que dirigeix des d'aleshores, tasca per la qual ha rebut importants premis. «Desenvolupo un treball personal basat en la meva experiència i la investigació contínua, en una línia que conjumina teatre físic, dansa, *performance*, dansa aèria, accions de carrer, instal·lacions i tecnologia multimèdia».

DIRECTOR, CHOREOGRAPHER AND ACTRESS. Resident in Barcelona since 1985, her real name is Juliana Tomic Fajdetic. Intent of finding new forms of dramatic expression, she has explored the world of music, contemporary dance and performance in countries such as the Netherlands, India and Italy. Between 1995 and 2003 she was closely connected to the beginnings of La Fura dels Baus, as an actress, choreographer

and artist. After 1999 she created her own company. In 2003 she founded the Antic Theatre and the related art resource centre, which she has directed ever since, and has received significant awards for this work. "I develop personal work based on my experience and this research continues, along lines which combine physical theatre, dance, performance, acrobatics, street action, installations and multimedia technology."

TORRES, DANIEL
TERESA DE COFRENTES, VALENCIA, 20.08.1958.

O | *La estrella lejana (1986), El octavo día (1992), Burbujas (2009).* **M** | *Alex Raymond, Hal Foster, Milton Caniff, Jijé, Hugo Pratt.* **C** | *Yves Chaland, Tardi, Max.*

AUTOR DE CÓMIC, PINTOR E ILUSTRADOR. Es, junto a Max y Miguelanxo Prado, uno de los creadores de referencia de su generación. Aparte de exitosas series como la de *Roco Vargas* o el joven dinosaurio *Tom,* ha firmado un episodio de *The Sandman* para la editorial DC y una historia de *The Spirit,* con guion de Alan Moore. Poseedor de una línea de dibujo depurada y no poca ironía, la celebrada *Burbujas* es su primera novela gráfica. «La búsqueda de un grafismo personal para el desarrollo de una narrativa basada en la mezcla de géneros».

AUTOR DE CÒMIC, PINTOR I IL·LUSTRADOR. És, al costat de Max i Miguelanxo Prado, un dels creadors de referència de la seva generació. A més de sèries d'èxit com la de *Roco Vargas* o el jove dinosaure *Tom,* ha signat un episodi de *The Sandman* per a la DC i una història de *The Spirit,* amb guió d'Alan Moore. Posseïdor d'una línia de dibuix depurada i no poca ironia, la celebrada *Burbujas* és la seva primera novel·la gràfica. «La recerca d'un grafisme personal per al desenvolupament d'una narrativa basada en la mescla de gèneres».

COMICS ARTIST, PAINTER AND ILLUSTRATOR. Along with Max and Miguelanxo Prado, he is a creative point of reference for his generation. Apart from successful series like *Roco Vargas* and the young dinosaur *Tom,* he has drawn an episode of *The Sandman* for DC and one of *The Spirit* with an Alan Moore script. Working in the "ligne claire," or clear line, style of drawing, his creations are laced with more than a little irony. *Burbujas* is his first graphic novel. "The search for a personal graphics for telling a story based on the combination of genres."

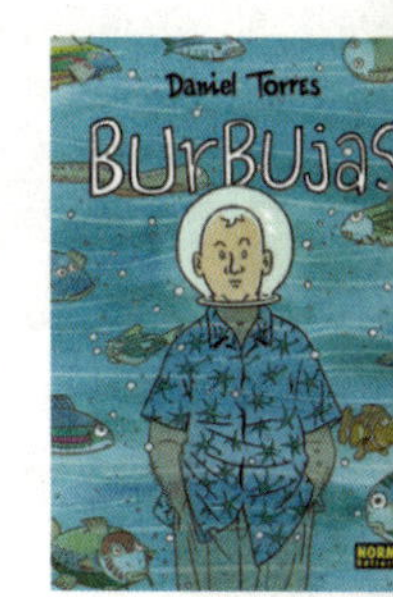

TORRES, SERGIO & JAVIER
BARCELONA, 12.12.1970.

O | *Eñe São Paulo (2007), Dos Cielos (2008), Eñe Río de Janeiro (2009), Biohuerto (en construcción).* **M** | *Santi Santamaria, Philippe Rochat, Alain Ducasse.* **C** | *Quique Dacosta, los hermanos Roca, Andoni Luis Aduriz.*

CHEFS. Hermanos gemelos, heredan de su abuela la pasión por la cocina. Sergio ha trabajado en Reno, Neichel, El Señorío de Beatriz, Akelarre, Le Jardin des Sens, Alain Ducasse y Plaza Atenée, y Javier en Girasol, Neichel, Reno, Racó de Can Fabes y Philippe Rochat. Socios del hotel restaurante El Rodat de Jávea, en Alicante, visitan Brasil y se quedan tan encantados que en 2007 fundan Eñe São Paulo y dos años después, Eñe Río de Janeiro. Entre medias, en 2008, nace Dos Cielos en la planta 24 del Hotel ME Barcelona, que obtiene el Premio Nacional de Gastronomía de la Academia Catalana al mejor restaurante del año y una estrella Michelin. Actualmente preparan el lanzamiento del Biohuerto, en la planta 29, cinco por encima de Dos Cielos. «Amar los productos de nuestra tierra y sorprender cada día al cliente ofreciéndole lo mejor que podamos ofrecerle. La cocina nos une y nos hace transportar a las personas a un mundo de sensaciones, texturas, sabores infinitos».

XEFS. Germans bessons, hereten de la seva àvia la passió per la cuina. Sergi ha treballat a Reno, Neichel, El Señorío de Beatriz, Akelarre, Le Jardin des Sens, Alain Ducasse i Plaza Atenée; i Javier, a Girasol, Neichel, Reno, Racó de Can Fabes i Philippe Rochat. Socis de l'hotel restaurant El Rodat, de Xàbia, Alacant, visiten Brasil i en queden tan encantats que el 2007 funden Eñe São ▸

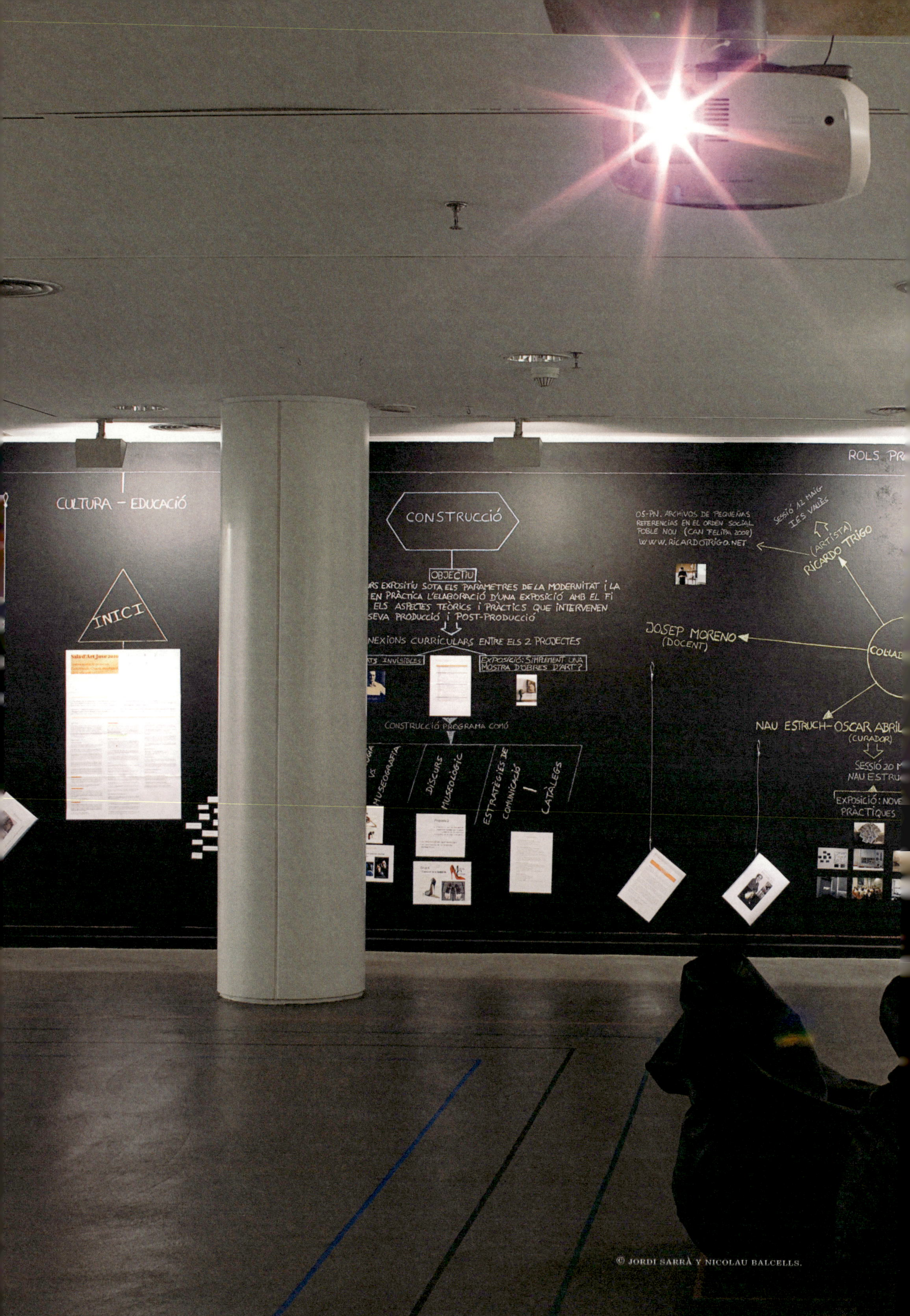

ROLS PR
CULTURA - EDUCACIÓ
CONSTRUCCIÓ
INICI
OBJECTIU
05-PN. ARCHIVOS DE PEQUEÑAS
REFERENCIAS EN EL ORDEN SOCIAL
POBLE NOU (CAN FELIPA 2008)
WWW.RICARDOTRIGO.NET
SESSIÓ 12 MAIG
IES VALLÈS
(ARTISTA)
RICARDO TRIGO
JOSEP MORENO
(DOCENT)
COLLAB
NAU ESTRUCH - OSCAR ABRIL
(CURADOR)
SESSIÓ 20 M
NAU ESTRU
EXPOSICIÓ: NOVE
PRÀCTIQUES
CONSTRUCCIÓ PROGRAMA COMÚ
DISCURS MUSEOLÒGIC
ESTRATÈGIES DE COMUNICACIÓ
CATÀLEGS

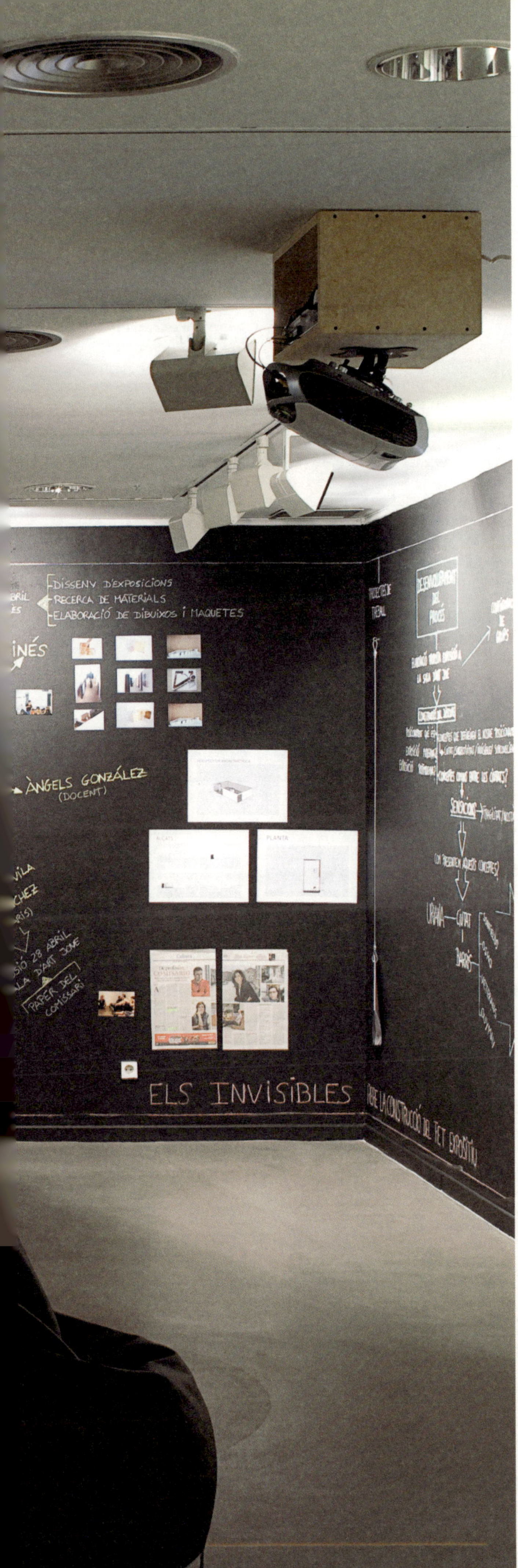

SALA D'ART JOVE

CALÀBRIA, 147 | EIXAMPLE, 08015 BARCELONA

+34 93 483 83 61 | artjove.dasc@gencat.cat

PLATAFORMA DEDICADA A LA PRODUCCIÓN y difusión de proyectos artísticos emergentes. Su programación se establece cada año a partir de una convocatoria pública a la que pueden acceder creadores menores de treinta años que vivan en Cataluña. Los artistas seleccionados exponen su trabajo en la sala, que también promueve la realización de proyectos por toda la comunidad. Con el objetivo de ser asimismo un espacio de comunicación y conocimiento, la Sala d'Art Jove incluye además una programación de cursos y talleres de formación que ponen en contacto a los artistas seleccionados con profesionales de distintas disciplinas.

PLATAFORMA DEDICADA A LA PRODUCCIÓ i difusió de projectes artístics emergents. La seva programació s'estableix cada any a partir d'una convocatòria pública a la qual poden accedir creadors menors de trenta anys que visquin a Catalunya. Els artistes seleccionats exposen el seu treball a la Sala, que també promou la realització de projectes per a tota la comunitat. Amb l'objectiu de ser, així mateix, un espai de comunicació i coneixement, la Sala d'Art Jove inclou, a més, una programació de cursos i tallers de formació que posen en contacte els artistes seleccionats amb professionals de diverses disciplines.

PLATFORM DEVOTED TO THE PRODUCTION and dissemination of emerging artistic projects. Its program is established yearly through a public call for submissions, which can be accessed by creators under the age of thirty years old, living in Catalonia. The selected artists exhibit their work at the venue, which also promotes the creation of projects by the whole community. Seeking to become a space of communication and knowledge as well, the Sala d'Art Jove also includes a program of courses and training workshops that put the selected artists in contact with professionals from various disciplines.

▶ Paulo i dos anys més tard, Eñe Rio de Janeiro. Entremig, el 2008, neix Dos Cielos a la planta 24 de l'Hotel ME Barcelona, que obté el Premi Nacional de Gastronomia de l'Acadèmia Catalana al millor restaurant de l'any i una estrella Michelin. Actualment preparen el llançament de Biohuerto, a la planta 29, cinc plantes més amunt que el Dos Cielos. «Estimar els productes de la nostra terra i sorprendre cada dia el client oferint-li el millor que puguem oferir-li. La cuina ens uneix i ens fa transportar les persones a un món de sensacions, textures, sabors infinits».

CHEFS. Twin brothers, they have inherited their passion for cooking from their grandmother. Sergio has worked at Reno, Neichel, El Señorío de Beatriz, Akelarre, Le Jardin des Sens, Alain Ducasse and Plaza Atenée, and Javier has worked at Girasol, Neichel, Reno, Racó de Can Fabes and Philippe Rochat. Partners at the El Rodat hotel and restaurant in Javea (Alicante), they were so enchanted by a visit to Brazil that in 2007 they founded Eñe São Paulo, and two years later, Eñe Rio de Janeiro. In the interim, in 2008, they opened Dos Cielos on the 24th floor of the Hotel ME Barcelona, which obtained the National Catalonian Academy Award for Gastronomy, for the best restaurant of the year, as well as a Michelin star. They are currently preparing the launch of Biohuerto on the 29th floor – five floors above Dos Cielos. "Loving the products of our earth, and surprising our customers each day with the very best we can offer them. Cooking joins us together and helps us take people to a world of sensations, textures, and infinite flavours."

TRAPÉ, ELENA
BARCELONA, 27.08.1976.

0 | *No quiero la noche (2006), Pijamas (2008), La Ruïna (2009), Blog (2010).* **M |** *Antonioni, Fellini, Bergman, Renoir, Joseph L. Mankiewicz, Billy Wilder, Scorsese, Polanski, Haneke, John Cassavetes, Mike Nichols, Terrence Malick, Woody Allen, Peter Weir, Hal Sabih, Sam Mendes, Roger Deakins, Paul Thomas Anderson, Gus Van Sant, Hal Hartley, Paul Greengrass, Raymond Carver.* **C |** *Lukas Moodysson, Olivier Assayas, Tamara Jenkins, Aaron Sorkin, Noah Baumbach, Jonathan Glazer, John Curran, Rian Johnson, Richard Kelly, Lucrecia Martel, Laurent Cantet, Kelly Reichard, Daniel Clowes, Adrian Tomine, Jeffrey Brown, Jiro Taniguchi, Elizabeth Peyton.*

REALIZADORA. Tras licenciarse en Historia del Arte por la UAB, se graduó como directora en 2004 en la Escuela Superior de Cine y Audiovisuales de Cataluña (ESCAC) con *No quiero la noche,* su primer cortometraje en 35 mm. En 2008 rodó *La Ruïna,* un telefilme nominado a mejor película para televisión en los premios Gaudí 2010. Poco después llegó *Blog,* su ópera prima, que se estrenó en el 58º Festival Internacional de Cine de San Sebastián y recibió la Mención Especial del jurado del premio Otra Mirada. En la actualidad compagina la dirección con la docencia y la realización publicitaria. «Observar a la gente y escuchar las conversaciones ajenas».

REALITZADORA. Després de llicenciar-se en Història de l'Art per la UAB, el 2004 es va graduar com a directora a l'Escola Superior de Cinema i Audiovisuals de Catalunya (ESCAC) amb *No quiero la noche,* el seu primer curtmetratge en 35mm. El 2008 va rodar *La Ruïna,* un telefilm nominat a la millor pel·lícula per a televisió als premis Gaudí 2010. Poc després va arribar *Blog,* la seva òpera prima, que es va estrenar al 58è Festival Internacional de Cinema de Sant Sebastià i va rebre la Menció Especial del Jurat del premi Otra Mirada. Actualment compagina la direcció amb la docència i la realització publicitària. «Observar la gent i escoltar les converses dels altres».

PRODUCER. After graduating in History of Art from the UAB, she graduated as a director in 2004 from the Catalonian School of Film and Audiovisual Art (ESCAC) with *No quiero la noche,* her first short 35 mm film In 2008 she released *La Ruïna,* a telefilms nominated for a Gaudi award for best television film in 2010. Shortly afterwards came *Blog,* her opera prima, released at the 58th San Sebastian Film Festival and received a Special Mention from the jury for Otra Mirada. She currently combines directing with teaching and advertising activities. "Observing people and listening to other people's conversations."

TRICICLE
BARCELONA, 1979.

0 | *Coloraines (1980), El baró esberlat (1981), Manicòmic (1982), Exit (1984), Un quart de quatre (1984), Slastic (1986), Terrific (1991), Entretres (1996), Tricicle 20 (1999), Sit (2001), Garrick (2007).*

COMPAÑÍA DE TEATRO fundada y formada por Joan Gràcia, Carles Sans y Paco Mir, tres amigos que se conocieron mientras estudiaban en el Institut del Teatre de Barcelona y se convirtieron en una auténtica hermandad del humor gestual viendo —y memorizando— las técnicas de Ernst Lubitsch, Billy Wilder y Buster Keaton. Actualmente son una referencia mundial en su campo y han llevado su humor universal a países como China, Japón, Finlandia y Túnez. En 1989 fundaron su segunda compañía, Clownic. «El gag, "la unidad mínima de humor", según su propia definición, es la base de su técnica dramática. Cualquiera de sus historias está llena de gags hasta lograr una imposible media de un gag cada diez segundos. Sus espectáculos nunca se dan por acabados; siempre están buscando nuevas posibilidades de introducir nuevos gags. Aunque no todo vale: Tricicle se caracteriza por un humor que huye siempre del mal gusto».

COMPANYIA DE TEATRE fundada i formada per Carles Sans, Paco Mir i Joan Gràcia, tres amics que es van conèixer mentre estudiaven a l'Institut del Teatre de Barcelona i es van convertir en una autèntica germandat de l'humor gestual veient —i memoritzant— les tècniques d'Ernst Lubitch, Billy Wilder i Buster Keaton. Actualment són una referència mundial en el seu camp i han dut el seu humor universal a països com la Xina, el Japó, Finlàndia i Tunísia. El 1989 van fundar la seva segona companyia, Clownic. «El gag, "la unitat mínima d'humor", segons la seva pròpia definició, és la base de la seva tècnica dramàtica. Qualsevol de les seves històries és plena de gags fins a aconseguir una impossible mitjana d'un gag cada deu segons. Els seus espectacles no es dónen mai per acabats; sempre busquen noves possibilitats per introduir nous gags. Tot i que no tot s'hi val: Tricicle es caracteritza per un humor que defuig sempre el mal gust».

THEATRE COMPANY founded and formed by Carles Sans, Paco Mir and Joan Gràcia, three friends who met as students at the *Institut del Teatre* in Barcelona and because a veritable fraternity of gestual comedy by watching – and memorising – the techniques of Ernst Lubitch, Billy Wilder and Buster Keaton. Today there are world benchmark in their field and have taken their universal humour to countries such as China, Japan, Finland and Tunisia. In 1989 they founded their second company, Clownic. "The gag, 'the smallest unit of humour,' by their own definition, is the base of their dramatic technique. Any of their stories is full of gags, reaching an incredible average of one every ten seconds. Their shows are wound up; they are always looking for new chances to bring in new gags. Although no everything works: Tricicle is well known for humour in good taste."

TRISTANO, FRANCESCO
LUXEMBURGO, 16.11.1981.

0 | *Johann Sebastian Bach: Goldberg Variations (2002), Luciano Berio: Complete Piano Works (2005), Not For Piano (2007), Auricle Bio On (2008), Aufgang (2009), Idiosynkrasia (2010), bachCage (2011).* **M |** *Johann Sebastian Bach, John Cage, Joe Zawinul, Bruce Brubaker, Mikhail Pletnev, Carl Craig, Moritz von Oswald.* **C |** *Justin Messina, Rami Khalifé, l3achar Khalifé, Murcof.*

PIANISTA Y COMPOSITOR. Comenzó a tocar a los cinco años y a los trece ya daba conciertos con composiciones propias. Se formó entre Bruselas, París, Riga, Barcelona y la prestigiosa Juilliard School de Nueva York. Es un solista virtuoso y audaz que ha dado la vuelta al mundo junto a primeras orquestas y ha fundado el conjunto de cámara The New Bach Players. Pero también un desprejuiciado compositor apasionado de la música barroca, cuya exploración del *techno,* el *jazz* y la música de club le ha llevado en los últimos años a derribar fronteras y convenciones de una manera mucho más sincrética que iconoclasta. «Busco nuevas maneras de transmitir y proyectar el sonido del piano en el nuevo siglo, a través de la composición y la recontextualización del canon clásico. Vivimos en una *remix culture*. Pero, ¿acaso no la vivió también Bach?».

PIANISTA I COMPOSITOR. Va començar a tocar als cinc anys i als 13 ja feia concerts amb composicions pròpies. Es va formar entre Brussel·les, París, Riga, Barcelona i la prestigiosa Juilliard School de Nova York. És un solista virtuós i audaç que ha voltat el món al costat de primeres orquestres i va fundar el grup de cambra The New Bach Players. Però també un compositor sense prejudicis apassionat de la música barroca, i que també ha explorat el techno, el jazz i la música de club, la qual cosa l'ha dut, els darrers anys, a enderrocar fronteres i convencions d'una manera molt més sincrètica que no pas iconoclasta. «Busco noves maneres de transmetre i projectar el so del piano al nou segle, a través de la composició i la re-contextualització del cànon clàssic. Vivim en una *remix culture*. Però, que potser Bach no la va viure, també?».

PIANIST AND COMPOSER. He started playing the piano at the age of five, and by thirteen he was performing concerts with his own compositions. He trained in Brussels, Paris, Riga, Barcelona and the prestigious Juilliard School in New York. He is a virtuoso and audacious soloist who has travelled with world with major orchestras and founded the Chamber group The New Bach Players. But he is also an unprejudiced and passionate composer of Baroque music, whose explorations of *techno, jazz* and club music has led him in recent years to break down barriers and conventions in a much more syncretised than iconoclastic way. "I am looking for new ways to transmit and project the sound of the piano in this new century, through composition and the recontextualisation of the classical canon. We live in a *remix culture*. But didn't Bach live in one too?"

TROCHUT, ALEX
BARCELONA, 03.06.1981.

O | *Estrella BCN (2009), Arcade Fire (2010), Vampire Weekend (2010), MTV (2010), Skate Fails (2010), Creative Review (2011).* **M |** *Joan Trochut, Milton Glaser, Herb Lubalin, Rick Griffin, Jim Phillips, Kaws, Victor Vasarely, M. C. Escher, Joan Miró, Salvador Dalí.* **C |** *Non Format, Mario Hugo, Jonathan Zawada, Marian Bantjes.*

DISEÑADOR. Se formó en la Escuela Superior de Diseño Elisava y comenzó a trabajar como ilustrador y diseñador *freelance* en 2007. Nieto de Joan Trochut, el creador del sistema modular Super-Tipo Veloz en 1942, su pasión por la tipografía le viene de familia. Campo en el que rápidamente se ha granjeado una sólida y reconocida trayectoria. El control y la contención marcan la pauta de su ecléctico estilo, rico en detalle y elegancia, y en constante evolución. Entre sus principales clientes se incluyen: Nike, The Rolling Stones, Nixon, British Airways, Coca-Cola y *The Guardian*. «More is More».

DISSENYADOR. Es va formar a l'Escola Superior de Disseny Elisava i va començar a treballar com a il·lustrador i dissenyador freelance el 2007. Nét de Joan Trochut (creador, el 1942, del sistema modular SuperTipo Veloz), la seva passió per la tipografia, camp en què ràpidament s'ha guanyat una sòlida i reconeguda trajectòria, li ve de família. El control i la contenció marquen la pauta del seu estil eclèctic, ric en detalls i elegància, en constant evolució. Entre els seus principals clients, hi ha: Nike, The Rolling Stones, Nixon, British Airways, Coca-Cola i The Guardian. «More is More».

DESIGNER. He trained at the Elisava School of Design and started working as a freelance illustrator and designer in 2007. The grandson of Joan Trochut, the creator of the modular Super Type Veloz in 1942, his passion for typography runs in the family. He quickly carved a solid and well respected career for himself in the same field. Control and contention set the guidelines for his eclectic style, rich in detail and elegance, and in constant evolution. His main clients include: Nike, The Rolling Stones, Nixon, British Airways, Coca-Cola and The Guardian. "More is More."

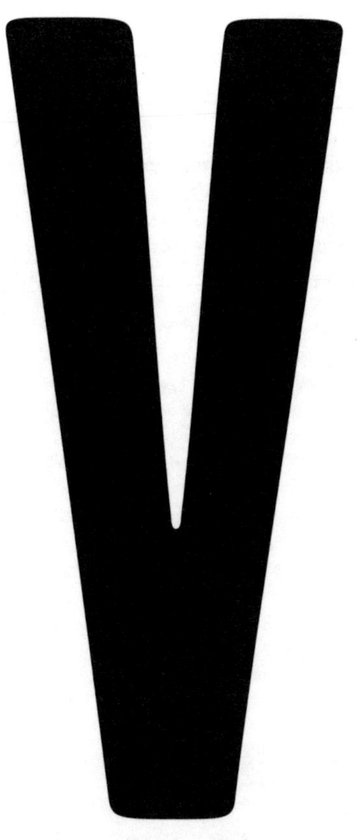

VALLDOSERA, EULÀLIA
VILAFRANCA DEL PENEDÈS, BARCELONA, 22.10.1963.

O | *Exposiciones: bienales de Kwang-ju (Corea), Sídney y Estambul (1995); Skulptur Projekte de Münster y bienales de Johannesburgo, Manifesta I de Róterdam y SITE Santa Fe, Estados Unidos (1997); Obras 1990-2000 (retrospectiva), en Witte de Wit, Róterdam, Fundació Antoni Tàpies, Barcelona, y Bienal de Venecia; Dependencias (selección retrospectiva y obra reciente), en el MNCARS, Madrid (2009); Bienal de Lyon (2010).* **M |** *Francisco de Goya, Henri Michaux, Louise Bourgeois, Ana Mendieta, Ulay, Marina Abramović.* **C |** *Gabriel Orozco, Pipilotti Rist, Honoré d'O, Janet Cardiff & George Bures Miller.*

ARTISTA PLÁSTICA. Desde su primera individual en 1991 hasta la reciente *Dependencia mutua*, su obra es fundacional y fundamental dentro del arte que genera eventos valiéndose de todos los medios y tecnologías disponibles —y desde una actitud crítica en cuestiones de género, política y producción— en lugar de crear objetos susceptibles de ser archivados y que, a decir de Baudrillard, sirven básicamente para otorgar poder a quienes los detentan. *Dependencia mutua*, por ejemplo, es una acción que recurre al lenguaje fílmico para mostrar a una trabajadora ucraniana limpiando la estatua de un emperador romano en el Museo Arqueológico de Nápoles. Valldosera ha expuesto en las principales galerías y centros de arte de Europa. La Fundació Tàpies organizó la retrospectiva: *E. V. Obres 1990-2000*. En 2009, el MNCARS, la selección *Dependencias*. «Spivak lanzó en 1988 la siguiente pregunta: "¿Puede hablar el sujeto subalterno?", para analizar los itinerarios del silencio de los sujetos que han quedado escritos fuera de la historia y afirmar que la mujer ocupa ese lugar radical por su doble condición de mujer y de sujeto colonial».

ARTISTA PLÀSTICA. Des de la seva primera individual el 1991 fins a la recent *Dependencia mutua*, la seva obra és fundacional i fonamental dins l'art que genera esdeveniments valent-se de tots els mitjans i tecnologies disponibles —i des d'una actitud crítica en qüestions de gènere, política i producció— en comptes de crear objectes susceptibles de ser arxivats i que, segons diu Braudillard, serveixen bàsicament per atorgar poder als qui els retenen. *Dependencia mutua*, per exemple, és una acció que recorre al llenguatge fílmic per mostrar una treballadora ucraïnesa netejant l'estàtua d'un emperador romà al Museu Arqueològic de Nàpols. Valldosera ha exposat a les principals galeries i centres d'art d'Europa. La Fundació Tàpies va organitzar la retrospectiva: *E. V. Obres 1990-2000*. El 2009, el MN-CARS, la selecció *Dependencias*. «Spivak va llançar el 1988 la següent pregunta: "Pot parlar el subjecte subaltern?", per analitzar els itineraris del silenci dels subjectes que han quedat escrits fora de la història i afirmar que la dona ocupa aquest lloc radical per la seva doble condició de dona i de subjecte colonial».

PLASTIC ARTIST. From her first individual exhibition in 1991 until the recent *Dependencia mutual*, her work is foundation and fundamental within art which generates events by using all available means and technologies – and from a critical attitude in terms of genre, policy and production – instead of creating objects which are susceptible to be filed away and, in the words of Braudillard, basically serve to empower those who hold them. *Dependencia mutual*, for example is an action which draws on the language of film to show a Ukrainian lady working to clean the statue of a Roman emperor in the Archaeological Museum in Naples. Valldosera has exhibited in the main galleries and art centres of Europe. The Tàpies Foundation organised the retrospective exhibition: *E. V. Obres 1990-2000*. In 2009, MNCARS, ran *Dependencias*. "In 1988 Spivak asked the following question: 'Can the subordinate subject speak?,' to analyse the itineraries of the silence of subject who have been written out of history and affirm that women occupy that radical position due to their being women and also colonial subjects."

VÁSQUEZ, JUAN GABRIEL
BOGOTÀ, 01.01.1973.

O | *Los informantes (2004), Historia secreta de Costaguana (2007), Los amantes de Todos los Santos (2008), El arte de la distorsión (2009), El ruido de las cosas al caer (2011).* **M |** *Shakespeare, Joseph Conrad, James Joyce, Marcel Proust, Philip Roth, Jorge Luis Borges, W. G. Sebald, Mario Vargas Llosa, Javier Marías.* **C |** *Mathias Énard, Aleksandar Hemon.*

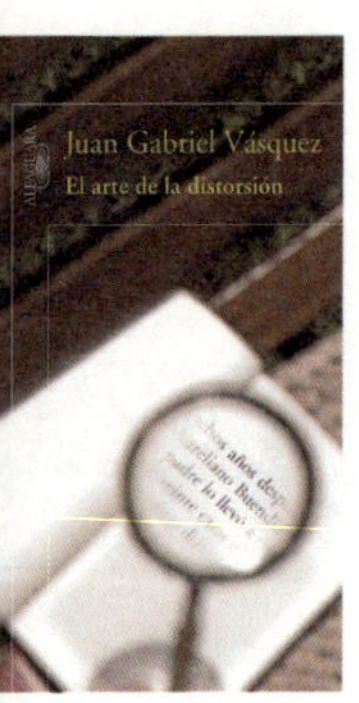

ESCRITOR, PERIODISTA Y TRADUCTOR. Como creía que escribir novelas pasaba por abarcar tanta porción del mundo como fuera posible —«el ensanchamiento de la experiencia, de la que habla Naipaul»—, en 1996 dejó su país para estudiar Literatura Hispanoamericana en la Sorbona de París y, tras una breve estadía en las Ardenas belgas, en 1999 se instaló en Barcelona, donde vive hasta hoy. Su obra narrativa, a menudo centrada en conflictos políticos poco conocidos y rigurosamente documentados, ha sido publicada en catorce lenguas y una veintena de países, y celebrada por autores como Marsé, Vila-Matas o John Banville. En 2011 ganó el Premio Alfaguara de Novela con *El ruido de las cosas al caer*. «La literatura es la memoria de lo que no ha ocurrido nunca transformada en la historia de lo que ocurrirá para siempre».

ESCRIPTOR, PERIODISTA I TRADUCTOR. Com que creia que escriure novel·les passava per abastar tanta porció de món com fos possible —«l'eixamplament de l'experiència, de què parla Naipaul»—, el 1996 va deixar el seu país per estudiar Literatura Hispanoamericana a la Sorbona de París i, després d'una estada breu a les Ardenes belgues, el 1999 es va instal·lar a Barcelona, on viu fins avui. La seva obra narrativa, sovint centrada en conflictes polítics poc coneguts i rigorosament documentats, ha estat publicada en catorze llengües i vora una vintena de països, i celebrada per autors com Marsé, Vila-Matas o John Banville. El 2011 guanya el Premi Alfaguara de novel·la amb *El ruido de las cosas al caer*. «La literatura és la memòria d'allò que mai no ha succeït transformada en la història d'allò que succeirà per sempre».

WRITER, JOURNALIST AND TRANSLATOR. As he believed that writing novels meant covering as much of the world as possible – "widening of experience, as spoken of by Naipaul" – in 1996 he left his home country to study Latin American Literature at the Sorbonne in Paris and, after a short spell in the Belgian Ardennes, in 1999 he settled in Barcelona where he still lives today. His narrative work, often focusing on little known and thoroughly documented political conflicts, has been published in fourteen languages and over twenty countries, and celebrated by authors such as Marsé, Vila-Matas or John Banville. In 2011 he won the Alfaguara Novel Prize for *El ruido de las cosas al caer*. "Literature is the memoir of what has not ever happened in the story of what will happen forever."

VICENT, JOSEP
ALTEA, ALICANTE, 15.12.1970.

O | *Como solista: Fin de siglo (1995). Con el Amsterdam Percussion Group: Go Between (1987), A Poet in New York (1994), Once Upon a Time (1995), Nocturnal Activities (1999), African Circle (2000), Spatial Music (2003), Release (2003), Spaar me Reusjelief (2006). Como director: Falling Dust (1998), 50 Jaar, Stichting Huygens-Fokker (1999), Wölfly, A Journey into Chaos (1998), Nederlands Radio Metropole Orkest (2001), The World Orchestra of Jeunesses Musicales. Concert for Peace at Sagunt Roman Theatre (2005), España, de dentro a fuera (2005), L'Estro Aleatorio (2005), Opera Overtures (2007).*

DIRECTOR DE ORQUESTA, PERCUSIONISTA Y COMPOSITOR. Desde el año 2005 es el director de The World Orchestra of Jeunesses Musicales como parte de su compromiso en tanto Unesco Artist for Peace y, desde 1993, director artístico y solista del Amsterdam Percussion Group, con los que ha recorrido más de veinte países de Europa, Asia y América. Es también compositor de bandas sonoras para cine y creador de espectáculos que integran influencias musicales de África y la India. Ha sido director invitado en orquestas y ensembles de Asia, América, Oceanía y Europa, como la Gewandhaus Orchestra de Leipzig, la Orquesta del Liceo de Barcelona, la Orquesta del Teatro Real de Madrid, la Kiev Symphony Orchestra, la Nederlands Radio Metropole Orkest, la Holland Sinfonia, la Melbourne National Academy Ensemble, la Orquesta Sinfónica de la Radio Televisión Española o la Orquesta de Barcelona i Nacional de Catalunya, entre otras. «La característica más destacada de The World Orchestra es el fuego y la energía alimentada por Josep Vicent» (Clemens Goldberg).

DIRECTOR D'ORQUESTA, PERCUSSIONISTA I COMPOSITOR. Des del 2005 és el director de The World Orchestra of Jeunesses Musicales com a part del seu compromís a Unesco Artist for Peace i, des del 1993, director artístic i solista de l'Amsterdam Percussion Group, amb els quals ha recorregut més de vint països d'Europa, l'Àsia i Amèrica. És també compositor de bandes sonores per a cinema i creador d'espectacles que integren influències musicals de l'Àfrica i l'Índia. Ha estat director convidat d'orquestres i *ensembles* d'Àsia, Amèrica, Oceania i Europa, com la Gewandhaus Orchester de Leipzig, l'Orquestra del Liceu de Barcelona, l'Orquestra del Teatro Real de Madrid, la Kiev Symphony Orchestra, la Nederlands Radio Metropol Orkest, l'Holland Sinfonia, la Melbourne National Academy Ensemble, l'Orquestra Simfònica de la Ràdio Televisió Espanyola o l'Orquestra de Barcelona i Nacional de Catalunya, entre d'altres. «La característica més destacada de The World Orchestra és el foc i l'energia alimentada per Josep Vicent» (Clemens Goldberg).

CONDUCTOR, PERCUSSIONIST AND COMPOSER. He has been the conductor of the World Orchestra of Jeunesses Musicales since 2005, as part of his commitment to the Unesco Artist for Peace and since 1993 he has been the artistic director and soloist of the Amsterdam Percussion Group, travelling to over twenty different countries in Europe, Asia and America. He also writes soundtracks for film and creates shows including musical influences from Africa and India. He has been a guest conductor for orchestras and ensembles in Asia, America, Australasia and Europe, such as the Gewandhaus Orchester de Leipzig, the Orquesta del Liceo de Barcelona, the Orquesta del Teatro Real de Madrid, the Kiev Symphony Orchestra, the Nederlands Radio Metropol Orkest, the Holland Sinfonia, the Melbourne National Academy Ensemble, the Orquesta Sinfónica de la Radio Televisión Española or the Orquestra de Barcelona i Nacional de Catalunya, among others. "The main characteristic of The World Orchestra is the fire and energy of Josep Vicent." (Clemens Goldberg).

VIDAL, LLUÍS
BARCELONA, 04.08.1959.

O | *Nueva York en un poeta (1997, para trío, solista y orquesta sinfónica), Vermeer (2001, para conjunto instrumental), El Puig d'en Rostroll (2003, para big band), Iberia (2004, para dos pianos solistas y orquesta sinfónica), La llegenda de Sant Jordi (2009, para trío, solista y cobla), Concierto para quinteto de metales y orquesta (2010).*

Los discos: Mompiana. Lluís Vidal Trio feat. Dave Douglas & Perico Sambeat (2009), Amargós & Vidal. Dues visions contemporànies de la cobla (2010). **M |** *Ígor Stravinski, Antonio Carlos Jobim, Astor Piazzolla, Bill Evans.* **C |** *Django Bates, Mark-Anthony Turnage, Grigory Sokolov, Brad Mehldau.*

PIANISTA Y COMPOSITOR. Realizó sus estudios musicales en el Conservatorio Superior Municipal de Música de Barcelona, aunque su formación *jazzística* es autodidacta. Ha sido fundador de los grupos Catalònia (1977), Onix (1983), Ictus (1987), el grupo de tangos Araca (1995) y de la Orquestra de Cambra Teatre Lliure (1985). Desde que fue creada, es profesor de la Escola de Música de Catalunya (ESMUC). Ha grabado más de veinte discos como líder y, como compositor, ha escrito numerosas piezas musicales para el cine y el teatro. Ha actuado en festivales internacionales de gran relevancia y colaborado con grandes músicos. Posee numerosos premios, entre los que destaca el Premi Nacional de Música de la Generalitat de Catalunya. «En la propuesta de Lluís Vidal no hay lugar para el exceso ni para el artificio, más bien lo que domina es la mesura y la precisión. Sus manos, en todo caso, no son las del narrador de un relato que combina descripciones, diálogos y situaciones más o menos complejas, sino las de un poeta que encuentra en la sencillez de las formas y la economía de las palabras su máxima expresión» (Pere Pons).

PIANISTA I COMPOSITOR. Va fer estudis musicals al Conservatori Superior Municipal de Música de Barcelona, per bé que la seva formació jazzística és autodidacta. Ha estat fundador dels grups Catalònia (1977), Onix (1983), Ictus (1987), el grup de tangos Araca (1995) i l'Orquestra de Cambra del Teatre Lliure (1985). Des que es va crear, és professor de l'Escola de Música de Catalunya (ESMUC). Ha gravat més de vint discos com a líder i, com a compositor, ha escrit nombroses peces musicals per al cinema i el teatre. Ha actuat a festivals internacionals de gran rellevància i ha col·laborat amb grans músics. Posseeix nombrosos premis, entre els quals destaca el Premi Nacional de Música de la Generalitat de Catalunya. «En la proposta de Lluís Vidal no hi ha lloc per a l'excés ni l'artifici, més aviat allò que hi domina és la mesura i la precisió. Les seves mans, en tot cas, no són les del narrador d'un relat que combina descripcions, diàlegs i situacions més o menys complexes, sinó les d'un poeta que troba en la sencillesa de les formes i l'economia de les paraules la seva màxima expressió» (Pere Pons).

PIANIST AND COMPOSER. He completed his music studies at the Municipal Conservatory of Barcelona, although he is self-taught in jazz. He is the founder of the groups Catalònia (1977), Onix (1983), Ictus (1987), the tango group Araca (1995) and the Lliure Theatre Chamber Orchestra (1985). He has taught at the Escola de Música de Catalunya (ESMUC) since it opened. He has fronted over twenty album, and as a composer has written a large number of pieces for film and theatre. He has performed in international festivals of great importance and worked with great musician. He holds a number of awards, including the National Music Prize from the Generalitat de Catalunya. "In Lluís Vidal's work there is no place for excess or artifice. The dominant thread is more restraint and precision. His hands, in any case, are no those of a storyteller combining descriptions, dialogues and more or less complex situations, but those of a poet who finds his utmost expression in the simplicity of shapes and economy of words." (Pere Pons).

VILÀ, JORDI
BARCELONA, 24.11.1973.

O | *Arroz de nyoras, Mar adentro, Gamba a la mano, Mar y montaña de ostra y careta.* **M |** *Vaya por delante, que mi ignorancia es infinitamente mayor que mi cultura: la naturaleza, mi padre y mi madre (artistas de la vida), Miquel Barceló, Gaudí, Michel Bras, Ferran Adrià, Miquel Martí Pol, Picasso.* **C |** *Los mismos; la proximidad me la da la obra.*

CHEF. Se inició en el mundo de la gastronomía a los quince años, en la pastelería Baixas de Barcelona. Posteriormente estudió en la Escola Joviat de Manresa y, a partir de ese momento, ha ido creciendo profesionalmente y aprendiendo de cada lugar donde ha trabajado. En 1998, junto a Sònia Profitós, funda Abrevadero, su primer restaurante. Gracias al éxito de esa primera aventura, en 2002 abre las puertas de Alkimia, con el que se da a conocer internacionalmente como creador culinario. Su amor por la comida española y gran talento hicieron que en 2005 recibiera su primera estrella Michelin y el premio al Mejor Pastelero por Lo Mejor de la Gastronomía. Comentando uno de sus mejores platos, Mar y montaña de ostra y careta, dice: «Partimos de la tradición para hacer una combinación de sabores antagónicos pero de textura igual, con lo que se produce un diálogo interesante». «Tengo la tranquilidad de que me he pasado tres pueblos de donde quería llegar. De una cebolla cruda, frescor crujiente picante, a una cebolla muy caramelizada, puré dulzor profundo. Toda la cocina en una cebolla. ¿Qué es lo que queremos?».

XEF. Es va iniciar en el món de la gastronomia als quinze anys, a la pastisseria Baixas de Barcelona. Posteriorment va estudiar a l'Escola Joviat de Manresa i, a partir d'aleshores, ha anat creixent professionalment i aprenent de cada lloc on ha treballat. El 1998, al costat de Sònia Profitós, funda Abrevadero, el seu primer restaurant. Gràcies a l'èxit d'aquesta primera aventura, el 2002 obre les portes d'Alkimia, amb el qual es dóna a conèixer internacionalment com a creador culinari. El seu amor pel menjar espanyol i el gran talent van fer que el 2005 rebés la seva primera estrella Michelin i el premi al Millor Pastisser per Lo Mejor de la Gastronomía. Comentant un dels seus millors plats, Mar i muntanya d'ostra i careta, diu: «Partim de la tradició per fer una combinació de sabors antagònics però de la mateixa textura, amb la qual cosa es produeix un diàleg interessant». «Tinc la tranquil·litat d'haver-me passat tres pobles d'on volia arribar. D'una ceba crua, frescor cruixent picant, a una ceba molt caramel·litzada, puré dolçor profunda. Tota la cuina en una ceba. Què és el que volem?».

CHEF. He started in the world of catering at the age of fifteen, in the Baixas bakery in Barcelona. He went on to study at the Joviat School in Manresa, and since then he has grown professionally and continued to learn from every place where he has worked. In 1998, together with Sònia Profitós, he started Abrevadero, his first restaurant. Thanks to the success of this first venture, in 2002 he opened Alkimia, which put him on the international map as a culinary creator. His love for Spanish food and his great talent led him to earn his first Michelin star in 2005 and the award for Best Confectioner from the Best Gastronomy Awards. Talking about one of his best dishes, Mar y montaña de ostra y careta, he says: "We based ourselves on tradition in order to create a combination of antagonistic flavours which nevertheless share the same texture, resulting in an interesting dialogue." "I am happy in the knowledge that I have gone way beyond where I wanted to go. From a raw onion, with its fresh, spicy crunch, to a well caramelised onion, a deep, soft sweetness. Cooking summed up in an onion. What do we want?"

VILA-SANJUÁN, SERGIO
BARCELONA, 26.03.1957.

O | *Pasando página. Autores y editores en la España democrática (2003), Crónicas culturales (2004), El síndrome de Frankfurt (2007), Una heredera de Barcelona (2010), Código best seller (2011).* **M |** *Mario Vargas Llosa, Terenci Moix, Baltasar Porcel, José Enrique Ruiz-Domènec.* **C |** *Andrés Trapiello, Carlos Ruiz Zafón, Javier Cercas.*

PERIODISTA Y ESCRITOR. Pertenece a una familia ligada a las letras barcelonesas. Licenciado en Historia y especialista en el mundo editorial, actualmente es el coordinador del suplemento *Cultura/s* de *La Vanguardia*. Editó, con Sergi Doria, *Paseos por la Barcelona literaria* (2005), fue comisario del Año del Libro 2005 y ha organizado exposiciones de pintura como *Realismo de vanguardia* (1997) y *Realismo en Cataluña* (1999). Con *Una heredera de Barcelona*, ha dado el salto a la narrativa de ficción. «En mis trabajos de periodismo cultural me he ocupado sobre todo del funcionamiento del mundo del libro español e internacional. Mi única novela es una crónica familiar de la Barcelona de los años veinte».

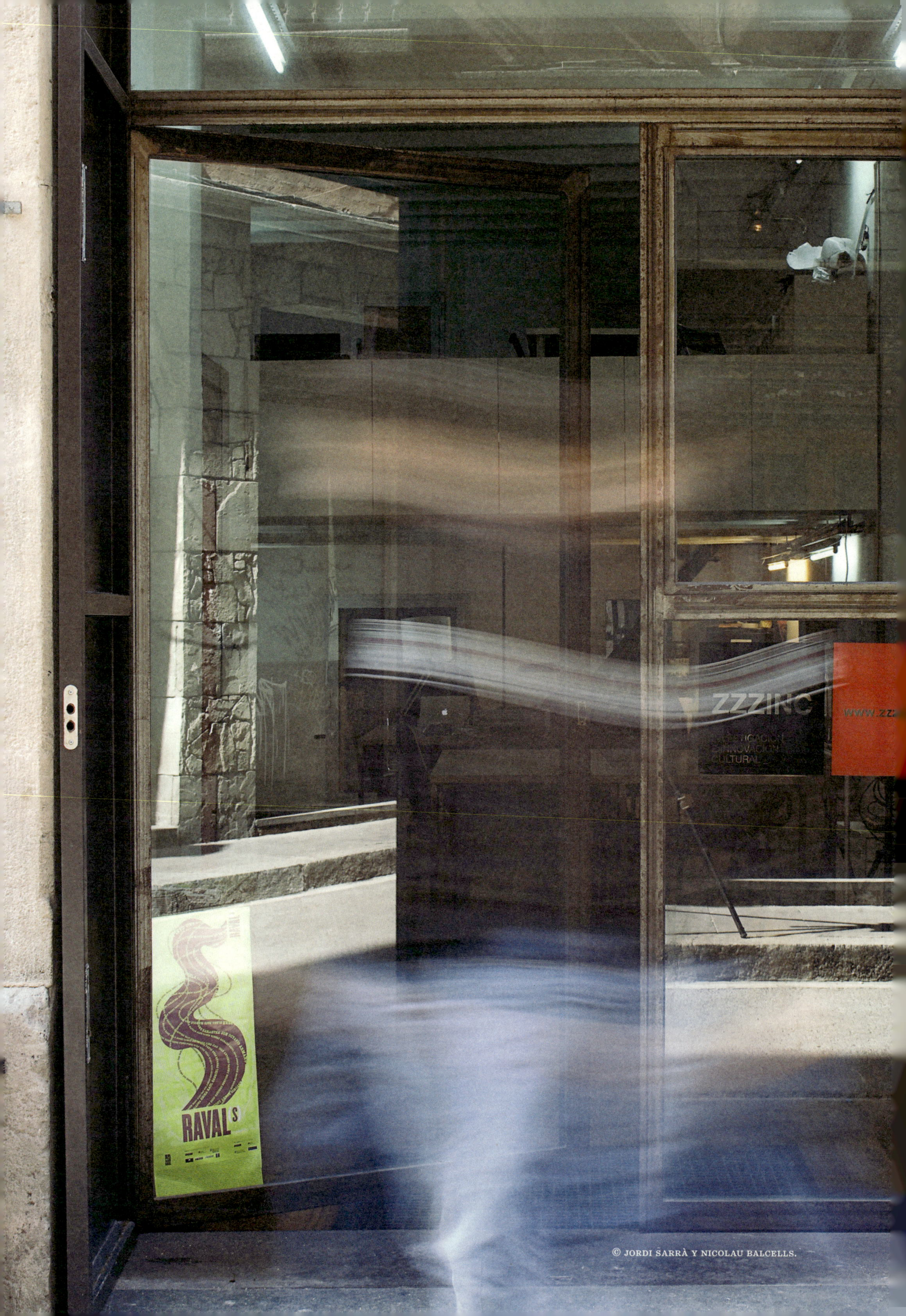

© JORDI SARRÀ Y NICOLAU BALCELLS.

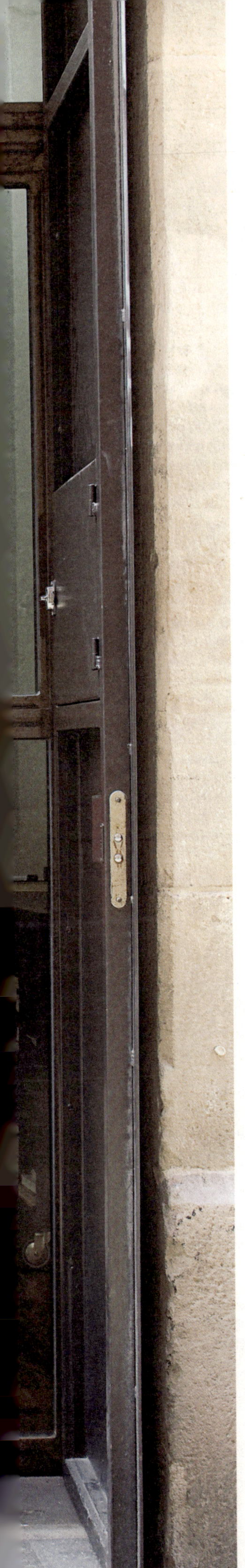

ZZZINC

SANT VICENÇ, 33 | CIUTAT VELLA, 08001 BARCELONA

zzzinc.net | +34 93 301 53 05 | info@zzzinc.net

PLATAFORMA DE INVESTIGACIÓN E INNOVACIÓN CULTURAL formada por periodistas, comisarios, investigadores independientes, profesores universitarios y productores culturales. Es un laboratorio experimental y un centro de recursos dedicado a generar pensamiento sobre el papel de la innovación en el ámbito de la cultura. Es también un espacio de actividad y un lugar de encuentro que conecta a la comunidad local con profesionales y redes de conocimiento internacionales que pasan por Barcelona. Bajo una de sus máximas, «nos interesan los cambios» (en la relación de las artes con la ciencia, la empresa y la comunicación, y en el desarrollo de nuevos modelos económicos y legales que están transformando las industrias culturales), trabajan sobre diversos lenguajes y soportes y desarrollan proyectos para museos y centros de arte, entidades culturales e instituciones educativas.

PLATAFORMA D'INVESTIGACIÓ I INNOVACIÓ CULTURAL formada per periodistes, comissaris, investigadors independents, professors universitaris i productors culturals. És un laboratori experimental i un centre de recursos dedicat a generar pensament sobre el paper de la innovació en l'àmbit de la cultura. És també un espai d'activitat i un lloc de trobada que connecta la comunitat local amb professionals i xarxes de coneixement internacionals que passen per Barcelona. Sota una de les seves màximes, «ens interessen els canvis» (en la relació de les arts amb la ciència, l'empresa i la comunicació, i en el desenvolupament dels nous models econòmics i legals que van transformant les indústries culturals), treballen sobre diversos llenguatges culturals i desenvolupen projectes per a museus o centres d'art, entitats culturals i institucions educatives.

A RESEARCH AND CULTURAL INNOVATION PLATFORM formed by journalists, curators, independent investigators, university professors and cultural producers. It is an experimental lab and a resource center aimed at generating thoughts on the role of innovation in the field of culture. It is also an activity space and meeting point that links the local community with professionals and international knowledge networks that go through Barcelona. Under one of its maxims, "we are interested in change" (in the relation of the arts with science, corporations with communication, and the development of new economic and legal models that are transforming cultural industries), they work on various languages and support platforms and they develop projects for museums and art centers, cultural entities and educational institutions.

▶ **PERIODISTA I ESCRIPTOR.** Pertany a una família lligada a les lletres barcelonines. Llicenciat en Història i especialista en el món editorial, actualment és el coordinador del suplement Cultura/s de *La Vanguardia*. Va editar, amb Sergi Doria, *Paseos por la Barcelona literaria* (2005), va ser comissari de l'Any del Llibre 2005 i ha organitzat exposicions de pintura com *Realisme d'avantguarda* (1997) i *Realisme a Catalunya* (1999). Amb *Una heredera de Barcelona*, ha fet el salt a la narrativa de ficció. «En els meus treballs de periodisme cultural m'he ocupat sobretot del funcionament del món del llibre espanyol i internacional. La meva única novel·la és una crònica familiar de la Barcelona dels anys vint».

JOURNALIST AND WRITER. A member of a Barcelona literary family, he has a degree in history and is an expert on the publishing world. Currently he is the coordinator of the newspaper supplement Cultura/s of *La Vanguardia*. He edited, with Segi Doria, the literary anthology *Paseos por la Barcelona literaria* (2005), was curator of the Año del Libro 2005, and has organized such painting exhibitions as *Realismo de vanguardia* (1997) and *Realismo en Cataluña* (1999). *Una heredera de Barcelona* is his first work of fiction. "In my cultural journalism work, I have been concerned mainly with the functioning of the Spanish and international world of letters. My sole novel is a family chronicle set in the Barcelona of the 1920s."

VILLALOBOS, JUAN PABLO
GUADALAJARA, MÉXICO, 29.08.1973.

O | *Fiesta en la madriguera* (2010). **M |** *Felisberto Hernández, Witold Gombrowicz, Efrén Hernández, Jorge Ibargüengoitia, César Aira.* **C |** *Yuri Herrera, Julián Herbert, Álvaro Enrigue.*

ESCRITOR. Ha trabajado en investigación de mercado y estudia un doctorado en Literatura Comparada en la Universidad Autónoma de Barcelona. Ha dedicado horas a analizar asuntos tan heterogéneos como la influencia de las vanguardias en César Aira y la ergonomía de los retretes. *Fiesta en la madriguera*, su hasta ahora única novela publicada, lo ha situado rápidamente en la primera línea de los narradores decididos a descender a los abismos de la violencia. «Me interesa explorar el poder y la violencia desde el absurdo. Como narrador, busco articular una perspectiva hiper-lógica, que acaba por convertirse en absurda. Intento poner a funcionar una cadena de razonamientos hasta llegar a un pensamiento "mínimo", que puede ser simbólico. Muchas veces, esta secuencia se tergiversa o se pervierte simplemente como recurso humorístico».

ESCRIPTOR. Ha treballat en investigació de mercat i estudia un doctorat en Literatura Comparada a la Universitat Autònoma de Barcelona. Ha dedicat hores a analitzar assumptes tan heterogenis com la influència de les avantguardes en César Aira i l'ergonomia dels vàters. *Fiesta en la madriguera*, fins ara la seva única novel·la publicada, l'ha situat ràpidament en la primera línia dels narradors decidits a baixar als abismes de la violència. «M'interessa explorar el poder i la violència des de l'absurd. Com a narrador, busco articular una perspectiva hiper-lògica, que acaba esdevenint absurda. Intento posar en marxa una cadena de raonaments fins arribar a un pensament "mínim", que pot ser simbòlic. Moltes vegades, aquesta seqüència es tergiversa o es perverteix simplement com a recurs humorístic».

WRITER. He has worked in market research and completed a Doctorate in Comparative Literature at the Autonomous University of Barcelona. He has spend hours analysing matters as widespread as the influence of the *avant-garde* on César Aira and the ergonomics of lavatories. *Fiesta en la madriguera* ("Party in the Warren"), his only published novel to date, quickly placed him at the forefront of storytellers determined to dig deep into the depths of violence. "I am interested in exploring power and violence from the absurd. As a narrator, I seek to articulate a hyper-logical perspective, which ends up becoming absurd. I try set a chain of reasoning in motion until reaching a 'minimal' thought, which may be symbolic.

This sequence is often twisted or corrupted, simply as a humorous technique."

VILLARONGA, AGUSTÍ
PALMA DE MALLORCA, 21.04.1953.

O | *Tras el cristal (1985), El niño de la luna (1988), 99.9 (1997), El mar (2000), Aro Tolbukhin. En la mente del asesino (2002), Pa negre (2010).* **M |** *De los grandes, el más grande: Pasolini. De los americanos, Hitchcock (sabía latín). De los europeos, Bergman, Dreyer y Tarkovski. Y Fellini, Berlanga, Kubrick, David Lean... Y La noche del cazador, de Charles Laughton.* **C |** *Terence Malik, Gus Van Sant y Michael Haneke.*

DIRECTOR, GUIONISTA Y ACTOR DE CINE. Sus abuelos eran titiriteros y con su padre jugaba a hacer proyecciones de luces y sombras con linternas y cerillas. Cuando acabó el instituto, le escribió a Rossellini pidiéndole que le dejara estudiar en su escuela de cine en Roma. Al final acabó mudándose a Barcelona para estudiar Geografía e Historia. Ha recorrido Europa y América con la compañía de teatro de Núria Espert. En el cine empezó encargándose del vestuario y así fue conociendo los secretos del oficio. *Tras el cristal*, su ópera prima, fue seleccionada para la Berlinale y desconcertó a quienes la vieron. Con *El niño de la luna* se acentuaron ambas reacciones: Goya al mejor guion original, duras opiniones de una parte de la crítica y del público. Cuatro películas después, *Pa negre*, nueve premios Goya, incluyendo mejor película, director y actriz, ha supuesto su consagración definitiva. «Mi cine es básicamente atmosférico y emocional. En él hay mucho de poético y de cruel. Es amoral e intenta elevarse siempre un poquito del suelo. Eso quiere decir que tiene una vocación espiritual, aunque a veces no lo parezca».

DIRECTOR, GUIONISTA I ACTOR DE CINEMA. Els seus avis eren titellaires i el seu pare jugava a fer projeccions de llums i ombres amb lots i llumins. Quan va acabar l'institut, va escriure a Rossellini demanant-li que el deixés estudiar a la seva escola de cinema, a Roma. Al final va acabar mudant-se a Barcelona per estudiar Geografia i Història. Ha recorregut Europa i Amèrica amb la companyia de teatre de Núria Espert. En el cinema va començar encarregant-se del vestuari i d'aquesta manera va anar coneixent els secrets de l'ofici. *Tras el cristal*, la seva òpera prima, va ser seleccionada per a la Berlinale, i va desconcertar aquells que la van veure. Amb *El niño de la luna* es van accentuar ambdues reaccions: Goya al millor guió original, dures reaccions per part de la crítica i el públic. Quatre pel·lícules més tard, controvèrsies amb l'Església Catòlica pel mig, *Pa negre* ha suposat la seva consagració definitiva. «El meu cinema és bàsicament atmosfèric i emocional. Hi ha molt de poètic i de cruel. És amoral i prova d'elevar-se sempre una mica per damunt del terra. Això vol dir que té una vocació espiritual, malgrat de vegades no ho sembli».

FILM DIRECTOR, SCRIPTWRITER AND ACTOR. His grandparents were puppet artists and he used to play with his father at projecting light and shadows using torches and matches. As soon as he finished school, he wrote to Rossellini asking to be allowed to study at his film academy in Rome. He ended up moving to Barcelona to study Geography and History. He has travelled all over Europe and America with the Núria Espert theatre company. In film, he began to work in costume, and this is how he began to learn the secrets of the trade. *Tras el cristal*, his debut work, was selected for the Berlinale, and was disturbing for all those who saw it. With *El niño de la luna* both reactions were accentuated: Goya for best original screenplay, and tough reactions from critics and the public. Four films and a controversy with the Catholic Church later, *Pa negre* was his definitive consecration. "My film is basically atmospheric emotional. There is a lot of poetry and cruelty. It is immoral and tries to pick itself up off the floor. That means it has a spiritual vocation, although sometimes it doesn't seem that way."

VILLORO, JUAN
CIUDAD DE MÉXICO, 24.09.1956.

O | *El disparo de argón (1991, 2005), La casa pierde (1999), Efectos personales (2000), El testigo (2004), Dios es redondo (2006), Los* *culpables (2007), De eso se trata (2008), Llamadas de Ámsterdam (2009), La alcoba dormida (2009).* **M |** *Lichtenberg, Borges, Benjamin, McLuhan, Rulfo, Fontanarrosa, Carver, Ibargüengoitia, Chéjov, Tolstói, Dostoievski, Nabokov, Calvino.* **C |** *Roberto Bolaño, Javier Marías, Héctor Abad Faciolince.*

ESCRITOR DE FICCIÓN, cronista, ensayista, autor de libros para niños y traductor de lichtenberg. Cuando en 2004 ganó el Premio Herralde de Novela con *El testigo*, el editor y fundador de Anagrama dijo que era imposible leer a Villoro sin querer subrayar a cada momento una de sus frases. En el fondo, del mexicano se puede decir lo mismo que él dice de Lichtenberg: disperso, con sentido del humor y capaz de demostrar que el mundo cabe en un aforismo. «Supongo que una constante en mi trabajo, tanto en la ficción como en la no ficción, es el misterio de lo cotidiano, la exploración irónica de las sorpresas que puede deparar lo que consideramos común».

ESCRIPTOR DE FICCIÓ, cronista, assagista, autor de llibres per a nens i traductor de lichtenberg. Quan el 2004 va guanyar el Premi Herralde de Novel·la amb *El testigo*, l'editor i fundador d'Anagrama va dir que era impossible llegir a Villoro sense voler-ne subratllar en cada moment una de les frases. En el fons, del mexicà es pot dir el mateix que ell diu de Lichtenberg: dispers, amb sentit de l'humor i capaç de demostrar que el món cap en un aforisme. «Suposo que una constant en el meu treball, tant en la ficció com en la no ficció, és el misteri del que és quotidià, l'exploració irònica de les sorpreses que pot oferir allò que considerem comú».

FICTION AUTHOR, chroniquer, essay writer, children's writer and translator of lichtenberg. When he one the Herralde Novel Award in 2004 for *El testigo*, the editor and founder of *Anagrama* said that it was impossible to read Villoro without wanting to highlight one of his phases at all times. Deep down, the same can be said of the Mexican as he says of Lichtenberg: Widespread, with a sense of humour and capable of demonstrating that the world can fit into an aphorism. "I suppose that a constant thread in my work, both in fiction and non-fiction, is the mystery of daily life, the ironic exploration of the surprises which can emerge from things we consider commonplace."

VIVANCOS, BERNAT
BARCELONA, 25.06.1973.

O | *Obriu-me els llavis, Senyor (2000), La ciutat dels àngels (2001), Nigra sum (2001), L'ombre des rêves (2003), Ombres (2004), Blau (2005), Codex. Tres glosses sobre el Llibre Vermell de Montserrat (2007).* **M |** *Lasse Thoresen, Gérard Grisey, Guy Reibel, Marc-André Dalbavie, Frédéric Durieux, David Padrós.* **C |** *Ondrej Adámec, Noriko Baba, Héctor Parra, Ramon Humet, Bruno Mantovani.*

COMPOSITOR. Se inicia en la música con su padre y en la Escolanía de Montserrat, de la que hoy es director. Obtiene el título superior de piano con María Canals y estudia composición, antes de continuar su formación en París y Oslo. La coloración sonora de sus composiciones se enriquece a partir de allí con armonías de inspiración espectral y música modal. En la actualidad compagina la docencia con la creación. Dispone de un amplio repertorio vocal y orquestal y recibe encargos de prestigiosas formaciones internacionales. Comparte todas sus partituras libres de derechos en su página web. «Busco una nueva y seductora dimensión acústica que transporte al oyente. Contemplación y trascendencia, sensualidad y fe son palabras que mimo con especial atención».

COMPOSITOR. S'inicia en la música amb el seu pare i a l'Escolania de Montserrat, de la qual actualment n'és el director. Obté el títol superior de piano amb Maria Canals i estudia composició, abans de continuar la seva formació a París i a Oslo. Des d'aleshores, la coloració sonora de les seves composicions s'enriqueix amb harmonies d'inspiració espectral i amb la música modal. Actualment compagina la docència amb la creació. Disposa d'un ampli repertori vocal i orquestral i rep encàrrecs de prestigioses formacions internacionals. Comparteix totes les seves partitures, lliures de drets, a la seva pàgina web. «Busco una nova i seductora dimensió acústica que transporti l'oient. Contemplació i transcendència, sensualitat i fe són paraules que cuido amb especial atenció».

COMPOSER. He started learning music with his father and then at the Escolanía de Montserrat, where he is now director. He obtained a qualification in piano with María Canals and studied composition before continuing his training in Paris and Oslo. The colourful sound of his compositions then became enriched with harmonies inspired by spectra and modal music. He currently combines teaching with creation. He has a wide vocal and orchestral repertoire and is regularly commissioned to write for prestigious international groups. He shares all his music scores, free of copyright, on his website. "I am looking for a new, seductive acoustic dimension which transports the listener. Contemplation and transcendence, sensuality and faith are words to which I give very special attention."

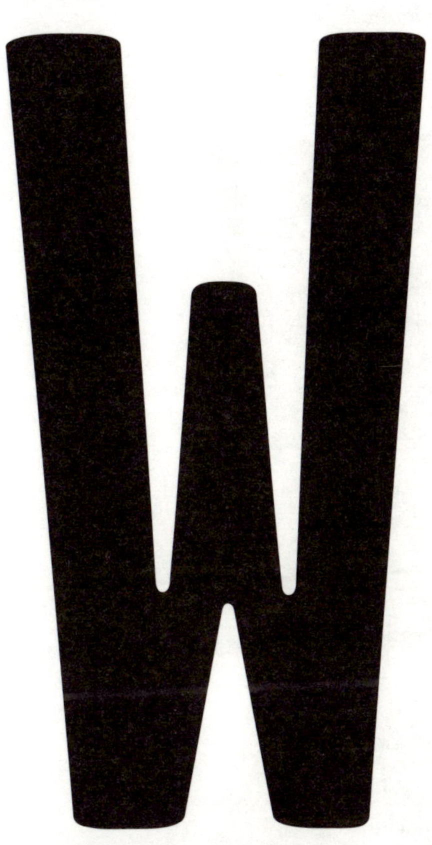

WIENER, GABRIELA
LIMA, 24.11.1975.

O | *Sexografías (2008), Nueve lunas (2009).* **M |** *José María Arguedas, César Vallejo, Mario Vargas Llosa, Ariel de Sylvia Plath, Julio Cortázar, Alejandra Pizarnik, Henry Miller, Anaïs Nin, La conciencia de Zeno de Svevo, My bed y Everyone I Have Ever Slept With 1963-1995 de Tracey Emin, Les enfants terribles de Cocteau, Ana Mendieta, el Autorretrato de Frida Kahlo, Nico, Tom Wolfe y Gay Talese y Truman Capote, Bukowski y Hanif Kureishi, La hija del amante de A. M. Homes, El año del pensamiento mágico de Joan Didion, Catherine Millet, María Moreno, Sophie Calle, Nan Goldin, Mario Bellatin, Philip Roth y Michel Houellebecq, Beatriz Preciado, Juan Villoro, Pedro Lemebel, Roberto Bolaño, Lionel Shriver y Lorrie Moore.* **C |** *Miranda July, Elisa Fuenzalida.*

ESCRITORA Y PERIODISTA. Desde sus crónicas en la revista peruana *Etiqueta Negra*, donde comenzó a perfilar su estilo —el «estilo Wiener»—, lleno de episodios estrambóticos que le ocurren a ella misma y frases memorables para subrayar, se ha hecho, más que de lectores, de un gran número de seguidores. Rosa Montero, por ejemplo, la define como «detallista, divertida, aguda y atinada traductora del disparate de la vida». «Exhibicionismo emocional, narrativo pero con cierta intención poética».

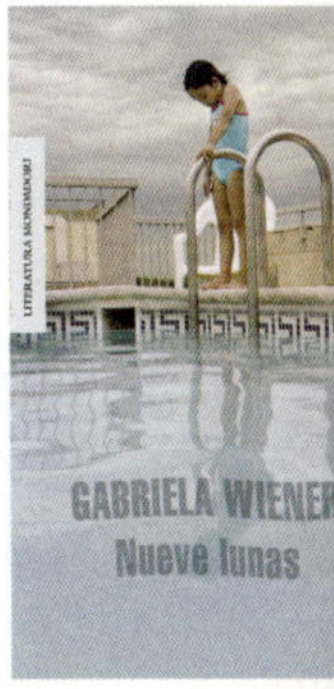

ESCRIPTORA I PERIODISTA. Des de les seves cròniques a la revista peruana *Etiqueta Negra*, on va començar a perfilar el seu estil —«l'estil Wiener»—, ple d'episodis estrambòtics que li passen a ella mateixa i frases memorables per subratllar, s'ha fet, més que de lectors, d'un gran nombre de seguidors. Rosa Montero, per exemple, la defineix com a «detallista, divertida, aguda i precisa traductora del disbarat de la vida». «Exhibicionisme emocional, narratiu però amb certa intenció poètica».

AUTHOR AND JOURNALIST. Since her chronicles in the Peruvian magazine *Etiqueta Negra*, where she began to develop her style – the "Wiener style"-, full of eccentric episodes which he has experienced first hand, and memorable phrases to highlight, she has attracted a large number not just of readers, but of followers. Rosa Montero, for example, defines her as "meticulous, fun, sharp and a clever translator of the senselessness of life." "Emotional exhibitionism, narrative yet with a certain poetic intent."

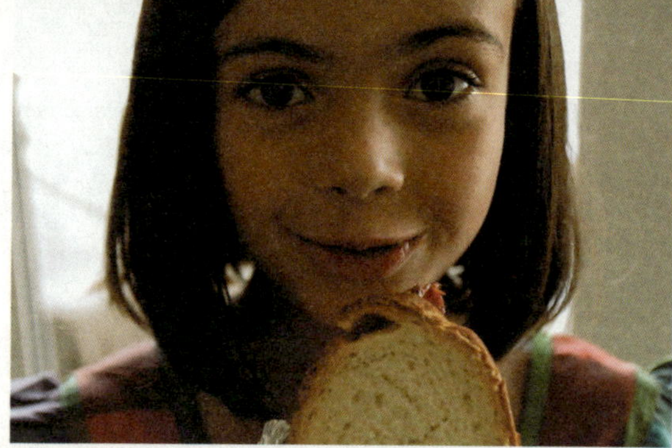

XOU Y DEL HOYO.

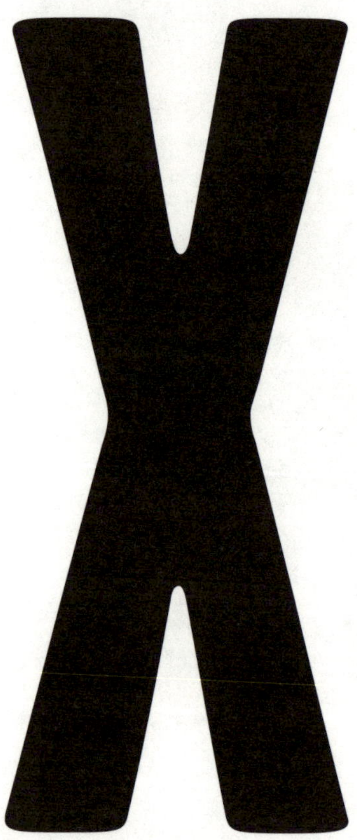

XOU Y DEL HOYO
TONIU XOU: PALMA DE MALLORCA, 27.03.1984.
PATRÍCIA MARTÍNEZ DEL HOYO: BARCELONA, 26.04.1982.

O | *Finestra (2004, vídeo), Que te Creus que te Crec? (2008), Power Food Lexicom (2009, edición), L'arbre i un poema (2010, vídeo), ¡A parir! (2010, guion pendiente de producción), Slim Up! (2010), De Malnom en Verga (2011, documental), Cabeza de zanahoria (2011, relato inédito).* **M |** *Martin Scorsese, Quentin Tarantino, Joel y Ethan Coen, Asun Balzola, Christine Nöstlinger, Walter Benjamin, Josep Maria de Sagarra.* **C |** *Charlie Kaufman, Spike Jonze, Paul Thomas Anderson, Michel Gondry, Dave Eggers, Michael Chabon, Kiko Amat, Diablo Cody.*

REALIZADOR Y GUIONISTA. Él viene del mundo de la publicidad y de la televisión, donde ha producido programas para TV3 e IB3. Ella, de las redacciones de revistas de tendencias y del arte dramático, como ayudante de dirección de La Fura dels Baus. Se conocieron en un plató, medio donde ambos trabajan en la actualidad, y juntos realizaron el vídeo *Slim Up!* (con más de dos millones y medio de visitas en Youtube), que fue incluido en el documental colectivo *Life in*

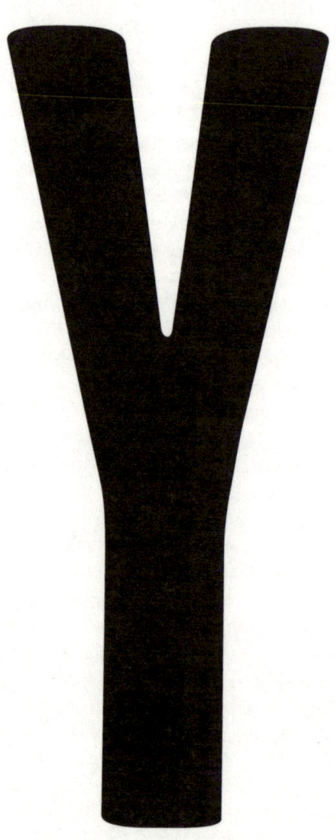

a Day, producido por Ridley Scott, y se convirtió en su tráiler mundial. Y la carrera de ambos no ha hecho más que comenzar. «Un director siempre debe ser humilde. Al trabajar en equipo lo que provoca el éxito no es ser el mejor, sino saber sacar lo mejor de los que trabajan contigo».

REALITZADOR I GUIONISTA. Ell ve del món de la publicitat i de la televisió, on ha produït programes per a TV3 i IB3. Ella, de les redaccions de revistes de tendències i de l'art dramàtic, com a ajudant de direcció de La Fura dels Baus. Es van conèixer en un plató, mitjà on tots dos treballen actualment, i plegats van fer el vídeo *Slim Up!* (amb més de dos milions i mig de visites a Youtube) que va ser inclòs al documental col·lectiu *Life in a Day*, produït per Ridley Scott, i va esdevenir el seu tràiler mundial. I la carrera de tots dos tot just comença. «Un director sempre ha de ser humil. Quan es treballa en equip allò que provoca l'èxit no és ser el millor, sinó saber treure el millor dels qui treballen amb tu».

PRODUCER AND SCRIPTWRITER. He comes from the world of advertising and television, where he has produced programmes for TV3 and IB3. She has a background in dramatic art and trend magazines, as assistant manager for La Fura dels Baus. They met on a TV set, and continue to work in the same environment – joining forces to make the video *Slim Up!* (with over two and a half million views on Youtube), and was included in the collective documentary *Life in a Day*, produced by Ridley Scott, and which was used as its trailer worldwide. And their careers have only just begun. "A director must always be humble. When working in a team what makes success is not being the best, but knowing how to get the best out of the people working with you."

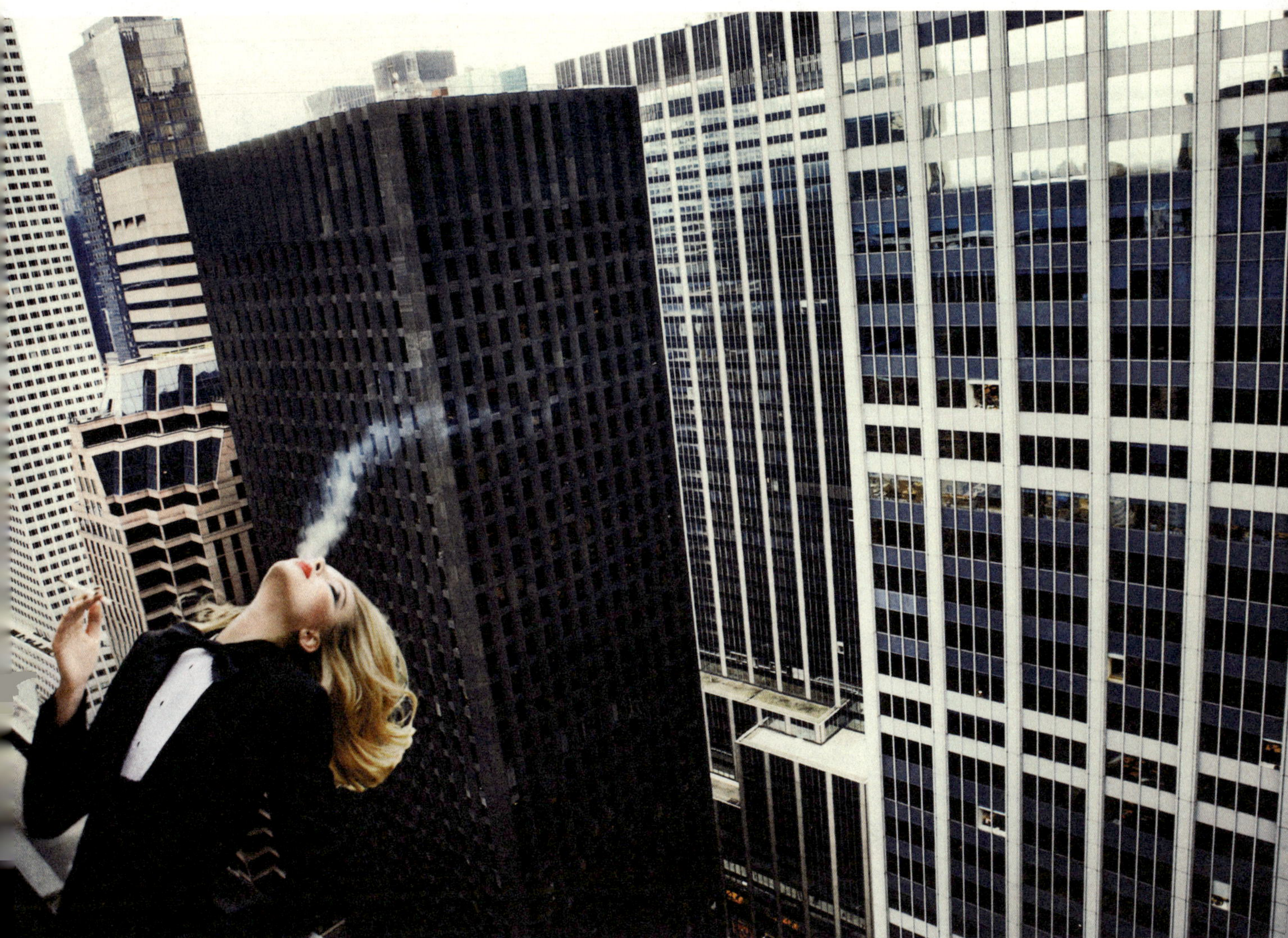

TXEMA YESTE, *CHICA FUMANDO*. ESTILISMO: BERNAT BUSCATO.

YESTE, TXEMA
BARCELONA, 02.05.1972.

O | *La viuda (2005), La Femme Visible (2009), Where Do I Begin (2009), She's A Lady (2010), Speak For Me (2010).* **M |** *Guy Bourdin, Helmut Newton, William Klein, Irving Penn, Richard Avedon...* **C |** *Daido Moriyama, Robert Longo, Richard Prince, Inez & Vinoodh.*

FOTÓGRAFO. Es uno de los más destacados fotógrafos de moda y publicidad de España, aunque su trabajo abarca además temáticas muy diversas, como el fotoperiodismo (campo en el que inició su andadura fotográfica), el retrato, el desnudo y la realización de películas de cine. Su nombre es una presencia permanente en revistas internacionales como *Vogue, Harper's Bazaar, V Magazine* o *Hercules,* y en las campañas más audaces de marcas como Nike, Diesel, Levi's, Mango o BMW.

FOTÒGRAF. A Espanya és un dels fotògrafs de moda i publicitat més destacats, per bé que el seu treball abraça, a més, temàtiques molt diverses, com el fotoperiodisme (camp en què va iniciar la seva trajectòria fotogràfica), el retrat, el nu i la realització de pel·lícules de cinema. El seu nom és una presència permanent a revistes internacionals com *Vogue, Harper's Bazaar, V Magazine* o *Hercules,* i a les campanyes més audaces de marques com Nike, Diesel, Levi's, Mango o BMW.

PHOTOGRAPHER. He is one of the major fashion and advertising photographers in Spain, although his work also covers a wide range of themes, such as photojournalism (where he started out as a photographer), portraits, nudes, and film. His name is a constant presence in international magazines such as *Vogue Harper's Bazaar, V Magazine* or *Hercules,* and in the most audacious of advertising campaigns such as Nike, Diesel, Levi's, Mango or BMW.

YÑÁN, ROMÁN
BARCELONA, 13.12.1976.

O | *Vida (2007-09), Diarios fotográficos (2009-10), Llibre Andergraun (2010).* **M |** *Boris Mikhailov, Harry Callahan, Nobuyoshi Araki, Diane Arbus, William Eggleston, Daido Moriyama, Garry Winogrand, Lee Friedlander.* **C |** *Rinko Kawauchi, Trent Parke, Alec Soth.*

FOTÓGRAFO. Concibe la fotografía como un lenguaje, un modo de expresión, y desde esa premisa tiende a participar en la reflexión teórica que aborda los problemas propios de su disciplina. De la mano de maestros como Mikhailov, Callahan, Araki, Arbus, Eggleston..., sus intereses van de lo intimista a lo abiertamente cotidiano. «Me interesa lo cotidiano en todas sus facetas y las relaciones de sentido que se crean con el paso del tiempo en las imágenes».

FOTÒGRAF. Concep la fotografia com un llenguatge, una forma d'expressió, i des d'aquesta premissa tendeix a participar en la reflexió teòrica que aborda els problemes propis de la seva disciplina. De la mà de mestres com Mikhailov, Callahan, Araki, Arbus, Eggleston..., els seus interessos van del que és intimista fins a allò que és obertament quotidià. «M'interessa el que és quotidià en totes les seves facetes i les relacions de sentit que es creen amb el pas del temps en les imatges».

PHOTOGRAPHER. For him, photography is a language, a manner of expression, and on the basis of this he engages in theoretical reflection on the problems inherent to his field. In the tradition of such masters as Mikhailov, Callahan, Araki, Arbus and Eggleston, his interests range from the private to the openly every-day. "I'm interested in every single facet of daily life and the meaningful relations created in images by the passage of time."

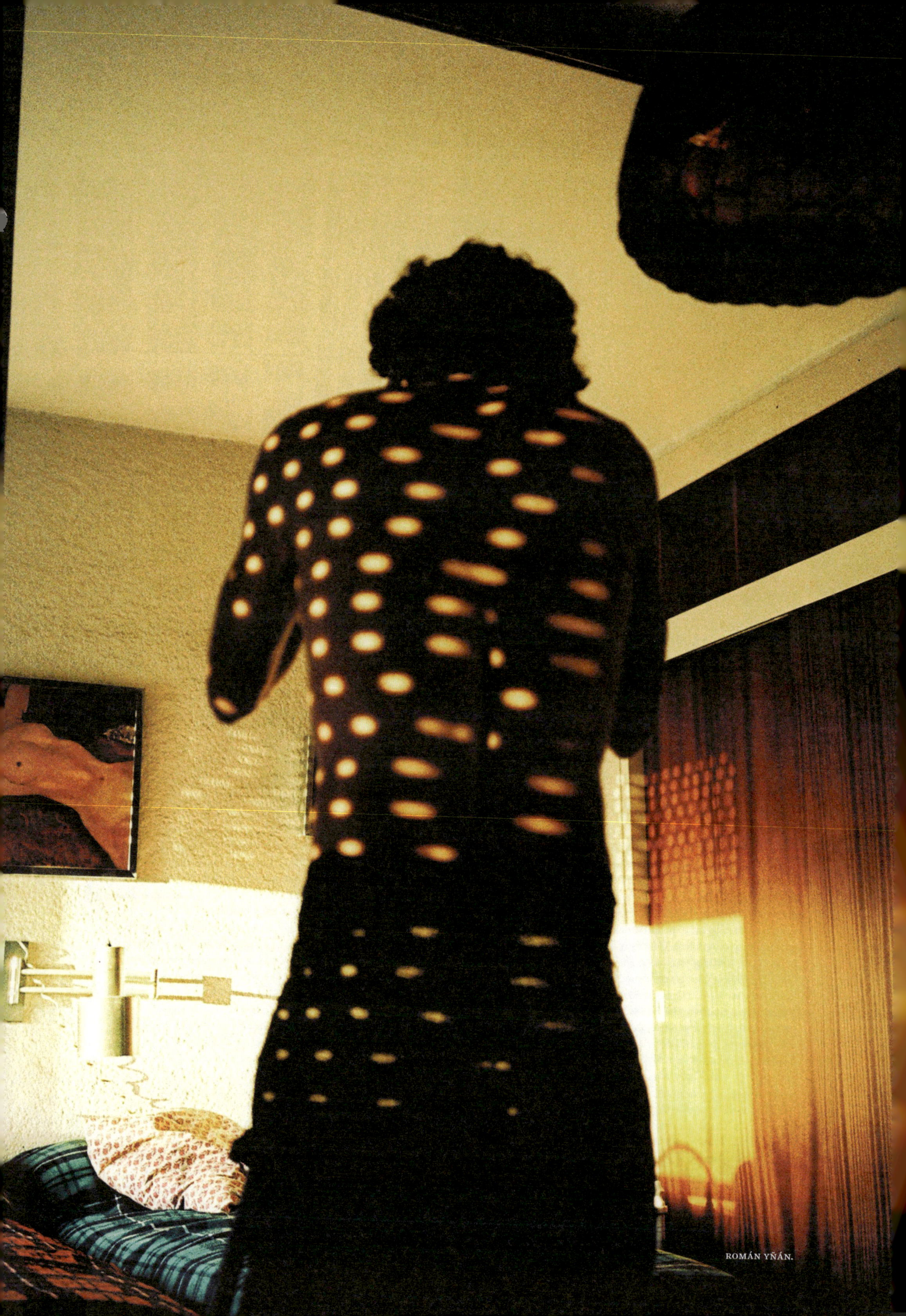

ROMÁN YÑÁN.

ZARRALUKI, PEDRO
BARCELONA, 31.12.1954.

O | *Galería de enormidades (1989) y Retrato de familia con catástrofe (1989), El responsable de las ranas (1990), La historia del silencio (1994, 2007), Hotel Astoria (1997), Para amantes y ladrones (2000), Un encargo difícil (2005), Humor pródigo (2007), Todo eso que tanto nos gusta (2008).*

ESCRITOR. Su primera novela apareció cuando tenía veinte años y, desde entonces, lleva alrededor de una decena —además de tres colecciones de cuentos—, la mayoría exitosas y traducidas a varios idiomas. Con *El responsable de las ranas* obtuvo los premios Ojo Crítico y Ciutat de Barcelona en 1990. Con *La historia del silencio,* el Herralde en 1994. Y con *Un encargo difícil,* el Nadal en 2005, además de resultar finalista en el Premio Fundación José Manuel Lara del mismo año. «Soy escritor en una familia de pintores. Mis padres lo son, y todos mis hermanos dibujan bien, sin esfuerzo, como si lo llevaran en la memoria genética. Resulta asombroso verlos garabatear distraídos mientras piensan en otra cosa o hablan por teléfono. A mí, en cambio, me aterra la sola idea de dibujar una nariz. No se puede ser pintor si no se sabe dibujar una nariz. He publicado algunos libros de cuentos y varias novelas, he encanecido, y sigo intentando describir cómo es una nariz».

ESCRIPTOR. La seva primera novel·la va aparèixer quan tenia vint anys i, des d'aleshores, en porta al voltant d'una desena —a més de tres col·leccions de contes—, la majoria d'èxit i traduïdes a diverses llengües. Amb *El responsable de las ranas* va obtenir els premis Ojo crític i Ciutat de Barcelona el 1990. Amb *La historia del silencio,* l'Herralde el 1994. I amb *Un encargo difícil,* el Nadal el 2005, a més de resultar finalista en el Premi Fundació José Manuel Lara del mateix any. «Sóc escriptor en una família de pintors. Els meus pares en són, i tots els meus germans dibuixen bé, sense esforç, com si ho duguessin a la memòria genètica. Resulta sorprenent veure'ls guixar distrets mentre pensen en una altra cosa o parlen per telèfon. A mi, en canvi, m'aterreix la sola idea de dibuixar un nas. No es pot ser pintor si no se'n sap dibuixar un. He publicat uns quants llibres de contes i diverses novel·les, he envellit, i continuo intentant descriure com és un nas».

WRITER. His first novel appeared when he was twenty and, since then, he has written around ten more – in addition to three collections of short stories-, the majority a great success and translated into several languages. With *El responsable de las ranas* he obtained the Ojo Crítico and Ciutat de Barcelona Awards in 1990. With *La historia del silencio,* he received the Herralde Award in 1994. And with *Un encargo difícil,* he won the Nadal Award in 2005, as well as being shortlisted for the José Manuel Lara Foundation Award in the same year. "I am a writer in a family of painters. My parents are painters, and all my siblings draw well, with no effort, as if they had it in their genetic memory. It is amazing to see how they doodle idly while thinking about something else or talking on the phone. I, on the other hand, am terrified just by the idea of drawing a nose. You can't be an artist if you can't draw a nose. I have published books of short stories and several novels, my hair has gone grey, and I am still trying to work out how to describe a nose."

ZULIÁN, CLAUDIO
PADUA, ITALIA, 24.02.1960.

O | *La démocratie est-elle un art? (2001), Fragor (2001), Fonia, Taxi (2003-04), Beatriz/Barcelona (2004), L'Avenir (2004), Sevilla Ciudad (2005), Panamamundi (2006), A través del Carmel (2006), Retratos de discursos (2007), Renacimiento (2007-08), Fortuny y la lámpara maravillosa (2010).* **M |** *F. W. Murnau, Kenji Mizoguchi, Sergéi Eisenstein, Pier Paolo Pasolini, Federico Fellini, Michelangelo Antonioni y Andréi Tarkovsky.* **C |** *Jean-Luc Godard, David Lynch, Lars von Trier, Tetsuya Nakashima y Werner Herzog.*

CREADOR MULTIDISCIPLINAR y de una clara vocación política y social. Además de dirigir cine y teatro, es escritor y músico, y ha creado numerosas instalaciones artísticas que se han exhibido en fundaciones, galerías y exposiciones al aire libre. El primer paso en su largo recorrido lo dio en 1985 con la creación del espectáculo *Tot va be,* interpretado en directo por dos lectores, un cantante, flauta, bajo, guitarra y electrónica. Entre sus últimos trabajos destaca *L'Avenir* (2004), cortometraje de animación digital premiado en numerosos festivales internacionales, y *A través del Carmel* (2006), un documental para televisión rodado en un único plano secuencia de noventa minutos de duración. «Las imágenes son un campo de batalla».

CREADOR MULTIDISCIPLINARI i d'una clara vocació política i social. A més de dirigir cinema i teatre, és escriptor i músic, i ha creat nombroses instal·lacions artístiques que s'han exhibit en fundacions, galeries i exposicions a l'aire lliure. El primer pas en el seu llarg recorregut el va donar el 1985 amb la creació de l'espectacle *Tot va bé,* interpretat en directe per dos lectors, un cantant, flauta, baix, guitarra i electrònica. Entre els seus darrers treballs destaca *L'Avenir* (2004), un curtmetratge d'animació digital premiat a nombrosos festivals internacionals, i *A través del Carmel* (2006), un documental per a televisió rodat en un sol pla seqüència de noranta minuts de durada. «Les imatges són un camp de batalla».

MULTI-SKILLED CREATOR with a clear political and social vocation. In addition to directing film and theatre, he is a writer and music and has created numerous artistic installations which have been exhibited at foundations, galleries and open air exhibitions. He took his first step on his long career in 1985 with the creation of the show *Tot va be,* performed live by two readers, a singer, flute, bass, guitar and electronics. His more recent works include *L'Avenir* (2004), a digital animated short which received awards at a number of international festivals, and *A traves del Carmel* (2006), a documentary for television filmed on a single sequence lasting ninety minutes. "Images are a battlefield."

ARQUITECTURA E INTERIORISMO
ARQUITECTURA I INTERIORISME
ARCHITECTURE AND INTERIOR DESIGN

Arquitecturia
Bach, Anna & Eugeni
Barozzi Veiga
Bohigas, Josep
Cifuentes Utrero, Francisco
H Arquitectes
Libano, Pilar
López Matas, Emiliano
y Rivera, Mónica
López Vilalta, Isabel
MX_SI
Núñez, Alicia
Peris+Toral
Pinós, Carme
Ruiz Geli, Enric
Serrat, Sergi
Tagliabue, Benedetta

ARTES PLÁSTICAS
ARTS PLÀSTIQUES
ART

Aballí Sanmartí, Ignasi
Amat, Frederic
Andújar, Daniel G.
Aryz
Bartolozzi, Nil
Bestué-Vives
Carr, Tom
Congost, Carles
Escalé, Rai
Nacach, Andrea
Pastor, Perico
Perejaume
Plensa, Jaume
Riot Über Alles (Óscar Valero)
Rodríguez-Gerada, Jorge
Romero, Pedro G.
Ruiz, Francesc
Santos de Veracruz
Sitesize
Sixeart
Socatoba (Sonia Carballo)
Valldosera, Eulàlia

CINE
CINEMA
FILM

Balagueró, Jaume
Bigas Luna
Bosch, Carles
Coixet, Isabel
Coll, Mar
Cortés, Rafa
Cortés, Rodrigo
Forés, Marçal
Gay, Cesc
Grangel, Carlos
Gual, Roger
Guerín, José Luis
Huerga, Manuel
Lacuesta, Isaki
Llosa, Claudia
De Medeiros, Maria
Munt, Silvia
De Orbe, José María
Recha, Marc
Rosales, Jaime
Salgot, José Antonio
Serra, Albert
Shang, Salomón
Trapé, Elena
Villaronga, Agustí

COCINA
CUINA
CUISINE

Abellán, Carles
Adrià, Albert
Adrià, Ferran
Artal, Jordi
Butrón, Jordi
Cruz Mas, Jordi
Fornell, Romain
Herrera, Jordi
Ivern, Oriol
Lechuga, Dani
Llufriu, Felip
Mampel, Carles
Manresa, Oscar
Pascual, Àngel
Pellicer, Xavier
Puig, Fermí
Raurich, Albert
Ruscalleda, Carme
Torres, Sergio & Javier
Vilà, Jordi

CÓMIC E ILUSTRACIÓN
CÒMIC I IL·LUSTRACIÓ
COMICS AND ILLUSTRATION

Almendros, Felipe
Ballester, Arnal
Blanch, Ignasi
Casanova, Nacho
Fernández, Enrique
Fontdevila, Manel
Gallardo, Miguel
Gutiérrez, Luci
Labanda, Jordi
Man (Manuel Carrot)
Mariscal, Javier
Masiques, Pau
Max (Francesc Capdevila)
Pastor, Jordi
Raule (Raúl Anisa Arsís)
Riera, Martí
Rodríguez, Pedro
Sáez, Juanjo
Solé Vendrell, Carme
Tanit, Clara
Torres, Daniel

DANZA Y ARTES ESCÉNICAS
DANSA I ARTS ESCÈNIQUES
DANCE AND DRAMATIC ART

Antúnez Roca, Marcel·lí
Blanco, Kike (La Viuda)
Boza, Inés
Civera, Germana
Faura, Pere
García, Juan Carlos
(Lanònima Imperial)
Gelabert-Azzopardi
Gómez, Iker
Gómez, Sonia
La Intrusa
Mal Pelo
Margarit, Àngels
Martínez, Maribel
Nats Nus
Noone, Thomas
Picó, Sol
Serrano, Àlex
Tomic, Semolinika

DISEÑO DE MODA
DISSENY DE MODA
FASHION DESIGN

American Perez
Animal Bandido
Bolaño, Manuel
Borrás, Stefanía
Cardona Bonache
Dalmau, Custo
El Delgado Buil
Escoté, María
Jan iú Més
Laspalas, Karlota
Martín Lamothe, Elena
Miras, Txell
Piqueras, Roberto
Ponsa, Miriam
Robustella, Krizia
Sörensen, Cecilia

DISEÑO DE OBJETOS
DISSENY D'OBJECTES
DESIGN

Azúa, Martín
Claret, Curro
emiliana design
Guixé, Martí
Marquina, Nani
Monzó, Marc
Ruiz, Mario
Salas, Fernando
Trochut, Alex

FOTOGRAFIA
FOTOGRAFÍA
PHOTOGRAPHY

Alegre, Nacho
Alive.n.kicking (Susana López Blanco)
Bernadó, Jordi
Cañameras, Adrià
Cantó, Dani
Esclusa, Manel
Esteva, Jordi
Ferrater, José Manuel
Fontcuberta, Joan
Herms, Roc
Malagrida, Anna
Manresa, Kim
Outumuro, Manuel
Pandora
Plademunt, Aleix
Plana, Tanit
Ribas, Xavier
Riera, Daniel
Rius, Nuria
Salvans, Txema
Sans, Rómulo B.
Soto, Montserrat
Tomás, Joan
Yeste, Txema
Yñán, Román

MÚSICA CONTEMPORÁNEA
MÚSICA CONTEMPORÀNIA
MODERN MUSIC

Amargós, Joan Albert
Berenguer, José Manuel
Casablancas, Benet
Charles, Agustí
Codera Puzo, Luis
García Tomás, Raquel
Giménez Carreras, David
González de la Rubia, Domènec
Guix, Josep Maria
Luna, Demián
Magrané, Joan
Maristany Carreras, Xavier
Palomar, Enric
Parra, Hèctor
Pons, Josep
Rappoport, Oliver
Sanz Quintana, Josep
Saura Martí, Joan
Tristano, Francesco
Vicent, Josep
Vidal, Lluís
Vivancos, Bernat

MÚSICA POPULAR
MÚSICA POPULAR
POPULAR MUSIC

Auserón, Santiago
Balago
Balmes, Santi
bRUNA (Carles Guajardo)
Cerdà, Nereida
Chao, Manu
Colom, Raynald
D'Aniello, Oscar (Delafé)
Els Amics de les Arts
Fernández, Agustí
Fortuny, Llibert
Garriga, Joan
Guillamino
Joe Crepúsculo
Loquillo
Manel
Mishima
Mürfila
Parrot, Marc
Pastora
Pérez Cruz, Silvia
Pla, Albert
Portet, Quimi
Poveda, Miguel
Puig, Miqui
Refree (Raül Fernández)
Sidonie

LITERATURA
LITERATURA
LITERATURE

Alvy Singer (Pablo Muñoz)
Amat, Kiko
Bosch, Lolita
Calvo, Javier
Carrión, Jorge
Casasses, Enric
Cercas, Javier
Colomer, Álvaro
Corominas, Jordi
Cuenca Sandoval, Mario
Énard, Mathias
Fernández, Laura
Fernández Porta, Eloy
Freixas, Laura
Fresán, Rodrigo
García Tur, Víctor
Juan-Cantavella, Robert
Marsé, Berta
Martínez de Pisón, Ignacio
Martínez, Gabi
Migoya, Hernán
Monge, Emiliano
Monzó, Quim
Otero, Miqui
Pàmies, Sergi
Pedrals, Josep
Ramis, Llucia
Roma, Valentín
Roncagliolo, Santiago
Ruiz Zafón, Carlos
Tomeo, Javier
Vásquez, Juan Gabriel
Vila-Sanjuán, Sergio
Villalobos, Juan Pablo
Villoro, Juan
Wiener, Gabriela
Zarraluki, Pedro

TEATRO
TEATRE
THEATRE

Albertí, Xavier
Albet, Nao
Batlle, Carles
Belbel, Sergi
Bernat, Roger
Bieito, Calixto
Broggi, Oriol
Casanovas, Jordi
Chroma Teatre
Clemente, Cristina
Cunillé, Lluïsa
Daulte, Javier
Els Comediants
Espinosa, Albert
Galceran, Jordi
La Cubana
La Fura dels Baus
López, Carol
Manrique, Julio
Miró Caparrós, Pau
Obskené
Oriol, Jordi
Plana, David
Ribera, Leandre
Riera, Pere
Rigola, Àlex
Schvarzstein, Adrián
Tomàs, Raquel
Tricicle

VIDEOARTE
Y ARTES VISUALES
VIDEOART
I ARTS VISUALS
VIDEO ART
AND VISUAL ARTS

Bonet, Eugeni
Bufill, Juan
Cabello, Ana
Canada
Fuentes, Arturo
Leandre, Joan
Lyona (Marta Puig)
Masó, Mireya
Serra, Toni
Teixidó, Jordi
Toloza-Fernández, Txalo
Xou y Del Hoyo
Zulián, Claudio

CENTROS DE CREACIÓN
CENTRES DE CREACIÓ
CREATION CENTRES

Almazen
Antic Teatre/AdriAntic
Ateneu Popular Nou Barris
Conservas
El Off
El Polvorí
Experimentem amb l'Art
Fabra i Coats
FAD
Graner
Hangar
HeliogÀbal
Horiginal
IAAC
Kultur Buró Barcelona
La Caldera
La Capella/El Canòdrom
La Central del Circ
La Escocesa
La Poderosa
La Seca
Mercat de les Flors
Miscelanea
Nau Ivanow
Niu
Palo Alto
Sala Atrium
Sala Beckett
Sala d'Art Jove
Zzzinc

Dirección de arte
y diseño original: Ricardo Feriche
Maquetación: Céline Robert

Redacción: Toño Angulo Daneri,
Matías Néspolo y Jorge Megías
Traducción: Alexandra Stephens,
Joan-Marc Joval (la correccional)
y Montague Kobbe
Corrección: Cristina Leyva
Fotografía de los 30 centros de creación:
Jordi Sarrà y Nicolau Balcells

Fotomecánica: Cromotex
Impresión: Nova Era Barcelona

Las tipografías utilizadas en este libro
son Garage y Benton Modern.
Ha sido impreso en papel Munken Print White
mano 2 de 90 gr para la sobrecubierta, en Cartulina
Estucada mate 1 cara de 300 gr para la cubierta
y en papel Munken Print White de 90 gr para
las páginas interiores.

ISBN 978-84-92841-94-3
Depósito legal B-24987-2011

LA FÁBRICA EDITORIAL

Editor: Alberto Anaut
Directora editorial: Camino Brasa
Director de Desarrollo: Fernando Paz
Producción: Paloma Castellanos
Organización: Rosa Ureta

La Fábrica Editorial
Verónica, 13
28014 Madrid
Tel +34 91 360 13 20
Fax +34 91 360 13 22
edicion@lafabrica.com
www.lafabricaeditorial.com

GRACIAS A
GRÀCIES A
THANKS TO

Carlota del Amo
Rafael Argullol
Eva Armisén
Carles B. Arnan
Marta Arranz
Maria Luz Auserón
Félix de Azúa
David Barba
Toni Blanch
Álex Brahim
Alfredo Bryce Echenique
Sonia Budassi
Colita
Yolanda Cortés
Eva Cuenca
Evru
Daniela Finco
Galería Estrany-De la Mota
Enric Gallén
Dietrich Grosse
Francesc Guillamet
Hamaca Media & Video Art
José Hevia
Llucià Homs
Jan (Juan López Fernández)
Rosa Junquera
Kati Krause
Kevin Krell
lamono
José Manuel López López
Loles López
Laia Manchón
Lucho Martínez
Oriol Maspons
Alfonso Monteserín
Antoni Muntadas
Nazario
María Palacios
Elena Parreño
Marta Puigdemasa
Joan Rabascall
André Ricard
David Ruano
scannerFM
Mireia Sentís
serieBcn
Maria Teresa Slanzi
Leticia Timón
Artur Tort
Carlos Trigueros
Francesca Tur Serra
Oscar Tusquets
Laia Zanón

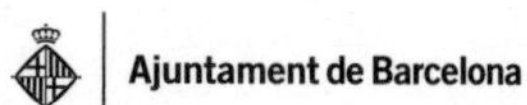